Andreas Brenner
–
WirtschaftsEthik

Andreas Brenner ist Professor für Philosophie an der Universität Basel und der Fachhochschule Nordwestschweiz, FHNW in Basel.
Bei K & N erschien zuletzt *Umweltethik. Ein Lehr- und Lesebuch.*

Andreas Brenner

WirtschaftsEthik
Das Lehr- und Lesebuch

Königshausen & Neumann

Bibliografische Information der Deutschen Nationalbibliothek

Die Deutsche Nationalbibliothek verzeichnet diese Publikation in der Deutschen Nationalbibliografie; detaillierte bibliografische Daten sind im Internet über http://dnb.d-nb.de abrufbar.

© Verlag Königshausen & Neumann GmbH, Würzburg 2018
Gedruckt auf säurefreiem, alterungsbeständigem Papier
Umschlag: skh-softics / coverart
Umschlagabbildung: Mentlastore: Blurred walking people from top, black and white picture; #130035048 © Fotolia.com
Bindung: docupoint GmbH, Magdeburg
Alle Rechte vorbehalten
Dieses Werk, einschließlich aller seiner Teile, ist urheberrechtlich geschützt.
Jede Verwertung außerhalb der engen Grenzen des Urheberrechtsgesetzes ist ohne Zustimmung des Verlages unzulässig und strafbar. Das gilt insbesondere für Vervielfältigungen, Übersetzungen, Mikroverfilmungen und die Einspeicherung und Verarbeitung in elektronischen Systemen.
Printed in Germany
ISBN 978-3-8260-6508-8
www.koenigshausen-neumann.de
www.libri.de
www.buchhandel.de

Inhalt

13	**1. Wirtschaftsethik, zur Einführung**	
19	**2. Handel und Wandel**	
19	2.1.	Zwangsgeschenke: Potlatch
22	2.2.	Antike: Zwischen Ökonomik und Chrematistik
29	Begriff 1: «Gier»	
31	2.3.	Mittelalter: Zwischen Seelenheil und Geldgewinn
31	2.3.1.	Seelenheil und Effizienzsteigerung
33	2.3.2.	Sein eigenes Leben leben
36	2.3.3.	Der Streit um den Zins
40	2.4.	Von der Neuzeit bis zum Ende des 20. Jahrhunderts: Weltrationalisierung und Marktausdehnung
40	2.4.1.	Der Beginn der Neuzeit
45	2.4.2.	Die Aufklärung
51	2.4.3.	Die Zeit bis zum Ende des 20. Jahrhunderts
58	2.5.	Der Super-Markt des 21. Jahrhunderts: Ökonomischer Imperialismus
63	Begriff 2: «Gerechtigkeit»	
69	**3. Allgemeine Ethik**	
71	Begriff 3: «Ethik und Moral»	
73	3.1.	Aristoteles` Tugendethik
73	3.1.1.	Glück haben und glücklich sein
74	3.1.2.	Die Tugendethik
76	Anwendung: Umweltökonomie	
77	3.2.	Immanuel Kants Pflichtenethik
77	3.2.1.	Der Kategorische Imperativ
80	3.2.2.	Die Würde
81	Anwendung: Folterung	
82	Anwendung: Terrorangriff	
83	Begriff 4: «Handlung aus Freiheit»	
87	3.3.	Utilitarismus
90	Anwendung: Kinder schlachten	
90	Anwendung: Der Tod der Pfandleiherin	
91	Anwendung: Der Tod des ehemaligen Liebhabers	
91	Begriff 5: «Handlungssubjekt»	
97	**4. Wirtschaftsethik, philosophisch**	
98	4.1.	Die deutschsprachige Debatte
100	4.1.1.	Ordnungsethik und Anreize: Karl Homann
101	4.1.2.	Vertrauen schafft Mehrwert: Andreas Suchanek
104	4.1.3.	Republikanische Unternehmensethik: Horst Steinmann und Albert Löhr
107	Begriff 6: «Bürger und Bürgerin»	
110	4.1.4.	Integrative Wirtschaftsethik nach Peter Ulrich
115	4.1.5.	Supply Chain Management nach Friedrich Schmidt-Bleek und Evi Hartmann
117	Begriff 7: «Shareholder vs. Stakeholder»	

120	4.2.	Die Angelsächsische Business Ethics
120	4.2.1.	Eine gute Gesellschaft bauen: Richard T. DeGeorge
124	4.2.2.	Das Handeln der Wirtschaft muss universalisierbar sein: Norman E. Bowie
127	4.2.3.	Die Stakeholder-Theorie: R. Edward Freeman
130	4.2.4.	Der Fähigkeitsansatz von Martha Nussbaum und Amartya Sen
135		Begriff 8: «Verantwortung»

143	**5. Wirtschaftsethik, theologisch**	
143	5.1.	Jüdische Wirtschaftsethik
144	5.2.	Christliche Wirtschaftsethiken
144	5.2.1.	Katholische Wirtschaftsethik
148	5.2.2.	Evangelische Wirtschaftsethik
151	5.3.	Islamische Wirtschaftsethik
153	5.4.	Buddhistische Wirtschaftsethik
156		Begriff 9: «Werte»

163	**6. Der Homo Oeconomicus**	
163	6.1.	Funktionale Kritik: Unzureichende Beschreibungsleistung
164	6.2.	Empirischer Einwand: Menschen sind nicht so
167	6.3.	Ethische Kritik: Verrohungsargument

173	**7. Homo Consumens**	
173	7.1.	Wenn Konsum überflüssig ist
174	7.2.	Die Bedeutung überflüssigen Konsums für den Konsumenten
179	7.3.	Das ökologische Problem überflüssigen Konsums

185	**8. Homo Faber**	
185	8.1.	Die Geburt der Arbeiter
186	8.2.	Der Lohn
188	8.2.1.	Wer verdient Lohn?
191	8.2.2.	Wann ist ein Lohn gerecht?
191	8.2.3.	Lohndiskriminierung zwischen Mann und Frau
192	8.2.4.	Hungerlöhne
192	8.2.5.	Minilöhne
193	8.2.5.1.	Ergänzungsleistungen
194	8.2.5.2.	Ermöglichung gesellschaftlicher Teilhabe
194	8.2.6.	Ganz aus dem Rahmen: Extreme Spitzenlöhne, Boni und fliegende Wechsel
194	8.2.6.1.	Extreme Spitzenlöhne
198	8.2.6.2.	Boni
199	8.2.6.3.	Fliegende Wechsel
200	8.3.	Arbeit
200	8.3.1.	Freiwilligenarbeit
201	8.3.2.	Arbeitslosigkeit
201	8.3.3.	Die Zukunft der Arbeit
203	8.3.3.1.	Schneller arbeiten
205	8.3.3.2.	Was kann man noch arbeiten?
206	8.3.4.	Was kommt nach dem Homo Faber?
209		Begriff 10: «Eigentum»

217	**9. Das Unternehmen**	
220	9.1.	Die Unternehmensleitenden: das Management
222	9.2.	Unternehmerisches Fehlverhalten
223	9.2.1.	Vertrauen oder Betrug
225	9.2.2.	Korruption, Lobbyismus und Sponsoring
225	9.2.2.1.	Durchsuchungen und Verhaftungen
226	9.2.2.2.	Bestechung, aktiv oder passiv
227	9.2.2.3.	Filz hat viele Farben und einen Haken
229	9.2.2.4.	Sponsoring an der Hochschule
231	9.2.2.5.	Globale Korruption
234	9.3.	Übernahmen, freundliche und unfreundliche
236	9.4.	Verhaltenskodizes
237	9.5.	Whistleblowing
243	9.6.	Unternehmensverantwortung und Ruggie-Prinzipien
247	**10. Bankenethik**	
248	10.1.	Investment
250	10.2.	Spekulation
250	10.2.1.	Im Kasino
252	10.2.2.	Churning, Twisting, Flipping und Derivate
255	10.3.	Financing
255	10.3.1.	Beratung
256	10.3.2.	Bankgeheimnis
258	10.3.3.	Roboter-Broker
261	10.4.	Alternatives Banking
261	10.4.1.	Was ist «alternativ»?
263	10.4.2.	Das sind Alternativen
264	10.5.	Too big to fail?
266	Begriff 11: Geld	
275	**11. Marketing**	
276	11.1.	Werbung
277	11.1.1.	Welchen Sinn hat und macht Werbung?
278	11.1.2.	Welchen Schaden richtet Werbung an?
280	11.1.3.	Wie Werbung manipuliert
282	11.2.	Neuromarketing und Neuroökonomie
286	11.3.	Soziales Marketing
291	**12. Der Griff nach der Natur**	
292	12.1.	Die Natur dem Menschen
292	12.1.1.	Naturkonsum und Gerechtigkeit
294	12.1.2.	Rohstoffluch und Verantwortung
297	12.2.	Der Ecocide-Act
299	12.3.	Die Allmende
309	**13. Globalisierung**	
309	13.1.	Arm und Reich
313	13.2.	Ernährung
317	13.3.	Luft, Boden, Wasser

323	**14. Die Wirtschaft neu denken**	
325	14.1.	Die moderne Marktwirtschaft und das Religiöse
329	14.2.	Die Gemeinwohl-Ökonomie
332	14.3.	Die Physik der Ökonomie
336	14.4.	Gegen die Disneylandisierung
337	14.5.	Ökonomie mit menschlichem Antlitz
343	**15. Fälle**	
345	15.1.	Fallbeschreibungen
364	15.2.	Falldiskussionen
389	**16. Anhang**	
389	16.1.	Nützliche Adressen
391	16.2.	Endnoten
403	16.3.	Literatur
416	16.4.	Abbildungen
419	16.5.	Namen
422	16.6.	Sachen

Vorwort

Von dem österreichischen Satiriker Karl Kraus (1874-1936) ist folgendes Bonmot überliefert: «Sie wollen Wirtschaftsethik studieren? Entscheiden Sie sich für das eine oder das andere!» Kraus hatte wohl recht, wenn er mit diesem saloppen Spruch ausdrückte, dass schon zu seiner Zeit der Eindruck vorherrschte, dass Ökonomie und Ethik miteinander auf Kriegsfuss stünden und letztlich miteinander unvereinbar seien. Auch in der Gegenwart bekommt man ab und an diesen Eindruck. Er ist jedoch gleich zweifach falsch: Zum einen ist die Ökonomie eine Verhaltenspraxis, die auf den Menschen verweist und sie bedient (sich) dabei immer auch ethischer Argumente und zum anderen steht ökonomisches Handeln am Anfang aller Kulturen und hat damit per se einen ethischen Gehalt.

Das heisst umgekehrt nicht, dass in Sachen Ökonomie alles paletti sei, gerade deshalb muss man sich beim Studium der Wirtschaftsethik nicht im Sinne Kraus' für das eine oder für das andere entscheiden, sondern begibt sich mitten hinein in eine gesellschaftliche Debatte. Da diese nicht angemessen zu führen ist ohne eine kulturhistorische Tiefe und Weite, führt das vorliegende Buch zur Wirtschaftsethik in zum Teil weitverzweigte aber nur scheinbar weitentfernte Bereiche der Weltkultur, und spannt den Horizont zum Verständnis der modernen Ökonomie und ihrer ethischen Beurteilung auf.

Die Notwendigkeit, die Ökonomie als Teil der Kultur zu begreifen, nimmt in der Gegenwart, welche durch eine enorme Ausdehnung der Ökonomie auf nahezu alle Lebensbereiche bestimmt ist, sogar noch zu und damit auch deren Ethik. Wirtschaftsethik stellt daher nicht etwa eine die angehenden Ökonominnen und Ökonomen in ihrer Ausbildung behindernde Zusatzbelastung dar, sondern ermöglicht erst, dass sie ihren gesellschaftlich so einflussreichen Beruf souverän ausüben können. In dem Sinne forderte der Begründer der amerikanischen Wirtschaftsethik, Richard T. DeGeorge, bereits vor fast vier Jahrzehnten, dass die Wirtschaftsethik integraler Teil der wirtschaftswissenschaftlichen Ausbildung werden müsse.[1]

Wenn sich diese Einsicht zunehmend durchsetzt und immer mehr Wirtschaftshochschulen Wirtschaftsethik ins Pflichtprogramm ihrer Ausbildung integrieren, so wenden sie sich damit auch gegen den von Kraus geschickt geschürten Zynismus: Denn auf erste Sicht scheint die Lage der Ethik wenig günstig zu sein: Der Streit um Standortvorteile, Weltmarktanteile und

---

1   Richard T. DeGeorge 1982, S. 19.

geheimnisvolle Kennzahlen scheinen für Ethik keinen Platz zu lassen, – das Gegenteil ist der Fall. Solche und weitere Positionen, mit denen das grosse Rad am Laufen gehalten werden soll, bemühen bereits eine Ethik, – ob sie mit den richtigen Argumenten arbeitet, muss man allerdings erst prüfen. Man kann es also mit Edward R. Freeman drehen und wenden wie man will, der feststellt: «Es macht keinen Sinn über Business zu reden, ohne über Ethik zu reden. Es macht keinen Sinn über Ethik zu sprechen, ohne über Business zu sprechen und es macht keinen Sinn, über das eine oder das andere zu reden, ohne über den Menschen zu reden.»[2] In diesem Sinne versteht sich das vorliegende Buch zur Wirtschaftsethik auch als eine Anthropologie und die Bezüge zu kulturhistorischen Ereignissen erhalten dadurch ihren Sinn.

Dieses Buch entstand an der «Hochschule für Wirtschaft», HSW der «Fachhochschule Nordwestschweiz», FHNW in Basel. Meinen Kollegen Markus Freiburghaus, Ausbildungsleiter an der HSW und Christoph Minnig, Leiter des Instituts NPPM, danke ich für ihre Unterstützung dieses Projekts. Mein zusätzlicher Dank gilt meinen Studierenden an der HSW: Gemeinsam haben wir bewiesen, dass Wirtschaft und Wirtschaftsethik zu studieren, kein Widerspruch sein muss.

---

2   R. Edward Freeman 2010, S. 7.

Wirtschafts-
ethik

Kap¹

1. Wirtschaftsethik, zur Einführung

Die Philosophie betrachtet die Wirtschaftsethik als eine sogenannte Bereichsethik, weil sie einen konkreten Bereich, in diesem Falle den der Wirtschaft, zum Gegenstand hat. Anders als andere Bereichsethiken wie die der Medizin-, der Tier- oder der Umweltethik, umfasst die Wirtschaftsethik aber einen Bereich, der mittlerweile das gesamte menschliche Leben umfasst. Das liegt daran, dass die moderne Gesellschaft in einer historisch einzigartigen Weise durch die Wirtschaft geprägt und durchdrungen worden ist, so dass es heute kaum noch weisse Flecken auf der Landkarte gibt, die keinen Bezug zu wirtschaftlicher Tätigkeit haben. Die Durchdringung des Lebens durch die Ökonomie ist jedoch wechselseitig, so gilt auch das umgekehrte, dass das normale Leben einen Einfluss auf die Wirtschaft hat. Dieser Effekt zeigt sich in der Verflüchtigung einer dem Leben lange Zeit Orientierung gebenden Grenze, der Grenze zwischen privat und öffentlich oder wie es bei Aristoteles (384–322) heisst, zwischen dem, was das Haus und dem, was den Staat angeht. In der relativ überschaubaren und statischen Ökonomie von Antike und Mittelalter war diese Unterscheidung bei den meisten Menschen die längste Zeit in Kraft: Nur mächtige Player wie Großkaufleute und der hohe Adel hatten die ökonomische Macht, mit ihren privaten Aktionen öffentliche Wirkung zu entfalteten. So verursachte beispielsweise der Bau von Schlössern oder Palazzi eine gewaltige Nachfrage an Arbeit und Material, welche sich auch öffentlich auswirkten.

In der Neuzeit und Moderne ändert sich auch das: Nun erfahren die vielen Einzelnen einen Machtzuwachs, der dazu führt, dass auch sie privat eine öffentliche Nachfrage generieren und damit im Privaten öffentliche Wirkung entfalten können. Dies kann jeder Konsument in den ökonomisch reichen Ländern überprüfen, wenn er einmal kritisch die Wertschöpfungskette eines der vielen scheinbar so unspektakulären Produkte, die er besitzt und beispielsweise am Leibe trägt, rekonstruiert. Dass er mit dem Kauf des extrem billigen T-Shirts sklavenähnliche Arbeit in Fernost nachfragt und dass er mit seinem neuen Smartphone die Ausbeutung seltener Erden in Afrika in Auftrag gibt, sind nur zwei Beispiele einer nahezu unerschöpflichen Handlungskette, die von Privatleuten zusammengesetzt aber eben nicht nur Privatsache sind.

Dies erklärt auch, warum die ansonsten für ein gedeihliches Miteinander ausreichende ethische Sozialisierung, welche die meisten Menschen durch ihre Kultur erfahren haben, und die sich über lange Zeiträume entwickelt und bewährt hat, im Bereich unserer ökonomischen Aktivitäten immer weniger ausreicht. Man kann nämlich in der unmittelbaren zwischenmenschlichen Beziehung ein guter Mensch sein, sich gegenseitig achten und weder betrügen noch berauben, und zugleich in seinen wirtschaftlichen Beziehungen gravierende ethische Fehler machen.

Erst die Wirtschaftsethik kann uns hier weiterhelfen und den Anspruch, den die meisten Menschen an sich selbst haben, nämlich ein Leben zu führen, dass mit anderen und anderem im Einklang steht bzw. zumindest nicht auf Konfrontation und Zerstörung ausgerichtet ist, zu verwirklichen. Und was für die Einzelnen gilt, gilt natürlich ebenso, und zum Teil in noch größerem Ausmaß, für die größeren und sehr großen Akteure der Ökonomie, die Unternehmen. Auch sie verstehen sich in der Regel als kooperative und konstruktive Glieder der Gesellschaft und sind es doch oft nicht.

Erst die ethische Analyse des wirtschaftlichen Handelns aller Akteure der Ökonomie, also der einzelnen Menschen, der Unternehmen und der Staaten sowie der zwischenstaatlichen Organisationen und Regelwerke kann uns helfen, ethische Fehlentwicklungen der Wirtschaft zu erkennen und in der Zukunft zu vermeiden. Da die Wirtschaft mittlerweile nahezu alle Bereiche des Lebens umfasst, kommt der Wirtschaftsethik also auch die kulturstiftende Funktion zu, den zunehmend auseinandergefallenen Rahmen von Anspruch und Wirklichkeit wieder zusammenzuführen. So wird der durchschnittlich ethisch sozialisierte und aufgestellte Konsument die Erkenntnis, dass seine Konsumentscheide Sklavenarbeit, Tierversuche und Umweltzerstörung zur Folge haben, schwer mit seinem Selbstbild und mit seinen von ihm zu anderen Gelegenheiten verteidigten Werten in Einklang bringen können. Als Folge dieses Unvermögens bieten sich zwei Möglichkeiten: Man kann künftig die Augen schliessen und es nicht mehr so genau sehen wollen, man kann es aber auch anders halten: Die erste Reaktion, so emotional nachvollziehbar sie auf den ersten Blick auch sein mag, hilft auf Dauer nicht weiter und führt auf lange Sicht zu Frustration oder Tendenzen der Aufspaltung der Persönlichkeit.

Was der Volksmund als Sinnbild der Heuchelei bezeichnet, bringt *Heinrich Heine* (1797 1856) drastisch auf den Punkt, Heuchelei ist nämlich, wenn jemand «öffentlich Wasser predigt und heimlich Wein säuft».[1] In moderner Gestalt kann das bedeuten, dass sich jemand umweltbewusst gibt, aber jedes Jahr interkontinental in die Ferien fliegt, oder gerne die UN-

Abb. 1: Heinrich Heine (1797-1856): Wasser predigen, Wein saufen

Kapitel 1 *Wirtschaftsethik – zur Einführung*

Menschenrechtscharta zitiert, aber Kinderarbeit finanziert, oder – als Firma –, das Prinzip der Transparenz verteidigt aber sich die Aufträge durch Bestechung sichert. Erst die wirtschaftsethische Analyse kann solche Lücken in der Identität wie sie sich im Abstand von Anspruch und Wirklichkeit auftun, schliessen und damit sowohl das Leben der Einzelnen wie der Gesellschaft besser machen. Wenn dagegen diese Kluft bestehen bleibt oder sich dadurch schliesst, dass die eigenen Ansprüche aufgegeben werden, dann läuft die Gesellschaft Gefahr, dass sich ihre Mitglieder von ihr abwenden und der soziale Zusammenhalt und das geteilte Miteinander aufgegeben werden.
So wie sich die Grenze zwischen Privat und Öffentlich immer mehr aufhebt, so hebt sich auch die Gesellschaft im klassischen Sinne immer mehr auf: Verstand man darunter die längste Zeit die lokale Dorfgemeinschaft, später die einer größeren Region und dann die des Nationalstaates, so öffnet die wirtschaftsethische Analyse den Blick dafür, dass wir unter Gesellschaft immer auch die Weltgesellschaft verstehen müssen[2]. So erklärt sich auch die vorangegangene Feststellung, dass das Auseinanderklaffen von Anspruch und Wirklichkeit gesellschaftlich fragmentierend und entsolidarisierend wirkt. Innerhalb der eigenen lokalen oder nationalen Gesellschaft kann die Kluft zwischen ethischem Anspruch und gelebter Wirklichkeit zum kollektiven Selbstverständnis werden, das sich erst im globalen Kontext als Lebenslüge erweist. Ein Beispiel dafür ist der extrem hohe Energieverbrauch, welchen sich nahezu die Gesamtheit der Bürgerinnen und Bürger der ökonomisch reichen Staaten leisten und über deren Berechtigung intern ein weitreichender Konsens herrscht: Erst aus der Warte der ökonomisch armen Länder, die durch Armut, Ausbeutung oder Klimawandel davon betroffen sind, wird der hehre ethische Anspruch westlicher Lebenskultur, die sich gerne auf ihre reiche kulturelle, insbesondere philosophische Tradition beruft und die dazu in völligem Kontrast stehende Lebenswirklichkeit als scheinheilig entlarvt.
Gerade in einer durch wirtschaftliche Beziehungen zusammengeführten Welt wirken deshalb solche Inkonsequenzen als Angriff auf die, wiederum von westlicher Seite aus, gerne propagierte Vorstellung der einen und durch die Werte der Menschenrechte geeinten Welt. Im Kleinen wie im Grossen bedroht daher die Ignoranz gegenüber wirtschaftsethischen Standards die Chance auf ein friedvolles Miteinander in der Welt.

Fragen und Aufgaben:
- Beschreiben Sie Lebensbereiche, die immer schon und solche die neu durch die Wirtschaft bestimmt sind.
- Stellen Sie dar, wie Lebensbereiche, die traditionell nicht durch wirtschaftliches Denken dominiert waren, durch dieses verändert werden.
- Erklären Sie die Notwendigkeit wirtschaftsethischer Kompetenz.

Handel und Wandel

19	2.1.	Zwangsgeschenke: Potlatch
22	2.2.	Antike: Zwischen Ökonomik und Chrematistik
29	Begriff 1: «Gier»	
31	2.3.	Mittelalter: Zwischen Seelenheil und Geldgewinn
31	2.3.1.	Seelenheil und Effizienzsteigerung
33	2.3.2.	Sein eigenes Leben leben
36	2.3.3.	Der Streit um den Zins
40	2.4.	Von der Neuzeit bis zum Ende des 20. Jahrhunderts: Weltrationalisierung und Marktausdehnung
40	2.4.1.	Der Beginn der Neuzeit
45	2.4.2.	Die Aufklärung
51	2.4.3.	Die Zeit bis zum Ende des 20. Jahrhunderts
58	2.5.	Der Super-Markt des 21. Jahrhunderts: Ökonomischer Imperialismus
63	Begriff 2: «Gerechtigkeit»	

2. Handel und Wandel

Im Folgenden soll in einem Überblick gezeigt werden, welche Bedeutung Handel und Wandel im Leben der Menschen hatte und wie sich diese bis in die Gegenwart entwickelt und verändert hat.

2.1. Zwangsgeschenke: Potlatch

Tauschbeziehungen stellen die ältesten Formen des Wirtschaftens dar: Schon immer haben Menschen etwas miteinander ausgetauscht, meistens sind es Dinge, die getauscht werden, es können aber auch immaterielle Güter wie Höflichkeiten und andere Gesten, es können Rechte oder sogar Menschen sein.

Tauschbeziehungen sind grundlegend für soziale Beziehungen, weswegen der Soziologe *Marcel Mauss* (1872-1950) vermutet, dass es keine Gesellschaft gegeben hat, die nicht den Tausch gekannt habe[1] und damit immer schon ein System von Wirtschaft hatte bei dem «Angebot und Nachfrage generiert und reguliert» wurden.[2] Unter Wirtschaft ist demnach ein kulturelles Projekt zu verstehen und nicht eine «natürliche Ökonomie» nach dem Vorbild der Tiere, wie beispielsweise der Eichhörnchen, die auch Vorräte anlegen und haushalten. Das kulturelle Projekt «Wirtschaft» ist in allen Kulturen und zu allen Zeiten anzutreffen.

Marcel Mauss` Erforschung archaischer Stammesgesellschaften hat gezeigt, dass auch diese bereits über ein komplexes System von Haushaltung verfügten, dem ein reiches Set von Regeln zu Grunde lag. Auffällig ist hier das *Potlatch* genannte System des indirekten Tauschs. Was zu einem Tausch führt, beginnt hier als einseitiges Geben, nämlich in der Form der Gabe oder des Geschenks. Der in vielen Gebieten Afrikas, Polynesiens und Südamerikas anzutreffende Brauch des zur Erwiderung einladenden Schenkens – wie es in den modernen Gesellschaften in gemässigter Form in der Erwiderung von Geburtstagsgeschenken oder Essenseinladungen fortlebt – ist im Potlatch streng ritualisiert, so dass das Schenken den Charakter eines «freiwillig-obligatorischen Austauschs»[3] annimmt und damit zu *Zwang* wird. Bereits an dieser Stelle ahnt man, dass das Tauschen eine gefährliche Sache ist. Will man die dem Tausch eigene Dynamik verstehen, ist es wichtig zu erkennen, was ihn antreibt. Treibende Kräfte sind mit dem gegebenen Gut verbundene immaterielle Werte wie *Ansehen* und *Ehre*, die es als undenkbar erscheinen lassen, ein erhaltenes Gut nicht zu erwidern: Auf ein Geschenk mit einem Gegengeschenk zu reagieren ist mithin eine Frage der Ehre. Damit wird dem Geschenkgut ein extrinsischer Wert zuteil: Ist es eine Frage der Ehre,

Kapitel 2

auf das Geschenk einer Kalebasse mit einem Gegengeschenk zu antworten, erhält die Kalebasse einen von aussen (extrinsisch) zugeschriebenen Wert. Zusätzlich besitzt das Gut einen praktischen Wert, der es auch als ein materielles Gut ausweist, beispielsweise hat die Kalebasse eine Aufbewahrungs- und Transportfunktion. Über diesen materiellen Wert hinaus kann eine Kalebasse aber auch einen inhärent immateriellen Wert haben, nämlich dann, wenn in ihr noch der Geist des vormaligen Besitzers fortlebt. So ist nach Auffassung der *Maori* auf Neuseeland jedes materielle Gut vom Geist seines ursprünglichen Besitzers besetzt. Auch modernen Gesellschaften ist diese Vorstellung übrigens nicht ganz so fremd, wie der Auktionsmarkt von Gütern berühmter Persönlichkeiten beweist, beispielsweise dem letzten Kleid *Marilyn Monroes* (1926-1962) oder dem Porsche *Steve McQueens* (1930-1980).

Wenn der Geist des Vorbesitzers auch unter dem neuen Besitzer fortwirkt, hat dies zur Folge, dass der neue Besitzer nie die vollständige Macht über seinen Besitz hat. Diese Wirkung zeigt sich nach Auffassung der Maori sehr deutlich beim Diebstahl und macht, dass der Dieb mit seinem Diebesgut kein Glück hat, hat er sich doch neben der ihm nicht gehörenden Sache auch den Geist seines früheren Besitzers ins Haus geholt. Aber auch bei freiwilliger Gabe wirkt der Geist des früheren Besitzers nach, der eine Macht über den neuen Besitzer bekommt.[4] Diesem fortwirkenden Einfluss des Gebenden kann sich der Empfänger nach Auffassung der Maori nur dadurch entziehen, dass er seinerseits dem Geber gibt und zwar mehr und höherwertiger als er empfangen hat.

Man sieht leicht, dass auf diese Weise eine Dynamik in Gang gesetzt wird, die, wie bereits erwähnt, nur als indirekter Zwang zu verstehen ist. Wer ein Geschenk erhalten und es damit angenommen hat, – ein Geschenk anzunehmen, ist, da ein Gebot der Ehre, wiederum nicht freiwillig –, der tritt in einen Kreis aus dem es kein Entrinnen gibt: Das angenommene Geschenk – auch das ist eine Frage der Ehre – muss erwidert und dabei zugleich übertroffen werden, was bedeutet, dass eine Dynamik von Geben und Nehmen und Wiedergeben in Gang kommt, die kein gutes Ende nimmt. Dieses Zwangssystem kennt keinen Ausweg, der einzig mögliche Exit ist der Kollaps. Diese gefährliche Entwicklung lässt sich jedoch nicht dadurch vermeiden, dass man die erste Gabe mit welcher der Kreislauf von Nehmen und Geben in Gang gebracht wird, nicht annimmt: Insofern man Teil der Gemeinschaft ist und bleiben will, müssen Gaben angenommen und dürfen nicht verweigert werden, denn Gaben zu nehmen und zu geben ist Ausdruck der Kommunikation, welche einzelne Menschen erst zu einer Gemeinschaft verbindet.[5] Es sind mithin diese basalen wirtschaftlichen Beziehungen, welche Gemeinschaft stiften.

Kapitel 2 *Handel und Wandel*

Die Bedeutung der Gemeinschaft erschöpft sich nicht alleine darin, das Leben des Einzelnen zu erleichtern und geht sogar über die existentielle Bedeutung, dass Menschen ohne Gemeinschaft nicht sein können, hinaus, ist sie doch die Voraussetzung von *Identität*.[6] In den den Potlatch praktizierenden archaischen Gesellschaften kommt der identitätsstiftenden Bedeutung von Tauschhandlungen die zentrale Bedeutung zu, da die materielle Bedeutung der Tauschgüter in diesen in hohem Masse autarken Gesellschaften relativ gering ist. Es sind also die immateriellen Vorteile, welche man sich vom Tausch erwartet. Und dieser Vorteilsgewinn ist nur unvollständig mit der modernen Vorstellung von *Prestige* beschrieben.

Als Zeichen, dass es dem Potlatch um den immateriellen statt den materiellen Vorteilsgewinn geht, kann seine *Abstraktion* gelten, welche die getauschten Güter – Speisen, Schnitzereien, gefundene Naturkostbarkeiten, Tiere – ersetzt durch deren Platzhalter, womit eine der Entstehung des Geldes vergleichbare Entwicklung in Gang kommt (→ Begriff 11).[7]

Wenn eine Gemeinschaft einmal diesen Schritt vollzogen und sich damit darauf geeinigt hat, dass der immaterielle Tausch ebenso durch Platzhalter vollzogen werden kann, – bei den *Fidschis* sind es Walfischzähne[8] – ohne dass eine Einbusse an Identitätsstiftung zu befürchten ist, dann führt das, wie in den modernen Gesellschaften zu einer Beschleunigung der Umlaufgeschwindigkeit, und zugleich zur Ausbildung eines freien *Marktes*, auf dem Geschenke und Gegengeschenke in immer kürzeren Abständen ihre Besitzer wechseln. Auch in dieser Ökonomie, die anders als die Ökonomie der abendländischen Gesellschaft ihren Ausgang nicht beim *Nehmen*, sondern beim *Geben* nimmt, ist das Phänomen von *Wucher* zu beobachten,[9] nämlich dann, wenn nicht das Nehmen – wie in der abendländischen Gesellschaft –, sondern das Geben zunehmend teurer wird, da es mit einem imaginären *Zins* belegt ist. Um sich klar zu machen, dass dieses Geben und mithin die Begriffe von Zins und Wucher in umgekehrter Richtung als in der abendländischen Ökonomie wirken, muss man beachten, dass das Geben nicht in erster Linie aus einer Schuld heraus geschieht, da es ja eine Gabe darstellt. Dennoch verteuern sich in der *Potlatch-Wirtschaft* die gar nicht ausstehenden (das ist der Faktor Schuld), da ja freiwillig geleisteten Gaben (= Geschenke) permanent – durch den auch in der abendländischen Ökonomie preistreibenden Faktor Zeit.[10] Und daher ist die *Potlatch-Wirtschaft* unerbittlich: Gibt es in der abendländischen Ökonomie – zumindest in der Theorie – den Ausweg des Konsumverzichts, so bleibt dieser Ausweg in der *Potlatch-Wirtschaft* versperrt, da in dieser von der materiellen Notwendigkeit abgekoppelten Tauschbeziehung die Möglichkeit nicht zu tauschen, nicht besteht. Denn es geht ja nicht um den Erwerb materieller Güter, auf die man ja zum Teil auch verzichten könnte, sondern es geht um die eigene Ehre, den Stand und das Ansehen, welche man in einer Gemeinschaft hat. Und hier zeigt sich, dass je höher man sich im gesellschaftlichen Rang befindet, umso stärker der Druck ist, sich im Tauschreigen aktiv und durch ständig steigenden Einsatz zu beteiligen.

So kann ein Häuptling in einer Potlatch-Kultur seine Autorität letztlich nur dann beweisen, wenn es ihm gelingt zu zeigen, «dass er von den Geistern begünstigt wird, dass er Glück und Reichtum besitzt. (...) Und seinen Reichtum kann er nur dadurch beweisen, dass er ihn ausgibt, verteilt und damit die anderen demütigt, *sie in den Schatten seines Namens stellt.*»[11] Die Beobachtung Mauss`, dass der Tausch letztlich eine demütigende Wirkung auf die anderen hat und diese auch bewusst anstrebt – welche ihrerseits zum Motor eines intensivierten Tauschverhaltens wird, da niemand diese Demütigung auf sich sitzen lassen will –, zeigt, dass die Wirtschaft der Potlatch-Kultur sowohl eine identitätsstiftende als auch zugleich eine identitätszerstörerische Wirkung hat und dass dieses Wirtschaftssystem selbst keine Korrektur und keinen Ausweg aus diesem destruktiven Kreislauf kennt und zur immerwährenden Fortsetzung der etablierten Praxis verurteilt ist, obwohl sie zunehmend Nachteile produziert.

Fragen und Aufgaben:
☐ Stellen Sie die treibende Kraft der Potlatch-Wirtschaft dar und beschreiben Sie deren Gefahren.
☐ Suchen Sie nach Potlatch-Elementen in der modernen Wirtschaft und diskutieren Sie die Frage, ob auch die moderne Wirtschaftsform ähnlichen Gefahren ausgesetzt ist wie die traditionelle Potlatch-Wirtschaft.

2.2. Antike: Zwischen Ökonomik und Chrematistik

Nach antiker Vorstellung hat jeder Handel und alles Wirtschaften immer auch eine politische Dimension: Politisch ist das Wirtschaften nach antiker Vorstellung, weil alles, was die Menschen tun, innerhalb der und in Bezug auf die *Polis* (dt. *Stadt*), also die eigene Stadt oder den Staat, stattfindet. Es gibt gar kein Handeln ausserhalb des kulturellen Rahmens, den die Polis bildet, denn der Mensch findet nach antiker Überzeugung erst in und durch die Polis zu seiner Bestimmung, weswegen ihn Aristoteles als seinem Wesen nach *politisch* (gr. *zoon politikon*) bezeichnet. Denn «mehr als jede Biene und jedes schwarm- oder herdenweise lebendes Tier (ist der Mensch) ein Vereinswesen.»[12] Damit liefert Aristoteles auch die Begründung dafür, dass es kein ethisch neutrales wirtschaftliches Handeln gibt von dem sich sagen liesse, dass es Privatsache sei: Durch den Bezug auf andere Menschen (der Stadt, des Staates) ist das wirtschaftliche Handeln nie nur Privatsache und muss daher auch immer gerechtfertigt werden.

In diesem Sinne handelt der Mensch immer politisch und dies selbst dann, wenn er den ihn schützenden Raum der Polis verlassen und in die Natur gehen würde. Auch hier weiss er um die Gesetze der Polis, die er, wie *Robinson Crusoe,* selbst auf eine einsame Insel mitnimmt und entsprechend sein Leben in Relation zu den Gesetzen des Staates oder der Gemeinschaft, zu der er sich zugehörig fühlt, lebt.[13]

Mit Blick auf die Reichweite, Tiefe und Langzeitwirkung von Handlungen ist die Wirtschaft zentral für jede Gesellschaft. Am Anfang steht, wie wir gesehen haben, die Tauschhandlung und wo getauscht wird, wird der besondere Handlungsraum eröffnet, der einen *Markt* begründet und damit den Ort schafft an dem Menschen miteinander in Beziehung treten und damit auch ethische Regeln entwerfen und erproben. Märkte sind daher zunächst und zuerst Begegnungsräume in denen das jeweilige Tauschgut die Marktteilnehmer zusammenbringt.

Um die Besonderheit dieser Orte hervorzuheben, sind Marktplätze, wenn eben möglich auch über das funktional notwendige und praktische hinaus gestaltet worden. Die frühneuzeitliche repräsentative Marktarchitektur versucht in der Gestaltung der Märkte würdigen Ersatz für den ursprünglich noblen, mit der Zeit jedoch für diesen Anlass in Verruf geratenen Ort des Handels, den Tempel, zu finden. Wenngleich sich *Jesus* über die im Tempel Handel treibenden Händler beklagte,[14] so hat der Handel doch immer schon die Nähe zum Raum des Repräsentativen – und Heiligen – gesucht, was sich in der Börsen- und Bankenarchitektur bis in die Gegenwart verfolgen lässt.

Schon im Mittelalter wollte man mit den repräsentativen Marktplätzen und ihren sie umgebenden Bauten eine eigene und vom Reli-

Abb. 2-3: Marktplätze wie die von Krakau und Siena wollten immer schon mehr sein als nur Orte des Handels

giösen unabhängige Aura schaffen, in der der Handel weiter gedeihen und sich entfalten konnte. Mit der sich so zeigenden Macht der Kaufleute, welche jene des Adels, die seinerseits wiederum auf das Engste mit der Macht der Kirche verflochten war, ablöst, beginnt die neue Zeit, die dann später die *Neuzeit* genannt werden wird.

Der eindrucksvolle Marktplatz und der schwindelerregend hohe Turm des Rathauses sind Vorboten der neuen Zeit. Auf dem muschelförmigen Rund der *Piazza del Campo* in *Siena* kann gehandelt werden zu gegenseitigem, hin und wieder auch zu einseitigem Vorteil, es können faire und hinterhältige Geschäfte geschlossen werden, wobei kein Tempelvorsteher und Priester hier mitzureden hat. Dieser weltliche Renaissance-Ort wird zum Probierplatz der grossen Begriffe des Zusammenlebens der modernen Gesellschaft, wie sie bereits in der Antike zum ersten Mal gedacht wurden. Und dabei zeigt sich, dass Tauschbeziehungen nicht in erster Linie durch das Tauschobjekt, sondern durch Beziehungen gestiftet werden: Menschen bringen sich im Tausch zueinander in ein Verhältnis und stellen eine Verbindung zueinander her. Das Tauschobjekt mag den äußeren Anlass zu einer schließlich zustande gekommenen Beziehung sein, so dass beispielsweise die Hühner, die auf der Piazza del Campo oder das gebrauchte Smartphone, das auf einem digitalen Marktplatz angeboten werden und ihre Käufer finden, zum Mittler zwischen Anbieter und Abnehmer werden. Deren Beziehung besteht jedoch bereits unabhängig von der konkreten Ware und ist bereits durch Vorannahmen, welche beide Marktplatzbesucher bereits teilen bevor sie sich auf dem Markt begegnen, konstituiert. Denn beide gehen mit einem reichen Set von ethischen Ansichten auf den ihnen noch unbekannten Anderen zu. Wer etwas tauschen will – hier Hühner gegen einen Sack Getreide, dort Smartphone gegen Geld –, der bringt auch Vorstellungen wie die von Fairness, Gerechtigkeit und Vertrauen mit. Das gilt selbst für den, der sich in betrügerischer Absicht auf den Markt begibt: Auch er weiß um die Werte, von denen er sich in eigennütziger Absicht distanzieren will (→ 3.2.1.). Vergleichbar dem berühmten Kommunikationsaxiom *Paul Watzlawicks* (1921-2007), nachdem man nicht nicht kommunizieren kann, kann man also feststellen, dass Menschen weder in eine nicht-ethische Beziehung miteinander eintreten können und noch nicht einmal in ethikneutraler Absicht (*Werturteilsfreiheit*) eine Beziehung anbahnen können. Menschliche Beziehungen sind demnach immer schon ethisch fundiert.

Märkte sind institutionalisierte Orte des Tausches, wobei auch hier gilt, dass eine Institution in erster Linie und notwendigerweise eine gedankliche Konstruktion ist und für diese eine materielle Form – wie am Beispiel des Marktplatzes von *Siena* – möglich aber nicht notwendig ist. Der Markt ist da-

Kapitel 2 *Handel und Wandel*

her weder durch Steine noch durch Bytes begründet, sondern durch ein (ethisches) Handlungskonzept. Dieses Konzept wird von den Marktteilnehmern durch ihre Marktteilnehmerschaft begründet, was bedeutet, dass es Märkte an sich gar nicht gibt; Märkte werden durch ihre Teilnehmer jeweils neu gebildet.

Der Kamelmarkt von *Imbaca* bei Kairo, der Pferdemarkt in *Saignelégier* im Schweizerischen Jura oder der *Grosse Basar* in Istanbul haben die Gemeinsamkeit, dass es diese ehrwürdigen Institutionen nur so lange gibt, wie es Menschen gibt, die sich in der Absicht einen Handel abzuschliessen, dorthin begeben und durch Angebot und Nachfrage diese Märkte als Märkte erst entstehen lassen. Die Touristen, welche heute solche Orte zusätzlich und ohne jede Kaufabsicht aufsuchen, tragen nicht zum Entstehen *dieser* Märkte bei, wohl aber zum Entstehen angegliederter Märkte von Fressbuden und Souvenirshops.

Was auf diesen wie allen Märkten der Welt stattfindet, lässt sich mit *Aristoteles* als eine Handlungsfolge bezeichnen, die für eine Gemeinschaft unverzichtbar ist, um bestehende Versorgungsdefizite auszugleichen.[15] Dabei hält Aristoteles den unmittelbaren Ausgleich des Mangels für das primäre und letztlich einzig legitime Tausch-Motiv und nicht den Wunsch nach Geld-Erwerb. Allerdings weiss er, dass letzteres unter bestimmten Umständen in den Vordergrund treten kann, dies nämlich dann, wenn der Handel – und damit der Markt – sich geographisch ausdehnt und auch entfernte Länder mit einbezieht. Dann kann sich Geld gleichsam als Speichermedium bewähren (→ Begriff: 11), in dem der Wert naturaler und verderblicher Waren festgehalten und erst je nach dem verflüssigt wird. Diesen Sinn des Geldes kannte bereits *Platon* (428-348), auf den sich Aristoteles hier indirekt bezieht.[16] Dass dabei unter der Hand der Gelderwerb eine Profitmarge erreichen kann, welche es attraktiv macht, nur noch zu kaufen und zu verkaufen und damit das Händler- und Krämergewerbe entstehen lässt, wäre nach Aristoteles dann abzulehnen, wenn der Handel nicht den Tausch allgemein erleichtern, sondern den einen Vorteil zum Nachteil der anderen verschaffen würde. Denn dann stünde nicht mehr das ursprüngliche Ziel, die Überwindung eines vorherrschenden Mangels, sondern der Gelderwerb im Vordergrund. Auf diese Art kann man auch bereits in der Antike reich werden und damit einen Reichtum erlangen, den Aristoteles für unnatürlich hält, weil es nicht sein Ziel ist, eine Not zu lindern oder einen notwendigen Beitrag zur Lebensfristung zu leisten. Stattdessen, so klagt Aristoteles, dreht sich dann alles um das Geld: «Das Geld ist des Umsatzes Anfang und Ende. Daher hat denn auch dieser Reichtum, der aus dieser Art Erwerbskunst fliesst, kein Ende und keine Schranke.»[17] Die Idee des *grenzenlosen Wachstums* (→ 2.5.; 14.1.; 14.3.), die die Ökonomien des 20. Jahrhunderts bestimmt, wird also bereits im vierten vorchristlichen Jahrhundert analysiert und kritisiert.

Aus Aristoteles' Sicht liegt es in der Logik eines vom Warenwert abgekoppelten Geldmarktes, dass er nach stetiger Expansion drängt und dabei die Märkte naturaler Güter zunehmend verdrängt. Diese Entwicklung ist, so glaubt Aristoteles, dann unvermeidlich, wenn auf dem Markt Händler auftreten, deren primäres Ziel nicht mehr in der Sache als solcher – also der Bereitstellung von Waren – liegt, sondern in dem von der Sache abgekoppelten Marktwert. Aristoteles' Kritik an dieser Entwicklung des Marktes gründet in dem Argument, dass die Wirtschaft an der Befriedigung der Bedürfnisse ausgerichtet sein soll[18] und alleine daraus ihre Legitimation ableite.

Aristoteles unterscheidet daher zwei Formen des Wirtschaftens oder, wie er es nennt, der «Erwerbskunst». Da ist zum einen die gerade beschriebene Art, die ihr Ziel in der grenzenlosen Mehrung des Kapitalvermögens sieht und die Aristoteles als die «unnatürliche» oder «nicht-notwendige» Erwerbskunst bezeichnet. Die Anhänger dieser Wirtschaftsweise kritisiert Aristoteles, weil sie «leben wollen (ohne sich) um ein gutes Leben zu bekümmern.»[19]

Dass diese *Chrematistik* (dt. *Gelderwerben*) genannte Wirtschaftsweise ethisch problematisch ist, kann man bereits an der Haltung ihrer Vertreter erkennen: Wenn es ihnen schon nicht um das eigene gute Leben geht, wozu nach Aristoteles nämlich das Streben nach ethisch richtigem Handeln gehört (→ 3.1.2.), um wieviel weniger werden sie sich um ein gutes Verhältnis zu den anderen Menschen bemühen.

Anders sieht das bei der von Aristoteles als «natürliche Erwerbskunst» bezeichneten «Haushaltungskunst», der Ökonomik aus, die sich darum bemüht, das Haus (gr. *oikos*) nach Gesetzen (gr. *nomos*) zu gestalten: Dieser Form geht es um die Bewahrung und Versorgung des Haushalts, womit sie nicht auf Unendlichkeit aus ist, sondern sich beschränkt, auf das Ziel, die natürlichen Bedürfnisse zu befriedigen. Mehr braucht es nicht, denn «in diesen Dingen besteht ja wohl einzig der wahre Reichtum»,[20] wie Aristoteles feststellt und damit zugleich einen wichtigen Beitrag zur Wohlstands-Debatte der Gegenwart leistet (→ 14.3).

Was das für die wirtschaftliche Tätigkeit bedeutet, kann man sich am Beispiel eines Handwerkers oder eines Arztes verdeutlichen: Der Handwerker hat ein primäres Interesse an der Herstellung seines Handwerkgutes, der Töpfer beispielsweise an der Herstellung eines guten Topfs und erst danach denkt er daran, ihn auf den Markt zum Verkauf zu bringen. Ebenso hat der Arzt das primäre Ziel, seinen Patienten zu heilen und denkt nicht in erster Linie an sein Honorar. Wäre es umgekehrt, würden wir ihn nicht Arzt, sondern Kurpfuscher nennen.

Töpfer und Arzt streben solange nicht nach einer unbegrenzten Mehrung ihres Reichtums, wie sie das Ziel ihrer Tätigkeit und damit zugleich deren Sinn bewahren, der in der Herstellung ihrer entsprechenden Güter – hier Topf, da Gesundheit – liegt. Erst wem der Sinn seiner *Erwerbskunst*, wie Aristoteles diese Tätigkeiten nennt, abhandengekommen ist, dem bleibt fast nichts Anderes übrig, als den Nebeneffekt der Arbeit, ihren Lohn, zum Haupteffekt zu machen.

Wenn es immer mehr Menschen den Sinn der Erwerbskunst aus den Augen verlieren, dann ist der Markt entfesselt und es gibt kein Halten mehr. Und dann gibt es letztlich fast nur Verlierer:

- Die Qualität der angebotenen Produkte sinkt rapide, was die Käufer teuer zu stehen kommt.
- Den erlittenen Sinnverlust parieren die Händler, die keine Produzenten mehr sind, mit einer weiteren fatalen Sinnentleerung: Sie wollen nur noch leben und bekümmern sich nicht mehr um ein «gutes Leben», weswegen sie das «Wohlleben (…) an das Übermass an Besitz» knüpfen.[21]
- Kommt dem Besitz eine Ersatzfunktion für entgangenen Sinn, welchen sowohl der Handwerker wie der Arzt mit ihrer Tätigkeit noch verbinden konnten, zu, dann erhält ein letztlich sinnloser Affekt mit einem Mal Auftrieb und kann dann irrigerweise sogar als sinnvoll betrachtet werden, es ist dies die *Gier* (→ Begriff 1).

Wegen solcher schädlichen Effekte kannte auch bereits die Antike Auflagen und Begrenzungen der Handlungstätigkeit zum Wohle der Gesellschaft. So kritisierte bereits Aristoteles Auswüchse des Handels, sofern sie dem Gemeinwesen abträglich sind. Dazu zählt er beispielsweise die *Spekulation*, welche alle mit Ausnahme des Monopolisten schädigt. Aristoteles weiss gleich von zwei solchen Fällen zu berichten. Da ist einmal ein früher Eisenmagnat und Geldhändler auf Sizilien, der sich mit den Ersparnissen seiner Kundschaft in den Besitz allen Eisens auf der Insel bringt. Als dies dem Herrscher von Sizilien, *Dionysios I.* von Syrakus (430-367), zu Ohren kommt, verweist er den erfolgreichen Monopolisten des Landes, ohne ihn jedoch zu enteignen. Ein anderer Monopolist ist der berühmte Mathematiker und erste Philosoph des Abendlandes, *Thales* von Milet (624-547). Von ihm berichtet Aristoteles Folgendes: «Als man ihn nämlich wegen seiner Armut verspottete, als ob die Philosophie zu nichts nütze sei, so soll er, der auf Grund seiner astronomischen Kenntnisse und Beobachtungen eine ergiebige Olivenernte voraussah, noch im Winter, mit dem wenigen Geld über das er verfügte, sämtliche Ölpressen in Milet und Chios für einen geringen Preis gepachtet haben, da niemand ihn überbot. Als aber der rechte Zeitpunkt gekommen war und plötzlich und gleichzeitig viele Pressen verlangt wurden, da habe er sie so teuer verpachtet, als es ihm beliebte, und so einen Haufen Geld verdient zum Beweise, dass es für die Philosophen ein Leichtes wäre, reich zu werden, dass das aber nicht das Ziel sei, dem ihre Bestrebungen gälten.»[22] An anderer Stelle begründet Aristoteles seine Forderung nach Einschränkung der Gewerbefreiheit nochmals ausdrücklich mit dem Wohl des Gemeinwesens.[23]

Dieser Ansatz lässt einen indes leicht übersehen, dass die antike Gesellschaft und ihre Ökonmie auf Sklaverei aufgebaut waren. Kein geringerer als Aristoteles selbst rechtfertigt die Sklaverei mit einer kruden naturalistischen Theorie.[24] Es klingt, als mahne ihn das schlechte Gewissen, wenn Aristoteles, der die versklavten Menschen als «beseelte Werkzeuge» bezeichnet, hofft, dass man dereinst die unbeseelten Werkzeuge so bauen könne, dass sie wie von alleine ihren Dienst tun.

Es klingt, als habe der Denker aus Athen die Digitalisierungsvisionen des *Silicon Valley* vorweg genommen, wenn er darüber nachdenkt, dass «wenn jedes Werkzeug auf erhaltene Weisung, oder gar die Befehle im Voraus erratend, seine Verrichtung wahrnehmen könnte, (...) dann brauchten allerdings die Meister keine Gesellen und die Herren keine Knechte»[25] mehr.

= *Aristoteles, liefert mit seiner Beschreibung der «Erwerbskunst» und der Verfallsform dieser wirtschaftlichen Tätigkeit eine wichtige begriffliche Differenzierung, die auch zur Analyse der Ökonomie der Gegenwart taugt. Ausserdem zeigt er, inwiefern wirtschaftliche Aktivitäten immer schon von ethischer Bedeutung sind.*

Fragen und Aufgaben:
- ☐ Welche beiden Formen wirtschaftlicher Tätigkeit unterscheidet Aristoteles?
- ☐ Welche Gefahr sieht Aristoteles im Gewerbe des Handels?
- ☐ Wie verhalten sich der wahre Handwerker oder der wahre Arzt zu ihrer Arbeit und deren Lohn?
- ☐ Inwiefern kann man Aristoteles` Kritik am Handel seiner Zeit auf moderne Verhältnisse übertragen?
- ☐ Wie kommt es zu einem entfesselten Markt?
- ☐ Inwiefern ist der Affekt der Gier nicht nur Privatsache?

Kapitel 2 *Handel und Wandel*

📖 Begriff 1: «Gier»

Neben Aristoteles beschäftigt sich eine ganze Reihe antiker Denker intensiv mit der Gier des Menschen. Die Gier zeigt sich in beiden Dimensionen: im Selbstbezug wie in Bezug auf Andere und erscheint den antiken Denkern gerade deshalb als so bedrohlich und zerstörerisch, weil sie den Menschen in ein permanentes Vergleichen und in eine nie zu stillende Unzufriedenheit bringt, welche ihn immer weiter vorantreibt ohne dass er die Hoffnung hat, jemals anzukommen.[26]

Gier strebt nach dem immer Mehr, weswegen sich der Gierige in seine Unersättlichkeit immer mehr einspinnt, sich nur noch um sich selbst kümmert, keine Anderen mehr sieht und deshalb auch keine Gemeinschaft mehr kennt und damit letztlich auch dem schadet, was ihm am wichtigsten ist, sich selbst. Wegen diesen Schäden, welche die Gier verursacht, wird später die katholische Kirche die Gier als schweres Laster und damit als Ursache schwerer Sünden bezeichnen. (→ 2.3.). Diese kritische Haltung prägt auch die katholische Wirtschaftsethik der Gegenwart (→ 5.2.1.).

Einig sind sich Antike und christliches Mittelalter in der Deutung der Gier als einer gemeinwohlschädlichen und eben deshalb letztlich auch selbstschädigenden Haltung. Die Übereinstimmung zwischen der antiken und der mittelalterlich-christlichen Position zeigt sich unter anderem auch darin, dass beide Traditionen die Sinnlosigkeit und Überflüssigkeit der Gier betonen. So stellt *Epikur* (341-270) fest: «Nichts ist ausreichend für den, dem das Ausreichende zu wenig ist.»[27] und nicht viel anders formuliert es *Aurelius Augustinus* (354-430): «Suche nichts außer Ihm. Er genügt dir! Du magst habgierig sein, soviel du willst: Gott ist genug!»[28]

Dass die Gier einem nicht zu stillenden Hunger und damit einer Sucht gleichkommt, hat der Dichter und Karikaturist *Wilhelm Busch* (1832-1908) auf den Punkt gebracht: «Ein jeder Wunsch, wenn er erfüllt, kriegt augenblicklich Junge.»[29] Dass dies so ist, kann der kritische Zeitanalytiker Busch besser erklären als die Denker in Antike und Mittelalter, wenn er beobachtet, wie die allen Menschen innewohnende Haltung durch gesellschaftlich-ökonomische Verhältnissen gefördert werden kann. Einer, der es wissen muss, der amerikanische Börsenspekulant *Ivan F. Boesky* (* 1937), der in den 1980er Jahren im Mittelpunkt eines der grössten Wirtschaftsskandale der USA stand, formulierte es so: «Es ist gut, wenn man habgierig ist. Ich möchte sogar behaupten, dass es gesund ist, habgierig zu sein. Du kannst gierig sein und dich dabei gut fühlen».[30] In seinem «Siddhartha»-Roman beschreibt *Hermann Hesse* (1877-1962) dagegen die «Habgier», diese «Seelenkrankheit der Reichen» als einen mit «Müdigkeit» einhergehenden Zustand in dem die «Kette und Last», welcher der Besitz zunehmend bedeutet, besonders schwer empfunden werde.[31]

Dass die Entwicklung einer Emotion wie die der Gier durch wirtschaftliches Treiben begünstigt wird, haben bereits die antiken Denker beobachtet. Diese Sorge ist, wie das Zitat Augustinus` belegt, auch in der christlichen Zeit nicht ausgeräumt, im Gegenteil zeigen sich die christlichen Denker noch besorgter von Entwicklungen, welche mit egoistischen Tendenzen die Vereinzelung fördern und damit sowohl den Einzelnen wie auch die Gemeinschaft gefährden. Denn was der Antike der *zoon politikon* ist (→ 2.2.), das ist dem Christentum der in der Gemeinschaft mit Gott lebende, der, wenn er nicht gerade Eremit ist, auch in der Gemeinschaft der Mitmenschen seinen Weg geht. Wer sich statt dessen nur noch um sein materielles Erdenheil kümmert, der trägt, wie bereits *Sokrates* (469-399) (→ 3.) feststellt, weder seiner eigenen Seele Sorge noch der Gemeinschaft, weder der irdischen – der Menschen – noch derjenigen mit Gott.[32] Diese Bedenken an der Ökonomie hat in der Gegenwart *Papst Franziskus* (* 1936) in seinem ersten Lehrschreiben (→ 5.2.1.) erneuert.[33]

Nun ist es zwar unbestritten, dass die Menschen eine ihnen gleichsam naturwüchsige Emotion wie die der Gier in sich haben, es ist aber ebenso unstritig, dass sie auch über die entgegengesetzten Emotionen wie Freigebigkeit und Grosszügigkeit verfügen. Daher fragt es sich, wie es in der Gegenwart zu der überragenden Dimension der Gier gekommen ist. Nach *Erich Fromm* (1900-1980) ist dafür die «Haben-Orientierung» der Industriegesellschaft verantwortlich, die Besitz zum identitätsstiftenden Moment etabliert hat.[34] Das ökonomische Menschenbild gibt diesem Charakterzug mit der Kunstfigur des Homo Oeconomicus (→ 6.) eine Gestalt.

Video:
- «Der Goldrausch» (org. *The Gold Rush*), (1925) von Charlie Chaplin. In diesem frühen Werk zeigt Chaplin in tragikomischer Weise zu welchen Absurditäten die

> Gier nach Mehr ausarten kann.
> - «Wall Street» (1987) von Oliver Stone portraitiert den Börsenspekulanten Ivan F. Boesky (im Film Gordon Gekko genannt und von Michael Douglas dargestellt), der 1986 wegen Insidergeschäften verhaftet worden war und mit seiner öffentlichen Rede «Gier ist gut» bekannt geworden ist.
> - «Crazy About Tiffanys» (2016) von Matthew Miele. Diese Dokumentation geht der magischen Faszination von Luxusschmuck nach.

2.3. Mittelalter: Zwischen Seelenheil und Geldgewinn

2.3.1 Seelenheil und Effizienzsteigerung

Im Mittelalter ist die Ökonomie Gegenstand heftiger Debatten, wobei die Autoren sich sowohl mit der Frage auseinandersetzten, welche Wirtschaftsweise für das Seelenheil, als auch für das körperliche Heil, d.h. die Deckung der Grundbedürfnisse der Menschen am besten geeignet ist. Und zugleich streiten die christlichen Denker um die, die beiden ersten Fragen verbindende, Grundsatzfrage, welche Ökonomie mit dem Christentum vereinbar sei. Da die schweren Laster Eitelkeit, Gier und Genusssucht eine grosse Gefahr für das Seelenheil bedeuten, stellt sich die Frage, durch welche Faktoren diese schlechten Charaktereigenschaften befördert und umgekehrt durch welche diese eingedämmt werden könnten. In diesem Zusammenhang rückt die Diskussion um das *Eigentum* in den Fokus (→ Begriff 10). Eigentum ist das Medium, ohne welches ein Markt nicht denkbar ist, sind doch Märkte jene Orte, an denen Eigentum seinen Besitzer wechselt. Die christlichen Denker streiten daher heftig darüber, ob es a) überhaupt *Eigentum* geben solle und b) in welcher Gestalt. Dabei sind historisch drei Positionen vertreten worden: Als erstes die Position, Eigentum soll nicht sein. Dies ist die Vorstellung der urchristlichen Gemeinden, welche einen Kommunismus vertraten, zweitens die Position, Eigentum soll es nur als Gemein-Eigentum geben. Diese Vorstellung wird bis in die Gegenwart in der *Allmende*-Theorie (→ 12.3.) diskutiert und drittens die Idee des Privateigentums.[35]

Die letzte Position wird dann das beherrschende Moment einer Marktkonzeption, wie sie sich in der Neuzeit entwickelt hat. Der Weg bis dorthin ist lang aber kontinuierlich. Treibende Kraft ist der Wunsch nach Effizienzsteigerung angesichts einer wachsenden Bevölkerung. So ist es auch das Ziel staatlicher Macht, die Wohlfahrt der in ihrem Schutz lebenden Menschen zu gewähren und nach Möglichkeit zu fördern, welche man als «*raison d`etre*»

Kapitel 2

des mittelalterlichen um das Wohl seiner als Kinder Gottes betrachteten Schutzbefohlenen besorgten Staates bezeichnen kann.[36]

Während die Herrschenden sich immer schon um die Gestaltung und Einhegung des Rahmens des Handels bemüht haben, so bekommen sie doch allmählich Konkurrenz von dem die Gesellschaft zunehmend prägenden Händler, der durch seine ökonomische Macht auch soziale Strukturen gestalten und damit die Bedingungen des Handels nach seinen eigenen Bedingungen prägen kann.[37] Während diese Entwicklung bereits in der Antike beginnt, so entfaltet sie doch erst gegen Ende des Mittelalters eine Kraft, die die bis dahin über anderthalb Jahrtausende recht statische Gesellschaft in Bewegung bringt, so dass sie sich in eine Richtung bewegt, die mit der heutigen überraschend viele Gemeinsamkeiten hat. So entsteht ab dem 13. Jahrhundert ein Unternehmertum, das «das System von feudalen Institutionen», wie *Joseph Schumpeter* (1883-1950) feststellt, «das Bauern und Handwerker jahrhundertelang gefesselt, aber auch geschützt hatte, zu attackieren» beginnt. Ab dem 15. Jahrhundert entstehen dann die Phänomene, welche wir auch heute noch mit dem Kapitalismus, zu denen «Großunternehmen, Börsen- und Warenspekulation sowie die Hochfinanz gehören»[38] verbinden (→ 10.2.) und die bereits damals eine heftige Kritik hervorgerufen haben.

Im Mittelalter beginnt eine andere auch die Gegenwart bestimmende Entwicklung, die von Kunstmarkt und Wissenschaft. Zunächst tritt die Kirche als lange Zeit monopolistischer Auftraggeber der Künste aber auch als – gleichfalls lange Zeit einziger – Finanzier der Wissenschaften auf. Es ist *Thomas von Aquin* (1225-1274), der die Türe in diese Richtung aufstösst, als er den in der Kirche verbreiteten Zweifel, ob die Vernunft zur Ehre Gottes eingesetzt werden könne oder sie nicht eher eine verdammenswerte Fähigkeit sei, zur Seite schiebt und feststellt: «Von Natur aus ist ihm (dem Menschen) das Licht der Vernunft eingepflanzt, dass er dadurch in seinem Handeln zum Ziel geführt werde.»[39] Die damit als Gabe und nicht als Fluch und Versuchung anerkannte Vernunft wird nun weiterhin zur Ehre Gottes eingesetzt, wie beispielsweise der Boom der philosophischen Gottesbeweise zeigt. Mit der Vernunft erringt der Mensch aber zugleich zunehmend die Selbstgewissheit, sich und seine Welt aus sich heraus weiterzuentwickeln, auch dies vorläufig noch eingebettet in den religiösen Kontext. So predigt *Meister Eckhart* (1260-1328): «Auch soll der Mensch ohne Warum dienen und handeln, auch nicht für Gott oder für seine Ehre und um nichts, das ausserhalb seiner selbst ist, sondern allein darum, damit sein eigenes Sein und sein eigenes Leben in ihm seien. (...) Das Schaffen und das Werden sind eins. Wenn der Zimmermann nicht schafft, dann wird auch das Haus nicht. Wo die Axt danniederliegt, liegt auch das Werden danieder. Gott und ich, wir sind eins in diesem Schaffen, er schafft und ich werde.»⁴⁰ Wenngleich Eckhart hier in mittelalterlicher Manier den Menschen das Nachfragen verbietet («ohne Warum») und ihnen auferlegt einfach mit dem Tun loszulegen, so betont er doch zugleich die aktive Bedeutung des Tätigseins in dem sich der Mensch mit Gott eins fühlen und seine eigene Entwicklung erleben und befördern kann. Die Welt, so Eckhart, dient zwar weiterhin – und das ist die traditionelle Sicht – der Vorbereitung auf das Jenseits, aber dazu – und diese Sicht ist neu und bereitet zugleich die neue Zeit vor – kann auch das Wirken im Alltag einen Beitrag leisten. Von dieser Position aus ist es nicht mehr weit zu Vorstellungen von Tüchtigkeit und Erfolg mit denen die tradierte Kultur verkehrt wird: Es ist nicht mehr alleine die innere Einkehr (*Kontemplation*), die zum Seelenheil führt und es ist nicht alleine die Besinnlichkeit, welche zum Gradmesser gelungenen Lebens wird, sondern umgekehrt kann auch der Schritt nach draussen in die Welt, in der sich der Gläubige bewährt und Erfolge erzielt, im Einklang mit Gott stehen. Man sieht, wie sich die moderne Vorstellung von Arbeit allmählich vorbereitet (→ 8.3.).

Je mehr sich diese Sicht verbreitet, umso mehr verliert sie das Anrüchige und gewinnt im Gegenteil an Attraktivität. Das bis anhin starre, durch den Klerus oben, die unfreien Bauern unten und die Zünfte in der Mitte, geschichtete Modell der Gesellschaft gerät in Bewegung und – da Erfolg die beste Werbung für Erfolg ist – gewinnt an Dynamik. Und je mehr Menschen sich an diesem Projekt versuchen, umso mehr steigt die Zahl der Erfolgsgeschichten, die zum Nachahmen einladen.

Dieser Entwicklung will die Kirche nicht tatenlos zusehen und bemüht sich, in ihren Lehrschreiben und Predigten, die Gläubigen vor den Versuchungen und Abirrungen durch die weltlichen Erfolge zu schützen, – letztlich jedoch ohne Erfolg: Die neue Zeit lässt sich nicht mehr aufhalten und die kirchlichen Mahnungen bewirken das Gegenteil und machen den neuen Stil zu leben und zu arbeiten nur umso attraktiver. Dabei ist die sich allmählich entfaltende Dynamik des modernen Wirtschaftens zunächst weniger durch reale Wohlstandsversprechen angetrieben – von denen profitieren nur die Wenigsten –, sondern durch die Aussicht, sein Leben unabhängiger und das heisst selber zu gestalten und zu entwickeln.

2.3.2 Sein eigenes Leben leben?

Sich von den traditionellen Vorgaben, welche auf den Beruf und den Ort der Eltern verpflichtet haben, zu befreien, bietet, zumindest theoretisch, die Möglichkeit, ein eigenes Leben zu leben. Das Versprechen der nun aufdämmernden neuen Zeit lautet denn auch *Selbstverwirklichung* und der Glaubenssatz dieses Programms heisst: «*Jeder ist seines Glückes Schmied*» (→

2.4.2.; 14.). Nun ist das Versprechen auf das Glück der Selbstverwirklichung verführerisch und irreführend, wenn es nicht zugleich auf die Gefahr des Scheiterns hinweist. Denn Selbstverwirklichung beinhaltet immer auch, zumindest als Möglichkeit, das Selbstscheitern: Scheitern kann nur, wer sich auf seinen Weg begibt und damit auch die Verantwortung für sein Gehen, seinen Aufstieg und gegebenenfalls auch seinen Fall, übernimmt. Selbst denen, die sich über das Risiko des eigenen Weges, der in die neue Zeit führt, keine Illusionen machten, schätzten die positive Kehrseite der Verantwortung, die Freiheit, höher, als die trübe Aussicht, weiterhin in dem engen Korsett christlicher Moralvorstellungen zu verharren, welche das Eigene dem Gemeinsamen nachordnete und damit alle Bestrebungen zur Verwirklichung des eignen Selbst, als sündhafte Eitelkeit auslegte. Ja bereits der Voraussetzung für Erfolg, der Etablierung eines eigenen Selbst, stand die Kirche mit gemischten Gefühlen gegenüber, was jedoch nicht ohne Risiko war: Auf der einen Seite musste sie die Entwicklung zum eigenen Selbst begrüssen und sogar dazu ermutigen, weil sie doch die Bedingung dafür ist, dass der Mensch Gott gegenübertreten kann. Denn erst in der Zwiesprache mit Gott kann der Gläubige sowohl sich als auch den ihm zugedachten Weg mit samt der zu vermeidenden Abgründe erkennen. Als erster macht sich *Aurelius Augustinus* (354-430) auf solche Seelensuche und leistet damit die Vorarbeit zu dem tausend Jahre später entstehenden *Individualismus* (→ 2.4.). Zugleich birgt diese notwendige Voraussetzung die Gefahr, einer nicht mehr zu kontrollierenden Eigendynamik. Was, wenn der sich seiner selbst Bewusste, aufmacht und in eine Richtung marschiert, welche die falsche, weil sündhafte ist? Dann bleibt nur noch zu hoffen, dass die Mahnung vor dem gefährdeten Seelenheil ausreicht, den Sünder wieder auf den rechten Weg zu führen. Denjenigen aber, denen im Wirbel ihres selbstbewussten Aufbruchs die Ohren taub geworden sind, so dass sie die Worte der Prediger nicht mehr hören, denen ist nicht weiter zu helfen und man wird sie letztlich ziehen lassen müssen.

Dieser Verlust an Einfluss der Kirche bahnt sich bereits im Ende des Mittelalters an, zu einer Zeit also, als aus kirchlicher Sicht die Welt noch in Ordnung schien: Es ist die Zeit der absolutistischen, durch den Papst gekrönten Könige; die Zeit, in der die grossen Kathedralen gebaut werden – die Kirche *Notre-Dame de Paris* wird 1345 geweiht, das *Strassburger Münster* 1439. Die Kirche ist nicht nur der mächtigste Bauherr, sondern auch der Förderer der Künste und Wissenschaften. Und dennoch zeigen sich erste Auflösungserscheinungen. Anzeichen für einen bevorstehenden Niedergang werden ausgerechnet da sichtbar, wo das gesellschaftliche Gefüge besonders mächtig war: in der Regelung der Wirtschaft. Die treibende Kraft für die

Veränderung sind dabei die städtischen Handwerker und Kaufleute. Sie sind weder räumlich noch sozial eingeschränkt wie die Bauern, sondern verfügen zum Teil über Kontakte zu Menschen, mit denen sie weder verwandt oder durch den gemeinsamen Ort verbunden waren. Und dennoch sehen sich ausgerechnet diese fast schon modern anmutenden Menschen wirtschaftlich in einem äußerst engen Rahmen eingefasst, den Zünften. Die nach den jeweiligen Berufen organisierten Berufsgenossenschaften schützen mit ihren monopolistischen Ambitionen ihre Mitglieder, indem sie Konkurrenten abwehren; sie behindern aber auch besonders innovative Zunftmitglieder. Da das Zunftsystem wie alle Ordnungen des hohen Mittelalters in die kirchliche Ordnung eingefasst war, konnte der Widerstand gegen die Zünfte oder auch Konflikte innerhalb derselben, schnell zu einer Herausforderung für die Kirche werden.

Die bestehende Ordnung zu bewahren, erschien der Kirche aber nicht nur machtpolitisch, sondern auch theologisch geboten, ging sie doch von einem naturrechtlichen Konzept aus, welches den einzelnen Menschen als in größere Zusammenhänge (die Familie, die Zunft und vor allem die Gemeinschaft der Gläubigen) eingebettet verstand.[41] Die Kirche sah es daher als ihre Aufgabe an, die Zünfte zu bewahren und auf deren Geschäftsgebaren Einfluss zu nehmen.

Besondere Aufmerksamkeit fand dabei die Kaufmannszunft an der sich in der Folge kirchliche Grundsatzdebatten entzündeten. Es sind dabei nicht Verhaltensweisen wie Diebstahl, Täuschung oder Betrug, die für die Kirche zum Problem wurden, denn dass es sich hierbei um Sünden handelt, ist allen Beteiligten, mithin auch den Übeltätern, bekannt, weswegen das kirchliche Urteil auch nicht grundsätzlich in Frage gestellt wurde. Anders ist das bei komplexem ökonomischem Handeln, das nicht unmittelbar das Böse intendiert, aber dennoch verwerflich ist. Hierzu zählen *Zinsen* und überzogene *Profite*.

Abb. 4–5: Die grosse Zeit der Kirchenarchitektur:
Die Kathedralen in Paris und Strassburg

2.3.3 Der Streit um den Zins

Zinsaufschläge für entliehenes Kapital, wie sie in der modernen westlichen Ökonomie zum kaum hinterfragten Standard geworden sind, warfen aus kirchlicher Perspektive ein moralphilosophisches Problem besonderer Art auf. Fragt man sich, womit der Kreditgeber sein Geld verdient, so fällt die kirchliche Antwort überraschend aus: mit nichts.

Hierzu muss man wissen, dass dem frühen Geldverleih nicht wie in späteren Zeiten ein komplexer Kalkulations- und Rechenaufwand vorausging, sondern alleine das Öffnen der schweren Geldtruhe und das Entnehmen des Geldes erforderte. Wofür verlangt dann aber der Geldverleiher von seinem Schuldner mehr Geld zurück, als er ihm gegeben hatte? Wenn die kirchliche Antwort lautet, »für nichts«, so deshalb, weil er keinen Aufwand getrieben hat, der eine Bezahlung rechtfertigen würde. Damit leistet die Kirche eine erste Definition von Arbeit (→ 8.3.): Arbeit ist demnach eine Anstrengung, die es verdient, entlohnt zu werden. Wer gearbeitet hat, der hat damit auch sein Essen verdient,[42] weswegen es ein Unrecht ist, dem Arbeiter seinen Lohn zu verweigern und damit seine geleistete Arbeit nicht zu bezahlen. Dem Akt des Geldverleihens entspricht demnach aber keine Tätigkeit, welche als Arbeit zu bezeichnen wäre, weswegen der Zins als sündhaft angesehen wurde. Damit forderte die Kirche aber die Zünfte heraus.

Denn dass diese mit dem Zinsverbot nicht einverstanden waren, ergab sich aus deren Wachstumswünschen: Ein Zinsverbot bedeutete einen Mangel an Kapital und damit die Verhinderung von wirtschaftlicher Entwicklung, wie sie durch den Kontakt mit anderen Regionen und Ländern zunehmend möglich wurde. Ein Fortbestehen des Zinsverbotes hätte demnach der Expansion im Wege gestanden, weswegen vor allem die Kaufleute Mittel und Argumente ersannen, Geldverleihern geldwerte Anreize für ihre Dienste anzubieten, so dass sie doch noch zu dem dringend benötigten Kapital kamen. So umging man das Zinsverbot beispielsweise dadurch, dass sich ein Kaufmann von einem ausländischen Geschäftspartner Geld borgte und mit ihm die Rückzahlung zu einem ihm vorteilhaften Wechselkurs vereinbarte.[43] Eine solche schwer zu kontrollierende Umgehung des kirchlichen Zinsverbotes bedeutete aber dennoch einen Verstoß gegen eine kirchliche Regelung und damit eine Sünde.

Anspruchsvoller war der Versuch der Zünfte, das Zinsverbot abzuschaffen, auf der argumentativen Ebene: Der Einzug moderner finanzwissenschaftlicher Instrumente öffnete den Blick dafür, dass der Geldverleih, wenn er auch, wie es die kirchliche Interpretation befand, ohne Arbeit bewerkstelligt werden konnte, dennoch intrinsisch mit dem Phänomen der Zeit in Verbindung stand und sich die Notwendigkeit einer Bezahlung des

Kredits schlicht aus dem Verbrauch bzw. der Nutzung von Zeit ergab. Der Zusammenhang von Zeit und Geld, der im 18. Jahrhundert unter *Benjamin Franklins* (1706-1790) Motto „*time is money*" Karriere machen sollte ist also bereits viel älter und wird von Theologen des Mittelalters nicht wie von Franklin funktional, sondern normativ diskutiert. Es interessiert hierbei also nicht die Frage, inwiefern Zeit Geld wert sein kann, sondern was es bedeutet, wenn man für Zeit Geld verlangt bzw. noch radikaler nachgefragt, ob dies überhaupt möglich sein kann. Dazu muss also das Phänomen des Geldes auf der substanziellen Ebene geklärt werden (→ Begriff: 11).

Um ein Verständnis des Phänomens der Zeit bemüht sich die Philosophie seit dem vierten Jahrhundert, wobei die Zeitphilosophie von Augustinus Maßstäbe gesetzt hat: Beginnt man erst einmal, darüber nachzudenken, bemerkt man, dass die Zeit sich grundlegend von einfachen Phänomenen, welche sich quantifizieren lassen, unterscheidet. Zwar reden wir auch in Bezug auf die Zeit von «mehr Zeit» und von «weniger Zeit», zugleich ahnt man immer noch, warum es den Menschen im Mittelalter merkwürdig vorgekommen wäre, die Zeit in eins mit anderem Zählbarem zu nennen. Dieses Unvermögen beschreibt Augustinus: «Was ist also Zeit? Wenn mich niemand danach fragt, weiß ich es; will ich einem Fragenden es erklären, weiß ich es nicht». Die philosophische Analyse der Zeit führt Augustinus dann zu einem weiteren Paradox: «Aber zuversichtlich behaupte ich zu wissen, dass es vergangene Zeit nicht gäbe, wenn nichts verginge und nicht künftige Zeit, wenn nichts herankäme und nicht gegenwärtige Zeit, wenn nichts seiend wäre. Diese beiden Zeiten, Vergangenheit und Zukunft wie sollten sie seiend sein, da das Vergangene doch nicht mehr ist, das Zukünftige noch nicht ist? Die Gegenwart hinwieder, wenn sie stetsfort Gegenwart wäre und nicht in Vergangenheit überginge, wäre nicht mehr Zeit, sondern Ewigkeit. Wenn also die Gegenwart nur dadurch zu Zeit wird, dass sie in Vergangenheit übergeht, wie können wir dann auch nur von der Gegenwartszeit sagen, dass sie ist (…)?»[44] Aus diesen Paradoxien gibt es nach Augustinus nur den einen Ausweg, die Zeit als Ausdruck der göttlichen Ewigkeit anzuerkennen. Damit aber stellt sich der Wunsch, Geld für Zeit zu berechnen, mit einem Mal anders dar, näm-

Abb. 6: Aurelius Augustinus (354-430): Was ist Zeit?

lich als der Versuch eines Übergriffs auf das dem Menschen Unzugängliche, das Göttliche. Wenn die Zeit mehr als alles andere, Ausdruck der göttlichen Ewigkeit ist, dann darf sie nicht zu Gunsten des Gläubigers in Rechnung gestellt werden, da sie doch als ein «allen Menschen gemeinsames Gut geschenkt» ist.[45] Auch Zeit, dieses so schwer zu fassende Fluidum ist also ein menschheitliches Gemeingut, das man sogar als *Allmende der Menschheit* bezeichnen könnte (→ 12.3.).

Der auch in dieser Frage maßgebliche *Thomas* konnte sich mit seinem Verbot des Zinses nun gleich auf zwei Autoritäten beziehen, neben *Augustinus* hatte auch bereits *Aristoteles* den Zins verurteilt: Für den Geldverleih seinerseits Geld zu verlangen, bezeichnet Aristoteles als eine der Natur widersprechende Erwerbsart.[46]

Im Bemühen um eine gerechte Ordnung der Welt, einer solchen also, die auch auf Erden die göttliche Ordnung abbilde, analysierte nun Thomas von Aquin die Wirkung einer Zinszahlung: Zahlt der Schuldner seinem Gläubiger Zinsen und ermöglicht diesem damit sein Leben mehr oder weniger von der Mühsal eigener Arbeit zu entlasten, so verdankt sich dieser Komfort letztlich dem Fleiß des Schuldners, der ja allererst den Zins erwirtschaftet hat und nicht dem Fleiss des Gläubigers, womit man im Sinne Aristoteles` von einem unnatürlichen und damit ungerechten Erwerb reden kann (→ 2.2.). Ganz in diesem Sinne wurden Zinsen schließlich auf dem *Konzil von Vienne* 1311 verboten.[47]

Zu den realpolitischen Widersprüchen dieser die Wirklichkeit des Mittelalters prägenden Position zählt, dass die auf wirtschaftliche Expansion bedachten Christen sich sowohl von jüdischen Geldverleihern mit dem nötigen Kapital versorgen liessen als auch ebenso willig unter Berufung auf die Lehre vom Zinsverbot den Handel der jüdischen Geldverleiher verurteilten und sich, als deren Schuldner, nicht selten an den Judenverfolgungen beteiligten.[48]

Der über die Jahrhunderte weiterwachsende Geldbedarf erhöhte schliesslich den Druck, das kirchliche Verbot weiter auszuhöhlen und brachte zugleich immer neue Konzepte hervor, mit denen das Zinsverbot umgangen

Abb. 7: Thomas von Aquin (1225-1274): Zinsen sind unrecht

wurde, wie verschachtelte Vertragskonstruktionen, wobei insbesondere vereinbarte Gebühren gegen Kapitalverlust und Kursschwankungen (wie beim sogenannten *contractus trinus*) in der Praxis den Effekt von Zinsen erfüllten ohne als solche ausgewiesen zu werden. Diese Umgehung des offiziellen Zinsverbotes war für beide Parteien erwünscht, denn nicht nur die Gläubiger, sondern auch die Schuldner profitierten von dieser Praxis: erstere zogen daraus ihren direkten Gewinn und letztere erhielten den Zugang zu dringend benötigtem Kapital. Der Sinn des kirchlichen Zinsverbotes und die Klassifizierung des Zinsnehmens als Sünde war mithin immer weniger nachvollziehbar und ebenso wenig konnte die grundlegende Auffassung, Zinsen stünden dem Gemeinwohl entgegen, überzeugen. Es schien zunehmend genau umgekehrt und daher fanden schließlich die Mahnungen von Bankiers mehr Gehör als die der Kirchenväter.

Als schliesslich der Augsburger Bankier *Markus Fugger* (1529-1597) behauptete, bei Fortbestehen des Zinsverbotes werde nicht nur sein Unternehmen, sondern ganz Deutschland bald am Bettelstab gehen,[49] wurde die Verteidigung des Zinsverbotes noch schwerer. Die aristotelisch-thomistische Auffassung, der Zins stelle einen – unverdienten – Lohn für nichtgeleistete Arbeit dar, konnte die zu Macht und Ansehen gekommene Kaufmannsgilde eben so wenig überzeugen wie die kirchliche Sorge, dass der dermaßen leicht zu Geld Gekommene Gefahr laufe, ganz dem Mammon zu verfallen. Damit wird der Sinn des christlichen Zinsverbotes zunehmend in Frage gestellt.

Und als auf dem Festland nach der *Reformation* (Beginn 1517) und in Grossbritannien nach der Proklamierung der *Anglikanischen Kirche* (1531) in weiten Teilen Europas die thomistische Lehre nicht mehr als verbindlich gilt, fällt in vielen Ländern das Zinsverbot ab Mitte des 16. Jahrhunderts. In den katholischen Ländern blieb das Zinsverbot dagegen noch lange in Kraft, wurde von *Papst Benedikt XIV.* (1675-1758) 1745 in einer Enzyklika noch einmal eigens betont und erst in der Fassung des Kanonischen Rechts von 1917 nicht mehr erwähnt.[50]

Damit kommt die Debatte um das Zinsverbot in den christlichen Kirchen zu einem Ende – im Islam ist das Zinsverbot hingegen bis heute anerkannt (→ 5.3.) – und wurde nur noch unter dem Begriff des «Wuchers» gleichsam auf kleinem Feuer beibehalten: Unter «Wucherverbot» wurde dann nicht mehr – wie noch zuvor – das generelle Verbot des Zinses verstanden, sondern seine überzogene Höhe. Darin wirkt das christliche Gebot der Barmherzigkeit fort, womit das Zinsverbot gegenüber Armen begründet wurde: Wer sich in einer Notlage befindet und auf finanzielle Unterstützung angewiesen ist, dessen Lage darf nicht einem anderen zum Gewinn verhelfen.[51] Im fortwirkenden Wucherverbot bleibt nun die historisch immer wieder neu diskutierte Frage offen, wann ein Zins ein Wucherzins sei.[52] Dass die Grenze zum Wucher variabel und abhängig von der gesamtwirtschaftlichen Lage ist, ändert jedoch nichts an der sich gleichbleibenden ethischen Begründung: Ab einer bestimmten Höhe ist ein Zins ethisch nicht mehr gerechtfertigt.

Ein Teil der Zinskritik, das Argument, dass es keinen Lohn ohne geleistete Arbeit geben soll, wird schliesslich in der Gegenwart in der Kritik der Börsenspekulation wieder aufgegriffen werden (→ 10.2.).

Die religiöse Fundierung der Debatte um das Verleihen und Nehmen von Geld hat indes – unter umgekehrten Vorzeichen – die Zeiten überdauert, wenn im Deutschen der Kreditnehmer als *Schuldner* – und damit als moralisch schuldig – gilt, der sich bemühen sollte, gegenüber dem *Gläubiger* seine Schuld abzutragen. Wie dieses Sprachrelikt aber auch die von der Antike bis zur Neuzeit geführten Debatten um das moralisch richtige Wirtschaften zeigen, ist wirtschaftliches Handeln nie als ethisch neutral betrachtet worden und Wirtschaftsethik damit keine Erfindung von Gegenwart oder Neuzeit, sondern immer schon die Reflexionsinstanz des wirtschaftlichen Handelns gewesen.

= *Im Mittelalter werden die grossen ethischen Themen wie Altruismus, Egoismus, Gerechtigkeit, Gemeinwohl und Wohlfahrt mit Blick auf die Anreizstruktur des Marktes diskutiert und Debatten eröffnet, die bis in die Gegenwart fortwirken.*

Fragen und Aufgaben:
- ☐ Welche theologischen Bedenken hat die christliche Theologie gegenüber dem Eigentum?
- ☐ Stellen Sie die Bedeutung der Zünfte dar.
- ☐ Wie beurteilt die mittelalterliche Theologie die Entwicklung des Individualismus?
- ☐ Was sind die Hauptargumente der christlichen Theologie gegen den Zins?
- ☐ Beurteilen Sie das Zinsverbot vor dem Hintergrund der gegenwärtigen Zinspolitik.

2.4. Der Markt von der Neuzeit bis zum Ende des 20. Jahrhunderts: Weltrationalisierung und Marktausdehnung

2.4.1. Der Beginn der Neuzeit

Im ausgehenden Mittelalter und der beginnenden Neuzeit gestaltet sich der Handel zunehmend dynamischer. Dafür gibt es eine Vielzahl von Gründen,

Kapitel 2 *Handel und Wandel*

die in ihrem Zusammenwirken die bis dahin eher statische Gesellschaft in Bewegung bringen und deutlich verändern. Da sind das Bevölkerungswachstum, die Ausdehnung und Neugründung von Städten und der Einflussverlust von Kirche und Zünften.

Da diese Entwicklungen innerhalb Europas einen regional unterschiedlichen Verlauf nehmen, kann ein Reisender des späten 15. oder frühen 16. Jahrhunderts schon nach kurzen Distanzen sich gleichsam in unterschiedlichen Epochen wiederfinden, – während er sich in Florenz in der neuen und säkularen Zeit befindet, begibt er sich ausserhalb der Stadt wieder unter die Obhut der katholischen Kirche und landet nördlich der Alpen wieder im Mittelalter. Überall aber kann man auf einzelne Menschen treffen, die bereits das Neue verkörpern. Es sind dies Kaufleute, die nicht nur Waren, sondern auch Ideen im- und exportieren, die Kunsthandwerker und Bauleute, die in der Fremde Aufträge – zunächst überwiegend kirchlicher Auftraggeber – annehmen und es sind die Gelehrten, die zum Teil grosse Distanzen zurücklegen um mit Gleichgesinnten ins Gespräch zu kommen. Der Stand der Gelehrten zeigt auch eine zusätzliche Veränderung: Waren die Gelehrten die längste Zeit Klosterleute, so sind es nun auch Laien, die sich ihre Gelehrsamkeit ausserhalb der Klostermauern an den neu gegründeten Universitäten aneignen.

Die *neuen* Kaufleute, Kunsthandwerker und Gelehrten haben trotz aller Unterschiede, eine Gemeinsamkeit: Sie erleben sich in einem hohen Masse als eigenständig und weniger als Teil eines natürlichen Kollektivs, wie sich noch ihre Vorfahren verstanden hatten. Kollektive – wie Gilden, Zünfte und Fakultäten – bleiben für das Denken und Handeln zwar weiterhin wichtig, aber zugleich erhält die Umkehr der Deutungsrichtung eine wichtige Bedeutung: Diese Organisationen werden nun vom Einzelnen und für den Einzelnen gedacht. Die enorme Kraft, welche den Einzelnen beflügelt, die seit anderthalb Jahrtausenden bestehende Ordnung zu stürzen, kommt aus dem Menschen selbst, der mit einem Male entdeckt, was in ihm steckt und welchen Wert er hat: «Nichts erscheine der Bewunderung würdiger als der Mensch»,[53] schreibt *Giovanni Pico della Mirandola* (1463-1494) gleich zu Beginn seiner Rede, die er für einen – dann nichtgehaltenen – Vortrag an der Fakultät von Rom geschrieben hatte. Geschickt leitet er die Rede damit ein, dass er diesen Satz einem nicht näher nachgewiesenen arabischen Denker zuschreibt. Das ist zweifach interessant: Zum einen geniesst im Denken seiner Zeit die arabische Kultur einen hohen Stellenwert und zum anderen ist das Christentum nicht mehr unangefochten, so dass der Wert des Menschen intrinsisch, d.h. unabhängig von Gott gedacht werden kann. Gott kommt in dieser Konzeption zwar noch als erste Ursache vor, dennoch ist der Mensch im wahrsten Sinne freigelassen, sich zu sich und zur Welt zu verhalten, wie es ihm beliebt und wie es seine eigene Freiheit ihm ermöglicht: «Du wirst von allen Einschränkungen frei nach deinem eigenen freien Willen, dem ich dich überlassen habe, dir selbst deine Natur bestimmen» lässt Pico Gott dem Menschen sagen.[54] Diese Botschaft ähnelt der Stelle am Beginn der Bibel in der Gott zu den Menschen spricht: «Seid fruchtbar und mehret euch und füllet die Erde und machet sie euch untertan.»[55] Anders als am Anfang der Schöpfungsgeschichte schreibt *Pico* den Anspruch des Menschen in entscheidenden Punkten weiter: So stellt er Gott den *individuellen* Menschen gegenüber, der mit freiem Willen begabt, sich der Natur annehmen *kann* und, weil er von Gott gleichsam losgelassen ist, diese Aufgabe auch annehmen *soll*.

Es dauert nicht lange, und die Menschen beginnen diese Aufgabe in grossem Stil anzugehen und sich dabei nicht mehr durch heilige Schranken gehindert zu sehen. Im Gegenteil, die Menschen der Renaissance fühlen sich stark und schreiten erhobenen Hauptes aus in die Natur, welche sie zu erobern sich anschicken, frei nach *Francis Bacons* (1561-1626) Programm, dass in der neuen Zeit die Macht nicht alleine militärisch, sondern vielmehr durch eine Kombination von Naturforschung und wirtschaftlicher Umsetzung zu erringen ist. Denn auf dem Felde der Ökonomie warten die wahren und spektakulären Erwerbungen. Sieht man sich einmal in seiner Umgebung um, so erkennt man nämlich, wie Bacon findet, dass die Natur in der wir leben, die wir brauchen und verbrauchen, ein grosses «Warenhaus» ist. Zwar sind noch längst nicht alle Waren in dieser gigantischen Shopping Mall bekannt, das wird sich aber nach Ansicht Bacons ändern. Denn man muss, wie der englische Philosoph und Generalstaatsanwalt empfiehlt, die Natur auf die Folterbank spannen und sie einer strengen Befragung unterziehen. Wer so forscht, der ist, wie Bacon unumwunden zugibt, «Spitzel und Geheimdienstler der Natur».[56] Dieses Verfahren hat nur einen einzigen Zweck: die «Beherrschung der Natur». Dabei muss es, wie Bacon empfiehlt, darum gehen, aus dem «Warenhaus der Natur» möglichst viele «Reichtümer» mit heimzubringen, um mit diesen «gewinnbringende Erfindungen» zu machen.[57]

Was in dieser Studie als reiner Beitrag zur Forschungspolitik daherkommt, leitet unter der Hand bereits eine neue Dimension ein, nämlich ein neues Verständnis von Forschung. Es geht ihr nicht länger – wie im Mittelalter – um die Bewunderung des Schöpfers, aber auch nicht – wie im Ausgang des Mittelalters und zu Beginn der neuen Zeit – um die Neugierde oder die Freude an der Schönheit der Natur – beide Anliegen verdichten sich im Werk von *Leonardo da Vinci* (1452-1519). Neu und das wird die Neue Zeit nachhaltig prägen, ist die Vorstellung, dass die Natur insgesamt Gegenstand der Vermarktung werden kann. Dieser Ausgriff ins grosse Ganze weist bereits weit hinaus in die Zeit der Totalisierung des Marktes (→ 2.5.;12.), wie sie sich unter den Bedingungen der Gegenwart realisiert hat. Einstweilen lässt sich diese Dimension noch nicht einmal denken; vorgedacht ist jedoch bereits, dass der Markt keine *besonderen* moralischen Schranken mehr kennt und mithin nur die *allgemeinen* Schranken des Verbots von Betrug und widerrechtlicher Aneignung, wie sie auch das zwischenmenschliche Zusammenleben prägen, gelten.

Die Dynamik, die der neuen Zeit ihren Stempel aufprägt, steht unter dem Zeichen des *Individualismus*. Dass diese neue Form und Sicht des Menschen von Oberitalien aus die Welt erobert, ist kein Zufall. Das Labor der Moderne befindet sich im 14. Jahrhundert in der Toskana, wo auf kleinem Raum ebenso kleine und das heisst überschaubare Stadtstaaten verschiedene Regierungsformen ausprobieren und selbst denjenigen, die durch eine ungünstige Wendung der Ereignisse sich auf dem absteigenden Ast befinden, die Gewissheit vermitteln, dass sie aus eigener Kraft wieder eine Wende zum eigenen Gunsten herbeiführen können. Dieser die Persönlichkeit des Einzelnen prägende Glaube, der sogar aus Niederlagen gestärkt hervorgeht, ist schliesslich nicht mehr aufzuhalten. Was noch vor kurzem als vernichtende Katastrophe gegolten hatte, gilt nun als Ansporn: Wer wie beispielsweise der Dichter *Dante Alighieri* (1265-1321) aus seiner Vaterstadt ins Exil getrieben wird, der fühlt sich dadurch nicht vernichtet, spürt er doch eine Kraft, mit der er den Florentiner Stadtoberen nachrufen lässt: «Meine Heimat ist die Welt überhaupt» und er fragt sich: «Kann ich nicht das Licht der Sonne und der Gestirne überall schauen? Nicht den edelsten Wahrheiten überall nachsinnen?»[58] Damit ist auch der Motor der Individualisierung benannt: Die äusseren politischen und gesellschaftlichen Faktoren sind wichtig, die entscheidende Kraft und den Treibstoff führt sich der moderne Mensch aber selbst zu und zwar in Form von *Bildung*.

Diese Triebkraft erlangt zusätzliches Potential dadurch, dass die Orte der Bildung nicht mehr alleine und ausschliesslich unter dem Dach der Kirche beheimatet sind. Auch hier wird in dem toskanischen Labor der Moderne etwas Neues ausprobiert: Staat und Kirche leben in Koexistenz, womit sich bereits der nächste Schritt hin zur *Säkularisierung* anbahnt. Die moderne Lebensform, die noch im Schatten der Dome begonnen hat, wächst immer mehr aus deren Schlagschatten heraus: Die Menschen beginnen auf eigenen Füssen zu stehen und ihre eigenen Wege zu gehen und fühlen sich von dem neuen Lebensgefühl beflügelt: Menschen können selber gehen, selber ihre Möglichkeiten zur Entfaltung bringen und fühlen sich mit jedem Erfolg – und auch die Misserfolge zählen – zu neuem Tatendrang angetrieben. Der Basler Historiker *Jacob Burkhardt* (1818-1897) rühmt daher die zum Gigantischen neigende Vielseitigkeit des in der Renaissance geborenen neuen Menschen, welchen er als Vorläufer des bald aufbrechenden modernen Europas sieht.[59] Dass die alten Verhältnisse durch diesen neuen Typus des Menschen herausgefordert und letztlich überwunden werden, ist wenig überraschend. Ebenso wenig verwunderlich ist, dass das alte zünftige Wirtschaftssystem schliesslich unter der Lawine des Individualismus begraben wird. Denn die sich mit dem Individualismus bahnbrechende Entfaltungskraft geht daran, den Rahmen menschlichen Handelns und Handels zu revolutionieren. Einschränkungen wie die der Gemeinwohlorientierung oder anderer religiös hergeleiteter, dem Einzelnen im Wege stehender, Regelungen haben unter den Bedingungen des sich entfesselnden und damit sich zu sich selbst befreienden Individuums keinen Platz mehr. Wenn mit dem Mittelalter nun eine über anderthalb Jahrtausende lang stabile und mehr oder weniger statische Kultur ihr Ende findet, liegt das daran, dass nun die vielen Einzelnen, die schnell immer mehr werden, die Welt aus ihrer eigenen Perspektive, und nicht mehr aus der einen göttlichen Sicht, interpretieren und zu verändern beginnen. Diese Dynamik, die eine ansteckende Selbstdynamik entfaltet, bringt ein neues Lebensgefühl hervor: Auch wer nicht wie Augustinus über die Zeit nachdenkt (→ 2.3.3.), weiss mit einem Male um sie: Immer mehr Menschen werden sich der Zeit gerade deshalb bewusst, weil sie sich nun zu verändern beginnt. Und die Zeit beginnt sich umso schneller zu verändern, als sich die Menschen der Neuzeit als Akteure ihrer selbst erleben. Der Zug der Zeit, der nun langsam anrollt, wird bald schon als Kennzeichen der neuen Zeit («Neuzeit») wahrgenommen und ab dem 20. Jahrhundert als *Beschleunigung* erlebt.

Das Tempo, das die neue Zeit prägt, zeigt sich vor allem in den schnell wachsenden neuen Möglichkeiten, das eigene Leben zu gestalten und zu entwickeln. Da die politischen Systeme, nicht zuletzt unter dem Schutz militärischer Macht, sich noch lange der Veränderung verweigern, suchen und finden die tatendurstigen Zeitgenossen das Feld ihrer Betätigung im Bereich der Wirtschaft. Insbesondere nimmt der Druck auf die Zünfte zu, welche auch intern zunehmend als Blockade der Entfaltung des individuellen Potentials erlebt werden. Das von Italien nach Norden ziehende neue Lebensgefühl fällt in Frankreich und in Grossbritannien auf fruchtbaren Boden.

= *In der Neuzeit wird die Stellung des Einzelnen und damit die Bedeutung des Individualismus zentral für das Marktgeschehen, weswegen auf sozialer (Kampf gegen die Zünfte) und auf naturaler Ebene (die Natur als «Warenhaus») sich die Macht des Einzelnen auszudehnen beginnt und alle Reglementierungen sich neu nicht mehr am Gemeinwohl, sondern am Einzelwohl gemessen werden.*

> **Fragen und Aufgaben:**
> - Welches neue Naturverständnis prägt die neue Zeit?
> - Wodurch wird der Individualismus angetrieben?
> - Wie verändert sich die Wirtschaft in der «neuen» Zeit?

2.4.2. Die Aufklärung

Die Entdeckung des Eigenen, wie es sich in der Toskana vollzieht, wird im kühlen Norden Europas von *Adam Smith* (1723-1790) zum Anlass einer intensiven Untersuchung genommen. Smith, der als Begründer der *klassischen Nationalökonomie* gilt, macht zunächst 1759 Furore mit seinem Werk «Theorie der ethischen Gefühle». Die Beschreibung der *ethischen Gefühle* lässt bereits im Vorgriff auf die Ökonomie erahnen, dass diese kein moralfreier Raum ist, sondern durchdrungen ist von ethischen Positionen und Bezugnahmen. Die Gefühle der Menschen sind dabei ambivalent: Zum einen sind es die Gefühle desjenigen, der sie hat, zugleich stellen Gefühle die Brücke zur Wahrnehmung der anderen dar. Das wichtigste Gefühl, dem eine solche Brückenfunktion zukommt, ist nach Ansicht von Smith die *Sympathie* (gr. *sym* = mit, zusammen; *pathos* = Leiden). Man mag, so beginnt Smith seine Untersuchung zu den ethischen Gefühlen, «den Menschen für noch so egoistisch halten,» so dürfe man doch anerkennen, dass er natürliche Anlagen hat, «ihn dazu zu bestimmen, an dem Schicksal anderer Anteil zu nehmen, und die ihm selbst die Glückseligkeit dieser anderen zum Bedürfnis machen.»[60] Wie Smith überzeugt ist, ist es das Gefühl des *Mitleids,* welches uns am Schicksal der Anderen Anteil nehmen lässt. Das Gefühl des Mitleids verhindert, dass sich Menschen vollkommen abkapseln und lässt sie die mit anderen geteilte Welt, mithin *Gemeinschaft,* erleben. Zwar muss solches Mitfühlen geübt werden und diese Übung setzt einen reifen Menschen voraus, der in der Lage ist, von seinen Gefühlen auf die Gefühle des anderen zu schliessen. Diese Fähigkeit des Übergangs vom Ich zum Du hält Smith für die Grundlage der *natürlichen Moral*. Die anderen wahrnehmen zu können, ist mithin eine Fähigkeit, die dem Menschen eigen ist, sodass man daraus die Folgerung ableiten kann, dass Gesellschaftsverhältnisse in denen dieses Gefühl behindert oder aber in sein Gegenteil verkehrt wird, der natürlichen Moral der Menschen zuwider und deshalb abzulehnen sind. Umgekehrt bietet das Gefühl der Sympathie noch keinen Garanten, dass eine Gesellschaft vom Mitleid geprägt ist. Denn das Sympathiegefühl hat es, wie Smith beobachtet, an sich, dass Menschen sich stärker zu den positiven Zuständen der anderen mitfühlend hingezogen fühlen als zu deren negativen Zuständen. Dieser Effekt hat dann zur Folge, dass Menschen, die ein an sich bemitleidenswertes

Schicksal haben, sich in die Einsamkeit zurückziehen und damit die anderen noch nicht einmal um ihren Zustand wissen lassen. Der Grund für diesen traurigen Rückzug sieht Smith darin, dass die Traurigen ganz genau wissen oder vielmehr spüren, dass sich ohnehin niemand für sie interessieren werde. Dadurch schreitet dann die Aufteilung der Gesellschaft («*Segregation*») immer weiter voran: Die Armen bleiben ebenso unter sich wie die Reichen. Und diese Entwicklung wird auf Grund der Spezifik des Sympathiegefühls weiter vorangetrieben, wie Smith eindrücklich erklärt. Eben weil die Menschen einen Genuss am positiven Mitgefühl haben, wenden sie sich demjenigen zu, dem es gut geht, obwohl er dieser Zuwendung eigentlich gar nicht bedarf. Dieser wird seinerseits, weil er die Erfahrung positiver Sympathiegefühle wie *Bewunderung* aber auch *Neid* positiv erlebt, danach streben, sich der positiven Sympathie weiterhin und zunehmend würdig zu erweisen. Während also die sich ihrer Armut Schämenden im wahrsten Sinne von der Bildfläche verschwinden, treten die Erfolgreichen immer mehr und sichtbarer hervor und lassen nicht nach, ihren Erfolg zu mehren, auch wenn dies funktional gar keinen Sinn mehr macht.

Mit dieser Beschreibung gelingt es Smith eine bis heute gültige Erklärung für den nahezu unstillbaren Hunger der Erfolgreichen nach weiterer Verbesserung ihrer bereits rosigen Lage zu geben: «Es ist die Eitelkeit, nicht das Wohlbefinden oder das Vergnügen, was uns daran anzieht. Eitelkeit aber beruht immer auf der Überzeugung, dass wir der Gegenstand der Aufmerksamkeit und Billigung sind. Der reiche Mann rühmt sich seines Reichtums, weil er fühlt, dass dieser naturgemäss die Aufmerksamkeit der Welt auf ihn lenkt, und dass die Menschen geneigt sind, an all jenen Gemütsbewegungen gerne teilzunehmen, welche die Vorteile seiner Situation ihm so leicht einflößen müssen.»[61] Was Smith hier in der Mitte des 18. Jahrhunderts beobachtet, gilt in der *Aufmerksamkeitsgesellschaft* der Gegenwart umso mehr, in der der Wunsch nach positiver individueller Aufmerksamkeit Effekte der Ökonomie bewirtschaftet und antreibt, die mittlerweile als *Aufmerksamkeitsökonomie* beschrieben werden. Zugleich erklärt Smith den Erfolg der Erfolgreichen, der sich nur zu einem geringen Teil eigener Leistung verdankt (→ 14.).

Was den Erfolgsverwöhnten das Licht ist, das ist den anderen, nämlich denen, die niemand sieht, weil sie sich aus Scham vor den Blicken der anderen verstecken, die Dunkelheit oder, wie Smith formuliert, «die Finsternis der Unberühmtheit».[62] Auf der anderen Seite gilt: «Dagegen wird der Mann von Rang und Distinktion von aller Welt beobachtet. Jedermann ist begierig, nach ihm zu schauen und wenigstens durch Sympathie jene Freude und jene Heiterkeit nachzuempfinden, mit welcher seine glücklichen Verhältnisse ihn naturgemäss erfüllen müssen.»[63]

Kapitel 2 *Handel und Wandel*

An den Aspekten von Eitelkeit auf der einen und Scham auf der anderen Seite, sowie der begierigen Anteilnahme am Glück der Erfolgreichen und der Abwendung von den Erfolglosen wird nachvollziehbar, dass sich das Marktgeschehen bald einmal über seinen angestammten Ort und Gegenstand, nämlich dem Handel von Gütern und Dienstleistungen auf ursprünglich marktneutrale Bereiche auszudehnen beginnt. Ähnlich wie bei der Potlatch-Ökonomie (→ 2.1.) gewinnt, wie es *Pierre Bourdieu* (1930-2002) genannt hat, das «soziale Kapital» zunehmend eine von der Waren- und Dienstleistungswelt abgekoppelte und autonome Bedeutung.[64] Ethisch ist diese Entwicklung bedeutsam, weil durch die Ausdehnung des Marktes auf bislang marktneutrale Bereiche des Lebens neue Marktdimensionen entstehen (→ 2.5.).

Bis zu den Formen der Überbordung des Marktes im 20. Jahrhundert findet jedoch einstweilen eine Ausdehnung des Marktes auf originär marktfähige Bereiche statt und auch diese Entwicklung wird von Adam Smith aufmerksam verfolgt und analysiert. Der Titel seiner entsprechenden Untersuchung lautet «Wohlstand der Nationen». Deren zentrale Aussage lautet: Die Nationen werden dann Wohlstand erlangen, wenn sie so weise sind, ihre Mitglieder, besonders ihre findigen Handwerker und Händler, nur machen zu lassen. Diese These baut Smith auf seine vorangegangene Untersuchung zur Gefühlsstruktur der Menschen auf. Menschen streben nach der Verwirklichung ihrer eigenen Interessen, also beispielsweise nach der Maximierung ihrer positiven Erlebnisse. Ein durch keine Regeln daran gehinderter Mensch wird hierin soweit kommen, wie es ihm selbst möglich ist und damit jeweils seine persönliche Bestleistung erzielen. Menschen, die dagegen in ihrer Selbstentfaltung oder durch Vorschriften und Regelungen eingeschränkt sind, bleiben weit hinter ihren Möglichkeiten zurück. Menschen, die absolut eingeschränkt sind, sind Sklaven. Was Smith mit seinem Lob der Unabhängigkeit meint, macht er an den Kosten der Arbeit eines Sklaven deutlich: «Am Ende», so schreibt Smith, «ist sie die teuerste, obwohl sie offenbar lediglich seinen Unterhalt kostet.»[65] Der hohe Preis der Sklavenarbeit wird deutlich, wenn man sich klarmacht, dass Kosten und Effizienz der Arbeit im Zusammenhang mit der Motivationsstruktur des Arbeitenden stehen und diese wiederum wird beeinflusst vom *Ertrag*, welcher seinerseits auf das Eigentum bezogen ist. «Jemand,» so erklärt Smith, «der kein Eigentum erwerben kann, kann auch kein anderes Interesse haben, als möglichst viel zu essen und so wenig wie möglich zu arbeiten.»[66] Man muss also die Menschen freilassen, um einen optimalen Effekt zu erzielen, – optimal sowohl für den Einzelnen wie auch für die Gesellschaft insgesamt. Es klingt wundersam, weswegen Smith sich auch einer an Magie erinnernden Sprache bedient: Derjenige, der «lediglich nach eigenem Gewinn» strebt, wird in «vielen Fällen von einer unsichtbaren Hand geleitet, um einen Zweck zu fördern, den zu erfüllen er in keiner Weise beabsichtigt hat.»[67]

Smith baut an dieser Stelle die Wohlfahrt der Nationen auf den *Egoismus* ihrer Mitglieder und misstraut der selbstlosen, *altruistischen* Geste: «Alle, die jemals vorgaben, ihre Geschäfte dienten dem wohl der Allgemeinheit, haben meines Wissens niemals etwas Gutes getan. Und tatsächlich ist es lediglich eine Heuchelei, die unter Kaufleuten nicht weit verbreitet ist, und es genügen schon einige Worte, um sie davon abzubringen.»[68] Smith betrachtet den Markt offensichtlich als den legitimen Ort der weitgehend legitimen Verwirklichung der eigenen Interessen und Vorlieben. Eine Gängelung der Einzelnen lehnt der Verfechter einer liberalen Gesellschaftsordnung aus zwei Gründen ab: Zum einen schränkt jede Behinderung der persönlichen Entfaltungsmöglichkeiten die *Freiheit* des Einzelnen ein, die Smith als Selbstzweck betrachtet und zugleich ist von der Einschränkung des Einzelnen eine Minderung des allgemeinen Wohls zu befürchten. Smith ist jedoch Realist und Kenner der konkreten Verhältnisse genug, um zu wissen, dass die von ihm beschworene Unsichtbare Hand nicht immer und von alleine das Allgemeinwohl fördert. Es ist auch durchaus das Gegenteil vorstellbar, dann nämlich, wenn das Interesse der Kaufleute dem öffentlichen Wohl entgegensteht.[69] Smith, der seiner liberalen Gesinnung treu bleibt und nicht für gesetzliche Verbote oder Einschränkungen plädiert, will aber auch vom Gegenteil nichts wissen, wie es in der Gestalt von wirtschaftsfördernden Bestimmungen auftreten könnte. Ohne den Begriff des *Lobbyismus* zu gebrauchen (→ 9.2.2.), er wird erst im frühen 19. Jahrhundert durch den US-Präsidenten *Ulysses S. Grant* (1822-1885) geprägt, warnt Smith davor, dass der Staat auf Gesetzesvorschläge eingeht, die von Vertretern starker Interessen stammen. Gerade aus seiner Überzeugung heraus, dass sich Handel und Wandel dann am besten entwickeln, wenn der Staat das Geschehen möglichst wenig reglementiert, ergibt sich die gebotene Zurückhaltung gegenüber parteiischen Forderungen: Dem idealtypischen Bild der Unsichtbaren Hand wird, wie Smith überzeugt ist, am ehesten gedient, wenn

Abb. 8: Adam Smith (1723-1790): Unsichtbare Hand und Gemeinschaftswohl

staatliche Interventionen so zurückhaltend und ausgewogen wie möglich bleiben.

Smith` Verteidigung der Entfaltungsmöglichkeiten des Einzelnen weist ihn als Vertreter des *Liberalismus* aus, der den *Individualismus* gegen staatliche Einschränkungen verteidigt. Der Liberalismus, der von britischen Denkern begründet wird, strebt zwar nach weitgehender Unabhängigkeit vom Staat, ist aber zugleich auf dessen grundlegenden Rechts- und Schutzgarantien angewiesen. So bedarf der Einzelne zu seiner Entfaltung nicht alleine der Garantie der primären Menschenrechte, aber ohne diese sind alle weiteren Rechte nichts wert.

Einen Meilenstein dieser Entwicklung markiert der *Habeas Corpus Act* von 1679, der die Rechte der Krone zur Verhaftung von Personen stark einschränkte und mit der zeitnahen Gerichtsprüfung willkürlichen Übergriffen des Staates, wie sie bis dahin noch zulässig waren, einen Riegel vorschob.[70] Mit diesem Gesetz werden die Gewichte zwischen Staat und Einzelnem zu Gunsten des Einzelnen verschoben; es ist dies eine Entwicklung, welche von *John Locke* (1632-1704) in seiner für die wirtschaftliche Entwicklung kaum zu überschätzenden Eigentumstheorie mit dem Aspekt des «Eigentums an seiner eigenen Person» grundgelegt wird.[71] Das Recht zur Entfaltung der eigenen Möglichkeiten wird dem Einzelnen also nicht gewährt, sondern im besten Falle nicht durch staatliche Willkür genommen. Das Recht, sich selbst zu entfalten, besitzt der Mensch bereits kraft seiner Selbsteigentümerschaft. Weil der Mensch, wie Locke es formuliert, «Herr seiner selbst ist und Eigentümer seiner eigenen Person und ihrer Handlungen und Arbeit»,[72] ist der Staat in der Pflicht, sich diesem grundlegenden Recht nicht in den Weg zu stellen und mithin Rahmenbedingungen zu schaffen, damit der Einzelne sich optimal verwirklichen kann. Den wirtschaftlichen Rahmenbedingungen kommt dabei sowohl nach Lockes wie auch nach Smith` Ansicht eine zentrale Funktion zu. Die Rahmenbedingungen der Wirtschaft sind also nicht deshalb optimal zu gestalten, um einen wirtschaftlich erfolgreichen Staat zu garantieren, sondern umgekehrt sind staatliche Rahmenbedingungen dann optimal, wenn sie der Entfaltung des Einzelnen entgegenkommen, so dass der Einzelne nicht daran gehindert wird, sich als Eigentümer seiner selbst zu verwirklichen.

Die britischen Aufklärer verstehen unter Freiheit das Freisein von äusseren Einschränkungen, so dass der Einzelne, ganz Herr seiner selbst, sein Leben nach seinen Vorstellungen verwirklichen kann. Ein freies Leben ist eines, das durch keine Grenzen eingeschränkt ist, ausser denen, die es sich selbst zieht. Freiheit setzt daher, wie es Locke formuliert, einen «Zustand der Reife» voraus, welcher den freien Menschen «seine Handlungen innerhalb seiner Grenzen halten» lässt[73] und damit verhindert, dass jemand aus einer Laune heraus, seine eigenen Möglichkeiten vernichtet. In diesem Sinne sollte beispielsweise der Staat nicht den Erwachsenen den masslosen Konsum von Alkohol verbieten, da sie sich kraft ihrer Vernunft selbst die Grenzen ihrer eigenen Freiheit ziehen können.[74] Die Freiheit des Einzelnen hat demnach unbedingten Vorrang und vor ihrer Einschränkung steht eine hohe Hürde.

Nach Ansicht des Ökonomen und Philosophen *John Stuart Mill* (1806-1873) darf der Einzelne in seiner Freiheit dann eingeschränkt werden, wenn dieser die Gemeinschaft gefährden würde.[75] Ein solches Interventionsrecht darf jedoch nicht als Freibrief für staatliche Willkür verstanden werden, was sogar gegen die Interessen der Gemeinschaft wäre, ist doch, wie Mill schreibt, «die freie Entwicklung der Persönlichkeit eine der Hauptbedingungen der Wohlfahrt.»[76] Diese auch bereits von Smith beschriebene Wirkung der Handlung des Einzelnen wird, wie Mill findet, in seiner Zeit, immerhin die des boomenden Englands der Industrialisierung, nicht genügend wertgeschätzt. Was Mill damit meint, erkennt man, wenn er sich gegen die «Heldenverehrung» starker Männer, an der es in seiner Zeit keinen Mangel gab, wendet und beklagt, dass solche «starken Männer» der «Entfaltung aller übrigen Menschen» im Wege stehe.[77]

Die Einengung der individuellen Entfaltungsmöglichkeiten hält Mill für eine empfindliche Beschneidung des Reichtums der menschlichen Vielfalt: «Menschliche Wesen sind keine Schafe und selbst diese gleichen einander nicht ununterscheidbar,»[78] stellt Mill fest und fordert damit, wie Smith, dass der Staat sich lediglich auf seine primären Schutzaufgaben beschränke, ansonsten aber die Menschen in ihrem Gestaltungswillen nicht behindere.

Anders als Smith vertraut Mill nicht blindlings auf die segensreiche Wirkung der Unsichtbaren Hand und hält fallweise dirigistische Massnahmen für unverzichtbar (→ 3.3.), eine Überreglementierung, die die Freiheit und den Erfindungsreichtum des Einzelnen bescheidet, lehnt er hingegen ab. Mill sieht allenthalben solche einschränkenden Ansätze bei denen der Staat einen konkreten Typ Mensch zu fördern trachtet. Konkret fürchtet Mill daher, dass die Reglementierung soweit gehen könne, dass die persönlichen Eigenheiten der Menschen abgeschliffen und es als «Ideal des Charakters» angesehen werden könnte, «ohne markanten Charakter zu sein.»[79]

Immanuel Kant (1724-1804) erkennt in der wirtschaftlichen Tätigkeit sogar eine friedensstiftende Wirkung, da der «Handelsgeist» einer Politik der Grenzziehung und der Kriegsführung entgegenstehe. Da Kant den Handelsgeist zu den natürlichen Neigungen der Menschen zählt, müssten Kriege, bei denen der Handel zum Erliegen komme bzw. die nur für wenige von Vorteil sind, eigentlich von der Weltbühne verschwinden.[80] In den Rah-

Kapitel 2 *Handel und Wandel*

men seiner Rechts- und Staatstheorie eingepasst sind in diesem Sinne auch *Wirtschaftskriege* als Kriege zu verstehen, dies zumindest dann, wenn sie die *Souveränität* eines Staates oder die in ihrem Handelsgeist eingeschränkten Einzelnen, empfindlich tangieren.

= *In der Aufklärung werden die ethischen Gefühle des Menschen entdeckt und beschrieben und als sowohl positiv wie auch negativ stimulierbare Antriebskräfte menschlichen Gestaltungswillens erkannt. Grundsätzlich gehört der Primat dem Einzelnen, dessen Einengung und Eingrenzung sich nur rechtfertigen lässt, wenn das Handeln und der Handel des Einzelnen eine Minderung oder Gefährdung der Wohlfahrt der Gemeinschaft zur Folge haben würde, wobei die Gemeinschaft immer weniger als eine geschlossene Gesellschaft, sondern als grosse Zahl von Einzelnen verstanden wird.*

Fragen und Aufgaben:
- Welche negative Wirkung kann das Sympathiegefühl bewirken?
- Beschreiben Sie die Wirkung der positiven Sympathiegefühle in der modernen Gesellschaft.
- Warum ist die Sklavenarbeit die teuerste Arbeit?
- Beschreiben Sie Smith` Modell der «unsichtbaren Hand».
- Welches Verständnis von «Liberalismus» hat Smith?
- Warum lehnt Kant «Wirtschaftskriege» genauso ab wie den Krieg im allgemeinen?

2.4.3. Die Zeit bis zum Ende des 20. Jahrhunderts

Handel und Wandel entwickeln sich in der Ökonomie Europas seit der Neuzeit in der besonderen Form des Kapitalismus. Die Wirtschaftsform des Kapitalismus lässt sich nicht alleine mit der Abwicklung der ökonomischen Transaktionen über das Medium des Geldes erklären. Das Geld ist lange vor dem Kapitalismus erfunden worden und spielt im Handel bereits lange eine Rolle als Medium wirtschaftlicher Aktivitäten, dennoch kann man die alten Ökonomien nicht als kapitalistisch bezeichnen. Kapitalismus muss daher im Besonderen als eine moralisch-ethische Haltung verstanden werden, in der dem Geld eine zentrale Rolle zukommt.

Dies hat der Soziologe *Max Weber* (1864-1920) deutlich gemacht. Es sind demnach weder konkrete Mittel, aber auch nicht konkrete Strukturen, welche den Kapitalismus wie irgendein anderes System kreiert haben, sondern schlicht und dramatisch sind es Gedanken, welche die Welt prägen und verändern. Ein solcher Gedanke ist beispielsweise der von Benjamin Franklin, der behauptete, Zeit und Geld seien identisch («time is money») (→ 2.3.3.).

Eine solche Identität ist in der empirischen Welt selbstverständlich nicht anzutreffen und die Behauptung einer Gleichheit von Zeit und Geld ist von erstaunlicher Kühnheit. Denn, so könnte man sich fragen und haben sich auch Franklins Zeitgenossen gefragt und fragen sich auch diejenigen, die von dieser Gleichung zum ersten Mal hören: Wie kann man so unterschiedliche Phänomene wie die Zeit auf der einen und das Geld auf der anderen Seite zusammendenken? Die Schwierigkeit beginnt ja bereits damit, dass, wie Augustinus es erörtert hat (→ 2.3.3.), sich kaum sagen lässt, was denn Zeit sei. Auf die Idee, dieses schwer fassbare Fluidum als welches die Zeit erlebt wird mit dem absoluten Gegenteil, dem Geld, das ja gemeinhin als das Materielle schlechthin gilt und das eindeutig quantifizierbar ist, zu einer Einheit verschmelzen zu wollen, muss man erst einmal kommen. Die kulturelle Leistung Franklins besteht aber schliesslich darin, dass sein Satz im Sinne eines Credos geglaubt und darauf eine Kultur gebaut wurde, eben die des Kapitalismus. Nicht also die Tatsache, dass das Wirtschaftssystem auf Geld gebaut ist, macht die Spezifik des Kapitalismus aus, sondern die Tatsache, dass dem Geld, indem es mit der (göttlichen) Zeit in eins gesetzt wird, diese besondere und fast sakrale Bedeutung zugemessen wurde.

Der «Geist» des Kapitalismus, wie ihn Max Weber nennt,[81] ist denn auch stark durch das Sakrale geprägt. Es ist dies eine Erkenntnis, die spätestens seit Marcel Mauss` Forschungen zur Ökonomie indigener Völker und seiner Entdeckung des Potlatch (→ 2.1.), nicht mehr so verwunderlich ist wie zur Zeit des Erscheinens von Webers Untersuchung. Weber identifiziert im Kapitalismus genannten Wirtschaftssystem ein Ethos, welches das Wirtschaftssystem mit nichtökomischen Antrieben auflädt, welche dazu führen, dass man ökonomisches Handeln nicht immer und alleine mit dem Ziel der Kapitalakkumulation begreifen kann. Der «Geist» des Kapitalismus war, wie Weber schreibt, vor dem Kapitalismus da, dieser ist also aus jenem entstanden. Motor der Entwicklung des Kapitalismus ist ursprünglich nicht ein ausgeprägter «Trieb nach dem Geld»,[82] sondern umgekehrt, ein nicht-geldorientierter Wert, welcher den Antrieb für das wirtschaftliche

Abb. 9: Max Weber (1864-1920):
Der Geist des Kapitalismus ist die Religion

Handeln darstellt. So beobachtet Weber in seinen historisch angelegten Untersuchungen, dass Kapitalisten die Mehrung des Kapitals allem Anschein nach nicht alleine des Kapitals wegen betreiben, sondern seine Mehrung Folge einer kapitalunabhängigen Haltung ist. Und diese Haltung, welche den Geist dieses Systems ausmacht, ist der *Rationalismus*.

Dieser zeigt sich in Lebensentwürfen, die sich durch ein hohes Mass an Planung ausweisen, welche bei ihren Akteuren ein Abstraktionsvermögen voraussetzt: Wer in der Lage ist, von den konkreten Bedingungen und Verhältnissen seines aktuellen Lebens abzusehen, sich von ihnen freizumachen und nicht konkret, sondern allgemein zu denken, der abstrahiert und der ist in der Lage, momentane Situationen zu Gunsten länger- oder sogar langfristiger Perspektiven und Erwartungen zurückzustellen.

Zu solchen Abstraktionen sind die Menschen schon immer in der Lage gewesen, beispielsweise, wenn sie Vorräte anlegten und Rücklagen bildeten. Wenn solche Perspektiven das Leben insgesamt und so zu bestimmen beginnen, dass der einzelne Lebensentwurf geplant wird, die Dominanz der Emotionen und Triebe gebrochen und ihr Anspruch vertagt und aufgeschoben wird, dann kann man von einem *rationalisierten Leben* sprechen. Kulturell ist der Unterschied zwischen fallweise rationalen Entscheiden und einem rationalisierten Lebensentwurf riesig: Von Fall zu Fall eine Entscheidung zu rationalisieren, das haben Menschen immer schon getan, wie die in der Form des «Wenn ... dann» formulierten Handlungsfolgen deutlich machen. So wusste der erfahrene Jäger immer schon: «*Wenn* ich bei der Jagd Erfolg haben will, *dann* muss ich mich langsam an die Beute heranpirschen.» Von solchen *zweckrationalen* Anleitungen ist es aber ein grosser Schritt zu einer Rationalisierung des Lebens insgesamt.

Zu allen Zeiten und in allen Kulturen gab es Menschen, die solche rationalisierten Leben lebten, aber es waren die verehrten Wenigen, die dazu in der Lage waren und dies waren zumeist Priester oder andere religiös Gestimmte, die ihr Leben einem «höheren Ziel» widmeten. Abstrahierte Lebensentwürfe haben fast immer etwas Religiöses an sich, da sie Wünsche und Absichten über das aktuelle Leben hinaus verlagern und deren Erfüllung auf später vertrösten. Diese Haltung ist nach Weber auch in dem Kapitalismus genannten Wirtschaftssystem zu finden.

Dass das Wirtschaften im Kapitalismus sich rationaler Methoden bedient, ist noch nicht ausschlaggebend, ausschlaggebend ist, «die rationale Dauerunternehmung»[83], als welche dieses Wirtschaftssystem verteidigt und aufrecht erhalten wird. Der Kapitalismus setzt sich nun in dem Masse durch, in dem eine auf das Wirtschaftsleben ausgerichtete Lebensform mehrheitsfähig wird. Dies ist umso eher möglich, als die Welt ihre Besonderheit einbüsst und, da «nichts Besonderes», durchrationalisiert werden kann, wie eine gigantische Maschine. Dieser von Weber als «Entzauberung der Welt»[84] bezeichnete Prozess reisst die Hemmschwellen nieder, welche andernfalls ihrer zweckrationalen Nutzbarmachung im Wege stünde.

Am Anfang der Entwicklung dieser neuen Kultur stehen ihre Vorläufer, deren neue Haltung von der Mehrheit nicht verstanden wird. Solch ein Vorläufer ist *Jakob Fugger* (1459-1525), der wahrscheinlich bis heute reichste Mensch, und Onkel von Markus Fugger (→ 2.2.). Als ihm ein Geschäftspartner den Rat gibt, es doch wie er zu halten und sich nach erlangtem Reichtum endlich zur Ruhe zu setzen, stößt dieser Rat bei Fugger nur auf Unverständnis, denn seinen Reichtum häufte dieser Mann, der mit der *Fuggerei* die größte und älteste Sozialsiedlung der Welt stiftete, nicht an, um ihn zu konsumieren und sich einen schönen Tag zu machen. Eine solche Haltung weist er als zu verachtenden «Kleinmut» zurück.[85]

Motor des sich um das Geld drehenden Systems ist also nicht der Gelderwerb als solcher, sondern ein durch Geld zu realisierendes Ziel, wobei dies sowohl materieller wie auch immaterieller Natur sein kann. Einen immateriellen Antrieb zur Geldvermehrung identifiziert Weber im *Spartrieb* der Unternehmer, die damit Geld dem Konsum entziehen und die Geldmehrung aus anderen Gründen betreiben, die man letztlich nur religiös als *Askese* begreifen kann. Vorbild dieser Haltung ist der Mönch, den Weber als den ersten «rational lebenden Menschen» bezeichnet, der «methodisch und mit rationalen Mitteln ein Ziel anstrebt.»[86] Die Rationalisierung des eigenen Lebens bestimmt demnach zunehmend die Haltung der Menschen im modernen Wirtschaftssystem, motiviert er sich doch mit der Erwartung jenseitiger Rendite, konkret dem Seelenheil im Jenseits. Diese Antriebsstruktur bleibt, und das ist das Verblüffende von Webers Untersuchung, auch dann erhalten, wenn der Jenseitsglaube zusammenbricht: Selbst in der säkularisierten Welt des modernen Kapitalismus geben die Menschen weder ihren rationalisierten Lebensentwurf auf noch lassen sie in ihrem unermüdlichen Erwerbs-

Abb. 10: Jakob Fugger (1459-1525):
Nicht reich werden um den Reichtum zu geniessen

Kapitel 2 *Handel und Wandel*

streben nach. Verblüffend ist dies deshalb, weil es in der säkularen Welt keine Verlockungen des Jenseits mehr bedarf um quasijenseitige Ziele anzustreben. Solche quasijenseitigen Ziele finden sich in der modernen Ökonomie viele. So spielt die Idee des grenzenlosen Wachstums (→ 14.1.) bereits wörtlich mit der Jenseitsvorstellung; religiöse Bezüge finden sich aber auch bei der sakralen Vorbildern nachempfundenen Ästhetik von Generalversammlungen großer Unternehmen oder aber der religiös aufgeladenen Schuldmetaphorik bei der für geldliche Verbindlichkeiten der selbe Begriff wie für moralisches Versagen Verwendung findet.[87] Und nicht zuletzt findet sich ein religiöser Bezug in der moralischen Adelung des wirtschaftlichen Erfolges: Bis zum Beweis des Gegenteils gilt der wirtschaftlich Erfolgreiche nicht nur als wirtschaftlich erfolgreich, sondern ebenso als moralisch ehrenwert, womit er, in der Sprache des Geldes gesprochen, *Kredit* erhält.

Wenn mit der zunehmenden Herrschaft der kapitalistischen Wirtschaftsweise deren Ausdehnung über den ursprünglichen Bereich des Marktes hinaus und hinein in nahezu alle Lebensbereiche (→ 2.5.) beobachtet und zumeist auch beklagt wird, so lässt sich dieses Phänomen also mit der religiösen Herkunft des Ökonomischen erklären, das eben deshalb keine natürliche Grenze kennt, weil doch auch das Religiöse nicht auf einen Bereich des Lebens, beispielsweise den sonntäglichen Kirchgang, beschränkt ist, sondern wie es die Überzeugung aller Gläubigen ist, das gesamte Leben umfasst.

Seine kulturelle Kraft konnte der Kapitalismus demnach nur deshalb entfalten, weil es ihm gelang, die durch das Religiöse aufgespannte Weltdeutung weitgehend unbeschadet in den säkularen, d.h. nicht-religiösen Rahmen zu übertragen und, mit einem religiösen Gleichnis gesprochen, «neuen Wein in alte Schläuche»[88] zu füllen und die neuen Inhalte in alten Strukturen lebendig werden zu lassen. Dadurch erlangte der Kapitalismus eine Schubkraft, welche er aus eigener Kraft nie entfacht hätte, was sich auch im Vergleich zu Kulturen zeigt, denen, wie diejenigen Chinas und Indiens, lange Zeit der Kapitalismus fremd war und die sich erst letzterem zuwandten als sie neben dem gleichsam religiös konnotierten linearen Zeitbegriff auch eine quasireligiöse Begrifflichkeit übernahmen.

Die Entwicklung des Kapitalismus, seiner Kultur und seines «Geistes» zeigt sich in besonderem Masse im Verständnis und in der Gestaltung des wirtschaftlichen Subjekts, dass nun als Homo Oeconomicus den Einzelnen als einen rationalen Nutzenmaximierer (→ 3.3.) definiert. Damit demokratisiert sich gleichsam eine Figur, die sich in Ansätzen bereits im *Unternehmer* gezeigt hatte. Dieser verkörpert insoweit die *Avantgarde* der neuen Kultur als er seinen Lebensentwurf zu rationalisieren beginnt und damit sein Leben methodisch entwirft und steuert. Was für die Wenigen gilt, die zum Teil recht sperrige und exzentrische Persönlichkeiten sind,[89] das gilt bald besonders für die Vielen, welche den Erfolg der Wenigen dadurch dass sie bei ihnen arbeiten und einkaufen ja erst möglich machen. Auch sie gestalten planerisch ihre Lebensentwürfe. Unter dem finanziellen Erwartungsdruck, der nur leicht angereizt werden muss, werden die meisten in ihren Besonderheiten jedoch so abgeschliffen, dass die vielen individuellen Akteure schliesslich wirken wie einer, es entsteht die *Masse*. Wie homogen die ist, zeigt sich an der hohen Treffsicherheit mit der Verhaltens- und Konsumentscheide prognostiziert werden können (→ 11.2.).

Als Reizmechanismen wirkt hier im Grossen wie im Kleinen die Gewährung oder das blosse in Aussicht stellen von *Rabatten*. Früher erfüllte diesen Zweck das Rabattmarken-Sammeln im «Konsum», wie die Lebensmittelläden genannt wurden; in der Gegenwart greift man auch dafür auf eine flottere Sprache zurück und redet von *Incentives*, die zu allen möglichen Gelegenheiten und Anlässen angeboten werden und ihre Wirkung auf die Wunschstruktur der Konsumenten nicht verfehlen. *Werbung* und *Marketing* (→ 11.) arbeiten seit jeher daran, Einfluss auf die Entscheidung von Konsumenten zu erringen. Bewährte Mittel dieses Versuchs sind *Vorteilsgewährung* und *Schadensverringerung*. Die Vorteilsgewährung erfolgt meist in der Form von monetärem Kapital, aber auch durch das Versprechen der Mehrung des sozialen Ansehens und damit des sozialen Kapitals. Die Schadensverringerung arbeitet meist indirekt und baut beispielsweise auf das Versprechen einer immateriellen Verbesserung der Lebenssituation wie beispielsweise der Vermeidung von Krankheit oder dem Gewinn an Sicherheit. Dieses, isoliert betrachtet, begrüssenswerte Ziel, geht indes häufig einher mit einem Rückbau des Staates und der Verringerung der gesellschaftlichen Solidarität. Beides bedingt einander: Wenn der Staat sich für weniger Aufgaben verantwortlich erachtet, delegiert er mehr Verantwortung an die Gesellschaft. Wenn nun zugleich die Ursache für individuelle Kosten von, beispielsweise Arbeitslosigkeit und Krankheit, der Verantwortung der Einzelnen zugerechnet werden, dann wird der Rückzug des Staates aus seiner Verantwortung nicht als Makel angesehen und die Entsolidarisierung der Gesellschaft wird hingenommen. Die Legitimation dieser Entwicklung wirkt umso überzeugender, je besser sie begrifflich verteidigt wird. Wenn es also gelingt, die Tatsache, dass sich der Staat aus seiner Verantwortung stiehlt und sich die Bindekraft der Gesellschaft auflöst, als *Fortschritt* zu deklarieren, dann lässt sich dagegen nicht mehr so leicht argumentieren. Ein erfolgreiches Polit-Marketing wird also versuchen, diesen Umbau von Staat und Gesellschaft mit einem allseits geschätzten Begriff zu verbinden; ein solcher Begriff ist der der *Freiheit*.

Kapitel 2 *Handel und Wandel*

Als auch das Freisein von Schutz als Freiheit interpretiert wurde, war der *Neoliberalismus* geboren. Eine seiner zentralen Marketing-Agenturen ist die *Mont Pèlerin-Society* (MPS), die 1947 von *Friedrich August von Hayek* (1899-1992), Träger des Alfred-Nobel-Gedächtnispreises für Wirtschaftswissenschaften 1974 (in der Folge abgekürzt als «Alfred-Nobel-Gedächtnispreis»),[90] gegründet wurde und sich seither jährlich oberhalb von *Vevey* am Genfer See trifft. Zahlreiche Mitglieder der Mont Pèlerin-Society haben später als Regierungsberater von *Margaret Thatcher* (1925-2013) und *Ronald Reagan* (1911-2004) die neoliberale Wende der Politik mit eingeleitet.

Der zunehmende Einfluss des Marketings auf die moderne Gesellschaft und ihre Ökonomie ist nicht ohne inneren Widerspruch, denn eine entsprechende verkaufsfördernde Strategie kann es in einer modernen Gesellschaft nur durch die starke Stellung des Individuums geben, welches zugleich Adressat des Marketings ist, das doch die Position des Individuums unterläuft in dem es an seiner Uniformität arbeitet um die individuelle Entscheidungsstruktur der Konsumenten zu bändigen. Das Marketing, das massgeblich für den Erfolg der Konsumgüterproduktion verantwortlich ist, baut damit auf das – den Individualismus –, was es durch seine Wirkung zugleich zu schwächen trachtet. Der Erfolg des Marketings ist total, wenn – vergleichbar der Time-is-money-Begriffsintervention von Franklin, eine Verbindung von zwei aus völlig unterschiedlichen Sinnwelten stammenden Teilbegriffen nicht mehr als absurd, sondern als konsequent angesehen wird, nämlich der Begriff des *Konsumbürgers*.

Der moderne Kapitalismus strebt danach, den Rahmen von Handel und Wandel, also den Markt, möglichst soweit zu dehnen, dass es immer weniger Bereiche des Lebens gibt, die nicht vom Marktgeschehen erfasst sind. Wenn Menschen erst beginnen, sich durch ihre Marktteilnehmerschaft zu definieren, dann hat das Wirtschaftssystem seine totale Ausdehnung erreicht. Wenn es dann mittels zielgerichteter Planung zusätzlich gelingt, dass Menschen auch jene Entscheidungen, die eigentlich dem Marktgeschehen entzogen sein sollten, diese dem Markt anvertrauen und überlassen, dann ist die Totalisierung von Markt und Kapital gelungen. Diese Entwicklung hat sich ab der zweiten Hälfte des 20. Jahrhunderts angebahnt.

= *Mit zunehmender Rationalisierung der Welt arbeitet der Individualismus auch an der Rationalisierung seiner selbst und schafft damit die Voraussetzungen einer Ausbreitung des kapitalistischen Wirtschaftssystems, das schliesslich nahezu alle Lebensbereiche umfasst.*

Kapitel 2

> **Fragen und Aufgaben:**
> - ☐ Was versteht Weber unter der Rationalisierung?
> - ☐ Welche Bedeutung hat der Rationalismus für die Entstehung des Kapitalismus?
> - ☐ Beschreiben Sie, wodurch es zur Totalisierung des Marktes kommt.
> - ☐ Erklären Sie den Begriff Neoliberalismus.
> - ☐ Beschreiben Sie den Begriff «Konsumbürger» kritisch.

2.5. Der Super-Markt des 21. Jahrhunderts: Ökonomischer Imperialismus

Den täglichen Bedarf deckt der Konsument in den Industriestaaten nicht mehr im Tante-Emma-Laden, sondern im *Supermarkt*. Der Supermarkt stellt die Vertriebsform des 20. Jahrhunderts dar, galt also lange Zeit als modern und mithin als chic, weil er das, was den Menschen als das wichtigste erscheint, das Selbst, zur Geschäftsidee machte: Im Supermarkt des 20. Jahrhunderts ist der Kunde nicht mehr wie in den noblen Kaufhäusern des 19. Jahrhunderts König, dafür aber ist er selbst Unternehmer, denn hier darf er gleichsam selbst hinter der Theke stehen. Wobei natürlich auch modern am Supermarkt ist, dass es kein «hinter der Theke» mehr gibt, der Kunde ist also sowohl davor wie dahinter; hier, im Supermarkt sind alle Schranken gefallen. Dieser in den USA erfundene Ladentypus gilt als das demokratische Einkaufen schlechthin; zur demokratischen Tugend zählt neben der *Transparenz* – jeder sieht, was es gibt, es gibt nichts mehr, was unter der Ladentheke für die besonderen Kunden aufbewahrt wird –, besonders der Fokus auf das Selbst. Die die Menschen lange demütigenden Unterschiede von König und Volk sind gefallen: Im Supermarkt gibt es keine Bedienung mehr, im *Selbstbedienungsladen* sind also alle gleich. Dieser Gleichheitsgrundsatz ist so populär, dass die Supermärkte die Städte zu bestimmen begannen. Waren es im 19. Jahrhundert die Konsumtempel, welche das Stadtbild bereicherten, so werden im 20. Jahrhundert die Städte so umgebaut, dass die Supermärkte Platz finden und damit auch die Kunden zu

Abb. 11: So vornehm konnte man im Gummi in Moskau kaufen.

Kapitel 2 *Handel und Wandel*

Abb. 12: Wir alle sind im Supermarkt

den Supermärkten finden, wird zugleich Platz für den Autoverkehr und das Autoparking geschaffen.[91] Wenn diese materielle Form des Handels im 21. Jahrhundert zunehmend durch den Online-Handel ersetzt wird, so hat sich die ihm zugrundeliegende Idee doch weiter verbreitet: Nicht alleine im Supermarkt, sondern fast im gesamten Handel steht das Selbst, zwar nicht unbedingt im Zentrum, aber immer in der Pflicht: Auf die Selbstbedienungsläden folgten die Selbstbedienungsgaststätten und die Selbstbedienungstankstellen und schließlich das E-Banking, E-Booking, E-Consulting, E-Shopping: es gibt kaum mehr einen Bereich, in dem sich der Kunde für sein Geld nicht auch gleich selber bedienen kann und muss.

Diese Übernahme der Aufgaben durch den Kunden nimmt zunehmend Aspekte einer Selbst-Aufgabe an, dies nämlich dann, wenn der Einzelne immer mehr Zeitressourcen für die Verwaltung und das Management seines alltäglichen Lebens benötigt und immer weniger sein Leben *leben* kann, sondern ein Leben, wie es in den Rahmen der digitalen Welt passt, *performt*.

Da jeder Akt von E-Business zur Preisgabe von Daten führt, arbeitet jeder *elektronische Selbstunternehmer*, das ist der, der im eigenen Auftrag und Interesse im E-Business tätig ist, zugleich am weiteren Ausbau seiner elektronischen Box und in dem werden die Entscheidungsspielräume und Entscheidungsoptionen immer kleiner.

Als Immanuel Kant Ende des 18. Jahrhunderts gegen die Einschränkung der Freiheit das Programm der Aufklärung stellte und dieses definierte als «Ausgang des Menschen aus seiner selbst verschuldeten Unmündigkeit»[92] hatte er die Hoffnung, dass, wenn die politischen Strukturen modernisiert wären und die Menschen zusätzlich über die nötige Bildung verfügten, sie dann mündig seien. In den modernen Gesellschaften sind bei den beiden ersten Bedingungen große Fortschritte erzielt worden, von Mündigkeit im Sinne freier Selbstbestimmung kann jedoch kaum die Rede sein, seit es dem kapitalgestützten Markt gelungen ist, nahezu alle Entscheidungsinhalte zu integrieren und in gleichem Masse nahezu alle Entscheidungen mitzubestimmen. So gibt es in der Gesellschaft der totalen Marktökonomie fast nichts, was nicht auf dem Markt gehandelt werden kann. So reicht, wie *Michael Sandel* (* 1953) berichtet, der Markt mittlerweile von A bis Z, vom Markt für das Abschiessen von unter Artenschutz stehenden Nasshörnern, über den Handel mit staatlichen Symbolen, dem Leihmutterschaftsmarkt, dem Markt für Universitätsabschlüsse bis zum Zellen-Upgrade in Gefängnissen (→ Begriff 2).[93]

Davon unabhängig, diese Entwicklung aber unterstützend, hat sich der Markt mittlerweile so entwickelt, dass es kaum noch Entscheidungen gibt, welche nicht zugleich durch Marktanreize motiviert und durch die Infrastruktur des Marktes – vornehmlich durch seine Digitalisierung – beeinflusst werden. Beide Faktoren entfalten zusammengenommen eine Macht, die das menschliche Leben so okkupiert, dass dafür auch schon der Begriff des ökonomischen Imperialismus gebraucht wurde.[94]

Von einer schlechten und abzulehnenden Ausdehnung des Marktes kann man daher immer dann sprechen, wenn, wie es *Fred Hirsch* (1931-1978) genannt hat, ein *Kommerzialisierungseffekt*[95] eintritt und das veräusserte Gut nur noch als Äquivalent seines Preises wahrgenommen wird.

Ein Kommerzialisierungseffekt lässt sich auch bei immateriellen Gütern wie Entscheidungen beobachten. Solche Entwicklungen gelten gemeinhin als ethisch verwerflich, wie die weitgehende Verurteilung der *Korruption* zeigt (→ 9.2.2.). Ein schlechter Kommerzialisierungseffekt lässt sich jedoch auch ausmachen, wenn eine Entscheidung nicht geldwert manipuliert, sondern lediglich durch Geldzahlungen belohnt wird. Solche Effekte treten etwa dann ein, wenn Menschen für das, was sie ohnehin tun und tun wollen, eine Zahlung erhalten. Ein Beispiel sind Spendensammler, die beispielsweise Geld für Erdbebenopfer sammeln, obwohl sie das bereits tun oder tun wollen, nun aber dafür eine finanzielle Aufwandsentschädigung erhalten. Je nach ihrer Höhe kann die Entschädigung die Sammeltätigkeit beeinflussen und zwar immer negativ: Erhalten die Spendensammler für ihre Tätigkeit so wenig, dass die Sammler sagen werden, das sei ja eigentlich nichts – beispielsweise 50 Cent pro Stunde –, dann werden sie diese Zahlung im besten Falle ignorieren, im schlimmsten Falle aber ihre Sammlertätigkeit einstellen, da sie sich sagen werden, dass sie für diesen Lohn nicht bereit seien, bei Wind und Regen mit einer Büchse auf der Strasse zu stehen. In diesem Fall ist der Effekt der Kommerzialisierung eingetreten und hat das Gut, Geld sammeln für einen guten Zweck, so okkupiert, dass die Sammler diesen Zweck aus den Augen verlieren und nur noch ihren Aufwand sehen. Der Kommerzialisierungseffekt ist auch zu beobachten, wenn die finanzielle Entschädigung sehr hoch ausfällt, dann wird es für die bis anhin ehrenamtlichen Helfer schwierig, sich weiterhin unentgeltlich zu engagieren, da auch in diesem Falle die Geldzahlung den *Wert*, welche sie bislang ihrer unbezahlten Tätigkeit beigemessen haben, verändern wird.[96]

Zum selben Ergebnis führt der Vergleich des britischen mit dem US-amerikanischen Blutspendensystem: Obwohl in den USA das Blutspenden finanziell entgolten wird, ist das relative Spenderblutaufkommen dort niedriger als in Grossbritannien, in dem es ein reines Spendensystem ohne finanzielle Anreize gibt.[97]

Die Ausdehnung des Marktes verändert also sowohl Güter wie auch Motivationen (→ 6.2.). Beide Effekte werden von denjenigen, welche eine Ausdehnung des Marktes befürworten, mit der Erhöhung seiner Effizienz gerechtfertigt, was bedeutet, jede Kommerzialisierung, die zu höherer Effizienz führt, sei zu begrüssen. Demnach müsste man die genannten Fälle wieder durchbuchstabieren und die Ergebnisse messen, die durch die Einführung geldlicher Anreize entstehen: Erhöhen sie den Effekt, in diesem Falle die Summe des gesammelten Geldes, dann wäre der finanzielle Anreiz zu begrüssen, im gegenteiligen Fall abzulehnen.

Ob eine solch Rechnung angesagt ist bzw. aufgeht, ist jedoch alles andere als klar, ist sie doch Ausdruck eben des ökonomischen Imperialismus, welcher alle Entscheide zu quantifizieren trachtet, was eine typische und höchst problematische Entwicklung der modernen Ökonomie (→ 14.4.) darstellt. Denn ob Verteilungskonflikte durch die Ausdehnung des Marktes wirklich am besten gelöst werden, muss man im Einzelfall prüfen und sollte dies nicht aus purer Marktverherrlichung voraussetzen, wie dies lehrbuchhaft *Kenneth Arrow* (1921-2017), Alfred-Nobel-Gedächtnispreis von 1972, tut: «Wie viele Ökonomen möchte ich nicht allzu sehr davon abhängig sein, dass Eigeninteresse durch Ethik ersetzt wird. Ich halte es insgesamt gesehen für das Beste, den Bedarf an ethischem Verhalten auf die Umstände zu beschränken, in denen das Preissystem zusammenbricht (...) Wir möchten die raren Vorräte an altruistischen Motiven nicht rücksichtslos verbrauchen.»[98] Arrow, der hier eine von vielen einflussreichen Ökonomen vertretene Position verteidigt, weist die Ethik mit dem Argument zurück, dass sie nun einmal weniger gute Resultate erziele, als eine gegenüber ethischen Werten neutrale Position wie die des Eigennutzes. Dieses Effizienzkriterium ist typisch für die Bemühung um eine möglichst weite Ausdehnung des Marktes, die letztlich nach seiner Totalisierung drängt. Das Argument liegt dabei auf der Hand: Weil die Ethik dem grössten Effizienztreiber, dem Eigennutz, im Wege stehe, muss diese aus dem Weg geräumt werden, mit dem Effekt, dass sich erst so ein, auch ethisch gewünschter, positiver Effekt einstellt.

Die Anhänger dieser Effizienzmaximierungsstrategie berufen sich dabei gerne auf Adam Smith (→ 2.4.2.), wobei jedoch übersehen wird, dass Smith nicht nur die positive Wirkung des Eigennutzes kannte, sondern auch die altruistischen Gefühle von Sympathie. Daher ist die Position der Effizienzmaximierer nicht Smith, sondern dem *Utilitarismus* (→ 3.3.) zuzurechnen, weswegen sie auch nicht als klassische, sondern als neoklassische Position, oder als *Neoklassik* bezeichnet wird. Die Neoklassik ist wiederum die Vorläuferin des Neoliberalismus (→ 2.4.2.), wie er beispielhaft in der Aussage von Kenneth Arrow vertreten wird.

Beide Positionen verhalten sich zu ihren jeweiligen Originalen so, dass sie deren Gehalte lediglich zweckrational übernehmen: Die Neoklassik übernimmt von der Klassik die Position des in der Aufklärung etablierten Selbst, und deformiert es dann zum blossen ökonomischen Subjekt des Homo Oeconomicus (→ 6.). Der Neoliberalismus übernimmt vom Liberalismus den Wert der Freiheit, reduziert ihn dann aber auf den blossen Aspekt der Wahlfreiheit.

Dass sich die Effizienz durch finanzielle Anreize nicht zwangsläufig steigern lässt, zeigen bereits die Beispiele von Spendenaktionen. Schauen wir abschliessend auf den besonders aussagekräftigen Fall zur Debatte um atomare Endlagerstätten: Als die Bevölkerung des Schweizer Dorfes *Wolfenschiessen* im Kanton Nidwalden befragt wurde, ob sie der Ansiedlung eines Lagers für atomaren Abfall zustimmen würden, lag der Anteil der Ja-Stimmen bei über 50 Prozent. Als man die Abstimmung mit dem Versprechen hoher finanzieller Kompensationen wiederholte, brach die Zustimmung drastisch ein und betrug danach nur noch knapp 25 Prozent.[99] Für diese Entwicklung können verschiedene Gründe ausschlaggebend gewesen sein: So mögen einige Bürgerinnen und Bürger die finanziellen Kompensationen als Bestechungsversuch gewertet haben, andere mögen sie als Indiz genommen haben, dass die Sache gefährlicher sei, als sie bisher gedacht hatten und wieder andere mögen ihre Entscheidung deshalb revidiert haben, weil sie es als eine Kränkung empfanden, dass die Behörden ihre staatsbürgerliche Entscheidung mit Geld aufzuwiegen versuchten.

Die in den diskutierten Fällen zum Ausdruck gekommene Annahme, moralische Werte seien verzichtbar, weil durch eine blosse Eigennutzfokussierung zu ersetzen, wird aber nicht nur durch die im Ergebnis verringerte Effizienz widerlegt, sondern ist auch deshalb abzulehnen, weil die diesem Ansatz zugrunde liegende Vorstellung von einer *Welt ohne Ethik* als menschenverachtend, weil kulturzersetzend betrachtet werden muss: Denn anders als es zunächst den Anschein hat, bedeutet die Totalisierung des Marktes und der Wirtschaft nicht deren Siegeszug, sondern letztlich deren Ruin, reduziert sie doch den Markt und die Wirtschaft auf ein blosses Maximierungsprogramm, deren einziger Sinn in der quantitativen Steigerung liegt. Die totale Ökonomie, die ihren alleinigen Sinn im Quantitativen sieht und noch dazu konkurrierende Sinnprogramme wie die Ethik als überflüssigen Luxus betrachtet, trägt damit zu ihrer eigenen Schwächung bei, weil damit auch die Ökonomie keinen Sinn beanspruchen kann, sind doch Sinnfragen letztlich normative Fragen (→ 3.), welche ohne ein Normsystem nicht beantwortet werden können. Das Selbstverständnis des Marktes in den Zeiten des Super-Marktes ist paradox: Auf der einen Seite war noch nie so viel Markt wie heute, auf der anderen Seite taucht gerade angesichts der Totalisierung des Marktes, die Frage auf, ob es *den* Markt überhaupt gebe.[100]

= *Im frühen 21. Jahrhundert dehnt sich der ökonomische Imperialismus weiter aus so dass unter der Massgabe der Effizienzsteigerung überall ein Kommerzialisierungseffekt angestrebt wird, welcher den Menschen nur noch als Homo Oeconomicus begreift und sowohl ethische Werte wie auch ethisch normative Aussagen als überflüssig ansieht und aus dem öffentlichen Diskurs zu verbannen versucht.*

Fragen und Aufgaben:
- ☐ Was versteht man unter dem «ökonomischen Imperialismus» und wie ist es dazu gekommen?
- ☐ Wie ist es zu erklären, dass finanzielle Anreize altruistische Motivationen hemmen statt fördern können?
- ☐ Beschreiben Sie ein Leben unter den Bedingungen des totalen Marktes.

📖 Begriff 2: «Gerechtigkeit»
Wer hat wieviel verdient?

Gerechtigkeit ist für das menschliche Zusammenleben von zentraler Bedeutung, Aristoteles hält sie deshalb sogar für den «Inbegriff aller Moralität.»[101] Dispute über Gerechtigkeitsfragen sind eine der häufigsten Ursachen für Auseinandersetzungen und Konflikte. Wenn es um Gerechtigkeit geht, so stellt Aristoteles fest, geht es um Verteilungen. Wir möchten, dass das, was es zu verteilen gibt, gerecht verteilt wird. Dabei gehen wir spontan alle von der selben Verteilungsform aus, der egalitären. In unserem Bewusstsein hat sich die Vorstellung verankert, dass «gerecht = gleich» ist. Die egalitäre Verteilung ist in vielen Situationen die einzig gerechte. So zeigt sich in Verbindung mit der *Leistungsgerechtigkeit*, dass es geboten ist, dass für gleiche Leistung alle den gleichen Lohn erhalten, was auf der theoretischen Ebene eine Selbstverständlichkeit ist, die, wie die Lohnungleichheit zwischen Mann und Frau belegt, in der Praxis jedoch häufig nicht umgesetzt ist.

Daneben sind aber auch Situationen denkbar, in denen eine gleiche Verteilung ungerecht wäre. Egalitäre Verteilungen sind nämlich, worauf Aristoteles hinweist, nur dann gerecht, wenn entweder die

Menschen oder die Situationen absolut gleich sind, das ist jedoch häufig nicht der Fall. Das kann man sich bereits an einem harmlosen Beispiel der *Verteilungsgerechtigkeit* verdeutlichen. Soll ein Kuchen unter vier Menschen aufgeteilt werden, so könnte die egalitäre Verteilung dann ungerecht sein, wenn einer der Vier ein Kleinkind ist. Sein Viertel würde dem Kleinkind, falls es es überhaupt äße, nur Bauchweh bereiten, im besten Fall würde es mit seinem Stück herumspielen und die drei Erwachsenen würden traurig mitansehen, wie dieser Teil des Kuchens völlig sinnwidrig verschwendet würde. Daher wäre in diesem Fall eine nicht-egalitäre, nämlich eine distributive Verteilung sinnvoll. Distributive Verteilungen können jedoch nicht nur am *Bedürfnis* ausgerichtet sein, sondern auch am *Verdienst*. Wer mehr geleistet hat, soll auch mehr erhalten. Wer also den Kuchen gebacken hat oder wer ihn gekauft hat, der soll, auch dies ist eine Form der Leistungsgerechtigkeit, auch mehr bekommen.

Es sind aber auch Situationen denkbar bei denen es falsch, weil ungerecht wäre, wenn man nicht auch den historischen Hintergrund, also die Vorgeschichte der aktuellen Situation, mit einbezöge. Stellen wir uns vor, von den vier (erwachsenen) Freunden, die sich jeden Mittwoch zum Kuchenessen treffen, war einer dreimal krankheitsbedingt abwesend. Was haben die drei Gesunden gemacht? Sie haben wahrscheinlich ihrem kranken Freund per SMS gute Besserung gewünscht und sich dann darangemacht, den Kuchen egalitär zu verteilen, also statt sich nur mit einem Viertel zufrieden zu geben, sich endlich einmal ein Drittel zu gönnen. Eben daran wird der genesene Freund die glücklichen Drei erinnern und für einige Wochen sich nicht mit der egalitären Verteilung zufriedengeben, sondern verlangen, dass *redistributiv* verteilt werde, dass also der Zeithorizont für die Verteilung solange mit einbezogen werde, bis er den Verlust der vergangenen Wochen kompensiert hat.

In der Gesellschaft streiten wir uns selten wegen der Verteilung von Kuchen, sondern wegen Gütern, die für uns materiell oder sozial von *existentieller* Bedeutung sind. Und da sind die Aristotelischen Verteilungen auch heute noch von Bedeutung. Aristoteles hilft uns dabei, wie wir gesehen haben, angemessene Verteilungen zu finden, was ungeklärt bleibt ist die Grundsatzfrage, was denn gerecht ist.

Gibt es überhaupt Gerechtigkeit?
Diese Frage hat im zwanzigsten Jahrhundert auf beeindruckende Art der in *Harvard* lehrende Philosoph *John Rawls* (1921-2002)

beantwortet. Rawls kann dabei auch das gängige Vorurteil, dass Gerechtigkeit etwas Beliebiges und Subjektives sei, ausräumen. Wie wichtig dies ist, kann man sich daran klarmachen, dass ansonsten die Rede von Gerechtigkeit jeden Sinn verlöre, wenn es nicht etwas wäre, auf das wir alle uns einigen und das wir alle anerkennen können.

Wie aber findet man Gerechtigkeit? Rawls Planspiel vom «Schleier des Nichtwissens» kann uns hier weiterhelfen. Die Spielregeln dieses Spiel lauten wie folgt:

- Die Mitspieler sind rationale Akteure.
- Die Mitspieler wissen nichts über ihre natürliche Ausstattung an Begabung und körperlicher Konstitution.
- Die Mitspieler wissen nichts über ihren Platz in der Gesellschaft.
- Die Mitspieler wissen auch nichts über die Generation, der sie angehören.[102]

Diese letztgenannten Regeln erklären auch den Begriff des Schleiers des Nichtwissens. Nachdem diese Regeln geklärt sind, werden die Mitspieler nun aufgefordert, einen Staat zu entwerfen, der sein kann, wie sie wollen, in dem, sie, eine weitere Spielbedingung, jedoch dann auch leben müssen.

Wenn man sich diese Bedingungen gut überlegt, werden die Menschen eine Gesellschaft entwerfen, in der die Situation des am *Schlechtestgestellten* relativ günstig ist. Konkret bedeutet das, dass «soziale und wirtschaftliche Ungleichheiten, etwa verschiedener Reichtum oder verschiedene Macht, nur dann gerecht sind, wenn sich aus ihnen Vorteile für jedermann ergeben, insbesondere für die schwächsten Mitglieder der Gesellschaft.» Gegen den Utilitarismus gewandt (→ 3.3.) stellt Rawls weiter fest: «Nach diesen Grundsätzen kann man Institutionen nicht damit rechtfertigen, dass den Unbilden einiger ein größerer Gesamtnutzen gegenüberstehe.» Demgegenüber gilt aber folgendes: «Es ist aber nichts Ungerechtes an den größeren Vorteilen weniger, falls es dadurch auch den nicht so Begünstigten besser geht.»[103] Dieser Massstab legitimiert – oder, falls dies nicht der Fall ist, de-legitimiert – ein Wirtschaftssystem. Wenn also eine marktwirtschaftliche Ordnung für die am Schlechtestgestellten günstigere Bedingungen schafft als eine staatlich gelenkte Wirtschaft, dann ist erstere der zweiten vorzuziehen. Und die Marktwirtschaft, in der die Schlechtetsgestellten besser gestellt sind, als in einer anderen, ist die gerechtere.

Mit dem selben Massstab kann man nun aber auch die *inter*generationelle Gerechtigkeit denken: Auf der langen Zeitachse können nämlich die später Geborenen die am Schlechtestgestellten sein, was sich beispielsweise aus der Verminderung der Naturressourcen ergibt (→ 12.1.1.). Unter dieser Perspektive betrachtet, erweisen sich die meisten demokratischen Rechtsstaaten als höchst ungerecht: Einigermassen gerecht sind sie lediglich mit Blick auf die jeweilige Gegenwartsgeneration; höchst ungerecht sind sie jedoch mit Blick auf die zukünftigen Generationen, deren Chancen durch den sehr hohen Lebensstandard der Gegenwartsgeneration geschmälert werden.

Aber auch bei der innergenerationellen Gerechtigkeit darf man nicht alleine auf das Monetäre schauen. Denn die Besserstellung der Schlechtestgestellten misst sich nicht alleine an den monetären Fakten, sondern auch an den relationalen: Selbst wenn die Schwächsten in der Gesellschaft monetär von der Existenz extremer Spitzenlöhne (→ 8.2.6.1.) profitieren, könnten diese dennoch aus Gerechtigkeitsgründen abzulehnen sein und dies dann, wenn eine so weite Wohlstandsschere von den Schwächsten als deklassierend und deshalb demütigend empfunden würde. Gerechte Verhältnisse können also nicht einfach errechnet werden, sondern müssen auch auf die nötige Akzeptanz treffen.[104]

Dass eine Gesellschaft nicht wie ein mechanisches Räderwerk funktioniert und dass sie zerstört werden kann, wenn ausser Acht gelassen wird, wie bestimmte Veränderungen auf die Menschen wirken, untersucht der gleichfalls in Harvard lehrende Philosoph *Michael Sandel* (* 1953). So sieht es Sandel mit Sorge, wenn die «Macht des Geldes in Bereichen zu dominieren (beginnt), wo es nichts zu suchen hat.»[105] Eine solche Entwicklung ist selbst dann ungerecht, wenn sie die am Schlechtestgetellten materiell begünstigt.

Allgemeine Ethik

71	Begriff 3: «Ethik und Moral»
73	3.1. Aristoteles` Tugendethik
73	3.1.1. Glück haben und glücklich sein
74	3.1.2. Die Tugendethik
76	Anwendung: Umweltökonomie
77	3.2. Immanuel Kants Pflichtenethik
77	3.2.1. Der Kategorische Imperativ
80	3.2.2. Die Würde
81	Anwendung: Folterung
82	Anwendung: Terrorangriff
83	Begriff 4: «Handlung aus Freiheit»
87	3.3. Utilitarismus
90	Anwendung: Kinder schlachten
90	Anwendung: Der Tod der Pfandleiherin
91	Anwendung: Der Tod des ehemaligen Liebhabers
91	Begriff 5: «Handlungssubjekt»

3. Allgemeine Ethik

Die philosophische Ethik ist ein Teilbereich der Philosophie und versucht, wie es Kant formuliert, Antworten auf die Frage zu geben: «Was soll ich tun?»[1] Als philosophische Disziplin analysiert die Ethik menschliches Handeln. Umgangssprachlich werden die Begriffe *Ethik* und *Moral* bzw. *ethisch* und *moralisch* häufig bedeutungsgleich verwendet. Die Philosophie unterscheidet diese Begriffe hingegen. Moral stellt das Handeln wie es konkret gelebt wird dar, dieses ist weder gut noch böse. Erst die Ethik als Wissenschaft, welche menschliches Handeln reflektiert, kann das moralische Handeln bewerten, dabei bezieht sie sich auf *Normen*. Ethisch richtiges Handeln ist dementsprechend solches, das bestimmten, als richtig eingesehenen, *Normen* entspricht und dem es um das Gute geht. Wenngleich nicht immer und allgemein klar ist, was unter ›gut‹ zu verstehen ist, so streben alle Ethiken an, das für gut erachtete zu realisieren oder zumindest keinen Schaden anzurichten (→ Begriff 3).

Eine der frühesten Zeugnisse der Ethik stammt von *Sokrates* (469-399). Es ist unmittelbar vor seinem Tod, als Sokrates in seiner Athener Todeszelle seinen Freunden eine knappe aber prägnante Unterweisung in Ethik gibt. Auf die Frage, was ihm am wichtigsten sei, dass es die Freunde täten, antwortet Sokrates: «Wenn ihr euch selbst Sorge tragt», dann, so Sokrates, würden die Freunde sich selbst und der Menschheit den grössten Dienst erweisen und mahnt: «Wenn ihr nicht für euch sorgt, (ihr) (…) nichts weiter erreichen werdet.»[2] Was aber ist mit der Sorge um sich selbst gemeint? Wie soll der Mensch für sich selbst Sorge tragen und um was soll er sich dabei sorgen? Sokrates meint damit weder die Sorge um das Materielle, noch den besorgten Reichtum an Macht und Ansehen. Solcherlei Sorge ist sogar schädlich, da die Menschen dabei Gefahr laufen, sich selbst, indem sie sich an diese Güter klammern, zu verlieren: Denn letztlich würden wir nicht die genannten Güter in der Hand, sondern diese uns im Griff haben. Diese Inanspruchnahme macht, dass wir im Extrem nicht mehr wir selbst sind, da wir uns zunehmend entäussern. Dies Einsicht wird verständlich vor dem Hintergrund von Sokrates` Identitätskonzept. Der Mensch, so lehrt Sokrates, ist nicht von seiner materiellen Komponente her zu begreifen, sondern von seiner immateriellen, d.h. geistig-seelischen. Denn während alles Materielle ständiger Veränderung unterliegt – es kommt und geht –, ist nur das Immaterielle unveränderlich und damit die einzig denkbare Basis für ein Identitätskonzept, enthält es doch bereits die Identität in sich. Den Kern dieses Gedankens kann man sich leicht klarmachen: Man blättere nur einmal in einem Familienfotoalbum und betrachte dort Bilder von sich als Baby, als Kind, als Heranwachsender und dann als Erwachsener. Je größer die zeitlichen Abstände der einzelnen Aufnahmen sind, umso weniger Ähnlichkeit haben die einzelnen Bilder: Im Bild des Neugeborenen ist der Erwachsene nicht wiederzuerkennen und er hat ja auch auf der Materieebene kaum eine Übereinstimmung mit diesem. Wenn jemand auf das Foto des Neugeborenen verweist und sagt, «das bin ich», hat er dieser Identitätsfeststellung bereits etwas Immaterielles als Bezugsgrösse unterlegt und behauptet, dass das, was er mit dem Wort «Ich» bezeichnet, dasjenige ist, dass sich bei aller Veränderung auf der materiellen Ebene durchzieht und das bleibt und damit zugleich auch dasjenige ist, das alleine zählt.

Die Aufgabe, zu sich selbst Sorge zu tragen, formuliert Sokrates als eine *Norm*, die wir befolgen sollen, um Schaden (an uns selbst) zu vermeiden. Der normative Anspruch, das Gute zu realisieren bzw. Schaden abzuwenden, wirft sowohl die Frage nach dem Kreis der ethisch zu Berücksichtigenden wie auch nach der Begründung des jeweiligen Adressatenkreises auf. So sind in der Ethik verschiedene Ansätze unterschiedlicher Reichweite entwickelt worden:

- Der *Anthropozentrismus* (gr. *anthropos* = Mensch). Dieses Ethiksystem berücksichtigt alleine Menschen, alle anderen Wesen kommen bestenfalls indirekt in den Schutz ethischer Normen (→ 3.2.).

- Der *Pathozentrismus* (gr. *pathos* = Schmerzen, Leiden) dehnt den Kreis der ethisch zu Berücksichtigenden auf alle aus, die Empfindungen haben (→ 3.3.).

- Der *Biozentrismus* (gr. *bios* = Leben) dehnt den Kreis der ethisch zu Berücksichtigenden auf den Bereich aller Lebewesen aus. Als Begründer des Biozentrismus gilt *Albert Schweitzer* (1875-1965), der mit einem Satz den Biozentrismus begründet: «Ich bin Leben, inmitten von Leben, das leben will».[3]

- Der *Physiozentrismus* (gr. *physis* = Natur) schliesst letztlich die gesamte Natur in den Kreis der ethisch zu Berücksichtigenden mit ein und kann damit zur Grundlage einer Umweltethik werden.[4]

Diese verschiedenen ethischen Systeme unterscheiden sich durch den Kreis der ethischen Rücksichtnahme; gemeinsam ist ihnen, dass sie den Anspruch vertreten, das Gute zu realisieren bzw. Schaden zu vermeiden.

= *Ethik als Teildisziplin der Philosophie ist eine wissenschaftliche Disziplin, die Handlungen analysiert und im Hinblick auf die Realisierung des Guten bewertet.*

Fragen und Aufgaben:
- Was ist und womit beschäftigt sich die Ethik?
- Was versteht Sokrates unter «Selbstsorge»?
- Erklären Sie, wie sich die vier ethischen Modelle im Radius der Berücksichtigung unterscheiden.
- Beschreiben Sie die verschiedenen ethischen Systeme sowohl mit Blick auf ihre Reichweite wie auch ihre Begründung und beurteilen Sie diese.

Begriff 3: «Ethik und Moral»

Moral, lateinisch *mores* (siehe die alte Redewendung jemanden „Mores lehren") bezeichnet das Verhalten der Menschen, so wie es in einer Gesellschaft, oder einer Gruppe Brauch ist. Die Feststellung dieses Verhaltens geschieht ohne Wertung. So wie ein Beobachter einer ihm fremden Gesellschaft einfach seine Beobachtungen macht und sich dabei mit dem eigenen Urteil zurückhält, so gibt die Moral an, wie gelebt wird: In Gesellschaft wird Wahrheit gesprochen, gelogen, einander geholfen, einander betrogen etc. Insofern gibt es, wenn wir uns streng an die philosophische Terminologie halten, kein unmoralisches Verhalten (hier liegt die wohl stärkste Abweichung von der umgangssprachlichen Terminologie). Will man es bei der bloßen Feststellung nicht belassen, sondern beginnt, dieses Verhalten zu werten und zu beurteilen, so begibt man sich in den Bereich der Ethik.

Ethik hat es demnach mit den Urteilen über menschliche Handlungen zu tun. Wenn man urteilt, bedient man sich eines Kriteriums, das man gegebenenfalls auch ausweisen muss. Man muss beispielsweise demjenigen gegenüber, dessen Handlung man beurteilt und verurteilt, angeben, nach welchen Kriterien man hier geurteilt hat. Kriterien, Regeln oder Normen müssen sich also begründen lassen und das heißt, sie müssen sich einem rationalen Diskurs stellen und darin bewähren, sie können also nicht, wenn sie Geltung beanspruchen wollen, einfach aus dem Gefühl oder einer Weltanschauung hergeleitet werden.

Schadensverbot und Hilfspflicht
Als ethisches Grundprinzip kann man die Regel «Neminem Laede» nehmen, wie dies *Arthur Schopenhauer* (1788-1860) verstanden hat: Neminem Laede, dt. «Schade niemandem» bezeichnet Schopenhauer als den «Grundsatz der Gerechtigkeit». Schopenhauer belässt es aber nicht bei dem Schadensverbot, sondern geht noch einen entscheidenden Schritt weiter, wenn er nicht nur verlangt, keinen Schaden zu verursachen, sondern zugleich verlangt, «sondern hilf allen, so gut du kannst».[5] Ob es ein solches generelles Hilfsgebot gibt, ist philosophisch durchaus umstritten. Während nämlich die Hilfspflicht bei einem Unfall ausser Frage steht, hier greift die Norm, Schaden zu vermeiden, besteht kein Konsens darüber, inwiefern wir im Sinne Schopenhauers «allen helfen» sollten. Man sieht schnell, dass es gute Gründe geben kann, skeptisch gegenüber einer generellen Hilfspflicht zu sein. Sonst wären wir beispielsweise verpflichtet, jeden Unglücklichen, dem wir am Morgen im Zug gegenübersitzen, aufzumuntern und ihm vielleicht weitere unterstützende Massnahmen anzubieten. Anders sieht es hingegen mit dem Hilfsangebot bei konkreter existentieller Not aus, wie sie in der Gegenwartsdebatte beispielsweise im Verhältnis von Arm und Reich (→ 13.1.) diskutiert wird.

«Wenn ich es nicht mache ...»
In diesen und anderen Fällen trifft man häufig auf die Erklärung «Wenn ich es nicht mache, machen es doch die Anderen». Mit dieser Beschreibung will man das eigene Verhalten rechtfertigen. Nun gibt es auch in der Wirtschaftsethik viele Fälle, auf die diese Feststellung zutrifft: Die Produktion von Handgranaten, die Beschäftigung von Kinderarbeitern oder die extreme Emission von CO_2: Immer wird es (wahrscheinlich) ein Anderer tun, selbst wenn ich beginne, darauf zu verzichten. Dies ist jedoch kein Argument, sondern lediglich eine Beschreibung. Ein Argument im Sinne einer Legitimation kann das Verhalten der Anderen nicht sein: Jeder muss sein Handeln rechtfertigen und verantworten und wenn dieses an sich nicht zu rechtfertigen ist, so ändert sich daran auch dann nichts, wenn andere sich in gleicher Weise ethisch falsch verhalten.

3.1 Aristoteles' Tugendethik
3.1.1. Glück haben und glücklich sein

Aristoteles beginnt seine Untersuchung zur Ethik mit einer Beobachtung: Alle Menschen streben nach Glückseligkeit (gr. *eudaimonia*). Aristoteles interessiert sich zunächst nicht für die Frage, was denn das Glück sei, sondern für die verschiedenen Wege, wie sich die Menschen darum bemühen. Bei seinem Gang durch Athen macht Aristoteles drei verschiedene Typen von Glückssuchern aus. Da ist die Mehrheit der Athener – und man kann vermuten, dass sie nicht nur in Athen die Mehrheit bildet – welche Aristoteles als «die rohen Naturen (die) das höchste Gut und das wahre Glück in die Lust (setzen) und darum auch (frönen) sie dem Genussleben.»[6] Diesen Weg der Glückssuche verurteilt Aristoteles nicht als ethisch minderwertig, sondern stellt nur fest, dass er nicht zum Ziel führt. Weshalb? Die Genussorientierten mögen vielleicht den Genuss finden, aber das Glück werden sie verfehlen. Die Mehrheit der Bevölkerung, die auf diese Art ihr Glück sucht, rekrutiert sich übrigens nicht alleine aus dem einfachen Volk, sondern man trifft hier, wie Aristoteles bemerkt, auch viele Vermögende der höchsten Athener Kreisen, die sich für diesen Weg entschieden haben. Sie alle aber werden scheitern und das Glück nicht finden. Im Gegenteil, letztlich zeigen sie sich «ganz knechtisch gesinnt, indem sie dem Leben des Viehs den Vorzug»[7] geben. Es ist klar, warum die Genussmenschen auf diese Art das Glück nicht finden werden: Sie haben das, was sie in ihrem Innersten finden könnten, ausserhalb ihrer selbst gesucht. Sie haben, modern gesprochen, das Glück externalisiert und werden es gerade deshalb nicht finden. Das bedeutet nicht, dass die angestrebten Objekte der Begierde nicht Lust zu verschaffen vermögen, wohl aber, dass sie nicht zum Glück führen.

Desgleichen gilt aber auch für die zweite Lebensform, die Aristoteles erwähnt: »Die edlen und tatenfrohen Naturen ziehen die Ehre vor, die man ja wohl als das Ziel des öffentlichen Lebens bezeichnen darf». Diese Menschen, die wir modern als Politikerinnen und Politi-

Abb. 13. Aristoteles (384-322/1) begründet die Tugendethik

ker bezeichnen, geben sich nicht den Sinnesfreuden hin noch streben sie nach materiellem Besitz, sondern sehen in der Ehre den schönsten Lohn ihrer Anstrengungen und die Quelle ihres Glücks. Indessen werden auch sie scheitern und das Glück nicht finden: »Indessen möchte die Ehre doch etwas zu Oberflächliches sein, als dass sie für das gesuchte höchste Gut des Menschen gelten könnte. Scheint sie doch mehr in den Ehrenden als in dem Geehrten zu sein.«[8] Bei näherer Betrachtung zeigt sich, dass auch sie das Glück externalisiert und außerhalb ihrer selbst zu finden hoffen und deshalb werden auch sie es verfehlen: Wer sich für die Gemeinschaft engagiert, weil es ihm Ehre einträgt, der tut Gutes nur zur Erlangung der eigenen Ehre.

Wir erkennen das bereits bekannte Argument: Dasjenige, das um etwas anderen willen erstrebt wird, ist nicht dasjenige, was *eigentlich* erstrebt ist. So können wir zusammenfassen: Wer Genuss oder Ehre sucht, um das Glück zu finden, wird vielleicht Genuss und Ehre finden, aber nicht das Glück. Damit können wir die bislang aufgesparte Frage, was denn das Glück sei, nun bereits soweit beantworten, dass das Glück ein Zustand ist, der nicht den Charakter eines Mittels hat. Die gescheiterten Glückssucher sind ja gerade daran gescheitert, ein Mittel mit dem Zweck verwechselt zu haben: Jemand strebt das teure Auto, die grandiosen Ferien, das grosse Haus an in der Erwartung, dass es ihn glücklich mache und erfährt dann verwundert, dass Gewöhnung und Frustration über ausgebliebene Erfüllung die erlangten Güter entwerten, worauf er mit einem erneuten Anlauf reagiert und es mit einer höheren Quantität versuchen wird. Dass das Motto der Konsumgesellschaft («teurer, weiter, grösser») nicht zur Erfüllung führt, ist zwar sowohl logisch wie auch praktisch nachvollziehbar, findet jedoch gleichwohl nicht allzu viel Unterstützung, andernfalls wäre die Konsumgüterproduktion bereits lange an ihre Sättigungsgrenze geraten.

An sich gut ist daher nur die eine Lebensform, die nichts wegen etwas anderem anstrebt, was Aristoteles so beschreibt: «Als sich selbst genügend gilt uns demnach das, was für sich allein das Leben begehrenswert macht, so dass es keines weiteren bedarf. Für etwas Derartiges aber halten wir die Glückseligkeit, (sie) stellt sich dar als ein Vollendetes und sich selbst Genügendes, da sie das Endziel allen Handelns» ist.[9]

Damit liefert Aristoteles auch endlich eine Definition von Glück: Glück ist in sich vollendet und sich selbst genügend: Wer glücklich ist, der will nichts Anderes, sonst fehlte ihm ja noch was zu seinem Glück und er wäre nicht glücklich.

3.1.2. Die Tugendethik

Glücklich oder geglückt ist ein Leben, wenn ihm nichts fehlt, womit derjenige, der glücklich ist, nicht auf der Suche nach etwas ist, sondern sich bereits als angekommen erlebt. Dieses Angekommensein besteht nun aber weder in einem Ding (welches die Konsumorientierten anstrebten) aber auch nicht in einem Zustand (welchen die auf Ehre erpichten gesucht hatten), sondern in einer gelebten Handlung und damit verbinden sich das Glück und das Gute: Ein glückliches Leben ist auch ein ethisch gutes Leben.

Wer tugendhaft lebt, der ist bereits angekommen und erstrebt damit nichts weiter. Wer beispielsweise einem Hilfsbedürftigen hilft, handelt tugendhaft, weil er die Not eines anderen zu lindern sucht und dabei nicht zugleich etwas Anderes will. Er strebt also nicht einen materiellen Lohn für seine Mühe an oder ein immaterielles Entgelt in Form von Ehre und Anerkennung. Ginge es ihm darum, wäre die Hilfeleistung nur ein Mittel um diese Güter zu erlangen und die Hilfe würde nicht um ihrer selbst willen geleistet. Dann aber wäre die Hilfe ethisch nicht von Wert, ginge es dem Helfer doch nur um sich und eben nicht um den in Not geratenen. Dann aber könnte er es mit der vermeintlich tugendhaften Handlung auch nicht bewenden lassen und wäre schon wieder unterwegs auf der Suche nach neuen Taten. Damit würde auch der Zustand des Glücks, der in seiner Vollkommenheit und Abgeschlossenheit traditionell auch immer mit dem Zustand der Ruhe verbunden wird, sich nicht einstellen.

Die Antike unterscheidet die vier sogenannten Kardinaltugenden: Klugheit, Gerechtigkeit, Tapferkeit und Besonnenheit.

Klugheit – nicht zu verwechseln mit Intelligenz – zählt Aristoteles deshalb zu den Tugenden, weil er darunter eine bestimmte Weise des Urteilens versteht und diese deshalb nicht mit Intelligenz zu verwechseln ist, weil Klugheit im Urteil vor allem eine Frage des Mutes ist. Es bedarf dazu des Mutes, mit ruhigem Blick das Wahre und damit auch Gute zu suchen und im Handeln umzusetzen und sich nicht selbst etwas vorzumachen.[10]

Tapferkeit ist, wie alle Tugenden, in der Mitte zwischen zwei Extremen angesiedelt, also zwischen Feigheit und Tollkühnheit. «Die Tollkühnen sind voreilig und voll Entschiedenheit vor der Gefahr, in der Gefahr aber lassen sie nach. Die Mutigen aber sind bei der Tat wacker, vorher dagegen ruhig.»[11]

Besonnenheit oder *Mässigkeit* ist die Tugend, die, wie Aristoteles sagt, um «das natürliche Mass» weiss und deshalb auch «in allen Rücksichten das Mass» sucht und findet.[12] Der besonnen Massvolle lässt sich nicht zur Masslosigkeit beispielsweise in der Sinnesbefriedigung hinreissen. Die Besonnenen oder Mässigen meiden die Verlockungen der Sinne, des Macht- und Ansehenshungers, die einen um die eigene Entscheidungshoheit bringen und damit letztlich zum Spielball dieser Güter machen können.

Gerechtigkeit schliesslich ist nach Aristoteles «die vollkommene Tugend»,[13] die Tugend der Tugenden (→ Begriff 2).

Mit der Tugendlehre hat Aristoteles eine Ethik begründet, in deren Zentrum das Bemühen des Einzelnen um den Erhalt und das Bewahren der eigenen Person steht und die zugleich und damit zusammenhängend eine positive Wirkung auf die Gemeinschaft hat, die durch tugendhaftes Handeln gestärkt und nicht zerstört wird.

Nun wäre es verfehlt, tugendhaftes Leben als Garanten des Glücks zu verstehen. Wer tugendhaft lebt, der wird nicht mit Garantie glücklich (wohl aber führen die ersten beiden Lebensformen garantiert nicht zum Glück). Wer tugendhaft lebt, hilfsbereit ist, nicht lügt und auch sonst andere nicht zu schädigen versucht, wird sich dadurch zuweilen in eine Lage bringen, die ihn nicht glücklich macht, man denke nur an den Spruch «*Der Ehrliche, ist der Dumme*».

Ob jemand glücklich ist oder besser gesagt, ob ein Leben *gut* oder *geglückt* ist, lässt sich nach Aristotles aber nicht mit Blick auf eine isolierte Situation beurteilen, sondern erst im Gesamtzusammenhang des gelebten Lebens und damit eigentlich erst von seinem Ende her: Lässt man die Hochs und Tiefs des Lebens Revue passieren, dann kann man den Sinn des Lebens erkennen und dann möglicherweise auch vermeintliche Niederlagen in einem anderen Licht sehen: Obwohl es einem viel Ärger oder Nachteil eingetragen haben mag, als man damals sich der Meinung der Menge oder der Mächtigen widersetzte, so erkennt man darin im Abstand, dass man die eigene Unabhängigkeit bewahrt und sich also nicht aufgegeben oder verloren hat. Die ethische Reflexion und die Ausbildung einer tugendhaften Handlungskultur ist also kein Luxus, sondern unverzichtbar, um sein Leben als das eigene zu bewahren. Zum Selbstverständnis des Menschen gehört also zweierlei: Sich seiner selbst als handelndem Wesen bewusst zu sein und dabei immer auch den Bezug zu den anderen mit zu bedenken (*zoon politikon*-These Aristoteles` → 2.2.). Denn der Mensch ist auf die anderen ausgerichtet, er kümmert sich um sie, was für diese gut sein kann, was aber auf jeden Fall den Menschen selbst erst zu seiner Bestimmung führt. Denn die Lebensweise des radikalen Egoisten ist nicht die dem Menschen angemessene Form: Egoisten, die nur soweit auf die Anderen blicken, wie ihnen diese zum Nutzen sein können, schaden mithin sich selber (→ 6.2.).

Anwendung: Umweltökonomie
Die Aristotelische Tugendethik ist keineswegs auf die theoretische Debatte beschränkt geblieben, sondern wird immer wieder auf konkrete Fälle angewendet, wie dies beispielsweise Otfried Höffe (* 1943) mit Bezug auf die Umweltökonomie tut. In dem Sinne erklärt er, Tapferkeit kostet es demnach, sich dem vorherrschenden Konsumverhalten zu entziehen oder gegen die Zerstörung der Natur

Stellung zu beziehen. Besonnenheit könnte sich in zurückhaltendem Konsum zeigen. Klugheit ist bei einem sozial verträglichen Umbau der derzeitigen Wirtschaftsstrukturen gefordert. Und Gerechtigkeit ist in den fällig werdenden Sparauflagen und Umverteilungen ohnehin vielfach gefordert.[14]

Aufgabe: Entwickeln Sie eine weitere Anwendung der aristotelischen Tugendethik.

= *Aristotles gelingt der Nachweis, dass ethisches Handeln nicht im Widerspruch zum Glück stehen muss. Seine Tugendethik liefert die theoretische Basis, an der konkretes Handeln ausgerichtet werden kann und die verständlich macht, dass «der Ehrliche» nicht zwangsläufig «der Dumme» sein muss.*

Fragen und Aufgaben:
☐ Beschreiben Sie an Beispielen, warum die ersten beiden von Aristoteles skizzierten Lebensformen in ihrer Glückssuche scheitern.
☐ Was macht ein geglücktes Leben aus?
☐ Nennen Sie die antiken Kardinaltugenden und beschreiben Sie, worin deren Gemeinsamkeit besteht.
☐ Entwerfen Sie eine in der Gegenwart angesiedelte Handlungsoption, welche tugendethisch angegangen wird.

3.2. Immanuel Kants Pflichtenethik
3.2.1. Der Kategorische Imperativ

Seine ethische Hauptschrift, die «Grundlegung zur Metaphysik der Sitten» von 1785 eröffnet Immanuel Kant mit einem grandiosen Satz: «Es ist überall nichts in der Welt, ja überhaupt auch ausser derselben zu denken möglich, was ohne Einschränkung für gut könnte gehalten werden, als allein ein guter Wille.»[15] Und wenig später geht es wie folgt weiter: «Der gute Wille ist nicht durch das, was er bewirkt, oder ausrichtet (...), sondern allein durch das Wollen, d.i. an sich gut.»[16] Geradezu revolutionär ist diese Aussage, weil sie zur Qualifikation einer Handlung alleine auf den Willen bzw. auf das, was gewollt ist, fokussiert und nicht auf deren *Wirkung*, *Effekt* oder *Resultat*. Anders formuliert bedeutet das, dass eine Handlung an sich selbst gemessen werden muss und nicht in Bezug auf deren *Ergebnis*. Diese Aussage Kants steht insofern quer zu unserer allgemeinen Beurteilung von Handlungen, weil wir meist auf deren Resultat sehen und davon die Beurteilung der

Handlung ableiten. Wenn man beispielsweise behauptete, derjenige, der einem ihm vollkommen Fremden Geld für die Rückzahlung eines Kredites angeboten habe, habe gut gehandelt, so urteilte man mit Blick auf den Effekt, hier beispielsweise jemandem aus einer finanziellen Notlage zu helfen. Wüssten wir indessen mehr über die Intention des Geldgebers und erführen beispielsweise, dass es ihm darum ging, das Vertrauen des anderen zu gewinnen um dies dann bei anderer Gelegenheit gehörig zu missbrauchen, würde das Urteil anders ausfallen.

Dass das Ergebnis oder Resultat einer Handlung zu deren Beurteilung unerheblich ist, sieht man auch daran, dass zufällige Ereignisse das Ergebnis, anders als vom Handelnden beabsichtigt, bestimmen können: Jemand *will* einem anderen Menschen helfen, beispielsweise einer auf dem frostigen Boden ausgerutschten Person wieder auf die Beine helfen und rutscht, als er sie gerade hochgehoben hat, selbst aus, so dass sie beide auf den Boden aufschlagen und die bis dahin unverletzte Person sich nun, in Folge der Hilfeleistung, verletzt. Obwohl diese Person einen Schaden erlitten hat, ist die – in diesem Falle verunglückte – Hilfeleistung als gut zu beurteilen, da die Handlung einer guten Absicht entsprungen ist.

Nur wenn alleine die Absicht bzw. der Wille zählt, wird das handelnde Subjekt als Akteur anerkannt und gewürdigt (→ Begriff 4). Vor diesem Hintergrund ist auch das zentrale Moment von Kants Ethik zu verstehen, der *Kategorischer Imperativ*, der lautet: «Handle nur nach derjenigen Maxime, durch die du zugleich wollen kannst, dass sie ein allgemeines Gesetz werde.»[17] Diese von Kant als «Imperativ der Sittlichkeit» bezeichnete Regel zu befolgen, ist, wie er erläutert, eine *Pflicht*, oder ein Gebot der Vernunft, was mit dem Hinweis auf das «allgemeine Gesetz» deutlich wird. Seine Handlung nach dem Kategorischen Imperativ auszurichten, bedeutet, sie rein nach dem ihr zugrundeliegenden Willen zu orientieren und nicht nach deren Resultat. Daher ist auch die häufig zu hörende Übersetzung des Kategorischen Imperativs als «Was Du nicht willst, das Dir man tu, das füg auch keinem anderen zu» falsch. Diese als *Goldene Regel* be-

Abb. 14. Immanuel Kant (1724–1804)
«Handle nur nach derjenigen Maxime …»

kannte Handlungsanleitung steht in völligem Gegensatz zu Kants Kategorischem Imperativ, ist doch für Kant leitend, dass es einzig auf den Willen bzw. die Absicht des Akteurs («Der gute Wille ist nicht durch das, was er bewirkt oder ausrichtet, sondern allein durch das Wollen, d.i. an sich gut.») ankomme und nicht auf das Resultat.[18] Bei der Goldenen Regel ist es genau umgekehrt: Bei ihr ist das (zu erwartende) Resultat handlungsleitend: Weil ich – und d.h., nur weil ich – nicht gerne geschädigt werde, werde ich die Schädigung anderer unterlassen. Diese Motivation der Goldenen Regel macht diese letztlich zu einer rein berechnenden Regel, die ethisch ohne Wert ist. Dieses Urteil gilt auch dann, wenn man sieht, dass die Goldene Regel in so vielen Kulturen als Handlungsregel ausgewiesen wurde. So findet sich die Goldene Regel beispielsweise im Alten Testament als «Was dir selbst verhasst ist, das mute auch keinem anderen zu»[19] und im Neuen Testament heisst es ähnlich: «Was ihr von anderen erwartet, das tut ebenso auch ihnen.»[20] Ähnliche Formeln finden sich auch in der altchinesischen und altindischen Kultur, die alle nach demselben Modus des *do ut des* gebildet sind.

In der römischen Antike fungierte der Spruch do ut des («ich gebe, damit du gibst») als Einleitungsritual zu einem religiösen Opfer und beschwor damit eine Tauschbeziehung, womit sich auch der berechnende Charakter der Handlung offenbart, da ja nur deshalb etwas gegeben wird, weil man dafür eine Gegengabe (von möglichst höherem Wert) erwartet.

Die Goldene Regel mag durchaus einen moralischen Wert haben (→ Begriff 3) und das Zusammenleben der Menschen befrieden, ethisch ist sie hingegen wertlos, da ihre Handlungsmotivation einzig egoistischem Selbstinteresse entspringt.

Der Kategorische Imperativ ist also nicht mit Regeln zu verwechseln, die auf ein erwünschtes Resultat oder eine entsprechende Folge abzielen, sondern ist aus sich selbst heraus zu entwickeln. Eine Handlung folgt dann dem Kategorischen Imperativ, wenn ihre Verallgemeinerung denkbar ist, wenn man also »zugleich wollen kann, dass sie ein allgemeines Gesetz werde». Testen wir die Verallgemeinerbarkeit am Beispiel der Lüge. Nach Kant ist die Lüge nicht deswegen verwerflich, weil sie einen negativen Effekt für einen anderen habe, denn damit würde man ja auf ein Resultat Bezug nehmen, was Kant als ethisches Argument ausgeschlossen hatte. Daher müssen wir herausfinden, ob die Lüge mit dem «allgemeinen Gesetz», d.h. der Vernunft vereinbar ist.

Worin besteht die Handlung eines Lügners? Der Lügner sagt wissentlich die Unwahrheit in der Erwartung, dass seine unwahre Aussage als wahre Aussage akzeptiert werde. Erst dann erfüllt die Lüge – aus Sicht des Lügners – ihren Zweck. So ergibt sich die paradoxe, d.h. widersprüchliche Situation, dass ausgerechnet der Lügner auf die Wahrheit baut, denn er muss die Hoffnung haben, dass seine Aussage als wahre verstanden wird, nur dann hat er mit seiner Lüge auch Erfolg. Der Lügner kann demnach nicht «zugleich wollen» können, dass das Lügen zu einem allgemeinen Gesetz würde, wäre damit doch die Wahrheit, derer die Lüge als Existenzvoraussetzung bedarf, unmöglich gemacht.

In gleichem Sinne erweisen sich auch der Diebstahl oder die Unterschlagung einer Leihgabe als widersprüchlich, insofern man sie nicht begehen kann *und* sie sich zugleich als allgemeines Gesetz vorstellen kann. Wer beispielsweise eine Leihgabe mit dem nicht ernstgemeinten Versprechen der Rückgabe annimmt, ist, um diesen Betrug begehen zu können, auf die Institution der Leihgabe angewiesen, was bedeutet, dass ihm die Unterschlagung nur möglich ist, weil es die Institution der Leihgabe gibt.

Indem Kant die Ethik von den Handlungsfolgen abkoppelt und auf den Willen des Handelnden baut und diesen an der Widerspruchsfreiheit bemisst, stärkt er die Position des handelnden Subjekts, dass er als *autonom*, d.h. *selbstgesetzgebend* versteht. Wer gegen das Gesetz der Sittlichkeit oder der Vernunft verstösst, in dem er nicht verallgemeinerungsfähige Handlungen wählt, gibt dabei seine Autonomie auf, womit er, unabhängig sonstiger Schäden, welche seine Handlung zur Folge haben mag, in und an sich selbst einen Schaden anrichtet nämlich den der Vernichtung der Autonomie,[21] was gleichbedeutend mit einer Selbstvernichtung des Subjekts ist. Daher lässt sich bereits mit Verweis auf diesen Zusammenhang gegen jede Form von *Betrug* argumentieren.

Der Kategorische Imperativ, nach dem Handlungen ausgerichtet werden sollen, gilt als das Prinzip der Kantischen Ethik, weswegen sie auch als *Prinzipienethik* bezeichnet wird.

3.2.2. Die Würde

Immanuel Kants überragende Wirkung reicht, um nur drei Meilensteine zu nennen, von der Ethik («Grundlegung zur Metaphysik der Sitten», 1785; «Kritik der praktischen Vernunft», 1788) über die Erkenntnistheorie und die sie leitenden Frage, wie wir zur Erkenntnis der Welt gelangen («Kritik der reinen Vernunft», 1781) bis zur politischen Philosophie («Metaphysik der Sitten», 1797, «Zum ewigen Frieden», 1796).

Für die politische Philosophie ist unter anderem der Begriff der Würde zentral, den Kant in seiner Ethik-Schrift wie folgt definiert: «Was einen Preis hat, an dessen Stelle kann auch etwas Anderes als Äquivalent gesetzt werden. Was über allen Preis erhaben ist, mithin kein Äquivalent verstattet, das hat eine Würde.»[22] «Würde» lässt sich demnach als dasjenige begreifen, dass sich jeglicher Form der Verrechnung entzieht und für das es entsprechend keinen Wert im Sinne eines Preises gibt, da es jeden denkbaren Preis übersteigt, womit auch gesagt ist, dass «Preis» eine dem Würdephänomen unangemessene Grösse darstellt. Des Weiteren folgt aus dieser Definition, dass dasjenige, das Würde hat, da es «über allen Preis erhaben ist», auch nicht gegen einen Vergleichswert gehandelt oder gegen einen anderen Wert (→ Begriff 9) verrechnet werden kann und darf. Dieser Zusammenhang wird auch als *Instrumentalisierungs-* oder *Verrechnungsverbot* bezeichnet. Kant bekräftigt dies in der sogenannten Menschheits-Zweck-Formel: «Handle so, dass du die Menschheit, sowohl in deiner Person, als in der Person eines jeden andern, jederzeit zugleich als Zweck, niemals bloss als Mittel brauchest».[23]

Mit den Begriffen «Mittel» und «Zweck» hat Kant die Handhabung ethischer Konflikte beschrieben: Was einen Zweck hat und das heisst ein Selbstzweck ist und das wiederum heisst, was nicht erst Sinn und Zweck erhält, weil es brauchbares Mittel für jemand anderen ist, das hat zugleich Würde und darf nicht verrechnet werden, weil es ansonsten zum blossen Mittel reduziert würde. Umgekehrt geniesst dasjenige, das nur Mittel ist, keinen in sich selbst liegenden Schutz und Wert und darf daher bedenkenlos verbraucht oder verrechnet werden. Einen Selbstzweck haben, wie Kant erklärt, alleine «vernünftige Wesen» und das sind «Personen»; demgegenüber haben «vernunftlose Wesen» nach Kants Ansicht nur «einen relativen Wert, als Mittel und heissen Sachen.»[24]

Mit dieser Beschreibung zementiert Kant den bis zum Ende des 20. Jahrhunderts in Kontinentaleuropa geltenden Sachenstatus von Tieren. Tiere – von der anderen Natur ist erst gar nicht die Rede –, zählen demnach ethisch nicht und sind nur insoweit zu berücksichtigen, wie dies im Interesse der Menschen ist. Damit vertritt Kant einen Anthropozentrismus (→ 3.).

Anwendung: Folterung
Im Jahre 2002 kam es in Deutschland zu einer Kindesentführung. Der Entführer, der 25jährige Jura-Student Markus Gäfgen wurde sehr bald festgenommen, von dem Kind fehlte jedoch jede Spur. Während des Verhörs im Frankfurter Kriminalkommissariat drohte der stellvertretende Polizeipräsident von Frankfurt, Wolfgang Daschner, dem Entführer, der zu diesem Zeitpunkt die Tat noch nicht gestanden hatte, an, diesen zu foltern, falls er nicht den Verbleib des Kindes preisgäbe. Die Polizei ging zu diesem Zeitpunkt davon aus, dass sich das Kind in akuter Lebensgefahr befände, in Wahrheit war es jedoch bereits tot. Wolfgang Daschner machte über die Folterandrohung einen Aktenvermerk. Aufgrund dieses Vermerks eröffnete

im Januar 2003 die Staatsanwaltschaft Ermittlungen gegen Daschner wegen Nötigung und Aussageerpressung, der stellvertretende Polizeipräsident wird daraufhin von seinen Aufgaben entbunden. Im anschließenden Prozess wird Daschner im Dezember 2004 verurteilt. Der wegen Mordes verurteilte Markus Gäfgen, in der Haft hatte er das juristische Staatsexamen erfolgreich bestanden, reichte 2005 beim Europäischen Gerichtshof für Menschenrechte, EGMR Beschwerde gegen die Bundesrepublik Deutschland wegen Verletzung des Folterverbots ein. Wenngleich Gäfgen das Ziel einer Neuverhandlung seines Falles nicht erreichte, so stellte der EGMR doch fest, dass die Folterandrohung Art. 3 der Europäischen Menschenrechtskonvention («Verbot der Folter») verletzt hat. Damit wird auch die durch den Staatsrechtler Reinhard Merkel geprägte Formel der «Rettungsfolter» als unzulässig zurückgewiesen.[25]

Aufgabe: Erklären Sie, ob Markus Gäfgen gefoltert worden ist, oder ihm «nur» Folter angedroht wurde.
Wie beurteilen Sie das durch Wolfgang Daschner verordnete Vernehmungsverfahren?

Anwendung: Terrorangriff
«Stellen Sie sich vor, auf dem Flughafen Köln/Bonn ist eine Maschine gestartet. Ein Mann verschafft sich Zugang zum Cockpit, er tötet Pilot und Co-Pilot. Der Mann erklärt über Funk, er fliege die vollgetankte Maschine nach Berlin und lasse sie auf den Potsdamer Platz abstürzen. Vier Abfangjäger der Bundeswehr sind aufgestiegen. Sie fliegen dicht neben der entführten Maschine. Die Bundeskanzlerin ist evakuiert worden. Lässt die Bundesregierung die Maschine abschiessen, rettet sie Tausende unschuldige Menschen. Sie hat sich die Passagierliste geben lassen. 164 Reisende, Geschäftsleute auf dem Weg nach Berlin, zwei schwangere Frauen, sechs Kinder, ein Hund. Die Regierung muss entscheiden. Was sind 164 gegen Tausende? Und wenn das Flugzeug abstürzt, würden den Reisenden doch sowieso nur wenige Minuten zum sicheren Tod bleiben. Was würden Sie selbst tun?»[26]
Mit dieser Beschreibung fasst Ferdinand von Schirach (* 1964) die Handlung seines Theaterstücks «Terror» von 2015 zusammen.
Aufgabe: 1. Beantworten und begründen Sie Schirachs Frage.
2. «Die unmittelbare Einwirkung mit Waffengewalt ist nur zulässig, wenn nach den Umständen davon auszugehen ist, dass das Luftfahrzeug gegen das

Kapitel 3 *Allgemeine Ethik*

Leben von Menschen eingesetzt werden soll und sie das einzige Mittel zur Abwehr dieser gegenwärtigen Gefahr ist».
So lautet der § 14, Abs. 3 des deutschen Luftsicherungsgesetzes, LuftSiG, welches der Deutsche Bundestag im Januar 2005 verabschiedet hat. Dieses Gesetz wurde vom Bundesverfassungsgericht als Verstoss gegen die im Grundgesetz garantierte Menschenwürde und das Recht auf Leben eingestuft und damit als nichtig erklärt (BVerfGE v. 15.2.2006 I 466, 1 BvR 357/05).
Aufgabe: *Begründen Sie das Urteil des Bundesverfassungsgerichts.*

= Mit der Betonung der Handlungsabsicht als alleinigem Beurteilungskriterium einer Handlung, dem Kategorischen Imperativ, sowie der Würde-Definition, stellt Immanuel Kant die Ethik auf eine bis dahin nicht gekannte Grundlage. Mit seinem Anspruch, die Handlungsfolgen dürften keine Bedeutung für die Beurteilung einer Handlung haben, fordert Kant bis heute entgegengesetzte, konsequentialistische, Ansätze heraus.

Fragen und Aufgaben:
☐ Welchen Grund gibt Kant dafür an, dass die Wirkung oder das Resultat einer Handlung nicht zählt?
☐ Beschreiben Sie den Kategorischen Imperativ am Beispiel des Diebstahl-Verbotes.
☐ Entwerfen Sie weitere Fälle bei denen sie mit der Kantischen Würde-Definition argumentieren.

📖 Begriff 4: «Handlung aus Freiheit»:
Jede Handlung verändert, wie bescheiden auch immer, die Welt. Die Welt wird auch durch Ereignisse wie Überschwemmungen, Erdbeben oder Unfälle verändert. Eine Handlung unterscheidet sich von einem Ereignis durch die ihr zugrundeliegende *Absicht*, diese wiederum hat einen *Akteur* zum Ausgangspunkt. Daher gilt: Wer über einen Willen verfügt, muss, um über seinen Willen verfügen zu können, frei sein. Wann aber ist jemand frei?
Als frei erleben wir uns, wenn wir nicht fremdbestimmt sind. Freiheit kann man demnach wie folgt definieren: Frei ist man dann, wenn einen keine fremden, d.h. ausser einem selbst liegenden Gründe zu etwas nötigen. Diese Definition nennt man die *negative* Definition von Freiheit, weil sie über das Mittel der Negation arbeitet, also ausschließende Bedingungen formuliert: Frei ist jemand, wenn bestimmte – einen hindernde – Faktoren *nicht* vorliegen.

Doch wirklich uneingeschränkt Herr seiner selbst ist niemand. So unterliegen alle Menschen den naturgesetzlichen Einschränkungen wie beispielsweise der Schwerkraft. Da es sich hierbei zum einen um eine allgemeine Einschränkung handelt und zum anderen um eine, die die Voraussetzung unseres Lebens markiert, kann man sie jedoch als freiheitseinschränkende Bedingung ignorieren. Anders verhält es sich jedoch bei Faktoren, welche in unterschiedlichem Mass auf die Freiheit einwirken. Da sind

a) sozialen Faktoren, wie Erwartungen, Belohnungs- und Bestrafungssysteme,

b) Faktoren, die in der internen Motivation liegen und schliesslich auf der neuronalen Ebene angesiedelte Wahrnehmungsmuster.

Freiheitseinschränkung sozial:
Es gibt zahlreiche soziale Gründe, die Einfluss auf unsere Freiheit nehmen. So stehen wir unter einem hohen gesellschaftlichen Erwartungsdruck, angefangen bei sozialen Benimmregeln wie die des Grüssens oder der Erwartung, Geschenke zu erwidern bis hin zur Befolgung moralischer Standards. Wir sind in ein enges Netz informeller Regeln eingebunden, welche wir nur um den Preis empfindlicher Sanktionen missachten können, wobei in der modernen Gesellschaft die empfindlichste Sanktion, die des gesellschaftlichen Ausschlusses (Exklusion), ist.

Dieser nicht zu leugnende Disziplinierungsdruck durch die Gesellschaft bedeutet jedoch nicht, dass wir nicht frei seien: Selbst wenn gesellschaftliche Erwartungen (auf der Ebene von standardisiertem Verhalten: «Der Rasen in unserer Siedlung ist immer kurz geschnitten»; «Die Müllsäcke, die montags rausgestellt werden, müssen gut geschnürt sei.» oder auf der Ebene von geteilten Vorlieben wie dem Lachen über Minderheiten oder gesetzliche Bestimmungen wie «Menschen ohne anerkannten Asylantrag dürfen nicht beschäftigt werden.») allgemein verteidigt werden, so kann dennoch ein jeder einzelne sich dagegen stellen und die Kraft, die dies erfordert, ist, zumal in einer mehr oder weniger freien Gesellschaft, nicht so hoch, dass man über einen Heldenmut wie *Odysseus* verfügen müsste. Aber auch unabhängig von den konkreten gesellschaftlichen Verhältnissen verlangt Immanuel Kant, dass man den Mut aufbringen muss, sein Leben selber zu entwerfen und es nicht an fremden Entscheidungen oder Erwartungen ausrichten sollte. Denn wer das täte, gäbe seine Mündigkeit auf und wäre dann unaufgeklärt. Denn «*Aufklärung*» so definiert Kant, «ist der Ausgang des Menschen aus seiner selbstverschuldeten Unmündigkeit. Unmündigkeit ist das Unvermögen, sich seines Verstandes ohne Leitung eines anderen zu bedienen. Selbstverschuldet ist diese Unmündigkeit, wenn die Ursache derselben nicht am Mangel des Verstandes, sondern der Entschließung und des Mutes liegt, sich seiner ohne Leitung eines andern zu bedienen. Sapere aude! Habe Mut, dich deines eigenen Verstandes zu bedienen! ist also der Wahlspruch der Aufklärung.»[27] Frei sind wir als autonome Subjekte also immer; selbst wenn wir physisch gehindert sind, etwas zu tun, so können wir doch immer noch den (freien) Willen aufbringen, anders zu wollen.

Kann der Wille wollen, was er will?
Häufig hört man, man sei dann frei, wenn man tun und lassen könne, was man will. Es war Arthur Schopenhauer, der diese Auffassung als zu einfach befand. Wenn ich tue und lasse, was ich will, was tue ich dann?; nun dasjenige, was ich *will*. Aber, und das ist Schopenhauers bissige Frage, bin ich dann, wenn ich tue und lasse, was ich will, auch frei? Diese Frage ist deshalb weniger absurd als sie zunächst scheinen mag, weil ich in dem Falle ja das tue, was ich will und das bedeutet, dass mich mein Wille bestimmt bzw. einschränkt, von Freiheit kann daher, wie Schopenhauer findet, keine Rede sein. Der Verteidiger seiner Freiheit wird auf die Frage «Aber dein Wollen selbst, wovon hängt das ab?» antworten: «Von gar nichts als von mir! Ich kann wollen, was ich will: was ich will, das will ich.»[28] Schopenhauer hält diese Antwort nicht für überzeugend, sondern für peinlich, redet doch hier jemand «von einem Wollen seines Wollens, welches ist, als ob er von einem Ich seines Ichs redete.» Will man eine solche Verdopplung des Willens vermeiden, darf man den Willen nicht als etwas von einer anderen Instanz gesteuertes begreifen, sondern muss ihn wie es Schopenhauer tut, als das «eigentliche Selbst» des Menschen begreifen. Sein Wille ist «der wahre Kern seines Wesens», der Mensch «ist wie er will, und will wie er ist.»[29] Daher ist es zu einfach gedacht, wenn ich finde, dass ich dann frei bin, wenn «ich tun kann, was ich will, sobald ich nicht physisch» eingeschränkt bin.[30]
Wurde Schopenhauer zu Lebzeiten kaum verstanden, so verfügen wir seit den Erkenntnissen der Psychoanalyse über die Einsicht, dass unser Wollen sehr stark von Kräften getrieben ist, welche wir

nur schwer einsehen und noch schwerer beeinflussen können. Diese Einsicht, die heute zusätzlich durch die Forschungen der Neurowissenschaft verstärkt wird, kann als weitere Einschränkung der Möglichkeit des freien Willens angesehen werden, was sich das *Neuromarketing* zu Nutze zu machen versucht (→ 11.2.).

Hallo «Halo»
Als Abteilungsleiterin sind Sie frei, einen der beiden Mitarbeiter, Müller oder Meier, mit einem besonders anspruchsvollen Auslandseinsatz zu betrauen.
Über Müller haben Sie die Information erhalten, dass er intelligent, fleissig, impulsiv, kritisch, eigensinnig und neidisch ist.
Über Meier haben Sie die Information erhalten, dass er neidisch, eigensinnig, kritisch, impulsiv, fleißig und intelligent ist.
Wie gesagt, Sie sind frei, sich zu entscheiden, wie Sie wollen. Dennoch werden Sie wahrscheinlich Müller mit der Aufgabe betrauen. Warum? Die erste Wahrnehmung, d.h. das «Halo» (engl. = Heiligenschein) gibt bei den allermeisten Versuchspersonen den Ausschlag. Dass die erste Wahrnehmung meist auch entscheidungsrelevant ist, hat möglicherweise mit einer neuronalen Markierungsleistung zu tun, was bedeuten würde, dass wir in dieser Entscheidung nicht frei wären.[31]
Während der Halo-Effekt auf eine naturale, hier neuronale, Determination verweist, ist diese dennoch nicht so stark, dass wir sie nicht ausräumen können, beispielsweise dadurch, dass wir unsere Entscheidungsverhalten achtsam analysieren. Das bedeutet dann auch, dass wir die Weise, wie wir uns entscheiden, auch zu verantworten haben.
In diesem Sinne ist auch die, vor allem im Wirtschaftsleben häufig zu hörende Rede von der «extrinsischen Motivation» (beispielsweise im Zusammenhang von Boni → 8.2.6.2.) zurückzuweisen: Jede Motivation artikuliert sich intern; dies ist auch dann der Fall, wenn die Motivation durch äussere Faktoren angereizt («Incentives») wird.

- **Video**:
    - «Die Eroberung der inneren Freiheit. Mit Sokrates im Knast». (2010) von Aleksandra Kumorek und Silvia Kaiser. Dieser Dokumentarfilm aus der Berliner Haftanstalt Tegel, dem grössten Gefängnis Europas, dokumentiert die Gespräche von Gefangenen zum Thema Freiheit.

3.3. Utilitarismus

Die bisher betrachteten Ethiken haben den Einzelnen in den Blick genommen und dabei die Frage diskutiert, wie der Einzelne sich dem Anderen gegenüber verhalten soll, wobei sowohl das Wohl des Anderen wie auch das des Handelnden im Blick war. Im Englischen werden die beiden Parteien als *patient* bzw. *agent* unterschieden: Der *moral patient* ist demnach derjenige, der die Folgen einer Handlung zu erdulden hat (lat. *patientius* = geduldig) und der Betroffene einer Handlung ist, welche von dem *moral agent*, dem Akteur oder Agenten in die Welt gesetzt wird.[32] Aus dieser Perspektive gibt es auf beiden Seiten der Handlung Einzelne. Dies gilt auch dann, wenn jemand durch sein Handeln viele betrifft, sind es dann doch viele Einzelne.

Von dieser Perspektive unterscheidet sich der Utilitarismus: Hier geht es nicht um Einzelne im Verhältnis zu anderen Einzelnen, sondern um Einzelne in Bezug auf Viele. Dieser Perspektivenwechsel ist von dem schottischen Philosophen *Francis Hutcheson* (1694 – 1746) eingeleitet und bald darauf von den englischen Philosophen und Ökonomen *Jeremy Bentham* (1748 – 1832) und *John Stuart Mill* (1806 – 1873) weiter ausgebaut worden.

Einfluss- und folgenreich ist Hutchesons Kalkül, mit dem er eine gute von einer schlechten Handlung unterscheiden zu können glaubt: «Diejenige Handlung ist die beste, die das grösste Glück der grösste Anzahl zeitigt, die schlechteste ist die, welche in gleicher Weise Unglück verursacht.»[33] Hier fällt der Satz, der in seiner Kurzformel vom «Größten Glück der größten Zahl» bis heute als die Grundformel des Utilitarismus gilt. Es ist eine doppelte Ironie der Philosophiegeschichte, dass zum einen der Urheber dieser Formel mit dieser kaum in Verbindung gebracht wird und ihr Autor, war sie erst einmal in die Welt gesetzt, nicht mehr viel damit anzufangen wusste und sie aus späteren Auflagen seines Werkes verbannte. Es bleibt daher Jeremy Bentham vorbehalten, allgemein als der Erfinder der Formel «Vom grössten Glück der grössten Zahl» zu gelten. Er bezeichnet die Regel, das Glück der größten Zahl zu mehren, als «Prinzip der Nützlichkeit» und definiert dies wie folgt: «Unter dem Prinzip der Nützlichkeit ist jenes Prinzip zu verstehen, das schlechthin jede Handlung in dem Mass billigt oder missbilligt, wie ihr die Tendenz innezuwohnen scheint, das Glück der Gruppe, deren Interesse in Frage steht, zu vermehren oder zu vermindern, oder – das gleiche mit anderen Worten gesagt – dieses Glück zu befördern oder zu verhindern.»[34] Und weiter erklärt Bentham, was denn Nützlichkeit heißt: «Unter Nützlichkeit ist jene Eigenschaft an einem Objekt zu verstehen, durch die es dazu neigt, Gewinn, Vorteil, Freude, Gutes oder Glück hervorzubringen.»

Mit diesem Prinzip glaubt Bentham nun den Stein der Weisen gefunden zu haben. Denn nach Bentham haben das Prinzip der Nützlichkeit selbst diejenigen anerkannt, die dieses Prinzip ablehnen. Denn, so Bentham, wer beispielsweise behaupte, dass das Prinzip der Nützlichkeit ein gefährliches Prinzip (sei), behaupte doch damit, wie Bentham überzeugt ist, dass dieses Prinzip «nicht mit der Nützlichkeit vereinbar sei».[35] Weil Bentham das Prinzip der Nützlichkeit in dieser Weise für unstrittig hält, kann er gleich daran gehen, dieses Prinzip nicht nur zur individuellen Moralregel, sondern gleich zu einem Regierungsprogramm zu erklären. Denn «das Glück der Individuen, aus denen eine Gemeinschaft besteht – ihre Freuden und ihre Sicherheit –, (sind) das Ziel, und zwar das einzige Ziel (...), das der Gesetzgeber vor Augen haben sollte.»[36]

John Stuart Mill, wie sein Lehrer ebenfalls Ökonom und Philosoph, arbeitet den Utilitarismus weiter aus und findet zum Teil auch zu griffigeren Definitionen: «Die Auffassung, für die die Nützlichkeit oder das Prinzip des grössten Glücks die Grundlage der Moral ist, besagt, dass Handlungen insoweit und in dem Masse moralisch richtig sind, als sie die Tendenz haben, Glück zu befördern, und insoweit moralisch falsch, als sie die Tendenz haben, das Gegenteil von Glück zu bewirken.»[37] Damit hat Mill ein Kalkulationsschema entworfen, das garantieren soll, sich in der Moral zielsicher zu bewegen. Dies setzt jedoch zwei Bedingungen voraus: Zum einen müssen die Folgen einer Handlung zweifelsfrei vorhergesagt werden können und zum anderen muss man angeben können, was genau unter Glück zu verstehen ist. Mit Blick auf die zu erwartenden Folgen lassen sich nach utilitaristischer Auffassung leicht die richtigen Regeln ableiten. Denn Glück oder Lust (bzw. Unglück oder Schmerz) stellen die maßgebliche Größe dar, weswegen der Utilitarismus auch als *Folgenethik* (im Unterschied zur Prinzipienethik) oder als *Konsequentialismus* bezeichnet wird. Mill definiert wie folgt: «Unter 'Glück' (happiness) ist dabei Lust (pleasure), unter 'Unglück' (unhappiness) Unlust und das Fehlen von Lust verstanden.»[38]

In der konkreten Anwendung dieser Formel zeigen sich nun aber Schwierigkeiten: Zumal bei komplexen Handlungen und bei Handlungen, an denen verschiedene

Abb. 15: John Stuart Mill (1806-1873): Das Prinzip des grössten Glücks als Grundlage der Moral

Akteure beteiligt sind, ist es oft nicht leicht, die Folgen der Handlungen angeben zu können. Und was Glück ist, ist ebenfalls alles andere als unumstritten, wie bereits Aristoteles festgestellt hat: Die einen lieben das Geld und den Konsum und glauben darin ihr Glück zu finden, die anderen sind überzeugt, dass diese Güter mit Glück gar nichts zu tun haben und sie das Glück in sich selbst suchen und finden müssen (→ 3.1.1.) Was also taugt der Utilitarismus?

Nach Ansicht seiner Verfechter zeigt uns der Utilitarismus, wie wir richtig handeln, nämlich dadurch, dass wir die Glücks-Maximierung anstreben und zwar von allen, die zu Glück (bzw. Lust) in der Lage sind. Damit überwindet der Utilitarismus den exklusiven Anthropozentrismus (→ 3.2.2.) und auch Tiere finden als *moral patients* Anerkennung. Der Grund dafür liegt in der Empfindungsfähigkeit der Tiere, weswegen der Utilitarismus einen Pathozentrismus (→ 3.) vertritt. Das bedeutet nicht, dass menschliche und tierische Lebensformen immer gleichgewichtet werden, wohl aber, dass nichtmenschliche Lebewesen nicht gedankenlos übergangen und negiert werden dürfen und die «gesamte fühlende Natur» berücksichtigt werden muss.[39] In der Gegenwart bringt diese Position *Peter Singer* (* 1946) treffend auf den Punkt: «Wenn ein Wesen leidet, kann es keine moralische Rechtfertigung dafür geben, sich zu weigern, dieses Leid in Erwägung zu ziehen. Es kommt nicht auf die Natur des Wesens an, das Gleichheitsprinzip verlangt, dass sein Leiden ebenso zählt, wie das gleiche Leiden – sofern sich ein ungefährer Vergleich ziehen lässt.»[40] Es leuchtet ein, warum es hier keinen grundsätzlichen Unterschied zwischen verschiedenen Trägern von Empfindungen geben kann: Wenn der Fokus des utilitaristischen Handlungskalküls auf der Empfindung liegt, macht es keinen Unterschied, wer eine Empfindung hat. Damit besitzt der Utilitarismus das Potential auch die nichtmenschliche Natur zu berücksichtigen, was wirtschaftsethisch bei Fragen von Tierversuch und Tierhaltung, der Stellung der Pflanzen und allgemein der Natur von Bedeutung ist und entsprechend operationalisiert werden kann.

Der Utilitarismus ist in der Gegenwart auch deshalb so populär, weil er, wie das kapitalistische Wirtschaftssystem, auf die Ermittlung und den anschliessenden Vergleich von *Quantitäten* – beispielsweise von Glück, Sicherheit oder Wohlfahrt – bezogen ist (→ 14.4.). Die größere Summe einer positiven Quantität zu realisieren ist demnach normativ geboten. Dass man mit dieser Rechnung auch ethisch fragwürdige bis inakzeptable Handlungen rechtfertigen kann, ist in der belletristischen Literatur vielfach durchgespielt worden, wie die folgenden Beispiele zeigen:

Anwendung: Kinder schlachten
Jonathan Swift (1697-1745) hat bereits mehr als ein halbes Jahrhundert vor Bentham ein utilitaristisches Konzept ersonnen und in der Form einer Satire unter dem Titel «Bescheidener Vorschlag ...» durchgespielt. An dieser vielbeachteten und politisch hochbrisanten Erzählung, die im Untertitel heisst, «wie man verhüten kann, dass die Kinder armer Leute in Irland ihren Eltern oder dem Lande zur Last fallen, und wie sie der Allgemeinheit nutzbar gemacht werden können», berichtet Swift, der in seiner irischen Heimat als Pfarrer arbeitet, vom grossen Elend in Dublin, wo viele Menschen Hunger leiden. Nachdem Swift verschiedene Methoden zur Bekämpfung der Armut erwogen (u.a. die Auswanderung der armen Familien oder gleich deren Versklavung) aber wieder verworfen hat, erlaubt er sich «demütigst» seine eigenen Gedanken einer Lösung der Armut in Irland vorzuschlagen: den Verkauf von Kindern zum Zwecke kannibalischen Verzehrs: «Kinderfleisch wird zu jeder Zeit brauchbar, am meisten aber im März, etwas früher oder später, reichlich vorhanden sein. Denn ein sehr bemerkenswerter Schriftsteller, ein ausgezeichneter französischer Arzt, hat den Beweis geliefert, dass mehr Kinder in römisch-katholischen Ländern neun Monat nach der Fastenzeit, wie in irgendeinem anderen Zeitraume geboren waren, da die Fische eine sehr fruchtbarmachende Speise bieten. Ein Jahr nach der Fastenzeit wird der Markt deshalb mehr als gewöhnlich gefüllt sein, weil die Zahl der katholischen Kinder sich wenigstens wie drei zu eins im Königreich verhält. Somit wird auch noch ein anderer Nebenvorteil hinzukommen, da die Zahl der Katholiken allmählich sich dadurch bei uns vermindern muss.»
Aufgabe: Stellen Sie das wirkliche Ziel, dass Swift mit dieser Satire bezweckt dar und argumentieren Sie ethisch dafür.

Anwendung: Der Tod der Pfandleiherin
Auch Fjodor Dostojewskijs (1821-1881) «Verbrechen und Strafe» beschäftigt sich mit dem Konzept des Utilitarismus: Der Student Raskolnikow, der später eine alte Pfandleiherin umbringen wird, räsoniert, ob er das Verbrechen begehen soll und legt sich die Verhältnisse wie folgt zurecht: «Auf der einen Seite ein dummes, unnützes, nichtswürdiges, böses und krankes altes Weib, das kein Mensch braucht und das, im Gegenteil, alle schädigt, das selbst nicht weiß, wozu es lebt und morgen sowieso sterben wird. (...) Hunderte, Tausende von gu-

ten Werken und Plänen könnte man in Angriff nehmen und in die Tat umsetzen, mit dem Geld der Alten. (...) Ein Leben als Preis für Tausende von Leben, die vor dem Verfall und Fäulnis gerettet werden – ein Tod gegen hundert Leben – das ist doch Arithmetik! Und was bedeutete überhaupt auf der allgemeinen Waage das Leben dieser schwindsüchtigen, beschränkten und bösen alten Frau? Kaum mehr, als das Leben einer Laus, einer Küchenschabe, ja, nicht einmal soviel, weil diese alte Frau Schaden anrichtet. Sie zehrt anderen am Leben.»
Aufgabe: Arbeiten Sie das Argument Raskolnikows heraus und entwickeln Sie seine Widerlegung.

Anwendung: Der Tod des ehemaligen Liebhabers
In seinem Theaterstück «Der Besuch der alten Dame» von 1956 verwickelt Friedrich Dür-renmatt (1921-1990) das Dorf Güllen in ein moralisches Dilemma: Man müsste nur den einen Wunsch der alten Dame erfüllen und Güllen wäre für immer saniert und könnte mit der gigantischen Summe, welche die alte Dame verspricht, viel Gutes tun. Also: Was spricht dagegen, den Wunsch der alten Dame zu erfüllen und ihren ehemaligen Liebhaber Alfred zu töten?
Aufgabe: Lesen Sie das Stück von Friedrich Dürrenmatt und arbeiten Sie die verschiedenen ethischen Positionen heraus.

= *Der Utilitarismus fokussiert, anders als die Prinzipienethik Kants (→ 3.2.), auf die Folgen bzw. Konsequenzen einer Handlung. Von dieser Perspektive aus wendet der Utilitarismus sein Maximierungsprogramm an und fordert normativ die Maximierung des Guten.*

Fragen und Aufgaben:
☐ Stellen Sie das Begründungsprogramm des Utilitarismus dar.
☐ Wenden Sie die utilitaristische Ethik auf einen selbstgewählten Fall aus der Wirtschaft an.
☐ Erklären Sie Vor- und Nachteile des Utilitarismus.

📖 Begriff 5: «Handlungssubjekt»
Handlung
Der Begriff des Handlungssubjektes setzt zunächst den der «Handlung» voraus. Eine Handlung bedeutet eine von einem Handlungssubjekt als Akteur beabsichtigte Veränderung der Welt. Der Akteur,

der eine solche Veränderungsabsicht hat, muss über Freiheit verfügen (→ Begriff 4) und ist daher Handlungssubjekt: Subjekte begreifen sich selbst als Akteure, verfügen also über ein Bewusstsein ihrer selbst (Selbstbewusstsein) und sind damit auch für ihre Handlung verantwortlich (→ Begriff 8). Als Verantwortungssubjekte gelten dementsprechend mental gesunde erwachsene Menschen, nicht jedoch Tiere, Pflanzen oder allgemein die Natur. Diese Phänomene sind keine Akteure, sie können aber von Handlungen betroffen sein, weswegen sie, wie Pathozentrismus, Biozentrismus und Physiozentrismus feststellen, ethisch zu berücksichtigen sind (→ 3.).
Es leuchtete ein, dass einzelne Menschen als Handlungssubjekte gelten. Wie aber steht es um Organisationen wie beispielsweise Firmen oder Staaten? Diese Frage wird kontrovers diskutiert.

Einzelsubjekte:
Wer leugnet, dass Organisationen Verantwortungssubjekte sind, betont damit zwingend die personale Urheberschaft einer Handlung und besteht darauf, dass es ein konkret identifizierbares menschliches Subjekt geben muss, um von Handlung sprechen zu können. Wer bestreitet, dass Organisationen Handlungssubjekte sein können, bezweifelt damit die Übertragbarkeit der Handlungsbedingungen Absicht und Freiheit vom Einzelnen auf das Kollektiv und bleibt dabei, dass nur *natürliche Personen* Verantwortung übernehmen können. In diesem Sinne verteidigt auch der Wirtschaftsethiker *Richard T. DeGeorge* (→ 4.2.1.) den exklusiven Einzelsubjekt-Begriff mit dem Argument, dass nur Menschen, nicht aber Organisationen, über Gewissen, Gefühle und Bewusstsein verfügen.[44]
Den etablierten Begriff der *juristischen Person* verstehen die Anhänger der exklusiven Einzelsubjekt-Theorie als lediglich pragmatischen Versuch, komplexe Handlungszusammenhänge auf den Begriff zu bringen und sich die Mühe einer detaillierten Analyse der Handlung zu ersparen. Dem widerspricht die Gegenposition:

Kollektivsubjekte
Wer behauptet, es gebe Kollektivsubjekte, betont damit zugleich, dass es über das Einzelindividuum hinausgehende Handlungen gebe. Die Kollektivsubjekt-Theorie behauptet damit, dass erstens das Zusammenspiel der vielen Einzelsubjekte eine Qualität erzeugt, welche mehr ist als die Summe ihrer Einzelbeiträge. Kollektivhandlungen[45] würden demnach nicht vollständig beschrieben, wenn man sie auf die Anteile der das Kollektiv bildenden Akteure

zurückführen würde. In der Beschreibung entstünde dann beispielsweise die Lücke, dass das Kollektiv viel wirkungsmächtiger sein kann, als seine einzelnen Mitglieder.

Begreift man beispielsweise ein Pharmaunternehmen als ein Kollektivsubjekt, so sieht man, dass seine mehreren tausend Mitarbeiter in ihren jeweiligen isolierten Einzelleistungen nie einen Effekt generieren könnten, wie ihn das Unternehmen als Ganzheit erbringt. Und das gilt sowohl im Positiven wie auch im Negativen: Im Schadensfalle, man denke beispielsweise an den Rheinunfall des Basler Chemieunternehmens *Sandoz* im Jahre 1986 (→ 4.1.), übersteigt der durch einen Kollektivakteur angerichtete Schaden das, was die Summe der Einzelakteure anzurichten überhaupt in der Lage wären.

Damit hängt das nächste Argument zu Gunsten einer Ankerkennung von Kollektivakteuren zusammen: Wer als Einzelmitglied einer Organisation handelt, erlangt durch die von der Organisation bereitgestellte Infrastruktur eine Handlungsweite, die er alleine niemals erzielen würde. Die genannten Gründe zusammennehmend, spricht dann beispielsweise *Peter French* (★ 1942) Organisationen den Charakter einer «moralischen Person» zu.[46]

Der strukturelle Unterschied von Einzelsubjekt und Kollektivsubjekt
Selbst wenn man von der Möglichkeit von Kollektivsubjekten überzeugt ist, gibt es mindestens zwei Gründe, welche es verbieten, von einer vollständigen Symmetrie zwischen Einzel- und Kollektivsubjekt auszugehen: Zum einen können Kollektivsubjekte keine moralischen Empfindungen haben, wie sie Einzelsubjekte prägen, wenn sie gegenüber den eigenen Handlungen Scham, Reue oder Bedauern empfinden.[47] Und zum anderen belegen Fälle, in denen die Verantwortlichen einen neuen Kurs ihres Unternehmens einschlagen, dass ein Unternehmen sehr wohl als Ausdruck der Entscheidungen von Einzelsubjekten zu verstehen ist. Damit verbindet sich auch die Mahnung, die Struktur eines Unternehmens nicht als zu starr und damit quasi naturgegeben zu betrachten.[48]

Wirtschafts-ethik, philosophisch

98	4.1.	Die deutschsprachige Debatte
100	4.1.1.	Ordnungsethik und Anreize: Karl Homann
101	4.1.2.	Vertrauen schafft Mehrwert: Andreas Suchanek
104	4.1.3.	Republikanische Unternehmensethik: Horst Steinmann und Albert Löhr
107	Begriff 6: «Bürger und Bürgerin»	
110	4.1.4.	Integrative Wirtschaftsethik nach Peter Ulrich
115	4.1.5.	Supply Chain Management nach Friedrich Schmidt-Bleek und Evi Hartmann
117	Begriff 7: «Shareholder vs. Stakeholder»	
120	4.2.	Die Angelsächsische Business Ethics
120	4.2.1.	Eine gute Gesellschaft bauen: Richard T. DeGeorge
124	4.2.2.	Das Handeln der Wirtschaft muss universalisierbar sein: Norman E. Bowie
127	4.2.3.	Die Stakeholder-Theorie: R. Edward Freeman
130	4.2.4.	Der Fähigkeitsansatz von Martha Nussbaum und Amartya Sen
135	Begriff 8: «Verantwortung»	

4. Wirtschaftsethik

Die Wirtschaftsethik als eigenständige Disziplin entwickelt sich erst im 20. Jahrhundert. Eine philosophische Auseinandersetzung mit Fragen der Wirtschaft ist hingegen so alt wie die Philosophie selbst. Deshalb finden sich auch bei allen klassischen Philosophen wichtige Aussagen zum Verständnis und zur Regulierung der Wirtschaft. Diese Aufmerksamkeit auf die Wirtschaft ergibt sich schlicht aus der Tatsache, dass sich menschliches Leben im Rahmen knapper materieller Güter bewegt und deren Anhäufung, Herstellung und Verteilung ethische Fragen aufwerfen. Aus demselben Grund haben sich auch die Kirchen und Religionsgemeinschaften mit der Ethik der Wirtschaft beschäftigt (→ 5.).

Eine wirtschaftsethische Position kann man jedoch auch negativ einnehmen, nämlich dann, wenn man findet, dass es der Wirtschaftsethik gar nicht bedürfe. Dies ist beispielsweise bei den betriebs- und volkswirtschaftlichen Theorien der Fall, welche behaupten, den durch die Ethik formulierten Ansätzen bereits mit dem wirtschaftswissenschaftlichen Repertoire gerecht werden zu können. In dem Sinne formuliert, lange Zeit repräsentativ für große Teile seines Fachs, der Betriebswirtschaftler *Horst Albach* (* 1931), dass die «Unternehmensethik überflüssig» sei, weil, so seine Feststellung, «die Betriebswirtschaftslehre (bereits) Unternehmensethik» sei.[1] Damit leugnet diese Position den Bedarf an einem eigenständigen Fach Wirtschafsethik und argumentiert doch zugleich ethisch, insofern sie nämlich die Meinung vertritt, der Ethik nicht zu bedürfen, da sie das Ziel der Ethik bereits selbst realisiere. Damit erkennt diese Position – wider Willen – die Bedeutung und Berechtigung von Ethik an. So wird man jedoch dem Ethikbedarf der wirtschaftswissenschaftlichen Ausbildung nicht gerecht: Wirtschaftswissenschaften sind keine Philosophie und Ethik als philosophische Disziplin kann nicht durch gut gemeinte Alltagsmoral ersetzt werden. Mit der Alltagsmoral wird man zwar häufig nicht falsch liegen, aber erst die auf das Wissen der Philosophie aufbauende ethische Reflexion kann nachvollziehbare und zu rechtfertigende Gründe für das Handeln liefern (→ Begriff 3).

Die Wirtschaft, d.h. die Ökonomie aber auch die wirtschaftswissenschaftliche Theorie, die Ökonomik, – die nicht mit der gleichlautenden Bezeichnung Aristoteles` identisch ist (→ 2.2.) – ist daher auf die Philosophie angewiesen, was jedoch nicht immer so gesehen wurde, weswegen der Wirtschafsethiker *Peter Koslowski* (1952-2012) noch vor anderthalb Jahrzehnten fragte: «Wirtschaftsethik, – wo ist die Philosophie?» und forderte, dass «die Philosophie die Ökonomie nicht den Ökonomen überlassen»[2] solle.

Die Wirtschaftsethik ist eine Bereichsethik der *Angewandten Ethik* und hat die Wirtschaft zum Gegenstand. Andere Bereichsethiken der Angewandten Ethik sind beispielsweise die Forschungsethik, die Informations-, die Tier- oder die Umweltethik. Wie die anderen Bereichsethiken so ist auch die Wirtschafsethik relativ jung. Im englischen Sprachraum entstand die Wirtschaftsethik in den 1960er und im deutschen Sprachraum in den 1980er Jahren. Auslöser waren beide Male Skandale in der Wirtschaft, welche die Frage aufwarfen, wie diese zu bewerten und wie eine Wiederholung zu vermeiden sei. Durch den Fokus auf konkretes ethisches Unternehmensversagen entwickelte sich dann der Bereich der *Unternehmensethik* (engl. *Business Ethics*), welche nicht die Wirtschaft insgesamt im Blick hat, sondern die Unternehmen. Es lassen sich entsprechend drei wirtschaftsethische Orientierungsebenen unterscheiden: die *Makroebene*, welche auf die Wirtschaft insgesamt fokussiert und deren Ethik als Wirtschaftsethik bezeichnet wird; die *Mesoebene*, welche die Unternehmen in den Blick nimmt, dies ist die Unternehmensethik und die *Mikroebene*, welche das Handeln einzelner Individuen wirtschaftsethisch untersucht.

Im vorliegenden Buch wird der Begriff der Wirtschaftsethik als Oberbegriff für alle, die Ökonomie betreffenden ethischen Fragen verstanden. Im Folgenden werden einflussreiche wirtschaftsethische Positionen vorgestellt und diskutiert, zunächst deutschsprachige und dann angelsächsische Wirtschaftsethiken.

= *Die Wirtschaftsethik wendet ethische Normen auf das wirtschaftliche Geschehen an und ist dabei von der Überzeugung getragen, dass es keine ethisch neutrale wirtschaftliche Tätigkeit gibt.*

4.1. Die deutschsprachige Debatte

Es sind zwei Phasen in denen im deutschen Sprachraum wirtschaftsethische Debatten geführt werden. Die erste Phase setzt nach dem Zweiten Weltkrieg ein und beschäftigt sich mit Fragen zur ethischen Orientierung der Wirtschaft und der Neuausrichtung hin zur sozialen Marktwirtschaft. An dieser Debatte sind massgeblich die christlichen Kirchen und einzelne Theologen beteiligt (→ 5.1.; 5.2). Eine zweite Phase wirtschaftsethischen Interesses setzt mit öffentlich diskutierten Unternehmensskandalen und dem wachsenden Interesse an globalen Gerechtigkeitsfragen ein.

In Deutschland beginnt die Diskussion von Unternehmensskandalen mit dem sogenannten *Contergan-Skandal*. Als Folge der Einnahme des Beruhigungsmittels Contergan der Kölner Firma *Grünenthal* gab es besonders in Deutschland eine hohe Zahl von Missbildungen bei Neugeborenen. Im Umfeld des von 1968 bis 1970 dauernden Contergan-Prozesses wurde die Frage der Verantwortung von Unternehmen und ihrer Mitarbeiter in der Öffentlichkeit intensiv und kontrovers diskutiert.

Andere Anlässe für Diskussionen um Verantwortung und Schuld von Unternehmen boten grosse Industriekatastrophen, wie die Freisetzung von Dioxin bei der norditalienischen Firma *Icmesa*, einer Tochterfirma der Schweizer *Roche*: 1976 entwich aus der Produktionsanlage eine grosse Menge Dioxin, die sich als Wolke vor allem über der Gemeinde *Seveso*, die dann dem Unglück ihren Namen gab, niederliess. In Seveso verendeten innerhalb weniger Tage mehrere Tausend Tiere, verkümmerten fast alle Pflanzen und erlitten mehrere hundert Menschen schwere Verätzungen.

1986 wird schliesslich die europäische Öffentlichkeit durch die Folgen eines Brands bei der Firma *Sandoz* in Schweizerhalle vor den Toren Basels aufgeschreckt. In Folge des Brandes verursachte das in den Fluss gelangte Löschwasser eine stark toxische Verunreinigung des Rheines, wodurch er über mehrere hundert Kilometer nicht mehr als Trinkwasserquelle genutzt werden konnte, zugleich starb fast der gesamte Fischbestand.[3]

Die bis dahin grösste Industriekatastrophe ereignete sich 1984 im indischen *Bhopal* in dem dortigen Tochterunternehmen der US-amerikanischen *Union Carbide Corporation*. In Folge der Freisetzung von Giftstoffen starben unmittelbar mehrere tausend Menschen sowie unzählige Tiere und Pflanzen. Bhopal wurde nicht nur zum Gegenstand der Debatte von Unternehmensverantwortung, sondern generell der Verantwortung der reichen gegenüber den armen Ländern, welche für die reichen Länder die gefahrvollen Produktionsstandorte bereitstellen.

Das Verhältnis zwischen «Erster» und «Dritter Welt» war auch Gegenstand der internationalen Debatte um den mit aggressivem und teils irreführendem Marketing betrieben Verkauf von Muttermilchersatzprodukten durch *Nestlé*. In der ab Mitte der 70er Jahre international geführten Debatte erkannte die interessierte Öffentlichkeit eine bis anhin wenig beachtete unternehmensethische Dimension, in welcher sich die «Dritte Welt»-Problematik, die Markt- und Interpretationsmacht eines einzelnen Unternehmens, sowie kulturelle Unterschiede unheilvoll miteinander verwoben.

= *Die wirtschaftsethische Debatte beginnt mit der Grundsatzdebatte zu der gerechten Wirtschaftsform und widmet sich dann konkreten Unglücksfällen bzw. ethisch fragwürdigen Unternehmensentscheidungen. Diese werden mit dem Ziel analysiert, die Verantwortung für diese Ereignisse festzustellen sowie einer Wiederholung solcher Ereignisse vorzubeugen.*

> **Fragen und Aufgaben:**
> ☐ Verschaffen Sie sich weitere Informationen zu einem der oben genannten Fälle und analysieren Sie diese aus ethischer Perspektive.
> ☐ Die wirtschaftsethische Debatte wird von einzelnen Autoren getrieben. Erarbeiten Sie eine Stellungnahme zur Rolle der Öffentlichkeit in dieser Debatte.

4.1.1. Ordnungsethik und Anreize: Karl Homann

Den ersten Lehrstuhl für Wirtschafts- und Unternehmensethik an einer Hochschule in Deutschland richtete 1990 die *Katholische Universität Eichstätt* ein, der mit dem Wirtschaftswissenschaftler und Philosophen *Karl Homann* (⋆ 1943) besetzt wurde. Homanns Wirtschaftsethik wird als *Ordnungsethik* bezeichnet. Ausgehend von der Marktwirtschaft, die Homann deshalb nicht weiter hinterfragt, weil er sie als *die* Wirtschaftsform der Demokratie betrachtet, fragt sich Homann, wie sich moralische Übel wie Betrug, Korruption und andere unfaire Praktiken vermeiden lassen. Solche Übel fordern die Marktwirtschaft besonders heraus, da sie das Wirtschaftssystem ist, das im Unterschied zu vormodernen Wirtschaftsformen den *Wettbewerb* zulässt und fördert[4] und dieser in besonderem Masse für das Entstehen moralischer Übel verantwortlich ist. Wenn man daher, wie Homann, Marktwirtschaft und Demokratie zusammendenkt, kommt der Frage, wie die genannten moralischen Übel zum einen zu verstehen und zum anderen zu vermeiden sind, eine besondere Bedeutung zu. Dabei zeigt sich auch, dass die von der Marktwirtschaft etablierte Wettbewerbssituation zu einem Wettbewerb für moralische Verfehlungen werden kann, dies ist zumindest dann und so lange der Fall, wie diejenigen, die sich unethisch verhalten, dafür mit Vorteilen belohnt werden.

Homann sieht den Schlüssel zur Lösung dieses Problems in einer Ausweitung des Wettbewerbsdenkens. Ist der Wettbewerb dadurch definiert, dass er durch den Anreiz von Vorteilen getrieben ist, so bedarf es, wie Homann feststellt, eines «offenen Vorteilsbegriffs».[5] Löst man sich von dem engen, materiell orientierten Vorteilsbegriff und anerkennt, dass es auch immaterielle Vorteile gibt, dann, so die Annahme Homanns, könnten Akteure einen Vorteil in ethischem Handeln erkennen. Diese Position vertraten bereits sowohl die Antike (→ 3.1.) wie auch die Religionen (→ 5.), welche das Seelenheil als *den* zu erringenden Vorteil schlechthin beschreiben. Modern und säkular kann man den Vorteil nun darin erkennen, bei ethischem

Verhalten autonom und damit Herr im Verfahren der eigenen Handlung geblieben zu sein (→ 3.2.) und nicht wegen eines (kurzfristigen) Vorteils sich etwas vorgemacht, sich «verkauft» zu haben.

Eine solche Öffnung des Vorteilsbegriffs vermag jedoch nur dann die Akteure zu einem entsprechenden Handeln zu motivieren, wenn, wie Homann sich ausdrückt, sie es sich auch «leisten» können. Dies setzt einen minimalen Rechtsstandard voraus, welcher die Menschen «vor den gröbsten und schwerwiegendsten Formen der Ausbeutung schützt», weil, wie Homann fortfährt, «dies (…) die Voraussetzung für individuelles moralisches Handeln» ist.[6]

= *Kritisch fällt an dem ordnungsethischen Ansatz Karl Homanns auf, dass die Marktwirtschaft zwar in der Theorie durchaus als die beste Wirtschaftsform gelten mag, man sich jedoch fragen muss, ob die Bedingungen der Marktwirtschaft, nämlich das freie und gleichberechtigte Spiel der Kräfte der Akteure, überhaupt erfüllt sind (→ 13.). In diesem Zusammenhang fällt auch die von Homann selbst diskutierte Schwäche des ordnungsethischen Ansatzes auf: der Fokus auf den Einzelakteur. Auch hier gilt, dass in der Theorie jeder Akteur in gleichem Maße frei ist, in der Praxis es aber einen entscheidenden Unterschied machen kann, ob jemand lediglich über ein Hartz-IV-Einkommen verfügt oder über ein Milliardenvermögen. Und beide wiederum können sich gegenüber einem multinationalen Konzern in einer schwachen Position sehen. Zusätzlich gibt es Probleme wie die Umweltkrise, die eine Größe erreichen, die kollektive Anstrengungen erfordern. So kann man auch der von Homann zitierten Aussage Walter Euckens (1891-1950) nur zustimmen, muss sich dennoch fragen, wie dieser hehre Ansatz konkret in die Tat umgesetzt werden soll: «Die Gesamtordnung sollte so sein, dass sie den Menschen das Leben nach ethischen Prinzipien ermöglicht.»[7]*

Fragen und Aufgaben:
☐ Beurteilen Sie Homanns Position nach der Marktwirtschaft und Demokratie zusammengehören.
☐ Erklären Sie: Welche Bedeutung kommt in Homanns Theorie dem Wettbewerb zu und wie ist diese zu beurteilen?

4.1.2. Vertrauen schafft Mehrwert: Andreas Suchanek

Die vielfältigen Interaktionen auf einem Marktplatz, das Kommen und Gehen von Kaufinteressenten, das Geschrei der Händler, das Feilschen um den Preis, dieses vermeintliche Durcheinander von vielen Akteuren mit scheinbar unterschiedlichen Interessen, lässt sich mit einem Vorschlag von *Andreas Suchanek* (* 1961) auch als *Spiel* verstehen.

Die Spieltheorie ist ein in den Sozialwissenschaften etabliertes Beschreibungsmodell, das es ermöglichen soll, Interaktionen in größeren Gruppen zu beschreiben und auch vorherzusagen. Besonders einflussreich ist die Spieltheorie in den Wirtschaftswissenschaften, was sich unter anderem in acht Alfred-Nobel-Gedächtnispreisen zeigt, mit denen Arbeiten der Spieltheorie in den letzten drei Jahrzehnten gewürdigt wurden. Eine spieltheoretische Konstruktion stellt auch das Modell des Homo Oeconomicus dar (→ 6.).

Die Spieltheorie verwendet den Begriff des Spiels zur Bezeichnung von so unterschiedlichen Aktivitäten wie Fussballspiel, Schach oder Mensch-Ärgere-Dich-nicht. Allen solchen Spielen gemeinsam ist die regelgeleitete Interaktion der Spielteilnehmer. Da Spieler meistens die Spielregeln befolgen und fast immer das Spiel gewinnen wollen, kann man ihr Verhalten sehr gut vorhersagen und über Änderung der Regeln sogar steuern.

Als eine zentrale Bedingung von Spielen betrachtet Suchanek nun das *Vertrauen*. Ohne die Ressource Vertrauen können seiner Meinung nach Spiele nicht dauerhaft stattfinden.[8] Vertrauen und Vertrauenswürdigkeit hält Suchanek für die Spielbedingung schlechthin, weil man ohne diese nicht mehr länger als Mitspieler anerkannt wird. In diesem Sinne spielt niemand wissentlich mit Betrügern und beendet das Zusammenspiel, wenn der Spielbetrüger sich penetrant der Regelbefolgung verweigert. Wenn man bereits Spiele als solche als *Win-Win*-Situationen begreift dann sind «Investitionen» in die Vertrauenswürdigkeit[9] im Interesse aller. In diesem Sinne dürfte es gar keine regelwidrigen Spielsituationen geben und damit auch kein unethisches Verhalten. Da es dieses Ideal in der Praxis nicht gibt, stellt sich die Frage, wie die Tatsachen von Betrug, Täuschung und Übervorteilung zu erklären sind. Suchanek erklärt solche Vorkommnisse als Folge eines bestimmten (verfehlten) Spielverständnisses, wie Suchanek an der Unternehmensverantwortung deutlich macht: Ein Unternehmen handelt noch nicht verantwortlich, wenn es sich zwar keine Regelverstösse zu

Abb. 16: Andreas Suchanek (* 1961): Ohne Vertrauen geht`s nicht

Schulden kommen lässt, sich aber ansonsten alleine um den eigenen Gewinn kümmert. Diese prominent von *Milton Friedman* (1912-2006), Träger des Alfred-Nobel-Gedächtnispreises von 1976, vertretene Position,[10] kann bestenfalls als *legal*, aber nicht als *legitim* betrachtet werden. Damit macht Suchanek deutlich, dass ein Verständnis des Spiels als einer Win-Win-Situation unverzichtbar ist, wenn man seiner Verantwortung gerecht werden will.

In diesem Zusammenhang sieht Suchanek auch eine wichtige Aufgabe von Bildungseinrichtungen und ihrer Dozierenden, welche die Akteure der Wirtschaft über ihre Verantwortung aufklären und dabei an der Sinnstiftung des Spiels arbeiten.[11] Was die Anerkennung des Spiels als einer Win-Win-Situation angeht, so baut diese auf der Zuversicht, dass man mit seinen Mitspielern dasselbe Verständnis des Spiels teilt, weil nur so ein Win-Win-Effekt einsetzt und nicht der Ehrliche der Dumme ist. Ökonomisch gesprochen verzichtet der Ehrliche auf einen *Gewinn*, der ihm durch den Verzicht auf Betrug entgeht; dumm (dran) ist er nur dann nicht, wenn der «Gewinnverzicht (...) sich als Investition darstellen» lässt.[12] Diese Investition ist nach Ansicht von Suchanek dann renditeträchtig, wenn derjenige, der die Regeln des Spiels befolgt, dies nicht aus blosser Regelkonformität tut, – dann bliebe er rein auf der Ebene der Legalität –, sondern weil er die Regeln akzeptiert, gegebenenfalls internalisiert, hat, womit sein Handeln Legitimität gewinnt (→ 9.2.1.).

Konkret erfordert dies unter anderem eine (selbst-)kritische Analyse und Rekonstruktion der *Wertschöpfungskette* und gegebenenfalls deren Korrektur (→ 4.1.5.). Auch hier sieht Suchanek Vertrauen am Werk. Vertrauen ist ein Gut, das per se beziehungsstiftend ist, gehören dazu doch immer zwei Parteien: Der «Vertrauensgeber» verhält sich vertrauenswürdig, der «Vertrauensnehmer» anerkennt dieses Gut, in dem er es als wertvoll würdigt. In der Praxis kann man mit Suchanek für Vertrauen auch «Versprechen» sagen, was die Übertragbarkeit auf unternehmenspraktische Fälle erleichtert. So geben Unternehmen beispielsweise Qualitätsversprechen ab, welche von den vertrauensvollen Kunden dann akzeptiert werden, wenn sie sie für seriös halten.

Die im Unternehmen institutionell verankerte oder im Konsens unterlegte *Compliance* als Sicherstellung, dass die geltenden Regeln auch eingehalten werden, trägt zu einer *Unternehmenskultur* bei, welche dazu beiträgt, dass die Anerkennung der Perspektive des Anderen in der Dynamik der geschäftlichen Interaktionen nicht verloren geht. Diesem Ziel können auch Unternehmens-Leitbilder oder *Verhaltenskodizes* als kooperative Vereinbarungen dienen.[13]

= *An Suchaneks vertrauensbasierter Wirtschaftsethik fällt auf, dass sie von einer idealtypischen Situation ausgeht, in der Spiele zum allgemeinen Gewinn führen. In der ökonomischen Praxis sind hingegen eher Spielsituationen anzutreffen, die eine Win-Lose-Situation darstellen, in denen Vertrauen also von vorneherein ausgeschaltet ist. Ausserdem gibt es Beziehungen, die intern stark vertrauensbasiert sind, um extern das Vertrauen missbrauchen zu können. Das ist beispielsweise bei Kartellen der Fall: Die Mitglieder eines Kartells, wie beispielsweise des berühmten Phoebuskartells, das Absprachen über die Begrenzung der Brenndauer von Glühlampen traf, setzt bei den Kartellmitgliedern Vieles von dem voraus, was Suchanek als ethisch zentral ansieht, nämlich die Geltung von Vertrauen und Versprechen. Um solche Fälle vertrauensbasierten Vertrauensmissbrauchs zu vermeiden, müssten die ökonomischen Interaktionen immer als Win-Win-Situation abgebildet werden können. Dies ist nicht unmöglich (→ 14.), setzt es doch ein sehr umfassendes Vertrauensverständnis voraus, das zu bilden eine kulturelle Aufgabe ersten Ranges ist.*

> ### Fragen und Aufgaben:
> ☐ Was versteht Suchanek unter der Win-Win-Situation in der Wirtschaft und auf welchen Vorannahmen gründet er diese?
> ☐ Inwiefern betrachtet Suchanek finanziellen Gewinnverzicht als Gewinn?
> ☐ Beschreiben Sie die Bedeutung des Vertrauens in Suchaneks Theorie.

4.1.3. Republikanische Unternehmensethik: Horst Steinmann und Albert Löhr

Der Betriebswirtschaftler *Horst Steinmann* (* 1936) hat an der Universität Erlangen-Nürnberg seit den 1970er Jahren eine Unternehmensethik entwickelt, die er in den letzten Jahren gemeinsam mit dem Zittauer Sozialwissenschaftler *Albert Löhr* (* 1955) zu einer, wie die beiden Autoren sie bezeichnen, «republikanischen Unternehmensethik», ausgebaut hat. Das Autorenteam vertritt damit die Position, dass eine Unternehmensethik, die lediglich isoliert auf einen Bereich, in dem Falle den der Wirtschaft, bezogen ist, verfehlt ist, da Handlungen immer in gesellschaftlichen Kontexten stattfinden. Ausgehend von dem Aristotelischen Menschenbild, welches den Menschen als politisches Wesen (Aristoteles' *zoon politikon*; → 2.2.) begreift, wollen Steinmann/Löhr die Unternehmensethik als *politische Ethik* verstehen. Egal ob man den antiken Ansatz oder den modernen republikanischen wählt, man erkennt die Berührungspunkte, welche unternehmerisches Handeln mit der Gemeinschaft hat, weswegen Steinmann/Löhr das *Gemeinwohl* als zentrale Ausrichtung eines re-

Kapitel 4 *Wirtschaftsethik, philosophisch* 105

publikanischen Handlungsbegriffs betrachten.[14] Damit wenden sich die beiden Autoren gegen neoliberale Wirtschaftstheorien, welche durch eine Verabsolutierung der Wirtschaft die Bedeutung der Gesellschaft verringern oder gänzlich negieren. Den Neoliberalismus (→ 2.4.3.) verstehen Steinmann/Löhr als ein Modell. Einer solchen Modellwelt wollen sie die reale Welt gegenüberstellen, in der weder Menschen permanent ihren Nutzen zu maximieren trachten, in der aber auch Unternehmen nicht alleine und nur an ihrer Gewinnmaximierung interessiert sind.[15] Macht man sich derlei Verkürzungen der Wirtschaftswissenschaften klar und anerkennt zugleich, dass menschliche Handlungen immer in einem gesellschaftlichen Rahmen stattfinden, dann kann man diese Theorien, entgegen ihrem Selbstverständnis, nicht länger als wertneutral betrachten. Dann muss man nämlich anerkennen, dass es beispielsweise der *Betriebswirtschaftslehre*, BWL nicht alleine um die Vermittlung technischen Knowhows geht, sondern dass sie *auch* eine ethisch-politische Wissenschaft ist.[16]

Diese Aussage des Betriebswirtschaftlers Steinmann mag zunächst überraschen, ist aber nachvollziehbar, wenn man sich klarmacht, dass unser Handeln und damit auch die unsere Handlungen leitenden Theorien eine gesellschaftliche Dimension haben. Wer also beispielsweise behauptet, Unternehmen müssten ihre Gewinne permanent erhöhen oder Menschen seien immer und ausschließlich daran interessiert, ihren ökonomischen Nutzen zu maximieren, macht damit selbst Aussagen, die Wertungen voraussetzen und beinhalten. Das ist solange nicht weiter problematisch, wie man sich dieser Wertungen bewusst ist und sie auch nach aussen vermittelt. Eine solche Wertung stellt beispielsweise die Aussage dar, Märkte seien Win-Win-Situationen.

Abb. 17–18: Horst Steinmann (* 1936) und Albert Löhr (* 1955):
Wirtschaftsethik als politische Ethik verstehen

Kapitel 4

Die Rede vom Win-Win setzt unausgesprochene Annahmen voraus, die erst ein solches Modell plausibel machen: Begrenzt man das Model nämlich auf die direkt beteiligten Akteure, konkret die in einer Geschäftsbeziehung stehenden Firmen – und externalisiert zusätzlich Kosten, wie Umweltschäden und Risiken –, dann mag eine Win-Win-Situation gegeben sein (→ 4.1.2.); bringt man hingegen, was gleichfalls eine Wertung darstellt, die Interessen der Gesellschaft, d.h. das Gemeinwohl, in die Diskussion, dann erkennt man, dass die Rede von der Win-Win-Situation sich auf Vorannahmen stützt, – in diesem Falle, den Kreis der potentiell Gewinnbegünstigten künstlich zu begrenzen. Entgrenzt man dagegen die Situation, in dem man möglichst alle von ökonomischen Handlungen Betroffenen zu berücksichtigen sucht, dann kann sich das vermeintliche Win-Win als ein *Win-Lose* entpuppen. Und bei einer noch größeren Erweiterung des Kreises der Betroffenen könnte sich sogar eine Lose-Lose-Situation ergeben.

Eine möglichst angemessene Beschreibung der Wirklichkeit, sollte daher nach Steinmann/Löhrs zu kurz greifende Modellbeschreibungen vermeiden. Eine zu enge Modellbeschreibung stellt beispielsweise auch der Begriff der *Firma* dar. So wie der Begriff des Homo Oeconomicus den einzelnen als ein Aggregat der eigenen ökonomischen Nutzensteigerung begreift, so werden in einem neoliberalen Modell auch Firmen als alleine durch das Gewinnprinzip getrieben, begriffen. Aus ethisch-politischer Sicht weisen die beiden Autoren diese Ausschliesslichkeit zurück, würde doch, wie sie behaupten, eine alleine auf Einzelinteressen ausgerichtete Welt eine stark konfliktgeladene Welt sein. Nun gibt es in der Welt in der Tat sehr viele – durch Einzelinteressen getriebene – Konflikte, aber dennoch überwiegen die Gemeininteressen. Wenn dem nicht so wäre, wäre ein Zusammenleben, wie die Autoren mutmassen, gar nicht möglich.[17]

Es ist daher auch eine unternehmensethische Aufgabe, die Firma neu zu denken. Das neue Verständnis der Firma als Glied der republikanischen Gesellschaft muss, wie die beiden Wirtschaftswissenschaftler fordern, auch Einzug in die betriebswirtschaftliche Ausbildung halten.[18]

Demnach darf man eine Firma nicht länger als eine «ethikfreie Veranstaltung» begreifen, sondern muss sie als «verwoben» in das «politisch-ökonomische Umfeld» anerkennen.[19] Es versteht sich von selbst, dass dieses Verständnis des Unternehmens auch ein angepasstes Verständnis des Managements verlangt: So wie Steinmann/Löhr den Begriff des Homo Oeconomicus zurückweisen, halten sie analog auch ein Verständnis von Management für verfehlt, nachdem es den Unternehmensführern alleine um die Maximierung des eigenen Nutzens gehe. Ein Manager mit einem solchen Selbstbild wäre, nach ökonomischen Kennzahlen gemessen, vielleicht phasenweise erfolg-

Kapitel 4 *Wirtschaftsethik, philosophisch*

reich, langfristig würde er sich aber in die Einsamkeit der Verabsolutierung von Einzelinteressen verstricken und damit sowohl als Person scheitern, wie auch sein Unternehmen gefährden, da es um die Chance gebracht würde, einen positiv gestalterischen Beitrag für die Gesellschaft zu leisten. Damit wird auch Steinmann/Löhrs Definition von Unternehmensethik deutlich: «Unternehmensethik zielt auf die Entwicklung konsensfähiger Strategien des Unternehmens»[20] zum Wohle der Gemeinschaft.

= *Steinmann/Löhr betten die Wirtschaftsethik in den politisch-gesellschaftlichen Rahmen ein und verstehen sie damit als eine politische Ethik, die weit mehr sein soll als das Prozedere zur Lösung von Konflikten, welche in der Wirtschaft entstehen. Demgegenüber setzt die republikanische Unternehmensethik tiefer an indem sie zu einem gesellschaftlichen Projekt entwickelt wird. Wie das konkret aussehen könnte, lässt sich an unternehmensethischen Themen, die gesellschaftliche Debatten ausgelöst haben, gut studieren, wie beispielsweise dem Dieselskandal des Jahres 2017.[21] Fälle wie dieser belegen, dass erst die gesellschaftliche Debatte unternehmensethischen Fehlverhaltens und deren Einbettung in den gesellschaftlichen Kontext die Chance einer nachhaltigen Lösung des Problems bieten kann.*

Fragen und Aufgaben:
- ☐ Warum nennen Steinmann/Löhr ihre Wirtschaftsethik *republikanisch*?
- ☐ Welche Reduktionismen machen die beiden Wirtschaftswissenschaftler in der Betriebswirtschaft aus?
- ☐ Entwerfen Sie Szenarien, in der a) eine als Win/Win-Situation beschriebenen Entwicklung in der Wirtschaft in eine Win/Lose und b) in eine Lose/Lose-Situation kippt.
- ☐ Wie sollte nach Auffassung von Steinmann/Löhr das Unternehmen (die «Firma») neu gedacht werden?

📖 Begriff 6: «Bürger und Bürgerin»

Wirtschaft ist eine durch Tausch vermittelte Beziehung zwischen Menschen. Idealerweise sind diese Menschen Bürger. Alle Bürger sind Menschen, was aber nicht notwendigerweise auch umgekehrt der Fall ist, wie man an Staatenlosen und an Ausländern sieht. Ein Mensch wird zur Bürgerin oder zum Bürger erst durch einen Staat. Denn «ein Staat (*civitas*) ist die Vereinigung einer Menge von

Menschen unter Rechtsgesetzen», wie Immanuel Kant definiert.[22] Die Gesetze, die einen Menschen zum Bürger machen, bestimmen mithin seine Rechte und Pflichten. Obwohl Kant Bürger des preussischen Königreiches ist, versteht er den «Staatsbürger (*cives*)» als selbstgesetzgebend, nämlich als «keinem anderen Gesetz zu gehorchen, als zu welchem er seine Bestimmung gegeben hat.»[23] Der Bürgerstatus ist mithin anspruchsvoll, sind Bürger doch Menschen, die sich mit Engagement für einen Rahmen einsetzen, innerhalb dessen sie erst das sind, was sie doch sein wollen und nach Überzeugung Kants auch sein sollen: autonom, d.h. selbstgesetzgeberisch also nach den eigenen Gesetzen lebend. Wie bereits Aristoteles (→ 2.2.), so ist auch Kant davon überzeugt, dass der Mensch erst in Bezug auf den Staat zum Bürger wird und sich erst durch diesen Bezug über seinen Naturzustand hinaus entwickelt. Den schon in seiner Zeit weitgehend in Vergessenheit geratenen Zusammenhang, wie er sich aus dem antiken Verständnis der *Polis* ergibt, hat vor Kant bereits *Jean-Jacques Rousseau* (1712-1778) klargestellt: «Der wahre Sinn dieses Wortes ist bei den Neueren fast völlig verschwunden: die meisten verwechseln Stadt (ville) und Polis (frz. *cité*), Städter (bourgeois) und Bürger (citoyen). Sie wissen nicht, dass die Häuser die Stadt, die Bürger aber die Polis machen.»[24]

Abb. 19: Karl Marx (1818-1883): Der Mensch würdigt sich selbst zum Mittel herab

Die Unterscheidung von *citoyen* als um seinen Staat engagierter (Staats-)Bürger und dem an seinem (Haus-)Besitz interessierten *bourgeois* wird in der Folge immer wieder aufgegriffen und in seiner ethischen Bedeutung beschrieben.[25] *Karl Marx* (1818-1883) macht an diesen beiden Begriffen die Aufspaltung des Menschen in seinen höheren und in seinen niederen Teil fest: Der Staatsbürger lebt «ein doppeltes (Leben), ein himmlisches und ein irdisches Leben», nämlich das Leben als politisch engagiertes Gemeinschaftswesen und das des vereinzelten Privatmenschen.» Der aus der Gemeinschaft ausgeschlossene und zum Privatmenschen degenerierte Mensch wird, in dem er «die anderen Menschen als Mittel betrachtet (und) sich selbst zum Mittel herabwürdigt (…) zum Spielball fremder Mächte».[26] Marxens Beschreibung, die er wenig später in seinem Londoner Exil hautnah erleben wird, scheint mittlerweile zur allgemeinen Realität geworden zu sein: Die Menschen interessieren sich immer weniger für den Staat, wie die Rede von der verbreiteten *Politikverdrossenheit* zum Ausdruck bringt und wenden sich statt dessen ihren eigenen, persönlichen, vornehmlich materiell zu befriedigenden, Interessen zu.

Der Begriff des Bürgers unter dem man ursprünglich den Staatsbürger verstand, ist inzwischen reduziert auf eine Tätigkeit des Bürgers, nämlich seine wirtschaftliche. Peter Ulrich versucht aus der Not noch eine Tugend zu machen, wenn er fordert, dass so wie die moderne Gesellschaft eines mündigen Staatsbürgers bedarf, «die moderne Volkswirtschaft auf mündige Wirtschaftsbürger angewiesen» sei.[27] Diese Behauptung ist deshalb problematisch, weil sie die Aufteilung des Bürgers in *citoyen* und in *bourgeois* zementiert. Eine solche Aufspaltung ist jedoch abzulehnen, weil sie eine Gleichwertigkeit der beiden Sphären der bürgerlichen Existenz unterstellt und damit der Entwicklung Vorschub leistet, dass die wirtschaftliche Dimension die staatsbürgerliche dominiert und langfristig marginalisiert. Dabei ist es gerade umgekehrt: dem staatsbürgerlichen Bürgerbegriff gebührt der Primat, weil sich erst von der Warte des Staatsbürgers aus das aufgeklärte Selbst bildet, welches in der Lage ist, sich seine Welt zu bauen, also auch Entscheidungen über seine Form des Wirtschaftens zu treffen und die es flankierenden Strukturen aufzubauen. Da der Begriff des Bürgers unteilbar ist, sollte, wenn man schon diesen Begriff bemüht, unter «Wirtschaftsbürger» ein Bürger verstanden werden, der sich auch um wirtschaftlichspolitische Fragen kümmert, wobei diese weder seine Existenz noch seine Teilexistenz ausmachen, sondern eine Perspektive seiner bürgerschaftlichen Existenz. Die Einsicht in die Unteilbarkeit des Bürgerbegriffs stellt eine Barriere gegen den ökonomischen Imperialismus (→ 2.5.) dar, welcher alle Existenzweisen und ihre Lebensbereiche zu dominieren trachtet.

Kapitel 4

> 📹 Video:
> - «Citizen Kane» (1941) von Orson Wells. Dieser erste Kinofilm von Orson Wells, der vom *American Film Institute* zu den besten Filmen der Filmgeschichte gezählt wird, erzählt den Aufstieg und gleichzeitigen moralischen Niedergang eines Journalisten zum Medientycoon.
> - «The Corporation» (2003) von Mark Achbar, Jennifer Abbott. Dieser Dokumentarfilm portraitiert in Short Cuts Unternehmensskandale und schlägt vor, Unternehmen wie Bürger und Bürgerinnen zu verstehen.

4.1.4. Integrative Wirtschaftsethik nach Peter Ulrich

Peter Ulrich (* 1948) übernahm 1987 an der damaligen Hochschule St. Gallen, HSG, heute *Universität St. Gallen*, die im deutschen Sprachraum erste Professur für Wirtschaftsethik und entwickelte an dem von ihm gegründeten *Institut für Wirtschaftsethik* seinen Ansatz der «Integrativen Wirtschaftsethik». Ulrich wendet sich gegen zwei häufig anzutreffende ethische Ansätze: Da ist zum einen der Ansatz der Reparaturethik, welcher die durch unethisches Verhalten entstandenen fehlerhaften Situationen zu korrigieren oder zu reparieren versucht. Zum anderen ist da der Ansatz, Ethik als Mittel der Vermeidung sozialer Konflikte und Spannungen zum Ziele der Erhöhung der Effizienz wirtschaftlichen Handelns zu betrachten.

Abb. 20: Peter Ulrich (* 1948): Die Wirtschaft nicht von der Ethik abkoppeln

Der integrative Ansatz leitet sich demgegenüber aus einem Verständnis von Ethik ab, das weder an externen Interessen ausgerichtet ist, noch Handlungen als Mittel zu Zwecken implementiert, welche ethisch neutral oder ihr gar widersprechend sind. Demgegenüber will Peter Ulrich die Ethik in das wirtschaftliche Handeln so integrieren, dass dieses sich erst aus der Ethik heraus entwickelt. In diesem Sinne ist auch Ulrich (wie Steinman/Löhr → 4.1.3.) davon überzeugt, dass es, anders als dies die herrschende

Kapitel 4 *Wirtschaftsethik, philosophisch* 111

Theorie der Ökonomie vertritt, keine ethisch neutrale Wirtschaft gibt. Die integrative Wirtschaftsethik will demnach eben diesen Zusammenhang aufklären und zeigen, dass wirtschaftliches Handeln immer normativen Überzeugungen folgt. Die Anhänger der These von der ethischen Neutralität versuchen ihre Position durch ihre Rede von den *Sachzwängen*[28] zu untermauern. Unter den vermeintlichen Sachzwängen versteht Ulrich Redeweisen wie «Der Markt verlangt das»; «dieses Angebot mussten wir einfach annehmen»; «wir leben in einem System des Wettbewerbs»; «die Wirtschaft muss einfach wachsen». Solche Redeweisen unterstellen jeweils Notwendigkeiten, denen man Folge leisten müsse. Das Problem dieser Redeweisen ist offensichtlich: Die vermeintlichen Zwänge ziehen ihre Autoritäten aus einer quasi naturgesetzlichen Notwendigkeit, obwohl sie doch soziale Konstruktionen sind. Wer sogenannte Sachzwänge zur Rechtfertigung dafür nimmt, dass er nicht anders kann und die anderen nichts anderes dürfen, der spricht sowohl sich wie den anderen die Macht ab und macht sich und die anderen zum Rädchen im Getriebe. Diese Selbstentmachtung, welche einer geistigen Versklavung gleichkommt, geschieht dabei wider besseren Wissens: An die zitierten Sachzwänge glaubt ja niemand wirklich, sondern bemüht sie zur Entschuldigung eigenen Fehlverhaltens, das zuerst und vor allem in dem Akt der Selbstaufgabe liegt, mit der behauptet wird, es ginge nicht anders und man müsse sich, ob man wolle oder nicht, in die Verhältnisse fügen. Wer so argumentiert beschädigt noch bevor er andere schädigt, sich selbst. Diese Selbstbeschädigung auszuhalten, kann man als zynisch bezeichnen. In diesem Sinne definiert *Peter Sloterdijk* (* 1947) *Zynismus* als «das aufgeklärt falsche Bewusstsein, dass die besseren Einsichten den Zwängen geopfert hat.»[29]

Zyniker finden sich nicht selten in Machtpositionen, die sie auch deshalb gewissenlos ausnutzen, weil sie die als Sachzwänge bezeichneten Gründe, denen sie folgen, als ethisch neutral darstellen. Dabei leugnen sie, dass es gar keine ethisch oder normativ neutralen Handlungsoptionen gibt, da Handlungen immer Ergebnis von Entscheidungen sind (→ Begriff 4). Dass es gar keine Sachzwänge gibt, weiss natürlich auch der Zyniker. Denn ausgerechnet er wird, wenn man von ihm verlangen würde, sich der sogenannten Sachzwangslogik zu widersetzen, normativ argumentieren, nämlich mit dem Argument, er habe keine Lust, der einzige zu sein, der sich anständig verhalte. Man erkennt, auch der Zyniker hat noch einen Sinn für richtig und falsch und weiss auch, dass die sogenannten Sachzwänge, auf die er sich so gerne beruft, keine ethisch neutralen Fakten, sondern Basis der eigenen Interessenspolitik sind.

Die Haltung des Zynikers ist auch deshalb abzulehnen, weil sie neben der normativen Prägung wirtschaftlichen Handelns auch den tieferen Sinn der Wirtschaft und des Marktes leugnet. Letzteres ist doppelt irritierend: Nicht nur wird das marktwirtschaftliche Handeln fälschlicherweise als normativ neutral betrachtet, sondern es wird zugleich als rational bezeichnet. Die vermeintliche Rationalität des marktwirtschaftlichen Handelns kann jedoch mehrfach in Frage gestellt werden, zum einen wegen der, wie es Ulrich nennt, «Metaphysik des Marktes» und zum anderen wegen ihrer «halbierten Rationalität.»[30] Unter ersterem versteht Ulrich die unaufgeklärten und direkt oder indirekt religiös inspirierten Hintergrundannahmen wie der einer den Markt tragenden Win-Win-Situation, der Kompetenz des Marktes, Konflikte selbst zu lösen («unsichtbare Hand») oder den Glauben an einen Homo Oeconomicus (→ 14.1.). Unter der «halbierten Rationalität» oder dem «ökonomischen Rationalismus» versteht Ulrich die Fokussierung wirtschaftlichen Handelns auf blosse *Zweckrationalität*. Zweckrationalität ist durch ein Wenn-Dann-Denken ausgewiesen: Wenn ich Ziel *a* erreichen will, dann ist das Mittel *b* der dazu sinnvolle Weg und *b* ist zugleich der Zweck meiner Handlung. Ob eine solche Handlung im umfassenden Sinne rational ist, ist damit aber nicht gesagt und auch nicht notwendig gegeben. Dies kann man sich deutlich machen an ethisch verwerflichen Handlungen, die rational erfolgreich einen Zweck erreichen. Wer beispielsweise Steuern sparen will, kann dazu seine Bilanz fälschen; wer Produktionskosten senken will, kann dazu Sklavenarbeiterinnen einsetzen: Beide Praktiken kann man jedoch nur eingeschränkt, nicht aber im umfassenden Sinne als rational bezeichnen, – das meint Ulrich mit halbierter oder reduzierter Rationalität.

Aber nicht nur in Fällen wie den genannten unternehmerischen Fehlverhaltens, zeigt sich eine reduzierte Rationalität. Diese ist auch dann festzustellen, wenn sich Akteure mit einem mehr oder weniger funktionierenden Markt zufrieden geben in den, bei Marktversagen, lediglich korrektiv («Reparaturethik») eingegriffen werden solle. Aus Sicht von Ulrich können auf diese Weise nicht die vielfachen Verfehlungen im Marktgeschehen vermieden werden. Daher ist nach Ansicht der Integrativen Wirtschaftsethik eine philosophische Reflexion des Marktes und seiner Akteure geboten. Philosophisch meint dabei *kritisch* und bedeutet, dass man nicht die Gegebenheit der Situation einfach (d.h. unkritisch) als gegeben *und* damit als legitim annehmen sollte, sondern sowohl den Sinn wie auch die Absicht der Systeme und seiner Akteure hinterfragen muss. Entsprechend weist Ulrich auch den Marktoptimismus der ökonomischen Unternehmensethik (→ 4.1.2.) zurück.[31] Ebenso hält es Ulrich für verfehlt, die Akteure des Marktes, die einzelnen Menschen wie auch die Unternehmen, nicht in der gebotenen kritischen Distanz in den Blick zu nehmen. So begnügt sich nach Ulrich, die Wirtschaftswissenschaft häufig damit, die Menschen auf den Aspekt ihres wirtschaftlichen Handelns zu reduzieren und lediglich als rein egoistisch ausgerichtete Homines Oeconomici zu sehen, was nicht nur dem motivationalen Reichtum des einzelnen Menschen nicht gerecht wird (→ 6.1.), sondern auch ein falsches Bild der Gesellschaft zeichnet, welches wiederum Folgen für das Verständnis von Wirtschaftsethik hat.

Wenn Ulrich die Wirtschaftsethik als eine politische Ethik versteht,[32] dann gerade deshalb, weil er den Menschen im Sinne von Aristoteles als ein politisches Wesen versteht, der nicht, wie es die Theorie des Homo Oeconomicus nahelegt, in fast autistischer Selbstbezogenheit an den anderen desinteressiert ist. Es ist deshalb auch verfehlt, den Einzelakteur des Marktes als *Wirtschaftsbürger* zu bezeichnen, sondern notwendig, ihn als Bürgerin oder Bürger zu begreifen, der gemeinsam mit den vielen anderen eine *Bürgergesellschaft* bildet. Bürger weisen sich aus durch *Bürgersinn*, den sie durch ihr Engagement für andere konkrete Menschen aber auch für abstrakt andere, nämlich die teilweise anonyme Gesellschaft beweisen. Menschen sind nie nur *bourgeois*, sondern eben auch *citoyen* (→ Begriff 6).[33] Von hier aus ist der Schritt zu einem philosophischen Verständnis von Unternehmen und ihrer Manager nicht weit. Der Verkürzung des einzelnen Menschen auf sein isoliertes Eigeninteresse entspricht die Reduktion von Unternehmen auf die blosse Ausrichtung am *Gewinnprinzip*.

Wären Menschen nur an ihrem eigenen Interesse und Unternehmen nur an ihrem Gewinn interessiert, dann könnte man weder positives gesellschaftliches Engagement von Menschen und Unternehmen erklären noch wäre, bei ethischem Fehlverhalten, die Hoffnung auf Besserung begründet und damit jegliche ethische Diskussion überflüssig. Damit würde man aber eine Situation zeichnen, die mit der Gesellschaft und ihren handelnden Akteuren, wie wir sie kennen, nichts zu tun hat und eher Ausdruck eines starren mechanischen Systems wäre. Eine solche Sicht widerspricht aber der Wahrnehmung, welche Menschen von der Welt in der sie leben, haben: Obwohl unser Leben durch viele Bedingungen vorbestimmt und unsere Entscheidungsmöglichkeiten häufig eingeschränkt sind, so sind wir dennoch zu freien Entscheidungen in der Lage und können damit – wie begrenzt auch immer – unser Leben gestalten.

Unsere *Lebenswelt* ist daher, unabhängig aller konkret bestehender Hindernisse, dynamisch und offen. Ethisch betrachtet, bedeutet das, dass sich Menschen immer zu der Welt, die sie vorfinden, verhalten, entweder bejahend («positive Kritik») oder aber ablehnend («negative Kritik»). Und das gilt natürlich auch für die Menschen, die ein Unternehmen leiten. Manager sind in ihren Entscheidungen doppelt herausgefordert, sehen sie sich doch mit den Erwartungen der *Shareholder* und der *Stakeholder* konfrontiert (→

Begriff 7). Eine einseitige Shareholder-Orientierung führt nach Sicht der Integrativen Wirtschaftsethik zu gesellschaftlicher Desintegration. Eine integrative Unternehmensführung setzt auf Seiten des Managements voraus, dass sich dieses mit seinem Unternehmen als in die Gesellschaft eingebettet und nicht über oder ausserhalb dieser stehend versteht (→ 4.2.1.). Diese Erfolgsbedingung gelingenden Wirtschaftens besteht jedoch immer seltener nicht, weswegen Ulrich von *disembedding* spricht.[34] Diese Entwicklung beobachtete der Wirtschaftshistoriker *Karl Polanyi (1886-1964)* bereits in den 1940er Jahren als er feststellte: «Die Wirtschaft ist nicht mehr in die sozialen Beziehungen eingebettet, sondern die sozialen Beziehungen sind in das Wirtschaftssystem eingebettet.»[35]

Wenn dem so ist, kann man sich vorstellen, welchen weiten Weg die erfolgreiche Integration der Ethik in die Wirtschaft zurückzulegen hat. Ulrich sieht den Schlüssel dazu in der Anerkennung einer bürgerschaftlichen liberalen Kultur als deren Teil sich die Unternehmen und ihre Manager verstehen.

= *Die Integrative Wirtschaftsethik überzeugt mit ihrem ganzheitlichen Ansatz, der die Wirtschaft und die Unternehmen an dem Grad ihrer gesellschaftlichen Einbettung misst und die Unternehmen dabei auf die berechtigten Ansprüche der modernen Gesellschaft verpflichtet. Bei der für die Umsetzung ethischer Theorie in die Praxis entscheidenden Frage der Motivation, bleibt die Integrative Wirtschaftsethik im Konkreten vage bzw. im Allgemeinen zu optimistisch. Denn dass die Einsicht in die Vernunft Manager dazu bringt, ethisch fragwürdige Gewinnoptionen hintanzustellen, ist eine schöne Vorstellung, die jedoch schnell an der Praxis von Shareholder-Value und anderen sogenannten Sachzwängen scheitern könnte. Bereits Jean-Jacques Rousseau (1712-1778) hielt eine ausschliessliche Vernunftorientierung für keine überzeugende Basis der Ethik, solange nicht das Gewissen bildende Gefühle hinzukommen. Denn, wie es Rousseau formulierte, «das Gute kennen, heisst noch nicht, das Gute lieben.»[36] Der Wunsch, das Gute auch in die Praxis umzusetzen, wächst durch die mit anderen Menschen geteilten Erfahrungen, welche den Sinn für die anderen bildet. Gerade diesbezüglich erweist sich die Tendenz, dass sich die Wirtschaft von der Gesellschaft entfernt bzw. diese zu dominieren beginnt, als die vielleicht größte Herausforderung einer Wirtschaftsethik.*

Fragen und Aufgaben:
☐ Erklären Sie, warum es nach Peter Ulrich nicht genügt, Ethik als «Reparaturethik» einzusetzen?
☐ Was versteht Ulrich unter den «Sachzwängen» im vorherrschenden Diskurs der Wirtschaft und was kritisiert er daran? Geben Sie weitere Beispiele für sogenannte Sachzwänge.

- Welche Bedeutung misst Ulrich dem Zynismus bei?
- Warum gibt es nach Ansicht von Ulrich keine ethisch neutrale Wirtschaft?
- Erläutern Sie die Begriffe «halbierte Rationalität» und Zweckrationalität.
- Mit welchen Gründen bezeichnet Ulrich Wirtschaftsethik als eine politische Ethik?
- Was versteht die Integrative Wirtschaft unter «Einbettung»?

4.1.5. Supply Chain Management nach Friedrich Schmidt-Bleek und Evi Hartmann

Die an der Universität Erlangen-Nürnberg forschende Betriebswirtschaftlerin *Evi Hartmann* (* 1973) kritisiert eine auf äussere Anreize ausgerichtete Steuerung der Ökonomie. Nun lässt sich, wie die *Verhaltensökonomie* (→ 6.2.) zeigt, durch Anreize («Nudges») ein Verhalten erreichen, das nicht gegen anerkannte ethische Positionen verstösst. So kann man beispielsweise die materiellen (vermittelt über den Preis) oder die immateriellen Kosten (vermittelt über negatives Image) von ausbeuterischen Arbeitsverhältnissen wie Kinderarbeit und Hungerlöhnen so erhöhen, dass diese Übel verringert werden. Eine ethische Lösung ist dies jedoch nicht: Solange jemand auf die Verursachung einer für andere negativen Situation deshalb verzichtet, weil dies mit einem eigenen Übel verknüpft ist, solange denkt er weiterhin nur an sich und wird sofort wieder zum Übeltäter, wenn der Nudge nicht mehr eingesetzt wird. Wer sich also nur durch äußere Anreize zu ethischem Verhalten verleiten lässt, der hat weder die Notwendigkeit ethischen Verhaltens erkannt noch besitzt er eine eigene ethische Überzeugung und ist daher keine souveräne ethische Persönlichkeit.

Eine gefestigte ethische Persönlichkeit wird man durch Überzeugungen, zu denen man aus Einsicht gelangt. Finanzielle oder prestigehaltige Nudges sind dagegen keine Anreger zu besserer Einsicht. Das Gespräch mit Anderen oder die vorbildhafte Kaufentscheidung der Anderen können dagegen die eigene bessere Einsicht befördern. Aber es kann auch bereits die Frage nach der Wertschöpfungskette unserer Produkte sein, drastisch, aber wie Hartmann betont, keineswegs rhetorisch, lautet die Frage dann «Wie viele Sklaven halten Sie?» Eine Analyse der Wertschöpfungskette unserer Produkte, so unspektakulär sie auch sein mögen (Multivitamindrink, T-Shirt, Smartphone) wird bei den meisten Konsumenten belegen, dass sie für ihre Produkte Sklaven haben arbeiten lassen. Und so sind es für den durchschnittlichen Konsumenten der reichen Länder etwa 60 Sklaven, die für ihn arbeiten und leiden.[37]

Kapitel 4

Abb. 21: Evi Hartmann (* 1973): Wie viele Sklaven halten Sie?

Wie, so mag man sich fragen, ist es zu erklären, dass die Mehrheit der Konsumenten Sklaven für sich arbeiten lässt obwohl sie sich zugleich als überzeugte Verfechter demokratischer Werte begreifen? Am mangelnden Wissen kann es kaum liegen, denn die Bedingungen der modernen Warenproduktion sind mittlerweile mehr oder weniger bekannt. Hartmann macht zwei Gründe aus, die einem ethischen Handeln im Wege stehen: Der Drang nach – konsumvermitteltem – Status (→ 7.2.) und der Mangel an Empathie. Beide dem ethischen Verhalten im Wege stehende Faktoren haben jedoch keine naturgesetzliche Kraft, können also verändert bzw. überwunden werden. Die Frage «Wie fühlen sich wohl deine Sklaven bei deinem nächsten Konsumakt?»[38] lässt sich durch konkrete Geschichten (beispielsweise Reportagen) beantworten und könnte Konsumenten anregen, ihre Konsumakte in Übereinstimmung mit ihren sonstigen ethischen Überzeugungen zu bringen.

Eine über ihre Schäden aufgeklärte Wertschöpfungskette muss aber auch den Natur-Input reflektieren. Anders als das bekanntere Analysemodell des Ökologischen Fussabdrucks ist dazu eine Analyse des Ökologischen Rucksacks erforderlich. Der Umweltforscher *Friedrich Schmidt-Bleek* (* 1932) machte bereits in den 1990er Jahren darauf aufmerksam, dass ein umweltgerechter Konsum sich Rechenschaft über die in die Produkte eingegangene Natur ablegen muss. Diese Perspektive ergibt einen vollkommen anderen Blick als die sogenannten *End-of-the-Pipe*-Ansätze. Während die etablierten Sparanstrengungen der End-of-the-Pipe-Doktrin folgen und beispielsweise Emissionen messen und deren Reduktionen als Fortschritt bewerten, fragt Schmidt-Bleek, wieviel Energie denn für diese Energieeinsparung aufgewendet wurde. Unter dieser Perspektive schneiden viele hochgelobten Sparanstrengungen ausgesprochen negativ ab und sind häufig, wie Schmidt-Bleek am derzeit vielgepriesenen E-Auto vorrechnet, sogar als rückschrittlich zu beurteilen. Aber auch ein herkömmliches Auto mit Verbrennungsmotor wird in seiner Umweltbelastung vollkommen unterschätzt, wenn lediglich seine Emissionen, nicht aber sein Material-Input berücksichtigt wird. Dann kann nämlich ein normaler Mittelklassewagen bis zu 80 Tonnen auf die Waage bringen.[39]

Kapitel 4 *Wirtschaftsethik, philosophisch*

Dass eine isolierte Berechnung von Einsparungen, die den Gesamtkontext ausblenden, in die Irre führt, zeigt das zu *Rebound-Effekten* führende Kaufverhalten (→ 7.3.). Auch hier zeigt sich, dass Aufklärung mehr ist als die Beruhigung des Gewissens: Aufklärung bedeutet ganz im Sinne Kants (→ Begriff 4), den Mut zur kontextkritischen Analyse aufzubringen. Das eigene Verhalten muss dementsprechend umfassend und nicht alleine in isolierten Segmenten hinterfragt werden.

= *Mit einer möglichst vollständigen Analyse der Wertschöpfungskette können Schmidt-Bleek und Hartmann zeigen, dass die meisten Konsumenten und Produzenten sich ökonomisch völlig konträr zu ihren ethischen Überzeugungen verhalten. Aufklärung und Übungen in Empathie könnten diese Lücke schliessen und zu einem ethischen Handeln verhelfen.*

Fragen und Aufgaben:
☐ Untersuchen Sie den Slaveryfootprint Ihres Konsums auf der Site slaveryfootprint.org und diskutieren Sie das Ergebnis.
☐ Machen Sie eine kleine Umfrage unter anderen Konsumenten, wie diese ihren Slaveryfootprint verringern möchten.
☐ Differenzieren Sie die Modelle «ökologischer Fussabdruck» und «ökologischer Rucksack» und bewerten Sie die beiden Modelle.

📖 **Begriff 7: «Shareholder vs. Stakeholder»**
Die beiden so ähnlich lautenden Begriffe formulieren jeweils Ansprüche, welche sich aus einer unterschiedlichen Interessenslage ergeben. Der Shareholder, der «Teilhaber», ist Eigentümer oder Teilhaber des Unternehmens und hat entsprechend das Interesse an einer Mehrung seines Anteils, d.h. seines *Shareholder Values*. Damit können die Interessen der Shareholder in Widerspruch und direkten Gegensatz zu den Interessen anderer Gruppen treten, die gleichfalls legitime Ansprüche besitzen und die als *Stakeholder* bezeichnet werden. Zu diesen zählen die Mitarbeiter und die Kunden eines Unternehmens, mit diesen kooperierende andere Unternehmen, aber auch der Staat und die Gesellschaft.
Die Stakeholder kritisieren häufig die Orientierung am Shareholder Value. Die Kritik ist dabei in der Regel nicht genereller Art und behauptet nicht, dass Shareholder Value generell illegitim sei, son-

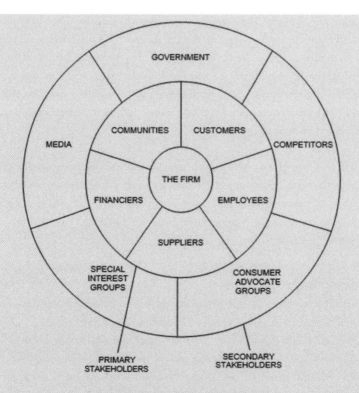

Die Stakeholder eines Unternehmens
R. Edward Freeman et al. 2010, S. 24

dern bezieht sich auf dessen Absolutheitsanspruch: Verabsolutierte Shareholder-Interessen führen zu *ökonomischem Reduktionismus*. Die exklusive Orientierung an den Interessen der monetären Anspruchsgruppen blendet nämlich die Interessen aller anderen gesellschaftlichen Anspruchsgruppen aus. Diese Haltung begünstigt wiederum den ökonomischen Imperialismus (→ 2.5.). Auch dies stellt einen Reduktionismus dar, denn Werte wie Freundschaft, Vertrauen und eine gesunde Natur sind nicht mit monetären Preisen zu messen. Der Preis dieser Güter lässt sich auch dann nicht in Geldeinheiten ausdrücken, wenn man die ökonomischen Kosten ihres Fehlens in Geldeinheiten ausdrücken kann: beispielsweise die durch Einsamkeit verursachten psychologischen Behandlungskosten oder die Kosten für juristische Expertise an Stelle erschütterter Kooperationsbeziehungen oder die Kosten für künstliche Erholungseinrichtungen, welche einen nicht mehr möglichen erholsamen Aufenthalt in der Natur ersetzen sollen.

Die Verabsolutierung des Shareholder-Ansatzes stellt auch deshalb eine Verzerrung der Wirklichkeit dar, weil kein Unternehmen für sich alleine in der Welt steht, sondern integriert ist in eine Gesellschaft, die ihrerseits aus einer Vielzahl und Vielfalt von Akteuren besteht, die eigene legitime Ansprüche mitbringen, die sich mit denen der Shareholder überlappen können, aber nicht müssen. Stakeholder formulieren daher Ansprüche eigener Art an die Unternehmen und diese sind mal mehr, mal weniger nah an denen der Unternehmen dran, wobei sich Nähe und Distanz sowohl *räumlich, zeitlich* und *strukturell* ausweisen kann.

So ist ein grosser Teil der Weltbevölkerung Stakeholder gegenüber der japanischen Firma *Tepco*, die in *Fukushima* ein Kernkraftwerk betrieb, in dem es 2011 zu einer unkontrollierten Kernschmelze und damit zu einem GAU gekommen ist. In der Folge kam es zu einer radioaktiven Kontaminierung von Wasser und Boden, welche sich weit über Japan hinaus auswirkte (räumliche) und dies noch auf lange Zeit (zeitliche Dimension) tun wird.

Ein gleichfalls grosser Teil der Weltbevölkerung ist strukturell Stakeholder gegenüber den grossen Internetfirmen. Diese Stakeholder werden beispielsweise ihren Anspruch auf Privatsphäre reklamieren und sich gegen unautorisierte Auskünfte über ihre Person oder ihren Wohnort zur Wehr setzen wollen.

Der Stakeholder-Ansatz ist wegen der sehr grossen Zahl von Akteuren und Akteursgruppen eindeutig komplexer als der Shareholder-Ansatz, das Stakeholder Management[40] entsprechend auch stärker gefordert als das Shareholder-Management. Während das Management der Shareholder-Ansprüche immer schon im Fokus einer Unternehmensleitung stand, stellt der Blick auf die Stakeholder einen neuen Ansatz dar. Der Stakeholder-Ansatz versucht den Bedürfnissen der modernen Gesellschaft gerecht zu werden und diese mit denen der Unternehmung zu vermitteln bzw. fallweise gegen diese durchzusetzen. Es versteht sich dabei von selbst, dass der Stakeholder-Ansatz nur seriös vertreten wird, wenn dabei nicht Strategie und Kalkül im Spiel sind und man etwa nur die Ansprüche starker, beispielsweise medial einflussreicher Stakeholder verfolgt, sondern möglichst alle als legitim anerkannten Anspruchsgruppen zu berücksichtigen versucht. Eine weitere Schwierigkeit des aufgeklärten, d.h. nicht an einseitig ausgewählten Interessen ausgerichteten, Stakeholder-Value-Managements besteht in dem

> «Übersetzungsproblem»: Management-Entscheidungen sind umso
> zielgenauer umzusetzen, je eindeutiger sie zu quantifizieren sind
> (etwa als Kosten) oder im quantitativen Grad der Zielannäherung.
> Besonders die ökonomische Quantifizierung ist problematisch, da
> Stakeholder ja häufig gerade Ansprüche nicht-monetarisierbarer
> Art formulieren. Das Bewusstsein für dieses Übersetzungsproblem
> kann umso eher Eingang in Management-Entscheidungen finden,
> je mehr sich Unternehmen als in die Gesellschaft eingebettet und
> als deren Teil begreifen. In diesem Sinne formuliert R. Edward Freeman (* 1951), der Begründer des Stakeholder-Ansatzes: «Es macht
> keinen Sinn über Business zu reden, ohne über Ethik zu reden. Es
> macht keinen Sinn über Ethik zu sprechen, ohne über Business zu
> sprechen und es macht keinen Sinn, über das eine oder das andere
> zu reden, ohne über den Menschen zu reden.»[41]

4.2. Die Angelsächsische Business Ethics

Eine den gesellschaftlichen Aufbruch befördernde kritische Grundstimmung hat in den USA bereits ab den 1960er Jahren und damit deutlich früher als in Europa den Blick für ethisch verwerfliches Handeln im öffentlichen Raum geschärft. So verfolgte die Öffentlichkeit ebenso kritisch die Politik und das militärische Engagement der USA in Vietnam wie auch fragwürdiges Unternehmenshandeln, das zunehmend Gegenstand der Berichterstattung in den Zeitungen wurde. An beiden Bereichen, dem politischen wie dem unternehmerischen Handeln, hat die Philosophie ihre Begrifflichkeit geschärft und die Anwendung ihrer Theorie auf konkrete Fälle erprobt und weiterentwickelt.

4.2.1. Eine gute Gesellschaft bauen: Richard T. DeGeorge

Die vielen Skandale, welche, wie er schreibt, fast täglich die Schlagzeilen der grossen Zeitungen beherrschten, bewegten den in Kansas lehrenden amerikanischen Philosophen Richard T. DeGeorge (* 1933) zu seinem frühen und bereits erstaunlich umfassenden Buch zur Wirtschaftsethik. Der Weitblick DeGeorges, der auch prägend für die wirtschaftsethische Ausbildung in den USA wurde, zeigt sich auch darin, dass er neben den klassischen unternehmensethischen Themen – die Korruption, die Deklaration falscher bzw. beschönigender Angaben (letzteres als «Windowdressing» bezeichnet), verbotenen Insiderhandel und Marktmanipulationen und unsichere und fehlerhafte Produkte (er benutzt bereits den Begriff der Obsoleszenz) – auch bereits die Zerstörung der

Abb. 22: Richard T. DeGeorge (* 1933):
Die gute Gesellschaft bauen

natürlichen Umwelt und die mangelnde Sorge um das Allgemeinwohl thematisiert. Gerade die Aspekte Umwelt und Allgemeinwohl, deren Vernachlässigung DeGeorge beklagt, zeigen auch, dass sich in der Wirtschaft das Verständnis breit gemacht hat, es hierbei mit einem moralfreien Raum zu tun zu haben – DeGeorge zitiert das Sprichwort «Business and ethics don`t mix» – und sieht darin ein Verständnis, welches die Einbettung der Wirtschaft (→ 4.1.4.) in die Gesellschaft und der Teilhabe an ihren Werten leugnet.

Mit Blick auf die US-amerikanische Situation erkennt DeGeorge ein Missverständnis des Begriffs der freien Marktwirtschaft. Unter Freiheit darf hier nicht eine vollkommene Ungebundenheit verstanden werden,[44] da im Gegenteil Freiheit nur im Zusammenhang mit gleichzeitiger Begrenzung Sinn macht. Es wäre demnach falsch, verstünde man unter Freiheit eine Leerstelle, innerhalb derer ein Akteur gleichsam ohne ethische Begründung handeln könne und dürfe: Ein ethisches Vakuum gibt es nicht, wir handeln immer im Rahmen von Gründen, dies selbst dann, wenn wir solche Gründe bewusst ignorieren. Die Vorstellung des freien Marktes ist demnach immer schon und notwendigerweise als begrenzte zu denken. Wer beispielsweise den Wert der Fairness,[45] nach DeGeorge die Hauptbeschränkung der Freiheit des freien Marktes, ignoriert, hat eine Entscheidung getroffen und ist nicht frei darin, diese nicht rechtfertigen zu müssen.

Zum Verhältnis von «Geschäft und Ethik» gehört es daher nach DeGeorge, nicht nur das eigene Handeln, sondern ebenso die eigenen und fremden Handlungsbedingungen zu reflektieren. Wer sich im Rahmen der freien Marktwirtschaft bewegt und diese als Akteur mitprägt, muss auch deren Bedingungen kritisch hinterfragen und darf nicht etwa, weil er deren Nutzniesser ist, sich der Frage verschliessen, ob alle ihre Teilnehmer in gleicher Weise Profit aus diesem System ziehen können. So gelten beispielsweise nicht alle Bedingungen in gleichem Masse für alle gleich: So begünstigt beispielsweise die Bedingung freien, d.h. uneingeschränkten Wettbewerbs die starken Marktteilnehmer und kann schwache Teilnehmer sogar in ihrer Existenz bedrohen. Dieses Ungleichgewicht müsste von den starken Marktteilnehmern kritisch bedacht werden und sie, ihrer sozialen Verantwortung gerecht werdend, motivieren, darauf hinzuwirken, dass die unterschiedliche Marktmacht nicht gleichbedeutend ist mit unterschiedlicher *Marktteilhabemöglichkeit*, weil sonst das Credo der Marktwirtschaft als ein System der Freiheit zur Farce verkommt. Damit wendet sich DeGeorge gegen die unkritische und eindimensionale Sicht auf die Marktwirtschaft, welche nach Friedman ihren Sinn alleine in der Gewinnmaximierung hat. Friedmans berühmt-berüchtigter Essay aus dem New York Times-Magazine, der zu einem der Grundlagentexte der neoliberalen Wende wurde, hat den Titel: «The social responsibility of business is to increase its profits.»[46]

DeGeorge begreift dagegen wirtschaftliches Handeln als Teil gesellschaftlichen Handelns, weswegen es immer schon in einen Verantwortungsrahmen einbezogen ist.[47] In diesem Sinne ist auch DeGeorges gesamte Wirtschaftsethik konzipiert und fordert: Handlungen nicht als isolierte, sondern als Teil des gesellschaftlichen Kontextes zu sehen. Dies bedeutet einen zum Teil hohen Anspruch an die Analysefähigkeit, aber ohne diese können Handlungen nicht seriös beurteilt werden. Dann sieht man auch, dass alltägliche Handlungen des modernen Wirtschaftslebens nicht länger als grundsätzlich harmlos und unproblematisch anzusehen sind, sondern mit Blick auf die langzeitigen Folgen (im Sozialen: Vertrauensschwund; im Naturalen: Nicht-Nachhaltigkeit) oder die Kostenverteilung (Externalisierung der Kosten und Privatisierung der Gewinne) betrachtet werden müssen. Diese Aufgabe schreibt DeGeorge nicht alleine, aber in besonderem Masse, dem Management, also den Einzelnen in unternehmerischer und das heisst für DeGeorge auch in gesellschaftlicher Verantwortung stehenden leitenden Angestellten zu.[48] Mit dieser Forderung hält DeGeorge auch die Vorstellung einer ethisch neutralen Wirtschaft, welche er als einen Mythos betrachtet, für widerlegt. Dieser Mythos kann schon deshalb nicht aufrechterhalten werden, weil die Wirtschaft nur als Teil der Gesellschaft und nicht unabhängig davon betrachtet werden kann. Entsprechend fordert DeGeorge aber auch die Politik, konkret die Regierung und die Zivilgesellschaft heraus. Allen drei Akteuren schreibt er die Aufgabe zu, an einer guten Gesellschaft zu arbeiten, der Wirtschaftsethik kommt dabei eine Schlüsselfunktion zu.[49]

Da die Wirtschaft in einen gesetzlichen Rahmen eingebettet ist, kommt auch der exekutiven Gewalt eine wichtige Rolle zu. Verhaltensweisen, wie Bestechung oder unlautere Angaben, welche lange als Kavaliers- oder Weisse-Kragen-Delikte angesehen wurden, können durch Gesetzeskraft justiziabel gemacht und damit die ethische Aufmerksamkeit sensibilisiert werden, was zum Teil in den letzten Jahrzehnten auch geschehen ist.

Ein Schlüsselelement beim Aufbau der guten Gesellschaft stellt die Gerechtigkeit dar, wobei auch hier DeGeorge für eine weite Sicht des Begriffs plädiert.[50] Gerechtigkeit und Ungerechtigkeit beschreiben nicht alleine konkrete Handlungen, sondern stärker noch, die gesamtgesellschaftliche Situation. Wenn beispielsweise in einer Gesellschaft ein unterschwelliges Unsicherheitsgefühl und mangelndes Vertrauen herrschen, dann kann diese nicht als eine gute Gesellschaft gelten. Entsprechend ist für eine «gute Gesellschaft» ein hohes Mass an gleichen Chancen unverzichtbar, wobei zugleich, und das zeigt, wie schwierig das Ziel im Konkreten zu erreichen ist, ein hohes Mass an Freiheit gewährleistet sein muss.

Um dieses anspruchsvolle Ziel zu erreichen, fordert DeGeorge *erstens*, wie bereits erwähnt, den Mythos von der ethisch neutralen Wirtschaft aufzugeben und *zweitens* das moralische Bewusstsein und die ethische Kompetenz aller Wirtschaftsakteure zu erhöhen – wozu eine fundierte wirtschaftsethische Ausbildung und eine kritische öffentliche Debatte beitragen – und *drittens* eine Veränderung der gesellschaftlichen und politischen Strukturen, welche bis anhin so konzipiert sind, als gäbe es eine wertneutrale Wirtschaft.[51] Damit rückt wieder die «gute Gesellschaft» ins Visier: Mit Blick auf grassierende Missstände in der Wirtschaft verlangt DeGeorge einen strukturellen Umbau der Gesellschaft, in die die Wirtschaft dann eingebettet wird, so dass Menschen keine Helden sein müssen, um ein ethisch korrektes Leben zu leben (→ 9.5. Whistleblowing).

= *DeGeorges Wirtschaftsethik weist die These der Wertneutralität der Wirtschaft zurück und erklärt damit wirtschaftliches Handeln als immer schon ethisches. Da die Wirtschaft nach DeGeorges überzeugendem Argument in die Gesellschaft eingebettet ist und weder ausserhalb dieser steht noch diese zu dominieren legitimiert ist, kann er die Wirtschaft dem berechtigten Anspruch einer «guten Gesellschaft» unterordnen. Dadurch und durch eine Weitung des Gerechtigkeitsbegriffs, den er nicht alleine auf isolierte Handlungen fokussiert, bringt DeGeorge Bewegung ins gesellschaftliche Gefüge: Er begründet die Notwendigkeit der strukturellen Stärkung des Einzelnen, der sein Leben in der Gesellschaft ethisch gut leben können soll ohne sich dabei überfordern zu müssen, in dem er beispielsweise einen heldenhaften Mut aufbringen muss um gegen eklatantes Unrecht anzukämpfen.*

Fragen und Aufgaben:
- Erklären Sie, warum es in der Gesellschaft nie ein «ethisches Vakuum» gibt.
- Was bedeutet nach DeGeorge das Wort «frei» im Begriff der «freien Marktwirtschaft»?
- Erläutern Sie, welche Stellung der Verantwortung nach DeGeorge in der Marktwirtschaft zukommt.

4.2.2. Das Handeln der Wirtschaft muss universalisierbar sein: Norman E. Bowie

Der an der Universität von Minnesota lehrende *Norman E. Bowie* (* 1942) geht in seiner Arbeit vom Werk Immanuel Kants (→ 3.2.) aus. Für diesen Ansatz gibt es aus seiner Sicht mindestens vier Gründe:[52]

1. Kant eignet sich demnach deshalb besonders für eine Wirtschaftsethik, weil dieser mit seiner Position, dass zur ethischen Beurteilung einer Handlung deren Absicht und nicht deren Wirkung massgeblich ist, den Gegenpart zum dominant gewordenen und auf Resultate ausgerichteten Denken darstellt. Damit steht Kant im Kontrast zur Ethik des Utilitarismus (→ 3.3.), der, wie die Wirtschaft, resultatorientiert operiert, was, wie Bowie befindet, Ursache vieler ethisch problematischer Entwicklungen ist. Demgegenüber lassen sich, wie Bowie argumentiert, alle Formen von Betrug unter dem Test des Kategorischen Imperativs als solche ausweisen.

2. Wenn Arbeitnehmer, Kunden und der Staat als Stakeholder (→ Begriff 7) ihre Interessen von einer Unternehmung vernachlässigt oder sogar beschädigt sehen, so finden sie, worauf Bowie verweist, in Kants Begründung des Selbstzweckstatus von Personen ein starkes Argument, indem sie darauf verweisen, dass Personen nie nur als Mittel, sondern immer auch als Zweck zu betrachten sind.[53]

3. In der wirtschaftsethischen Ausbildung wird gerne mit dem pädagogischen Imperativ gearbeitet, man solle nichts tun, von dem man nicht wolle, dass dieses auf der Homepage des *Wall Street Journals* veröffentlicht werde. Dieser auf die Scham, zumindest aber auf einen zu vermeidenden Reputationsschaden zielende Imperativ ist jedoch völlig unzureichend, weil es nicht darum gehen kann, sich nicht an einen Pranger gestellt sehen zu wollen, sondern dass man die Gründe einsehen muss, nach denen ein bestimmtes Handeln falsch ist. Wer nur auf die Ängste vor Reputationsschäden oder Scham setzt, macht sich zudem von gesellschaftlichen Befindlich-

Abb. 23: Norman E. Bowie (* 1942): Mit Kant gegen die utilitaristische Ökonomie

keiten abhängig, die dem Wandel unterliegen und deshalb als Beurteilungskriterium nicht taugen.

4. Und schliesslich lässt sich mit Kant auch dafür argumentieren, dass der Unternehmenszweck nicht alleine in der Geldmaximierung gesehen werden kann, sondern im verantwortlichen Handeln.

Zu einem verantwortlichen Handeln zählt auch, mit verbreiteten und gerne bemühten Missverständnissen aufzuräumen:

a): «Was nicht verboten ist ...»
Die Ansicht, was nicht verboten sei, sei auch ethisch richtig, ist häufig anzutreffen, aber häufig falsch. Das sieht man bereits daran, dass das Lügen in den meisten Fällen – Ausnahme vor Gericht und unter Eid – nicht verboten ist, aber dennoch ethisch falsch ist. Die Haltung, nur das zu unterlassen, was ausdrücklich verboten ist, stellt eine minimalistische Position dar.[54] Dieser Minimalismus offenbart ein verfehltes ethisches Verständnis, da ihm jedes gestalterische Moment abgeht und es ihm lediglich um die Vermeidung von Sanktionen geht. Ausserdem unterstellt der ethische Minimalismus eine Identität von Ethik und Recht, die häufig nicht besteht – wie das Beispiel der Lüge gezeigt hat. Die Behauptung, dass Ethik und Recht identisch seien, gerät auch dadurch in Widerspruch, dass es, wie international tätige Unternehmen feststellen können, lokal unterschiedliche Rechtsstandards gibt. Der Begriff der Ethik würde, wenn Ethik und geltendes Recht als identisch wären, jeglichen Sinns beraubt, würde doch hier das und dort jenes als ethisch richtig gelten.

b) «Pareto-Optimalität ist immer optimal»
Vilfredo Federico Pareto (1848-1923), der an der Universität Lausanne lehrte, gehört zu den die Wirtschaftswissenschaften prägenden Autoren. Neben dem Begriff des «*Homo Oeconomicus*» (→ 6.) entwickelt er ein Modell zur Beurteilung von Effizienzsteigerungen. Demnach ist eine Situation dann optimal (bzw. wie man besser sagen sollte, effizient[55]), wenn keine gesellschaftliche Verbesserung mehr möglich ist, ohne dass sie mit einer Verschlechterung für ein Gesellschaftsmitglied einhergeht. Gegen dieses zum Mass gerechter Verteilungen erklärte Kriterium lassen sich verschiedene schon früh diskutierte Einwände erheben, die vor allem auf deren Modellcharakter kritisch Bezug nehmen. Bowie kritisiert,[56] dass Pareto, mit seinen Annahmen perfekter Informiertheit, absoluter Rationalität der Akteure und ihrer Bereitschaft zu absoluter Mobilität sowie der Abwesenheit

von Monopolen die Wirklichkeit unvollständig abbilde. Ein Zustand kann auch dann als pareto-optimal bzw. -effizient gelten, wenn sich die Lage eines Akteurs zwar verschlechtert, diese Verschlechterung aber vermeidbar gewesen wäre, wenn der Akteur in der beschriebenen Weise «flexibel» gewesen wäre. Damit wird der Akteur aber auf ein Aggregatteil im grossen Getriebe einer gut geölten Maschinerie reduziert, der keine anderen Interessen als seine finanzielle Besserstellung kennt und verfolgt.

c) «Effizienzsteigerung ist immer gut»

Des Weiteren stellt Bowie klar, dass das die moderne Ökonomie treibende Effizienzstreben fälschlicherweise als intrinsischer Wert betrachtet werde, wo es doch nur als Mittel gelten könne, weswegen man sich beispielsweise bei Effizienzsteigerungen immer fragen müsse, welchem Ziel diese dienen solle.[57] Wie wichtig diese Klarstellung ist, erkennt man daran, dass andernfalls Effizienzsteigerungen (wenn sie als Zweck an sich selbst betrachtet würden), alle ethischen Einwände trumpfen und die Ethik damit suspendieren würden. So wären dann beispielsweise Kinderarbeit, Sklavenarbeit und Umweltzerstörung gerechtfertigt, sofern sie den Gewinn eines Unternehmens steigern würden.

Aber auch weniger skandalöse Formen der Effizienzsteigerung können sich als problematisch erweisen, wie Bowie am Beispiel der *Selbstbedienungskassen* darstellt. Während die Massnahme für den Supermarkt mit einer Gewinnsteigerung verbunden ist, bedeutet sie nur für einen Teil der Gesellschaft ebenfalls einen Gewinn – in Form niedrigerer Einkaufspreise und einer Senkung der Lebenshaltungskosten –, für einen anderen Teil der Gesellschaft hingegen, nämlich für die von Arbeitslosigkeit betroffenen Mitarbeiter, einen Verlust.[58] Der Ethik Kants (→ 3.2.) zufolge darf dieser negative Aspekt nicht mit den Gewinnen der anderen Seiten (Unternehmung, Kunden) verrechnet werden. Aber selbst im Falle einer utilitaristischen Verrechnung (→ 3.3.) könnte die Bilanz dieser Effizienzsteigerung negativ ausfallen, da Arbeitslosigkeit sowohl finanzielle wie auch immaterielle Kosten der Gesellschaft als ganzer auferlegt.

Mit dieser Überlegung macht Bowie deutlich, dass Unternehmen nicht als gesellschaftlich unabhängige Akteure betrachtet werden können und dass die Gesellschaft, mittels des Staates, die Rahmenordnung (→ 4.1.1.) innerhalb derer Unternehmen aktiv sind, festlegt. Als das wirtschaftsethisch wichtigste Ziel formuliert Bowie eine Zivilisierung der Weltökonomie, weil dies – im Sinne von Kants Friedensschrift – letztlich einen Beitrag zum Weltfrieden leiste.[59]

= Norman E. Bowie *erbringt den praktischen Nachweis, dass die Ethik Kants sich auch auf die moderne Ökonomie anwenden lässt und sich mit dieser Theorie Verkürzungen im Selbstverständnis der modernen Ökonomie vermeiden und konkrete Fälle lösen lassen.*

Fragen und Aufgaben:
- [ ] Welchen Aspekt der Kantischen Ethik hält Bowie für am wichtigsten um danach das wirtschaftliche Handeln auszurichten?
- [ ] Konstruieren Sie einen Fall, der sich gut nach einem der Kantischen Prinzipien beurteilen lässt.
- [ ] Mit welchen Argumenten kritisiert Bowie die Position, dass das, was nicht rechtlich verboten sei, ethisch erlaubt sei?
- [ ] Erklären Sie, warum die Fokussierung auf die Effizienz nicht das Ziel des Wirtschaftens sein kann.

4.2.3. Die Stakeholder-Theorie: R. Edward Freeman

R. Edward Freeman (* 1951), Professor an der Universität von Virginia, legt den Fokus seiner Wirtschaftsethik auf die Stakeholder (→ Begriff 7) und damit auf einen Begriff, der von Freeman selbst massgeblich mitgeprägt wurde und unter dem man kurz und knapp denjenigen verstehen kann, der von den Tätigkeiten einer Firma betroffen ist.[60] Als wirtschaftsethischen Fortschritt kann man es werten, dass heute der Blick auf die Stakeholder als selbstverständlich gilt, wurden sie doch noch bis in die 1989er Jahren von den Shareholdern verdeckt und musste die Betroffenenperspektive erst mühsam erarbeitet werden. Dabei ist der Gedanke, dass auch die Stakeholder zählen, gar nicht neu, sondern lediglich im Laufe der Geschichte in Vergessenheit geraten, wussten doch bereits die griechische Antike und das Mittelalter, dass die Wirtschaft der Gemeinschaft zu dienen oder zumindest nicht zu schaden habe.[61] Wenn diese moralische Selbstverständlichkeit über die Jahrhunderte verloren gegangen ist, so hat das nach Freeman mit der spezifischen Entwicklung des Kapitalismus zu tun, welcher Wirtschaft und ihre ethische Reflexion auseinandergetrieben habe.[62] Dieser Fehler wirkt nach Ansicht von Freeman weiter fort, so dass sowohl Kritiker wie Anhänger des Kapitalismus glauben, beide Bereiche hätten nichts miteinander zu tun. Eine solche Entwicklung hält Freeman jedoch für gefährlich, weswegen der Irrtum der Trennung beider Bereiche überwunden werden muss. Dazu können Befragungen des wirtschaftlichen Geschehens beitragen, so lautet eine Frage: «Für wen ist diese ökonomische Entscheidung von Vorteil und für wen von Nachteil?» oder: «Wessen Fähigkeiten werden mit

Abb. 24: Edward Freeman (* 1951):
Auf die Stakeholder kommt es an

der Entscheidung befördert und wessen Fähigkeiten nicht gefördert bzw. sogar zurückgewiesen?» Diese Frage führen Freeman dann zu seinen beiden Integrationsthesen:

Integrationsthese I
«Die meisten wirtschaftlichen Entscheidungen oder Statements haben einen ethischen Inhalt oder eine implizite ethische Sicht. Die meisten ethischen Entscheidungen oder Statements haben einen wirtschaftlichen Inhalt oder eine implizite wirtschaftliche Sicht.»

Integrationsthese II
1. «Es macht keinen Sinn über Wirtschaft zu reden, ohne über Ethik zu reden.»
2. «Es macht keinen Sinn über Ethik zu sprechen, ohne über Wirtschaft zu sprechen.»
3. «Es ist sinnlos sowohl über Wirtschaft wie über Ethik zu reden ohne über Menschen zu sprechen.»[63]

Beide Integrationsthesen nehmen Bezug darauf, dass «die meisten Menschen in der meisten Zeit akzeptieren, dass sie Verantwortung für die Handlungen, welche andere Menschen betreffen» haben.[64] Als «Stakeholder-Theorie» bezeichnet Freeman die Kombination der beiden Integrationstheorien *plus* des Verantwortungsprinzips.

Wenn man unter dieser Perspektive die Entwicklung der kapitalistischen Wirtschaft betrachtet, erkennt man, wie Freeman überzeugt ist, eine grosse Ambivalenz: Auf der einen Seite sind auf dem «globalen Marktplatz» die Lebensbedingungen von vielen Millionen von Menschen deutlich verbessert worden, auf der anderen Seite haben sich viele Probleme verschärft: Die Kluft zwischen Arm und Reich und die Schädigung der natürlichen Umwelt haben zugenommen (→ 12.; 13.). Es sind daher die grossen Gegenwartsprobleme, welche Freeman durch die beschriebene Entwicklung der Wirtschaft befördert sieht und die zu einer «Destabilisierung der Welt» führen.[65]

Freeman fordert daher eine Umkehr der bisherigen Perspektive: Weg vom Shareholder- hin zum Stakeholder-Ansatz. Dieser Schwenk der Blickrichtung beinhaltet auch eine Abkehr von der herrschenden «*The*

Winner-Takes-it-All»-Mentalität und wird als Voraussetzung für einen «verantwortungsvollen und kreativen Kapitalismus» gesehen.[66] Um eine solche Umkehr einzuleiten, fordert Freeman eine Überwindung der Fixierung auf Selbstinteressen, da dies eine Bezugsgrösse ist, die zu einseitigen und damit falschen Beschreibungen der Wirklichkeit führt.[67] Solche Vereinseitigungen erkennt Freeman auch in Positionen, welche ihm in der Sache durchaus naheliegen, beispielsweise der Kapitalkritik von *Karl Marx* (1818-1883) und *Friedrich Engels* (1820-1895), welche für die Aufwertung der Arbeit plädieren[68] oder *John Maynard Keynes`* (1883-1946) Beschäftigungstheorie,[69] welche nach Staatsinterventionismus ruft. Entgegen solchen Positionen, welche nur einzelne Akteursgruppen (Arbeitnehmerschaft, Staat) identifiziert, begegnet Freeman mit seiner breiter aufgestellten Theorie, die nicht nur isolierte Selbstinteressen, sondern auch eine Vielzahl von geteilten Interessen zu berücksichtigen versucht. Erst dadurch kann, wie Freeman überzeugt ist, ein intensiver Austausch über die Wertschöpfung der Wirtschaft möglich werden. So wird auch die falsche Fixierung auf geldliche Preise überwunden und deutlich, dass *Werte* soziale Phänomene sind.[70]

= *Die Stakeholder-Theorie von Freeman weitet den Blick auf die Betroffenen der Ökonomie und versucht die geteilten Interessen aller Akteure herauszuarbeiten und darauf aufbauend deutlich zu machen, dass es keine ethikneutrale Wirtschaft gibt.*

Fragen und Aufgaben:
- ☐ Warum müssen die Stakeholder in den ethischen Fokus kommen?
- ☐ Was hat dazu geführt, dass Wirtschaft und Ethik nicht mehr als eine Einheit gesehen werden?
- ☐ Erklären Sie Freemans zwei Integrationsthesen und beschreiben Sie deren gesellschaftliche Wirkung.
- ☐ Entwickeln Sie einen Fragebogen, mit dem die Fixierung auf isolierte Selbstinteressen überwunden und der Reichtum geteilter Interessen innerhalb einer Ökonomie deutlich gemacht werden kann.

4.2.4. Der Fähigkeitsansatz von Martha Nussbaum und Amartya Sen

Es war eine Überraschung als *Amartya Sen* (* 1933) im Jahre 1998 mit dem Alfred-Nobel-Gedächtnispreis ausgezeichnet wurde, galt er doch als Grenzgänger seines Faches und wurde von manchen als ebenso bedeutsamer Ökonom wie Philosoph angesehen.

Das Preiskomitee der Schwedischen Reichsbank würdigt Sens Leistung, die Ökonomie um eine ethische Dimension erweitert zu haben. Konkret versuche er, so das Preiskomitee, individuelle Werte (→ Begriff 9) mit denen der Gesellschaft zu verbinden.[71] Da Sen einen individualistischen Ansatz vertritt, lehnt er den Utilitarismus (→ 3.3.) ebenso ab wie die Position Paretos (→ 4.2.). Beiden Positionen ist gemeinsam, Summenoptimalitäten anzustreben, in denen die Befindlichkeit eines Einzelnen keine Rolle spielt bzw. untergeht in Messgrössen wie die des *Bruttoinlandsprodukts*, BIP (engl. *GDP*) (früher: *Bruttosozialprodukts*). Aber auch individualistische Ansätze wie die Messung der Einkommensentwicklung hält Sen für verfehlt.[72] Dass die Einkommensmehrung nicht notwendigerweise eine Verbesserung der Situation der betreffenden Person ausmacht, liegt sowohl an dem komparativen Moment der Beurteilung des eigenen Wohlbefindens (→ 7.2.) als auch daran, dass Menschen ihr Wohl nicht alleine in einer von ihren Mitmenschen isolierten (→ 6.2.) Maximierung ihrer Selbstinteressen[73] suchen. Beide Aspekte werden nach Sens Auffassung in der vorherrschenden ökonomischen Theorie vernachlässigt, weswegen er auch deren Wohlfahrtskonzepte für regelrecht «verarmt» hält.[74] Dies zeigt sich demnach auch in einem verfehlten Verständnis von *Entwicklung*. Zu einem solchen Missverständnis kommt es durch ein verkürztes Verständnis von Freiheit. Begreift man, wie dem Konzept der «freien» Marktwirtschaft zu Grunde liegend, Freiheit lediglich als (→ 2.4.2.; Begriff 4) *Freisein von* (negativer Freiheitsbegriff), ist man zwar um die Vermeidung von Freiheitseinschränkungen bemüht, vernachlässigt jedoch die Förderung der Entwicklungschancen der Menschen. Daher sollte man, wie Sen überzeugt

Abb. 25: Amartya Sen (* 1933):
Fähigkeiten fördern, senkt Armut

ist, Entwicklung nicht als materielle Veränderung, sondern als Entwicklung und Gestaltung von Fähigkeiten verstehen, was zugleich die «Erweiterung der Freiheit» bedeutet. An diesem Ziel sollen auch die materiellen Verbesserungen ausgerichtet sein, jedoch nicht als Selbstzweck, sondern als Mittel, – als Mittel zur Erweiterung der «substantiellen Freiheiten». Naheliegender Weise sollte daher eine Gesellschaft daran gemessen werden, dass ihre Mitglieder «elementare Fähigkeiten» haben, wie diejenigen «Hunger, Unterernährung, heilbare Krankheiten und vorzeitigen Tod zu vermeiden.»[75]

Die Orientierung auf das BIP ignoriert diese zentrale Aufgabe einer Volkswirtschaft mit dem Effekt, dass ausgeblendet wird, dass ein gestiegenes BIP für viele Menschen mit einer starken Verschlechterung ihrer Lebensbedingungen einhergehen kann. Dieser Zustand macht das BIP nicht grundsätzlich unbrauchbar, jedoch zeigt sich, dass es häufig falsch gebraucht wird. In den meisten Fällen wird es nämlich als Ausweis des Wohlstands einer Gesellschaft begriffen, wohingegen es lediglich die Grösse einer Volkswirtschaft angibt, ohne eine Aussage über die Verteilung des Wohlstands zu machen. Dass das BIP immer wieder falsch interpretiert wird, hat indes einen Grund darin, dass die Staaten und ihre Repräsentanten im internationalen Wettbewerb sich gerne an den BIP-Kennzahlen messen und vergleichen.

Die diesbezügliche Untauglichkeit des BIP und seine missbräuchliche Verwendung sind schon früh erkannt und kritisiert worden, bis heute jedoch weitgehend folgenlos. Ein früher Mahner war der US-amerikanische Senator *Robert Kennedy* (1925-1968). Kennedy hielt das BIP aus zwei Gründen für ungeeignet, den Wohlstand der Gesellschaft zu messen: Zum einen fliessen in das BIP ja alle möglichen geldbemessenen Produktionsleistungen ein, auch jene, die auf ein destruktives Ereignis reagieren (Reparatur von Unfallschäden, Behandlungskosten von Gewaltopfern etc.) und zum anderen machen sie keine Aussage über die Verteilung dieser Kosten. Daher «misst» in den Worten Kennedys, das BIP «alles Mögliche, nur nicht das, was unser Leben wertvoll macht.»[76]

Dieses Manko will Sen mit seinem Fähigkeitsansatz beheben. Dieser Ansatz, der, wie bereits betont, auf die Gleichung gebracht wird von «Entwicklung = Erweiterung von Freiheit», beinhaltet weitere Freiheiten «zu» (= Ermöglichungsfreiheiten, positiver Freiheitsbegriff), so die der politischen Partizipation. Da es grundlegend für Sens Ansatz ist, Ermöglichungsfreiheit als Selbstzweck zu betrachten, lässt er sich auch nicht auf die Kompromissformel ein, die die Ermöglichungsfreiheit, also beispielsweise die Freiheit zu politischer Partizipation, als Mittel für wirtschaftliche Wohlfahrt begreift, frei nach dem Motto «Demokratien bekriegen sich nicht» oder «keine Marktwirtschaft ohne Demokratie». Nun mag es solche Zusammenhänge geben, die Ermöglichungsfreiheit würde jedoch falsch verstanden, wenn sie deshalb und nur deshalb, d.h. instrumentell, gefordert würde, um eine florierende Wirtschaft zu ermöglichen.

Wenngleich Freiheit (an sich) also nicht instrumentell verstanden werden darf, da sie einen intrinsischen Wert hat,[77] ist diese wiederum von instrumentellen Teilfreiheiten (z.B. Freisein von Analphabetismus) abhängig. In seinen empirischen Untersuchungen liefert Sen denn auch den Nachweis, dass konkrete soziale Entwicklungsprogramme einen friedensstiftenden Effekt haben. Dass dies für Gesundheitsprogramme gilt, ist nicht weiter überraschend. Sen kann nun aber zusätzlich nachweisen, dass auch Alphabetisierungsprogramme und andere Formen der Erhöhung der sozialen Chancen befriedend auf die Gesellschaft einwirken. Für ökonomisch arme Gesellschaften wichtig ist, dass eine Verbesserung der sozialen Chancen auch die wirtschaftliche Entwicklung befördert. So schliesst Sen eine Untersuchung mit den Worten: «Die Erweiterung der sozialen Chancen sorgte für eine Wirtschaftsentwicklung mit hoher Beschäftigungsrate und für günstige Bedingungen, um die Sterblichkeitsrate zu senken und die Lebenserwartung zu heben.»[78] Interessant an den Beobachtungen Sens ist nun, dass die Sozialprogramme und nicht die wirtschaftliche Förderung solche positiven Effekte bewirken. Dies ist denn auch der Grund dafür, dass zum Teil Gesellschaften mit relativ schwachen Ökonomien grössere Fortschritte in der Verbesserung der Lebensbedingungen von Menschen erzielen, als wirtschaftlich stärker ausgestattete Gesellschaften. So schneidet der indische Teilstaat *Kerala* in den Bereichen Lebenserwartung und Gesundheitsfürsorge deutlich besser ab, als das viel reichere Brasilien. Ein Grund für diesen Effekt bildet die Tatsache, dass bei beschäftigungsintensiven Leistungen zu denen Bildung und gesundheitliche Betreuung von Menschen zählen, das verfügbare Kapital einer Volkswirtschaft eine weniger bedeutende Rolle spielt. Nicht das Geld ist daher die Bedingung für gesellschaftliche Wohlfahrt, sondern der Wille und die klugen Konzepte, soziale Chancen von Menschen zu verbessern. Diese Erkenntnis ist wichtig und kann die konkrete Grundlage für politische Entscheide liefern: «Ein Land (sollte) nicht darauf warten (…), bis es dank einer möglicherweise langen Periode des Wirtschaftswachstums reich genug ist, um an einen massiven Ausbau des Schul- und Gesundheitswesens heranzugehen. Trotz niedriger Einkommen lässt sich die Lebensqualität mit Hilfe geeigneter Sozialprogramme sehr schnell heben.»[79]

Soziale Chancen haben einen Einfluss auf die Lebensqualität und zwar in deren primärem Sinne – einer Senkung der Säuglingssterblichkeit, einer Erhöhung der Lebenserwartung und einer Erhöhung des Gesundheitsniveaus –, sowie einer *Demokratisierung* der Gesellschaft und diese wiederum wirkt auf die Verbesserung der sozialen Chancen zurück. Dieser Wohlfahrtskreis erklärt denn auch, warum es in Demokratien meistens keine Hungersnöte gibt. In einer funktionierenden Demokratie mit politischer und publizistischer Konkurrenz ist der Anreiz zur Bekämpfung des Hungers so stark, dass dieses Engagement auch Erfolg hat.[80]

Sen entwickelte seine Arbeiten zu sozialen Chancen mit Blick auf extrem arme Länder. Der Fähigkeitsansatz eignet sich jedoch unabhängig der ökonomischen Lage als Messgrösse wie auch als Entwicklungsmass eines Landes. Ersteres hat seinen Niederschlag im *Human Development Index, HDI* gefunden, den der pakistanische Ökonom *Mahbub ul Haq* (1934-1998) in Zusammenarbeit mit Sen erstellt hat. Das Entwicklungsprogramm der Vereinten Nationen misst mit dem HDI jährlich den Entwicklungsstand der Menschheit. Anders als das BIP, orientiert sich der HDI an den Möglichkeiten, welche die Menschen haben, ihre Chancen (beispielsweise auf Bildung und gesellschaftlicher Teilhabe) zu entfalten.

Dem Fähigkeitsansatz von Sen verwandt, aber über diesen hinausweisend ist derjenige von *Martha Nussbaum* (* 1947). Die in Chicago lehrende Moralphilosophin geht in ihrem Werk von Aristoteles aus, lehnt sich aber in zentralen Aspekten auch an Kant an (→ 3.1.; 3.2.); über beide geht Nussbaum hinaus durch die Anerkennung der Bedeutung der Emotionen. Die Fähigkeiten und Befähigungen der Menschen müssen nach Nussbaum vor allem der Entfaltung und Verteidigung der Würde des Menschen dienen. Dazu sind Menschen auf sie fördernde gesellschaftliche Bedingungen angewiesen. Es liegt damit auch in der Verantwortung der anderen und konkret in den von der Gesellschaft geschaffenen Strukturen, welche dazu beitragen, dass Menschen ihr Leben in Würde leben und entwickeln. Mit ihrer Liste will Nussbaum den Minimalbestand von Befähigungen markieren, die ein würdevolles menschliches Leben ausmachen und für die eine «anständige politische Ordnung» die Bedingungen bereitstellen muss.

Mit dieser Liste, die nicht als abgeschlossen gelten muss, formuliert Nussbaum Ansprüche an die Gestaltung des öffentlichen Lebens, die sie explizit an die politischen In-

Abb. 26: Martha Nussbaum (* 1947): Grundbefähigungen zu realisieren ist ein Menschenrecht

Die zehn Grundbefähigungen nach Martha Nussbaum[81]

1. Leben
   - Die Befähigung, ein Leben von normaler Länge zu führen.
   - Die Befähigung, nicht vorzeitig zu sterben.
2. Körperliche Gesundheit
   - Die Befähigung, bei guter körperlicher und reproduktiver Gesundheit zu sein.
   - Die Befähigung, sich ausreichend zu ernähren.
   - Die Befähigung, eine angemessene Unterkunft zu haben.
3. Körperliche Integrität
   - Die Befähigung, sich frei zu bewegen.
   - Die Befähigung, frei von jeder Form von Gewalt zu sein.
   - Die Befähigung zu einem sexuell befriedigenden Leben.
   - Die Befähigung über die eigene Fortpflanzung zu entscheiden.
4. Sinne, Vorstellung und Gedanken
   - Die Befähigung, die eigenen Sinne, Vorstellungen Gedanken und die Vernunft zu gebrauchen.
   - Die Befähigung, zu einer Bildung, die minimal die Alphabetisierung, sowie grundlegende mathematische und naturwissenschaftliche Kenntnisse umfasst.
   - Die Befähigung, den eigenen Vorstellungen und Gedanken in religiösen, literarischen, musischen und weiteren Belangen Ausdruck zu verleihen.
   - Die Befähigung zur freien Rede und zur freien Ausübung der Religion.
   - Die Befähigung zu angenehmen Erlebnissen und der Vermeidung sinnloser Schmerzen.
5. Gefühle
   - Die Befähigung, Menschen und Sachen zu haben.
   - Die Befähigung, andere und anderes zu lieben, für sie zu sorgen und um sie zu trauern.
   - Die Befähigung, die eigenen Gefühle ohne Angst zu entwickeln.
6. Praktische Vernunft
   - Die Befähigung, Vorstellungen des Guten zu entwickeln.
   - Die Befähigung, einen eigenen Lebensplan zu entwickeln.
7. Zugehörigkeit
   - Die Befähigung, mit anderen zusammenzuleben.
   - Die Befähigung, sich um diese anderen zu kümmern und zu sorgen.
   - Die Befähigung, in Selbstachtung und ohne Demütigung zu leben.
8. Andere Lebewesen
   - Die Befähigung, mit und für andere Lebewesen wie Pflanzen und Tiere und die Natur insgesamt zu leben.
9. Spiel
   - Die Befähigung, zu lachen, zu spielen und erholsame Tätigkeiten zu genießen.
10. Kontrolle der eigenen Umwelt
    a) Politisch
    - Befähigung zur effektiven politischen Teilhabe.
    b) Materiell
    - Befähigung, Eigentum an Land und beweglichen Dingen zu haben.
    - Befähigung, gleiche Rechtsansprüche und Schutzrechte wie andere zu haben.

stitutionen adressiert. In einer Zeit der Überformung des privaten Lebens durch die invasive Macht der Ökonomie markiert diese Liste zugleich Korrekturbedürfnisse an der modernen Ökonomie.

Der Fähigkeitsansatz von Nussbaum und Sen liefert einen Ansatz für eine «gute Gesellschaft», sie setzten dabei aber tiefer an als DeGeorge (→ 4.2.1.), in dem sie die Gesellschaft von Grund auf, nämlich vom einzelnen Menschen ausgehend, aufbauen.

= *Der Ansatz der Fähigkeiten und Befähigungen bringt einen neuen Aspekt in die Wirtschaftsethik hinein. Ausgehend von einer Beschreibung des Menschen entwickeln Martha Nussbaum und Amartya Sen zunächst eine Kritik der bestehenden Gesellschaft und ihrer Ökonomie und liefern eine überzeugende, im Detail anpassungsfähige und ausbaufähige Alternative.*

Fragen und Aufgaben:
- Beschreiben Sie, was die Messgrösse des Bruttoinlandsprodukts, BIP (engl. GDP) aussagen kann und wo sie defizitär bleibt.
- Warum und inwiefern ist das Einkommen keine relevante Wohlfahrtsgrösse?
- Welcher Freiheitsbegriff ist relevant für den Fähigkeitsansatz?
- Was versteht Sen unter «sozialen Chancen»?
- Inwiefern ist Demokratie relevant für Wohlfahrt?
- Was leistet der Human Development Index, HDI?
- Diskutieren Sie drei der von Martha Nussbaum aufgestellten Grundbefähigungen vor dem Hintergrund des ökonomischen Imperialismus (→ 2.5.).

Begriff 8: «Verantwortung»
Kleine Begriffsanalyse

Verantwortung ist ein zentraler Begriff zur Beurteilung moralischen Verhaltens. Wir verlangen, dass jemand Verantwortung übernimmt, machen ihm einen Vorwurf, wenn er sich vor der Verantwortung drückt und fühlen uns gerne verantwortlich, wenngleich wir nicht immer so gerne auch unsere eigene Verantwortung anerkennen. Was aber ist eigentlich «Verantwortung»?

Wie in sehr vielen Sprachen,[82] so fällt auch im Deutschen auf, dass «Verantwortung» mit dem Wort «Antwort» gebildet wird. Das bedeutet zweierlei, zum einen ist die Verantwortung als ein Dialog[83] zu verstehen, der zugleich Fragen aufwirft, auf die die Verantwortung dann die Antwort gibt. Konkret sind es die folgenden W-Fragen: «*Wer* hat *wofür, vor wem* und *nach welchen* Kriterien eine Verantwortung?»[84] Während unstrittig ist, dass das «Wer» auf ein personales Subjekt verweist, so verstehen mittlerweile viele Wirtschaftsethiken unter einem Verantwortungssubjekt neben natürlichen auch juristische Personen wie Organisationen und Unternehmen.[85] Damit kommt neben der individuellen auch die kollektive Verantwortung ins Spiel.

Kollektivverantwortung und systemische Verantwortung
Wenn man die für die moderne Gesellschaft wichtige Kollektivverantwortung diskutiert, gilt es zu bedenken, dass diese nicht die individuelle Verantwortung ablöst – weiterhin halten wir den Dieb für seine Tat verantwortlich –, sondern der Verantwortung eine zusätzliche Dimension hinzufügt. Es sind zwei Ereignisfelder, die im Umfeld der Industrialisierung zu dieser Erweiterung beitragen, da ist zum einen das Feld des Sozialen und zum anderen das des Technischen.

Im Sozialen wird im 18. Jahrhundert unter dem Titel *Soziale Frage* diskutiert, wer die Verantwortung an der Vernichtung von Arbeitsplätzen trägt; im Technischen kommt die Kollektivverantwortung durch eine technologische Innovation ins Bewusstsein: Die damals hochinnovative Dampftechnologie war sehr unfallanfällig. Jedes Jahr starben alleine in den USA Hunderte Menschen durch die Explosionen von Dampfkesseln, weitere Schäden konnte bereits der Normalbetrieb der Dampfkessel verursachen, dann nämlich, wenn es bei einer Dampflokomotive zu Funkenflug kam und ganze Getreidefelder abbrannten. Das warf die Frage auf, wer dafür die Verantwortung trägt. Das Problem Verantwortung eindeutig zuzuschreiben, sah man lange darin, dass diese unerwünschten Ereignisse wie «von selbst» geschahen bzw., dass sich zwischen Handlungssubjekt (als Einzelmensch ist es der Lokführer, als Kollektiv die Bahngesellschaft) und Handlungsfolge, weitere Systeme befinden, die Einfluss auf die Handlungsfolge haben:[86] Bereits die Dampfkesselexplosion bzw. der Funkenflug verweist auf eine Vielzahl vorangegangener und vielen (natürlichen und juristischen) Personen zurechenbarer Entscheidungen. Neben dem Betreiber der Anlage und den die Anlage entworfenen, sie steuernden oder überwachenden Menschen tragen weiter Verantwortung die Genehmigungsbehörden, welche solche Anlagen zugelassen haben aber gegebenenfalls auch viele weitere Einzelpersonen, die zu dieser Technologie ihre Meinung abgegeben haben oder hätten abgeben können.

Solche für die moderne Gesellschaft typischen Aufteilungen von Verantwortung machen ihre individuelle Zurechnung schwierig und verleiten schnell zu der irrigen Ansicht, dass niemand verantwortlich sei. Die Rede von der *Verantwortungsdiffusion*, die findet, die einzelnen Anteile seien entweder in zu vernachlässigender Weise klein oder letztlich gar nicht mehr gegeben, weil nur noch den technischen Systemen zuzuschreiben, ist jedoch falsch: Immer wenn es Entscheidungen gibt, die eine Folge in die Welt setzen, ist auch Verantwortung im Spiel, manchmal ist sie konkret einer Einzelperson zuzuschreiben, manchmal einem Kollektiv von Personen oder aber auch einem System, in dem Falle spricht man von *systemischer* Verantwortung.

Verantwortung für die technologische Zivilisation

In der modernen Gesellschaft ist das Reden über Verantwortung besonders kompliziert, *Hans Jonas* (1903-1993) hat der Verantwortung für die moderne, technologische Zivilisation daher eine eigene Untersuchung gewidmet. Den Ausgangspunkt seiner Verantwortungsphilosophie bildet die Feststellung, dass in der modernen Gesellschaft Kollektivhandlungen immer mehr zunehmen und diese sich grundlegend von Einzelhandlungen unterscheiden. Daher untersucht Jonas die Verantwortung unter den Bedingungen einer hocharbeitsteiligen und hochtechnisierten Gesellschaft. Besonderes Augenmerk gilt dabei den Kollektivhandlungen, die Raum und Zeit sprengen.[87] Was sich bei der Dampfmaschine bereits in Ansätzen zeigte, ist bei *der* Maschine des 20. Jahrhunderts, die im Mittelpunkt von Jonas` Untersuchung steht, eklatant: dem Atomkraftwerk. Kommt es zu einem GAU entsteht ein Schaden, der sich über sehr weite Zeit- und Ortsräume auswirkt. Diese, bisheriges Vorstellungsvermögen übersteigende, Wirkung verlangt nach einer neuen Sicht auf die Verantwortung: Nicht nur muss das Phänomen der Kollektivverantwortung gewürdigt werden, sondern auch die Tatsache, dass diejenigen, die den Benefit der Handlung und diejenigen, die das Risiko und gegebenenfalls den Schaden tragen, nicht in jedem Fall vollständig identisch sind.

Kapitel 4

Die Kollektivverantwortung an dem Bau eines Atomkraftwerks verteilt sich auf sehr viele Schultern, nicht zuletzt auf die Bürgerinnen und Bürger, welche diese Form der Energieproduktion durch direkt- oder repräsentativ-demokratische Zustimmung ermöglicht haben. An einer solchen Zustimmung zeigt sich bei einer Raum und Zeit sprengenden *und* irreversiblen Technologie ein weiteres Problem. Man kann zu dieser Technologie – idealtypisch – mit 100 Prozent «Ja» sagen, entscheidet sich also autonom für diese Technologie und bindet damit dennoch sowohl sich wie auch alle Folgegenrationen an dieses «Ja». In den Worten von Hans Jonas: «Während der erste Schritt uns freisteht, (sind) wir beim zweiten und allen nachfolgenden Knechte.»[88] Einen solchen Schritt hält Jonas für doppelt verantwortungslos: Zum einen führt er zur Selbstvernichtung der Autonomie – man sagt autonom «Ja» ohne diese Entscheidung noch einmal revidieren zu können – und man vernichtet die Autonomie aller künftigen Generationen. Im Falle der Atomenergie kann man das eindrucksvoll und dramatisch erkennen: Von der Zustimmung zu dieser Technologie sind auch die nicht-befragten Nachfolgegenerationen betroffen. Und selbst wenn diese gegen die Entscheidung ihrer Vorgänger optieren, so können sie deren Entscheidung doch nicht wirklich rückgängig machen: Ist eine Gesellschaft erst einmal in das Atomzeitalter eingetreten, dann kommt sie daraus nicht mehr vollständig heraus: Selbst wenn man die Atomkraftwerke abschaltet, bleibt die notwendige Sorge um ihre Wartung und die Wartung der Endlagerstätten erhalten.

Diese Festlegung der zukünftigen Generationen durch nichtrevidierbare Entscheidungen der Vorgängergenerationen stellt nach Jonas einen weiteren Verstoss gegen die Verantwortungsethik dar. Dies zeigt sich besonders im Falle eines GAUs. Dann werden sehr viele Menschen zu Opfern, die weder jemals gefragt wurden, ob sie das Risiko dieser Technologie einzugehen bereit wären noch auch jemals einen Gewinn aus dieser Technologie ziehen konnten.

Bei allen irreversiblen Technologien mit potentiell gigantischer Schadenshöhe ist eine solche Auslagerung von Verantwortung zu beobachten. Für Jonas ist das Urteil eindeutig: Liegen die besagten Kriterien vor – Irreversibilität, gigantische Schadenshöhe, Sprengung von Raum und Zeit –, dann ist die Entscheidung zu einer solchen Technologie nicht gerechtfertigt.

Neben der von ihm in seiner Verantwortungsethik thematisierten Atomtechnologie gibt es weitere Technologien, die strukturell vergleichbar konzipiert sind, die also irreversibel sind, und im Unglücksfalle einen Schaden gigantischen Ausmasses darstellen und, damit zusammenhängend, in ihren Wirkungen weder räumlich noch zeitlich eingeschränkt bleiben. Diese Bedingungen erfüllt, wie Jonas in einer späteren Arbeit zeigt, auch die Gentechnologie, eine Technologie also, die materiell vollkommen anders gestaltet ist als die Atomtechnologie, die aber mit ihr die genannten Strukturmerkmale teilt. Strukturähnlichkeit mit Atom- und Gentechnologie findet man auch bei der Digitalisierungs-Technologie. Die Digitalisierung, die derzeit die Kommunikation der Weltgesellschaft mehr und mehr bestimmt und vereinheitlicht und alternative Kommunikationsformen ablöst, hat zugleich das Potential, im Schadensfalle eine räumlich weltweite und temporär entgrenzte Wirkung zu entfalten, weswegen auch sie dem Jonasschen Verantwortungsprinzip widerspricht. Die entsprechende verantwortungsethische Debatte steht erst noch am Anfang.[89]

Bei allen drei Grosstechnologien handelt es sich um solche, die nicht alleine den Einzelakteuren überlassen werden dürfen und nach staatlicher Regulierung verlangen. Das zeigt, dass eine unternehmensorientierte Wirtschaftsethik (→ 4.1.1.; 4.1.2.) vollkommen unzureichend ist und der Akteur Staat sich weder aus der Verantwortung verabschieden noch aus dieser Rolle verdrängt werden darf.[90]

Wirtschafts-ethik, theologisch

143	5.1.	Jüdische Wirtschaftsethik
144	5.2.	Christliche Wirtschaftsethiken
144	5.2.1.	Katholische Wirtschaftsethik
148	5.2.2.	Evangelische Wirtschaftsethik
151	5.3.	Islamische Wirtschaftsethik
153	5.4.	Buddhistische Wirtschaftsethik
156	Begriff 9: «Werte»	

Kap⁵

5. Wirtschaftsethik, theologisch

In ihrer Sorge um das Seelenheil der Menschen sind Religionen immer auch daran interessiert, sich um das irdische Heil der Menschen zu kümmern. Daher begrüssen die Vertreter aller Religionen gesellschaftliche Verhältnisse, in denen die Menschen ein Leben leben können, das «gottgefällig» ist. Wenngleich die Theologen häufig darüber im Disput liegen, was darunter genau zu verstehen ist, so ist doch eines unstrittig: Auch die irdischen Verhältnisse sind den Religionen nicht einerlei. *Armut*, *Almosen*, *Arbeit* und *Askese*, diese vier A haben die Religionen in ihrer praktischen Gesellschaftslehre immer schon beschäftigt.

5.1. Jüdische Wirtschaftsethik

Die die Wirtschaft betreffenden Aussagen des Judentums lassen sich, so unterschiedlich sie auch sind, auf die beiden moralischen Regeln der Nächstenliebe und, damit zusammenhängend, auf das Gebot der Rücksichtnahme auf den Anderen, womit dann auch das Schädigungsverbot (→ 3.) begründet ist, zurückführen.[1]

Bereits die Schöpfungsgeschichte lässt sich wirtschaftsethisch lesen: Als Gott die Erde, dann alle «Arten von Tieren» und schliesslich den Menschen «als sein Abbild» geschaffen hatte, sprach er zu den ersten Menschen: «Seid fruchtbar und vermehret euch, bevölkert die Erde, unterwerft sie euch.»[2] Diese Schilderung lässt sich so verstehen, dass Gott den Menschen die Erde nicht nur zur Treuhänderschaft anvertraut habe, sondern ihnen sogar die Erlaubnis zu ihrer Ausbeutung erteilt habe. Diesem Treiben wäre demnach alleine da eine Grenze gesetzt, wo dadurch das Gebot der Nächstenliebe und das Gebot der Nichtschädigung anderer Menschen verletzt würde.

Rechtsphilosophisch bedeutsam ist der angemahnte Rechtsschutz der Armen und der Fremden: Deren schwächerer Status darf nicht dazu führen, dass ihr Recht gebeugt werde.[3] Überraschend modern folgt im gleichen Kapitel des Buches «Exodus» das Verbot der Bestechung (→ 9.2.2.) mit einer ebenso überraschenden wie treffenden Begründung: «Du sollst Dich nicht bestechen lassen; denn Bestechung macht Sehende blind und verkehrt die Sache derer, die im Recht sind.»[4] Dass religiöse Regelungen und praktische Bestimmungen auch eine ethische Dimension haben, wird an der Regelung des *Sabbat* deutlich: Am siebten Tage der Woche soll die Arbeit ruhen, damit, religiös gesehen, Zeit für die kultischen Feiern ist, und praktisch, damit Mensch und Vieh sich von der Arbeit erholen können.[5] Auf den grossen Zeithorizont übertragen wird aus dem Sabbat das *Sabbat-Jahr* das gleichfalls als Zeit der Erholung gesehen wird: Im Sabbatjahr sollen die Erträge (ursprünglich die Ernte) den Armen zukommen[6] und dem Schuldner die Schulden erlassen werden.[7] Das Gebot des Schuldenerlasses hat wiederum einen sowohl religiösen wie auch praktischen Grund, die ineinander übergehen: Mit dem Schuldenerlass wird eine andernfalls ausweglose Situation beendet und damit auch die Voraussetzung für die weitere Entwicklung der Gesellschaft gewährt. Ganz in diesem Sinne hat der IWF im Jahr 2006 den ärmsten Ländern der Welt ihre Schulden erlassen und damit einen Beitrag zu den *UN-Milleniumszielen* zu leisten versucht.[8]

Auch von wirtschaftsethischer Bedeutung sind die Gebote im Zusammenhang der Nächstenliebe zu verstehen, wenn es heisst, «ihr sollt nicht stehlen, nicht täuschen und einander nicht betrügen» oder auch «Du sollst deinen Nächsten nicht ausbeuten».[9]

= *Die wirtschaftsethischen Positionen des Judentums beeindrucken sowohl in ihrer Herleitung, bei der religiöses Gebot und praktische Notwendigkeit miteinander verbunden werden, wie auch in ihrer Tauglichkeit für die Bedingungen der modernen Wirtschaftsweise.*

Fragen und Aufgaben:
- ☐ Erläutern Sie, inwiefern die jüdische Wirtschaftsethik anthropozentrisch argumentiert.
- ☐ Welches Hauptproblem sieht die jüdische Wirtschaftsethik in der Korruption?
- ☐ Wie ist der Schuldenerlass begründet?

5.2. Christliche Wirtschaftsethiken
Spätestens ab dem 19. Jahrhundert waren die Folgen der Industrialisierung an der Veränderung der Gesellschaft deutlich zu beobachten: Einer stark abnehmenden Bedeutung des Agrarsektors stand die deutliche Ausweitung der Industriearbeit gegenüber; dem Bedeutungsverlust der Subsistenzwirtschaft stand der Aufstieg der Erwerbswirtschaft und damit auch der Bedeutungszuwachs des Geldes[10] gegenüber. Diese Veränderungen riefen engagierte Christen auf den Plan, die die Schwachen in der neuen Gesellschaftskonstellation als besonders gefährdet ansahen und sich um deren Schutz und die Verbesserung ihrer Situation sorgten.

5.2.1. Katholische Wirtschaftsethik
Das katholische Lehramt und die katholische Theologie vertreten eine naturrechtliche Position, die in Anlehnung an Thomas von Aquin (→ 2.3.2.) von einem von Natur aus Richtigen ausgeht. Die göttliche Ordnung (lat.

ordo) spiegelt sich nicht nur in der natürlichen Schöpfung, sondern ebenso in der Gesellschaft, die den gottgewollten hierarchischen Aufbau widerspiegelt: Gott der Vater realisiert in seiner Schöpfung der Welt seinen Plan, in dem die Menschen als seine Kinder seinen Platz einnehmen und jeder ob König oder Bauer seine Aufgabe zu erfüllen hat.[11]

Diese gefügte und statische Ordnung wurde mit der durch die Industrialisierung ausgelösten Dynamik ausser Kraft gesetzt und hinterliess ein, wie es in katholischen Kreisen gesehen wurde, Chaos, das vor allem die Schwächsten in die Vereinzelung trieb und schutzlos ihrem eigenen Schicksal überliess. Das war historisch neu. Denn wenngleich die Schwachen auch in der Agrargesellschaft im Einzelnen von Not und Ungerechtigkeit bedroht waren, so blieben sie dennoch in Strukturen eingebunden, die ihnen grundsätzlich einen minimalen Schutz boten: So war der Grossgrundbesitzer für seine Landarbeiter und sogar – oder erst Recht – für seine Leibeigenen verantwortlich und grobes Leid und Unrecht, dass ihnen widerfuhr, würde ihm, so die allgemeine Überzeugung, dereinst im Jenseits strafend angerechnet werden.

Die Industriegesellschaft kennt dergleichen nicht mehr, hier machte sich mit der völligen Vereinzelung auch die totale Verantwortungslosigkeit breit. Obwohl es einzelne Patrons gab, die sich für ihre Arbeiter verantwortlich fühlten, so gab es aber kein anerkanntes weltliches System, das Verantwortung kannte und zuteilte. Darauf versuchte die katholische Kirche mit ihrer *Soziallehre* zu reagieren.

Unter dem Begriff Soziallehre wird ein umfangreiches Werk von Stellungnahmen zur sozialpolitischen Lage der modernen Industriegesellschaft verstanden und zwar sowohl die offiziellen Verlautbarungen der katholischen Kirche, – neben den Stellungnahmen einzelner Bischöfe oder Bischofskonferenzen vor allem der Lehrschreiben und Enzykliken der jeweiligen Päpste –, aber auch die Analysen katholischer Universitätstheologen.

Ziel und Ausgangspunkt der gesamten Soziallehre ist dabei die Überzeugung, die *Papst Johannes XXIII.* (1881-1963) in seiner Enzyklika «Mater et Magistra» (dt. «*Mutter und Lehrerin*») von 1961 äussert, dass nämlich der «Mensch (…) das Ziel aller gesellschaftlichen Einrichtungen» sei.[12] Diese gottgegebene Ordnung gilt es also zu bewahren bzw. wieder herzustellen.

Diesem Ziel sieht sich auch bereits die erste Sozialenzyklika, die Enzyklika «Rerum Novarum» (dt. «*Den neuen Sachen*») von *Papst Leo XIII.* (1810-1903) verpflichtet. Leo reagiert auf die Ausbeutung und soziale Desintegration des neu entstandenen Industrieproletariats. So betont die Enzyklika zwar ausdrücklich ein Recht auf Eigentum,[13] dem Machtgefälle zwischen Fabrikant und Arbeiter entgegentretend wird aber zugleich betont, dass das

«Kapital (nicht) ohne die Arbeit» bestehen könne und es nicht hinzunehmen sei, «Menschen bloss zu eigenem Gewinn auszubeuten und sie nur so hoch zu veranschlagen, als ihre Arbeitskräfte reichen» (Nr. 16). Hier wie bei seiner Forderung nach einem «gerechten Lohn» (Nr. 33) nimmt der Papst die Arbeitgeber in die Pflicht, aber auch den Staat, von dem er eine Sozialversicherung erwartet (Nr. 26) und feststellt, dass es die Arbeit der Arbeiter sei, durch welche «die Wohlfahrt im Staate entstehe» (Nr. 27).

An die Vorgaben Leos orientieren auch die nachfolgenden Päpste ihre Sozialenzykliken, so auch *Papst Pius XI.* (1857-1939) in «Quadragesimo anno» (*dt.* «*Zum vierzigsten Jahr*»; gemeint ist das 40jährige Jubiläum von «Rerum novarum»). Pius beklagt zu Beginn seiner sozialpolitischen Aussagen die zu beobachtende Tendenz, ethische Überlegungen aus der Ökonomie zu verbannen. Dabei kritisiert er insbesondere den Versuch, ökonomische Interessen als Selbstzweck auszugeben (Nr. 42),[14] wo sie doch lediglich Mittel sein könnten. Pius` Aussagen zum Eigentum betonen dessen Sozialpflichtigkeit und Gemeinwohlorientierung (Nr. 45), mehr noch als Leo stärkt Pius das Recht der Arbeiter, wenn es um die Unternehmensgewinne geht. So behauptet der Papst, dass «alle Erträgnisse oder Überschüsse, nach Abzug lediglich des Mindestbedarfs für Kapitalerhaltung und Kapitalerneuerung, gebühr(t)en kraft Rechtens dem Arbeiter». (Nr. 55). Als Verteilungsschlüssel schlägt Pius eine Orientierung am Bedarf und Gemeinwohl vor (Nr. 58). Mit seinen konkreten Forderungen nach Mitbesitz, Mitverwaltung und Gewinnbeteiligung der Arbeiter (Nr. 65) strebt der Papst die «Entproletarisierung des Proletariats» an. Um nicht als Fürsprecher eines alles regulierenden Staates missverstanden zu werden, führt die Enzyklika das «*Subsidiaritätsprinzip*» (Nr. 79) ein, das jeder gesellschaftlichen Ebene Autonomie aber auch Eigenverantwortung gegenüber der nächst höheren Ebene einräumt. So ist beispielsweise die Familie berechtigt aber auch verpflichtet, familieninterne

Abb. 27: Papst Pius XI. (1857-1939) Eigentum verpflichtet

Probleme und Aufgaben soweit sie dazu in der Lage ist, selbst zu lösen und darf erst staatliche Hilfe erwarten, wenn sie sich darin überfordert sieht. Grundsätzlich kritisiert die Enzyklika am Kapitalismus dessen Hang zur Machtkonzentration (Nr. 105) und der mangelnden Gemeinwohlorientierung (Nr. 101).

Auch die bereits erwähnte Enzyklika «Mater et Magistra» mahnt an, dass das Wirtschaftssystem nicht als Selbstzweck verstanden werden dürfe, sondern den Menschen «die volle Entfaltung ihrer Werte ermöglichen und erleichtern» solle (Nr. 65) (→ 4.2.4.).[15] Zugleich und damit zusammenhängend müsse der wirtschaftliche Fortschritt mit sozialem Fortschritt einhergehen (Nr. 73), womit auch Papst Johannes betont, dass die Wirtschaft nicht Zweck, sondern Mittel sei. Als konkrete Massnahme schlägt die Enzyklika vor, dass die Arbeiter an den Unternehmen beteiligt werden müssten. Im Unterschied zu ihren Vorgängerdokumenten erwähnt «Mater et Magistra» die Globalisierung der Wirtschaft, welche mit Blick auf die reichen Länder die Verantwortungsfrage in neuer Dimension stelle: Von den reichen Ländern ist nach Ansicht des Vatikans eine «uneigennützige» Entwicklungshilfe in wissenschaftlicher, technischer und finanzieller Hinsicht verlangt (Nr. 157-177).

Dieser Aspekt bildet dann den Mittelpunkt der Sozialenzyklika von *Papst Paul VI.* (1897-1978). Unter dem Titel «Populorum progressio» (dt. «*Fortschritt der Völker*») von 1967 betont der Papst die Pflicht der reichen Länder, den armen in ihrer Entwicklung beizustehen: «Entwicklung ist der neue Name für Frieden» (76) formuliert Paul. Der Papst kritisiert auch den wirtschaftlichen Wettbewerb der Nationen, da – modern gesprochen – er darin keine *Win-Win*-Situation sieht, sondern fürchtet, dass die Verbesserung der einen zum Nachteil der anderen ausfalle (Nr. 44). Des Weiteren fällt «Populorum progressio» damit auf, dass der Papst das Recht auf Eigentum an Bedingungen knüpft und Enteignungen für gerechtfertigt hält, wenn es darum geht, «gemeinwohlwidrige Verhältnisse zu beseitigen»[16] (Nr. 23f).

Zum achtzigsten Jahrestag der ersten päpstlichen Sozialenzyklika äussert sich Paul VI. dann nochmals zu wirtschaftsethischen Fragestellungen. In seinem Schreiben an den Päpstlichen Laienrat äussert sich der Papst besorgt über die Macht der multinationalen Konzerne, die, so der Papst, «völlig eigenmächtig vorgehen, niemandem unterstehen, weitgehend auch von staatlicher Autorität unabhängig sind und daher auch keiner Kontrolle in Bezug auf das Gemeinwohl unterliegen.»[17]

In die eindrückliche Reihe päpstlicher Dokumente, die sich explizit wirtschaftsethisch positionieren, gehört auch die als «Umweltenzyklika» bezeichnete Enzyklika Franziskus I., *Laudato Si* (dt. «*Gelobt seist Du.*» In dieser im Untertitel «Über die Sorge für das gemeinsame Haus» überschriebenen Schrift spricht der Papst von der «Fehlfunktion der Weltwirtschaft» und der Notwendigkeit, Wachstumsmodelle, die «ungeeignet sind, den Respekt vor der Umwelt zu garantieren.»[18] Grosse Bedeutung misst Franziskus dabei dem Gemeinwohl bei, dass vom Staat – auch in intergenerationeller Hinsicht – garantiert werden müsse; das «utilitaristische Kriterium der Effizienz» brandmarkt er schliesslich als gefährlich verkürzt.[19] Gleichfalls kritisch geht der Papst mit modernen Markt- und Marketingmechanismen ins Gericht, die letztlich «einen unwiderstehlichen Konsum-Mechanismus» schaffen und «die Menschen schliesslich in einen Strudel von unnötigen Anschaffungen und Ausgaben» versinken lassen[20] (→ 7.; 11.). Eine, aus päpstlicher Sicht, notwendige Änderung des vorherrschenden konsumorientierten Lebensstils stellt also eine doppelte Herausforderung dar: Sie muss von den Einzelnen – den Konsumenten – kommen, da nur so der «heilsame Druck» auf die Produzenten ausgeübt werden kann und zugleich ist eben deren Marketinggebaren verantwortlich für die Entwicklung, die es zu überwinden gilt.

= *Die in ihrer Soziallehre vorgelegte Wirtschaftsethik der katholischen Kirche enthält wesentliche Aspekte, die auch Gegenstand der Philosophie sind, wobei vor allem drei Themen das Gespräch mit der säkularen Philosophie ermöglichen können: die Gerechtigkeitsüberlegungen, das Argument, dass der Einzelne an der Entfaltung seiner Begabungen und Fähigkeiten nicht gehindert werden dürfe und die notwendige Gemeinwohlorientierung der Wirtschaft.*

Fragen und Aufgaben:
☐ Erklären und beschreiben Sie, wodurch sich die Lage der Schwachen in der Industriegesellschaft von derjenigen in der Agrargesellschaft unterscheidet.
☐ Was versteht man unter der «Soziallehre»?
☐ Nennen Sie wichtige Themen der päpstlichen Sozialenzykliken.
☐ Welches Verständnis der Wirtschaft teilen alle päpstlichen Sozialenzykliken?
☐ Mit welchem Argument kritisiert Papst Franziskus das Marketing?

5.2.2. Evangelische Wirtschaftsethik

Bereits *Martin Luther* (1483-1546) äussert sich zu ethischen Themen der Wirtschaft, was sich für ihn schon aus der blossen Tatsache ergibt, dass im wirtschaftlichen Geschehen Menschen miteinander agieren und dabei gegebenenfalls sich widersprechende Positionen miteinander vermittelt werden müssen. Luther sieht dabei meist den Anspruch der Gerechtigkeit berührt. Dies zeigt sich bereits beim Preis eines Produktes. Dieser muss, wie Luther findet, in einem Verhältnis zum Aufwand stehen, sodass im gesamten Handel «deinem Nächsten» kein «Nachteil und Schaden» entsteht.[21] Es ist also, wie Luther ausführt, nicht im Belieben des Kaufmanns gelegt, welchen Preis er festsetzt. Wenn er nämlich, wie er einen Kaufmann zitiert, sagt, «ich kann meine Ware so teuer verkaufen wie ich will», so ist er – lassen wir eine allfällige Preiskorrektur durch den Markt bei Seite – bereit, seinen Nächsten über Gebühr zu schädigen und dies ist ungerecht.

Luther, der ein modernes Arbeitsverständnis vertritt und die traditionelle Fixierung auf die Handarbeit erweitert und jegliches Tätigsein in der Welt als Arbeit begreift, sieht auch hier den Sinn in der Wirkung für den anderen Menschen und nicht etwa im egoistischen Ziel der eigenen Gewinnmehrung.[22]

Wenngleich, wie man meinen könnte, die evangelische Position mit den Vorarbeiten Luthers gut aufgestellt sei, erlangt ihre *Sozialethik* – dies ist der Begriff für das katholische Pendant der Sozialethre – nicht die gleiche inhaltliche Intensität und auch nicht die öffentliche Wirksamkeit wie die Soziallehre. Ein Grund dafür liegt in der höheren organisatorischen Pluralität der evangelischen Kirchen, womit das Fehlen einer dem Vatikan vergleichbaren zentralen Gewalt einhergeht. Ein anderer Grund besteht darin, dass die evangelischen Kirchen ungeachtet der fundamentalen Kritik, welche Luther am Wirtschaften geübt hatte, im zwanzigsten Jahrhundert ihre Fundamentalopposition gegenüber dem Kapitalismus aufgegeben haben und sich auf Korrekturen im Detail beschränken. Bei dieser Zurückhaltung scheint eine – fehlerhafte – Lektüre von Max Webers einflussreicher «Protestantischer Ethik» (→ 2.3.3.) Pate gestanden zu haben. Weber kam im wirtschaftshistorischen Teil seiner Untersuchung zu der Feststellung, dass der Protestantismus interne Antriebe – in Form der Askese – enthalte, die ihn zur Entwicklung des Kapitalismus besonders geeignet gemacht habe.[23] Daraus zu schliessen, das kapitalistische Wirtschaftssystem sei ethisch unbedenklich und bestenfalls im Detail kritikwürdig, hat weder Weber behauptet noch gibt es dafür irgendeinen Grund: Der Kapitalismus ist wie jede andere Wirtschaftsform eine von Menschen entwickelte kulturelle Konstruktion, die nicht per se über jeden Zweifel erhaben ist.

In der für die protestantische Tradition typischen Zurückhaltung übte auch die massgebliche Wirtschaftsethik aus evangelischer Perspektive, diejenige von *Arthur Rich* (1910-1997), der an der Universität Zürich Theologie lehrte und dort das «Institut für Sozialethik» gründete, keine grundlegende Kritik an der modernen Marktwirtschaft. Rich unterscheidet drei ethische

Zugänge, die er als Individual-, Personal- und Sozialethik bezeichnet. Im individualethischen Ansatz macht er in Anlehnung an die aristotelische Tugendethik (→ 3.1.2.) personale Tugenden wie Ehrlichkeit, Fleiss, Wahrhaftigkeit und Treue aus, die letztlich alle dasselbe Ziel verfolgen, nämlich «zu seinem Selbst Sorge (zu) tragen.»[24] Die personalethische Position stellt den Einzelnen schliesslich in den Zusammenhang des Gegenübers, dem Du, wodurch die Humanität – als «interpersonelle» erst zu ihrem Abschluss kommt und sich konkret in der Verantwortung (→ Begriff 8) für die Anderen zeigt.

Unter Sozialethik versteht Rich schliesslich die gesellschaftlichen Strukturen, innerhalb derer der Mensch seine individuale und seine personale Dimension entfalten kann.[25] Die Wirtschaftsethik, welche Rich als Teilgebiet der Sozialethik versteht,[26] hat die Aufgabe aufzuzeigen und normativ zu fordern, was dem Menschen gerecht wird (dem «Menschengerechten»[27], wie Rich formuliert). Zu den zentralen Aspekten des Menschengerechten zählt Rich den Schutz der Natur, die Offenheit der Gesellschaft für Veränderbarkeit – was eine Absage an jede Form von dogmatischen Positionen bedeutet –, und die Gewährleistung von «Mitmenschlichkeit», womit ein ausgewogenes Verhältnis von Individualität und Kollektivismus gemeint ist.[28] Wie hier, so bleibt Richs Wirtschaftsethik auch insgesamt eher im Allgemeinen, seine Forderungen sind allgemein zustimmungsfähig und damit wenig wirkungsvoll. Aus der relativen Zahmheit der Wirtschaftsethik Richs – die gleichwohl die einflussreichste innerhalb des deutschsprachigen Protestantismus ist – kann man schliessen, dass eine Wirtschaftsethik als angewandte Ethik (→ 4.) sich auch mit den konkreten gesellschaftlichen Gegebenheiten konkret und nicht alleine allgemein und theoretisch auseinandersetzen muss, andernfalls bringt sie sich um ihre Wirkung und Relevanz.

In der Position ähnlich, in der Sprache deutlicher als Rich, ist *Alfred Müller-Armack* (1901-1978), einer der Theoretiker der Sozialen Marktwirtschaft in Deutschland. In seinem Aufsatz, «Die heutige Gesellschaft nach evangelischem Verständnis» von 1952 beklagt Müller-Armack die durch die moderne Marktwirtschaft betriebene Atomisierung der Gesellschaft mit der Wirkung des Rückzugs des Einzelnen in seine Privatheit. Diese Gefährdung des Öffentlichen wird nach Auffassung Müller-Armacks noch dadurch erhöht, dass der «in die Vereinzelung geratene Mensch (…) keine Gemeinschaften mehr vor(findet), denen er Vertrauen entgegenbringen kann oder will. Er verfällt einer Daseinsangst, die ihn zur Forderung nach äusserer Sicherheit drängt.»[29]

Es ist auffällig, wie sehr diese Beschreibung aus den frühen 1950er Jahren jener der durch die Finanzkrisen und zahlreiche Glaubwürdigkeitsverluste der Politik in den ersten zwei Jahrzehnten des 21. Jahrhunderts beförderten

Politikverdrossenheit ähnelt. Einer solchen Entwicklung entgegenzuwirken, macht es nach Ansicht Müller-Armacks erforderlich, dass Arbeitnehmer «am Betriebserfolg» beteiligt werden, dass die wirtschaftlichen und gesellschaftlichen Prozesse transparent sind und dass die Wirtschaft den «Charakter der Ersatzreligion» abstreife.[30]

Zwei Jahrzehnte später sieht Müller-Armack hingegen keinen Grund mehr für eine grundlegende Kritik der Wirtschaft marktwirtschaftlicher Orientierung, hält er es doch für ausgemacht, dass «sozialer Schutz» und «gesellschaftlicher Fortschritt» mit der Marktwirtschaft nicht nur vereinbar, sondern durch diese auch zu verwirklichen seien.[31]

= *Wenn die evangelische Position die moderne Wirtschaft mit weniger Vorbehalten sieht als die katholische, so sind dafür zumindest zwei Gründe auszumachen: Im Unterschied zur katholischen Kirche standen die evangelischen Kirchen dem Prozess von Aufklärung und Säkularisierung von Beginn an mit deutlich grösserer Zustimmung gegenüber. Dem modernen Wirtschaftssystem, dass mit seiner starken Betonung des Einzelnen ein Produkt der Aufklärung (→ 2.3.2.) ist, begegnete die evangelische Kirche mit einem Grundwohlwollen. Darüber hinaus macht sich zwischen den beiden christlichen Konfessionen ein weiterer philosophischer Unterschied bemerkbar: Während die katholische Kirche von ihrer naturrechtlichen Position ausgehend von unveränderbaren Tatsachen der Menschennatur – unter anderem ihrer Verwiesenheit auf soziale Gemeinschaften wie Familie und grösseren Verband – ausgeht, zeigt sich die evangelische Position diesbezüglich nicht festgelegt.*

Fragen und Aufgaben:
☐ Erklären Sie, wie hoch nach Ansicht Luthers der Preis eines Produktes ausfallen darf.
☐ Welche Bedeutung kommt nach Luther der Arbeit zu?
☐ Was versteht Müller-Armack unter der «Daseinsangst» des modernen Menschen und inwiefern ist diese durch die Marktwirtschaft verursacht?
☐ Diskutieren Sie Müller-Armacks Bezeichnung der Wirtschaft als einer «Ersatzreligion».

5.3. Islamische Wirtschaftsethik

Nach Vorstellung des Koran ist die von Gott herkommende Schöpfung vollständig, weshalb sie auch so erhalten werden soll. Entsprechend heisst es: «Eines seiner Wunderzeichen ist es, dass Himmel und Erde auf sein Geheiss feststehen. (…) Ihm gehört alles, was in den Himmeln und was auf Erden ist, und alles gehorcht ihm.«[32] Da der Satan den Menschen zu frevlerischem Tun zu verführen versucht, ist es wichtig, den Menschen an den göttlichen Status der Schöpfung zu erinnern.

Aus dem göttlichen Schöpfungsakt folgt auch, dass letztlich Allah der alleinige Eigentümer von allem ist. Dennoch kennen sowohl der Koran als auch das islamische Recht das Eigentum (→ Begriff 10), wobei dieses jedoch je nach Gegenstand und Situation durch ein Nutzungsrecht durch die Nicht-Eigentümer abgelöst werden kann. So hat sich in der islamischen Welt bis heute das Verständnis von Wasser als einem besitzlosen Gut im Sinne einer Allmende erhalten[33] (→ 12.3.). Aber auch bei eindeutigen Eigentumsverhältnissen besteht eine Gemeinwohlorientierung, was sich unter anderem in Pflichtspenden und gesetzlich geforderten Abgaben für karitative Zwecke zeigt.[34]

Die Spendenerwartung ergibt sich aus der Überzeugung, dass den Menschen ihr Reichtum und Vermögen lediglich anvertraut ist; kein Spender also etwas von seinem, sondern immer nur von dem, was Gottes ist, gibt. Damit erfüllt das Eigentum auch eine religiöse Aufgabe, bietet es doch dem Gläubigen die Chance, zu beweisen, wie er mit dem Eigentum, d.h. der Gabe Gottes umgeht. Wer gibt, gibt um Gottes willen[35] und wer gibt, der soll dabei, ähnlich wie die Aristotelische Tugendethik (→ 3.1.2.) die Mitte zwischen Verschwendung und Geiz finden.

Es führt leicht zu Verwirrung, Missverständnissen und Verletzungen, wenn man mit Begriffen aus einer Kultur eine andere zu beschreiben und zu verstehen versucht. Deshalb ist es auch problematisch, wenn man aus westlicher Warte behauptet, islamische Kulturen seien weniger stark individualisiert als die westlichen und damit zu erklären versucht, dass islamische Ökonomien weniger stark gewinnorientiert sind als die westlichen. Eine solche Beschreibung kann deshalb diffamierend sein, weil damit die Handlungen der Akteure in der islamischen Welt aus einem Defizit heraus erklärt werden, demgegenüber macht das Umgekehrte mehr Sinn: Die Akteure haben sich bewusst für bestimmte Werte und eine sie tragende Kultur entschieden. Diese Kultur ist bis in die Gegenwart von einem sehr starken Gemeinwohldenken geprägt, das bestimmte in der modernen Ökonomie westlichen Typs gängige Formen privaten Gewinns ausschliesst. Dazu zählt prominent das Zinsverbot, das ja auch in der christlichen Tradition lange in Geltung war (→ 2.3.) und islamisch *Ribā* genannt wird.[36] Neben dem Zinsverbot unterscheidet sich die islamische Wirtschaftsordnung von der westlichen durch weitere, vor allem den Geldverkehr und Handel bestimmende Einschränkungen. Von der Finanzierung wie vom Handel ausgenommene Waren werden unter dem islamischen Begriff des *Harām* zusammengefasst.

Dazu zählen etwa alkoholische Getränke oder Schweinefleisch, gleichfalls auf Lebensmittel bezieht sich der Gegenbegriff zu *Harām*, nämlich *Halāl*, womit die erlaubten und gebotenen Waren, hier Speisen, bezeichnet werden. Die Gemeinwohlorientierung der islamischen Wirtschaftsordnung zeigt sich schließlich darin, dass die Banken angehalten sind, die Finanzierung von Waren, welche für die Mehrheit der Gesellschaft von Bedeutung sind zu fördern, im Gegenzug sollten keine Einzel- und Luxusinteressen verfolgt werden. Die Ausrichtung des gesamtwirtschaftlichen Handelns am Gemeinwohl der Gesellschaft zeigt sich denn auch im Verbot des Glücksspiels, das in der modernen islamischen Wirtschaftsordnung auch das Verbot von Aktienspekulationen und Derivatehandel umfasst.

Entsprechend hält die *Universelle Islamische Deklaration* von 1980 fest: «Das islamische ökonomische System ruht auf sozialer Gerechtigkeit, Gleichheit, Masshalten und ausgewogenen Beziehungen. (…) Es verbietet jede Form der Ausbeutung, ehrt die Arbeit und ermutigt den Menschen, seinen Lebensunterhalt auf ehrliche Weise zu verdienen und sein Einkommen auf vernünftige Art zu gebrauchen.»[37]

= *Die islamische Wirtschaftsethik begegnet den die Gesellschaft gefährdenden Auswüchsen eines ungebremsten Individualismus mit einem weiten Verständnis von Gerechtigkeit. Die Vorstellung von dem göttlichen Ursprung allen Seienden wirkt sich bis in das Verständnis und die Handhabung des Eigentums aus und bestimmt auch die Sozialbeziehungen.*

Fragen und Aufgaben:
- ☐ Erklären Sie, welche Bedeutung der Überzeugung, dass alles durch Gott geschaffen ist, zukommt.
- ☐ Welchen Stellenwert hat das Eigentum in der islamischen Vorstellung?
- ☐ Was bedeutet es, wenn ein wohlhabender Gläubiger einem Armen spendet?
- ☐ Wie sollte das religiöse Gebot der Gemeinwohlorientierung in der modernen islamischen Wirtschaftsordnung umgesetzt werden.

5.4. Buddhistische Wirtschaftsethik

Die (religiöse) Philosophie des Buddhismus folgt dem Entwicklungspfad und den Lehren wie sie von *Siddharta Gautama Buddha* (ca. 500 v. Chr.) überliefert sind. Der *Dalai Lama XIV.* (* 1935) hat sie in seiner Harvard-Lecture wie folgt beschrieben: «Am Anfang stand die Erzeugung seines altruistischen

Strebens nach Erleuchtung, in der Mitte sammelte er die zwei Anhäufungen von Verdienst und Weisheit, und schließlich erlangte er Erleuchtung und begann, das Rad der Lehre zu drehen. Der Grund, warum seine Geschichte in dieser Weise vorgetragen wird, liegt darin, dass es im Buddhismus keinen Lehrer gibt, der schon von anfangloser Zeit an erleuchtet war. Im Gegenteil: Jeder muss Erleuchtung erst erlangen.»[38] Bereits in dieser Beschreibung scheint ein Unterschied zu den philosophischen und religiösen Lehren des Abendlandes auf: Der Buddhismus versteht sich als Weg der Entwicklung, der kein Ziel im Sinne eines Ankommens (und damit Endes) kennt, sondern immer weiter führt, wofür das Bild des Rades steht.

Die Wahrnehmung, welche der später als der «Erhabene» oder der «Erleuchtete» bezeichnete auf seinem Weg macht, ist die des Leids. Diese Erfahrung ist nicht in erster Linie negativ, sondern insofern zunächst positiv, als sie lehrt, dass alles mit allem verbunden ist. Eine erste Verbundenheitserfahrung angesichts der Wahrnehmung von Leid macht der das Leid wahrnehmende durch das Gefühl des Mitleids oder Mitgefühls, wodurch er sich mit dem Leidenden verbindet. Die Erkenntnis der Verbundenheit – letztlich von allem mit allem – ist eine wichtige Voraussetzung um Irrtum bzw. Nichtwissen zu vermeiden bzw. zu überwinden. Das stärkste Nichtwissen erweist sich in der gerade für die abendländische Tradition so zentralen Vorstellung vom Ego. In diesem Sinne spricht der Wirtschaftsethiker *Karl-Heinz Brodbeck* (* 1948) in seiner «Buddhistischen Wirtschaftsethik» ähnlich wie der Dalai Lama[39] von der «Ich-Illusion». Diese Illusion führt nach Ansicht Brodbecks dazu, dass «Milliarden Menschen (…) sich für den Mittelpunkt der Welt und deshalb (für) berechtigt halten, Gier und Aggression aus Selbstinteresse frei zu entfalten»[40](→ Begriff 1). Schult man aber seine Wahrnehmungsfähigkeit, so sieht man, dass diese Fehleinschätzung Ursache für viel Leid in der Welt ist. Und

Abb. 28: Dalai Lama XIV. (* 1935)
Mitleiden als Weg der Erkenntnis

dann kann, wie es der Dalai Lama formuliert, die «außergewöhnliche altruistische Geisteshaltung» erwachen, «dass man selbst das Wohl der fühlenden Wesen bewirken will, indem man selbst das Nötige tut, um sie von Leid zu befreien und mit Glück zu versehen.»[41]

Eine buddhistisch ausgerichtete Wirtschaftsethik würde nach Brodbeck die etablierte Wirtschaftsweise in folgenden Bereichen verändern:

Das Menschenbild der modernen Ökonomie
Der modernen Ökonomie liegt bekanntlich die Vorstellung des permanent seine geldwerten Interessen maximierenden Homo Oeconomicus (→ 6.) zu Grunde. Die Selbst-Täuschung dieses Modell-Begriffs wird aus buddhistischer Perspektive gleich mehrfach deutlich.[42]
Erstens gibt es den als isolierte Einheit gedachten Homo Oeconomicus gar nicht. Wenn, wie es der Buddhismus lehrt, alles mit allem verbunden ist, dann ist es eben gar nicht möglich zu sagen, welche Interessen ich maximieren muss, wenn ich meine Interessen maximieren will.
Zweitens: Wer zusätzlich das Mitgefühl kultiviert hat, wird die egoistische Fokussierung auf sich selbst als verfehlt ablehnen. Der Altruismus, von dem der Dalai Lama spricht, folgt somit einem Selbstinteresse: Ich will die anderen in meine Lebensplanung einbeziehen; sie davon auszunehmen, würde mir selbst Leid bereiten.
Drittens: Konsumverhalten
Aus buddhistischer Sicht leugnet das in den modernen Industriestaaten gelebte exzessive Konsumverhalten (→ 7.) die Verwiesenheit aller Wesen aufeinander und verschliesst damit die Augen vor dem so produzierten Leid. Dieses tritt sowohl in Form extremer Armut, welche durch ausbeuterische Arbeitsverhältnisse und durch die Ausbeutung von Rohstoffen verursacht ist als auch dadurch auf, dass die Konsumenten über ihr eigenes Glück getäuscht sind, da sie dieses mit dem materiellen Besitz verwechseln[43] (→ 3.1.).
Viertens: Wachstumsideologie
Die Vorstellung grenzenlosen Wachstums ist nach Brodbeck eine von mehreren quasi-religiösen Motiven der modernen Wirtschaft, als welche er den «Markt», das «Wachstum» und das «Geld» bezeichnet. Dieses Verständnis zeigt sich nach Brodbecks buddhistischer Analyse auf Grund der bereits erwähnten Ich-Illusion, die ja ihrerseits eine quasi-religiöse Vorstellung ist.[44]

= *Die in der westlichen Debatte noch wenig diskutierte buddhistische Wirtschaftsethik erweist sich als ein Ansatz, der überraschend einfach den Bezug zur westlichen philosophischen Wirtschaftsethik herstellen und diese in ihrer abendländischen Fixierung auf den Individualismus aus ihrer systembedingten Verengung herausführen kann.*

Kapitel 5

Fragen und Aufgaben:
- Zeigen Sie, wie sich das buddhistische Leidverständnis für eine Kritik der modernen Ökonomie fruchtbar machen lässt.
- Zeigen Sie wie es aus buddhistischer Perspektive zu einem religiösen Verständnis der leitenden ökonomischen Begriffe von «Markt» und «Wachstum» hat kommen können.
- Entwerfen Sie ein Szenario einer buddhistisch geprägten Ökonomie.

Begriff 9: «Werte»
Objektive und subjektive Werte

Der Begriff des Wertes ist für jede Ökonomie zentral. So werden Waren, Arbeitsleistungen und Dienstleistungen mit Werten belegt und werden dann als «Preis» oder «Lohn» bezeichnet und sind zugleich Gegenstand von Diskussionen darüber, ob sie ihren «Gegenwert» auch *wert* seien. Wenn jemand der Meinung ist, dass dies nicht der Fall ist, so hält er die Situation für ungerecht und strebt nach einem gerechten, weil fairen Ausgleich. Wenn jemand einen Preis als ungerecht (hoch oder niedrig) qualifiziert, dann benutzt er zugleich eine andere Dimension des Begriffs Wert, nämlich nicht die quantitative, sondern die ethische.

Wer also findet, 10 €/Fr. für einen Liter Trinkwasser zu verlangen, sei ein Unrecht, der meint nicht alleine, dass der verlangte Preis zu hoch sei, sondern findet zusätzlich, dass es nicht gerecht sei, für ein lebensnotwendiges Gut einen solchen Preis zu verlangen. Damit behauptet er zugleich, dass es einen objektiven und unstrittigen Sinn von Wert gebe, nämlich jener, der sich in der Bedürfnisnatur des Menschen spiegelt: Da wir alle gesunde Luft, frisches Wasser und gesunde Nahrung brauchen, haben diese Güter für alle Menschen einen zentralen Wert: für die Erfüllung dieser Grundbedürfnisse würden Menschen viele – vielleicht sogar alle anderen – Güter als nachrangig und d.h. als von niederem Wert betrachten. Entsprechend setzt *Abraham Maslow* (1908-1979) die physiologischen Bedürfnisse auch als Basis seiner – nach ihm benannten – Bedürfnispyramide.[45]

Sind Wertungen über viele Werte in hohem Masse relativ, weil vom kulturellen und sozialen Hintergrund der Betroffenen abhängig, so gilt dies für die Grundbedürfnisse nicht, da jeder Mensch diese Güter in gleichem Masse benötigt. Die Grundbedürfnisse haben demnach einen *objektiven Wert*. Anders sieht das bei bloss *subjektiven Werten* aus: Dieses Auto, dieser Computer oder dieser Impressionist auf der Auktion, sind so viel wert, wie ihnen der Käufer auf dem Markt auf dem sie gehandelt werden, zuschreibt. Eine Kultur, in der Autos, Computer und Impressionisten als wertlos gelten, schreibt ihnen keinen Wert zu, sie sind in dieser Kultur wertlos. Und innerhalb einer Kultur werten Menschen subjektiv unterschiedlich. Diese Wertungen sind nicht bereits deshalb, weil es sie gibt relevant und müssen auf ihre – objektive – Begründbarkeit hin geprüft werden, was unter anderem auch die Wirtschaftsethik von Amartya Sen beschäftigt[46] (→ 4.2.4.).

Der philosophische Streit um objektive bzw. subjektive Werte bestimmt die Praxis der Ökonomie. Während die klassische ökonomische Theorie von objektiven und damit nicht-verhandelbaren Werten wie menschliches Leben und sein grundlegendes Wohlbefinden ausgeht, sieht die neoklassische und mehr noch die neoliberale Position der Gegenwart das anders: Ausgehend von einem radikal individualistischen Menschenbild, das im Typ des Homo Oeconomicus (→ 6.), der sich immer streng utilitaristisch verhält (→ 3.3.), gipfelt, vertreten Neoklassik und Neoliberalismus eine subjektive Werttheorie.[47] Eine Folge dieses Ansatzes ist der Wegfall der normativen Ebene: Vertreter einer subjektiven Werttheorie urteilen nicht mehr nach den Kriterien von richtig (erlaubt/geboten) oder falsch (verboten), sondern beschreiben lediglich.

Intrinsischer Wert: Handlungsoptionen
Menschen unterscheiden nicht nur objektive von subjektiven Werten, sondern auch intrinsische von extrinsischen Werten. Obwohl reines Wasser und gesunde Luft für Menschen objektiv wertvoll sind, kommt dem Wasser und der Luft kein Wert an sich zu, wertvoll sind sie nur deshalb, weil ihnen von wertenden Wesen (Menschen, Tiere und Pflanzen) Wert zugeschrieben wird; weil dieser Wert von aussen kommt, spricht man auch von einem *extrinsischen Wert*. Was seinen Wert nicht der Aussenzuschreibung verdankt, das hat einen *intrinsischen Wert*.[48] Als intrinsisch wertvoll gelten – dem jeweiligen Akteur – jene erstrebten Ziele (= Zwecke), die er oder sie nicht um eines anderen Gutes wegen anstrebt, – wäre letzteres der Fall, wären sie nicht Zweck, sondern lediglich Mittel.[49] Wer also die Freiheit als einen Wert verteidigt, tut dies nicht deshalb, weil

Freiheit die Möglichkeit zur Entfaltung der Persönlichkeit bietet, sondern weil sie an sich wertvoll ist. Oder: Wer den Wert der Gerechtigkeit behauptet, betont damit nicht, dass Gerechtigkeit deshalb erstrebenswert sei, weil sie eine konfliktärmere Gesellschaft zur Folge hat, sondern weil sie ein Wert an sich darstelle und in diesem Sinn können beispielsweise auch Atheisten Religionsfreiheit als Wert an sich anerkennen und verteidigen wollen. Wie schwierig im Einzelnen ein Wert auch zu begründen ist,[50] so sieht man in der Handlungspraxis doch, dass Menschen ihre Handlungen immer an Werten, welche sie dem eigenen Handeln zu Grunde legen, ausrichten. Ohne von Werten auszugehen, wäre Ethik nicht denkbar, liegen doch den Normen jeweils Werte zugrunde. So bezieht sich die Norm «Du sollst Menschen in Not helfen» auf den Wert der «Hilfsbereitschaft» oder die Norm «Du sollst nicht töten» auf den allgemeinen Wert «Leben».[51]

Inhärenter Wert: Lebewesen
Warum und inwiefern stellt das Leben einen inhärenten Wert dar? Auf diese Frage hat der US-amerikanische Umweltethiker *Holmes Rolston* (* 1932) eine verblüffend eingängige Antwort gegeben: Alles, was selbst wertet, muss, um einen Wert zusprechen zu können, selber einen Wert haben. Wertende Wesen sind nun solche, die selbst dann einen Wert haben, wenn niemand anderer sie wertet; das ist deshalb der Fall, weil diese Wesen sich selber werten.[52] Ganz unspektakulär kann man nun Werte erkennen, wenn man beispielsweise ein Tier bei der Nahrungssuche und -aufnahme beobachtet: Das Tier wertet Phänomene in seiner Umwelt als für sich selbst wertlos, was wir daran erkennen, dass es sie ignoriert und es wertet anderes als für sich selbst wertvoll, wenn es beispielsweise etwas als Nahrung erkennt und frisst. Wenn das Tier hier etwas als subjektiv wertvoll anerkennt, hat es sich selbst immer schon als an sich wertvoll anerkannt. Mit dem Philosophen *Tom Regan* (1938-2017) kann man nun von einem «inhärenten Wert» sprechen: «Ein inhärenter Wert ist ein Wert aus eigenem Recht und nicht zu verwechseln mit einem Wert, der aus einer Leistung für etwas oder für andere entsteht.»[53] Dieser Wert kommt allen Lebewesen zu (→ 12.2.), was sich einfach aus der Tatsache ergibt, dass alle Lebewesen solange sie leben, werten. Immanuel Kant, der lediglich den Menschen eine Würde zuschrieb (→ 3.2.2.), kann uns dennoch helfen, den Begriff des

Kapitel 5 *Wirtschaftsethik, theologisch*

Wertes zu verstehen: Es gibt «relative» Werte, die uns den Wert von etwas im Vergleich zu etwas anderem bestimmen helfen und es gibt «innere» («inhärente») oder «unvergleichbare» Werte.[54]

Wert-Optionen in der Ökonomie
Ethische Wertvorstellungen spielen im ökonomischen Handeln eine wichtige Rolle: Wenn der eine eine bestimmte Wirtschaftsweise kritisiert und die andere sie verteidigt, beziehen sich beide auf Werte[55] und möglicherweise sogar auf dieselben. So können beispielsweise beide den Wert der Gerechtigkeit ins Feld führen um die Eigentumsgarantie zu kritisieren bzw. zu fordern.
Ethische Werte liegen wirtschaftlicher Tätigkeit in vielerlei Hinsicht zu Grunde, beispielsweise die anerkannten Prinzipien von Treu und Glauben, die Sorgfaltspflicht oder – so altmodisch dies klingen mag und so aktuell dieser Wert doch ist, – der Ehrlichkeit. Und schliesslich sind auch die Menschenrechte in der gelebten Praxis nicht deshalb von Wert, weil sie gesetzlich verankert sind, sondern weil sie als Wert anerkannt sind.[56] Wer dagegen nur ökonomische Werte kennt, der vertritt einen *Wertreduktionismus* oder *Wertnihilismus* (→ 14.4.), wie er vor allem in der modernen Ökonomie anzutreffen ist. Nicht zu vergessen ist aber auch der Begriff der *Wertschöpfung*; dieser kommt zwar als rein ökonomischer Begriff daher, hat aber gleichfalls eine ethische Dimension (→ 4.1.5.; Begriff 11).

World Value Survey
Der erstmals 1981 von *Ronald Inglehart* (★ 1934) erstellte «World Value Survey» weist die Verbreitung von und Orientierung an Werten weltweit nach. Aus diesen Befragungen kann man sowohl bleibende wie sich wandelnde Werte («Wertewandel») ablesen und erkennen, welche Werte sich individuell in Abhängigkeit der ökonomischen Verhältnisse herausbilden bzw. an Priorität gewinnen.[57] Werte zu bewerten ist jedoch eine anspruchsvolle Aufgabe: Dass in einer Mangelgesellschaft der Wert der politischen Teilhabe niedriger rangiert als der Wert der Nahrung darf nun nicht dahin gehend gedeutet werden, dass den Menschen in dem Hungergebiet die politische Teilhabe nichts wert sei. Die grosse Bedeutung der politischen Teilhabe auch und gerade in Bezug auf das Problem des Hungers ist unbestritten (→ 4.2.4.). Vor diesem Hintergrund wird dann auch der objektive Wert der politischen Teilhabe offensichtlich.

Der Homo Oeconomicus

163   6.1.   Funktionale Kritik: Unzureichende Beschreibungsleistung
164   6.2.   Empirischer Einwand: Menschen sind nicht so
167   6.3.   Ethische Kritik: Verrohungsargument

6. Der Homo Oeconomicus

Die Wirtschaft lebt vom Menschen und idealerweise sollte auch das Umgekehrte gelten und der Mensch von der Wirtschaft leben. Was und wer aber ist der Mensch, der von der Wirtschaft lebt? Die Philosophie hat dieser Frage eine eigene Abteilung, die sogenannte philosophische *Anthropologie* gewidmet, die zu verstehen versucht, was der Mensch ist.[1]

Der Mainstream der Wirtschaftswissenschaften macht es sich demgegenüber einfach, in dem er die Frage nach dem Menschen auf den eigenen wirtschaftlichen Nenner bringt und unter dem Menschen einen Homo Oeconomicus versteht, der immer und permanent an der Maximierung seines eigenen Vorteils interessiert ist und sein Leben alleine unter dieser Perspektive entwirft.

Wichtige Vorarbeiten zu diesem Konzept leisten Adam Smith und John Stuart Mill (→ 2.4.2.). Beide Autoren entwickeln die Ökonomie in Richtung einer säkularen Praxis, in der sich das moderne Individuum als freier Einzelner in seinem Tätigsein entfaltet, wobei er dabei, wenn auch ungewollt, durchaus das Wohl der Allgemeinheit befördern kann. Der moderne Begriff des Homo Oeconomicus der auf Pareto zurückgeht (→ 4.2.2.) kennt keine Allgemeinwohlbezüge mehr: Der Homo Oeconomicus interessiert sich nicht für andere, er ist schlicht a-sozial und ein egozentrischer Nutzenmaximierer. Der Homo Oeconomicus lässt sich mindestens aus drei Hinsichten kritisieren.

6.1. Funktionale Kritik: unzureichende Beschreibungsleistung

Die erste Kritik am Begriff des Homo Oeconomicus bezweifelt, dass der Begriff geeignet ist, die Realität des Lebens angemessen zu beschreiben. Dagegen spricht bereits die Existenz komplexer sozialer Einrichtungen. Denn solche Einrichtungen wie beispielsweise das öffentliche Renten- oder Krankenversicherungssystem, werden unter anderem mit aktuellen Konsum- und Einkommensverzichten bezahlt, wobei die eingezahlten Beiträge zunächst anonymen anderen zu Gute kommen. In einer Welt der radikalen Nutzenmaximierer ist ein solches System schwer vorstellbar. Denn die Figur des Homo Oeconomicus wäre nicht zu Entscheidungen fähig oder bereit, die sehr komplex und weder unmittelbar noch auf lange Zeit eigenvorteilmaximierend sind.

Amartya Sen (→ 4.2.4.) leitet daher aus der blossen Tatsache der Existenz sozialer Systeme ab, dass es den Homo Oeconomicus nicht gibt. Denn die Existenz sozialer Systeme setzt ein gewisses Mass an Selbstlosigkeit voraus, die dem als Homo Oeconomicus definierten Menschen jedoch abgesprochen wird. Demnach führt eine Welt von Homines Oeconomici nicht zu gesellschaftlich optimalen Resultaten, da dies für den Einzelnen die eigene Schlechterstellung bedingen würde. In einer Welt, in der alleine die Selbstsucht regiert, wären soziale Werte nicht realisierbar[2] und noch nicht einmal denkbar. Und so widerlegt nach Sen bereits die blosse empirische Tatsache, dass Menschen für Systeme optieren, die anonyme andere – denen sie also weder emotional noch räumlich verbunden sind – besserstellen, die Figur des Homo Oeconomicus.

6.2. Empirischer Einwand: Menschen sind nicht so

Auf der Beschreibungsebene erscheint die Figur des Homo Oeconomicus als eine eindimensionale Charakterisierung des Menschen, die diesen auf einen blossen Mechanismus reduziert und damit wie die funktionale Kritik (→ 6.1.) bereits festgestellt hat, die Wirklichkeit unvollständig beschreibt und so beispielsweise weder altruistisches Verhalten noch gelebte Sympathiegefühle erklären kann. Die behauptete Rationalität des Homo Oeconomicus erweist sich bei näherer Betrachtung als eine gleichsam halbierte Rationalität, nämlich als eine auf den blossen Zweck-Mittel-Zusammenhang reduzierte *instrumentelle* Rationalität (→ 4.1.4.).

Nun gibt es Lebenszusammenhänge, in denen die Zweck-Mittel-Rationalität durchaus sinnvoll ist, nämlich dann, wenn man ein konkretes, genau beschreibbares Ziel (Zweck) anstrebt, welches man mit Hilfe eines konkreten Mittels erreichen kann. So wird, wer das Ziel hat, trocken durch den Regen zu gehen, den Regenschirm als Mittel wählen und wer das Ziel hat, einem weit entfernt lebenden Freund eine Nachricht zukommen zu lassen, der wird unter den Kommunikationsmitteln Brief, Telefon oder Email dasjenige wählen, das ihm als am besten geeignet erscheint. In all diesen Fällen wird das Ziel durch die gewählten Mittel realisiert aber durch die Mittel nicht verändert.

Im täglichen Leben sind wir häufig mit der Frage konfrontiert, welche Mittel wir zur Verwirklichung unserer Ziele auswählen wollen und entscheiden uns schliesslich unter den vorhandenen für das Mittel, das uns mit Blick auf das angestrebte Ziel am geeignetsten erscheint. Das bedeutet jedoch nicht, dass der Mensch sein Leben immer und ausschliesslich unter Zweck-Mittel-Relationen verwirklicht. In dem Falle wären wir nämlich nichts Anderes als Aggregate oder Maschinen, welche so programmiert wären, dass wir aus einem vorgegebenen Set von Optionen jeweils die einzig optimale auswählen würden. In diesem Falle wären wir auch wie Maschinen einander absolut identisch und verlören das, was unsere Identität ausmacht.

Kapitel 6 *Der Homo Oeconomicus*

Da die Ökonomie und konkret das Marketing von einem solchen mechanistischen Menschenbild ausgehen, sehen sich die Menschen überall Anreizen («Incentives») ausgesetzt, die den Menschen durch geschickt platzierte Anreize in Bewegung bringen sollen. Diese Anreize widerlegen jedoch die Homo Oeconomicus-Theorie gleich zweifach: Zum einen ist die Theorie des in allen Fällen rational optierenden Homo Oeconomicus widerlegt, wenn sich jemand gegen einen rational sinnvollen Anreiz, beispielsweise ein Lockvogel-Angebot entscheidet. Die Homo Oeconomicus-Theorie wird aber auch im gegenteiligen Fall widerlegt, nämlich dann, wenn sich ein Konsument zwar für ein Lockvogel-Angebot entscheidet, dies aber nicht bewusst tut, sondern gleichsam Opfer einer geschickten und unterbewusst wirkenden Werbung geworden ist (→ 11.1.; 11.2.).

Die Verhaltensökonomie hat in den letzten Jahren viele Akteurs-Entscheidungen untersucht und nachgewiesen, dass Menschen sehr häufig nicht rational entscheiden. Genügen bereits diese Erkenntnisse, die Homo Oeconomicus-Theorie zurückzuweisen, so hat die Verhaltensökonomie zugleich zeigen können, dass nicht-rationale (= arationale) Entscheidungen nicht Systemfehler – des Systems Gehirn – sind, sondern eine wichtige Voraussetzung für Kooperationen darstellen. Durch ihre Untersuchungen konnte die Verhaltensökonomie nicht nur das Verhalten von Menschen stimmiger beschreiben, sondern auch erklären, dass Menschen, wenn sie sich immer strikt rational verhalten würden, den irrationalen Effekt provozieren würden, sich selber zu schädigen.

Damit wird die Homo Oeconomicus-Theorie ad absurdum geführt und widerlegt. Denn statt sich immer nur um die Mehrung der eigenen Interessen zu kümmern, verfügen Menschen, wie der Zürcher Verhaltensökonom *Ernst Fehr* (* 1956), nachweisen konnte, über soziale Präferenzen und zeigen sich am Interesse und Wohlergehen der anderen interessiert.[3] Fehr, der auch schon als «Totengräber des Homo Oeconomicus» bezeichnet wurde,[4] weist die mechanistische Gleichmacherei des Modells zurück, wenn er feststellt, dass sich manche Menschen wenig, andere viel um die Interessen anderer sorgen. Und allgemein kann man beobachten, dass in strategischen Spielen die überwiegende Mehrheit der Testpersonen ihr selbstinteressenorientiertes Verhalten zu Gunsten einer Berücksichtigung der Interessen anderer aufgeben.[5] Die neurowissenschaftlich basierten Forschungen von Fehr und anderen haben die *Neuroökonomie* begründet, auf die unter anderem das *Neuromarketing* (→ 11.2.) aufbaut.

Der Verhaltensökonom *Richard H. Thaler* (* 1945), Alfred-Nobel-Gedächtnispreis von 2017, zieht aus seinen Experimenten den Schluss, dass Menschen überraschend selten rational entscheiden und unabhängig davon,

Abb. 29: Ernst Fehr (* 1956):
Der Totengräber des Homo Oeconomicus

Abb. 30: Richard H. Thaler (* 1945):
«Wir irren systematisch.»

ob wir uns nun um Rationalität bemühen oder von vorneherein darauf verzichten, stellt Thaler fest: «Wir irren systematisch.»[6] Irrtümer nehmen wahrscheinlich in Gesellschaften westlichen Typs weiter zu, weil diese von Anbeginn an eine Erkenntnisquelle zum Nachteil einer anderen gefördert haben, und dem Nachdenken den Vorrang vor der Intuition eingeräumt haben. Diese Priorität ist typisch für den Homo Oeconomicus-Typ und zugleich, wie Thaler an einfachen Experimenten belegt, auch ursächlich für so viele Fehlentscheidungen. Häufig würden wir bessere Resultate – und diese sogar noch schneller, leichter und freudvoller – erzielen,[7] wenn wir uns auf unser Bauchgefühl verlassen würden, statt uns auf einen langen, mühsamen und dann häufig auch noch fehlerhaften Denkprozess einzulassen. Da wir keine Maximierungsaggregate sind, ist unsere Entscheidungsarchitektur durchaus nicht starr, weswegen man sie, wie Richard Thaler nachgewiesen hat, durch externe Anstösse («Nudges») verändern kann.[8] Die Offenheit unserer Entscheidungsstruktur machen sich beispielsweise Supermärkte mit der Platzierung bestimmter Produkte zu Nutze, so etwa wenn sie Süssigkeiten an der Kasse in Augenhöhe von Kindern platzieren (→ 11.).

Die Offenheit der Entscheidungsstruktur zeigt sich aber auch darin, dass Menschen nicht einfach durch finanzielle Anreize strikt steuerbar sind, sondern intrinsisch motiviert handeln können, wobei es keine Rolle spielt, ob sie altruistische oder egoistische Interessen verfolgen. Dies hat das *Ultimatumspiel* gezeigt mit dem *Werner Güth* (* 1944) Akteurs-Verhalten untersuchte.[9]

In seiner einfachen Form besteht das Spiel darin, das der Mitspieler A einen Geldbetrag erhält, den er nach eigenem Gutdünken mit dem Mitspieler B aufteilen darf. B kann die Verteilung nicht mitbestimmen, so dass A sowohl gleichmässig wie auch extrem ungleich und zum Nachteil von B verteilen kann. Das einzige, was B entscheiden kann, ist, die Verteilung abzulehnen. Die Ablehnung hat jedoch den Effekt, dass der gesamte Betrag verfällt, also niemand etwas bekommt. Nach der klassischen Vorstellung des Homo Oeconomicus ist zu erwarten, dass B jede Verteilung größer Null akzeptiert, da jeder Cent, den er erhält, für ihn einen Vorteil bedeutet. In der Praxis zeigt sich jedoch, dass von B Aufteilungsvorschläge umso mehr abgelehnt werden, umso mehr sie von der egalitären Verteilung abweichen. Diese Entscheidung ist insofern nicht rational, weil sie den Effekt hat, dass B (wie natürlich auch A) leerausgeht. Damit verhält sich B anders als die Homo Oeconomicus-Theorie vorhersagt, nicht nutzenmaximierend, sondern orientiert sich an basalen Fairness-Konzeptionen.[10]

Abschliessend noch ein Wort zu der Unterscheidung von intrinsischer vs. extrinsischer Motivation. Diese stellt eine Modellbeschreibung dar, die die Wirklichkeit der Entscheidungsfindung nicht abbildet. Denn wer sich vermeintlich extrinsisch motiviert verhält, in dem er beispielsweise dem grossen Geld den Vorzug vor seinen innersten Überzeugungen gibt, der hat sich natürlich auch – gleichsam intrinsisch – *entschieden*. Die Rede von der extrinsischen Motivation sollte man deshalb nur dann verwenden, wenn man sich zugleich klarmacht, dass auch sie eine – zu verantwortende – Entscheidung voraussetzt (→ Begriff 4). Nur so kann auch ethisch falsches Handeln kritisiert werden. Um es an einem anderen Beispiel deutlich zu machen: Korruption (→ 9.2.2.) stellt in jedem Falle eine aktive Entscheidung dar, weswegen derjenige, der sich hat bestechen lassen, letztlich auch intrinsisch dazu motiviert war.

6.3. Ethische Kritik: Verrohungsargument

Obwohl der Homo Oeconomicus nur ein Modell ist, hat er dennoch eine die Wirklichkeit prägende Wirkung, weswegen viele seiner Kritiker es nicht dabei bewenden lassen, auf die mangelnde Aussagekraft oder die fehlende empirische Grundlage dieses Modells hinzuweisen, sondern sogar vor seiner Implementierung in den Wirtschaftswissenschaften warnen. Sie warnen selbst dann vor diesem Modell, wenn sie von seiner Fehlerhaftigkeit überzeugt sind. Wie aber ist das zu verstehen, wie soll ein Modell, das nach Ansicht seiner schärfsten Kritiker falsch ist und nicht funktioniert, dennoch eine negative

Wirkung haben? Man könnte ja argumentieren, dass das falsche Modell sich selbst widerlegt und damit keinen negativen Effekt haben kann.

Die ethisch argumentierenden Kritiker des Homo Oeconomicus-Modells zweifeln zwar nicht daran, dass dieses Modell auf funktionaler und empirischer Ebene untauglich ist, sie fürchten aber dennoch seine negative Wirkung. Diese erwarten sie dadurch, dass die Wirtschaftswissenschaften unter der Geltung des Homo Oeconomicus-Modells zwangsläufig auf eine reine Technik, eine Sozialtechnik, zusammenschrumpfen. Es bleibe dann nichts mehr von den Ansätzen einer Tugendethik eines Aristoteles (→ 3.1.) oder einer Ethik des Subjekts, wie sie Kant entwickelt (→ 3.2.) oder der Sorge um das Seelenheil, wie sie die theologischen Ansätze leitet (→ 5.).

Eine weitere Position fürchtet die indirekte Wirkung des Homo Oeconomicus-Modells: Das hohe gesellschaftliche Renommee, welches die Wirtschaftswissenschaften mittlerweile erlangt haben (→ 2.5.), könnte, so lautet dieser Einwand, asozialem Handeln den Makel des ethisch Defizitären nehmen und es sogar als vorbildlich, weil unsentimental und durchweg rational, aussehen lassen. Vor dem Hintergrund solcher Überlegungen hält *James M. Buchanan* (1919-2013), Alfred-Nobel-Gedächtnispreis 1986 für seine Arbeit zur politischen Entscheidungsfindung, das Homo Oeconomicus-Modell sogar für eine Gefährdung der Freiheit.[11] Würde nämlich Freiheit (→ Begriff 4) lediglich als Optimierung der eigenen Wünsche und Absichten ohne jede Rücksicht auf andere verstanden, so befänden wir uns in einem permanenten Kampf um Freiheit, der dem Bürgerkrieg vergleichbar wäre.

Eine andere Kritiklinie hält das Modell des Homo Oeconomicus bestenfalls für nachvollziehbar im Rahmen von Märkten und stellt zugleich fest, dass sich das Leben aber nicht nur in Märkten abspiele. So stellt *Notburga Ott* (* 1954) fest, dass es gesellschaftliche Systeme wie beispielsweise die Institution der Familie gibt, die mit dem Begriff des Marktes nicht angemessen beschrieben werden können.[12] Wenn man demnach an Institutionen, die den gesellschaftlichen Kitt zwischen Menschen bilden – Freundschaft und Liebe wären weitere – festhalten möchte, muss man dem Wir-

Abb. 31: James M. Buchanan (1919-2013):
Homo Oeconomicus gefährdet die Freiheit

Kapitel 6 *Der Homo Oeconomicus* 169

ken des ökonomischen Imperialismus ebenso Grenzen setzen, wie dem Begriff des Homo Oeconomicus, der als dessen Agent fungiert.

Die ethische Sicht lässt es jedoch nicht hierbei bewenden, sondern geht über das funktionale Moment hinaus und kritisiert die durch das Homo Oeconomicus-Modell vertretene Eindimensionalität des Menschen. Menschen sind nämlich keine Aggregate, sondern Individuen: Seine Individualität beweist der Mensch nicht in seinem instrumentellen Lebensvollzug, sondern dort, wo er nicht unter funktionalen Optionen wählt, sondern unter *Sinnoptionen*. Das sind jene Optionen, bei denen es um die Gestaltung – und nicht einfach das Funktionieren – des Lebens geht. Wie bereits Aristoteles` (→ 3.1.) gezeigt hat, lässt sich der Sinn und das Glück des Lebens nicht instrumentell verwirklichen. Der Homo Oeconomicus ist demnach keine glückliche Option um sein Leben zu verwirklichen. Dass sich der immer und permanent auf seinen eigenen Vorteil bedachte Homo Oeconomicus um das Hauptziel seines eigenen Vorteils, nämlich seines Glücks, bringt, liegt an der Eigenheit des Glücks, das für die meisten Menschen im mit anderen geteilten Leben besteht. Damit erweist sich die Lebensform des Homo Oeconomicus aber als selbstwidersprüchlich: Konzipiert zur Realisierung und Mehrung des eigenen Vorteils und Glücks, erweist sie sich letztlich als Grund dafür, dass dieses Ziel verspielt wird. Die von Aristoteles beschriebene Lebensform des Genussmenschen kann als typisch für dieses verspielte Leben gelten.

Das aus ethischer Sicht verfehlte Modell des Homo Oeconomicus kann zugleich als Ausdruck der ebenfalls verfehlten Überzeugung der Werturteilsfreiheit (→ 2.2.) gelten. Menschliche Beziehungen und Verhaltensweisen betreffende Aussagen sind nicht wertneutral. Wer demnach behauptet, mit dem Homo Oeconomicus lediglich eine Beschreibung vorzunehmen, reklamiert damit eine Objektivität, die es nicht gibt und spekuliert dabei zugleich darauf, dass sich die Kritiker diesem Ansatz ergeben, in dem sie das asoziale Verhalten für die Norm und das prosoziale für die krankhafte Abweichung davon bezeichnen.[13] Das Homo Oeconomicus-Modell kann daher auch als Versuch zur Verkehrung der Welt und Angriff auf deren Moral betrachtet werden.

= *Das Homo Oeconomicus-Modell baut auf Vorannahmen, welche den Menschen auf ein enges Set von Verhaltensmustern reduzieren und davon ausgehen, dass er daraus nicht ausbrechen kann. Damit beschreibt das Modell den Menschen letztlich als ein Aggregat und eben nicht als ein freies Wesen. Aus ethischer Perspektive kann man in dem Modell die Gefahr sehen, dass es als Freibrief für unsoziales Verhalten gelten könnte.*

Fragen und Aufgaben:

- ☐ Welche philosophischen Theorien liegen dem Modell des Homo Oeconomicus zugrunde?
- ☐ Geben Sie Bereiche an, welche durch das Modell des Homo Oeconomicus nicht erfasst werden können.
- ☐ Was versteht man unter «instrumenteller Vernunft»?
- ☐ Erklären Sie, was man mit «instrumenteller Vernunft» erreichen kann und wo sie unzureichend bleibt.
- ☐ Erklären Sie an einem Beispiel, wann die extrinsische, geldbasierte, Motivation ihre Bedeutung verliert und durch eine intrinsische Motivation abgelöst wird.
- ☐ In welchen Bereichen verhalten sich Menschen sinnvollerweise irrational?

Homo Consumens

173	7.1.	Wenn Konsum überflüssig ist
174	7.2.	Die Bedeutung überflüssigen Konsums für den Konsumenten
179	7.3.	Das ökologische Problem überflüssigen Konsums

7. Homo Consumens

Nicht nur in der Antike (→ 3.1.1.), sondern auch heute liebt die Mehrheit der Gesellschaft den über Mittel erworbenen Lebensgenuss: Viele Menschen haben in der modernen Konsumgesellschaft das Einkaufen von einer Notwendigkeit zum Selbstzweck erhoben und generieren damit die Nachfrage nach der Konsumgüterproduktion. Die Konsum-Ethik untersucht das Konsumverhalten unter ethischer Perspektive.

7.1. *Wenn Konsum überflüssig ist*

Aus ethischer Perspektive erscheint nicht Konsum als solcher problematisch; problematisiert wird von der Konsum-Ethik der überflüssige und das heißt übertriebene Konsum. Dafür unterscheidet die Ethik des Konsums zwischen dem Notwendigen, das mittels *rationalen* Konsums[1] und dem Überflüssigen, das mittels überflüssigen Konsums angeschafft wird.

Mag diese Unterscheidung auch auf der theoretischen Ebene überzeugen, so ruft sie auf der praktischen Ebene nach Beantwortung der Frage, was denn notwendig ist und wo der (unnötige) Überfluss beginnt. Nun mag sich eine Mehrheit auf einen Warenkorb voller teils schöner, in jedem Falle aber überflüssiger, Dinge einigen können und in diesen Luxuskorb Dinge wie Luxusautos, Motorjachten, Villen, Drittwohnungen oder Hubschrauberausflüge in die Arktis hineinlegen. Die meisten werden gut damit leben können, diese Güter zu bannen, bleibt doch der Standardwarenkorb und der enthält normale Autos, normale Wohnungen, normale Ferien und zusätzlich all die vielen Wegwerfprodukte, welche in großer Menge jeden Tag gekauft werden. Man sieht: Auch der Standardkorb enthält überflüssige Konsumgüter.

Eine Liste notwendiger («rationaler») Konsumgüter zu erstellen, fällt deshalb so schwer, weil sich in den reichen Industriegesellschaften längst ein Lebensstandard etabliert hat, der weit über die minimale Deckung der Bedürfnisse hinausgeht: Der vor allem ab den späten 1950er Jahren deutlich gestiegene Wohlstand hat auch die Norm für das, was als notwendig und das, was als übertrieben und d.h. luxuriös gilt, verschoben. Auch hierfür lassen sich Warenkörbe erstellen, die den Unterschied sichtbar machen. So enthält der Warenkorb eines als nicht-luxuriös geltenden Lebensstils im 21. Jahrhundert viele Waren, die es in der ersten Hälfte des 20. Jahrhunderts noch gar nicht gab oder die als purer Luxus galten, wie ein eigenes Auto (das noch dazu alle drei bis vier Jahre erneuert wird), eine oder zwei Fernferienreisen pro Jahr und eine Wohnung von mindestens 45qm pro Person.[2]

Eine Ethik des Konsums muss daher auch den gegenwärtigen Standardwarenkorb eines Beziehers eines mittleren Einkommens einer kritischen Prüfung unterziehen. Der Standardwarenkorb, der dem durchschnittlichen Konsumenten der westlichen Industriegesellschaften zur Verfügung steht, spiegelt den historisch erstaunlichen Wohlstandszuwachs wieder, den man als *Demokratisierung des Konsums*[3] bezeichnen kann. Gesellschaftspolitisch ist diese Entwicklung nur zu begrüssen, da der exklusive Konsum und die damit verbundenen Wohlfahrtsverbesserungen, die sich ausschliesslich der Geldadel leisten kann, der Vergangenheit angehören: Zwar gibt es immer noch viele Güter, die sich nur wenige leisten können, aber dennoch können sich viele unvergleichlich mehr leisten als früher und sie sind nicht grundsätzlich vom Konsum ausgeschlossen: Jeder kann sich fast alles leisten, wenngleich nur in der jeweils ihm möglichen Grösse und Menge.

Die Entstehung des Massenkonsums bringt die typischen Massenprobleme mit sich, deren drängendstes der Ressourcenverbrauch und die CO_2-Emissionen sind (→ 12.1.1.). Da überflüssiger Konsum verzichtbar ist, haben wir es also hier mit einem unnötigen Raubbau an der Natur und einer damit einhergehenden Schmälerung der Lebensbedingungen zukünftiger Generationen zu tun. Die Konsumenten handeln in dieser Hinsicht also weder gerecht noch verantwortungsvoll. Dieser eklatante Verstoss gegen die eigenen ethischen Überzeugungen und der Widerspruch zu einem Selbstbild, dass sich als mehrheitlich gerecht und fair sieht, mag nur solange zu erstaunen, wie man übersieht, worum es den Konsumenten eigentlich in ihren Konsumentscheidungen geht: um das Glück.

7.2. Die Bedeutung überflüssigen Konsums für den Konsumenten

Der Massenkonsum ist nicht von der Deckung eines als notwendig erachteten Konsums getrieben, sondern von der Erfüllung anderer Ziele für die die Konsumgüter lediglich die Mittel darstellen. Sie sind dabei jedoch in anderem Sinne Mittel als etwa Lebensmittel, deren Mittelcharakter sich in der Erhaltung des Körpers erfüllt: Der Hungrige, der Brot zum Essen kauft, sieht in dem Brot das Mittel, seinen Hunger zu stillen und erreicht dieses Ziel durch das Konsumieren des Brotes. Überflüssige Konsumgüter werden von den Konsumenten nicht als sinnlos erachtet, sie erfüllen jedoch einen anderen Zweck als den ihres eigentlichen Konsums. Wer überflüssige Konsumgüter erwirbt, handelt deshalb durchaus rational, erhält er doch ein Gut, das über das eigentliche Gut hinausgeht, womit er zusätzlich zu dem konkreten Gut einen, meist immateriellen, Mehrwert erwirtschaftet. In der modernen Konsumgüterökonomie ist mittlerweile nahezu jedes Produkt mit einem Mehrwert ausgestattet, welches es über seinen direkten

Gebrauchswert hinaus attraktiv macht. Konsum wird daher zum Lebensstil. Der mit Konsumgütern verbundene *Lifestyle* lässt Konsumgüter zum Motor der Identitätsfindung und -gestaltung werden. So wie das Londoner Kaufhaus *Selfridges* einmal seinen Sommerschlussverkauf mit dem Slogan «I shop, therfore I am»[4] bewarb und dabei Shopping in die Höhe von Descartes` Aufklärungs-Programm «Ich denke, also bin ich»[5] erhob, so ist der Konsum durch ein geschicktes Marketing erfolgreich zur Möglichkeit der Selbstkonstitution erklärt worden.

Dass dies nicht ohne Verbiegung des Menschen abgeht, hat *Erich Fromm* (1900-1980) in seiner psychoanalytischen Untersuchung des Kapitalismus herausgearbeitet: Konsumieren stellt zwar eine menschliche Grundeigenschaft dar, wie man an der Einverleibung der Nahrung sehen kann, und Nahrung aufzunehmen ist lebenswichtig, aber dennoch kein Selbstzweck: Wir essen um anderes in unserem Leben tun zu können; die Nahrungsaufnahme stellt daher die Voraussetzung für all die anderen Aufgaben und Tätigkeiten dar, welche unserem Leben erst Sinn verleihen. So sollte es sich auch beim Güterkonsum verhalten: Die konsumierten Güter sollten uns helfen, unser Leben zu erleichtern, indem wir durch sie etwas einfacher bewerkstelligen können (beispielsweise kommen wir mit den Gütern Fahrrad oder Auto schneller zu unserem Ziel). Wenn der Konsum dagegen zum Selbstzweck wird, ist er nicht länger Voraussetzung für etwas Anderes. Diese vermeintliche Aufwertung des Konsums führt nun zu dem paradoxen Effekt, dass er nun nicht mehr genügt: Der Konsum, der als *Voraussetzung für* verstanden wird, ist endlich und erschöpft sich in der Erfüllung der Voraussetzung für etwas Anderes: Wenn ich gut esse, um Kraft für eine anstrengende Wanderung zu haben, dann hat der Konsum der Nahrung dann seine Aufgabe erfüllt, wenn ich ausreichend Kalorien zu mir genommen habe, um mein Tagesziel – die Besteigung des Säntis – zu erreichen. Vollkommen anders stellt sich die Situation dar, wenn ich den Nahrungskonsum zum Selbstzweck erkläre, dann konsumiere ich nicht mehr um mittels des Konsums ein Ziel zu erreichen, sondern ich konsumiere um des Konsumierens willen. Damit werden dann auch alle anderen Ziele nebensächlich und der Konsum im Sinne des Selfridges-Slogans zum Identitätsprogramm, was dann, wie Fromm feststellt, bedeutet: «Ich bin, was ich habe und was ich konsumiere.»[6] Im Unterschied zu klassischen Identitätsprogrammen – hier kann man wieder an das Original Descartes` denken – führt das konsumistische Identitätsprogramm in eine schlechte Unendlichkeit: Man *muss* konsumieren um zu konsumieren und dies ohne Ende. Die Gemeinschaft der Konsumenten arbeitet so an etwas völlig Sinnlosem, der Überflussgesellschaft, das noch dazu extrem schädliche Effekte erzeugt (→ 7.3.), und trägt nicht etwa zur Bereicherung des Einzelnen, sondern im Gegenteil zu seiner Einengung und tendenziellen Versklavung bei. Denn Konsum um seiner selbst willen bedeutet nichts anderes als *Sucht*. Deshalb gibt es ausgerechnet in der modernen Konsum-Gesellschaft so viele Zwangseffekte (sogenannte *Musts*): «Man muss heute einfach ein Auto (ein Smartphone, eine Ferienwohnung etc.) haben». Wegen solcher Musts empfiehlt Fromm eine Sprachkorrektur: Statt von «Freizeitaktivität» sollte man ehrlicherweise von «Freizeitpassivität» reden.

Für diesen Umbau der Gesellschaft und des Menschen leistet die Werbung in den Zeiten des Massenkonsums das fast unmögliche: die Menschen massenweise zum Konsum von Massenware zu bewegen und ihnen zugleich den Eindruck zu vermitteln, darin die eigene Identität zu finden oder aufzubauen.

Diese Aufgabe stellt die Marketingexperten (→ 11.) gerade in einer Gesellschaft des Massenkonsums vor besondere Herausforderungen, zugleich ist die Gesellschaft des Massenkonsums die Voraussetzung dieses modernen Marketings: Obwohl alle das neueste Smartphone besitzen, ist sein Besitz zugleich Garant und Ausdruck meiner Individualität. Obwohl ich mich mit Hunderten anderer durch das Möbelhaus bewege, in dem ich nach Bauanleitung selbst zu montierende Teile eines Bücherregals kaufe, wird dank *Erlebnisökonomie*, bereits der Einkauf zu einer unvergesslichen und höchst individuellen Erfahrung. So erwerbe ich nicht bloss ein Bücherregal, sondern ich erlebe mich intensiv beim Erlebniseinkauf.

Erst in der Erlebnis und Lifestyle gestaltenden Ökonomie wird das Einkaufen zum kreativen und kulturellen Akt. Dazu bedarf es der Story, die nahezu jedes Produkt begleitet. Die Story, so bescheiden sie auch sein mag, vermittelt dem Konsumenten den Eindruck die Chance zu haben, sich ausgerechnet im Konsum als etwas Besonders auszuweisen und sich ausgerechnet im und durch den Massenkonsum zu individualisieren.[7] Dies ist eigentlich ein unmöglich zu erfüllendes Versprechen, geht es doch beim Massenkonsum um das massenweise Angebot des Gleichen. Daher bemühen sich die Produzenten die massenweise produzierten Güter so aussehen zu lassen, als seien es Unikate, angepasst an die

Abb. 32: Erich Fromm (1900-1980):
«Ich bin, was ich habe und was ich konsumiere.»

Bedürfnisse und Wünsche des Einzelnen *und* zugleich muss man sich aber auch mit dem vermeintlichen Einzelstück als Teil der grossen Masse erleben können: Wenn das gelingt, erleben wir uns sowohl als etwas Besonderes und zugleich als Mitglied unserer Peergroup. Damit scheint das Glück perfekt.

Dass hier etwas nicht stimmen kann, lässt sich bereits an der Tatsache ablesen, dass die Produktion überflüssigen Konsums keine Sättigungsgrenze kennt, was ja belegt, dass die Konsumenten durch den Konsum doch nicht zum Glück finden. Unterstützt durch ein Marketing, das den Konsumenten diese Story glaubhaft zu machen versucht, sind die meisten Konsumenten überzeugt, sie müssten nur noch ein bisschen mehr konsumieren und dann würde sich das Glück doch noch einstellen. Untersuchungen über den Zusammenhang der Ausstattung mit materiellen Gütern und dem Glück zeigen jedoch etwas anderes: Der glücksbefördernde Anteil durch materielle Güter ist begrenzt: Während er bei einer bescheidenen materiellen Ausstattung stark ist – Menschen leiden darunter, zu wenig Güter zu besitzen und werden glücklicher, wenn sie mehr haben – so steigt das Glück ab einer bestimmten Ausstattungshöhe nicht mehr weiter an. Was also im Rahmen einer bescheidenen materiellen Ausstattung zutrifft, nämlich dass Menschen die Erfahrung machen, dass sich ihr subjektives Befinden durch materielle Güter verbessern lässt («buy happiness»), verführt häufig zu der falschen Annahme, dass sich dieser Zusammenhang unbegrenzt fortsetzen lasse. Dem ist nicht so: Signifikante Einkommenserhöhungen vergrössern das Glück nur noch geringfügig und wirken ab einer bestimmten Höhe (dem «Sättigungsniveau») sogar negativ. Dafür gibt es mehrere Gründe:

- Zwar kann man sich mit höherem Einkommen mehr Dinge leisten, die einen erfreuen und «glücklich» machen könnten, jedoch nimmt auf der anderen Seite die Freude an den kleinen Dingen des Lebens ab.[8]
- Wichtiger als materielle Güter sind für das Glück Sinnoptionen und deshalb sind soziale Beziehungen aber auch eine gute, weil als sinnvoll erachtete Arbeitssituation, viel wichtiger für das Glück als die materielle Ausstattung. Dass beide Bereiche, also sowohl die sozialen Beziehungen wie auch die Arbeit wichtige Glücksfaktoren sind, muss wohl nicht weiter begründet werden, sind doch die meisten Menschen beim Fehlen sozialer Beziehungen und beim Verlust von Arbeit unglücklich. Beide Güter, sowohl die der sozialen Beziehungen wie beispielsweise der Freundschaft aber auch die Arbeit, belegen zugleich die

geringe glücksrelevante Bedeutung materieller Güter: Niemand geht eine wahre Freundschaft wegen finanzieller Absichten ein und das gilt sogar für bestimmte Arbeiten, nämlich konkret die Freiwilligenarbeit. Diese wird von den meisten Menschen, die solche Arbeit leisten, als wichtige Quelle ihres Glücks bezeichnet (→ 8.3.1.) obwohl sie dafür nicht vergütet werden.[9]

- Der über gestiegenen Konsum vermeintlich glücklicher machende Lebensstandard kann dadurch negativ beeinflusst werden, dass wichtige glücksrelevante Güter geschmälert werden, allen voran die verfügbare Zeit:
- Wer sich beispielsweise mehrere teure Hobbies leistet, sich etwa eine Golfausrüstung zulegt und sich auch noch daran freut, einen gut restaurierten Oldtimer zu besitzen, der *muss* diese Güter auch ab und an nutzen, weil andernfalls deren Anschaffung völlig sinnlos gewesen wäre. Er wird auch unzufrieden sein, wenn er beide Freizeitbeschäftigungen nur einmal im Jahr geniesst, und zwar sowohl aus Gründen der andernfalls verlernten Fitness wie auch aus Gründen der wirtschaftlichen Rentabilität (sonst würden sich diese Investitionen ja nicht «lohnen»). Damit gerät der anfänglich noch hoffnungsfrohe Konsument zunehmend in ein Hamsterrad, das ihn mehr und mehr um das bringt, was er eigentlich wollte: ein bisschen Glück.
- Glücksmindernd wirkt auch der mit zunehmenden wirtschaftlichen Möglichkeiten ansteigende *Stress*. Der dafür erdachte Ausweg führt in Wirklichkeit erst Recht in den Stress:

Das Mehr-Haben-Wollen bringt einen also, wie es der an der *FHNW* lehrende Volkswirtschaftler *Mathias Binswanger* (* 1962) nennt, in die «Tretmühlen des Glücks». Was versteht man unter einer Tretmühle? Nach Binswanger sind Tretmühlen «das Resultat von kollektiv irrationalem Verhalten, (das) zu einem festen Bestandteil unseres Sozialverhaltens geworden ist.»[10] Als berüchtigte Tretmühlen macht Binswanger die folgenden vier aus:[11] Die Status-Tretmühle (die sich etwa nach dem Motto dreht: «ich will haben, was die anderen haben»), die Anspruchs-Tretmühle (Motto: «Ich gönn mir ja sonst nichts»), die Multioptions-Tretmühle («Ich möchte mehr Möglichkeiten gleichzeitig haben.») und die Zeitspar-Tretmühle («Ich mache schneller, damit ich mehr Zeit übrig habe.»). Wie man bereits ahnt, führen alle

Tretmühlen in die Irre und bewirken meist das Gegenteil, von dem was angestrebt ist, in jedem Fall aber, dass man im wahrsten Sinne auf der Strecke bleibt: Aussteigen aus der laufenden Tretmühle ist gefährlich und ein Abbremsen zum Stillstand nicht akzeptabel, weil dann die anvisierten Ziele erst Recht verpasst würden.

Da die moderne Werbung sich der neuesten Erkenntnisse der Glücksforschung bedient, weiss sie um die Vergeblichkeit des überflüssigen Konsums und strengt sich daher in der Erzählung ihrer Glücksstorys besonders an. Und da sie um die limitierende Wirkung der glücksrelevanten Wirkung des Konsums weiss, führt sie also letztlich die Konsumenten bewusst in die Irre.

Wenngleich sich das Glück durch den Konsum zusätzlicher Güter nicht mehr steigern lässt, so sehnt sich der einzelne Konsument danach, im Vergleich zu anderen in eine bessere Situation zu kommen. Der komparative Glücksbegriff führt dazu, dass Menschen *ihr* Glück meistens nicht isoliert für sich betrachten, sondern im Vergleich zu anderen. Und da sie beim Vergleichen in der Regel nach oben statt nach unten schauen, sich also mit denen, die mehr haben statt mit denen, die weniger haben, vergleichen und deshalb zum Schluss kommen, zu wenig zu haben, sehen sie immer noch weiteren Konsumbedarf.[12] Sind die Menschen einmal auf dieser Schiene, können sie eigentlich davon nicht mehr herunterkommen und müssen weiter konsumieren. Die Werbung für überflüssigen Konsum wird also versuchen, die Menschen im komparativen Denken zu halten, also den vergleichenden Blick auf die, die mehr haben, wachzuhalten und diejenigen, die mehr haben, als die glücklicheren und damit auch attraktiveren Menschen darzustellen.

Sowohl individuell wie auch gesellschaftlich ist dieser Effekt negativ, da Menschen permanent im Zustand des Unglücks gehalten werden – denn es liegt strukturell in der Natur dieses Ansatzes, dass sie nicht ankommen können – und zugleich wird so Unglück in Form von Zwietracht und Neid gesät (→ Begriff 1).

7.3. Das ökologische Problem überflüssigen Konsums

Überflüssiger Konsum beschädigt nicht nur den einzelnen Menschen und mit den sozialen Beziehungen auch die Gesellschaft insgesamt, sondern auch die Natur. Die in *Valencia* lehrende Wirtschaftsethikerin *Adela*

Abb. 33: Mathias Binswanger (* 1962): Wir sind in den Tretmühlen des Glückes gefangen

Cortina (* 1948) kritisiert entsprechend die herrschenden mikroökonomischen Konsumtheorien, die den Konsum als Privatangelegenheit des Konsumenten interpretieren. Dies stellt nämlich eine unzulässige Verkürzung der Konsum-Handlung dar, da diese über das Private hinauswirkt, sodass man analog der Stakeholder-Theorie (→ 4.2.3.) auch von den Stakeholdern des Konsumenten reden muss. Ein solcher Stakeholder ist die Natur. Daher stellt Cortina einen an Kant (→ 3.2.1.) orientierten Kategorischen Imperativ des Konsums auf: «Konsumiere so, dass deine Norm verallgemeinerbar ist, ohne die Nachhaltigkeit der Natur zu gefährden.»[13] Cortinas Plädoyer für einen nachhaltigen Konsum beinhaltet sowohl den überflüssigen Konsum wie auch den notwendigen, sofern er nicht nachhaltig ist. Notwendiger Konsum ist ja beispielsweise Konsum von Lebensmitteln aber auch anderer Gütern zur Deckung der Grundbedürfnisse, wozu also sowohl Essen wie auch Mobilität oder Wohnung zählen. Auch diese notwendigen Güter können nicht-nachhaltig sein, wenn beispielsweise das in geheizten Gewächshäusern gezüchtete Gemüse über 1000 km in meinen Supermarkt transportiert wurde, ich als Pendler einen sehr weiten Arbeitsweg zurücklege oder meine Wohnung mit nicht-regional verfügbaren Baustoffen gebaut oder schlecht isoliert ist. In all diesen Fällen emittiere ich mehr CO_2 als nötig und verhalte mich nicht-nachhaltig (→ 12.1.1.).

Während Cortinas Kategorischer Imperativ diesen Zusammenhang reflektiert, berücksichtigt sie neben der Natur auch die Menschen, da auch sie auf die Natur angewiesen sind und zwar sowohl als Menschen der Gegenwart wie der Zukunft. Es ist demnach weder zu verantworten noch gerechtfertigt, die Lebensbedingungen von anderen Menschen durch die eigenen Konsumentscheide zu schmälern noch ist es zu rechtfertigen, die fundamentalen Entfaltungsmöglichkeiten anderer Menschen (→ 4.2.4.) einzuschränken. Um diesem Gebot gerecht zu werden, fordert Cortina, die eigenen Konsumentscheide dahingehend zu überprüfen, ob sie die Lebensbedingungen der Natur insgesamt (→ 12.) oder die anderer Menschen einschränken bzw. vernichten. Um diesem Anspruch gerecht zu werden, formuliert Cortina folgende Regel: «Übernimm zusammen mit anderen, Lebensstile, die die Fähigkeit der Menschen zur dialogischen Verteidigung ihrer Interessen fördern und nicht die Nachhaltigkeit der Natur gefährden, und fördere Vereinigungen und Institutionen, die in dieser Richtung tätig sind.»[14]

Damit betont Cortina die sich aus der Handlungsreichweite von Konsumentscheiden ergebende Verantwortung privaten Konsums. In diese Entscheide müssen andere Menschen und die Natur als deren Betroffene (Stakeholder) miteinbezogen werden. Dieser Ansatz baut neben Kant auch auf eine an Aristoteles angelehnte Tugendethik (→ 3.1.2.), die sowohl die

Berücksichtigung anderer Betroffener wie auch eine intrinsische Glückskonzeption (→ 3.1.1.) vertritt.

Findet die Kritik am nicht-nachhaltigen Konsum sowohl bei Konsumenten wie auch bei Produzenten immer häufiger Zustimmung, so sehen sich jedoch gerade die Produzenten in dem Dilemma, dass sie in gesättigten Märkten vor allem über nicht-nachhaltigem Konsum auf ihre Kosten zu kommen glauben. Daneben kann man zwar ein Nachhaltigkeits-Marketing fordern, allerdings sind die Realisierungschancen wohl nur in Nischen-Segmenten erfolgversprechend (→ 11.1.).

Eine gesellschaftliche Debatte über Konsum sollte die Verantwortung aller gesellschaftlichen Akteure in den Blick nehmen. Nachhaltig zu produzieren darf für Unternehmen nicht zur Existenzgefährdung werden und der Verzicht auf überflüssigen Konsum darf den Konsumenten nicht durch zusätzliche Kaufanreize erschwert werden. Zur notwendigen Aufklärung über den Konsum zählt in diesem Zusammenhang auch der Rebound-Effekt (→ 4.1.5.). Die aus ökologischer Sicht notwendigen, technisch bedingten Energieeinsparungen, führen häufig auf Konsumentenseite zu einer Verhaltensänderung: Wenn die Energiesparlampe weniger Strom verbraucht als die konventionelle Glühbirne, wird sie länger brennen gelassen als die alte Glühbirne; wenn die Verbrennungsmotoren immer sparsamer werden, werden viele Konsumenten sich ein größeres Auto leisten, das netto nicht mehr verbraucht als das alte. Das sind Rebound-Effekte, welche die Einsparpotentiale wieder rückgängig machen oder sogar gänzlich übersteigen, was *Back-fire* genannt wird. Einen ökonomischen Rebound-Effekt kann man schließlich bei Preiseinsparungen beobachten: Wenn die Billig-Airline ihre Passagiere für einen Bruchteil des Preises einer klassischen Fluggesellschaft nach London bringt, werden viele Konsumenten das eingesparte Geld in weitere Flüge reinvestieren.

Treiber dieses Effektes ist das individuelle, egoistische, Effizienzsteigerungsinteresse. Solange es nicht gelingt, dieses kritisch zu hinterfragen und durch eine gesamtgesellschaftliche Perspektive zu ersetzen, solange wird eine Energieeffizienzpolitik das Gegenteil dessen erreichen, was sie beabsichtigt.

= *Gerade in den gesättigten Märkten der modernen Industriegesellschaften werden die Menschen durch ein geschicktes Marketing zu überflüssigem Konsum angeregt, der für sie zunehmend zur Existenzbedingung wird, so dass sie sich schliesslich als Homo Consumens begreifen, wodurch der Konsum von seiner funktionalen Dimension abgekoppelt und zum Selbstzweck wird.*

Fragen und Aufgaben:

- ☐ Was bedeutet «rationaler» Konsum?
- ☐ Was versteht man unter «Demokratisierung des Konsums»?
- ☐ Stellen Sie einen Warenkorb mit 10 Produkten von jeweils unter 10 €/Fr. zusammen, bei deren Erwerb man einen immateriellen Mehrwert erwirbt. Beschreiben Sie diesen.
- ☐ Erklären Sie, wie das Storytelling der Konsumgüter funktioniert.
- ☐ Warum kennt die Konsumgüter-Wirtschaft keine Sättigung?
- ☐ Was bedeutet und wie wirkt der komparative Glücksbegriff?
- ☐ Beschreiben Sie die Schäden, welche durch überflüssigen Konsum entstehen.
- ☐ Erklären Sie an zwei Beispielen den Rebound-Effekt.
- ☐ Zeigen Sie an einem Beispiel wie es zu einem Back-fire kommt.

Homo Faber

185	8.1.	Die Geburt der Arbeiter
186	8.2.	Der Lohn
188	8.2.1.	Wer verdient Lohn?
191	8.2.2.	Wann ist ein Lohn gerecht?
191	8.2.3.	Lohndiskriminierung zwischen Mann und Frau
192	8.2.4.	Hungerlöhne
192	8.2.5.	Minilöhne
193	8.2.5.1.	Ergänzungsleistungen
194	8.2.5.2.	Ermöglichung gesellschaftlicher Teilhabe
194	8.2.6.	Ganz aus dem Rahmen: Extreme Spitzenlöhne, Boni und fliegende Wechsel
194	8.2.6.1.	Extreme Spitzenlöhne
198	8.2.6.2.	Boni
199	8.2.6.3.	Fliegende Wechsel
201	8.3.	Arbeit
201	8.3.1.	Freiwilligenarbeit
201	8.3.2.	Arbeitslosigkeit
201	8.3.3.	Die Zukunft der Arbeit
204	8.3.3.1.	Schneller arbeiten
205	8.3.3.2.	Was kann man noch arbeiten?
206	8.3.4.	Was kommt nach dem Homo Faber?
209	Begriff 10: «Eigentum

8. Homo Faber

8.1. Die Geburt der Arbeiter

Arbeit ist eine Tätigkeit von zweifelhaftem Ruf. Fast alle Menschen arbeiten, manche tun es gerne, manche widerwillig, andere sehnen sich danach, aber fast alle sagen, sie müssen es. Die grundsätzlich negative Bewertung der Arbeit hat ihren Ursprung in der Antike. Dort sind es nur die Unterprivilegierten, die arbeiten: Wer in der Antike arbeitet, dem geht es schlecht; ziemlich schlecht sogar, weil er nur mit Arbeit sein Leben auf bescheidenem Niveau fristen kann, oder ganz schlecht, weil er nicht nur aus Gründen der Lebensnotwendigkeit, sondern zusätzlich aus Gründen der absoluten Unfreiheit dazu gezwungen wird: er ist Sklave.

Die Freien hingegen geniessen ihr Nichtstun und ihr Tätigsein, das sie aber nicht als Arbeit betrachten. Die Freien, das sind die Polis-Bürger, die sich in ihrer Tätigkeit, in ihrem Engagement für die eigene Stadt, die Polis, verwirklichen (→ 2.2.). Wer in Versammlungen für sein Projekt die Rede ergreift und um Unterstützung wirbt, der hält das nicht für Arbeit. Entsprechend wäre dem antiken Bürger der moderne Typ des Berufspolitikers, der von seiner politischen Tätigkeit lebt und der mit dieser auch sein Leben fristet, höchst suspekt vorgekommen. Und zwar nicht aus moralischen Gründen, wie es in der Gegenwart zum Teil der Fall ist, wenn Politikern vorgeworfen wird, dass ihnen der Gelderwerb an erster Stelle stünde, sondern aus ästhetischen Gründen: Wer sich für die Polis engagiert, – und das bedeutet es ja politisch zu sein –, der soll das ganz aus freien Stücken tun und nicht, weil da noch irgendetwas anderes im Hinter- oder sogar im Vordergrund steht: es nähme dem edlen Tun nur seine Würde. Denn nur der Freie hat Würde und er hat Würde, weil ihn nichts drängt und bückt, wie den Unfreien auf dem Felde oder in der Galeere.

Der, der nicht arbeitet, lebt im Überfluss und er lebt sein Leben als Ganzes und er geniesst diesen Reichtum, der ein Reichtum an Möglichkeiten und Zeit ist. Solche von den Notwendigkeiten Befreiten, arbeiten nicht, sondern leben. Und ebenso wie die Freien der Antike nicht arbeiten, arbeiten die Unfreien und sind damit nicht frei.

In der neuen Zeit des Christentums ist es dann mit dem Müssiggang für alle so ziemlich aus und vorbei. Nun beginnt für fast alle die Zeit der Mühsal. So heisst es denn auch «im Schweiss Deines Angesichts sollst Du Dein Brot essen.»[1] Arbeit ist gleich Mühsal und Arbeit ist so mühselig, weil die Menschen nicht mehr im Paradies sind und sie sind nicht mehr im Paradies, weil sie Sünder sind. Die Vertreibung aus dem Paradies hat die Menschen ins Jammertal geworfen und dort rackern sie sich ab, schinden sich bis der Rücken durchgescheuert ist und die Hände blutig. Zur griechisch-antiken Erklärung, die die Arbeit dadurch abwertet, dass sie das Nichtstun adelt, weil es die Praxis der staatstragenden Kreise ist, gesellt sich im Christentum ein weiteres Argument gegen die Arbeit: Es ist Folge der menschlichen Verderbtheit und diese prägt die menschliche Natur: Bereits wenn wir auf die Welt kommen, sind die Schmerzen dabei, vor allem für die Mütter, an denen sich das Gotteswort bewahrheitet, «unter Schmerzen sollst Du gebären»;[2] den Zusammenhang von Arbeit und Schmerz kennt das Englische auch hier: Mit «*to be in labor*» werden die Wehen beschrieben.

Das ist der Ernst des Lebens, alles andere ist Spass, den sich aber nur wenige leisten können. Der erfolgreiche Verbreiter des Christentum, Paulus (ca. 10-60), kennt in Sachen Arbeit kein Pardon und auch keine christliche Nächstenliebe: «Wer nicht arbeiten will, soll auch nicht essen.»[3] Mit diesem auf das tiefe Niveau der bitteren Notwendigkeit, die, so die Hoffnung, die Not zu wenden vermag, herabgesunkenen Arbeitsbegriff, müssen die Menschen nun leben, – wenn sie leben wollen. Da wir unter dem Diktat des Muss stehen, bezeichnet *Hannah Arendt* (1906-1975) den modernen Menschen als ein arbeitendes Tier, als *Animal laborans*. Ein solch arbeitendes Tier zu sein, hält Arendt für einen bedauerlichen Zustand. Dieser ergibt sich daraus, dass der Mensch in der modernen Welt jeden nicht-funktionalen Weltzugang, Arendt erwähnt die Kontemplation, verloren hat. Sich in die Arbeit zu stürzen, ist dann alles, was ihm noch bleibt. Der Mensch aber, der nur noch arbeitet, bringt sich um seine Möglichkeit zu handeln, er ist nur noch am Tun.[4] Bereits in den 1950er Jahren, lange vor der Digitalisierung, sieht Arendt einen Rund-um-die-Uhr-Aktivismus voraus und befürchtet, dass mit dem Erfahrungsschwund auch die Arbeit letztlich verschwinden werde und wir «in der sterilsten Passivität enden» werden.[5]

Abb. 34: Hannah Arendt (1906-1975): Der Mensch als «arbeitendes Tier»

8.2. Der Lohn

Die längste Zeit kannten die Menschen, wie wir gesehen haben, keine positive Vorstellung von Arbeit und dachten dabei immer an Zwang: Entweder es gibt Zwangsarbeit oder es gibt keine Arbeit, was nicht «Arbeitslosigkeit» bezeichnet, – die gibt es erst in der Industrialisierung –, sondern den beneidenswerten Zustand der Privilegierten, welche von der Arbeit befreit sind.

Mit der Aufklärung setzt hier eine Wandlung ein: Arbeit wird zur Möglichkeit – und damit zugleich zur Notwendigkeit, nämlich von Eigentumsbildung und -vermehrung. Wie stark diese Vorstellung die neue, von der Religion aufgeklärte, Gesellschaft prägt, demonstriert Rousseau. Auf der einen Seite macht er den «Ursprung und die Grundlagen der Ungleichheit unter den Menschen», wie seine gleichnamige Untersuchung heisst,[6] im anmassenden Eigentumsbegriff aus, auf der anderen Seite stellt er jedoch klipp und klar fest: «Jeder müßig gehende Bürger ist ein Betrüger.»[7]

Stellt die Verbindung von Arbeit und Essen, wie sie Paulus zieht, noch einen gleichsam naturwüchsigen Zusammenhang her, so wird in der aufdämmernden Moderne mit dem Arbeitslohn eine ganz neue Dimension eröffnet. Arbeit, welche ja Ergebnis körperlich-geistiger Aktivität ist, wird durch die geldliche Entlohnung ein Arbeitsäquivalent gegenübergestellt, das keine Sättigung kennt: Solange es nur um`s Essen ging, arbeitete man so lange, bis das Essen verdient war, danach kam das Essen und dann der Müssiggang.

Wenn man aber für seine Arbeit, wie in der modernen Erwerbsgesellschaft, mehr Geld erhält als man dafür Lebensmittel essen kann, dann löst sich der Arbeitslohn aus dem natürlichen energetischen Zusammenhang, der so lange bestand, wie die durch die Arbeit verbrauchte Energie mit der verdienten Nahrung wiedergewonnen werden konnte. Dass dieser so bemessene Minimallohn in den ökonomisch reichen Gesellschaften nicht mehr gilt und die meisten Menschen mehr verdienen als sie in Nahrung getauscht, aufessen könnten, stellt selbstverständlich einen grossen zivilisatorischen Fortschritt dar. Die Kehrseite dieser Entwicklung besteht jedoch darin, dass die Arbeit nun von der natürlichen Sättigungsgrenze abgekoppelt wird. Denn das Mehrgeld, also jener über das zum (Über-)Leben notwendige hinausgehende Betrag, wird in soziales Ansehen konvertiert und trägt damit zu dem besonderen Renommee des Geldes bei (→ Begriff 11).

Wie die Kritik am Homo Oeconomicus-Modell gezeigt hat (→ 6.1.2.), besitzt das Geld jedoch keine absolute Lenkungsfunktion, was man daran sieht, dass Menschen sich den Geldanreizen auch entziehen können und dies umso eher tun, als sie der externen Motivation eine interne gegenüberstellen können.

Finanzielle Anreize können den Effekt haben, dass ein externer Anreiz den intrinsischen Anreiz trumpft. Auf diesen Zusammenhang verweist auch Alexei Alexandrowitsch, der Gatte Anna Kareninas in *Leo Tolstoi (1828-1910)* gleichnamigem Roman. Seinem 9-jährigen Sohn Sergej erklärt Alexei: Wir sollten «unsere Freude nicht vom Lohn haben, sondern von der Arbeit. Denn wenn Du nur deshalb arbeitest und lernst, um eine Belohnung zu erhalten, dann wird Dir die Arbeit schwer vorkommen, wenn Du aber arbeitest aus Liebe zur Arbeit, so wirst du in der Arbeit selbst deinen Lohn finden.»[8]

Was aus verfehlten Anreizen wird, haben eindrücklich die Finanzkrisen des frühen 21. Jahrhunderts gezeigt. Finanzhändler haben, wohl auch aus Frustration über die Sinnleere ihrer Jobs, nur noch in den Boni die Quelle ihrer Erfüllung gesehen[9] und damit jeden Sinn für Verantwortung aufgegeben. Arbeit, deren Sinn nicht sichtbar ist, kann demnach durch Geld bis zur sinnlosen Steigerung angereizt werden und umgekehrt: Als in hohem Masse sinnvoll betrachtete Tätigkeiten werden, wie die Experimente mit Spendensammlern gezeigt haben (→ 2.5.), durch Geldzahlungen nicht angereizt – im Unterschied zu den als wenig sinnvoll erachteten Tätigkeiten wie die Akkordarbeit –, sondern gedämpft.

Zur Beurteilung von Sinn und Bedeutung der Arbeit fällt jedoch nicht nur deren Sinnhaftigkeit ins Gewicht, sondern durchaus auch ihre finanzielle Vergeltung und dies, unabhängig von dem Einfluss auf die Anreizstruktur, wegen ihres gesellschaftlichen Status. Und dabei kommen auch die Arbeiten in den Blick, die finanziell nicht entlohnt werden, also *Erziehungsarbeit, Familienarbeit* oder *Freiwilligenarbeit*.

8.2.1. Wer verdient Lohn?

Nach Adam Smith besitzt jeder Mensch Eigentum «an seiner Arbeit»,[10] weswegen das Recht auf ihre Entlohnung unbestritten ist. In der Geschichte der modernen Ökonomie hat sich diese Selbstverständlichkeit unter dem Bedeutungszuwachs des Geldes zunehmend aufgelöst: In der Moderne entscheidet das Geld darüber, ob eine Tätigkeit Arbeit heisst. Erst der «finanzielle Anreiz verwandelt (...) eine Tätigkeit in einen bezahlten Job.»[11] Demnach sind nicht finanziell entlohnte Tätigkeiten keine Arbeit, weswegen die bereits genannte Erziehungs-, Familien- oder Freiwilligenarbeit, so wichtig sie auch für das Gemeinwesen sind, nicht als Arbeiten gelten. Dagegen lässt sich einwenden: Warum sollen Tätigkeiten, die einen hohen gesellschaftlichen Ertrag erbringen, nicht honoriert werden? Weiter: Warum werden Tätigkeiten, die einen inhärenten Wert besitzen und deren Sinn damit unzweifelhaft ist, finanziell nicht mindestens so gestellt, wie Tätigkeiten, denen lediglich ein extrinsischer Wert zukommt, wie etwa dem bestens honorierten Job des Immobilienmaklers?

Fragen dieser Art werden seit einiger Zeit als Thema der (mangelnden) Gerechtigkeit diskutiert.[12] Die Nicht-Entlohnung der beschriebenen Tätigkeiten stellt dann und nur dann kein Gerechtigkeitsdefizit dar, wenn man sich auf den etablierten wirtschaftswissenschaftlichen Arbeitsbegriff verständigt und unter Arbeit ausschliesslich eine «bezahlte Tätigkeit» versteht. In dem Falle löst sich das beklagte Problem auf und die Erziehung der eigenen Kinder und die Pflege der eigenen Eltern werden deshalb nicht entlohnt, weil sie keine Arbeit sind und sie sind deshalb keine Arbeit, weil sie nicht entlohnt werden. Wenn man sich mit diesem Zirkelschluss nicht zufriedengeben möchte, muss man ihn aufsprengen und die Frage nach der Berechtigung der Nicht-Entlohnung dieser Tätigkeiten stellen. Zur Diskussion dieser Frage könnten die Themen «Sinn» und «Wert» der Arbeit wichtige Kandidaten sein, wie sich an der *Erziehungsarbeit* zeigen lässt.

Die Erziehung der eigenen Kinder ist eine Tätigkeit, welche von den Eltern einen hohen Einsatz an Zeit, Kraft, Phantasie, Geduld und auch Geld (nämlich durch den Verzicht auf eine an Stelle der Erziehungsleistung zu erbringende bezahlte Arbeit) verlangt. Die Erziehung von Kindern (egal ob der eigenen oder fremder) ist eine unbestritten sinnvolle Tätigkeit. Sowohl Eltern wie auch bezahlte Erzieher, wie Kindegärtnerin oder Lehrerin, sind sowohl intrinsisch wie auch extrinsisch motiviert. Die intrinsische Motivation speist sich aus dem Sinn der Tätigkeit, die extrinsische – im Falle der Kindergärtnerin oder Lehrerin – aus dem Lohn.

Wer für die allgemeine Entlohnung von Erziehungsarbeit plädiert, sollte sich dabei nicht auf die Motivation beziehen, weil diese Mal intrinsischen und Mal extrinsischen Ursprungs sein kann: So geraten Eltern immer wieder an ihre Belastungsgrenzen und fühlen sich dann nicht mehr intrinsisch, sondern allein durch die Notwendigkeit motiviert, beispielsweise ihr Kind vor einem Unfall auf dem Spielplatz zu bewahren. Umgekehrt wird die Lehrerin unabhängig von Lehrplan und (bezahlter) Arbeitszeit einem Kind ihre Aufmerksamkeit zuwenden, weil sie sich motiviert fühlt, diesem konkreten Kind in einer bestimmten Situation zu helfen, auch noch nach der regulären Arbeitszeit, also gratis. Unabhängig von den gegensätzlichen Motivationen ist das gemeinsame dieser beiden Tätigkeiten ihre Sinnhaftigkeit und dies gilt selbst dann, wenn der Sinn aktuell nicht gesehen oder sogar geleugnet wird (die gestresste Mutter fragt sich: «Was hat das eigentlich für einen Sinn?», der verzweifelte Vater klagt: «Das bringt doch gar nichts.»).

Der Sinn von Erziehung wird gesellschaftlich anerkannt wie die Einrichtung von Erziehungsinstitutionen wie Kindergärten und Schulen belegten. Wenn man nun behauptete, dass sich auf Seiten der Kindergärtnerin und Lehrerin aus der Sinnhaftigkeit ihres Tuns die Berechtigung und Notwendigkeit ihres Lohns ableite, liesse sich dagegenhalten, dass ihr Lohn sich ganz einfach aus der Notwendigkeit der Lebensfristung ergebe, denn von irgendwas müssen sie ja schliesslich leben. Dass dieser Grund nicht ausreicht eine Bezahlung zu rechtfertigen, sieht man daran, dass es viele Formen gibt, zu Geld zu kommen, die von der Gesellschaft geächtet werden, wie beispielsweise die Schutzgelderpressung. Wir erlauben dem Mafiosi also nicht sein erpresserisches Geschäft, damit er damit sein Leben fristen kann. Die Ächtung der Schutzgelderpressung liegt daher auch nicht in erster Linie in der damit einhergehenden Gewalt, sondern in ihrem mangelnden Sinn: Es ist für die Gesellschaft nicht sinnvoll, wenn parallel zu bereits bestehenden und finanzierten öffentlichen Sicherheitssystemen noch ein privates Sicherheitssystem aufgebaut und finanziert wird.

Kommen wir zurück zu Kindergärtnerin und Lehrerin so sieht man, ihre Tätigkeiten werden deshalb bezahlt, weil sie als sinnvoll betrachtet werden; der Aspekt der Lebensfristung ist dem nachgeordnet und für den Lohn nicht entscheidend. Der *Sinn* bildet für alle bezahlten Tätigkeiten den Grund ihrer Bezahlung: Wo kein Sinn gesehen wird, wird die Gesellschaft eine Bezahlung verweigern oder höchstens zähneknirschend hinnehmen.

Nun muss der Sinn einer Tätigkeit nicht von allen eingesehen werden, damit er seine Entlohnung rechtfertigt: Es gibt Menschen, die halten *Bungeejumping* für unsinnig und sehen nicht ein, warum Firmen eine solche Unterhaltung gegen Geld anbieten und die Solidargemeinschaft im Falle eines Unfalls dafür bezahlen sollte. Umgekehrt mögen sich Anhänger des Bungeejumpings wundern und beschweren, dass es Menschen gibt, die teure und dennoch öffentlich subventionierte Tickets für den Besuch eines klassischen Konzerts kaufen und damit die Arbeit von Orchestermusikern bezahlen, von denen die allerwenigsten eine Chance hätten, auf dem freien Markt zu bestehen. Die Gemeinsamkeit beider bezahlter Tätigkeiten besteht darin, dass diese Tätigkeiten für die sie nachfragende Klientel von Sinn sind und auf allgemeiner Ebene als sinnvoll angesehen werden, nämlich als Form von Unterhaltung. Der Sinn einer Tätigkeit alleine genügt aber noch nicht, ihre Entlohnung zu rechtfertigen: Es muss damit ein anderen zu Gute kommender Vorteil verbunden sein. Andernfalls könnte jemand, der zu Hause das Gitarrenspiel übt oder mit Freunden ein Essen kocht, dafür einen Lohn verlangen.[13] Der Vorteil, der anderen zu Gute kommt, muss, damit er berechtigter Weise mit Geld bewertet wird, Anderen nicht alleine zu Gute kommen, sondern von den anderen auch nachgefragt werden. Denn das private Gitarrenspiel kommt, wenn das Fenster offen ist, ja auch den Nachbarn zu Ohren und ist, wenn es gut ist, auch zu deren Vorteil. Geldwert wäre es aber erst, wenn die Nachbarn darum gebeten hätten, dass der Heimmusiker immer, wenn er spielt, auch das Fenster öffnet. So erwerben ja auch Strassenmusiker einen – wenngleich informellen und deshalb auch

Kapitel 8 *Homo Faber*

nicht-einklagbaren – Anspruch auf Honorar, wenn Passanten stehenbleiben und ihrem Spiel lauschen.

Wie ist vor dem Hintergrund dieser Differenzierungen die elterliche Erziehungsleistung zu beurteilen? Dass es sich hierbei um eine sinnvolle Tätigkeit handelt, ist nicht zu bestreiten, aber wie wir am Beispiel vom Gitarrenspiel oder gemeinsam gekochten Essen gesehen haben, für die Frage nach der Entlohnung entscheidend ist alleine die Nachfrage.

Wer aber will, dass Eltern ihre Kinder erziehen? In letzter Instanz ist es die Gesellschaft, welche die elterliche Erziehung von Kindern nachfragt, was deutlich wird, wenn geklagt wird, dass es nicht Aufgabe der Schule sei, familiäre Erziehungsdefizite zu kompensieren und wenn man des Weiteren hört, dass es die Gesellschaft teuer zu stehen kommt, wenn die Eltern «ihre Aufgaben» vernachlässigen: In solchen Positionen wird die gesellschaftliche Nachfrage nach der elterlichen Erziehung bestätigt und damit auch die Begründung ihrer Entlohnung geliefert.

Damit ist die gesellschaftlich und ökonomisch schwer zu beantwortende Frage, *wie* und in welchem Masse bislang unbezahlte Arbeiten entlohnt werden sollen, noch nicht beantwortet, wohl aber die aus Gerechtigkeitsgründen belegte Notwendigkeit ihrer Entlohnung.[14]

8.2.2. Wann ist ein Lohn gerecht?

Immer wieder ist die Höhe von Löhnen Gegenstand intensiver gesellschaftlicher Auseinandersetzungen. Dabei geht es um Lohnungleichheiten wie der ungleichen Bezahlung zwischen Frauen und Männern und um extreme Löhne, sogenannte «Hungerlöhne» auf der einen Seite und exorbitante «Managerlöhne» auf der anderen Seite.

8.2.3. Lohndiskriminierung zwischen Frau und Mann

Die ungleiche Bezahlung zwischen den Geschlechtern stellt eine bis heute auch in den modernen Industriegesellschaften bestehende Ungerechtigkeit dar, gegen die sich leicht argumentieren lässt (→ Begriff 2), weil hier grundlegende Gerechtigkeits- und Fairnessregeln verletzt sind, allen voran die Regel «gleicher Lohn für gleiche Arbeit», womit auf die *Leistungsgerechtigkeit* verwiesen ist.

Ist das Argument gegen diese Form der Lohndiskriminierung auch einfach zu formulieren, so ändert das nichts daran, dass sie bis heute fortbesteht. Der Widerstand gegen diese Missachtung anerkannter Gerechtigkeits- und Fairnessregeln scheitert häufig am entsprechenden Nachweis, dass zwei verschiedene Löhne für die gleiche Arbeit gezahlt werden. Hier ist also ein doppeltes Engagement gefragt: Zum einen muss auf die Ungerechtigkeit von

Lohndiskriminierung hingewiesen und zum anderen der faktische Nachweis einer solchen Diskriminierung erbracht werden.

8.2.4. Hungerlöhne

Unabhängig der nominalen Lohnhöhe kann man feststellen, dass der Lohn mindestens so hoch sein muss, dass mit dem für ein Vollzeitpensum bezahlten Lohn der Lebensunterhalt finanziert werden kann. Ein Lohn, der unter dieser Höhe bleibt, ist ungerecht. Argumente dieser Art wurden bereits von Aristoteles und von der christlichen Tradition entwickelt. Solche Löhne gelten aber nicht alleine als ungerecht, sondern als ausbeuterisch. Derjenige, der einen Hungerlohn bezieht, wird im Extremfall in jeder Hinsicht ausgebeutet, nämlich an seiner Gesundheit, an seiner bürgerlichen Selbstbestimmung, welche ihm die Chance der Teilhabe an der Gesellschaft raubt, den Möglichkeiten seiner Entfaltung, in dem er die Möglichkeiten kultureller Entwicklung nicht wahrnehmen kann und, falls er Kinder hat, all diese Einschränkungen noch an seine Kinder weitergibt, womit eine neue Generation unter existentiell ungerechten Bedingungen heranwächst (→ 4.2.4.).

Wenngleich Hungerlöhne in den modernen Industriestaaten in der Regel erfolgreich geächtet sind, gibt es auch dort extrem prekäre Arbeits- und Lohnverhältnisse. Diese sind meist Folge eines unsicheren Rechtsstatus in Folge fehlender Aufenthaltserlaubnis und illegaler Arbeitsverhältnisse («Schwarzarbeit»). Dieser prekäre Status begünstigt Ausbeutungsverhältnisse. Zusätzlich fühlt sich ein wachsender Teil der Gesellschaft auch in den modernen Volkswirtschaften durch die «Rückkehr einer sozial ungeschützten Leih-, Teil- und Heimarbeit» verunsichert.[15]

Obwohl Hungerlöhne in den Rechtsstaaten geächtet sind, machen sich viele Unternehmen, die in Rechtsstaaten angesiedelt sind, indirekt der Förderung von Hungerlöhnen schuldig, nämlich dann, wenn in ihrer Wertschöpfungskette Hungerlöhne vorkommen und sie sich weder um eine Aufklärung der Wertschöpfung noch die Verbesserung der dort vorkommenden Arbeitsverhältnisse bemühen. Es sind aber nicht alleine die Unternehmen, die schuld an diesen Arbeitsverhältnissen sind, sondern auch die Konsumenten sind für dieses Übel verantwortlich, wie Evi Hartmann (→ 4.15) feststellt.

8.2.5. Minilöhne

Auch wer keinen Hungerlohn verdient, kann einen ungerecht tiefen Lohn beziehen. Solche Minilöhne können so tief sein, dass sie kaum zum Leben ausreichen und die Arbeitenden zu *Working Poor* macht. Ein Mittel, eine solche Ungerechtigkeit zu vermeiden, stellt der *Mindestlohn* dar. Die Höhe des

Mindestlohns bestimmt sich minimal an den Kosten für einen Warenkorb, der für die Aufrechterhaltung und Finanzierung eines Lebensunterhaltes, der die minimalen Leistungen ermöglicht, nötig ist. Diese Grenze markiert deshalb die minimale Grenze des Mindestlohnes, weil diese gegebenenfalls noch um den Betrag zur Finanzierung gesellschaftlich formulierter Minimalstandards zu erweitern ist. Denn ein Leben ist nicht bereits dann minimal zufriedenstellend ausgestattet, wenn ein Mensch über Dinge verfügt, welche seine existentiellen Bedürfnisse befriedigen; wenn er darüber hinaus keine Möglichkeit hat, die menschlichen Grundfähigkeiten zu verwirklichen, ist sein Lohn unter der zulässigen Minimalgrösse (→ 4.2.4.).

8.2.5.1. Ergänzungsleistungen

Ein Mensch kann über ein minimal ausreichendes Set an Dingen, welche ihm helfen, seine Bedürfnisse zu befriedigen, verfügen, jedoch darunter leiden, dass er sich diese Mittel nicht durch eigene Arbeit «verdient» hat. Ausgehend von einem bis auf die Anfänge des Christentums zurückgehenden Arbeitsverständnis (→ 2.3.3.; 2.4.2.), das dem Arbeitsamen die gerechten Früchte seiner Arbeit zubilligt und den – aus welchen Gründen auch immer – Nicht-Arbeitenden von der Gnade der Arbeitenden abhängig macht, besteht die Gefahr, dass Bezieher von Ergänzungsleistungen sich nicht als vollwertige Mitglieder der Gesellschaft betrachten und darunter leiden, Gegenstand diskriminierender Beurteilung («Sozialschmarotzer») zu werden oder sich diskriminierende Urteile sogar selbst zuschreiben.

Eine «anständige Gesellschaft», die ihre Mitglieder würdevoll behandeln will, muss, wie *Avishai Margalit* (* 1939) fordert, solche demütigenden Effekte verhindern. Dazu zählen beispielsweise abschreckende Prozeduren bei der Beantragung von Ergänzungsleistungen ebenso wie der durch Behörden oder Gesellschaft vermittelte Eindruck, diese aus Mitleid zu gewähren.[16]

Neben der gesellschaftlichen Aufklärung über die Bedingungen des Zugangs zum Arbeitsmarkt inklusive des Zugangs zu Bildung, bemüht sich die «anständige Gesellschaft» in diesem Zusammenhang auch um einen würdevollen und nicht-diskriminierenden Zugang

Abb. 35: Avishai Margalit (* 1939): Was ist eine anständige Gesellschaft?

zu Ergänzungsleistungen. Dazu gehört auf der einen Seite, ihren Charakter eines Rechtsanspruchs unmissverständlich klar zu machen und zum anderen, die Verfahren der Leistungsvergabe möglichst barrierefrei zu gestalten.

8.2.5.2. Ermöglichung gesellschaftlicher Teilhabe

Wer über die minimalen Mittel zur Finanzierung seines Lebensunterhaltes verfügt, kann dennoch darunter leiden, minimale gesellschaftliche Bedürfnisse nicht befriedigen zu können und von einer minimalen gesellschaftlichen Teilhabe ausgeschlossen zu sein. Wer beispielsweise mindestens einmal im Jahr ein klassisches Konzert in der nächstgelegenen Konzerthalle besuchen möchte, der wird auf diese Möglichkeit selbst wenn der Eintritt gratis ist, verzichten, wenn er oder sie nicht über die für den Besuch klassischer Konzerte übliche Garderobe verfügt. In diesem Falle kann es eine Frage der Selbstachtung sein, welche von gesellschaftlicher Teilhabe ausschliesst. «Selbstachtung» und «Selbstwertgefühl» sind aber wie John Rawls erklärt, unverzichtbar, um sich «als voll kooperierendes Mitglied der Gesellschaft»[17] zu begreifen. Dies wiederum ist die von aussen zu erbringende Voraussetzung für eine ungeschmälerte Selbstachtung und damit letztlich auch für eine starke Gesellschaft mit hoher Beteiligung.

8.2.6. Ganz aus dem Rahmen: Extreme Spitzenlöhne, Boni und fliegende Wechsel

8.2.6.1. Extreme Spitzenlöhne

Wie bereits bei der Lohndiskriminierung nach Geschlecht (→ 8.2.3.), so drängt sich auch bei den extremen Spitzenlöhnen eine Diskussion unter dem Aspekt der Leistungsgerechtigkeit auf. Nun stellt die Verteilung nach Leistung nicht das alleinige legitime Verteilungskriterium dar, wie der Anspruch auf und die Verpflichtung zu bedürfnisorientierten Ergänzungsleistungen (→ 8.2.5.1.) zeigt. Leistungsgerechtigkeit ist daher nur dort in Anschlag zu bringen, wo eine Leistung vorliegt und das ist bei Managern, welche Bezieher von Spitzenlöhnen sind, ohne Frage der Fall. Neben dem Kriterium der Leistungsgerechtigkeit müssen jedoch auch die Besitzverhältnisse des Unternehmens wie auch die gesellschaftlichen Rahmenbedingungen (→ 4.1.1.) berücksichtigt werden.

Der Analyse der Besitzverhältnisse kommt deshalb eine wichtige Bedeutung zu, da das Spitzengehalt bei einem *Staatsunternehmen* anders und d.h. deutlich sensibler zu beurteilen ist als bei einem Privatunternehmen. Bei Spitzengehältern von Managern von Staatsunternehmen hat die Öffentlichkeit ein direkt begründetes Mit- und Einspracherecht im Falle von Verlusten, dann nämlich wenn das Gehalt aus Steuermitteln bezahlt wird.

Unabhängig von der aktuellen Finanzierung des Gehaltes könnte ein Interesse der Öffentlichkeit an der Lohnhöhe von Staatsbediensteten auch deshalb gerechtfertigt sein, weil von Vertretern des Staates eine gesellschaftliche Vorbildfunktion erwartet wird. Diese Erwartung, wie sie prominent an die Inhaber politischer Spitzenämter herangetragen wird, lässt sich leicht damit rechtfertigen, dass diese Personen kraft ihres Amtes dem Gemeinwohl verpflichtet sind. Was von einer Regierungschefin erwartet werden darf, wird, wenngleich nicht in selben Masse, auch von dem Chef der staatlichen Eisenbahn oder des staatlichen Energieversorgers erwartet. Dass die Gesellschaft hier nicht die gleichen Massstäbe anlegt, erkennt man an der grossen Gehaltskluft zwischen beiden. Wenn die Regierungschefin in der Regel deutlich unter dem Gehalt des staatlichen Eisenbahn-CEO bleibt, so ist auch dies mit der Gemeinwohlorientierung begründet: Wir erwarten von der Regierungschefin, dass sie ihre Aufgabe primär und vor allem wegen der gesellschaftlichen Gestaltungsmöglichkeit, welche ihr ihre Aufgabe gewährt, angestrebt hat und nicht um damit sehr reich zu werden.

Wie sind nun die Spitzengehälter von Managern bei Privatunternehmen zu beurteilen? Ein von Managern häufig zu hörendes Argument lautet, dass ihr Gehalt einen Marktpreis wiederspiegele, womit sie wohl unterstellen wollen, dass sich ihr Gehalt aus dem Verhältnis von Angebot und Nachfrage gebildet habe. Dieser Behauptung kann die beabsichtigte Legitimationsfunktion des Spitzengehaltes jedoch nur dann erfüllen, wenn man bereits dem freien Spiel der Marktkräfte als solchem eine legitimierende Wirkung zuschreibt. Dafür gibt es aber keinen Grund. Denn es gibt viele Märkte, in denen sich aus dem Spiel von Angebot und Nachfrage ein Preis bildet, ohne dass man diesen Preis und dieses marktförmige Gut für gerechtfertigt ansehen möchte. So gibt es Märkte für Elfenbein oder geraubte Kunstschätze ohne dass aus dem Vorhandensein solcher Märkte bereits auf die ethische Unbedenklichkeit des gehandelten Gutes geschlossen werden kann oder die ethische Richtigkeit des festgestellten Preises. In dem Zusammenhang ist schliesslich auch daran zu erinnern, dass auch Hungerlöhne (→ 8.2.4.) vielfach unter Marktbedingungen zu Stande kommen, ohne dass sie damit als gerechtfertigt angesehen werden können.

Mit Blick auf die Spitzengehälter der Manager greift der Hinweis auf das Marktgeschehen aber auch aus einem weiteren Grunde nicht: Die CEO-Posten der ganz grossen Unternehmen werden nicht auf einem freien Markt ausgehandelt, eher müsste man hier von einem Club-Modell sprechen: Ab einer bestimmten Gehaltshöhe wird man Mitglied eines solchen imaginären, zahlenmässig überschaubaren, Clubs, aus dem in der Folge der oder die neue CEO rekrutiert wird.

Fällt der Markt als Argument aus, bleibt das Argument der Leistungsgerechtigkeit. Dass der Job der CEO einen sehr hohen Einsatz verlangt, eine sehr hohe Wochenarbeitszeit und den Verzicht auf regelmässige freie Wochenenden bedeutet und zusätzlich mit einer sehr hohen psychischen Belastung ausgesetzt ist, ist unbestritten. Diese Aspekte würdigend, kann man feststellen, dass CEOs deutlich mehr leisten als die anderen Mitarbeiter eines Unternehmens. Unter Gesichtspunkten der Leistungsgerechtigkeit wäre daher ein höheres Gehalt gerechtfertigt. Die hier interessierende Frage ist nun, wieviel höher dieses Gehalt auf Grund der höheren Leistung sein darf bzw. sein muss. Diese Frage ist deshalb schwierig zu beantworten, da die erbrachte Leistung sich nicht so eindeutig quantitativ mit anderen Jobs vergleichen lässt, wie dies beispielsweise bei Erntehelfern der Fall ist. Das quantitative Mass der geleisteten Arbeitsstunden kann es wohl nicht sein, denn wenngleich der CEO sehr viele Stunden arbeitet, liesse sich daraus wohl kaum ein Lohnunterschied im Faktor von 1:1000 (gemessen vom niedrigsten zum höchsten Lohn in einem Unternehmen) rechtfertigen. Es ist offensichtlich, dass hier quantitative Überlegungen an eine Grenze stossen, da auch der CEO nicht tausendmal mehr Stunden oder tausendmal stressbelasteter arbeitet als derjenige mit dem geringsten Lohn. Daher könnte man versuchen, diese Lohndifferenz mit der höheren Wertschöpfung der Arbeit des CEOs zu rechtfertigen.

Es dürfte allerdings schwierig werden, Wertschöpfungsraten verschiedener Tätigkeiten miteinander zu vergleichen. Wie will man die Wertschöpfung der Jahresarbeitszeit des CEOs mit derjenigen des Pförtners, der morgens den Sicherheitscheck der Limousine des CEOs vornimmt und ihn dann die Schranke passieren und am Abend wieder das Werksgelände verlassen lässt, vergleichen? Beide Tätigkeiten sind für den Erfolg des Unternehmens von Bedeutung: Die nachlässige Arbeit des Pförtners könnte einen ganz erheblichen direkten – Werksspionage, Terroranschlag – und einen indirekten Schaden – wachsende Verunsicherung und Verängstigung der Mitarbeiter – zur Folge haben. Der Wert der Arbeit des Pförtners lässt sich, wie man sieht, nicht quantifizieren, weil die zu beschreibenden Schäden, die zu vermeiden Aufgabe des Pförtners ist, nicht zwangsläufig eintreten und selbst wenn man von einer hohen Eintrittswahrscheinlichkeit ausgeht, man nicht im Vorhinein sagen könnte, in welcher Schadenshöhe sie sich belaufen würden. Unabhängig dieser Unwägbarkeiten kann man die Arbeit in einer Hinsicht exakt quantifizieren: Der Erfolg – oder Misserfolg – der Pförtnertätigkeit ist Teil der Arbeit des Empfangsteams. Anders sieht die Beurteilung der Wertschöpfung der Tätigkeit des CEO aus: Auch hier gilt, dass der Erfolg der Tätigkeit des CEOs mit Unwägbarkeiten verbunden ist, auch in seinem Fall weiss niemand, ob seine Arbeit von Erfolg gekrönt sein wird, noch schwerer ist es zu sagen, wer alles einen Anteil an diesem Erfolg, sofern er denn eintritt, hat.

Es wäre auf jeden Fall vermessen, wollte ein CEO den Unternehmenserfolg sich alleine zuschreiben. Das wäre geradezu absurd und würfe die Frage auf, warum sich dann ein Unternehmen weitere, gleichfalls weit überdurchschnittlich bezahlte Stellen leistet. Aber auch diese Mitarbeiter sind für ihren Managementerfolg auf die Zuarbeit ihres Teams, nachgeordneter Stellen, anderer Abteilungen (Forschung, Verkauf) angewiesen und zuletzt verdanken alle ihren Erfolg auch dem freundlichen und kompetenten Team vom Empfang.

Unter Bezug auf Rawls` Gerechtigkeitstheorie ist die beschriebene Lohndifferenz nur dann gerechtfertigt, wenn die Spitzenlöhne sich positiv auf die Niedriglöhne auswirken: Jede Verbesserung des CEO-Gehaltes, das eine solche des Pförtner-Gehaltes zur Folge hat, ist nach dem Rawlsschen Differenzprinzip nicht nur erlaubt, sondern sogar gefordert. Dieses Argument lässt sich weiter ausweiten und wird dann noch überzeugender: *Wenn (a) die Spitzenvergütung dazu führt, dass sich die Lage der Gesellschaft – in Form höherer Beschäftigung – verbessert, so ist sie gerechtfertigt.* Es liegt auf der Hand, dass nach Rawls auch das Umgekehrte gilt: *Wenn (b) der Spitzenlohn nur und alleine dem Bezieher des Spitzenlohnes zu Gute kommt, so ist er nicht gerechtfertigt.*

Beide «Wenn´s» werfen allerdings Fragen auf: Ob der Bezieher eines Spitzenlohnes sein Geld wert ist und die gesellschaftlichen Bedingungen verbessert, das kann man, wenn überhaupt, erst im Nachhinein beurteilen. Dabei ist aber noch ungeklärt, wann dieser Zeitpunkt gegeben ist; muss der Effekt noch während der laufenden Vergütungsperiode des CEOs eintreten, oder darf er auch später (aber wann?) kommen? Und was ist, wenn er ausbleibt? Das geltende Vergütungssystem kennt für diesen Fall keine Malus-Regelung.

Das zweite «Wenn» wirft ein anderes Problem auf: Mit Bezug auf die extremen Spitzengehälter von Privatunternehmen liesse sich einwenden, dass die Vergütungsregelung privater Unternehmen Privatsache und damit nicht Gegenstand öffentlicher Beurteilung zu sein habe.

Man sieht jedoch leicht, dass dieses Argument in dieser allgemeinen Form unzulässig ist: Nicht alles, was im Privaten geschieht, ist auch privat. Beispiele dafür sind etwa häusliche Gewalt oder die Entscheidung, die eigenen Kinder nicht am Schulunterricht teilnehmen zu lassen. In beiden Fällen sieht sich die Gesellschaft legitimiert, ins Private hineinzureden und private Entscheidungen zum Gegenstand der öffentlichen Debatte zu machen.

Nun könnte man ein solches Interventionsrecht anerkennen ohne zugleich die Kritik an der Vergütungsregelung privater Unternehmen als zulässig anzusehen. In diesem Falle könnte man argumentieren, dass die Gesellschaft nur dann legitimiert sei, ins Private hineinzureden, wenn es darum gehe, Verbrechen oder eindeutige Schäden zu verhindern. Davon kann aber, wenn die Niedriglöhne die gesetzlichen Mindeststandards erfüllen, nicht die Rede sein.

Was hingegen dennoch erlaubt, die Vergütungsregelung von Privatunternehmen öffentlich zu diskutieren, ist die Tatsache, dass die Öffentlichkeit ein zentraler Stakeholder des Unternehmens ist (→ 4.2.3.): Kein Unternehmen agiert im gleichsam luftleeren Raum ohne jeden Bezug zur Gesellschaft. Auch Unternehmen sind gesellschaftliche Akteure, die die Gesellschaft prägen, wie sie umgekehrt auch von dieser geprägt werden. Dieses wechselweise Verhältnis von Geben und Nehmen macht das Leben (in) der Gesellschaft aus. Und aus diesem Grunde kann die Gesellschaft ein legitimes Interesse daran haben, den Einfluss verschiedener Akteure kritisch zu beurteilen und gegebenenfalls zurückzudrängen.

Extreme Spitzengehälter sind Faktoren, welche auf die Gesellschaft einwirken. Sie beeinflussen die Vorstellungen von Leistungs- und Lohngerechtigkeit und vergrössern die Lohnschere in einem Masse, welcher bis zur Bildung von Parallelgesellschaft reichen kann. Im Falle schlechter Geschäftslage und drohender Entlassungen könnte der Verzicht auf Spitzengehälter Arbeitslosigkeit vermeiden helfen. In allen diesen Fällen zeigt sich, dass die Gesellschaft von der Vergütungsregelung eines privaten Unternehmens betroffen sein kann.

Versuche auf politischem Wege Einfluss auf die Vergütungsregelung zu erlangen, wie die «1:12»-Initiative in der Schweiz sind demnach leicht zu begründen. Die Volksinitiative «1:12 – Für gerechte Löhne» strebte in einer – nicht gewonnenen Volksabstimmung – eine gesetzlich maximal zulässige Lohndifferenz zwischen dem niedrigsten und dem höchsten Lohn innerhalb eines Unternehmens im Faktor von 1:12 an, was konkret bedeutet hätte, dass der Monatslohn des CEO nicht höher sein darf, als der niedrigste Jahreslohn der in dem Unternehmen bezahlt wird.[18]

8.2.6.2. Boni

Nach der Weise «Nehme Gutes und sprich nicht darüber» erhalten viele Bezieher von Spitzengehältern am Jahresende noch etwas obendrauf, wobei nicht ganz klar ist, wofür. Denn der Bonus von dem hier die Rede ist, wird für einen ausserordentlichen Erfolg gewährt, wobei dieser nicht immer klar begründbar ist und der Erfolgsanteil der nicht bonusbegünstigten Mitarbeiter ausgeblendet wird. Dadurch kann der Bonus demotivierend auf die Nicht-Begünstigten wirken und eine Gerechtigkeitslücke in das Sozialgefüge eines

Unternehmens reissen. Ausserdem kann der Bonus sogar demotivierend auf die Begünstigten wirken. Dies ist dann der Fall, wenn die intrinsische Arbeitsmotivation (über den Sinn der Arbeit) zu Gunsten einer extrinsischen Motivation (am Zusatz-Einkommen) geschwächt wird (→ 8.2.; → Begriff 11). Diese Effekte können den nachhaltigen Unternehmenserfolg und damit auch dessen positiven Beitrag für die Gesellschaft gefährden, wie nicht zuletzt die Finanzkrise 2008 gezeigt hat. Ausserdem können sehr grosse Boni persönlichkeitsverändernd wirken, zumindest aber zur Selbstüberschätzung führen.[19] Die Selbstüberschätzung beschädigt das gute Miteinander im Unternehmen, da die Bonusbegünstigten den Anteil, welche ihre Kolleginnen und Kollegen zum eigenen Erfolg beitragen, zu geringschätzen und umgekehrt den eigenen Anteil überbewerten. In einem solchen Unternehmensklima werden langfristig narzisstische Persönlichkeiten gefördert oder gar geschaffen, was dazu führen kann, dass gemeinschaftsorientierte Mitarbeiter sich aus diesem Bereich – beispielsweise der bonusverwöhnten Finanzwirtschaft – zurückziehen und damit diesen einflussreichen Industriebereich einer zunehmend dem Autismus verfallenen Klientel überlassen, mit allen gesellschaftlich negativen Wirkungen, die das dann hat.

Boni erscheinen daher nur in zwei Fällen gerechtfertigt: Erstens wenn er an alle Mitarbeitenden eines Unternehmens aufgeteilt wird, wobei die Frage zu klären wäre, wie die Höhe des Bonus festgesetzt wird. Denkbar wäre, dass er in symmetrischer Relation oder aber umgekehrt in asymmetrischer Relation zum Gehalt berechnet wird; letzteres würde bedeuten, dass die Bezieher des niedrigsten Einkommens in einem Unternehmen einen höheren Bonus erhalten würden als der CEO.

Wenn man sich gegen den allgemeinen Bonus entscheidet und weiterhin exklusiv eine Minderheit im Unternehmen belohnen will, so ist dies nur dann zu rechtfertigen, wenn es auch ein Malus-System gibt, dieses könnte die oben beschriebenen negativen Effekte des Bonus-Systems teilweise auffangen und lindern.

8.2.6.3. Fliegende Wechsel

Der ehemalige deutsche Bundeskanzler *Gerhard Schröder* (* 1944) führte einer europäischen Öffentlichkeit vor Augen, wie man fliegend von einem politischen Amt in die Wirtschaft wechseln kann: Als ihn im November 2005 Angela Merkel (* 1954) im Kanzleramt ablöste, übernahm er noch im selben Monat ein Beratungsmandat bei dem Schweizer Medienunternehmen *Ringier* und im Dezember den Vorsitz der zum russischen Energiekonzern *Gazprom* gehörenden *Nord Stream*. Ein solcher Wechsel von der Politik in die Wirtschaft ist in den meisten Ländern erlaubt, dennoch ist er, wenn er ohne eine entsprechende Karenzzeit erfolgt, hochproblematisch. Zum einen ist das Wissen, dass der neu in die Privatwirtschaft gewechselte ehemalige Politiker hat, noch frisch und die Gefahr nicht auszuschliessen, dass er die öffentlichen Interessen seines früheren politischen Amtes gegen die privaten seines neuen Auftraggebers ausspielt, zum anderen ist nicht auszuschliessen, dass er die entsprechenden Kontakte zur Privatwirtschaft noch während der Zeit seines politischen Amtes knüpft, weswegen gleichfalls Interessenskonflikte denkbar und die Unabhängigkeit des politischen Amtes gefährdet wäre. Ein solch fliegender Wechsel ist jedoch auch dann zu verurteilen, wenn es zu keinem Amtsmissbrauch käme; bereits der Verdacht von Lobbyismus (→ 9.2.2.), der in diesem Fall nicht von der Hand zu weisen ist, kann zu einem Ansehensverlust des politischen Amtes führen. Wenn das Ansehen höchster Staatsämter aber nicht mehr über den Verdacht der Verfolgung von Eigeninteressen erhaben ist, droht das politische Gemeinwesen Schaden zu nehmen.

Der fliegende Wechsel kommt auch in umgekehrter Richtung vor, wobei der Schaden auch hier vor allem auf Seiten der politischen Institutionen liegt. So stellte die US-Bank *Goldman Sachs*, sowohl mehrere US-Finanzminister, EU-Kommissare sowie mit *Mario Draghi* (* 1947) den Direktor der *Europäischen Zentralbank*.[20]

Die genannten Beispiele der Durchlässigkeit der Sphäre der Politik zu dem der Wirtschaft zeigen, dass Gewinn und Verlust solcher Wechsel eindeutig verteilt sind: Die Wirtschaft kann vom Wissen der ehemaligen Amtsträger und auch ihrem Goodwill profitieren, die politische Sphäre aber begibt sich in Abhängigkeit von der Privatwirtschaft und verliert Unabhängigkeit und Glaubwürdigkeit. Den Schaden hat letztlich die Gesellschaft zu tragen (→ 4.2.1.).

 Video:
- «Dick und Jane» (org. «Fun with Dick and Jane») (2005), die Komödie von Dean Parisot parodiert den Niedergang des amerikanischen Energielieferanten Enron, wobei der Film mit den aberwitzigen Abfindungen, welche der Boss einer fiktiven, zahlungsunfähigen, Firma erhält, weit hinter dem realen Vorbild bleibt.

8.3. Arbeit
8.3.1. Freiwilligenarbeit

Nach dem herrschenden Verständnis von Arbeit als bezahlter Tätigkeit ist Freiwilligenarbeit keine Arbeit. Wir haben bereits gesehen, dass die Bezahlung einer Tätigkeit ein nur eingeschränkt sinnvolles Unterscheidungskriterium zur Kennzeichnung einer Tätigkeit darstellt (→ 8.2.1.). Sinn macht diese Unterscheidung beispielsweise in sozial- und steuerrechtlicher Hinsicht; keinen Sinn macht diese Unterscheidung jedoch mit Blick auf die *Bedeutung*, welche die Tätigkeit für denjenigen, der von ihr profitiert, hat. Freiwilligenarbeit, welche für eine gute Gesellschaft von so grosser Bedeutung ist, ist aber auch für die Freiwilligenarbeiter von großer Bedeutung. Deshalb begründen sie auch ihre Motivation für ihr Engagement mit dem positiven Beitrag, den sie für andere leisten können.[21] Damit kommt der Freiwilligenarbeit auch eine zentrale Bedeutung zum Verständnis und gegebenenfalls zur Gestaltung von bezahlter Arbeit zu: Arbeit wird umso engagierter geleistet, als sie als sinnvoll betrachtet wird und damit intrinsisch motiviert ist.

8.3.2. Arbeitslosigkeit

Auch in Gesellschaften, welche eine finanziell ausreichende Arbeitslosenversicherung kennen, wird unfreiwillige Arbeitslosigkeit als ein schweres Schicksal begriffen und als *soziales Stigma* und *individueller Makel* empfunden. Der Grund für das damit verbundene Leid rührt vor allem daher, dass die meisten Menschen nach wie vor ihre eigene Identität von ihrer Arbeit abhängig machen.[22] Für Unternehmen und ihre Manager bedeutet daher die Entlassung von Mitarbeitern eine hohe Verantwortung: Sie müssen sich dessen bewusst sein, dass dadurch ein mit Geld nicht zu kompensierender Schaden entsteht. Damit ist die Hürde für Entlassungen äusserst hoch. Erscheinen diese dennoch als unumgänglich, sollte der damit verursache Schaden möglichst klein gehalten werden, wozu Sozialpläne, Weiterbildungsangebote und Fristreckungen sowie der Schutz älterer oder weniger qualifizierter Mitarbeiter beitragen können. Ein zusätzliches Problem stellen Massenentlassungen dar, da sie neben dem individuellen Leid auch die Gesellschaft insgesamt beschädigen können. Massenentlassungen müssen daher in Kooperation mit der Gesellschaft und den staatlichen Stellen erfolgen.

8.3.3. Die Zukunft der Arbeit

Wie die Arbeit der Zukunft aussehen wird, ist eine der umstrittensten Fragen der Gegenwart. Während die einen fürchten, dass der Menschheit in den Zeiten der Digitalisierung die Arbeit ganz ausgehen könne, sehen die anderen diese Entwicklung gelassen, allerdings nur unter der Voraussetzung, dass der Bereich der Arbeit um bislang nicht-bezahlte Tätigkeiten erweitert werde. Ein anderes Szenario sieht zwar nicht das Ende der Arbeit, wohl aber das Ende der festangestellten Arbeitsverträge am Horizont aufscheinen. So wie die lebenslange Stelle bereits der Vergangenheit angehört und die Arbeitnehmer nicht nur orts-, sondern auch stellenmobil zu sein haben, so könnte sich die Angestelltenexistenz grundsätzlich als Auslaufmodell erweisen.

Der New Yorker Soziologe *Richard Sennett* (* 1943) hat bereits vor der Digitalisierung die Auflösung etablierter Arbeitsstrukturen beobachtet. Diese verlangen durch den Einsatz neuer Zeitmodelle von den Angestellten ein hohes Mass an Flexibilität, welche, wie Sennett fürchtet, die Menschen tendenziell zu überfordern drohe, er spricht von einer «Zersetzung des Charakters».[23] Daran wirken verschiedene Faktoren der modernen Arbeitsgesellschaft mit. Zur Fragmentierung der Persönlichkeit trägt unter anderem bei, dass es immer weniger auf Langfristigkeit ausgerichtete Beziehungen gibt: Wenn jemand bis zu seinem 30. Lebensjahr bereits mehrere Firmen in mehreren Ländern kennengelernt hat, so ist das nicht wie früher Ausdruck einer gescheiterten, sondern im Gegenteil einer erfolgreichen Existenz und er qualifiziert sich damit für Höheres, beweist er doch eine zur Tugend erkorene Eigenschaft, die man unter anderen Vorzeichen auch kritisch gesehen hätte, die *Flexibilität*. Ob Flexibilität wirklich ein Vorteil ist, ist dagegen eine Frage der Perspektive: Von Vorteil ist der zur Flexibilität fähige und bereite Angestellte für diejenigen, die solche biegsamen Personen anheuern, für diese selbst kann Flexibilität mit Angst und Risiko einhergehen,[24] denn sie reagieren mit Flexibilität auf die Grundangst, nicht mehr gefragt zu sein. Im Unterschied zu früheren Phasen sind solche Verunsicherungsgefühle in der modernen Wirtschaftsform nicht auf Ausnahmesituationen – der Krise oder Rezession – beschränkt, sondern zum Normalfall geworden.

An diesen Normalfall haben sich die Menschen in den modernen Ökonomien auch deshalb gewöhnt, weil nicht nur das individuelle Arbeitsumfeld sich in Permanenz verändert (durch Fusionen, Auslagerungen und Umstrukturierungen), sondern auch weil die Institutionen, in denen Menschen integriert sind, einer permanenten Veränderung unterliegen. Wer sich dermassen an die Veränderung gewöhnt hat, dass er Veränderung als eine Lebensform anerkennt, den nennt Sennett mit Bezug auf das jährlich in Davos stattfindende Weltwirtschaftsforum *Homo Davosiensis*.[25] Darunter versteht Sennett den Men-

Abb. 36: Richard Sennett (* 1943):
Nur der Homo Davosiensis hat noch eine Chance

schen, der die Auflösung aller Strukturen und deren Kurzfristigkeit verinnerlicht hat und darin keinen Makel mehr sieht, sondern sie kultiviert.

Wer diese Fähigkeit beherrscht, hat eine Grundchance, im modernen Wirtschaftssystem mitzuspielen, eine Garantie ist dies indes nicht und das ihn begleitende und die Zersetzung seines Charakters verursachende Risiko wird zum ständigen Begleiter. Wer die nötige Flexibilität nicht mitbringt, für den bleiben, wenn überhaupt, nur noch die Jobs am unteren Ende der gesellschaftlichen Anerkennung und finanziellen Kompensation übrig, die auch zugleich jene sind, die vom nächsten Rationalisierungsschub, wie beispielsweise durch die Einführung der Selbstbedienungskassen, als nächste weggespült werden. Aber auch die heute noch Erfolgreichen können trotz aller Flexibilität nicht sicher sein, dass es sie nicht erwischt, dagegen helfen auch Flexibilität und hohe Ausbildung nichts: Umstrukturierungen und digitalisierungsbedingtes Überflüssigwerden, können mittlerweile jeden erwischen.

Die damit verbundene Verunsicherung fällt in eine Zeit, in der sich Zeit- und Anstellungsverhältnisse wandeln. Von Arbeitgeberseite wird dieser Wandel mit dem Wunsch nach Effizienzerhöhung begründet und den Angestellten als Freiheitsgewinn verkauft. Während das eine als sicher gilt, ist das andere fraglich, wie man am Beispiel scheinselbständiger Arbeitsplätze beobachten kann: Die geringe Bindung der Angestellten an einen Arbeitgeber und an einen von diesem zur Verfügung gestellten Arbeitsplatz erhöht nicht notwendigerweise dessen Freiheit, wohl aber die Abhängigkeit von dem Arbeit- bzw. Auftraggeber, der zugleich immer weniger Verpflichtungen seinem (halb-selbständigen) Angestellten gegenüber hat. Werden solche unsicheren Arbeitsplätze über digitale Anbieter vermarktet, können sich die genannten Nachteile auf Seiten der Angestellten weiter erhöhen und die sogenannte *Gig-Economy* zu einer Art modernem Tagelohn werden.

 Video:
- «Papa ante portas» (1991) von Loriot zeigt, wie schwierig der Übergang vom Beruf- ins Privatleben ist: Der in den Ruhestand versetzte Heinrich Lohse bringt im Privaten mit seiner als ehemaliger Einkaufsleiter erworbenen Kompetenz ziemlich viel durcheinander.

8.3.3.1. Schneller arbeiten
Die Sorge um die Arbeit treibt die Menschen immer mehr an, sich den Erwartungen der Unternehmen anzupassen und nach Möglichkeit diese

bereits vorauseilend zu erfüllen. Der Einzelne und die Unternehmen gehen dabei bisweilen eine unheilige Allianz ein: Während der Angestellte des Unternehmens weiss, dass dieses sich in einem harten Konkurrenzkampf befindet – oder zu befinden glaubt –, erkennt er die Gefahr, Opfer von effizienzsteigernden Rationalisierungen zu werden und versucht daher die eigene Effizienz zu steigern. Je mehr er sich diesbezüglich anstrengt, umso mehr wird das Unternehmen ein Effizienzsteigerungspotential erkennen und dessen Ausschöpfung von seinen Mitarbeitern verlangen, die, indem sie dem nachkommen, den eigenen Druck nur weiter erhöhen. Damit bringen sich die Mitarbeiter in den Teufelskreis der Selbstausbeutung, die bei immer mehr Menschen mit Burnout-Erkrankungen endet.

An die Grenze gekommen zu sein, wird von immer mehr Menschen als eigenes Versagen beschrieben. Durch medikamentöse Leistungssteigerungssubstanzen versuchen immer mehr Menschen diese Grenze immer weiter heraus zu zögern, – bis zum endgültigen Zusammenbruch.

Die moderne Arbeitsgesellschaft ähnelt dabei immer mehr dem modernen Hochleistungssport. Wie Byung-Chul Han (→ 2.5.) feststellt, entwickelt sich die «Leistungsgesellschaft (…) langsam zu einer Dopinggesellschaft».[26] Da die damit einhergehende permanente Übermüdung der Angestellten, die durch eine nahezu Rund-um-die-Uhr Präsenz im digitalen Raum verstärkt wird, zu Vereinsamung führt, versuchen die Betroffenen das Einsamkeitsleiden durch pharmakologische Aufheller zu verscheuchen und sich damit weiter in die Spirale von Selbstausbeutung zu treiben. So wie Han den Einzelnen sowohl als Opfer wie auch als Täter an seinem Zustand beschreibt, ist auch die Verantwortung an dieser Misere eine geteilte. Die modernen BlackBerry-Angestellten fühlen sich durch ihre Unternehmen zur Beschleunigung ihrer Arbeit getrieben und treiben sich selber an, wobei sie zugleich auch ihre Kollegen zu einer schnelleren Gangart antreiben. Umgekehrt sehen sich die Unternehmen unter einem, wie man manchmal hört, «mörderischen» Existenzdruck, den sie an ihre Mitarbeiter weitergeben zu müssen glauben.

So hat jeder den Eindruck, lediglich auf eine Situation zu reagieren und ist doch zugleich auch Akteur und als solcher schafft er Bedingungen, auf die er wiederum glaubt reagieren zu müssen: Wer spät am Abend noch auf eine geschäftliche Mail antwortet, glaubt, die Antwort auf seine Antwort, die ihm sein Kollege der jenseits des Atlantiks noch in seinem Büro sitzt, abwarten zu müssen und schreibt zwei Stunden später nochmals und bringt sich damit freiwillig um seinen Schlaf.

Um aus diesem Hamsterrad auszusteigen, muss man jedoch nicht auf grosse gesellschaftliche Debatten warten: Unternehmen und Beschäftigte können selbst die Notbremse ziehen. So haben auch bereits viele Grossunternehmen ganz individuelle Formen entwickelt, wie die Kommunikationsflut eingegrenzt werden kann. *BMW* anerkennt in einer Betriebsvereinbarung die Bearbeitung dienstlicher Mails ausserhalb der betrieblichen Arbeitszeit als Überstunden, *VW* schaltet den Email-Server nach Dienstschluss ab und *Daimler* löscht sogar alle Mails, die während der Ferienabwesenheit eines Mitarbeiters eingehen.[27]

An diesen Massnahmen sieht man, dass man, wenn man sich nicht selbst für machtlos erklärt («da kann man nichts machen»; «das ist halt in unserer Zeit so»), auf Fehlentwicklungen durchaus reagieren kann.

8.3.3.2. Was kann man noch arbeiten?

Seitdem es die Industriegesellschaft (lat. *industria* = fleissig) gibt, haben Menschen sich Gedanken über die Zukunft der Arbeit gemacht. Anders nämlich als in den Agrargesellschaften wird in der Industriegesellschaft die Arbeit periodisch (je nach Konjunkturzyklus), oder sogar strukturell, knapp. So machten sich viele Menschen zu Beginn der Industrialisierung Sorgen, dass den Menschen die Arbeit durch die Maschinen genommen werden könne, worauf sie unter anderem mit Maschinenstürmerei reagierten. In der Gegenwart wiederholt sich diese Sorge: Die Digitalisierung und Roboterisierung, so lauten Prognosen, könnte nicht nur die mühsamen und gefährlichen Arbeiten übernehmen, sondern nahezu alle Tätigkeiten, die heute als qualifizierte und sinnstiftende Aufgaben gelten, ersetzen. Schon ist von Pflegerobotern, von digitalen Lehrformen und allen möglichen digitalisierten Beratungsrobots die Rede, die nicht nur die Telefonauskunft, sondern beispielsweise auch den Beruf der Anwälte und Anlageberater ersetzen könnte.

Neben Gesellschaft und Staat sind hier auch die Unternehmen herausgefordert zu entscheiden, wie weit sie das technisch Mögliche auch umsetzen wollen. Diese Frage kann nicht einfach mit der berechtigten wirtschaftlichen Gewinnerwartung und entsprechender Effizienzsteigerung abgetan werden, da die Unternehmen als wichtige gesellschaftliche Akteure prägenden Einfluss auf die Gesellschaft ausüben. Zur Verantwortung der Unternehmen zählt daher auch, den eigenen Einfluss auf die Gesellschaft zu reflektieren und dessen Folgen kritisch abzuschätzen. Da es indes schwer zu beurteilen ist, wie gross ihr Beitrag zu dieser Veränderung ist, könnten Unternehmen dazu neigen, das Phänomen als eines der Verantwortungsdiffusion (→ Begriff 8) zu beschreiben und damit abzutun.

Dass solche Entwicklungen jedoch konkret sind, lässt sich beispielsweise am gefährdeten Beruf des Bildhauers beschreiben: Eine Steinmetz-Firma, die beispielsweise als Subunternehmer an einer Dombau-Hütte arbeitet, könnte sehr kostspielige aber handwerklich wertvolle bildhauerische Handarbeit durch den sehr günstigen Einsatz von 3-D-Druckern ersetzen. Die Folge davon wäre, dass der Beruf des Bildhauers tendenziell aussterben würde. Damit würden Menschen mit einer besonderen handwerklichen Begabung ihre Chance auf Selbstverwirklichung verlieren, was, da sie Teil der Gesellschaft sind, auch diese beeinträchtigen würde. Zusätzlich würde die Gesellschaft geschädigt, weil sie der Freude an und Bewunderung für bildhauerische Arbeit verlustig ginge, da der Anblick eines am Computer entworfenen steinernen Engels oder einer kunstvollen Rosette nur noch als fahl und langweilig angesehen würde.

8.3.4. Was kommt nach dem Homo Faber?

Bereits am Beginn der Industriellen Revolution fürchteten Kritiker, dass das Ende der Arbeit bevorstehe. Unter den digitalen Rationalisierungseffekten der Gegenwart wiederholt sich diese Mahnung. Anders als damals ist heute aber nicht ganz klar, was der Wegfall von Arbeit bedeutet. Denn während die einen das Schreckgespenst der totalen Arbeitslosigkeit sehen, hoffen die anderen, die Mühsal der Arbeit endlich los zu sein und interpretieren dies als die grosse Befreiung. Damit ist dann die Hoffnung verbunden, dass der Wegfall der bezahlten Arbeit sowohl von der diskriminierenden Fixierung auf das Prestige einer Arbeit und der damit einhergehenden Bewertung von Menschen überwunden werden könne und zugleich der Druck zu entwürdigender oder schlecht angesehener Arbeit abgeschafft wäre. Klarerweise kann dies nur dann als wünschenswert angesehen werden, wenn zugleich die wirtschaftliche Sicherung der Bevölkerung gewährleistet ist und die Menschen auch, ohne einer bezahlten Arbeit nachzugehen, über finanzielle Ressourcen zur Verwirklichung eines ihnen angemessenen Lebensstandards verfügen.

Selbst wenn sich diese Bedingungen realisieren liessen, könnte der Wegfall der Arbeit problematisch sein. Als Befreiung erscheint diese Entwicklung nur aus der Perspektive eines negativen Arbeitsbegriffs (→ 8.1.). Wie sieht es aber aus, wenn jemand seine bisherige und unter Digitalisierungsbedingungen bedrohte Arbeit gerne tut, wenn also jemand heute Börsenmakler, Busfahrer, Pflegefachfrau oder Rechtsberater ist und morgen diese Aufgaben nicht mehr machen kann, weil sie von Börsencomputern, automatisierten Fahrsystemen, Pflegerobotern und einer Beratungssoftware übernommen werden? Eine ausreichende finanzielle Sicherung wird die Betroffenen über den Wegfall der Chance, ihre Kompetenzen umzusetzen, nicht hinwegtrösten und sie werden sich nicht als von der Arbeit befreit, sondern im Gegenteil um ihre Arbeit beraubt erleben.

Vielleicht öffnet der drohende Verlust von Arbeit auch den Blick für deren positive Seite: Viele Arbeit, wie wir sie bislang kennen, bietet den Menschen die Chance der Auseinandersetzung mit materiellen oder gesellschaftlichen Gegebenheiten und liefert damit Fremd- und Selbstanerkennung, welche zu Selbstverwirklichung führen. Die Empfehlung, man könne sich stattdessen andere sinnstiftende Tätigkeiten zulegen, leugnet daher den intrinsischen Wert von Arbeit. Wie diese Quelle von Sinn in einer arbeitslosgewordenen Gesellschaft gestillt werden kann, ist daher noch nicht geklärt und möglicherweise ist dieses Problem grundsätzlich unlösbar.

Auf eine politische Dimension eines Wegfalls der Arbeit weist *Jeremy Rifkin* (* 1945) hin. Der Soziologe und Gründer der Washingtoner *Foundation on Economic Trends* sieht den Staat als Institution mit der klassischen Arbeitsgesellschaft verbunden, weswegen er durch den Wegfall der bezahlten Arbeit einen Bedeutungsverlust der Staaten zu Gunsten der grossen Unternehmen vorhersieht. Erste Ansätze für diese Entwicklung macht Rifkin in den von Weltunternehmen vorangetriebenen Freihandelsabkommen aus.[28] Im günstigsten Falle könnte diese Phase jedoch nur den Übergang zu einer neuen Bedeutung des Staates darstellen. Gut und wichtig wäre dies deshalb, weil der Schutz der Rechte der Einzelnen nur vom Staat und nicht von privaten Organisationen zu erwarten ist und schon gar nicht von den profitorientierten Unternehmen.

Die neue Aufgabe des Staates in der Zeit nach der Arbeit könnte in der Sicherung und Bereitstellung der Grundversorgung der Bevölkerung bestehen, ein Anliegen, das aktuell unter dem Begriff des «Grundeinkommens» diskutiert wird.[29] Der amerikanische Ökonom *Robert Theobald* (1929-1999) begründete das Grundeinkommen gerechtigkeitstheoretisch. Für Theobald war es unbestritten, dass «jedes Individuum ein Anrecht auf einen Anteil an den Gütern einer Gesellschaft hat» und er fährt fort: «Der Überfluss in den reichen Ländern gibt uns nun die Möglichkeit, allen Menschen einen minimalen Lebensstandard zu garantieren.»[30] Was Theobald lediglich als Teilhabe an einem gemeinschaftlichen Vermögen begreift, stellt aus Rifkins Sicht eine Chance dar, die Produktivitätszuwächse an die Bevölkerung weiterzugeben. Anders als die Idee des bedingungslosen Grundeinkommens möchte Rifkin dieses an die Leistung gemeinnütziger Arbeit gekoppelt sehen,[31] also nicht bedingungslos gewähren. Das Grundeinkommen an eine solche Bedingung zu knüpfen würde dabei, was man sich klarmachen muss, den Begriff der Freiwilligenarbeit unterlaufen (→ 8.3.1.) und damit diese Institution beschädigen.

Kapitel 8

> 📽 **Video:**
> - «Machines» (2016) von Rahul Jain. Wie im Mittelalter muten die Arbeitsbedingungen an, die dieser Dokumentarfilm von der Textilproduktion in Indien zeigt. Anders als der Titel vermuten lässt, stehen hier die Menschen im Mittelpunkt, Maschinen gibt es auch, altertümliche Riesen, die mehr eine Gefahr statt eine Hilfe bedeuten.
> - «Zwei Tage, eine Nacht» (2014) von Jean-Pierre und Luc Dardenne. In einem Unternehmen für Solartechnik soll die junge Sandra entlassen werden und der eingesparte Lohn zum Teil an die verbleibende Belegschaft ausgezahlt werden. Sandra bleibt nur die Chance, ihre Kollegen zu überzeugen, zu ihren Gunsten auf diesen Bonus zu verzichten.

= Das moderne Arbeitsverständnis ist stark von theologischen Bestimmungen geprägt, die sich beispielsweise in der gesellschaftlichen Stigmatisierung der Arbeitslosigkeit zeigen. Zugleich führt die Verknüpfung von Arbeit mit Geld (als deren Lohn) auf der einen Seite zu einer Einengung des Arbeitsbegriffs und auf der anderen zu vielfältigen Lohndiskriminierungen. Solche gesellschaftlichen Verwerfungen machen eine gerechtigkeits- und verantwortungsphilosophische Analyse der Arbeit notwendig.

> **Fragen und Aufgaben:**
> - ☐ Welches Verständnis von Arbeit hatte die Antike?
> - ☐ Wie verändert sich das antike Arbeitsverständnis im christlichen Mittelalter?
> - ☐ Was entlohnt der Arbeitslohn?
> - ☐ Beschreiben Sie unbezahlte Tätigkeiten und entwickeln Sie eine Argumentation für deren Bezahlung.
> - ☐ Erklären Sie, was Lohndiskriminierung ist und wie sie zu beheben ist.
> - ☐ Erklären Sie, was Richard Sennett unter dem «Homo Davosiensis» versteht und beschreiben Sie diesen Menschen-Typus.
> - ☐ Inwiefern kann man moderne Arbeitsverhältnisse als ausbeuterisch bezeichnen und inwieweit sind die davon Betroffenen sowohl Opfer als auch Täter?
> - ☐ Beschreiben Sie einen Gig-Economy-Job, den Sie aus ihrer alltäglichen Wahrnehmung kennen.

☐ Entwerfen Sie ein Zukunftsszenario eines Berufes, der durch die Digitalisierung verschwindet und erstellen Sie eine Gewinn- und Verlust-Bilanz dieser Entwicklung.

📖 Begriff 10: «Eigentum»

Wie «Geld» (→ Begriff 11), so ist auch «Eigentum» einer der zentralen Begriffe der Marktwirtschaft und beide kommen uns heute so selbstverständlich vor, dass es uns schwerfällt, uns ein Leben ohne das eine oder das andere vorzustellen und vom Eigentum denken wir wohl manchmal, dass es das immer schon gegeben habe. Dabei ist, wie so vieles, auch das Eigentum kein Naturgesetz, sondern eine kulturelle Erfindung.

Die längste Zeit kannten die Menschen wohl so etwas wie Eigentum, wenn darunter *Privateigentum* verstanden wird, nicht. Nach Platon (→ 2.2.) sollte man so etwas was wir heute unter Privateigentum verstehen, nicht als exklusiv mir gehörig betrachten, sondern als Teil des gemeinsamen Ganzen und damit als *Kollektiveigentum*.[32] Wie sehr das Thema polarisiert, sieht man bereits an Platons berühmtem Schüler und Gegenspieler Aristoteles (→ 2.2.), der findet, dass es zwar Gemeinbesitz geben solle, im Grossen und Ganzen der Privatbesitz aber besser sei, weil, wie er erklärend hinzufügt, jeder wisse, wie viel Ärger geteilter Besitz haben könne und einfach besser für die Sachen gesorgt werde, wenn nicht alles allen, sondern vieles den jeweils einzelnen gehöre. In dieser Situation gibt es nicht nur weniger Ärger, sondern sogar grösseren Vorteil, weil dann «jeder für seinen eigenen Vorteil arbeitet»,[33] wie Aristoteles findet. Aber, das muss Aristoteles dann doch zugeben, eine Gemeinschaft in der geteilt wird, ist doch eine bessere als eine in der es das nicht gibt, denn «Freunden ist alles gemein».[34]

Thomas von Aquin (→ 2.3.1.) weitet dann auch den Aristotelischen Tugendbegriff auf das Privateigentum aus, in dem er Pflichten der Reichen gegenüber den Armen und deren berechtigte Ansprüche gegenüber den Reichen feststellt. Dabei bezieht sich Thomas auf einen Brief des Apostels Paulus (→ 8.1.), der die Reichen zu Wohltätigkeit und Freigebigkeit ermahnt.[35] Thomas` Position zum Eigentum ist aber differenzierter. So stellt er fest, dass Privateigentum den Inhaber motiviert, mehr Sorge für die Sache zu tragen als wenn sie ihm nicht zu eigen wäre, des Weiteren betont Thomas, dass vieles einfacher geht, wenn Privateigentümer mit ihrer Sache wirtschaften als wenn sie miteinander Abmachungen treffen müssen und schliesslich glaubt er, dass eine Gesellschaft von Privateigentümern friedlicher sei als eine in der es kein Privateigentum gebe. Ungeachtet dieser Vorzüge des Privateigentums betont Thomas, dass das Gemeineigentum einen naturrechtlichen Status hat, was sich in Notsituationen so ausdrückt, dass der, der im Überfluss lebt, den Armen helfen muss weswegen fallweise sogar der Diebstahl erlaubt sei. Konkret argumentiert Thomas, dass in der Not sich das private Eigentum zum Gemeineigentum wandle, von dem der in Not geratene dann ohne eine Sünde zu begehen, nehmen dürfe und das deshalb, weil es das Privateigentum nicht mehr gibt, – es hat sich ja in das Gemeineigentum verwandelt.[36] (Zum Nebeneinander von Privat- und Gemeineigentum, siehe (→ 12.3.)

Anders als seine Vordenker geht John Locke (→ 2.4.2.) die Frage an, wie man sich die Entstehung des Eigentums zu erklären hat. Diese Frage ist deshalb erklärungsbedürftig, weil auch Locke vom Primat des Gemeineigentums ausgeht. Denn alles, was ist, so ist auch der Aufklärer Locke überzeugt, kommt von Gott, der die Schöpfung den Menschen «zum Unterhalt und zum Genuss ihres Daseins gegeben (hat). Alle Früchte, die sie natürlich hervorbringt, und alle Tiere, die sie ernährt, gehören den Menschen gemeinsam.» Obwohl «die Erde und alle niederen Tiere den Menschen gemeinsam gehören», wie Locke aus der Bibel folgert, so erkennt er doch zugleich ein erstes Privateigentum: «So hat doch jeder Mensch ein Eigentum an seiner eigenen Person.»[37]

Dieses Grundeigentum ist nach Locke die Voraussetzung für jede weitere Eigentumsbildung: Der Mensch, der durch die Natur streifend, sich bückt beispielsweise eine heruntergefallene Frucht aufhebt, hat sich zu deren Eigentümer gemacht. Eigentum ist nach Locke eine Form der Aneignung und die Aneignung geschieht durch Arbeit (→ 8.; 8.3.): «Seine Arbeit hat es (beispielsweise das Wasser) aus den Händen der Natur genommen, wo es Gemeingut war und allen ihren Kindern gleichmässig gehörte, und er *hat* es sich dadurch *angeeignet*.»[38] Wenngleich nach Locke Arbeit Güter aus dem Zustand des Gemeingutes herausnehmen kann, so kennt Locke dennoch eine Grenze im Entzug aus dem Bereich des Gemeineigentums: Man muss das, was man sich aneignet, auch nutzen können. Blosse

Aneignung um der Aneignung willen ist nicht nur sinnlos, sondern schadet auch, – er entzieht Gottes Schöpfung Güter ohne dass sie nutzbringende Verwendung finden. Damit ist die Menge des Eigentums, das sich jemand aneignet gleichsam natürlicherweise begrenzt. Damit müsste das Eigentum ziemlich gleich verteilt sein auf Erden, da es zwar gewisse körperliche und geistige Unterschiede zwischen den Menschen gibt und damit auch der Bedarf unterschiedlich ist, dennoch halten sich diese Unterschiede in Grenzen und erreichen nie den Faktor 1:1000 wie er sich in der Lohnspanne der modernen Industrie findet (→ 8.2.6.1.). Diese Abkopplung von natürlichen Bedürfnissen und die Eigentumsmehrung ins Unermessliche ist, wie Locke überzeugt ist, erst durch die «Erfindung des Geldes» möglich geworden (→ Begriff 11).[39]

Ganz ähnlich und doch unter umgekehrten Vorzeichen wie Locke erklärt sich auch Jean-Jacques Rousseau (→ Begriff 6) die Entstehung von Eigentum: «Der erste, der ein Stück Land eingezäunt hatte und auf den Gedanken kam zu sagen ´Dies ist mein´ und der Leute fand, die einfältig genug waren, ihm zu glauben, war der wahre Begründer der zivilen Gesellschaft.» Rousseau sieht in der Erfindung des Eigentums den Grund allen menschlichen Übels und bedauert, dass niemand die ersten gepflockten Pfähle wieder herausgerissen und den Menschen zugerufen hat: «Hütet euch davor, auf diesen Betrüger zu hören. Ihr seid verloren, wenn ihr vergesst, dass die Früchte allen gehören und dass die Erde niemandem gehört.»[40] Auch Immanuel Kant geht wie Locke und Rousseau vom ursprünglichen Gemeineigentum aus,[41] das durch individuelle Leistung angeeignet und in Privateigentum überführt werden kann, wobei die erste primäre Leistung ganz simpel im «Besitz», d.h. im sich-auf-den-gemeinsamen Boden Setzen besteht.[42] Um «Mein» und «Dein» wirksam unterscheiden zu können, bedarf es jedoch des Rechtes, weswegen nach Kant gilt: «nur im bürgerlichen Zustande (kann es) ein äußeres Mein und Dein geben.»[43] Eigentum ist mit anderen Worten ein durch das Recht garantiertes Institut und ohne dies, d.h. im rechtlosen Zustande, nicht-existent. Das Recht kann jedoch nicht willkürlich ausgelegt oder geweitet werden, weswegen auch Kant eine quasi naturwüchsige Grenze von Eigentum kennt, die, beispielsweise was das Eigentum an Boden angeht, soweit reicht, wie man ihn auch verteidigen kann.[44]

Unabhängig der unterschiedlichen Positionen zum Privateigentum sehen doch alle bislang zu Wort gekommenen Denker Grenzen des Privateigentums vor und können sich ein unbegrenztes Privateigentum nicht denken. Die Skepsis gegenüber dem Privateigentum speist sich dabei aus dem Gemeineigentum und damit aus einem besonderen Aspekt des Privaten (lat. *privare* = berauben), das aus dem Gemeinsamen herausgenommen wird. In diesem Sinne mahnt auch das deutsche Grundgesetz die Sozialverbindlichkeit des Eigentums an: «Eigentum verpflichtet. Sein Gebrauch soll zugleich dem Wohl der Allgemeinheit dienen.»[45]

Eine neue Perspektive der Privateigentums-Kritik eröffnet Karl Marx: «Das Privateigentum hat uns so dumm und einseitig gemacht, dass ein Gegenstand erst der unsrige ist, wenn wir ihn haben, also als Kapital für uns existiert oder von uns unmittelbar besessen, gegessen, getrunken, an unseren Leib getragen, von uns bewohnt etc. kurz, *gebraucht* wird.»[46] Marx betont hier den für den Eigentümer negativen Effekt des Privateigentums, der vom «Sinn des Habens» ergriffen ist. In diesem Sinne wird dann auch verständlich, warum Marx die Abschaffung des Privateigentums als «Emanzipation» bezeichnet.

Inspiriert durch Marx und die Psychoanalyse, interpretiert Erich Fromm das Privateigentum weniger als eine Rechtsform oder Ausdruck einer bestimmten Wirtschaftsweise als vielmehr als eine menschliche Existenzweise, die er als «Existenzweise des Habens» bezeichnet. Kennzeichen dieser Existenzweise ist nach Fromm ihre Grenzenlosigkeit, da alles dem Haben unterworfen werden kann: Dinge ebenso wie Gefühle und Menschen können Eigentum werden.[47] Mit der Ausdehnung des Eigentums über die blossen Sachen hinaus ist nach Fromm auch verbunden, dass Dinge mit Status versehen werden, was Fromm beispielhaft am Eigentum an einem Auto demonstriert: «Mit dem Kauf eines Autos erwerbe ich faktisch ein neues Teil-Ich.»[48] Diese Beschreibung lässt sich heute problemlos fortschreiben, wenn man beispielsweise das Wort »Auto« durch das des »Smartphone« ersetzt.

Mit seiner Unterscheidung der Existenzweisen von «Haben» und «Sein» entwickelt Fromm zugleich eine Konsumkritik (→ 7.) und zeichnet das düstere Bild eines von Eigentumswünschen getriebenen und alles ins Haben verwandelnden Menschen, der sich letztlich immer mehr den Dingen, die er sein Eigentum nennt, anpasst und damit sich selbst verdinglicht. Diese Entwicklung bei der sich

der Mensch an die Sachen verliert, ist jedoch nicht zwangsläufig und Fromm hält ein Leben im Sein weiterhin für möglich, ist der Mensch doch auch zu Empathie und Liebe fähig.
Die Kritik am Privateigentum kann man im Folgenden so zusammenfassen:

- Wenn es der Linderung existentieller Not im Wege steht, verliert Eigentum seinen Sinn und seine Berechtigung.
- Seinen legitimen Sinn verliert Eigentum auch dann, wenn es ein gigantisches Ausmass erreicht, so dass der Begriff der Beraubung («privare») verständlich wird. Privateigentum in bescheidenem Ausmasse – wobei die Frage, was bescheiden und angemessen ist, natürlich Anlass für ausgiebige Diskussionen sein kann –, ist hingegen nicht nur erlaubt, sondern sogar gerechtfertigt, wie Martha Nussbaum in ihrer Liste der Grundbefähigungen überzeugend feststellt (→ 4.2.4., dort die Grundbefähigungen 5 und 10b). Mit dieser Bedeutung des Eigentums könnte auch die höhere Bewertung von Eigen- und Fremdbesitz zu erklären sein, wie er als «Endowment-Effekt» beschrieben wird.[49]
- Es gibt Bereiche, in denen Eigentum deplatziert ist. Solche Bereiche stellen die Allmenden dar (→ 12.3.).

Das Unternehmen

220	9.1.	Die Unternehmensleitenden: das Management
222	9.2.	Unternehmerisches Fehlverhalten
223	9.2.1.	Vertrauen oder Betrug
225	9.2.2.	Korruption, Lobbyismus und Sponsoring
225	9.2.2.1.	Durchsuchungen und Verhaftungen
226	9.2.2.2.	Aktiv oder Passiv
227	9.2.2.3.	Filz hat viele Farben und einen Haken
229	9.2.2.4.	Sponsoring an der Hochschule
231	9.2.2.5.	Globale Korruption
234	9.3.	Übernahmen, freundliche und unfreundliche
236	9.4.	Verhaltenskodizes
237	9.5.	Whistleblowing
243	9.6.	Unternehmensverantwortung und Ruggie-Prinzipien

9. Das Unternehmen

Man kann lange darüber debattieren, wer der wichtigere Akteur in der Wirtschaft ist, die Konsumenten oder die Unternehmen, also Einzelne oder Organisationen. Für erstere spricht, dass es ohne die Nachfrage der Einzelnen keine Unternehmen gäbe, für Zweitere spricht, dass Unternehmen und dies nicht nur im Falle einer besonderen Größe, eine Machtballung besitzen, welche einen bedeutsamen Einfluss auf die Ökonomie ausüben und zwar sowohl als Chance wie auch als Risiko.

Aus ethischer Sicht stellt sich zunächst die Frage, ob Unternehmen Handlungsakteure sind. Wenn man diese Frage bejaht und mit Peter French davon ausgeht, dass Unternehmen «moralische Personen» sind (→ Begriff 5), dann kann man auch von Unternehmenshandeln sprechen und dieses einer ethischen Bewertung unterziehen. Auch tragen in diesem Falle Unternehmen – und nicht alleine die sie repräsentierenden Mitarbeiter – Verantwortung (→ Begriff 8). Die Unternehmensverantwortung ergibt sich aus der Struktur eines Unternehmens, das als Organisation zum einen mehrere bis sehr viele Menschen zusammenfasst und zum anderen durch strukturelle Gegebenheiten wie technisches Knowhow und Marktmacht eine Dimension erlangt, die mehr ist als die Summe ihrer Teile.

Gerade mit Blick auf sehr grosse Unternehmen sieht man leicht, dass Unternehmen als Handlungssubjekte gedacht werden müssen, wenn man vermeiden will, dass gleichsam eine ethische Leerstelle entsteht: Würde man nämlich darauf bestehen, dass nur natürliche Personen Handlungssubjekte sind, so liesse sich in der modernen Marktgesellschaft ein immer größer werdender Bereich nicht mehr ethisch beschreiben und die so entstehende Beschreibungslücke würde auch eine riesige Verantwortungslücke aufreissen. Eine solche Lücke wäre jedoch nicht nur höchst verstörend für Menschen, die sich selbst verantwortlich für ihr Handeln sehen, zugleich aber anerkennen müssten, dass grosse Handlungsfolgen gleichsam im ethisch luftleeren Raum geschähen.

Diese Lücke lässt sich hingegen schliessen, wenn man die oben beschriebene Struktur von Unternehmen anerkennt, wozu nicht zuletzt die Entscheidungsstruktur zählt.[1] Wenn also Unternehmen als moralische Personen anerkannt sind, dann müssen sie sich als handelnde Akteure ähnlich rechtfertigen, wie auch die natürlichen Personen. Dass an Unternehmen dabei gegebenenfalls höhere Anforderungen gestellt werden müssen, könnte sich aus ihrer höheren Macht ergeben, die sich gleich doppelt ausweist: in dem höheren Gewicht, das den Entscheidungen von Unternehmen im Unterschied zu denen der Einzelpersonen zukommt, sowie in der größeren Zahl der von diesen Entscheidungen Betroffenen (Stakeholder).

Unternehmen können daher dem Status der moralischen Person nur gerecht werden, wenn sie kein funktionales Selbstverständnis haben demzufolge das Unternehmen lediglich ein Gewinngenerator sei, sondern müssen sich als Handlungsakteure begreifen. Diesem hohen Anspruch können Unternehmen jedoch nur gerecht werden, wenn sie ihre Entscheidungen nach dem Kriterium der Selbstwidersprüchlichkeit und einem an sich Guten ausrichten.[2] Diese an Kant orientierte Forderung (→ 3.2.1.; 4.2.2.) bedeutet richtig verstanden keine Einschränkung, sondern im Gegenteil eine Aufwertung des Unternehmens, das sich nicht länger als Funktion zu etwas (beispielsweise Unternehmensgewinn), sondern als Selbstzweck und damit als autonom betrachtet.

Ihre Autonomie können Unternehmen auch über ihre eigene Handlungsbiographie bewahren: Die Geschichte von Unternehmensentscheidungen, welche in sich gut und nicht ausschliesslich gut zu etwas sind, stabilisiert das Unternehmen als moralische Person, umgekehrt wirtschaftet sich ein auf funktional begründeten Entscheidungen ausgerichtetes Unternehmen als moralische Person selber ab.

Konkret lassen sich aus der nicht-instrumentellen oder nicht-funktionalistischen Perspektive folgende Prinzipien ableiten:[3]

- Eine Unternehmung sollte bei all ihren Entscheidungen die Interessen aller Stakeholder bedenken.
- Ein Unternehmen sollte die Stakeholder über geplante weitreichende Entscheidungen bevor sie getroffen sind, informieren und anhören.
- Unternehmen müssen sich dem Prinzip der Gerechtigkeit verpflichten.
- Unternehmen müssen sich dem Gemeinwohl verpflichtet fühlen.

Das Verständnis des Unternehmens als einer «moral community»[4] stellt keine überzogene Moralisierung des Unternehmens dar, sondern spiegelt lediglich die der modernen Gesellschaft angemessene Beschreibung eines Akteurs, der Teil dieser Gesellschaft ist. Modern ist dieses Gesellschaftsbild, weil die moderne Gesellschaft sich um die Integration der Akteure bemüht, damit kein Akteur weder aus der Gesellschaft ausgeschlossen unter dieser, noch als deren dominante Grösse über dieser angesiedelt ist. Für beides gibt es abschreckende Beispiele: Wer aus der Gesellschaft ausgeschlossen wird und sich unterhalb der Gesellschaft befindet, gehört beispielsweise zu den Working Poor (→ 8.2.4.) und sieht sich um jede Teilhabe gebracht.

Wer sich oberhalb der Gesellschaft befindet, mag diese in einer für ihn idealen Weise ausbeuten können, er wird sich aber, so lange er sein grundlegendes Geschäftsmodell nicht aufgibt, nicht in die Gesellschaft integrieren lassen. Ein typischer Vertreter dieses Geschäftsmodell ist, wie ihn Sen (→ 4.2.4.) beschreibt, der Mafiosi. Dessen Problem, worunter schliesslich alle leiden, besteht darin, dass er nicht anerkennt, dass es Freiheit nie total, sondern immer nur unter Bedingungen der Selbsteinschränkung geben kann (→ Begriff 4). Um den Ernst des Problems nicht zu verkennen, sollte man beim Wort «Mafia» nicht alleine an «Revolver und Bomben», sondern an mangelnden Respekt vor dem Recht und dem Mangel von gegenseitigem Vertrauen denken.[5]

Eine Form, die ethische Bedeutung von Unternehmen zu operationalisieren besteht in der Form einer «offenen Unternehmensverfassung» auch *Stakeholder Board* genannt. Darunter wird ein aus den wichtigsten Stakeholdern gebildetes Gremium verstanden, das in die unternehmerischen Entscheidungen mehr Pluralität hineinbringen soll in dem die Stakeholder ein Recht auf Meinungsäusserung und gegebenenfalls ein bereits internes – und nicht erst auf dem Rechtsweg angesiedeltes – Beschwerderecht eingeräumt würde.[6] Wenngleich nicht von der Hand zu weisen ist, dass der Stakeholder Board fallweise im Konflikt zur Autonomie des Unternehmens geraten könnte, so zeigt sich auf der anderen Seite, dass dies umso eher so gesehen wird, wie es der Unternehmung an Bürgersinn (→ 4.2.1.) mangelt. Von daher könnte der Stakeholder Board gerade darin seinen wichtigsten Beitrag finden, die gesellschaftliche Dimension und Bedeutung eines Unternehmens aufzuzeigen.

= *Da die moderne Gesellschaft alle gesellschaftlichen Akteure, sofern sie die Grundüberzeugungen der modernen Gesellschaft anerkennen, zu integrieren versucht, erwartet sie auch von den Unternehmen ethische Überzeugungen.*

Fragen und Aufgaben:
- ☐ Erklären Sie, wie man ein Unternehmen als «moralische Person» begreifen kann.
- ☐ Wie kann man begründen, dass nicht alleine die Menschen, die in einem Unternehmen arbeiten, sondern das Unternehmen selbst, ein moralischer Akteur ist?
- ☐ Beschreiben Sie Unternehmensentscheidungen, die sich an der Ethik Kants ausrichten.
- ☐ Formulieren Sie einen Ansatz, der die Interessen von Unternehmen und diejenigen der Stakeholder nicht als unvereinbare Gegensätze begreift.

9.1. Die Unternehmensleitenden: das Management

Obwohl Unternehmen, wie wir gesehen haben (→ 9.), der Status einer moralischen Person zukommt, sind dennoch auch die das Unternehmen leitenden Personen in den Blick zu nehmen, kommt ihnen doch innerhalb des Unternehmens eine besondere Verantwortung zu. Diese Situation hat bereits 1973 das «European Management Forum» auf seiner Tagung in Davos mit der Verabschiedung eines «Verhaltenskodex für das Management» gewürdigt.[7] Das «Davoser Manifest» hat auch heute noch nichts von seiner Aktualität eingebüsst. In den 1970er Jahren formulieren die in Davos versammelten Manager ein Selbstverständnis, das vor allem von einer Haltung geprägt ist: dem Dienen. Von diesem Ansatz ausgehend, beschreibt das Manifest vier Dimensionen, in denen das Dienen stattfinden muss und zwar in dieser aufsteigenden Reihenfolge: Das Management muss dem Kunden dienen, es muss den Anlegern dienen, es muss den Beschäftigten dienen und es muss schliesslich der Gemeinschaft dienen.

Abb. 37–38: Unternehmer aus zwei Jahrhunderten: Gottlieb Duttweiler (1888-1962) und Steve Jobs (1955-2011)

Mit seinem Begriff des Dienens knüpft das Davoser Manifest implizit an die Aristotelische Tugendethik an. Die Aktualität Aristoteles' ist in der Gegenwart keineswegs verblasst, wie bereits an Aristoteles' hochaktueller Unterscheidung von Ökonomik und Chrematistik (→ 2.2.) deutlich wird: Während die Ökonomik sich in guter Weise um den Haushalt sorgt, geht es der Chrematistik lediglich um die Mehrung des eigenen Gewinns. Eine solche Haltung lehnen die Manager, die das Davoser Manifest unterschrieben haben, ab. Wer nämlich den Haushalt vernachlässigt, so könnte man die Haltung des European Management Forum interpretieren, und dem es nur um seinen Profit geht, der stellt sich ausserhalb des Haushaltes, modern gesprochen, der Gesellschaft. Ganz in diesem Sinne kritisiert *Robert C. Solomon* (1942-2007) Haltungen, die alleine auf den Profit fixiert sind, allen voran die berühmt-berüchtigte Behauptung Milton Friedmans vom Profit als einzigem Sinn des unternehmerischen Handelns (→ 4.2.1.). Eine auf die Chrematistik ausgerichtete und damit jeglicher Tugendorientierung ledige Position hält Solomon für eine Haltung, mit der man sich selbst aus der Gesellschaft heraus begibt.[8] In diesem Sinne, jedoch unter Bezug auf Kant (→ 3.2.), erwartet auch Bowie vom Management eine Ausrichtung der Unternehmenspolitik am Gemeinwohl als Beitrag zur Lösung sozialer Probleme wie Arbeitslosigkeit und Armut.[9]

Wer solchen Problemen gegenüber gleichgültig bleibt, verabschiedet sich selbst aus der Gesellschaft. Für so jemanden gibt es eine wenig schmeichelhafte Bezeichnung: *Outlaw*. Für die überwiegende Mehrheit der Manager dürfte diese Bezeichnung ihrem Selbstverständnis zuwiderlaufen: Sie begreifen sich als Teil der modernen Gesellschaft, die sie, im Unterschied zum Mafiosi als dem klassischen Outlaw, wie die anderen Bürger auch, weiterentwickeln wollen (→ 4.1.3.; 4.2.1.). Daher ist unter Managern auch die Bereitschaft verbreitet, an Selbstregularien mitzuwirken und diese zu unterstützen. Ein Beispiel dieser Art stellt der «Deutsche Corporate Governance Kodex» (DCGK) dar. Der DCGK ging aus einer 2001 von der deutschen Bundesregierung gebildeten Kommission hervor, an der Vertreter aus Regierung und Wirtschaft an Regelungen für eine «gute Unternehmensführung» arbeiteten. Der DCGK enthält unter anderem Bestimmungen zur Schadenersatzpflicht von Vorständen bei schuldhafter Verletzung der Sorgfaltspflicht.[10] Neben solchen eigentlich selbstverständlichen Regelungen fallen darüber hinausgehende und innovative Regelungen eher durch mangelnde Präzision auf: So wird beispielsweise – in § 4.1.1. – die Verantwortung des Vorstandes gegenüber den Stakeholdern betont, wobei die Verpflichtung gegenüber den «dem Unternehmen verbundenen Gruppen (Stakeholder) mit dem Ziel nachhaltiger Wertschöpfung» eine Weite erreicht, die wohl von den wenigsten Unternehmen weder angestrebt noch erreicht wird. Damit zeigt sich allgemein das Problem von Selbstverpflichtungen, die aus einer Club-Situation heraus entstanden sind: Wenn es ihnen an der kritischen Einsprache anderer Interessensgruppen mangelt – dies belegt den Sinn des Stakeholder Boards (→ 9.) –, bleiben sie entweder weit hinter dem von der Sache her geforderten zurück oder verlieren sich in vagen Absichten, die vielleicht einen Reputationsgewinn versprechen aber, da nicht konkret fassbar, einen eigentlich nichts kosten.

Selbstverpflichtungen, so gut sie auch gemeint sein mögen, können sogar schädlich sein, da mit ihrer blossen Existenz die Notwendigkeit einer öffentlichen Debatte abgelehnt wird oder überflüssig erscheint, weil der «Club» der Selbstverpflichter häufig behauptet, grosszügiger Weise den Job der (kritischen) Öffentlichkeit gleich mit zu erledigen.[11]

> **Video:**
> - «Dutti, der Riese» (2007), der Dokumentarfilm von Martin Witz erzählt das aussergewöhnliche Leben von Gottlieb Duttweiler, dem Gründer der Schweizer Migros.
> - «Steve Jobs» (2015) von Danny Boyle; der Film erzählt das Leben des Apple-Gründers vor dem Hintergrund seiner wichtigsten Produktinnovationen und zeigt die Lichtgestalt der Branche wenig strahlend.

= *Dem Management kommt auf Grund seiner Handlungsreichweite eine besondere Verantwortung sowohl für das Unternehmen wie für die Gesellschaft zu. Das unternehmerische Handeln sollte durch das Selbstverständnis der Manager als Teil der modernen bürgerlichen Gesellschaft inspiriert sein und sich sowohl an Aristotelischer Tugend- wie Kantischer Pflichtenethik orientieren.*

> **Fragen und Aufgaben:**
> ☐ Erklären Sie, inwiefern das Management eine gesellschaftliche Verantwortung hat.
> ☐ Zeigen Sie an Beispielen, worin die gesellschaftliche Verantwortung des Managements besteht und umgesetzt werden kann.
> ☐ Diskutieren Sie Selbstverpflichtungen pro und contra.

9.2. *Unternehmerisches Fehlverhalten*

Unternehmen stehen im Fokus der kritischen Aufmerksamkeit, wenn sie sich regelwidrig verhalten. Die Öffentlichkeit empört sich zu Recht, wenn Unternehmen als Organisationen sich kraft ihrer gesellschaftlichen und politischen Macht ein Verhalten anmassen, das sich der sogenannte kleine Mann nicht leisten kann und das er sich in der Regel auch verbietet. Die berechtigte Empörung kann dabei zwei Ursachen haben, zum einen die Machtanmassung des Starken gegenüber dem Schwachen und der dadurch verursachte Schaden. In beiden Fällen können sich die einzelnen Geschädigten und die Gesellschaft insgesamt in ihrem Grundvertrauen gegenüber der Wirtschaft betrogen fühlen.

9.2.1. Vertrauen oder Betrug

In den wirtschaftsethischen Debatten, welche die Gesellschaft umtreiben, geht es häufig um Fälle von Betrug, beispielsweise Bilanzfälschung, Steuerbetrug oder Vortäuschung einer falschen Produktqualität.

Der durch Betrug entstandene materielle Schaden entsteht auf Seiten der Konsumenten beispielsweise dann, wenn diese weniger für ihr Geld erhalten als vereinbart. So wird sich jeder Kunde eines Wochenmarktes betrogen fühlen, wenn der Gemüsehändler die Waage manipuliert und statt der ausgewiesenen und bezahlten 2 Kg nur 1,5 Kg Kartoffeln verkauft. Finanziell ist dieser Betrug für den Kunden gleichbedeutend mit einem Diebstahl bzw. eines nicht ausgewiesenen Preisaufschlags. Aber auch dieser materielle Aspekt des Betrugs enthält eine immaterielle Komponente: Selbst wenn er zum ersten Mal bei diesem Gemüsehändler einkauft, also noch keine Geschäfts*beziehung* besteht, wird er spätestens dann, wenn er sich an den vermeintlich freundlichen Blick und den Abschiedsgruss des Gemüsehändlers erinnert, sich nicht nur finanziell, sondern auch immateriell betrogen fühlen.

Der immaterielle Schaden durch den Betrug ist auch bei grossen Betrugsfällen zu beobachten und macht es nachvollziehbar, dass nicht alleine die finanziell Geschädigten sich für die Opfer von Betrug halten können. Darin kommt eine weit verbreitete moralische Intuition zum Ausdruck, die Betrug für eine besonders schwerwiegende Störung des gesellschaftlichen Lebens erachtet, weil hierbei neben konkreten materiellen Schäden ein für die moderne Gesellschaft wichtiges immaterielles Gut in Mitleidenschaft gezogen wird, das *Vertrauen*. Gerade eine moderne und d.h. offene Gesellschaft ist auf Vertrauen angewiesen (→ 4.1.2.): Im Unterschied zu einer vormodernen und geschlossenen Gesellschaft ist der Anteil von Kontrolle und Repression als negative Steuerungsinstrumente in der modernen Gesellschaft zu Gunsten positiver Steuerungsinstrumente zurückgefahren. Gerade deshalb ist die Ressource Vertrauen von zentraler Bedeutung, weil das Vertrauen, sofern es nicht enttäuscht wird, besonders günstige, weil investitionsarme Kooperationsformen ermöglicht.[12] Akteure, die Vertrauen erlebt haben, werden daher nicht, wie *Wladimir Iljitsch Lenin* (1870-1924), behaupten, Kontrolle sei besser als Vertrauen. Das bedeutet zwar auch nicht, dass derjenige, der Vertrauen ins Vertrauen setzt, alle Kontrollen in den Wind schlagen wird; er wird aber wissen, dass letztlich nicht alles kontrollierbar ist und die Lücke im Bereich der Kontrolle der Preis der Freiheit ist. Deshalb kann Vertrauensmissbrauch und das in dessen Folge entstandene Misstrauen auch als Anschlag auf die Freiheit gesehen werden. Vertrauen ist anspruchsvoll: Wer vertraut, bringt die Kraft auf, daran zu glauben und darauf zu bauen, dass etwas gut gehen wird und kann sich zugleich in die Rolle des anderen hineinversetzen und hoffen, dass auch er Vertrauen aufbringen kann. Dieses *doppelte Vertrauen* (das Selbst- und das Fremdvertrauen) ist die Voraussetzung und Basis für eine gelingende Beziehung, egal ob es sich um eine wirtschaftliche oder eine tiefergehende zwischenmenschliche handelt. Es ist deshalb ein Fehler, wenn Vertrauen als eine antiquierte und überholte Tugend, welche längst durch verbindliche Rechts- und Verfahrensstandards abgelöst sei, betrachtet wird. Vertrauen ist auf der Mikro-, der Meso- und der Makroebene unverzichtbar, gerade die größten Systeme wie der Staat und sogar die Kultur sind ohne sie nicht denkbar.[13]

Wenn Betrug in und durch Unternehmen in diesem Sinne als Vertrauensmissbrauch bewertet wird, dann deshalb, weil die Stakeholder – zu denen neben der Gesellschaft auch die Mitarbeitenden des Unternehmens gehören –, stillschweigend von einer guten und korrekten Geschäftsführung ausgehen. Von dieser Annahme ging auch bereits der Kartoffelkäufer aus: Zwischen Verkäufer und Konsument besteht ein direktes (explizites) oder indirektes (implizites) Fairness- und Wahrheitsversprechen. Eine solche Annahme ist auch heute nicht Ausdruck naiver Sentimentalität, sondern vielmehr Ausdruck der Überzeugung, dass die moderne, hochindividualisierte Gesellschaft auf geteilten Grundwerten aufruht. Deshalb lösen Betrugsfälle auch wie Erdbeben so weite Kreise aus, die über die unmittelbar Betroffenen hinausreichen.

Während der immaterielle Schaden von und durch Betrug nicht zu beziffern ist, ist der materielle Schaden meist mehr oder weniger eindeutig anzugeben. In Folge von Betrug werden überhöhte Preise oder zu wenig Steuern bezahlt, schlechte Qualität vermarktet und im Extremfall sogar die Gesundheit von Menschen gefährdet. Während diese Schäden, sofern sie nachgewiesen werden können, relativ genau quantifiziert werden können, ist dies auf Seiten eines anderen Stakeholders, der Konkurrenz, deutlich schwieriger. Mit seinen Machenschaften versucht sich ein betrügerisches Unternehmen einen Vorteil zu verschaffen, der mehr oder weniger direkt zu Lasten der Konkurrenz geht. In einem Markt mit zwei Anbietern («Duopol») ist ein solcher Schaden eindeutig anzugeben, in einem Markt mit vielen Anbietern («Polypol») ist ein solcher Nachweis nur schwer zu erbringen, obwohl nicht geleugnet werden kann, dass alle anderen Anbieter geschädigt werden.

Video:
- «Vertrauen, was ist das?» (2005) Sternstunde Philosophie. Die Schweizer Verhaltensökonomin Iris Bohnet erklärt, wie der Mensch neuronal tickt.

= *Betrug bedeutet ein missbräuchliches Verhalten, das einen sowohl materiellen wie auch immateriellen Schaden verursacht, der dadurch ausgelöst wird, dass ein explizites oder implizites Versprechen gebrochen wird.*

Fragen und Aufgaben:
- Geben Sie Beispiele für immateriellen Schaden bei Betrug.
- Entwickeln Sie eine Anti-Betrugs-Strategie, allgemein und konkret.
- Untersuchen Sie bei einem Betrugsfall, der gerade öffentlich debattiert wird, die einzelnen Verantwortungsträger.

9.2.2. Korruption, Lobbyismus und Sponsoring
9.2.2.1. Durchsuchungen und Verhaftungen

Mit grosser Überraschung verfolgte die deutsche Öffentlichkeit 2006 in den Abendnachrichten, wie die Polizei in München in die Konzernzentrale eines der grössten und bis dahin als am seriösesten geltenden deutschen Unternehmen eindrang und anschliessend mit mehreren mit Akten beladenen Kleintransportern abreiste. Der Elektronikkonzern Siemens steht seither für einen der europaweit grössten Bestechungsaffären.

Weltweite Aufmerksamkeit war 2015 auch den spektakulären Verhaftungen hochdotierter und einflussreicher Funktionäre des Weltfussballverbandes FIFA sicher, als die Polizei in Zürich die FIFA-Zentrale durchsuchte und aus einem Zürcher Luxushotel sieben Funktionäre aus den Betten holte. Die so unterschiedlichen Fälle haben eine Gemeinsamkeit: Es bestand der (mittlerweile erwiesene) Verdacht auf Korruption (dt. *Bestechung*).

Unter Korruption bzw. Bestechung (beide Begriffe werden hier synonym gebraucht) versteht man die missbräuchliche Ausnutzung einer Macht- oder Vertrauensstellung um unerlaubte Vorteile zu erlangen oder zu gewähren. Die beiden Perspektiven von Vorteilsnahme und Vorteilsgewährung wurden lange als relevante Unterscheidung verstanden und markierten den Unterschied zwischen aktiver und passiver Korruption. Dem lag die irrige Vorstellung zugrunde, dass man einen aktiven und einen passiven Part in dem Bestechungsdeal ausmachen könnte, so dass der passive Teil schon fast als Opfer zu betrachten sei.

Prominent wurde dieser Unterschied bei einem der grössten politischen Skandale in der Bundesrepublik Deutschland. Die Untersuchung der «Flick-Parteispendenaffäre» brachte im Prozess von 1987 zu Tage, dass das damals grösste deutsche Familienunternehmen, das unter anderem die grössten Rüstungsbetriebe des Landes kontrollierte, über mehrere Jahre führende deutsche Politiker mit erheblichen Geldzahlungen bedacht hatte. Mit diesen Zahlungen sollte allem Anschein nach Einfluss auf einen beim deutschen Bundeswirtschaftsministerium eingereichten Antrag der Firma Flick über eine Steuerbefreiung in Milliardenhöhe erwirkt werden. Da der Nachweis für diesen Verdacht nicht erbracht werden konnte, fielen die Strafen gegenüber allen Angeklagten milde aus. Unabhängig der Beweislage hatten vor allem die politischen Mandatsträger wenig zu befürchten, da ihre Geldannahmen schlimmstenfalls als passive Bestechung gegolten hätten.

9.2.2.2. Bestechung, aktiv oder passiv?
Dass die Unterscheidung zwischen aktiv und passiv sachlich unbegründet ist, wird heute kaum noch bestritten,[14] ist es doch offensichtlich, dass zu einer Bestechung beide Parteien gehören, diejenige, die durch Geld oder geldwerte Anreize einen Vorteil zu erlangen versucht («aktive» Bestechung) und diejenige, die eben diesen gewünschten Vorteil gewährt («passive» Bestechung). Ohne das eine gibt es das andere nicht: Beide Parteien sind für das Zustandekommen der Bestechung verantwortlich und damit auch für den dadurch entstandenen Schaden. Deshalb ist es nicht gerechtfertigt, den passiven Teil für weniger verantwortlich als den aktiven zu halten. Der Anteil des sogenannt Passiven kann sogar gegenüber dem Aktiven noch höher zu bewerten sein, da er durch subtile Signale zu erkennen geben könnte, dass bei ihm Chancen bestünden, auf unlautere Art zum Ergebnis zu kommen, – damit würde er sogar zum Aktiven der allererst das Klima für Korruption schafft.

Aber worin besteht der durch Bestechung verursachte Schaden? Im Falle der Bestechung öffentlicher Amtsträger, wie sie in der Flick-Affäre, wenngleich nicht rechtswirksam nachgewiesen aber mit hoher Wahrscheinlichkeit bestand, liegt der Hauptschaden in der Beschädigung des Vertrauens in die Arbeit der dem Gemeinwohl verpflichteten Politiker. Der immaterielle Schaden des Vertrauensverlustes (→ 9.2.1.) ist wie allgemein bei immateriellen Schäden nur schwer zu beziffern, allerdings sind seine Folgen unbestritten gewichtig: Abwendung der Bürgerinnen und Bürger von der Politik wie sie sich in Wahlenthaltung oder allgemeinem Desinteresse an politischen Entscheiden äussert, missgünstige Grundstimmung gegenüber Politikern und Politikerinnen, die unter den Generalverdacht der Käuflichkeit geraten und, damit zusammenhängend, die negative Vorbildfunktion der Politik, welche zu Nachahmer-Taten verleiten kann.

Alle diese Effekte mögen im Einzelnen noch als hinnehmbar erscheinen, können sich in der Summe aber so verdichten, dass das politische System einen bleibenden Schaden nimmt. Daher erscheint auch die Bedeutung des *lat.* «corruptio» nachvollziehbar: neben «Bestechung» bedeutet es auch «Zerrüttung» und «Verderben». Die Zerrüttung politischer Verhältnisse kann schleichend geschehen, so wie auch Vorteile ebenfalls schleichend und allmählich gewährt werden. Dies ist dann der Fall, wenn die Beteiligten einen unprofessionell geringen Abstand zu einander halten, ein Effekt, der in einer verbreiteten Steh-Imbiss-Kultur, bei der sich die Eliten aus Wirtschaft und Politik immer wieder zusammenfinden, entstehen kann. Verbindungen, die auf diese Art geknüpft werden, können entstehen, ohne dass materielle Güter den Besitzer wechseln, weswegen man auch schwer von Bestechung im eigentlichen Sinne reden kann. Der Filz, der sich dermassen bildet, ist für Aussenstehende dann nur schwer zu durchschauen.

9.2.2.3. Filz hat viele Farben und einen Haken

Zur Undurchsichtigkeit bzw. Verschleierung der Korruption trägt auch bei, dass die angestrebte Vorteilsgewährung in vielerlei Gestalt daherkommen kann: Neben der klassischen Form, der Geldübergabe, die dazu führt, dass derjenige, der das Geld angenommen hat, «gekauft» wurde, gibt es viele andere Formen. So bedeutet auch *Bakschisch* Geld zu geben, aber es wird häufig nicht als Bestechungsgeld verstanden. Diese falsche Interpretation rührt daher, dass es sich beim Bakschisch zumeist um kleinere Summen handelt und zugleich um einen in einigen Gesellschaften gesellschaftlich – aber nicht kulturell – verankerten Brauch. Aus der verbreiteten Praxis den Schluss zu ziehen, Bakschisch sei unbedenklich, ist falsch: Das Bakschisch erfüllt in den Gesellschaften, in denen es Praxis ist, die Funktion eines Türöffners, d.h. ohne Bakschisch zu zahlen, wird man nicht zum Erfolg kommen oder muss darauf sehr lange warten (beispielsweise bei der Abfertigung des LKWs beim Transit). Da durch Bakschisch positiv Einfluss auf Ablaufprozesse genommen wird, die legaler Weise auch ohne eine solche Privatgebühr ablaufen müssten, ist diese Form der Einflussnahme unlauter. Das Gleiche gilt selbstverständlich für *Geschenke*, die gleichfalls im professionellen Setting nichts zu suchen haben.

Häufig werden auch Kommissionszahlungen zur Bestechung eingesetzt. Die Bezahlung von Kongressen – beispielsweise durch die Medizin- und Pharmabranche – kann korrumpierend Einfluss auf die Bestell-Entscheidungen nehmen und ist daher sehr kritisch zu sehen. Da der sonst in der Anti-Korruptionsstrategie erfolgreiche Weg der Offenlegung hier nicht greift, der von einem Pharmahersteller finanzierte Kongress stellt sich ja bereits öffentlich als von eben diesem Hersteller gesponsert dar (das Logo des Herstellers ist allgegenwärtig, die ausliegenden Umhängetaschen, die Gratisschreibblöcke und Stifte tragen das Logo), sollte das Kongress-*Sponsoring* ganz eingestellt werden. Der naheliegende Hinweis, dass die Industrie ihre Interessen dann im Verborgenen verfolgen werde, ist zwar nicht von der Hand zu weisen, stellt jedoch kein ausreichendes Argument dar: Mit dieser Begründung müsste man schliesslich alle als problematisch beurteilten Verfahren dulden, sofern sie nur öffentlich nachvollziehbar sind.

Egal ob es sich wie hier um Privatbestechung oder wie in der Flick-Affäre um Bestechung von Amtsträgern handelt, immer verursacht Korruption private *und* gesamtgesellschaftliche Schäden. Neben dem bereits genannten und wahrscheinlich grössten Schaden, dem Verlust des Vertrauens, sind es die folgenden der von der Anti-Korruptions-NGO *Transparency International* aufgelisteten Schäden. Korruption

- führt zu unrechtmässiger Bereicherung Einzelner und schädigt so den gesellschaftlichen Zusammenhalt;
- führt zur Verschwendung öffentlicher und privater Ressourcen;
- verzerrt den Wettbewerb;
- bremst die Innovation und die Nachhaltigkeit;
- erschüttert das Vertrauen zwischen Geschäftspartnern;
- sorgt für Ineffizienz sowie für höhere Kosten;
- untergräbt den Rechtsstaat und fördert das organisierte Verbrechen;
- beeinflusst das Urteilsvermögen und führt zu schlechten Entscheidungen;
- ermöglicht Erpressung und bereitet den Boden für weitere strafbare Handlungen.[15]

Um diese Schäden zu verhindern, müssen korrupte Handlungen als solche erkannt und sichtbar – transparent – gemacht werden. Besonders schwierig ist die Bekämpfung der Korruption in den Grauzonen von Sponsoring und *Lobbying*. Der Flick-Manager *Eberhard von Brauchitsch* (1926-2010) verstand seine Tätigkeit für den Konzern als Lobbyismus und bezeichnete die Spenden an Politiker später als «Pflege der politischen Landschaft».[16] Unabhängig davon, ob man diese Aussage als Schutzbehauptung oder als Überzeugung versteht, sieht man wie problematisch eine solche Landschaftspflege ist. Wer sich dermassen als Gärtner betätigt, sollte zumindest in dieser Funktion auch bekannt sein, weswegen immer wieder gefordert wird, dass die Parlamente die bei ihnen akkreditierten Lobbyisten veröffentlichen, damit immerhin die Namen und Interessen derjenigen, die Einfluss auf die Entscheidung von Politikern zu nehmen versuchen, bekannt sind. Wie gross der Einfluss der Lobbyisten auf der politischen Bühne ist, erkennt man unter anderem daran, dass solche Offenlegungsbemühungen meistens scheitern, was ein offensichtlicher Erfolg der Lobbyisten ist.

9.2.2.4. Sponsoring an der Hochschule

Im Unterschied zum eher verdeckten Lobbying geschieht das Sponsoring – weitgehend – öffentlich. Damit ist jedoch noch nicht die Gewähr gegeben, dass dadurch keine unerlaubte Einflussnahme auf Entscheidungen genommen wird. In jüngster Zeit sind vermehrt europäische Hochschulen einem solchen Sponsoring ausgesetzt gewesen. Das ist wenig überraschend, leiden doch die in der Regel staatlich finanzierten Hochschulen zunehmend an einer Unterfinanzierung, weswegen sie gegenüber den Angeboten zahlungskräftiger Sponsoren tendenziell empfänglich werden. Die Sponsoren ihrerseits versuchen sich auf diese Weise neben einem Reputationsgewinn Zugang zu exklusivem Wissen zu sichern und damit eigene Forschungsgelder einzusparen, gegebenenfalls auch ihnen missliebige Forschung zu unterbinden.

Obwohl Wissenschaftssponsoring auch in Europa schon lange praktiziert wird, ist sie erst in der jüngeren Zeit Gegenstand einer öffentlichen kritischen Debatte geworden. Als 2013 bekannt wurde, dass die Schweizer UBS-Bank und die Universität Zürich im Jahr zuvor einen Sponsoringvertrag in der Höhe von 100 Millionen Schweizer Franken abgeschlossen hatten, bildete sich der von 27 Wissenschaftlern erstunterzeichnete *Zürcher Appell für die Wahrung der wissenschaftlichen Unabhängigkeit*. Die Unterzeichner des Appells klagen, dass «weder der Citoyen noch die an der Universität Forschenden und Lehrenden (zu diesem Sponsoring) befragt wurden»[17] und fürchten, dass die Hochschule durch eine so grosse Geldspende in ihrer Unabhängigkeit eingeschränkt werden könnte. Dieser Befürchtung liegt das Verständnis einer (öffentlichen) Hochschule zu Grunde, deren «Ethos redlicher Wissenschaft (…) auf Unparteilichkeit, Unbestechlichkeit und Freiheit» basiert und die «ausschliesslich dem Gemeinwohl verpflichtet» ist.[18]

Ein finanziell substantielles Sponsoring könnte beides, die Freiheit der Wissenschaft wie die Gemeinwohl-Orientierung der Hochschule, gefährden. Die besondere Bedeutung der Hochschule als Garanten von redlicher Forschung und Gemeinwohl-Orientierung ist ein dermassen sensibles Gut, dass sie bereits dann Schaden nimmt, wenn die Öffentlichkeit den Verdacht hegt, die dort Forschenden und Lehrenden seien nicht mehr frei in ihren Forschungsentscheiden oder -plänen. Des Weiteren bewirkt das Sponsoring öffentlicher Hochschulen einen von der Gesellschaft nicht gewünschten Effekt: Eine Gesellschaft, die sich öffentliche Hochschulen leistet, verfolgt damit ein gesellschaftliches Ziel, beispielsweise einen breiten, von keiner finanziellen Hürde behinderten Hochschulzugang. Um dies zu gewährleisten, stattet die Öffentlichkeit die Hochschulen mit einer soliden Finanzierung aus. Hochschulsponsoring droht diesen gesellschaftlichen Konsens zu unterlaufen, da es nun neben dem wissenschaftlichen, auch einen finanziellen Hochschulwettbewerb gibt, der in der Folge zu einer deutlich unterschiedlichen finanziellen Ausstattung der Hochschulen führen kann. Nicht zwingend, aber wahrscheinlich, wird sich die öffentliche Hand, je mehr sich Hochschul-Sponsoring etabliert, aus der Hochschulfinanzierung zurückziehen, was auf Hochschulseite die Bereitschaft, sich sponsern zu lassen, – mit den genannten Folgen – erhöhen und zu immer deutlicheren qualitativen Unterschieden der Hochschulen führen könnte. Dies wiederum könnte in letzter Konsequenz soweit gehen, dass die bildungsmässige Grundversorgung gefährdet wäre, da einige intellektuelle Leuchttürme in einem Meer intellektueller Ödnis stünden.

Wer gerne Hochschulen finanziell fördern möchte, soll das durchaus tun dürfen, er darf jedoch seine Spende nicht an einen Zweck binden, sondern muss den Betrag der Hochschule zu deren freier Verfügung zukommen lassen, oder besser noch, ihn gleich an die Hochschulrektorenkonferenz überweisen, die dann nach einem selbstgewählten Verteilschlüssel ihre Mitglieder begünstigen könnte.

Wenn, wie zu erwarten, unter diesen Bedingungen das Sponsoring stark zurückgehen sollte, sieht sich der Staat eben nicht vorschnell aus seiner Aufgabe der Bildungsfinanzierung entlassen, und das muss kein Nachteil sein. Denn so können am ehesten die verschiedenen gesellschaftlichen Subsysteme – hier Bildung, da Wirtschaft – in ihrer Unabhängigkeit erhalten werden. Für die Hochschulen bedeutet diese strikte Trennung eine Wahrung ihrer Autonomie und den Schutz davor, dass der Sponsor sich erleichterten Zugang zu Wissen verschafft, welchen der Öffentlichkeit verpflichtete Forscher generiert haben, womit die Hochschulforschung zum verlängerten Arm der Industrieforschung würde. Um dieses Risiko ganz auszuschliessen, sollte man noch einen Schritt weitergehen und Sponsoring, Spenden bzw. Geschenke generell verbieten: Ansätze in diese Richtung haben einige Länder bei der Parteispendenfinanzierung unternommen, wohlwissend, dass alle drei Formen der Zuwendung mit einer Payback-Erwartung verbunden sind: Beim Sponsoring ist dies am offensichtlichsten, aber auch bei der Spende oder beim Geschenk schwingen sie meist mit.

Ein Test, wie ernst man es meint, wäre die Bereitschaft, die Gabe nichtgerichtet zu vergeben. Für die UBS hätte das bedeutet, die Spende statt an die wirtschaftswissenschaftliche Fakultät der Uni gleich an diese ohne einen weiteren Verwendungszweck zu geben, oder besser noch an einen Fonds zur Förderung der Schweizerischen oder europäischen Forschung.

9.2.2.5. Globale Korruption

«Vetternwirtschaft» als kleine Schwester der grossen Korruption gab es schon immer, wobei der »Vetter» kein Familienangehöriger sein muss, sondern ein dem anderen irgendwie Nahestehender, den man lieber wirtschaftlich begünstigt sieht, als jemand anderen. Auch diese Form unlauterer Vorteilserzielung kann am ehesten vermieden werden, wenn in Entscheidungen, beispielsweise bei Bauvergaben, mehrere Personen eingebunden sind, die gleichberechtigt und gleichmächtig sind und eine unterschiedliche professionelle Interessenslage mitbringen.

Das Recht bindet öffentlich-rechtliche Auftraggeber mittlerweile ab einer bestimmten Auftragshöhe an ein internationales Vergabereglement der WTO. Das «Übereinkommen über das öffentliche Beschaffungswesen» (engl. *Agreement on Government Procurement*)[19] stellt vor allem ein Diskriminierungsverbot von Anbietern dar. Da das Hauptanliegen der Welthandelsorganisation die Förderung des Welthandels ist, ist das wohlklingende Anti-Diskriminierungsgebot im Einzelfall auch kritisch zu sehen, da es das Gegenteil der erklärten Absicht zur Folge haben kann und letztlich als Instrument zur Förderung eines internationalen Oligopols dienen kann. Dies ist nicht zuletzt bei Ausschreibungen im IT-Bereich immer wieder zu beobachten.

Häufig wird von westlicher Perspektive aus Korruption als Problem der anderen gesehen, wobei diese einseitige Sicht als Rechtfertigung dafür herhalten soll, dass man im außereuropäischen Kontext, wo das Bakschisch zum Standard und handfeste Korruption zur alltäglichen Begleiterin von Geschäften gehöre, gar nicht anders könne, als dieses Spiel mitzuspielen. Eine solche Behauptung ist zweifach zurückzuweisen: Auf der Faktenebene ist es, – siehe den Jahresbericht von Transparency International –, zwar richtig, dass öffentliche Bestechung außerhalb Europas besonders ausgeprägt ist, aber die vielen Vergehen europäischer Unternehmen und zwar sowohl auf den heimischen wie auf den ausländischen Märkten,[20] machen deutlich, dass viele von ihnen solch' unlauteren Geschäftspraktiken durchaus nicht abgeneigt sind.

Unabhängig der konkreten Faktenlage gilt aber, dass es nie eine Rechtfertigung zu unethischem Verhalten geben kann. Die Berufung auf eine verbreitete unethische Praxis der anderen stellt daher einen offensichtlichen Selbstwiderspruch dar (→ 3.2.1.): Wer eine Handlung als unethisch beschreibt, kann, aus welchen Gründen auch immer, nicht zugleich eine solche Handlung befürworten. Für westliche Firmen kommt noch hinzu, dass sie sich an höheren Standards müssen messen lassen. Dafür spricht, dass sie in demokratischen Rechtsstaaten domiziliert sind und ihre Mitarbeiter in dieser Kultur sozialisiert wurden, weswegen man auch von ihnen ein höheres Rechts- und, damit zusammenhängend, ein höheres Unrechtsbewusstsein erwarten darf. Damit kommt diesen Firmen und ihren Mitarbeitern eine Vorbildfunktion zu, die sie zu besonderem verantwortungsbewusstem Handeln verpflichtet.

Diese Verpflichtung wird nicht von aussen an die Akteure herangetragen, sondern ergibt sich aus deren Teilhabe an einer gesamtkulturellen Praxis, deren Glied sie sind: Wenn Akteure in einer ethisch fundierten Kultur eingebettet sind, ohne deren fundamentale Überzeugungen handlungswirksam zu teilen, geraten sie schnell in die Rolle des Trittbrettfahrers. Damit verhält man sich jedoch inkonsistent, profitiert man doch von einer Kultur, die beispielsweise Ehrlichkeit und Verlässlichkeit kennt, ohne dass man diese Kultur durch entsprechendes eigenes Handeln stärkt. Die amerikanischen Wirtschaftsethiker *Thomas J. Donaldson* und *Thomas W. Dunfee* haben vor dem Hintergrund solchen ethischen Trittbrettfahrens mit einer Kombination von Aristotelischer Tugendethik (→ 3.1.) und Kantischer Pflichtenethik (→ 3.2.) ihre «Integrative Social Contracts Theory», ISCT entwickelt und zeigen, dass eine Missachtung der ethischen Überzeugungen der eigenen Kultur die Akteure meist in Widersprüche verstrickt und schlicht ihre «moralische Blindheit»[21] beweist. Konkret geht die ISC-Theorie von der kleineren zur jeweils grösseren gesellschaftlichen Einheit: Demnach ist, wie Donaldson und Dunfee erklären, der gesellschaftliche Mikrokosmos immer und solange gegenüber der nächst höheren gesellschaftlichen Einheit frei und autonom, wie er in der höheren Einheit keinen Schaden verursacht. Auf diese Art kann der gesellschaftliche Fortschritt mitberücksichtigt und in den Handlungsrahmen auf niedrigerer Ebene integriert werden.

So kann der ethische Fortschritt wie folgt abgebildet werden: Während ein Produzent in den 1950er Jahren bereits als weitgehend integer gegolten hatte, wenn er gute Produkte zu fairen Preisen und fairen Arbeitsbedingungen herstellte, so sind, wie Donaldson und Dunfee klarmachen, heute die Anforderungen gestiegen, was sich an einer Ausdehnung des Verantwortungsrahmens zeigt, der im Übrigen analog zur Erweiterung der Stakeholder (→ Begriff 7) verläuft. So unterläuft ein Produzent heute den an ihn gestellten ethischen Anspruch, wenn er nicht auch die Umweltgerechtigkeit oder die Lebensqualität berücksichtigt. Damit anerkennt dieses Unternehmen «implizite Vereinbarungen»[22], die den Reichtum einer ethischen Kultur ausmachen und die weit über die expliziten Normen hinausgehen und so den Konsens einer Gesellschaft bilden.

Kapitel 9 *Das Unternehmen*

In einer an Rawls` Gerechtigkeitstheorie (→ Begriff 2) angelehnten Befragung von Akteuren in der Wirtschaft zeigt sich unabhängig des jeweiligen gesellschaftlichen oder kulturellen Hintergrundes, dass die Akteure einem Set von ethischen Grundüberzeugungen zustimmen. Donaldson und Dunfee lassen anders als Rawls die eigenen kulturellen Voraussetzungen als Ausgangspunkt der Überlegung zu.[23] Dadurch wird das Modell realitätsnäher und generiert dennoch einen breiten ethischen Konsens, der beispielsweise mit Bezug auf Korruption, deren ethische Verwerflichkeit betont.[24] Das ist noch kein Garant, Korruption zu bannen, wohl aber ein moralischer Kompass, der die Richtung weist: So wie beim Betrug (→ 9.2.1.) erweist sich die Korruption als ein Vorgang, der dem Rationalitätsprinzip der Wirtschaft zuwiderläuft. Zwar kann Korruption im Einzelfall die beiden Partner begünstigen, dies gilt aber nur, wenn sie alleine ihre eigene und aktuelle, nicht jedoch die gesamtwirtschaftliche und gesamtgesellschaftliche, Situation berücksichtigen. Erst unter diesem Blickwinkel kommt die Hypernorm in Sicht, welche die gesellschaftliche Effizienz markiert: Dann erweist sich Korruption als ein Akt, der alle gesellschaftlichen Akteure, damit schliesslich auch die Korruptionspartner, schädigt und sich als ein letztlich sozial nicht-nachhaltiger Akt ausweist.[25] Dann erkennt man, dass zu den Korruptionsschäden nicht nur die unter Qualitätsmängeln errichteten und dann zusammengestürzten Turnhallen oder U-Bahnschächte zählen, sondern ebenso die massive Störung eines volkswirtschaftlichen Systems und die Vernichtung von Kapital, was eine gesamtwirtschaftliche Verschlechterung darstellt.

= *Bestechung oder Korruption bedeutet eine unlautere, d.h. durch keinen Rechtsanspruch gedeckte Vorteilsgewährung. Die noch heute gängige Unterscheidung zwischen aktiver und passiver Korruption ist irreführend, da beide Seiten unverzichtbar dafür sind, dass es zu Korruption kommt. Korruption verursacht einen gesamtwirtschaftlichen und gesamtgesellschaftlichen Schaden.*

Fragen und Aufgaben:
☐ Unterscheiden Sie den aktiven und den passiven Part bei Korruption und begründen Sie, inwiefern eine solche Unterscheidung sinnvoll und inwiefern sie ohne Bedeutung ist.
☐ Unterscheiden Sie Privatkorruption und öffentliche Korruption und erklären Sie deren unterschiedliche Schadensdimension.
☐ Erklären Sie an einem Korruptionsfall, den Sie der aktuellen Medienberichterstattung entnehmen, worin der dadurch entstandene Schaden besteht.

☐ Argumentieren Sie aus utilitaristischer Sicht für die Legitimität der Korruption und zeigen Sie, wie man sowohl aus tugendethischer, kantischer als auch aus utilitaristischer Sicht dagegen argumentieren kann.

9.3. Übernahmen, freundliche und unfreundliche

Wenn die Medien über Ereignisse der Wirtschaft berichten, wählen sie gerne Bilder aus kriegerischen Zusammenhängen. Häufig ist es dann gleich der Begriff «Krieg», mit dem eine bestimmte Situation beschrieben wird und die dann als «Wirtschaftskrieg» bezeichnet wird. So wurde in den 1980er Jahren, als sich Deutschland und die Niederlande nicht über die Einfuhrzölle für Schweinefleisch einigen konnten, das diplomatische Gerangel gleich zum «Schweinekrieg» aufgerüstet.[26] Und wenn ein Unternehmen ein anderes zu übernehmen versucht, wird dieser Vorgang gleich nach dem Freund-Feind-Schema einsortiert und die Medien berichten dem gebannten Publikum von dem «feindlichen» Übernahmeversuch und geben Entwarnung, wenn es doch noch eine «freundliche» Übernahme geworden ist. Bis dahin kann es zu dramatischen Szenen kommen, es kann eine «Abwehrschlacht» geben, bei der der «schwarze Ritter» vielleicht in die Flucht geschlagen wird und der «weisse Ritter» dem um seine Unabhängigkeit bangenden Unternehmen zu Hilfe kommt und durch Aktienkauf dem schwarzen Ritter einen Strich durch die Rechnung macht.

Die Begrifflichkeit rund um die Übernahmepraxis von Unternehmen ist in der Form ihrer Personalisierung irreführend. Denn Übernahmeversuche sind zunächst einmal für den Börsenhandel vollkommen unspektakuläre, weil eben dem Markt angemessene, Handelsaktivitäten. Diese als freundlich bzw. feindlich zu bezeichnen, stellt eine sachunangemessene Personalisierung dar. Denn als feindlich wird der Übernahmeversuch bezeichnet, der gegen den Willen des Managements des Unternehmens geschieht, welches übernommen werden soll. Aus der Perspektive des betroffenen Managements kann eine solche Übernahme mit in der Tat unfreundlichen Folgen verbunden sein, nämlich dann, wenn, was meist der Fall ist, der neue Eigentümer das Management auswechselt. Die Begrifflichkeit von «freundlich» und «feindlich» ist dennoch irreführend, weil die Manager des Übernahmekandidaten nicht Eigentümer des Unternehmens sind und ein Übernahmeversuch ein reguläres Marktgeschehen an der Börse wiederspiegelt.

Das bedeutet nun nicht, dass Übernahmen ethisch belanglos seien, aber es bedeutet, dass die Zustimmung des Managements des Übernahmekandi-

Kapitel 9 *Das Unternehmen*

daten nicht das Kriterium zur moralischen Beurteilung von «gut» (= freundlich) oder «böse» (=feindlich) liefern kann.

Schon ein Blick in die Praxis sogenannter «Übernahmeschlachten» zeigt, dass die martialische Begrifflichkeit hier nicht weiterhilft, denn da kann man sehen, dass das, was anfänglich noch als feindlicher Übernahmeversuch begonnen hat, oft als freundlicher enden kann und das ganz einfach dann, wenn das Spitzenmanagement des Übernahmekandidaten vom potentiellen neuen Eigentümer «*Goldene Fallschirme*» für einen komfortabeln Absprung in Aussicht gestellt bekommt. Nicht also die persönlichen Interessen des Managements sind das Kriterium zur ethischen Beurteilung eines Übernahmeversuchs, sondern die damit verbundene Absicht des Unternehmens, das eine Übernahme plant (= Käufer).

Der Käufer kann mit der geplanten Übernahme
- ein schlecht geführtes Unternehmen verbessern und stabilisieren wollen,
- Synergieeffekte mit seinem Unternehmen anstreben,
- den Übernahmekandidaten ausschlachten wollen,
- einen Konkurrenten ausschalten wollen, in dem er das übernommene Unternehmen liquidiert,
- ein blosses Profitinteresse anstreben.

Ob und wann eine Übernahmeabsicht ethisch akzeptabel ist, lässt sich alleine an ihren gesamtwirtschaftlichen Effekt ermessen. So wie nicht das Interesse des Managements an der Zukunftssicherung ihrer Jobs ein ausreichendes Argument gegen eine Übernahme darstellt, so wenig sind auch die alleinigen Interessen des Käufers ein die Übernahme rechtfertigendes Argument.

Als einzig legitim erscheint dagegen eine Übernahme, wenn sie der Wirtschaft nachhaltig zu Gute kommt. Beispiele dafür wären die langfristige Sicherung von Arbeitsplätzen oder der Ausbau die Gesellschaft bereichernden Knowhows – wie beispielsweise der Verbesserung umweltverträglicher Produktion oder der Bereitstellung entsprechender Produkte.[27]

= *Übernahmen von Unternehmen stellen an sich keinen Verstoss gegen ein ethisch legitimes Wirtschaften dar. Zur ethischen Beurteilung kommt es auf die Absicht an, welche der Käufer verfolgt.*

> **Fragen und Aufgaben:**
> ☐ Erklären Sie, warum die Begrifflichkeit von «freundlicher» und «feindlicher» Übernahme verfehlt ist.
> ☐ Welche Gründe könnte es dafür geben, dass sich die Medien gerne der Sprache des Krieges bedienen um die Wirtschaft zu beschreiben?
> ☐ Wie liessen sich Ihrer Meinung nach rein destruktive Übernahmen vermeiden?

9.4. Verhaltenskodizes

Sowohl moralisch verwerfliches Verhalten findet sich – negativ – wie auch moralisch vorbildliches Verhalten – positiv – in Verhaltenskodizes aufgeführt. Einen Verhaltenskodex oder *Code of Conduct* kann man mit einer staatlichen Verfassung vergleichen, stellt er doch das offiziell dokumentierte Selbstverständnis einer Unternehmung dar und formuliert auch Ansprüche, welche die Stakeholder an die Shareholder stellen können (→ 9.1.).

Die Aussagen des normativen Teils eines Verhaltenskodex wiederholen häufig gesetzliche Standards, wie das Verbot von Insiderhandel, Korruption und sonstige unlautere Begünstigung. Gerade weil Verhaltenskodizes selten über das gesetzlich Vorgeschriebene hinausgehen, kann man sich fragen, welchen Sinn sie denn haben. Wenn die Verhaltenskodizes nicht alleine auf die Aussenwirkung abzielen und damit einen ethisch neutralen bis ethisch negativen – weil die Ethik instrumentalisierenden – Charakter haben, sondern auf das Unternehmen selber fokussieren, so kann man ihnen die ethisch neutrale Bedeutung einer Selbstverständigung über geteilte Grundsätze zuschreiben.

Es ist jedoch fraglich, ob ein Verhaltenskodex zumindest dieses Ziel erreicht. Denn wenngleich die positive Bedeutung einer positiven Grundeinstellung für ethisches Verhalten, was als «gutes ethisches Klima» bezeichnet wird,[28] unbestritten ist, stellt sich die Frage, ob der Verhaltenskodex dazu das geeignete Mittel ist. Skepsis ist deshalb angebracht, weil fast alle Verhaltenskodizes sich dem allgemeinen Wohl verpflichtet fühlen,[29] was, wenn sie denn dieses Ziel erreichten, zu einer nahezu idealen Welt führen müsste.

Dass moralisches Handeln immer in einem bestimmten Klima stattfindet, ist eine Tatsache, die das alltägliche Leben zeigt. Zugleich lässt sich aber auch aus der moralischen Alltagserfahrung lernen, dass das Klima in dem Menschen handeln, ein sensibles Gebilde ist, das sich vielen Faktoren verdankt und die schriftlichen Dokumente daran den kleinsten Anteil haben, solange sie nicht auch in einer Gemeinschaft lebendig sind.

Verhaltenskodizes sind daher so viel Wert, wie ihr Inhalt bekannt und in der Organisation gelebt wird. Auch hier kommt den Vorgesetzten eine besondere Bedeutung zu, da sie durch moralisch fragwürdiges Verhalten den besten Kodex wertlos machen und umgekehrt durch vorbildliches Verhalten einen Kodex fast unnötig machen, weil es ihnen so gelingen kann, eine ethische Grundüberzeugung zur Basis des Organisationshandelns zu machen. Ein Verhaltenskodex muss also, soll er seine Wirkung entfalten, gelebt werden. Ein Schritt, ihn mit Leben zu füllen, könnte auch darin bestehen, ihn in die Mitarbeiterschulung zu integrieren und damit zum regelmässigen Gegenstand von ethischen Diskussionen in der Organisation zu machen.

= *Verhaltenskodizes leisten im Idealfall einen Beitrag zum Selbstverständnis einer Organisation und sind damit nach innen gerichtet; im schlechten Falle haben sie lediglich eine nach aussen gerichtete Imagefunktion.*

Fragen und Aufgaben:
☐ Informieren Sie sich über inhaltliche Aussagen des Verhaltenskodex eines Ihnen bekannten Unternehmens.
☐ Bewerten Sie diesen Verhaltenskodex mit Blick auf seine beabsichtigte Wirkung.
☐ Entwickeln Sie ein alternatives Konzept wie der positive Effekt eines Verhaltenskodex erzielt werden kann.

9.5. Whistleblowing

Über Fälle von Betrug und Korruption wissen wir häufig nur deshalb, weil einzelne Menschen solche Vergehen bekannt machen. Damit blasen sie, gleichsam wie der Schiedsrichter bei einem Foul, die Pfeife um zu signalisieren, dass hier etwas falsch gelaufen ist. Der wohl weltweit berühmteste Whistleblower ist *Edward Snowden* (* 1983), der 2013 illegale Abhörmassnahmen seines Arbeitgebers, des Geheimdienstes NSA, publizierte und damit eine weltweite Debatte über die internationalen und zum Teil rechtswidrigen Aktivitäten der Geheimdienste auslöste. So spektakulär das Whistleblowing Snowdens war,[30] so typisch und fast lehrbuchhaft steht es für viele ähnlich gelagerte Fälle: Ein Whistleblower macht einen Missstand in seiner Organisation publik und kann dazu zwei Wege wählen, den internen und den externen. Beim *internen* Whistleblowing wendet er sich an eine vorgesetzte Stelle und informiert diese über das von ihm entdeckte Fehlverhalten; beim *externen* Whistleblowing geht er dagegen an die Öffentlichkeit. Es ist offensichtlich, dass der Weg des externen Whistleblowing grössere Turbulenzen auslöst und die treffen am heftigsten den Whistleblower selbst, der, wenn er sich selbst outet oder geoutet wird, mit fristloser Entlassung rechnen muss. Aber auch die mit problematischen Handlungen in Verbindung gebrachte Organisation geht nicht ohne Schaden aus der Sache heraus: Zum einen sieht sie sich mit dem Vorwurf eines schweren Vergehens konfrontiert und zum anderen wird sie sich mit ihrem ehemaligen Mitarbeiter öffentlich herumstreiten, was zu weiterem Ansehens- und Glaubwürdigkeitsverlust führen kann.

Aufgrund dieser negativen Effekte wird meist vor dem externen Whistleblowing gewarnt, eine Haltung, die auch von der Rechtsprechung unterstützt wird, welche selten externen Whistleblowern Recht und den Anspruch auf Wiedereinstellung einräumt. Diese Position ist indes eindimensional, schaut sie lediglich auf den, vom externen Whistleblower nicht zu leugnenden, Tatbestand, dass er widerrechtlich Geschäftsgeheimnisse verletzt hat. Die zu klärende wichtige Frage muss hingegen lauten, ob es dazu eine sinnvolle Alternative gegeben hätte. Denn es sind sowohl Fälle denkbar, wie auch real vorgekommen, die zeigen, dass der Weg des internen Whistleblowing falsch sein kann.

Spektakulär hat dies der tragische Unfall einer Challenger-Raumfähre gezeigt, die am 28. Januar 1986 kurz nach dem Start explodierte und sieben Menschen in den Tod riss. Diesem Ereignis war hinter den Kulissen und in der internen Kommunikation zwischen den beteiligten Akteuren ein internes Whistleblowing vorausgegangen, von dem man erst später wissen sollte, dass es als externes Whistleblowing die Katastrophe vielleicht hätte verhindern können. Die tragische Schlüsselfigur in dem Ringen um die Wahrheit ist der Ingenieur *Roger Boisjoly* (1938-2012). Der bei der Firma *Morton Thiokol* tätige Ingenieur hatte die Dichtungsringe der Feststoffraketen untersucht und bei Experimenten herausgefunden, dass diese bei niedrigen Temperaturen nicht mehr dichthielten. Diese Erkenntnis teilte Boisjoly schliesslich in einem als «firmenintern, vertraulich» ge-

Abb.39: Edward Snowden (* 1983) löst 2013 die NSA-Affäre aus

Abb. 40: Christa McAuliffe (1948-1986): Teacher in Space

zeichneten Schreiben an seinen Vorgesetzten mit, den er auf die Fehlerhaftigkeit der Dichtungsringe hinweist und schreibt: «Die Folge wäre eine Katastrophe der höchsten Ordnung, – Verlust von Menschenleben.»[31] Nach dem der Start schliesslich auf den für Florida ungewöhnlich kalten 28. Januar 1986 festgesetzt wurde, warnte Boisjoly an einer Telefonkonferenz eindringlich vor einem Start. Auch Boisjolys Vorgesetzter, der Chefingenieur *Bob Lund* teilte Boisjolys Ansicht und teilte diese der NASA mit. Da die NASA aus politischen Gründen unbedingt am geplanten Starttermin festhalten wollte, andererseits aber die Zustimmung des Raketenherstellers brauchte, erstritt sie sich diese durch einen Trick: Die NASA verlangte von Morton Thiokol den Nachweis, dass die Triebwerke bei einer bestimmten Temperatur mit Sicherheit explodieren würden. Diese Umkehr der Beweislast ist offensichtlich unseriös, da man die Eintrittswahrscheinlichkeit eines Unfalls nie mit hundertprozentiger Wahrscheinlichkeit angeben kann. Es war diese Auswegslosigkeit der Lage – inklusive der Sorge die Position als Zulieferer der NASA zu gefährden –, welche das Management von Morton Thiokol schließlich dazu bewog, der NASA eine Unbedenklichkeitserklärung für den Start zu erteilen und damit die Voraussetzung für die folgende Katastrophe lieferte.

Ob durch externes Whistleblowing die Katastrophe verhindert worden wäre, kann natürlich niemand sagen, die Chancen standen aber von Beginn weg nicht gut. Schuld daran war die NASA, die sich durch eine grosse PR-Anstrengung selbst unter Druck gesetzt hatte: Da im Kongress die Zustimmung für die Finanzierung der Challenger-Flüge bröckelte, wollte die NASA die Bevölkerung durch ein geschickt inszeniertes PR-Manöver auf ihre Seite und damit den Kongress unter Druck bringen: An Bord des Unglücksfluges befand sich neben den Astronauten die Lehrerin *Christa McAuliffe* (1948-1986), deren Aufgabe es sein sollte als «Teacher in Space» aus dem Orbit ihre Klasse auf der Erde zu unterrichten und damit dem gefährdeten Raumfahrtprogramm den ultimativen Werbekick zu versetzen. Den bereits mehrfach verschobenen Flug wollte man daher nun endlich über die Bühne bringen damit sich die ganze PR-Investition noch lohnte.

In dieser Situation stand der Ingenieur Roger Boisjoly auf ziemlich verlorenem Posten: In der Nacht vor dem verhängnisvollen kalten Januarmorgen hätte er mit einem Gang an die Öffentlichkeit den Lauf der Ereignisse wahrscheinlich nicht mehr stoppen können, wohl aber sich um seine Existenz gebracht und dies ausgerechnet in dem Falle, in dem er Erfolg gehabt hätte: Wäre der Start verschoben worden, hätte er nämlich nie den Beweis erbringen können, mit seiner Warnung Recht gehabt zu haben. Und so erhielt der Ingenieur auf tragische Weise Recht, wie er es sich wohl nur in einem Alptraum hatte erträumen können. Zu den für Boisjoly traumatischen Ereignissen zählt auch, dass er dennoch als *ultima ratio* den Schritt zum externen Whistleblowing hätte gehen müssen. Erst dann wäre er seiner Verantwortung voll gerecht geworden in dem er alles ihm Mögliche ausgeschöpft hätte.

An der Challenger-Katastrophe und anderen Whistleblowing-Fällen lässt sich einiges über die Person des Whistleblowers und die Struktur seiner Organisation ablesen:

- Whistleblower sind überdurchschnittlich kompetent und vermögen über den Tellerrand ihres eigentlichen Job-Umfeldes hinaus zu denken und Zusammenhänge zu erkennen.
- Whistleblower sind ethisch denkende und motivierte Persönlichkeiten.
- Whistleblower haben ein ausgeprägt starkes Selbstbewusstsein, das ihnen eine Souveränität gegenüber dem Arbeitgeber verleiht.
- Anders als von ihrer Organisation wahrgenommen, begreifen sich Whistleblower als besonders loyale Mitarbeiter, die ihr Whistleblower-Engagement als Teil der Qualitätsverbesserung verstehen.[32]

Man sieht, der Whistleblower erfüllt die Kriterien an einen Wunsch-Mitarbeiter. Das zeigt auch, warum die Organisation, die sich von einem Mitarbeiter, der (externes) Whistleblowing betrieben hat, trennt, sich selber schadet: Sie verliert einen überdurchschnittlich kompetenten, überdurchschnittlich engagierten und besonders loyalen Mitarbeiter. Whistleblowing kennt also nur Verlierer.

Es wäre daher dringend nötig, Unternehmensstrukturen zu schaffen, in denen es nicht zu einem Whistleblowing kommen muss. Damit ist nicht gemeint, dass es möglich sein sollte, Organisationen zu schaffen, die ohne moralische Verfehlungen arbeiten. Eine solche Vorstellung wäre naives

Wunschdenken. Worauf es ankommt, ist, die Unternehmenskultur so weiterzuentwickeln, dass sich externes Whistleblowing erübrigt, weil Mitarbeiter, die Missstände in ihrem Unternehmen entdecken, für die entsprechenden Hinweise vertrauensvolles Gehör finden und nicht Sorge haben müssen, damit ihre Existenz zu gefährden.

Organisationen, die diesem Anspruch nicht genügen, müssen strukturell und informell so umgebaut werden, dass eine Organisationskultur etabliert wird, in der Menschen, die sich als moralische Akteure begreifen und auf Vergehen hinweisen, sich dabei nicht existentiell gefährden. Solange dies nicht der Fall ist, sind Whistleblower moralische Helden. Systeme, in denen man ein Held sein muss um moralisch richtig zu leben, sind jedoch falsch.[33] Als solche Systeme sind uns menschenverachtende Diktaturen aus Vergangenheit und Gegenwart bekannt, in denen es einzelne wenige Lichtgestalten gegeben hat, die sich gegen das Unrecht auflehnen. Die moderne und aufgeklärte Gesellschaft sollte sich jedoch keine Organisationen leisten, die nur dann ethisch korrekt operieren, wenn es die Korrektur durch moralische Helden gibt.

Eine moderne Gesellschaft weist sich ja unter anderem dadurch aus, dass die Schwelle zur Partizipation relativ niedrig angelegt ist, dies macht dann auch die Stärke der Gesellschaft aus: Möglichst viele nehmen an ihr aktiv teil, bringen ihre Ansichten und Beobachtungen mit ein. Eine solche Modernisierung der Gesellschaft wäre eine wirkliche Win-Win-Situation.

Ein Grund, warum sich viele Organisationen mit diesem Aufbruch und einer solchen Öffnung schwertun, hat mit einem falschen Verständnis von Whistleblowing zu tun, das sich in der Gegenwart noch verstärkt durch ein falsches Verständnis von Kritik. So wie Kritik in der auf Konsens bedachten Gegenwart häufig als persönlicher Angriff und Diffamierung gesehen wird, so wird auch in dem Whistleblower häufig jemand gesehen, der einer Organisation schaden will und dabei womöglich noch an den eigenen Vorteil denkt. Dies widerspricht jedoch der bei Whistleblowern beobachteten Motivationsstruktur und macht es auch schwer, das Whistleblower-Engagement richtig einzuordnen: Warum sollte jemand seine Organisation mit falschen Anschuldigungen beschädigen wollen? Eine naheliegende Antwort könnte lauten: aus Rache. Wer, so die Überlegung, sich in seiner Unternehmung ungerecht behandelt fühlt oder von dieser sogar entlassen worden ist, der könnte in erfundenen Storys eine ersehnte Abkühlung seines Zorns sehen. Eine solche Motivation ist im Einzelfall natürlich nicht auszuschliessen. Ein (relativ) sicherer Beleg, dass es sich so verhalten hat, läge vor, wenn der Whistleblower sich seine Veröffentlichung finanziell hätte vergüten lassen und beispielsweise CDs mit Daten vermeintlicher Steuerhinterzieher verkauft hat. Unabhängig von solchen relativ eindeutigen Fällen kann man aber davon ausgehen, dass die wenigsten aus purer Rachsucht sich auf einen Feldzug gegen ihre (frühere) Organisation einlassen und damit einen für sie extrem belastenden Kampf auf sich nehmen.

Von Whistleblowing betroffene Organisationen sind daher gut beraten, die Vorwürfe seriös zu prüfen und dem Whistleblower zunächst einmal hehre Absichten zu unterstellen. Zum seriösen Umgang mit dem Whistleblower könnte auch die gemeinsame Arbeit an der Überwindung der Missstände gehören. Wenn solche Massnahmen aus heutiger Sicht noch als sehr ambitiös erscheinen, belegen sie doch die Notwendigkeit, dass Unternehmen sich dem Thema des Whistleblowing stellen und es in die Weiterbildung ihrer Mitarbeiter vorurteilsfrei integrieren. Dazu könnte auch gehören, dass das Whistleblowing einen Platz im Verhaltenskodex der Unternehmung erhält. Wichtig erscheint ein neues Verständnis der Handlung des Whistleblowers, die nicht von vorneherein als Verrat, sondern als Ausdruck kritischer Loyalität gesehen wird.[34]

Video:
- «Citizenfour» (2014) von Laura Poitras erzählt die Geschichte des Whistleblowers Edward Snowden, der unter dem Tarnnamen Citizenfour erstmals Kontakt zu Journalisten aufnahm und erste Enthüllungen über den Geheimdienst NSA bekanntgab.
- «Meier 19» (2001) von Erich Schmid erzählt die unglaubliche Geschichte des Zürcher Polizisten Kurt Meier, der über unterschlagene Strafbefehle gegen prominente Raser aufklärte.
- «Offshore. Elmer und das Bankgeheimnis» (2016) von Werner Schweizer erzählt, wie der Schweizer Banker Rudolf Elmer auf den Cayman Islands allmählich zum Whistleblower wird und einen hohen Preis für seine Enthüllungen bezahlt.

= *Whistleblowing bedeutet, auf einen Missstand warnend («Pfeife blasen») aufmerksam zu machen. Man unterscheidet die interne und die externe Warnung, wobei meist letztere in der öffentlichen Debatte und Kritik steht. Ein einseitiges Verständnis der Persönlichkeit und der Motivation des Whistleblowers hat zu falschen Einschätzungen ihres wichtigen Beitrags zu Korrektur von organisatorischen Fehlentwicklungen geführt.*

> **Fragen und Aufgaben:**
> ☐ Definieren Sie Whistleblowing.
> ☐ Stellen Sie einen bekannten Fall von Whistleblowing dar und diskutieren Sie, welche alternativen Möglichkeiten es gegeben hätte.
> ☐ Wie lässt sich ethisch für Whistleblowing argumentieren?

9.6. Unternehmensverantwortung und Ruggie-Prinzipien

Als (juristische) Personen sind Unternehmen auch Handlungssubjekte, weswegen es unbestritten ist, dass sie auch Verantwortung für ihr Tun übernehmen müssen. Dass dies auch auf UN-Ebene Anerkennung findet, ist das Verdienst des österreichisch-amerikanischen Ökonomen *John Ruggie* (* 1944). Der ehemalige Harvard Ökonom und späterer UN-Sonderbeauftragter legte dem UN-Generalsekretär die *UN-Leitprinzipien für Wirtschaft und Menschenrechte* (*UN Guiding Principles on Business and Human Rights*)[35] vor, die 2011 vom *Menschenrechtsrat* der Vereinten Nationen verabschiedet wurden und die manchmal auch nach ihrem Vordenker als *Ruggie-Prinzipien* bezeichnet werden.

In 31 Prinzipien sollen Staaten und Unternehmen verpflichtet werden, den Menschenrechten in der praktischen Unternehmenspolitik Geltung zu verschaffen. Ausgehend von der Geltung der Allgemeinen Erklärung der Menschenrechte fordern die UN-Wirtschafts-Leitprinzipien, dass die Staaten – eigentlich eine Selbstverständlichkeit – die in ihrem Territorium beheimateten Unternehmen auf die Einhaltung der Menschenrechte verpflichten. Dazu, und das ist neu, sollen die Staaten auch ihre Aufsichtspflicht wahrnehmen (Art. 5) und aktiv das Gespräch mit Unternehmen führen (Art. 7), um die Menschenrechtslage zu verbessern. Nach diesen grundlegenden an die Staaten adressierten Forderungen werden im zweiten Teil der Leitprinzipien die Unternehmen angesprochen. Von diesen wird nicht alleine und allgemein die Achtung der Menschenrechte gefordert, sondern auch abzuklären, ob sie indirekt die Menschenrechte schädigen. Konkret heißt es in Art. 13: Unternehmen müssen es vermeiden, «durch ihre eigene Tätigkeit nachteilige Auswirkungen auf die Menschenrechte zu verursachen oder dazu beizutragen und diesen Auswirkungen begegnen, wenn sie auftreten.» Des Weiteren müssen Unternehmen bemüht sein, «negative Auswirkungen auf die Menschenrechte zu verhüten oder zu mindern (…) selbst wenn sie (selbst) nicht zu diesen Auswirkungen beitragen.»

Wichtig ist auch die Bemerkung (Art. 14), dass die Verpflichtungen der Leitprinzipien unabhängig der Größe der Unternehmung gelten, also nicht alleine an die multinationalen Unternehmen gerichtet sind. Dem Gebot der angemessenen Sorgfaltspflicht entsprechend werden die Unternehmen verpflichtet, sich aktiv darum zu bemühen, über die direkten und indirekten Auswirkungen ihrer Tätigkeit zu informieren (Art. 17); in Bezug auf die indirekten Auswirkungen sprechen die Leitprinzipien ausdrücklich von «Mittäterschaft». Als Verfahren, die eigenen Handlungen richtig einschätzen zu können, wird das Gespräch mit den Stakeholdern empfohlen (Art. 21) und im Falle der Verletzung der Menschenrechte werden die Unternehmen schliesslich auch zur Wiedergutmachung aufgefordert (Art. 22).

= *Die Ruggie-Prinzipien zeigen, wie Staaten und Unternehmen gemeinsam gefordert sind, den Menschenrechten zur Durchsetzung zu verhelfen. Die Unternehmen werden als Handlungsakteure angesprochen indem ihnen eine konkrete und weitreichende Verantwortung zugeschrieben wird.*

Fragen und Aufgaben:
- Welches Unternehmen ist Ihnen für Ihr alltägliches Leben am wichtigsten?
- Untersuchen Sie, was die Einhaltung der Ruggie-Prinzipien für Ihr Lieblingsunternehmen bedeuten könnte.
- Wie könnte der Staat, in dem Sie leben, den Ruggie-Prinzipien zur Geltung verhelfen?

Bankenethik

248	10.1.	Investment
250	10.2.	Spekulation
250	10.2.1.	Im Kasino
252	10.2.2.	Churning, Twisting, Flipping und Derivate
255	10.3.	Financing
255	10.3.1.	Beratung
256	10.3.2.	Bankgeheimnis
258	10.3.3.	Roboter-Broker
261	10.4.	Alternatives Banking
261	10.4.1.	Was ist «alternativ»?
263	10.4.2.	Das sind Alternativen
264	10.5.	Too big to fail?
266	Begriff 11: Geld	

10. Bankenethik

Banken kommt im Kapitalismus eine besondere Stellung zu, was sich ja bereits daran zeigt, dass dieses Wirtschaftssystems im Namen führt, was Hauptthema der Banken ist, das Kapital. Die herausragende Stellung der Banken in der modernen Ökonomie zeigt sich auch daran, dass ohne sie eine wirtschaftliche Tätigkeit im heutigen Sinne gar nicht denkbar wäre. Damit steht auch die Bankenbranche mehr als jede andere im Fokus der ethischen Aufmerksamkeit. Und spätestens seit der Finanzkrise von 2008 wird das Wirken der Banken unter besonderer verantwortungsethischer Perspektive untersucht (→ Begriff 8), aber bereits in der mittelalterlichen Zinsdebatte (→ 2.3.3.) wurden bankenethische Diskussionen geführt.

Diesen und weiteren Debatten gemeinsam ist die Überzeugung, dass Banken *handeln*. Demnach gilt der Handlungsbegriff nicht nur für die Realwirtschaft mit ihren nach aussen sichtbaren Effekten, sondern ebenso für das um seine Verschwiegenheit und Diskretion bedachte Gewerbe. Es stellt daher eine unangemessene Selbstverkleinerung dar, wenn sich Banken lediglich als Dienstleister sehen. Banken erfüllen in ihrer Tätigkeit alle Kriterien einer Handlung und sind damit Handlungssubjekte (→ Begriff 5). Es würde daher die Wirtschaftsethik ad absurdum führen, wenn ausgerechnet den Banken der Handlungsaspekt abgesprochen würde.

Dass Banken handeln, kann jeder Bankkunde und – auch hierin zeigt sich die überragende Bedeutung der Branche – Bankkunde ist fast jeder Erwachsene in der modernen Welt, erkennen: Wer über ein regelmässiges Einkommen verfügt, lässt sich dies in der Regel auf ein Bankkonto zahlen und vermittelt von hier aus auch seinen Zahlungsverkehr. Und dann wird er auf ein ärgerliches bankenethisch relevantes Phänomen aufmerksam, das zugleich die Handlungsdimension der Banken unter Beweis stellt. Wenn nämlich ein Bankkunde von seinem Konto aus eine Zahlung auf ein anderes Konto anweist, wird der entsprechende Betrag seinem Konto sofort belastet, jedoch dem anderen Konto noch lange nicht gutgeschrieben. Es ist fast, als wäre das Geld für einige Tage im Nirgendwo verschwunden, oder, um es weniger geheimnisumwoben auszudrücken, als wäre es für Tage auf der Reise von der einen zur anderen Bank. Wie eine deutsche Konsumentenorganisation nachrechnete, ist das Geld heute gleich schnell, das heisst gleich langsam unterwegs, wie bei den Transaktionen der Fugger-Bank im 16. Jahrhundert.[1] Zwischen damals und heute gibt es jedoch einen kleinen Unterschied: Während damals das Geld wirklich materiell durch Boten transportiert werden musste, erfolgt die *Wertstellung* heute elektronisch. Für die Verzögerung der Gutschrift gibt es daher keinen Realgrund, ausser dem Grund, dass die Banken sich auf diese Art sehr einfach – nämlich im wahrsten Sinne durch Nichtstun – bereichern können. Diese Art der Gewinngenerierung kann man aus Perspektive der um den Zinsertrag geprellten beziehungsweise mit Zins belegten Kunden als Form von Betrug bezeichnen. Bereits in dieser Praxis nutzen die Banken ihre Machtstellung aus, die noch dadurch verstärkt wird, insofern die Wertstellungspraxis durch ein Quasi-*Kartell* der Banken abgestützt ist.

Ähnlich ergeht es den Kunden, welche durch ihre Banken zunehmend ins E-Banking gedrängt werden, womit die Banken behaupten, den Interessen einer hyperflexiblen Kundschaft entgegenzukommen, in Wahrheit aber Personalkosten sparen, die sie jedoch nicht an die Kundschaft weitergeben. Damit folgen auch die Banken dem Trend der *McDonaldisierung*, einem Geschäftsmodell, das die Fast-Food-Kette gross gemacht hat und das auf den vier Prinzipien baut: *Effizienz*, *Kalkulierbarkeit*, *Voraussagbarkeit* und *Kontrolle*.[2] So wie die namensgebende Fastfood-Kette nur den eigenen Erfolg im Sinn hat, so wollen auch die Firmen, die dieses erfolgreiche Geschäftsmodell kopieren, alleine den eigenen Erfolg steigern und nicht etwa einen Benefit für ihre Kundschaft erwirtschaften. So ist es dann auch zu erklären, dass die Banken die durch E-Banking erwirtschafteten Einsparungen nicht – etwa durch Senkung der Kontoführungsgebühren – an ihre Kundschaft weitergeben.

Diese wirtschaftsethisch problematischen Vorgänge stellen gleichwohl lediglich die Spitze des bankenethischen Eisberges dar und zwar sowohl was die gesellschaftlichen Schäden wie auch die Missachtung ethischer Standards angeht.

10.1. *Investment*

Die meisten Investitionen, die die Realwirtschaft tätigt, sind kreditfinanziert. Damit kommt den Banken sowohl eine zentrale volkswirtschaftliche wie auch eine ethische Bedeutung zu: Sie sind das zentrale Glied in der Supply Chain-Kette (→ 4.1.5.): Ohne die Investitionshilfe der Banken nähme die Volkswirtschaft eine völlig andere Entwicklung, wobei man davon ausgehen kann, dass die Entwicklung deutlich langsamer verlaufen und in den Volumina kleiner bleiben würde. Bereits diese quantitativen Aspekte legen die Vermutung nahe, dass das Bankenhandeln weit über die jeweilige Vertragsbeziehung hinaus Wirkung entfaltet und damit in der Legitimation auch nicht alleine auf das Verhältnis der beiden Vertragspartner beschränkt bleibt. Bankenhandeln ist daher von öffentlicher Bedeutung, weswegen es nur zu begrüssen ist, dass das Handeln der Banken auch zunehmend öffentlich diskutiert wird.

Kapitel 10 *Bankenethik*

Seit einigen Jahren zählt auch die Kreditfinanzierung von ethisch problematischen Grossprojekten zu den öffentlich diskutierten Themen, wobei der kritischen Medienberichterstattung eine wichtige Rolle zukommt. Ein solch umstrittenes Projekt ist der *Ilisu*-Stausee in der Türkei. Dieses Grossprojekt vereinigt in sich nahezu alle denkbaren Probleme: Durch den Bau des Stausees sind nahezu alle Nachhaltigkeitsdimensionen negativ betroffen:

- Über 75.000 Menschen verlieren durch das Projekt ihre Heimat und ein Umsiedlungsplan ist nicht überzeugend geregelt, weswegen man mit einer sozioökonomisch desolaten Lage für die Betroffenen rechnen muss, da es für sie auch sonst keine sichere Zukunftsperspektive gibt. Der Verdacht, dass die Regierung in Ankara daran auch nicht wirklich interessiert ist und im Gegenteil ein Interesse an der Verelendung dieser Menschen haben könnte, gründet darauf, dass die Betroffenen der benachteiligten kurdischen Volksgruppe angehören.
- Durch die Flutung der antiken Stadt *Hasankeyf*, der ältesten noch bestehenden Siedlung der Menschheit, geht, auch wenn es von der UNO nicht als solches anerkannt ist, ein Weltkulturerbe der Menschheit unwiederbringlich verloren.
- Durch die Flutung geht sehr fruchtbares Ackerland verloren.
- Die Anrainerstaaten, die in die Planung nicht involviert wurden, verlieren Wasser und Wasserqualität.

Abb. 41: Hasankeyf: Die älteste Stadt der Welt vor ihrer Flutung

Die Bilanz des Projekts Ilisu-Staudamm fällt also eindeutig negativ aus, wobei sie sich dadurch weiter verschlechtern könnte, als die Auswirkungen politisch destabilisierend und damit konfliktfördernd sein könnten. Die UBS, die dieses Projekt als Berater mitgetragen hatte, zog sich schliesslich daraus zurück; nach eigenem Bekunden, weil sie nicht sah, wie den sozialen und ökologischen Bedenken Rechnung getragen wurde.³ Bemerkenswert an diesem Entscheid ist, dass die Bank Beratungstätigkeit als Handlung anerkannte und sich damit indirekt auch für die Folgen ihrer Beratung in der Verantwortung sah.

Neben den beteiligten Banken gibt es zahlreiche weitere verantwortliche Akteure ausserhalb der Türkei. Neben den Firmen, die an der realen Planung und dem Bau des Staudamms beteiligt sind, sind es auch die Staaten, die solche grossen und finanziell riskanten Geschäfte durch *Exportbürgschaften* (*Exportrisikogarantien*) absichern.

10.2. Spekulation
10.2.1. Im Kasino

Als die britische Politologin *Susan Strange* (1923-1998) den Begriff des *Kasino-Kapitalismus*⁴ prägte, schwebte ihr wohl das Bild des Börsenparketts vor Augen, auf dem jeden Tag grosse Geldsummen ihren Besitzer wechseln, wobei Gewinn und Verlust sich wie im Kasino nicht wirklich berechnen lassen, weswegen der weltweite Börsenhandel als ein grosses Spiel betrachtet werden kann. Was den Kasino-Kapitalismus dabei so fragwürdig macht, ist die Tatsache, dass bei dem grossen Börsenspiel nicht alleine diejenigen, die am Spieltisch ihr Geld verlieren, zu den Verlieren gehören. Das weltweite System von Börsenspekulation bringt es mit sich, dass Kursschwankungen, welche dann über Gewinn und Verlust entscheiden, auch diejenigen negativ betreffen, die weder am Tisch gesessen, noch irgendeine Entscheidung über einen Einsatz getroffen haben. Spätestens hier wird die Spekulation ethisch fragwürdig, denn im Welt-Kasino wird jeden Tag das Geld von Menschen verwettet, die, wie Susan Strange sagt, «niemals gefragt wurden, ob sie ihre Arbeitsplätze, ihre Ersparnisse, ihr Einkommen (…) aufs Spiel» setzen wollten.⁵ Aus diesen Gründen lehnen «Alternative Banken» Spekulationen ab (→ 10.4.).

Unter Spekulation wird der Kauf und Verkauf von Waren, Dienstleistungen, Währungen oder Anteilen zum alleinigen Zwecke der Gewinnerhöhung verstanden. Solche Transaktionen gleichen dem Lotteriespiel und sind bestenfalls gesellschaftlich wertlos, im Falle von durch die Spekulation verursachten Preissteigerungen oder künstlichen Verknappungen sind sie ethisch negativ zu beurteilen (→ 13.2.). Spekulation lässt sich daher ethisch nicht rechtfertigen.

Was das aktuelle System der Spekulation besonders problematisch macht, sind die gigantischen negativen Auswirkungen, die es durch einen globalvernetzten und in Echtzeit ablaufenden Handel haben kann. Diese quantitative Grössenordnung ist neu, entsprechend sind auch die potentiellen

Kapitel 10 *Bankenethik*

Schadenshöhen neu. Nicht neu ist die Wirkung von Spekulation auf nicht aktiv Beteiligte. Eine solche Auswirkung ist spekulationsimmanent und belegt erneut, dass es keine völlig privaten Handlungen gibt, die also auf den Kreis derjenigen, die die Entscheidung treffen, bezogen bleiben. Nicht erst, aber dann um so deutlicher, erkennt man die Auswirkung von Einzelentscheidungen auf Nicht-Entscheidungsbeteiligte dann, wenn eine *Spekulationsblase* platzt.

Das zeigte sich auch bei einer der verrücktesten Spekulationsblasen, die in der Geschichte der Spekulation je aufgeblasen wurde. *John Kenneth Galbraith* (1908-2006) berichtet über das dramatische Aufblähen und jähe Platzen einer Blase der besonderen Art, der Tulpeneuphorie, die 1636 Holland ergriff, ein Land, in dem es bis dahin diese Blume noch gar nicht gab und die nur vereinzelt aus der Türkei eingeführt wurde. Gerade wegen ihres geringen Vorkommens *und* ihrer hohen Wertschätzung, welche diese exotische Blume genoss, entwickelte sich in Holland innerhalb weniger Wochen ein Markt für Tulpenzwiebeln, die schliesslich einen Wert von umgerechnet bis zu 50.000 € pro Stück erreichten.[6] Es kam schliesslich, wie es kommen musste, ist doch noch jede Blase geplatzt und so geschah es auch mit der Tulpenblase, die sich nach knapp einem Jahr in Luft auflöste und von der ganzen Herrlichkeit des wundersamen Reichtums nichts als einen Berg Schulden zurückliess. Auch hier zeigt sich, dass auch die Vernünftigen, die nie auf die Idee gekommen waren, ihr Erspartes in Tulpenzwiebeln zu investieren, die Geschädigten waren, da von der anschliessenden Wirtschaftsflaute alle und wie immer in solchen Fällen, besonders die Armen, betroffen waren.

Die holländische Ernüchterung lehrt denn auch, dass Spekulationen gemeingefährlich sein können und sich nicht damit rechtfertigen lassen, dass vom Platzen zwar viele aktiv Unbeteiligte geschädigt werden, aber durch eine Hausse eben diese Klientel auch begünstigt sein könnte. Dieses Argument ist auch deshalb nicht überzeugend, da Schäden in der Regel stärker negativ zu Buche schlagen als sich Vorteile positiv auswirken.

So lässt sich gegen Spekulationsgewinne ähnlich argumentieren wie gegen Zinsgewinne (→ 2.3.3.): Gegen beide Gewinne spricht, dass sie allzu einfach zustande kommen und ihnen das, was dem verdienten Lohn vorausgegangen ist, mangelt, nämlich die geleistete Arbeit. In dem Sinne sprach sich bereits der mittelalterliche Franziskaner Mönch *Johannes Duns Scotus* (1266-1308) gegen den Handel zum blossen Zwecke der Gewinnmehrung aus: «Wer weder das Heranschaffen noch die Lagerung noch die Verbesserung von Handelsgütern leistet (...), sondern nur heute kauft, um ohne die Erfüllung auch nur einer einzigen dieser Voraussetzungen, später zu verkaufen, sollte aus der Gemeinschaft ausgeschlossen und verstossen werden.»[7]

Von dieser mittelalterlichen und religiös inspirierten Auffassung sind zeitgenössische Positionen zu einer *Finanztransaktionssteuer* erstaunlicher Weise gar nicht so weit entfernt. So versprach sich denn Keynes von einer solchen Steuer die Eindämmung der Spekulation und die Orientierung der Realwirtschaft an einer langfristigen Zielorientierung.[8] In der Gegenwart und erst Recht nach der Finanzkrise von 2008 wird wieder vermehrt über eine Finanztransaktionssteuer diskutiert, wobei man sich besonders an *James Tobin* (1918-2002) orientiert, dessen Arbeiten zur Analyse von Finanzmärkten 1981 mit dem Alfred-Nobel-Gedächtnispreis geehrt wurden. Von der nach ihm benannten bis heute aber nicht umgesetzten Tobin-Steuer erhoffen sich ihre Befürworter eine Verringerung der spekulationsbedingten Verwerfungen am Finanzmarkt und der damit verbundenen gesamtgesellschaftlichen Schäden.

10.2.2. Churning, Twisting, Flipping und Derivate

In den letzten Jahren sind eine ganze Reihe von Finanzprodukten aufgekommen, die das Interesse am Verkauf als solchem gegenüber dem Interesse an einem Verkaufserfolg aus Sicht des Kunden überproportional erhöhen. Diese Interessensverschiebung und damit einhergehende Interessenaufspaltung zwischen dem Interesse des Händlers und seinem Kunden, dem er gleichwohl treuhänderisch verbunden sein sollte, tritt grundsätzlich bei allen Fällen von Vertragsprovisionen ein und stellt damit keine Besonderheit des modernen Finanzgeschäfts ist.

Mit dem «*Churning*», «*Twisting*» oder «*Flipping*» haben sich aber mittlerweile zusätzliche Formen etabliert, welche die Interessenslage zwischen Bankhändler und seinem Kunden weiter auseinanderdividieren und die dem Ziel folgen, die Volumina und die Umlaufgeschwindigkeiten zu erhöhen. So ist zwar für den Börsenhändler das Churning (dt. «Umrühren», «Buttern»), also das häufige Umschichten eines Depots, von Vorteil, da er für jede Umschichtung eine Provision er-

Abb. 42: James Tobin (1918-2002): Finanztransaktionen besteuern

hält, für den Kunden kann dies jedoch schwach negativ bis desaströs sein, da dies bis zur Plünderung seines Kontos gehen kann. Auch beim Twisting steht die Händlerprovision im Zentrum, wenn dieser einen Vertrag durch einen anderen mit gleichen Konditionen ersetzt. Ähnlich verhält es sich beim Flipping, auch hier werden gleich mehrere Verträge ersetzt. Alle Verfahren werden dem Kunden mit der versprochenen Verbesserung seiner Lage angeboten, wobei diese nicht oder nur höchst unwahrscheinlich eintritt, wohingegen einzig der positive Effekt für den Händler sicher ist. Daher stellen diese Massnahmen einen Verstoss gegen eine gute Beratung und damit gegen das Prinzip der Treuhänderschaft dar.[9] Es ist jedoch nicht alleine der einzelne Bankkunde von diesen Verfahren negativ betroffen, sondern letztlich wird das Finanzsystem insgesamt geschädigt, da zum einen die Umlaufgeschwindigkeit des Kapitals erhöht und zum anderen die Transparenz der Vorgänge verringert und damit die Unübersichtlichkeit gesteigert wird. Letzteres könnte auch einer der Gründe für den Ausbruch der Weltfinanzkrise gewesen sein, da die US-amerikanischen Händler und ihre Banken letztlich den Wert der gehaltenen Papiere nicht mehr richtig einschätzen konnten.[10]

Ein Instrument, das auch zu einem systematischen Verlust des Überblicks führen kann, stellt der Handel mit *Derivaten* dar. Derivate sind Termingeschäfte bei denen Käufer und Verkäufer sich auf einen in der Zukunft zu zahlenden Wert einigen, was zu dem vereinbarten Termin für den einen von Vorteil und für den anderen von Nachteil sein kann. Strukturell wirkt ein Derivat wie eine *Wette*.

Auch hier zeigt sich, dass das Neue auf Altem aufbaut: Kaufleute wollten schon immer wissen, was die Zukunft bringt und konnten, wenn sie, wie der Mathematiker Thales (→ 2.3.1.) das zukünftige Wetter vorherberechnen konnten, damit eine Menge Geld verdienen. Die *Futures* von heute haben aber weniger mit Meteorologie und eher mit Wahrsagerei oder einer Wette zu tun. Denn das einzig bekannte an einem Derivat ist der aktuelle Wert eines Papiers (sogenannter «Basiswert»), die Unbekannte, um die sich nun alles dreht, ist der zukünftige Wert zu dem Zeitpunkt, wenn das Derivat fällig wird. Im Derivate-Vertrag einigen sich Käufer und Verkäufer auf den zu einem bestimmten Zeitpunkt fälligen Basiswert.[11] Diese Grundkonstruktion eines Derivates lässt sich nun weiter ausbauen (sogenannte *Swaps* und *Optionen*), welche für Käufer oder Verkäufer – aber nicht für beide zugleich – den Gewinn (oder Verlust) erheblich erhöhen können. Wegen solcher Gewinnchancen wird der Derivate-Handel auch mit dem Glücksspiel verglichen. So räumte noch vor der Finanzkrise ein Londoner Händler freimütig ein: «Mit Derivaten handeln, ist wie auf Pferde wetten.»[12] Die Ähnlichkeit von Derivatehandel und Glücksspiel führte übrigens dazu, dass viele Länder, die das

Glücksspiel verbieten, auch den Derivatehandel verboten haben (→ 5.3).[13]

Inzwischen wird wieder ein Verbot dieser Finanzprodukte diskutiert, wobei sich unter anderen der US-amerikanische Rechtsanwalt und New Yorker Hedge-Fund-Manager *James Rickards* warnend hervortut. In Derivaten – Rickards nennt sie «Zeitbomben» – sieht er eine massive Gefährdung der Weltwirtschaft und, – durch die Gefährdung der gesellschaftlichen Stabilität – eine Gefährdung des Weltfriedens.[14]

Der Unterschied zum Glücksspiel im Kasino besteht indes sowohl in der Schadenshöhe wie auch in der Schadensverteilung. Die Höhe des Schadens kann, wie die Finanzkrise gezeigt hat, die Weltwirtschaft insgesamt betreffen und, und damit zusammenhängend, auch diejenigen negativ betreffen, die sich nie an diesem Spiel beteiligt haben. Letzteres ist bei den Ärmsten der Armen der Fall, die unter den in Folge der Finanzkrise massiv gestiegenen Lebensmittelpreisen leiden. Diese Auswirkungen stellen dann die Legitimität der Derivate insgesamt in Frage, wenn ihre Händler sie zum blossen Zwecke der Gewinnmaximierung einsetzen, was immer dann der Fall ist, wenn sie ausser dem finanziellen kein in der Sache liegendes Interesse verfolgen. Der Unterschied lässt sich beispielsweise zwischen einer Investmentbank und einem Agrarunternehmen aufzeigen: Beide wollen Geld verdienen, aber der Investmentbank geht es nur um den Gewinn, dem Agrarunternehmen – so ist zumindest zu hoffen – auch um die Produktion oder Bereitstellung von Nahrung (→ 13.2.).

Politische Entscheidungen, welche allererst den excessiven Handel mit strukturierten Finanzprodukten wie den Derivaten möglich gemacht haben – nämlich die Deregulierung der Finanzmärkte wie sie unter den Regierungen von Reagan und Thatcher (→ 2.4.3.) eingeleitet wurden –, können auch dahingehend kritisiert werden, dass sie die Menschen vergessen lassen wollten, dass wir alle ein «gemeinsames Schicksal» haben.[15] Der Markt, ob man es gut findet oder nicht, ist unser Schicksal und weil dem so ist, gibt es sowohl das Recht wie die Verpflichtung, über die Wirkung des Marktes eine öffentlich Debatte zu führen.

Um die Wirksamkeit einer solchen Debatte nicht zu unterlaufen, ist ein Höchstmass an Transparenz erforderlich. Diese Bedingung wird im Finanzmarkt vielfach behindert, unter anderem durch die Wirkung von *Ratingagenturen*. Deren veröffentlichte Einschätzung der Kreditwürdigkeit erscheint auf den ersten Blick als ein unproblematisches und sogar erwünschtes Mittel der Vermeidung von Risiken. Seinerseits riskant ist deren Beitrag jedoch deshalb, weil es zum einen einen nur sehr kleinen Markt solcher Agenturen gibt – was die üblichen für Oligopole geltenden Gefahren wie Absprachen und andere Nebeneffekt von Machtballung birgt – und zusätzlich die Gefahr der

Einflussnahme auf das Ergebnis beinhaltet. Letzteres ist deshalb besonders brisant, weil das Rating einer entsprechenden Agentur über die Zukunft grosser Banken und sogar Staaten entscheiden kann.

10.3. Financing

Das moderne Bankgeschäft geht weit über die klassische Aufbewahrungs- und Kreditfunktion hinaus und bietet heute eine Vielzahl von Produkten, welche sowohl wegen ihrer potentiell grossen Wirkung wie auch wegen ihrer, für den Laien schweren Verständlichkeit eine ganz neue Verantwortungsdimension aufwerfen. Was sich bereits beim Investment gezeigt hat, gilt entsprechend auch für das Financing: ethische Neutralität gibt es im Bankenhandeln nicht.

10.3.1. Beratung

Jede Beratung hat eine ethische Bedeutung, insofern der Ratgeber gegenüber dem Beratenen einen Wissensvorsprung hat oder zumindest für sich in Anspruch nimmt. An Ratgeber stellen sich gleich mehrere ethisch Ansprüche:

Berater
- sind der Wahrheit verpflichtet,
- müssen ihre Interessen offenlegen,
- müssen auf mögliche Konflikte zwischen ihren Interessen und denen ihrer Mandanten hinweisen,
- müssen das deklarierte Beratungsziel verfolgen,
- müssen auf mögliche negative Nebenwirkungen hinweisen,
- müssen sich um Verständlichkeit bemühen.

Dieser Kriterienkatalog zeigt, wie anspruchsvoll die Beratungstätigkeit ist. Für die Finanzberater in Banken bedeutet dies, dass sie neben ihrer fachspezifischen Kenntnis auch über eine fundierte Beratungsausbildung verfügen müssen. Aber selbst wenn diese beiden Qualitäten vorliegen, ist nicht garantiert, dass die Kunden gut beraten werden. Das liegt daran, dass Beratung nicht nur das Ergebnis von Sachkenntnis und deren guter Vermittlung ist, sondern auch mit persönlichen Einschätzungen des Beraters zu tun hat. Hier ist die Gefahr gross, dass der Berater zu optimistisch berät. Eine zu optimistische Beratung ist natürlich eine schlechte Beratung, wie die Beratenen rückwirkend selbst feststellen können. Der Grund für eine tendenziell zu optimistische Beratung liegt – wenn man keine böse Absicht unterstellt –, in den letztlich nicht deckungsgleichen Interessen zwischen Beratern und Beratenen: Während für den Kunden das Nicht-Eintreten der prognostizierten optimistischen Variante vollständig negativ ist, gilt für den Berater nicht dasselbe, da er nicht am Risiko beteiligt ist.[16] Dieses strukturelle Problem von Beratung erhöht sich bei der Finanzberatung dadurch, dass es hier nicht nur eine asymmetrische Risikoverteilung gibt, sondern zusätzlich ein gegenläufiges Anreizsystem. Während nämlich der Bankkunde nur und ausschliesslich an einem realisierten Gewinn interessiert ist, ist der Finanzberater auch an den für seine Bank erwirtschafteten Bankgebühren und an seinen Maklerprovisionen interessiert und diese fallen erfolgsunabhängig an. Die Beratung tendiert daher auch deshalb zu einer zu optimistischen Sicht, weil diese die beste Gewähr für einen Geschäftsabschluss bietet, welcher, das ist ja die Asymmetrie im Geschäft, sich für den Kunden erst im Falle eines Gewinns als Vorteil erweist, während der Berater seinen Gewinn bereits mit dem Geschäftsabschluss sicher hat.

Während diese Asymmetrie grundsätzlich bei jedem Handel vorliegt – auch der Wirt verdient an jedem Bier, selbst dann, wenn es dem Kunden nicht schmeckt –, so verstärkt die Finanzwirtschaft diese grundsätzliche Asymmetrie durch die Besonderheit des Anreizsystems. Problematisch ist die mit Recht spätestens seit der Finanzkrise vielgescholtene Regelung der Boni, welche eine grundlegende Bedingung guter Geschäftsführung, nämlich ihre nachhaltige, d.h. an Langfristigkeit orientierte Ausrichtung, unterläuft. Denn ein Vertrag, beispielsweise über den Erwerb eines kreditfinanzierten Hauses, wirkt sich für den Bankhändler gewinn-, weil bonuswirksam aus, obwohl derselbe Vertrag sich für den Bankkunden unter veränderten Zeitbedingungen als Verlust erweisen kann. Die Aufspaltung der Betroffenheit durch ein und denselben Geschäftsabschluss – die Bank bzw. der Bankhändler sind bereits durch den Vertragsabschluss positiv betroffen, der Kunde ist erst positiv betroffen, wenn er auf der Zeitachse die aktuell eingegangenen vertraglichen Verpflichtungen tragen kann –, diese Aufspaltung führt dazu, dass der Bankhändler und sein Kunde nicht am selben Seil ziehen und im Extremfall gegenläufige Interessen haben. Dabei verhält sich ausgerechnet der Bankkunde, der in dieser Beziehung ja der schwächere Partner ist, vollständig rational, während der Bankhändler einer «halbierten Rationalität» (Peter Ulrich) (→ 4.1.4.) folgt. Eine solche Aufspaltung der Rationalität wird durch moderne Finanzprodukte weiter angereizt.

10.3.2. Bankgeheimnis

Wenn in den letzten Jahren öffentlich über Banken debattiert wurde, ging es häufig um das Bankgeheimnis und die Frage, ob es rechtens ist, dass Banken ihre Kundenbeziehung geheim halten. Diese Frage ist deshalb heikel, weil sie die vertragliche Beziehung zweier autonomer Vertragspartner berührt. Wenn diese Beziehung nicht mehr als über jeden Zweifel erhaben betrachtet wird, so deshalb, weil die Kritiker des Bankgeheimnisses die Vermutung hegen, dass unter seinem Schutz Illegales geschieht, konkret Steuern hinterzogen und Geld gewaschen werde. Es steht außer Frage, dass das Bankgeheimnis die genannten illegalen Machenschaften erleichtert, daraus den Schluss zu ziehen, dieses abzuschaffen, ist jedoch nicht unbedingt begründet. Denn die Vertragshoheit zweier autonomer Vertragspartner stellt ein hohes Gut dar. Die Forderung nach Abschaffung des Bankgeheimnisses stellt alle einen Bankvertrag schliessenden Parteien unter den Generalverdacht im Schutze ihres Vertrages Gesetzesbrüche zu beabsichtigen. Ein solcher Verdacht ist überzogen, da nicht alle Inhaber von Bankkonten diese nutzen um geltende Gesetze zu umgehen oder zu brechen und dazu von ihren Banken auch nicht systematisch ermuntert werden. Damit soll weder die Tatsache, dass solche Gesetzesübertretungen vorkommen noch das berechtigte Interesse der davon negativ betroffenen Staaten geleugnet werden. Das Bankgeheimnis und alle ihre Verfechter unter Generalverdacht zu stellen ist dennoch, wie bereits betont, in der Sache unangemessen und zusätzlich von der Argumentation her nicht überzeugend: Aus der Tatsache, dass eine Institution – hier der Bankvertrag – missbräuchlich verwendet werden *kann*, den Schluss zu ziehen, deshalb müsse diese Institution abgeschafft werden, würde es erlauben, nahezu alles zu verbieten, da ja schliesslich alles missbräuchlich verwendet werden kann: Mit einem Hammer kann man nicht nur einen Hammer in die Wand schlagen, sondern auch einen Menschen umbringen und Verträge, die Vereinbarungen unter den Vertragsschliessenden festhalten, können auch einen kriminellen Inhalt haben. Was also zu Recht zu verbieten ist, sind die inkriminierten Handlungen, nicht jedoch die Mittel, die zwar negativ eingesetzt werden können (Werkzeug als Mordwaffe, Vertrag mit dem Auftragskiller), aber nicht für eine solche missbräuchliche Verwendung entwickelt wurden und mehrheitlich auch nicht in diesem Sinne gebraucht werden.

Der Angriff auf das Bankgeheimnis, wie er ab Beginn des 21. Jahrhunderts von der EU gegenüber den Schweizer Banken betrieben wurde, ist auch deshalb argumentativ nicht überzeugend, weil das Argument der missbräuchlichen Verwendung sich auch *gegen* die Abschaffung des Bankgeheimnisses adressieren lässt. Wenn der Staat uneingeschränkten Zugriff auf die Bankkundendaten erhält, ist nicht auszuschliessen, dass der Staat mit diesen Daten missbräuchlich verfährt. So könnte ein Staat beispielsweise aus Ausgaben für bestimmte legale Medikamente oder Zahlungen an gewisse legale Organisationen Schlüsse und politische Entscheide ableiten, welche die entsprechenden Zahlungsleistenden diskriminieren könnten.

Das Bankgeheimnis stellt daher einen zu schützenden Bereich der Privatheit dar, der gerade in der Gegenwart des *Big Data* an allen Ecken und

Enden der Gesellschaft gefährdet ist. Das Argument gegen das Bankgeheimnis, das im Einzelfall durchaus überzeugen mag, ist dabei strukturell genau so gebaut, wie die Argumentation für andere Einschränkungen der Privatheit: die Missbrauchsgefahr oder die Erhöhung der (gesellschaftlichen) Sicherheit. Dass Sicherheit ein hohes Gut und Missbrauch – in welcher Form auch immer – schlecht ist, reicht dennoch nicht aus, Mittel zu verbieten, die missbräuchlich oder sicherheitsmindernd verwendet werden *können*, diese unerwünschten Effekte aber nicht zwangsläufig herbeiführen.

Auch bei Bankverträgen sollte daher bis zum Beweis des Gegenteils die Unschuldsvermutung gelten und die Privatheit der Bankkunden von den Staaten respektiert werden.[17]

Dass die Staaten damit nicht ihre berechtigten und von der Bevölkerung erwarteten Schutzmassnahmen aufgeben müssen, zeigt der Schutz anderer Privatheit: dem Schutz der privaten Räume oder der Kommunikation (Briefgeheimnis). Beide Schutzräume können missbräuchlich verwendet werden, was in der Praxis auch vorkommt: In privaten Räumen werden Menschen ermordet – sogar mehr als im öffentlichen Raum – und per SMS oder Brief lassen sich Vereinbarungen zu einem Raubüberfall treffen. Es ist gut, dass der Staat bei begründetem Verdacht und unter Einhaltung der rechtsstaatlichen Verfahren, die Privatheit dieser Räume aufhebt, es wäre schlecht, wenn er dies vorsorglich tun würde.

10.3.3. Roboter-Broker

Der Kasino-Kapitalismus, wie ihn Strange beschrieben hat (→ 10.2.) ist nicht gebunden an den Computerhandel, hat aber durch diesen, wie zuletzt in der Finanzkrise deutlich wurde, stark an Dynamik aber auch an Risiko zugenommen. Hier produziert also bereits die blosse quantitative Veränderung ein ethisches Problem. In einer Kombination aus quantitativen und qualitativen Veränderungen dürfte sich dieses Problem weiter verschärfen. Ein Phänomen bei denen Quantitäten und Qualitäten neuen Ausmasses auftreten, stellt der computergestützte Internethandel dar. Darunter werden Transaktionen verstanden, bei denen mindestens eine der vier Phasen, nämlich die Information, die Verhandlung, der Abschluss oder die Leistungserfüllung mittels des Internets abgewickelt werden.[18]

Diese Form des Handels stellt Herausforderungen an die Identifizierung der Akteure. Dieses Problem versucht man mittlerweile mit kryptographischen Methoden, mit denen digitale Signaturen hergestellt werden, mittels des *Public Key* zu lösen. Hintergrund dieser Bemühungen ist letztlich das Bestreben, Aktionen einem Akteur zuzurechnen, was es erlauben soll, Verantwortung zuzuordnen (→ Begriff 8). Diese Schwierigkeit be-

Kapitel 10 *Bankenethik*

kommt indes eine ganz neue Dimension, wenn in der oben beschriebenen Transaktionskette nicht Menschen sich eines lediglich anderen Mediums bedienen (das Internet ersetzt den Zuruf im Parkett oder den Anruf per Telefon), sondern wenn Menschen ersetzt werden durch Programme. Dies ist im *Hochfrequenzhandel* der Fall. Dieser erreicht Transaktionsgeschwindigkeiten, welche weit ausserhalb menschlicher Reaktionsfähigkeiten liegen, was man sich an Folgendem deutlich machen kann: Die menschliche Reaktionsfähigkeit liegt bei ca. 1 Sekunde, der Hochfrequenzhandel erreicht zur Zeit eine Geschwindigkeit von einer 37 Millionstel Sekunde. Diese Geschwindigkeit reklamiert die *SIX Swiss Exchange* für sich und erklärt sich damit zur «schnellsten Börse der Welt». So lange, bzw. so kurz dauert die Zeitspanne vom Eingang eines Signals in das Handelssystem bis zum Abschluss eines Kaufs. Interessant liest sich der Kommentar des CEOs der SIX Swiss Exchange: «Die Teilnehmer profitieren nicht nur von der schnelleren Ausführung ihrer Aufträge und höheren Volumen, sondern können auch Investitionsentscheide schneller umsetzen. Das erlaubt ein effizienteres Risikomanagement, was sowohl für Handelsteilnehmer als auch für die Endanleger von Vorteil ist.»[19]

Aus den Erfahrungen der letzten Finanzkrise könnte man genau das Gegenteil schliessen, dass nämlich gerade bei dieser Transaktionsgeschwindigkeit bei der es keinen Menschen mehr gibt, der hier die Reissleine ziehen könnte, das Risiko erhöht wird.

Wie so häufig, so stellt auch der Hochfrequenzhandel eine Kombination von Quantitätssteigerung dar, welche schliesslich zu einer neuen Qualität führt. So gibt es den algorithmischen Handel bereits seit den 1980er Jahren, erst neue Rechner- und Speichergenerationen haben dann den Hochfrequenzhandel entstehen lassen. Und damit sind – möglicherweise – neue Risiken auf die Finanzmärkte zugekommen. Ein Urteil muss deshalb derzeit zurückhaltend ausfallen, da man zwar eine Häufung von Marktunregelmässigkeiten beobachten, den Zusammenhang zum Hochfrequenzhandel jedoch nicht immer erbringen kann. Allerdings ist eine Häufung von Computerpannen in Folge überlasteter Börsenhandelssysteme festzustellen, was beispielsweise den Börsengang von Facebook 2012 stark behinderte und zahlreiche Aktienkäufer durch Mehrfachbuchung stark schädigte.[20] Eine weitere Folge des Hochfrequenzhandels sind kaskadenartige Kopplungseffekte, die wohl auch mit zur Pleite von *Lehman Brothers* beigetragen haben.[21] Neben den Kopplungseffekten zeigen ausgerechnet die Hochfrequenzsysteme ein Herdenverhalten. Die Begründung warum das Herdenverhalten der Algorithmen ausgeprägter ist als dasjenige der Menschen, erklärt die Zürcher Rechtsprofessorin *Franca Contratto* (* 1972) damit, dass die Systeme, anders als Menschen, ihre Strategien nicht auf konkrete Situationen ausrichten, sondern diese abstrakt entwickeln, was einen erheblichen Risikofaktor darstellt.[22]

Da der Hochfrequenzhandel auf Grund seiner Geschwindigkeit nicht mehr durch den Menschen kontrolliert oder korrigiert werden kann, können auch softwarebedingte Systemfehler nicht erkannt werden und in der Kommunikation mit anderen Softwaresystemen *Schmetterlingseffekte* auslösen.[23] Der hohe Grad der technologischen und sozialen Vernetzung des Finanzmarkthandels birgt zusätzlich eine «Ansteckungsgefahr»[24] angegliederter Systeme, in deren Folge das Vertrauen in weitere notwendigerweise auf Vertrauen basierten Systemen erodieren könnte.

Die genannten Effekte, die allesamt unter der Bedingung der extremen Zeitverkürzung stattfinden, haben, worauf Contratto hinweist, noch keinen evidenten Beleg von Schaden- ja, noch nicht einmal von Schadenspotential, sowie Eintrittswahrscheinlichkeit hochfrequenzhandelsbedingter Schäden ergeben, weswegen sie ein staatliches Risikovorsorgeregime, nicht jedoch ein Verbot des Hochfrequenzhandels befürwortet.[25]

Anders fiele die Bilanz des Hochfrequenzhandels unter der Perspektive der Verantwortungstheorie von Hans Jonas aus (→ Begriff 8). Bereits die blosse Tatsache der Möglichkeit eines gigantischen Schadens, der die bisherigen Raum- und Zeitschranken sprengt, fordert zu einer kritischen Bewertung dieser Technologie auf. Hinzukommt der negative Effekt, welcher durch die Erschütterung des Vertrauens in die Stabilität des Finanzmarktes entsteht (→ 9.2.1.). Würdigt man alle diese Effekte, drängt sich der Schluss auf, dass die den Hochfrequenzhandel betreibenden Banken und Börsen sowie die diesen zulassenden staatlichen Regulatoren ein nicht zu verantwortendes Risiko eingegangen sind. Dies lässt sich an den von Jonas erarbeiteten Negativkriterien zeigen: Im negativen Falle ist der Schaden extrem hoch; er trifft viele Unbeteiligte, die von diesem System nicht zuvor

Abb. 43: Franca Contratto (* 1972): Ansteckungsgefahr durch Hochfrequenzhandel

Kapitel 10 *Bankenethik*

profitiert haben; die Akteure haben sich durch die Einführung der Hochfrequenztechnologie ihrer Autonomie (Verlust der menschlichen Interventionsmöglichkeit) entledigt und zusätzlich gilt, dass es für alle diese negativen Effekte keine Notwendigkeit gab: Der Börsenhandel funktionierte vor dem Hochfrequenzhandel nicht schlechter als danach und die Motivation für seine Einführung war nicht die Verbesserung des Handels, sondern die Erhöhung der Gewinne für diejenigen, die den Handel betrieben.

10.4. Alternatives Banking
10.4.1. Was ist «alternativ»?

Als «Alternative Banken» werden Banken bezeichnet, die kein primäres Gewinninteresse haben und sich stattdessen an sozialen Aspekten orientieren.[26] Für diese Form der sozialen Ökonomie kann es unterschiedliche Gründe geben, es können religiöse oder sonstige weltanschauliche Gründe sein; gemeinsam ist den Alternativen Banken, dass sie ihren Kunden eine Alternative zum gewinn- und wettbewerbsorientierten Banking anbieten und ihnen damit konkrete Hilfe zur Verwirklichung von als intrinsisch sinnvoll erachteten Projekten bieten. Die Ursprünge des modernen Alternativen Bankings finden sich daher nicht von ungefähr im historischen Kontext der Finanzierung von landwirtschaftlichen Projekten.

Vorläufer dieses alternativen Bankentypus ist der deutsche Politiker und Sozialreformer *Friedrich Wilhelm Raiffeisen* (1818-1888). Raiffeisens Wirken ist auf's Engste verbunden mit einer Naturkatastrophe, dem Ausbruch des Vulkans *Fonualei* auf der Pazifikinsel *Tonga* im Jahr 1846. Die gigantische Aschewolke, die durch den Fonualei freigesetzt wurde, trieb bis nach Europa, wo sie im Sommer winterliche Temperaturen verursachte und dadurch katastrophale Ernteausfälle zur Folge hatte. Der Politiker Raiffeisen suchte in dieser Lage nach Möglichkeiten der von Hunger bedrohten Bevölkerung zu helfen und versuchte dabei dem freien Spiel des Marktes gegenzusteuern, das in dieser Notlage versagte.[27] Die von Raiffeisen gegründete Genossenschaftsbank hat nicht den Gewinn, sondern die Hilfe der Bedürftigen – im konkreten Fall der von Ernteausfällen bedrohten Landbevölkerung – zum Ziel. Die Banken wurden zunächst als Verein – «Darlehensverein» – gegründet. In diesem Sinne sind auch die zeitgleich von *Hermann Schulze-Delitzsch* (1808-1883) im Jahre 1849 gegründeten «Spar- und Konsumvereine» konzipiert, welche heute unter dem Namen der «Volksbanken» firmieren. Gemeinsam ist diesen Banken der Gewinnverzicht, die Orientierung an der Hilfe für Andere und die Solidarhaftung.

Dieses Konzept der Alternativen Banken knüpft an mittelalterliche Vorstellungen von der sowohl individual- als auch sozialethischen Bedeutung

Kapitel 10

des Bankenhandelns an (→ 2.3.; → 5.) und betont damit, dass Bankaktivitäten, wie beispielsweise die Kreditvergabe, eine zu verantwortende Handlung darstellen.

Diese Vorstellung prägt das Alternative Banking bis in die Gegenwart, in der ihm eine neue Bedeutung zukommt. Wenngleich die Szene der Alternativen Banken heute sehr vielfältig und eher kleindimensioniert ist, positionieren sich die Alternativen Banken der Gegenwart modern und sind auch für eine weltanschauungsungebundene Klientel interessant. Dazu hat wohl auch beigetragen, dass auch die traditionellen Banken Grundgedanken der Alternativen, wie das *ethische Investment,* übernommen haben. Eine Alternative zu den Alternativen werden sie dadurch aber nicht: Als isoliertes Produkt kann das ethische Investment fallweise Ansprüche an naturaler und sozialer Nachhaltigkeit erfüllen, da es jedoch im Kontext eines nicht-nachhaltigen Bankhandelns steht, ist es nicht wirklich nachhaltig.

Die Alternativen Banken unterscheiden sich von den traditionellen Banken denn auch durch ihr Selbstverständnis, nach dem das Bankgeschäft nicht von der Gesellschaft abgekoppelt, sondern in diese eingebettet sein soll.[28] Damit vertreten die Alternativen Banken die Überzeugung, dass es im Bereich der Ökonomie kein privates Handeln gibt, weil Bankenhandeln immer eine gesellschaftliche Dimension hat und weisen die Vorstellung zurück, Banken könnten sich dadurch der Rechtfertigung entziehen, dass sie sich als wertneutrale Dienstleister verstünden.

Wenn gegenwärtig Alternative Banken wegen ihrer relativ kleinen Größe geschätzt und als Vorbild gesehen werden, äußert sich darin solange ein instrumentelles Verständnis, wie nicht zugleich anerkannt wird, dass die Größe der Alternativen Banken Konzept ist: Wachstum um »jeden Preis« stellt aus Perspektive der Alternativen Banken eine Verkehrung des Banken-Konzeptes dar. Denn Banken haben dieser Auffassung zu Folge eine dienende Funktion und –so wird Dienstleistung

Abb. 44: Friedrich Wilhelm Raiffeisen (1818-1888): Der erste alternative Banker

richtig verstanden –, das heisst, Banken helfen, als sinnvoll erachtete Projekte zu realisieren und nicht, die Mehrung des Kapitals um seiner Mehrung willen zu betreiben. Dieses Ansinnen stellt einen Fremdkörper im Alternativen Banking dar, halten es die Alternativen Banken doch für besser in lokale Gemeinschaften statt im grossen Stil und anonym zu investieren.[29]

Dem Verzicht auf solche Geschäfte entspricht auch der Verzicht auf Spekulationsgeschäfte, welche das Alternative Banking als unverantwortlich ablehnt. Die – vergleichsweise geringe Größe – ist also kein Selbstzweck, sie ergibt sich aber aus einem Selbstzweck, nämlich den in sich sinnvollen Projekten, welche mit Geld als deren Mittel realisiert werden.

Alternative Banken verstehen damit das Geld wieder als das, was es ursprünglich war, ein Mittel *zu etwas* und nicht ein Mittel an sich.

10.4.2. Das sind Alternativen

Im Folgenden seien drei der Alternativen Banken, die für die Geschichte dieses Bankentyps einflussreich sind, genannt:

Gemeinschaftsbank für Leihen und Schenken, GLS

Die 1974 gegründete «Gemeinschaftsbank für Leihen und Schenken», GLS mit ihrem Hauptsitz in Bochum bezeichnet sich als «erste sozial ökologische Universalbank» der Welt. Die GLS wurde massgeblich von dem Anthroposophen und Rechtsanwalt *Wilhelm Ernst Barkhoff* (1916-1994) gegründet. Die GLS ist für die Szene der Alternativen Banken was Kreditvergabe und Transparenz angeht, zum Vorbild geworden. So hat die GLS von Beginn an eine Negativliste von Kriterien formuliert, welche einen Kredit der GLS ausschließen, dazu zählen Projekte, die verbunden sind mit Militärprodukten, Tierversuchen, Gentechnologie und Atomenergie, außerdem kennt sie das Spekulationsverbot.[30] Unter letzterem versteht die GLS die kurzfristige auf Gewinnmitnahme bedachte Anlage und spricht sich statt dessen für langfristige Beteiligung an – erklärtermassen – nachhaltigen Unternehmen aus. Zusätzlich verfolgt die GLS wie die anderen Alternativen Banken ein striktes Transparenzgebot. So werden in dem Online-Journal «Bankspiegel» jedes Quartal die Kreditnehmer mit Kreditsumme und Verwendungszweck veröffentlicht. 2003 übernahm die GLS Teile der insolvent gegangenen Frankfurter Ökobank. Die GLS hat eine Bilanzsumme von 4,5 Mrd. € (Stand 2018).

Triodos

Die Triodos Bank mit Sitz im niederländischen Zeist wurde 1980 gegründet und arbeitet nach dem gleichen Prinzip wie die GLS, wobei sie zusätzlich betont, nur in Projekte der Realwirtschaft zu investieren. Die Triodos ist mit einer Bilanzsumme von 9,1 Mrd. € (Stand 2018) die größte der Alternativen Banken in Europa.

ABS

Die «Alternative Bank Schweiz», ABS mit Sitz in Olten wurde 1990 gegründet und orientiert sich ebenfalls an den bekannten von der GLS verfolgten Prinzipien von Ausschlusskriterien und Transparenzgebot. Die ABS führte als erste Schweizer Bank 2015 den Negativzins ein. Die ABS hat eine Bilanzsumme von 1,5 Mrd. CHF (Stand 2018).

Allen Alternativen Banken ist die Orientierung an als sinnvoll erachteten Projekten gemeinsam und damit zusammenhängend die Anwendung einer Negativliste, zudem verfolgen alle Alternativen Banken das Transparenzprinzip. Da die Orientierung auf konkrete Projekte (ausschliesslich der Realwirtschaft) liegt, beteiligen sich die Alternativen Banken nicht an kurzfristigen Anlagen zum Zwecke der Gewinnmitnahme. Entsprechend haben die Alternativen Banken ein Verständnis von Geld als Mittel zur Realisierung eines konkreten Projektes und nicht als Mittel zur Mehrung seiner selbst (Selbstzweck). Die europäischen Alternativen Banken haben gemeinsam den Think Tank «Institute for Social Banking» gegründet.[31]

10.5. Too big to fail?

Als in der Folge der Finanzkrise von 2008 grosse Banken in bedenkliche Schieflage gerieten, kam erneut der hundert Jahre zuvor geprägte Begriff des *Too big to fail* auf und es wurde international diskutiert, ob sogenannte systemrelevante Banken zu gross, weil eben systemrelevant, sein könnten, als dass man sie in Konkurs gehen lassen könnte, was eine empfindliche Beschädigung des Systems insgesamt – des Staates, der Wirtschaft – zur Folge hätte.

Wenngleich hier nicht die Frage erörtert werden kann, wann ein Geldinstitut systemrelevant ist, so ist bereits die – mögliche – Systemrelevanz von ethischer Bedeutung. Wenn ein Geldinstitut – oder irgendeine andere Unternehmung – eine solche Grösse erreicht hat, dass das politische oder wirtschaftliche System ihren Untergang nicht unbeschadet überstehen könnte, dann ist dies Beleg dafür, dass diese Unternehmung ihre kritische Grösse eindeutig überschritten hat. Gegebenenfalls muss der Staat um eine Beschädigung seiner Infrastruktur und der Wohlfahrt seiner Bürger zu vermeiden, eine solche Unternehmung – entgegen den Regeln der Marktwirtschaft – retten, aber zugleich sollte der Staat den zuvor begangenen Fehler beheben, der darin bestand, dass er es zuliess, dass das Unternehmen eine systemre-

Kapitel 10 *Bankenethik*

levante Grösse erreichen konnte. Die Rettung einer systemrelevanten Unternehmung kann daher nur einhergehen mit ihrer Aufspaltung in kleinere, nicht mehr systemrelevante Einheiten. «Too big to fail», so kann man daraus lernen, darf es nicht geben und muss, wenn sie denn durch Unachtsamkeit – oder sogar unlautere staatliche Komplizenschaft – entstanden ist, rückgängig gemacht werden.

Das Problem der Systemrelevanz kann sich natürlich auch mit Blick auf Branchen stellen, als Beispiel wäre an die Automobilindustrie in Deutschland zu denken. Die Systemrelevanz von Branchen ist jedoch nicht völlig übertragbar auf die Systemrelevanz von Einzelunternehmen, zumal man bei Branchen weniger eindeutig angeben kann, wann sie eine kritische Grösse überschritten haben und es unwahrscheinlich – jedoch nicht unmöglich – ist, dass eine ganze Branche innerhalb sehr kurzer Zeit zusammenbricht. Im Falle der Automobilindustrie ist ein solches Szenario insoweit nicht völlig aus der Luft gegriffen, als nicht sicher ist, dass sie den durch veränderte gesellschaftliche Erwartungen und neue gesetzliche Bestimmungen fälligen technologischen Wandel – hier die *E-Mobilität* – in angemessener Zeit hinbekommt. Dieses Versäumnis fällt nicht in die Verantwortung des Staates, er hat es aber allem Anschein nach versäumt – und viele Entscheidungsträger haben möglicherweise davon profitiert – das Entstehen von Systemrelevanz zu vermeiden.

Systemrelevanz zeigt dabei die gleichen Probleme wie *Monokulturen* in der Agrarwirtschaft: Für beide gilt, sie sind nicht nachhaltig, richten aber meist nachhaltige Schäden an und das nicht nur an der Wirtschaft und an der Kultur – des Bodens in der Agrarwirtschaft, des politischen und gesellschaftlichen Systems –, welche zu einer Abhängigkeit führt, aus der es kein Zurück mehr gibt. Wer dann von «too big to fail» spricht, will möglicherweise damit sein eigenes Versagen bemänteln.

 Video:
- «The Bank» (2001) von Robert Connoly verbindet zwei Themen des aktuellen Bankgeschäfts, den Börsenhandel und die Kreditvergabe. Während der Börsenhandel der hier portraitierten Bank durch eine geniale Software mit Kursvorhersageprogramm revolutioniert wird, verläuft die Kreditvergabe an eine Familie fast konventionell. Pannen und Unaufmerksamkeiten sorgen dafür, dass beide Aktivitäten in eine Katastrophe münden.
- «Let`s make Money» (2008) von Erwin Wagenhofer ist zu Beginn der Finanzkrise in die Kinos gekommen, also

bereits Jahre zuvor entstanden und erscheint dennoch wie deren Vorhersage.
- «Too big to fail» (2011) von Curtis Hanson schildert die Ereignisse um die Pleite von Lehman-Brothers und wie es nach einer staatlichen Intervention mehr systemrelevante Banken als zuvor in den USA gibt.

= *Die Bankenethik hat sich in den letzten Jahren zu einem separaten Teilgebiet der Wirtschaftsethik entwickelt. Ausgehend von dem Begriff des Bankenhandelns untersucht die Bankenethik die wichtigsten Bereiche des Bankhandelns.*

Fragen und Aufgaben:
☐ Beschreiben Sie, was eine Banktätigkeit als Bankenhandeln qualifiziert.
☐ Worin besteht wirtschaftsethisch das Problem der Wertstellung?
☐ Listen Sie die verantwortlichen Akteure und die von diesen Betroffenen des Ilisu-Staudamms auf.
☐ Beschreiben Sie die Ethik der Beratung im allgemeinen und im Besonderen die Ethik der Finanzberatung.
☐ Welche ethischen Probleme sind mit strukturierten Finanzprodukten verbunden?
☐ Beurteilen Sie den Hochfrequenzhandel aus ethischer Sicht.
☐ Beschreiben Sie das unterschiedliche Verständnis des Geldes bei den traditionellen und den alternativen Banken.

Begriff 11: «Geld»
1. Was ist Geld?
Geld elektrisiert die Menschen: Ein Kontoauszug kann unversehens einen seligen oder einen deprimierten Gesichtsausdruck hervorbringen. Bereits die bloße Nachricht eines Lottogewinns kann einen Menschen aus der Bahn werfen und das Angebot einer großen Geldmenge kann nicht nur Auftragskiller, sondern, wie Dürrenmatt im «Besuch einer alten Dame» gezeigt hat, auch bis anhin unbescholtene Bürger auf unschöne Gedanken bringen.
Und in unserer so modernen und aufgeklärten Zeit, in der man doch über alles redet, ist fast nichts so peinlich als wenn jemand damit protzt wie viel er denn verdient, peinlicher ist nur noch, wenn jemand einen anderen nach seinem Gehalt fragt. Dann bricht ein

Kapitel 10 *Bankenethik*

lärmendes Schweigen aus oder man hört eine so unsinnige Aussage wie, «*Das weiß ich gar nicht so genau.*»

Man sieht, Geld ist etwas Besonderes, weswegen die Erklärung, Geld sei ein *Tauschmittel* einfach zu kurz greift: Dass Geld *auch* ein Tauschmittel ist, sieht und weiß jeder, der nur 1 €/Fr. zur Hand nimmt und diesen an einem Automaten gegen einen Kaffee im Plastikbecher einwechselt. Dass ein Tauschmittel mehr als ein Tauschmittel ist, stellt der Kaffeetrinker fest, wenn er seinen Einsatz erhöht: Für 4 €/Fr. erhält er in einem Café nicht nur einen Kaffee zu einer höheren Qualität, sondern noch weitere attraktive Güter gleich mitgeliefert: Er darf sich an einen Tisch setzen, kann die Aussicht genießen, kann Menschen sehen und ansprechen und kann es genießen, dass andere ihn sehen und auf den Gedanken kommen, dass es ihm doch recht gut gehen muss, wenn er tagsüber in einem Café sitzt.

Unser Kaffeekunde hat also zusätzlich zu dem materiellen Gut, für welches er Geld eingewechselt hat, noch weitere Güter erworben, die ihm, ob er will oder nicht, zufließen.

Aber was ist dann Geld?

Immanuel Kant (1724-1804) stellte Ende des 18. Jahrhunderts lapidar fest: «*Geld ist eine Sache, deren Gebrauch nur dadurch möglich ist, dass man sie veräussert.*»[32] Neben den britischen Philosophen *John Locke* (1632-1704) und *Adam Smith* (1723-1790) zählt Kant zu den Vordenkern der modernen Marktwirtschaft. Und wie seine britischen Kollegen unterschätzt er das Geld hoffnungslos. Der Grund für diesen Irrtum liegt darin, dass die drei Denker der Aufklärung davon überzeugt sind, dass das Wirtschaftssystem und das es tragende Mittel, eben das Geld, vollkommen rational erklärbar, eben *aufgeklärt* sei. Und gerade dies ist es eben nicht.

Geld ist etwas, das nicht erst durch seine *Veräußerung*, wie Kant dachte, Bedeutung gewinnt. Wenn dem so wäre, dann wäre Geld nur ein Tauschmittel. Wäre Geld nur ein Tauschmittel, dann wäre Geld nichts Besonderes, dann wäre es eben ein Mittel wie andere auch. *Mittel* haben die Eigenschaft, dass sie jeweils für etwas besonders geeignet sind und für anderes damit weniger oder gar nicht geeignet. Nahrungsmittel beispielsweise eignen sich, den Hunger zu stillen, ein Fortbewegungsmittel (z. B. ein Flugzeug) ist geeignet, einen irgendwohin zu bringen und ein Lehrmittel (dieses Buch beispielsweise) ist geeignet, einen etwas zu lehren. Das Besondere an diesen Mitteln ist, dass sie einen besonderen Verwendungs*zweck* haben. Wer Hunger hat, sollte nicht in sein Buch beißen und wer von Basel nach Berlin reisen will, sollte sich nicht auf eine Banane setzen.

Das Besondere des Geldes besteht nun darin, dass es für nichts Besonderes besonders geeignet ist, sondern für alles. Daher kann man Geld auch mit Georg Simmel als ein *Universalmittel* bezeichnen.[33] Das Besondere des Geldes zeigt sich bereits in der Sprache: Wer Geld besitzt, der ist *liquide* und ist damit wie das wichtigste Element auf der Erde, das Wasser, *flüssig*. Deshalb ist in Gelddingen auch nichts so katastrophal wie auf dem Trockenen zu sitzen. Wer besonders flüssig ist, dem schreibt man allgemein eine besondere Fähigkeit zu, denn er besitzt ein *Vermögen*. Ein Vermögen, das ist ein besonderes Können.

Dass Geld besonders ist, sieht man auch an denen, die besonders viel davon haben und so gelten allgemein *Reiche* als besondere Menschen. Russische Oligarchen, denen man unsaubere Machenschaften unterstellt, bilden da nur die Ausnahme von der Regel. Reich zu sein, wird denn auch häufig als Ausdruck *moralischer Höherwertigkeit* verstanden und der *arme Schlucker* gilt als verdorben. Dass der arme Schlucker selber schuld ist, ist nur die Kehrseite davon, dass man auch vom Reichen findet, er sei selber schuld. Allerdings spricht man hier nicht von *Schuld*, sondern von *Verdienst*. Wer reich ist, hat nicht nur viel verdient, er hat es auch *verdient*. Wie dieser Gedanke entstanden und sich dann in die meisten Köpfe eingenistet hat, hat *Max Weber* (1864-1920) beschrieben (→ 2.3.2.). Der Reiche, der über ein Vermögen verfügt, kann so ziemlich tun und lassen, was er will, seinen guten Ruf hat er zunächst einmal sicher. Früher nannte man solche Menschen «eine gute Partie». Wer als *gute Partie* galt, den wollten sich auf dem Heirats*markt* viele angeln, wobei auch hier das Gesetz des Geldes wirkte: Gute Partie trifft meistens auf gute Partie, oder: Wo bereits Geld ist, da gesellt sich gerne weiteres hinzu wie bereits der Evangelist Matthäus[34] wusste. Der nach ihm benannte *Matthäus-Effekt* erklärt, warum die Erfolgreichen immer erfolgreicher werden (→ 14.).

2. Was ist das Besondere am Geld?
Dass Geld etwas Besonderes ist, das haben wir gesehen. Der Grund seiner Besonderheit wird erst in der historischen Perspektive sicht-

bar. Die Ursprünge des Geldes reichen zurück in die Frühzeit der menschlichen Kultur. Um Geld zu verstehen, genügt es also nicht, zu den *Römern* zurückzugehen und auch die *griechische Antike* liefert noch nicht den Schlüssel zum Verständnis des Geldes.

Um zu verstehen, wie es zu den «Moneten» (die nach der römischen Göttin «Moneta» benannt sind und von denen sich «monetär», «money» aber auch das deutsche «Münze» abgeleiten) gekommen ist, müssen wir bis in die Steinzeit zurückgehen. Es ist dies eine Zeit, in der es zwar noch kein Geld, wohl aber bereits ein ausgeklügeltes Bezahlsystem gab. Auskunft gibt die geniale Geldgeschichte *Christoph Türckes* (* 1948).[35]

Wie zu allen Zeiten, so haben auch die Menschen in der Steinzeit *Angst* gehabt. Naturgewalten, Kriege, Tod und Krankheit aber auch schlicht Ungewissheit und das Unerklärbare sind Angstgründe gewesen. Wer Angst hat, strebt danach, diese zu beschwichtigen oder zu überwinden. Die Menschen der Steinzeit sind die Erfinder einer Beschwichtigungsform geworden, die die Zeiten überdauert und die Kultur geprägt hat: das *Opfer*.

Wenn man den Mächten des Schicksals, den Göttern also, ein Opfer darbringt, so kann man das Schicksal wenden. Dieser Gedanke ist steinzeitlich. Und man sieht, dass dieser Gedanke in der Ökonomie bis heute eine Rolle spielt: Wer etwas gibt, bekommt auch etwas. Das Geben in der Steinzeit hat es in sich; es ist nichts Geringeres als das *Menschenopfer*. Menschenopfer stellen einen enormen Einsatz dar, einen Einsatz für den man auch etwas erwarten darf. Aber auch die *Rendite* dieses Einsatzes ist enorm. Geht alles wie erhofft und erwünscht, besteht die Rendite des Menschenopfers in Angstreduktion und Sicherheitserhöhung.

Diese steinzeitliche Logik ist uns wohlbekannt: Wenn ein Rettungsschirm – siehe Euro-Rettungsschirm – seine erhoffte Wirkung verfehlt, muss man ihn einfach quantitativ besser ausstatten und seine Mittel erhöhen. Der Akt der quantitativen Mehrung der Mittel hat nun einen überraschenden Effekt: die höhere *Quantität* wandelt sich in eine neue *Qualität*, weswegen die eingesetzten Mittel zu mehr als bloßen Mitteln werden.

Weil jedes Opfer wehtut, weil das Menschenopfer sehr weh tut, haben die Menschen bald nach Wegen gesucht, ihren Einsatz zu verringern. Es ist klar, dass eine solche Verringerung des Einsatzes nur akzeptabel war, wenn sich damit nicht auch der ersehnte Ertrag, also die Verringerung der existentiellen Bedrohung, verringern würde. Man sieht, auch die Steinzeitmenschen dachten ökonomisch und strebten danach die Gewinnquote zu erhöhen.

Im Nachhinein kann man nur staunen, wie wegweisend die Steinzeitmenschen gedacht haben: Mit der höchsten Macht sind sie in einen *Handel* eingetreten und haben zugleich mit den Währungen *spekuliert*, als sie begannen statt der Menschen nun Tiere zu opfern. Das war hoch gepokert, aber es war auch mehr als das. Es wurde ja nicht nur mit dem Einsatz gespielt, sondern zugleich ausprobiert, ob der andere Einsatz den gleichen Wert haben könnte. Das bedeutet einen enormen intellektuellen Schritt, es stellt nämlich eine *Abstraktionsleistung* ersten Ranges dar. Mensch oder Tier sind also in einem identisch und damit gleich wert: Sie sind *Platzhalter* für ein Opfer. Ein Opfer ist aber nur ein Opfer, wenn es einen *Verlust* darstellt. Bereits in der Steinzeit-Buchführung muss einem Soll ein Haben entsprechen, sonst lohnt sich die ganze Sache nicht. Für die Entwicklung der modernen Ökonomie ist die *Symbolik* der Tauschaktion zentral. Das geopferte Tier *repräsentiert* einen Verlust. Dieser Schritt in die Symbolisierung ist der Beginn auf den Weg der *monetären Ökonomie*.

Symbolisierung ist anspruchsvoll, sie setzt voraus, dass man über das materiell Gegebene hinausdenken und es als Platzhalter von oder für etwas denken kann. Symbolisierung setzt aber auch etwas Weiteres voraus, das in der Ökonomie unverzichtbar werden sollte: *Vertrauen* (→ 9.2.1.).

3. Die Priester kommen

Im Prozess der voranschreitenden Abstraktion, der mit dem Übergang vom Menschen- zum Tieropfer eingesetzt hat, wurde eine Entwicklung in Gang gebracht, die zunehmend komplizierter wurde. Als nämlich die Menschen mehrheitlich von der neuen Opferwährung überzeugt und sicher waren, dass ihnen das Tieropfer den *gleichwertigen* Schutz wie das Menschenopfer bieten würde, war ein Damm gebrochen, der ganz neue Möglichkeiten freisetzte. So wurden versuchsweise ganz neue Opfer-Körbe zusammengestellt, die fast an ein modernes Portfolio erinnern. Man konnte nun Opfer mit kleinen und großen Tieren, leicht und schwer zu fangenden, häufiger und seltener vorkommenden Tieren zusammenstellen. Wenn man als Opfer dasjenige betrachtet, das zu geben, einen schmerzt und einen Verlust darstellt, dann könnte es, so dachte man bald einmal, nicht falsch sein, auch anderes von Wert zu opfern, beispielsweise einen glänzenden, metallhaltigen Stein. Gegen eine solche Opferpraxis war grundsätzlich nichts einzuwenden, allerdings stellte sich das Problem nach dem vergleichbaren Wert solcher Opferkörbe. Die Wertfrage ist wichtig (→ Begriff 9), weil sie über die Erfolgschancen eines Opfers entscheidet.

Eine solche Frage ist aber nicht so einfach zu lösen. Man muss *rechnen*. Aber wie muss man rechnen und was ist mit wem zu *verrechnen*? Für diese Aufgabe boten sich die Experten des Opfers an, die Priester.

Es versteht sich, dass diese Aufgabe nicht gratis sein konnte, weswegen es rechtens war, wenn die Priester einen Teil des Opfergutes zur Finanzierung ihres eigenen Lebensunterhaltes einbehielten. In Zeiten hohen Opferbedarfs kamen die Tempelpriester gar nicht mehr nach mit ihren Berechnungen und ließen die Opfergüter im Tempel deponieren. Um die *Depotfunktion* des Tempels zu verbessern und die Opferwilligen zugleich temporär unabhängig zu machen, bewerteten die Priester weniger leicht verderbliche Opfergüter höher als verderbliche. Die Aufbewahrung konnte natürlich nicht umsonst geschehen, und schon war der *Negativ-Zins* erfunden.

4. Die Opfer
Opfergaben gehören deshalb in den Tempel, weil sie sowohl *heilen* wie auch *heiligen*, wie Christoph Türcke schreibt.[36] Das Christentum befeuert diese Entwicklung, als ihm zunehmend eine besondere Macht zuwächst, die Macht über das *Seelenheil*. So verfügt das Christentum über ein System der Verringerung oder gar Tilgung von seelischer Schuld (Sünde). Seelische Schuld kann unter Einsatz materieller Mittel verringert werden. Zur Buße muss man dazu etwas tun, das einem weh tut. Worauf es alleine ankommt, ist einzig der schmerzlich erlebte *Verzicht*. Anstatt sich zu geißeln oder zu fasten, kann man daher auch einfach Geld geben.

Johann Tetzel (1465-1519), Beauftragter sowohl des Vatikans wie des Bankhauses *Fugger*[37] (→ 2.3.3.) hat dazu den Slogan gedichtet: «*Wenn das Geld im Kasten klingt, die Seele aus dem Fegefeuer springt.*» In der Gegenwart lebt die religiöse Imprägnierung des Geldes fort, wenn man sich seine magische Dimension anschaut, die der St. Galler Professor für Volkswirtschafslehre, *Hans Christoph Binswanger* (*

1929-2018) beschrieben hat. Die Geldschöpfung, «Wertschöpfung», die aus Papier Geld («Papiergeld») macht, ist die vollendete Alchemie. Obwohl heute jeder weiss, dass die Alchemie, die künstliche Herstellung von Gold, Unsinn ist, der als Aberglaube betrachtet wird, macht das moderne Finanzsystem nichts anderes: In seiner «Wertschöpfung» geht es «um die Überwindung von Zeit und Vergänglichkeit».[38] Magisch geht es dabei zu, entsteht doch Reichtum nicht mehr aus Arbeit, sondern im wahrsten Sinne aus dem Nichts, wie Mathias Binswanger in seiner Geldtheorie erklärt.[39]

5. Die Psychologie des Geldes

Die Besonderheit des Geldes zeigt sich auch darin, dass es sowohl unsere Entscheidungen wie auch unsere Motivation beeinflusst. Die korrumpierende Wirkung des Geldes[40] zeigt sich beispielsweise bei den Bonus-Zahlungen an Bankmitarbeiter (→ 8.2.6.2.). Dieses gesellschafsschädliche Verhalten ist immerhin – in Massen – rational nachvollziehbar: Menschen wollen mehr Geld, weil sie damit mehr Mittel erhalten, die sie zu ihrem Vorteil einsetzen können. Die – beklagenswerte – Korruption (→ 9.2.2.) besteht dann darin, dass jemand für Geld seinen Vorteil höher gewichtet als den der Gemeinschaft oder der Achtung eingegangener Verpflichtungen, wie beispielsweise der zur Unparteilichkeit. Eine ganz eigene Form der Korruption entfaltet das Geld – und beweist auch damit seine Besonderheit –, wenn es die Gefühle korrumpiert. Der mit Geld gesegnete hält sich selbst für allmächtig und die anderen erleben bei ihm die Aura des Besonderen.[41]

Marketing

277	11.1.	Werbung
277	11.1.1.	Welchen Sinn hat und macht Werbung?
278	11.1.2.	Welchen Schaden richtet Werbung an?
281	11.1.3.	Wie Werbung manipuliert
282	11.2.	Neuromarketing und Neuroökonomie
286	11.3.	Soziales Marketing

Kap¹¹

11. Marketing

Seit 1960 gibt es den Begriff »Marketing«, den *Jerome McCarthy* (1928-2015) als eine an den 4 P`s ausgerichtete Unternehmensaktivität begriff. Demnach dreht sich Marketing um Product (= Leistungspolitik), Price (= Entgelt- und Vertragspolitik), Promotion (= Kommunikationspolitik) und Place (= Distributionspolitik).[1] Und diese 4 P`s kreisen um das grosse C, den Consumer. Das bedeutet jedoch nicht notwendigerweise, dass der Konsument Selbstzweck (→ 3.2.1.) dieser Unternehmensaktivität ist; beim kommerziellen Marketing, das vom sozialen Marketing (→ 11.3.) unterschieden wird, ist der Konsument lediglich Gegenstand des unternehmerischen Handelns.

Die *American Marketing Association*, AMA, die auch ethische Richtlinien des Marketing verfasst hat, geht bereits in ihrer allgemeinen Definition von einer ethischen Ausrichtung des Marketings aus, wenn sie wie folgt definiert: «Unter Marketing versteht man eine Aktivität (…) und Prozesse zur Herstellung, Kommunikation, Lieferung und Austausch von Angeboten, die Wert für die Kunden, Klienten, Partner und die Gesellschaft im Ganzen haben.»[2] Damit geht die AMA weit über die nüchterne Definition hinaus, die unter Marketing die Ausrichtung der Unternehmensaktivität auf den Markt zum Zwecke der Verbesserung der eigenen Marktstellung versteht.[3] So sehr demgegenüber aus ethischer Sicht auch die Definition der AMA und ihre Betonung der Werte zu begrüssen ist, so muss man sie doch eher als Ausdruck von Wunschdenken verstehen, der die Unternehmensrealität allzu oft nicht entspricht, andernfalls der Ethikleitfaden der AMA sowie die mittlerweile diskutierten Marketingethiken verzichtbar wären.

Stattdessen haben die meisten Unternehmen statt dem Interesse der Kunden oder der Gesellschaft alleine das Interesse des jeweiligen Unternehmens im Blick. Das müsste nicht sein, denn dass alle 4 P`s auch eine ethische Dimension haben, liegt auf der Hand:

- *Product*: Viele Produkte der Konsumgüterindustrie, die zu friedlichen Zwecken und mit der Absicht das Leben der Menschen zu verbessern, entwickelt werden, sind dennoch häufig rechtfertigungspflichtig. Das gilt etwa für Produkte mit stark negativen materiellen Nebeneffekten – beispielsweise für Autos, die das Klima negativ belasten und Unfällen verursachen oder für Tabakwaren, welche die Gesundheit gefährden – oder für Produkte mit stark negativen

immateriellen Nebeneffekten – beispielsweise die Suchtpotentiale von Alkohol-und Tabakprodukten, sowie das Überwachungspotential von Digitalprodukten.
- *Price:* Die Preispolitik ist nicht nur im Falle hoher Preise, welche ganze Bevölkerungsschichten vom Konsum ausschliessen können, von ethischer Bedeutung, sondern auch im umgekehrten Falle von zu niedrigen Preisen, womit besonders junge Menschen zu Kunden werden könnten, die besser vom Kauf der Produkte – beispielsweise solcher mit hoher Sucht- oder Unfallgefahr – durch eine hohe Preisbarriere ferngehalten werden sollten. Ausserdem kann die Niedrigpreispolitik («Dumping») Konkurrenten in unfairer Weise schädigen.
- *Promotion:* Die Werbung ist eine der zentralen und den Einzelnen am stärksten betreffende Marketingaktivität, die ethisch besonderer Diskussion bedarf (→ 11.1.)
- *Place:* Die Distribution von Produkten, beispielsweise die Platzierung in den Regalen der Grossverteiler ist entscheidend für den Verkaufserfolg eines Produktes und kann ebenfalls von ethischer Bedeutung sein, weil damit in problematischer Weise Einfluss auf den Konsumenten genommen werden kann.

Mit diesen 4 P`s ist eine Handlungstiefe beschrieben, die die ethische Dimension des Marketings verdeut-licht, weswegen es nur konsequent und Ausdruck von Verantwortungsbewusstsein war, als die AMA einen Ethikkodex des Marketings aufstellte. Der AMA-Ethikkodex baut auf konkreten Normen und verteidigt bestimmte Werte. So beginnt er 1. mit der Norm, keinen Schaden zu verursachen (→ Begriff 3), fordert 2. Vertrauen zu schaffen, wozu insbesondere faires Verhalten nötig sei und 3. die Verteidigung ethischer Werte (→ Begriff 9) wie Ehrlichkeit, Verantwortungsbewusstsein, Fairness, Respekt, Transparenz und «Staatsbürgerlichkeit» (org. *Citizenship*) (→ Begriff 6). Ihrer Staatsbürgerlichkeit werden Unternehmen bzw. ihre Repräsentanten (→ 9.; 9.1.) nach Ansicht der AMA durch Umweltverantwortung sowie fairen Handel gerecht.[4]

11.1. Werbung

Aus wirtschaftsethischer Sicht sind besonders jene «marketingpolitischen Instrumente»[5] beachtenswert, welche Einfluss auf die Nachfragesituation zu nehmen versuchen und da sticht besonders die Werbung hervor. Wirtschaftsethisch ist Werbung mit Blick auf ihren Sinn, ihren Schaden und ihren manipulativen Effekt zu diskutieren.

11.1.1. *Welchen Sinn hat und macht Werbung?*

Wer ein Produkt produziert, das als ethisch unbedenklich gilt, hat auch das Recht, darauf hinzuweisen und dafür zu werben. Würde ihm dies verwehrt, würde nicht nur der neue Anbieter benachteiligt, sondern auch der Markt verzerrt, der die jeweils etablierten Anbieter bevorzugen würde. Dies hätte neben dem Nachteil für den neuen Anbieter vor allem eine Benachteiligung der Konsumenten zur Folge, da sich die alteingesessenen Anbieter in dem Markt einrichten und eventuell zusätzlich durch Absprachen absichern könnten ohne die Herausforderung durch einen neuen Konkurrenten fürchten zu müssen. Werbung kann daher als Wettbewerbsmotor fungieren.

Ein generelles Verbot der Werbung ist daher nicht zu rechtfertigen, ein fallweises Verbot hingegen schon. Die Befürworter eines Werbeverbots könnten die Aufgabe, auf ein neues Produkt aufmerksam zu machen, den Verbrauchermagazinen und Verbraucherorganisationen wie beispielsweise der *Stiftung Warentest* anvertrauen. Der Vorteil liegt auf der Hand: Es würde nur noch sachlich über ein Produkt informiert. Dagegen steht jedoch die Befürchtung, dass die Verbraucherschutzorganisationen mit dieser Aufgabe heillos überfordert wären und zugleich unter starken Korruptionsdruck gerieten, da wegen der übergrossen Nachfrage nach einer Präsentation in ihren Medien das Gerangel um die Berücksichtigung sehr gross wäre und möglicherweise mit unlauteren Mitteln geführt werden könnte.

Werbeverbote sind daher nur fallweise zu rechtfertigen und da aber auch geboten. So schränken etwa viele Staaten die Werbung für Medikamente ein und verbieten die Werbung für rezeptpflichtige Präparate gänzlich. Ausserdem ist die Werbung für Tabak in den meisten europäischen Ländern stark eingeschränkt und zusätzlich mit abschreckenden Warnhinweisen versehen. Diese Eingriffe in die Hoheit des Produzenten zeigen, dass die Gesetzgeber sich dann berechtigt sehen, die Wirtschaftsfreiheit einzuschränken, wenn durch eine wirtschaftliche Massnahme, hier die Werbung, gravierende Schäden, in diesem Falle an der Gesundheit von Menschen, zu erwarten wären. Aus ethischer Sicht sind solche Einschränkungen in die Wirtschaftsfreiheit gerechtfertigt und in manchen Situationen sogar geboten.

Allerdings setzen staatliche Eingriffe in Lebensentwürfe immer eine schwere und konkrete Gefahrenabwehr voraus; das Vorliegen einer rein potentiellen Gefahr genügt oft nicht. So birgt beispielsweise jede Sportart und jede Freizeitaktivität eine mehr oder weniger hohe Unfallgefahr (was die statistische

Eintrittswahrscheinlichkeit angeht) mit einer mehr oder weniger grossen Schadenshöhe. Da die Schadenshöhe auch bei scheinbar harmlosen Sportarten oder Freizeitaktivitäten bis zur Todesfolge reichen kann, könnte der Gesetzgeber hier restriktive Massnahmen bis hin zum Verbot für gerechtfertigt und sogar geboten halten. Man sieht jedoch schnell, dass es übertrieben wäre, wenn der Staat die Benutzung von Schaukeln oder das Fahrradfahren verbieten würde. Ein guter Kompromiss scheinen hingegen Sicherheitsvorschriften bei öffentlichen Spielplätzen oder die Helmpflicht für Fahrradfahrer zu sein. Nach dieser Regel der *Doppelten Vorsicht* – Vorsicht gegenüber zu restriktiven die Freiheit einschränkenden Verboten – und Vorsicht gegenüber offensichtlichen und nicht alleine statistisch wahrscheinlichen Gefahren, erscheint das Verbot des Verkaufs von Alkohol und Tabak an Jugendliche ebenso geboten wie das Verbot der entsprechenden Werbung; ein Verkaufs- oder Werbeverbot für Fahrräder wäre demgegenüber nicht gerechtfertigt.

11.1.2. Welchen Schaden richtet Werbung an?

So berechtigt der einzelne Produzent auch ist, sein Produkt bekannt zu machen, so problematisch ist die Werbung in der grossen Masse, wie sie sich über das Leben der Menschen in den modernen Gesellschaften ergiesst. Die quantitative Wirkung der Werbung ist so massiv, dass die Menschen der modernen Industriegesellschaften keinen Tag verbringen können ohne eine grosse Zahl – noch dazu unerbetener – Werbebotschaften aufgenommen zu haben. Werbung ist mittlerweile invasiv: Man kann sich ihr weder entziehen noch sich nicht von ihr betreffen lassen: Wir begegnen Werbung beim ersten Blick in die Morgenzeitung und das Internet, auf der Tüte, in der die morgendlichen Croissants stecken, beim Gang durch die Strasse, an den Geschäften oder ganzen Hauswänden, auf den Lastwagen, Bussen und Trams – sogar denen der staatlichen Verkehrsbetriebe –, in Kino- und Fernsehfilmen und nicht zuletzt in der Alltagssprache in der sich besonders eingängige Werbeslogan breit machen («Nimm zwei»; «Wer wird denn gleich in die Luft gehen?»; «Damit Sie auch morgen noch kraftvoll zubeissen können»; «Da weiss man, was man hat»; «Wir haben verstanden»; «Essen gut, alles gut» etc.). Diese Invasion betrifft sowohl unsere materielle wie auch unsere mentale Welt und ist längst vom Nebeneffekt zum zentralen Moment des Lebens der modernen Menschen geworden. Damit wird die Werbung auch zum ethischen Problem: Diese invasiven Mittel haben wir nicht bestellt und können uns kaum gegen sie wehren: Am materiellen wie am elektronischen Briefkasten kann man zwar den Aufkleber «Werbung nein danke» anbringen und wird dennoch vor ihr nicht verschont bleiben. Egal für was die Werbung im Einzelnen wirbt, gemeinsam ist all diesen Angeboten, dass sie zu Konsum animieren und uns damit zum *Homo Consumens* (→ 7.) zu formen trachten, der sein Lebensziel in den «konsumistischen Glücksversprechungen» findet.[6] Obwohl man sich diesen Angeboten im Einzelnen verweigern kann, fällt dies generell sehr schwer, was nicht an der schwachen Persönlichkeitsstruktur der Menschen, sondern an dem schweren Geschütz, mit dem auf sie gezielt Werbung angesetzt wird, zu tun hat. Das schwere Geschütz besteht sowohl aus der geballten Ladung wie auch aus trickreich verpackter Werbung, die als Suggestiv- oder Schleichwerbung den völlig überforderten Konsumbürger überkommt. Wer heute in einer modernen Industriegesellschaft lebt, dessen Leben ist nahezu vollständig in die grosse Werbestory eingebettet, was dazu führt, dass jeder bewusst oder unbewusst eine eigene Story zu dieser Megastory entwickelt, indem er oder sie sich an den Werbestorys ausrichtet, daran gemessene vermeintliche eigene Defizite erkennt und, darunter leidend, diese durch Konsum zu kompensieren trachtet: Ob Mann oder Frau, ob Hetero oder Homo: uns stehen die allpräsenten Werbemodels im Weg; an ihnen gemessen sehen wir alt oder weniger fähig, auf jeden Fall irgendwie defizitär aus, was Grund für vielfache Unzufriedenheit und für unsinnige Konsumentscheide sein kann.[7] Diese in den reichen Ländern für die reichen Konsumenten produzierte Werbung ist aber nicht nur auf den Heimmärkten präsent, sondern hat globale Ausstrahlung und malt in Gesellschaften, in denen die Mehrheitsbevölkerung sich solchen Konsum niemals leisten kann, das Bild von einem Lebensstil, dem Vorbildfunktion zukommt und der mit zunehmendem Wohlstand nachzuleben versucht wird.

In dieser kulturellen Überformung der Lebenswelt und des überragenden Einflusses auf die Menschen liegt das entscheidende Problem der Werbung. Gemessen daran erscheint – fälschlicherweise – das Gewicht der Nebeneffekte der Werbung als gering: das ökologische Problem. Gedruckte Zeitungen und erst Recht die Gratiszeitungen, die ihre Existenz ja fast ganz der Werbung verdanken, transportieren jeden Tag Unmengen an – meist auf Hochglanz gedrucktem – Papier, das in der Regel von den Zeitungskonsumenten nach einem kurzen Blick bereits entsorgt wird und mithin in völlig überflüssiger Weise gedruckt wurde.

Die ökologischen Kosten sind auch deshalb nicht zu vernachlässigen, weil sie die Kehrseite der kulturellen Kosten von Werbung darstellen. Weil unser Leben mit gigantischem Energieaufwand auf Konsum getrimmt wird, verbrauchen wir in einem auf Konsum ausgerichteten Lebensstil noch mehr Energie.

Die ethische Beurteilung der Werbung fällt deshalb ambivalent aus: Im Einzelnen ist sie, wenn sie sich an ethische Regeln wie das Gebot der Wahrheit[8] und des Manipulationsverbots (→ 11.1.3.) sowie die guten Sitten hält, gerechtfertigt; in der grossen Masse richtet sie jedoch einen gigantischen

Schaden an und lässt sich als Massenphänomen ethisch nicht rechtfertigen. Solange Werbung im Einzelnen als ethisch gerechtfertigt gilt, kann sie im Ganzen jedoch nicht verboten werden. Da der Schaden, den die Werbung als Massenphänomen anrichtet immens ist, sollten jedoch ihre negativen Auswirkungen versucht werden zu verringern. Als Mittel können dienen:

- Verteuerung der Werbung: Die Hochglanzwerbebeilagen in Printmedien, die von den meisten Konsumenten gleich im Altpapier entsorgt werden, werden mit einer Entsorgungsgebühr belegt.
- Gebührenmässige Verteuerung von Gratisblättern: Gratisblätter, deren Anteil an Inhalt marginal gegenüber dem Werbeanteil ist, werden mit einer Gebühr belegt, aus der unter anderem die Entsorgungskosten, sowie die ökologischen Kosten der Hochglanzwerbung finanziert werden.
- Postwurfsendung dürfen nicht mehr von der halböffentlichen Post vertrieben werden.
- Öffentliche und halböffentliche Organisationen – wie die städtischen Verkehrsbetriebe – dürfen keine Werbeflächen mehr vermieten.[9]
- Genehmigungen für Werbung im öffentlichen Raum – an und auf Häusern – müssen restriktiver gehandhabt werden, wobei der öffentliche Raum als Allmende (→ 12.3.) soweit wie möglich werbefrei gehalten werden sollte. In der Stadt stösst die Umsetzung dieser Forderung an das Hindernis, dass privates Eigentum (z.B. Hauswände) als Einfallstor in das Öffentliche dienen.
- Die Natur, also Parks, Wälder und Berge sind für Werbung tabu.[10]
- Zustimmungs- statt Widerspruchsprinzip: Wer nicht ausdrücklich dem Versand der Werbung zugestimmt hat, hat damit implizit seine Ablehnung erklärt, ein expliziter Widerspruch ist nicht nötig.
- Allgemein gilt: Der Wille der Bürger muss rechtlich stärker geschützt werden und die Missachtung durch die Werbeindustrie stärker geahndet werden.

11.1.3. Wie Werbung manipuliert

Dass Werbung als manipulativ angesehen werden kann, liegt bereits – aber nicht nur – an den Grössenverhältnissen von Sender und Empfänger: Der

Werbende verfügt in den meisten Fällen sowohl über eine deutlich grössere Markmacht wie auch über einen grossen Wissensvorsprung gegenüber dem Werbeadressaten. Die Marktmacht des Werbers macht, dass der Einzelne gegenüber dem invasiven Ansturm der Werbung in der schwächeren Position ist. Dies gilt aber auch für den Knowhow-Vorsprung des Werbers. Der Einzelne kann vielfach den Wahrheitsgehalt der Werbung nicht überprüfen, ist hier also darauf angewiesen, dass er nicht belogen wird. Da eindeutige Lügen nicht nur einen ethisch verwerflichen Vertrauensmissbrauch darstellen, sondern auch mittlerweile immer häufiger rechtlich geahndet werden, stellen nicht die offensichtlichen Unwahrheiten, sondern die zwar nicht explizit falschen aber stark interessengeleiteten einseitigen Informationen das eigentliche Problem der Manipulation dar.

Als manipulativ können alle Versuche gelten, den Empfänger der Botschaft unterschwellig in seiner Entscheidung zu beeinflussen, so dass ihm die Gründe für *seine* Entscheidung nicht offensichtlich sind. Um den Begriff der Manipulation nicht zu überdehnen und damit für eine ethische Argumentation unbrauchbar zu machen, darf er jedoch nicht zu weit gefasst werden. Denn eine unterschwellige Beeinflussung unserer Meinungen und Entscheidungen findet permanent und fast unvermeidlicherweise statt, was bereits die alltägliche zwischenmenschliche Kommunikation zeigt: Die mit natürlicher Autorität oder von Amtswegen mit Autorität ausgestattete Person wird eher gehört und ihre Meinung eher geteilt als die als schwächer beurteilte Person; die Meinung der Mehrheit zählt eher als die der Minderheit etc. Solchen Manipulationen sind wir dauernd ausgesetzt und wir müssen sie auch ertragen, weil wir uns mit dem nötigen Mass an Zivilcourage und Mut ihr auch erwehren können (sollten).

Ethisch problematische Manipulation setzt zweierlei voraus: Zwischen Sender und Empfänger besteht ein grosses Machtgefälle, das den Empfänger ausser Kraft setzt, die implizite Botschaft des Senders zu verstehen und sich entsprechend dazu souverän und distanziert verhalten zu können. Solche manipulative Werbung setzt häufig auf Stimmungen, mit denen im Sinne des Senders ein bestimmter Effekt erzielt werden soll. Dabei versucht der Sender Empfindsamkeiten des Empfängers anzusprechen, die häufig auf den Wunsch abzielen, «dazuzugehören». Dieses Ziel versuchen Werber über Geschichten, die sie erzählen, zu erreichen. So zieht beispielsweise die Geschichte von der trauten Familie im Haus auf dem Land auch bei der urbanen Bevölkerung immer gut als Hintergrundstory für fast alles Mögliche: für Butter, für Hundefutter oder für ein SUV.

In einer Gesellschaft, die über die Notwendigkeit ökologischen Bewusstseins aufgeklärt ist, werden Geschichten über umweltbewusste Produkte gerne aufgenommen und Werber versuchen daher bewusst die grüne Seele der Konsumenten anzusprechen. *Greenwashing* lautet die Methode, die das moralisch schlechte Gewissens der Konsumenten mit ihrem ethisch begründeten Bemühen, etwas Gutes für die Umwelt zu tun, verbindet und dabei den trügerischen Eindruck einer Win-Win-Situation vermittelt: Wer unseren allradgetriebenen zugleich stadttauglichen Geländewagen in *Blue* fährt, kommt besser voran, kommt bei den anderen besser an und macht sich zugleich vor, etwas Gutes für die Umwelt zu tun. Ob man es nun blau oder grün nennt, den Konsumenten wird mit dieser neuen Begriffsinnovation das Blaue vom Himmel und das Grüne von der Wiese vorgemacht, das heisst der Produzent will den Konsumenten glauben machen, dass sie jetzt ganz ohne sich einschränken zu müssen, fröhlich drauflosfahren können. An diesem Etikettenschwindel beteiligt sich nicht nur die Industrie, für die das ein gutes Geschäft ist, sondern auch der Staat, der mit seiner ökologisch begründeten Subventionspolitik umweltneutrale bis – negative Effekte – zu Gunsten von weiterem Wirtschaftswachstum setzt.[11]

Selbst für den kritischen Konsumenten, der sich nicht gerne etwas vormachen lässt, ist Greenwashing häufig nicht so leicht zu durchschauen. So arbeiten die klugen Greenwasher häufig mit wenig bekannten und wenig aussagefähigen Labeln, die zwar gut klingen, aber in ihrer Zertifizierungsleistung hinter den bekannten Gütesiegeln zurückbleiben, aber dem Konsumenten eine Vergleichbarkeit vorgaukeln. Auch ist es beliebt, wissenschaftlich erhobene Tests zu präsentieren, die sich jedoch, was der Konsument nur schwer überprüfen kann, lediglich auf Teilaspekte beziehen und damit keine zuverlässige Aussage des Produkts zulassen.[12] Gerade auf dem sich ökologisch gebenden Markt herrscht, weil *green* chic ist, mittlerweile eine Unübersichtlichkeit, die das ökologische Verantwortungsbewusstsein einer wachsenden Käuferschicht (schamlos) ausnutzt und diese vollkommen überfordert.[13]

11.2. *Neuromarketing und Neuroökonomie*

Werbung im Besonderen wie Marketing im Allgemeinen hat immer schon das Ziel verfolgt, Produkte besonders günstig zu platzieren. Weisen der Aufmerksamkeitslenkung und -steuerung hat es immer schon gegeben, auch wenn die Namen neu sind. Was beispielsweise neu *Eye Tracking* heisst, bedeutet nichts Anderes als Sichtbarmachung, was jedem, der sein Produkt am Markt platzieren wollte, immer schon bekannt und zugleich eine grosse Herausforderung war. Neu ist denn auch nicht das Eye Tracking an sich, neu sind die Möglichkeiten diese und andere Aufmerksamkeitseffekte zu prognostizieren und gezielt zu gestalten. Zu diesem Zweck wird heute die Verbindung einer Technik mit einer Wissenschaft, nämlich der Digitalisierung mit der Neurowissenschaft, genutzt. Nur marginale Vorteilsversprechungen («Incentives») genügen bekanntlich, dass Firmen an Daten von Konsumenten gelangen. Diese geben, wenn man diese Erkenntnisse zugleich auf dem Gehirn abbilden kann, Einblick in ihre Entscheidungsstruktur. Dass Gefühle für Wahlentscheide von grosser – wahrscheinlich entscheidender – Bedeutung sind, ist eine schon lange bekannte Tatsache. Mittels der Neurowissenschaft wissen wir aber nun mehr über die Entstehung der Emotionen, was auch bedeuten könnte, dass wir sie gezielt entstehen lassen können. Spätestens dann wird die Neurowissenschaft von einem Erkenntnisinstrument zu einem Machtinstrument mit dem sich beim und durch den Konsumenten Ziele erreichen lassen, die nicht unbedingt in dessen eigenem Interesse sind.

Dieses Ziel verfolgt die neueste Entwicklung im Bereich des Marketings, das *Neuromarketing*. Streng und wörtlich genommen, ist dieser Begriff falsch. Denn, wie der in Düsseldorf lehrende Betriebswirtschaftler *Peter Kenning* (★ 1970), der zu den international beachteten Forschern zu diesem Thema zählt, bemerkt, würde Neuromarketing wörtlich genommen die marktorientierte Führung von Neuronen bedeuten.[14] Wenn hier dennoch dieser etablierte Begriff verwendet wird, dann in dem Sinne, dass es sich bei Neuromarketing um eine Form des Marketings handelt, die sich der Erkenntnisse der Neurowissenschaft bedient (→ 6.2.). Das Neuromarketing ist dabei zu verstehen als Teildisziplin der Neuroökonomie, welche wie folgt definiert werden kann: «Neuroökonomik (oder «Neuroeconomics») versucht, das Entscheidungsverhalten von Konsumenten über die Beobachtung von Hirnaktivitäten zu erklären.»[15] Damit bildet also die Beobachtung, Erforschung und Erklärung von Hirnaktivitäten den Ausgangspunkt von Neuroökonomie und Neuromarketing, wobei die besondere Aufmerksamkeit den Wahrnehmungsprozessen und dem Verhalten gilt.

Die Untersuchungen unserer Hirnaktivitäten haben vor allem folgende Ergebnisse zu Tage gefördert:

- Wir verarbeiten deutlich mehr Wahrnehmungen der Aussenwelt unbewusst, als bewusst.
- Wir können viel weniger Erkenntnisse bewusst und willentlich verarbeiten als wir glauben, dass dies der Fall sei.[16]

Es sind solche Erkenntnisse, die beispielsweise den Neurowissenschaftler *Gerhard Roth* (★ 1942) zu dem Schluss gebracht haben, dass die Freiheit eine Illusion sei.[17] In dem Falle wären wir Menschen total neurowissenschaftlich determiniert und müssten uns als eine Art Neuromaschine verstehen. Es leuchtet ein, dass die mechanistische Konzeption, selbst wenn sie nicht vollständig und nur teilweise stimmt, die Voraussetzung für eine invasive Einflussnahme auf den Menschen eröffnet. Wenn man demnach nicht wie Roth einen totalen neurowissenschaftlichen Determinismus vertritt, sondern nur einen partiellen, dann entgeht man der Kritik, der sich jeder absolute Determinismus aussetzt und kann dennoch eine hohe Erklärungsleistung beanspruchen. Denn dass Menschen neuronal gesteuert sind, dass sie sehr viele unbewusste Wahrnehmungen haben, die Einfluss auf ihr Verhalten nehmen und dass sie – was ja aus dem Begriff des Unbewussten folgt – sich dessen nicht bewusst sind, ist nicht zu bestreiten. Und auf dieser Voraussetzung bauen Neuroökonomie und Neuromarketing auf.

In der Werbung werden so bereits lange mit Erfolg verwendete Methoden erklärbar, wie die visuelle Darstellung positiver Erlebnisse (beispielsweise Abbildungen von Menschen, die mit Genuss ihren Kaffee trinken). Diese Werbung löst bei den Betrachtern durch die animierten *Spiegelneuronen* ein positives Erlebnis aus.[18]

Was am Beispiel der Werbung deutlich wird, gilt natürlich allgemein für das menschliche Verhalten (→ 6.2.): Es ist umso stabiler – und damit auch umso vorhersagbarer – je mehr es strukturiert ist, was beispielsweise der Fall ist, wenn es in einem dem Akteur überschaubaren Rahmen stattfindet. Das sogenannte *Framing* erhöht dann den Erfolg einer Botschaft (beispielsweise durch besseres Merken und späteres Wiedererinnern), wenn die Botschaft mit Details garniert wird, die zusätzliche aber aktuell für den Empfänger bedeutsame Erlebnisse ansprechen. Im negativen Falle könnte das eine Verlusterfahrung («Verlustframing») im positiven Falle eine bereichernde Erfahrung («Gewinnframing») sein.[19]

Wie ein solches Framing im Bereich der Ökonomie Entscheidungen von Menschen beeinflusst und auf ihr Wohlbefinden einwirkt, hat *Daniel Kahneman* (*1934), Alfred-Nobel-Gedächtnispreis

Abb. 45–46: Peter Kenning (* 1970): Framing beeinflusst den Werbeerfolg
Daniel Kahneman (*1934): Wie wir uns sicher verhalten werden

Kapitel 11 *Marketing*

2002, in seinen Arbeiten zur Verhaltensökonomik untersucht, insbesondere der Bedeutung der Intuition im Verhältnis zur Reflexion. Framing-Effekte tragen, wie Kahneman und *Amos Tversky* (1937-1996) in ihren Untersuchungen nachwiesen, massgeblich zu einer Andersbeurteilung einer Situation bei. Konkret führt bereits eine leicht veränderte Erzählweise zu einer vollkommen konträren Beurteilung einer Situation.

Bekannt geworden ist die Befragung einer Gruppe zu ihrer Beurteilung eines Grippeschutzprogramms: Man muss – in diesem fiktiven Szenario – davon ausgehen, dass ohne eine Intervention 600 Menschen an der Grippe sterben. Nun stehen zwei Grippeschutzprogramme zur Verfügung. Über das fiktive Programm A heisst es: «Durch dieses Programm werden 200 Menschen gerettet.»

Über das Programm B ist bekannt: «Dieses Programm hat eine Wahrscheinlichkeit von einem Drittel, dass alle 600 Menschen gerettet werden und eine zwei Drittel Wahrscheinlichkeit, dass niemand gerettet werden kann.» Auf die Frage, welches Programm man unterstützen wolle, votiert eine grosse Mehrheit für das Programm A,[20] obwohl ja auch Programm B von zweihundert Überlebenden ausgeht.

Die emotionsgeleitete unterschiedliche Beurteilung der beiden Programme zeigt die Irrtumsanfälligkeit von Entscheidern, insbesondere ihrer Risikowahrnehmung. Diese aufzuklären kann, so Kahnemans Hoffnung, die Akteure vor gravierenden Fehleinschätzungen bewahren. Zu Fehleinschätzungen führt beispielsweise häufig, dass Verluste stärker negativ als Gewinne positiv bewertet werden oder dass Veränderungen, beispielsweise Kursschwankungen («Volatilität») in der Wahrnehmung eine besondere Aufmerksamkeit erfahren. Ein Nutzen der neuroökonomischen Forschung könnte beispielsweise darin liegen, Menschen über ihre Anlageoptionen bezüglich ihrer Altersvorsorge aufzuklären.[21] In der sich gerade etablierenden *Neurofinance* versucht man die entsprechenden neuronalen Muster erkennbar zu machen aber auch in der Praxis dereinst für das Anlageverhalten nutzbar zu machen.[22]

Man sieht, neuroökonomische Erkenntnisse haben auch ein grosses Manipulationspotential. Dass diese Sorge, wie sie beispielsweise von der amerikanischen Konsumentenschutzorganisation *Commercial Alert* vertreten wird,[23] von namhaften Forschern im Bereich des Neuromarketings als völlig unbegründet zurückgewiesen wird,[24] ist daher schwer nachzuvollziehen.

Die Befürchtungen der sogenannten *Neuroethik*, welche insbesondere das Aushorchen der Bürger – als Konsumenten und politische Akteure – auf der Ebene ihres Gehirns thematisieren, sollte deshalb ernst genommen werden. Aber auch unabhängig von massiver und irreführender Manipulation ist bereits die blosse Aussicht, dass Konsumenten neuroökonomisch lediglich zu noch mehr Konsum angereizt werden könnten, hochbedenklich und dies sowohl mit Blick auf die Zufriedenheit der Menschen, wie der Folgen für die Umwelt (→ 12.) und den Weltwohlstand (→ 13.1.).

11.3. Soziales Marketing?

Marketing verfolgt das Interesse, eine Marke oder ein Produkt am Markt erfolgreich zu platzieren und verfolgt darüberhinaus weitere Interessen des jeweiligen Produzenten und gegebenenfalls der Branche in der er tätig ist. An weiteren, beispielsweise die Gesellschaft betreffenden Zielen, ist das Marketing von seinem Selbstverständnis her uninteressiert. Das müsste jedoch nicht sein, wie die Vertreter des *Social Marketing Concept*, SMC behaupten. Kern dieses Konzepts ist die Vorstellung, dass soziale und ethische Werte (→ Begriff 9) keinen Fremdkörper im Marketing bedeuten, im Gegenteil solche Werte, wie *George G. Brenkert* (* 1942) findet, zwingend zu einem Marketing dazugehören.[25] Brenkerts Beschreibung des Sozialen Marketing lässt sich dahingehend deuten, dass der Verzicht darauf zu mangelnder Nachhaltigkeit des Marketings führt. Dass durch die Aufklärung über naturale und soziale Nachhaltigkeit für viele Konsumenten nachhaltige Produkte und Produktion zu erstrebenswerten Zielen avanciert sind, lässt sich unter anderem in Konsumentenbefragungen zeigen. Daraus kann man zugleich eine Zufriedenheit bzw. Unzufriedenheit der Bürger und Bürgerinnen mit der Wirtschaft ableiten und insgesamt den Wunsch nach einem Marketing, das gegenüber sozialen und ethische Werten nicht blind ist.[26] Kein geringerer als Jerome McCarthy, der Begründer des modernen Marketings, schliesst sich in einem Text, den er kurz vor seinem Tod geschrieben hat, diesem Ziel an, wenn er den Status des Marketings nüchtern resümiert:

- Die Konzentration auf die Wohlfahrt der Industrie hat die Wohlfahrt der Gesellschaft vernachlässigt.
- Die Werbung hat häufig falsche Bedürfnisse angereizt und die Konsumenten manipuliert.
- Die Verkäufer treten oft aggressiv für ihre Interessen ein.
- Werbung und das Labeling der Produkte sind häufig irreführend und falsch.
- Produzenten vernichten öffentliche Ressourcen für privaten Gewinn.[27]
- Da jede Produktion eine naturale Ausbeute kostet, ist jede Bemühung um eine Erhöhung des Konsums ethisch rechtfertigungspflichtig und bei Wegwerfprodukten scheitert eine solche Rechtfertigung vollends.[28]

Betrachtet man das System der Marktwirtschaft als Marke, so müsste man den Vertretern dieser Marke also das soziale Marketing dringend anraten, wenn sie sicher gehen wollen, dass dieses System langfristig Vertrauen geniesst. Dies würde jedoch einen radikalen Wandel bedeuten: Während erklärter Nutzniesser des kommerziellen Marketings die Shareholder des Produzenten sind, ist der Nutzniesser des sozialen Marketings die Gesellschaft. Trotz der unterschiedlichen Ausrichtung von kommerziellem und sozialem Marketing sticht zugleich eine Gemeinsamkeit hervor: Beide Marketingformen versuchen Einfluss auf die Gesellschaft zu nehmen.[29] Damit es beim Wechsel vom kommerziellem zum sozialen Marketing nicht seinerseits Verwischungen wie beim Greenwashing gibt und sich zwar alle besser fühlen aber nichts besser wird, muss man sich klarmachen, was es bedeutet, die Gesellschaft zu begünstigen. Das soziale Marketing spricht die Menschen fordernd an. Statt sie wie das kommerzielle Marketing als Konsumenten zu begreifen, versteht das soziale Marketing die Menschen als Bürger und Bürgerinnen einer Gesellschaft und will sie daher nicht zu – letztlich passivem – Konsumverhalten animieren, sondern zu einem aktiven Handeln in der Gesellschaft.

= *Marketing stellt eine der zentralen unternehmerischen Tätigkeiten dar, die von der Produktion über den Preis und die Platzierung bis zur Werbung reicht. Diese vier Tätigkeiten haben eine eminent ethische Bedeutung, die letztlich über die Akzeptanz der Marktwirtschaft entscheidet. Neue Verfahren wie das Neuromarketing können das Vertrauen sowohl in die Marktwirtschaft wie auch das politische System beschädigen und den Eindruck erwecken, dass der Einzelne übermächtigen Dritten chancenlos ausgeliefert sei.*

Fragen und Aufgaben:
- Erklären Sie, inwiefern die 4 P's von Jerome McCarthy auch eine ethische Dimension haben.
- Welches sowohl ethische als auch volkswirtschaftliche Argument spricht gegen Werbeverbote?
- Mit welchem Argument lassen sich Werbeverbote begründen?

- ☐ Beschreiben Sie den Widerspruch in der ethischen Bewertung zwischen Einzelwerbung und dem Phänomen der Massenwerbung.
- ☐ Geben Sie ein Beispiel für Greenwashing und erklären Sie dessen ethisches Problem.
- ☐ Welche ethisch problematische Dimension wird durch das Neuromarketing erreicht?
- ☐ Beurteilen Sie das soziale Marketing in Pro und Con.

Der Griff nach der Natur

292	12.1.	Die Natur dem Menschen
292	12.1.1.	Naturkonsum und Gerechtigkeit
294	12.1.2.	Rohstofffluch und Verantwortung
297	12.2.	Der Ecocide-Act
299	12.3.	Die Allmende

Kap 12

12. Der Griff nach der Natur

Menschen leben in, mit und durch Natur: Aus Natur ist unsere Nahrung, aus Natur ist unsere Kleidung und unsere Behausung. Das war schon so von Beginn der Menschheit an, weswegen Menschen immer schon Natur gebraucht haben. Seit der Industrialisierung haben sich jedoch die Dimensionen des Naturverbrauchs verändert und er ist zum ethischen Problem geworden.

Gleichsam als philosophischer Vordenker dieser Entwicklung kann der englische Philosoph und Politiker *Francis Bacon* (1561-1626) gelten. Er entwirft als selbst in seinem Heimatland die Industrialisierung noch in den Kinderschuhen steckte, das dazugehörige Programm. Die Natur ist, wie sich Bacon ausdrückt, das grosse «Warenhaus», in dem sich die Menschen bedienen sollten um möglichst viele «Reichtümer» mit nach Hause zu bringen und möglichst «gewinnbringende Erfahrungen» zu machen.[1]

Die moderne Marktwirtschaft kann als Verwalterin und Ausführerin des Baconschen Auftrages gelten, ist doch die finanzielle Nutzbarmachung der Natur ihr Programm. In *allen* Produkten, die zum Kauf angeboten werden, ist Natur eingegangen, ja, nichts, das man für Geld erwerben kann, ist nicht auch Natur. Insofern bestätigt sich, dass die Natur das grosse «Warenhaus» ist. Sich in diesem Warenhaus zu bedienen, führt zu Reichtum, weswegen ein in der Geldökonomie bewährtes Modell, die Börse, auch im Bereich der Natur Anwendung findet und so gibt es Rohstoffbörsen auf denen man Natur in Form von Kohle, Öl oder seltenen Erden, aber auch Wasser, handeln und auch Land erwerben kann. Anders als bei den Aktien-Börsen handeln die Naturbörsen mit endlichen Mengen, weswegen man von einem regelrechten Ausverkauf der Natur sprechen kann. An diesem Ausverkauf beteiligen sich aber nicht nur diejenigen mit großem Geldbeutel, sondern schlicht jeder, der ein Industrieprodukt konsumiert.

Die auch diesbezüglich immer noch häufig gemachte Unterscheidung zwischen produzierender Industrie und dem Dienstleistungssektor ist dabei weitgehend unbegründet: Auch in den meisten Dienstleistungsprodukten steckt Natur, zumeist in Form von Energie, welche für die Erstellung und Kommunikation der Dienstleistung aufgewendet wurde, was sich bereits bei einer einfachen Versicherungsofferte zeigt.

Dass dieser Naturkonsum ein ethisches Problem darstellt, ist offensichtlich und zwar sowohl nach dem anthropozentrischen wie dem physiozentrischen Ansatz (→ 3.).

Kapitel 12

12.1. Die Natur dem Menschen

Eine anthropozentrische Sicht kennt weder Eigenrechte noch einen Eigenwert der Natur. Der Raubbau an und die Zerstörung von Natur kann anthropozentrisch daher nur mit Blick auf den Menschen selbst zum Thema werden, wobei sich eine Gerechtigkeits- und eine Verantwortungsperspektive auftun.

12.1.1. Naturkonsum und Gerechtigkeit

Der von Menschen verursachte Verbrauch von Natur verknappt bis vernichtet diese, was für andere Menschen zur Folge hat, dass sie entweder keine Natur mehr zur Verfügung haben oder nur unter erschwerten Bedingungen, was sich ökonomisch in erhöhten Kosten niederschlägt. Beispiele für Verknappung sind die Abholzung des Regenwaldes, das Abschmelzen der Gletscher, die Verringerung fruchtbarer Böden oder der Verlust reinen Trinkwassers. Als Beispiele für Vernichtung und damit Totalverlust von Natur könnten auf lange Sicht gleichfalls die Regenwälder und die Gletscher gelten, sowie viele Rohstoffe.

Der Totalverlust unwiederbringlicher Natur stellt ein besonderes ethisches Problem dar: Ist diese Natur einmal zerstört, steht sie den Menschen nicht mehr zur Verfügung. Dies ist unter einem egalitären Gerechtigkeitsansatz und ein solcher ist mit Bezug auf Grundgüter das angemessene Verteilungsprinzip (→ Begriff 2) ungerecht. Denn diejenigen, die Natur zerstören, unterlaufen das egalitäre Verteilungsprinzip, weil sie – im Falle der unwiederbringlichen Naturzerstörung – andere Menschen von der Verteilung ausschliessen oder – im Falle des zunehmend schwereren Zugangs zur Natur – anderen Menschen höhere Naturkonsumkosten auferlegen. Die höheren Kosten können direkt – wie im Falle steigender Rohstoffpreise – oder indirekt zu Buche schlagen – wie im Falle von erlebten Verlusterfahrungen, wenn beispielsweise die Chancen zu Naturerfahrungen gemindert oder erschwert werden.

Gegen die egalitäre Verteilung von Natur liesse sich nun einwenden, dass Natur nie einfach so konsumiert werden könne, sondern auch immer Arbeit voraussetze und damit einen erworbenen Anspruch manifestiere. Aus der in den Abbau der Natur investierten Arbeit, – das Bohren und Schürfen von Rohstoffen, das Fällen der Wälder – lässt sich jedoch noch kein privilegierter Anspruch auf Natur ableiten. Es gibt keinen privilegierten Anspruch auf Natur: Die Natur als Schicksal, die den Menschen geschickt oder geschenkt ist, verbietet eine andere als die egalitäre Verteilung. Dies gilt entsprechend auch generationenübergreifend, weil die Phase, in der man lebt, kein Kriterium für die Verteilung sein kann und verteilungstechnisch alle gleichgestellt sein müssen.[2]

Abb. 47: Gro Harlem Brundtland (* 1939): Dauerhafte Entwicklung ermöglichen

Wenn die egalitäre Verteilung als Minimalbedingung einer gerechten Verteilung gilt, bedeutet dies auch aus anthropozentrischer Sicht jedoch nicht, dass der Naturkonsum gerechtfertigt sei, es bedeutet nur, welche minimale Bedingung an den Konsum – eben die egalitäre Verteilung – zu stellen ist.

Da Natur die Voraussetzung von Leben bzw. Bedingung für ein gutes Leben ist, ist der Verbrauch nichtregenerierbarer Natur so stark zu drosseln, dass die Bedingung egalitärer Verteilung erhalten bleibt. Diese Forderung erhebt auch der nach der norwegischen Ministerpräsidentin *Gro Harlem Brundtland* (* 1939) benannte «Brundtland-Report», der 1987 erscheinen, das erste massgebliche Dokument der Vereinten Nationen zur Frage der Natur darstellt. Konkret heisst es dort: »Dauerhafte Entwicklung ist Entwicklung, die die Bedürfnisse der Gegenwart befriedigt, ohne zu riskieren, dass künftige Generationen ihre eigenen Bedürfnisse nicht befriedigen können.»[3]

Es sind also simple und nicht verhandelbare Gerechtigkeitsvorstellungen, die den Umgang mit der Natur aus der Sphäre des Privaten in die des Öffentlichen verlagern: Auch hier, wie allgemein bei ökonomischem Handeln, zeigt sich, dass es selten rein privates Handeln gibt und fast alles eine öffentliche Dimension hat. Man kann daher mit den Worten des Osnabrücker Umweltwissenschaftlers *Mohssen Massarrat* (* 1942) von dem «Grundbedürfnis der überwältigenden Mehrheit der Menschen nach gerechter Verteilung der produzierten Güter und Dienstleistungen» sprechen und zugleich die Notwendigkeit anerkennen, «die Erde als Erbe der Menschheit den nächsten Generationen mindestens genauso zu überlassen, wie die gegenwärtige Generation sie vorgefunden hat.»[4] Neben dem einfachen, aber nichtsdestotrotz überzeugenden egalitären Gerechtigkeitsprinzip scheint in dem Begriff des «Erbes» die Vorstellung von der Erde als etwas Unverfügbarem auf, was mithin eine zusätzliche normative Dimension eröffnet, nach der es mit egalitärer Verteilung alleine nicht getan ist (→ 12.2.; 12.3.).

Aber bereits die Umsetzung auf der Ebene der Verteilungsgerechtigkeit gestaltet sich anspruchsvoll: So ist zwar der Gedanke, dass die nächsten Generationen berücksichtigt werden müssen, leicht nachvollziehbar, schwierig gestaltet sich hingegen die Frage, wie der Anspruch der Zukünftigen in einem aktuellen Markt gewürdigt werden kann. Denn der Markt ist, wie *Harold Hotelling* (1895-1973) ihn beschrieben hat, schlecht für eine Vorsorge gerüstet, belohnt er doch die Kommerzialisierung in der Gegenwart und bestraft vorsorgende auf die Zukunft gerichtete Sparbemühungen. Das liegt daran, dass unter dem Aspekt der Gewinnmitnahme der Ressourcenabbau in der Gegenwart sinnvoll ist, nicht obwohl, sondern weil die Ressourcen zu billig sind.[5] Zu billig sind sie, weil die «Zukunft (…) zu gering bewertet wird», was zur Folge hat, «dass die Ressource (weder) gesellschaftlich optimal oder nachhaltig genutzt» wird.[6] Diesem Effekt liesse sich etwa mittels einer entsprechenden Wirtschaftspolitik entgegenwirken, welche die genutzten Ressourcen besteuert und damit ihren verlangsamten Abbau bewirkt. Eine solche Steuer setzt nicht nur die entsprechende Einsicht und Bereitschaft der Politik, sondern mehr noch der Bürger voraus, die Ressourcenschonung als eine moralische Pflicht zur Gestaltung einer guten Gesellschaft (→ 4.2.1.) zu begreifen.

12.1.2. *Rohstofffluch und Verantwortung*

Weil unser Handeln auch immer andere betrifft, müssen wir es unter der Perspektive der Verantwortung beurteilen (→ Begriff 8). Noch stärker als die Gerechtigkeitsperspektive hilft die Verantwortungsperspektive die Dimension der Zeit in unser Handeln miteinzubeziehen: Egal, welche Baustelle der Naturdebatte man sich vornimmt – den Klimawandel, die Abholzung der tropischen Regenwälder, die Überfischung der Meere, die Verschmutzung des Trinkwassers –, überall sehen wir Auswirkungen auf der mittleren und weiten Zeitachse. Solche Handlungen sind nicht zu verantworten, werden doch hier Nutzen und Schaden bzw. Risiko ungleich aufgeteilt: Die aktuelle Generation profitiert vom Naturverbrauch zum Nachteil der nächsten Generationen.

Die ungleichen Wirkungen des Naturverbrauchs zeigen sich jedoch nicht nur inter-, sondern auch innergenerationell: Die meiste Natur wird in Low-Income-Ländern abgebaut und von Konsumenten in High-Income-Ländern konsumiert. Das Erdöl treibt die Autos an, die seltenen Erden werden für unsere Kommunikationsgeräte verarbeitet und Lithium, Kobalt und Kupfer werden immer begehrtere Stoff für unsere wachsende Flotte von E-Autos. Diese und weitere Rohstoffe werden in den ökonomisch armen Ländern unter häufig menschenverachtenden Bedingungen gewonnen, wobei die Natur über den Rohstoffabbau hinaus beschädigt wird. Die Rohstoffe liefernden Länder verlieren daher neben den Rohstoffen in der Regel auch eine bis dahin intakte Natur und, da der Grossteil der Wertschöpfung erst in den High-Income-Ländern anfällt, lohnt sich das Ganze auch finanziell nicht. Der Negativsaldo setzt sich wie folgt zusammen:

- gefährliche Arbeitsplätze in Gruben und anderen Abbaugebieten,
- Förderung ausbeuterischer Arbeitsverhältnisse,
- Zerstörung und Verunreinigung von Natur,
- industrielle Monokultur mit der Folge einer verschleppten wirtschaftlichen Diversifikation, als «Holländische Krankheit» bezeichnet,[7]
- industrielle Monokultur mit den Folgen eines staatlichen Souveränitätsverlustes,
- überdurchschnittlich hohe Ausgaben für Investitionen in die militärische Rüstung und damit verbundenen Mittelkürzungen im Bereich der sozialen Infrastruktur.[8]

Diese Faktoren führen dazu, dass sich Rohstoffreichtum zunehmend als Fluch erweist («Ressourcenfluch», «Rohstofffluch», «Rohstofffalle», «Resource Curse»)[9] und ein erhebliches Armutsrisiko bedeutet, das häufig noch durch die Schwäche der staatlichen Institutionen (→ 4.2.4.) beschleunigt wird. Wichtig ist daher die Verteilung der «Ressourcenrente»: Die Einnahmen müssen armutsorientiert eingesetzt werden, die vom Ressourcenabbau besonders negativ belastete Bevölkerung muss eine Entschädigung erhalten und für die Folgegenerationen, in denen die Ressource erschöpft sein wird, muss Vorsorge geleistet werden.[10]

Der in Yale lehrende politische Philosoph *Thomas Pogge* (★ 1953) will dem Rohstofffluch auf zwei Wegen begegnen. Grundlegend ist dabei die Tatsache, dass die Erde insgesamt und ein Grossteil der Natur endlich sind, was bedeutet, dass das, was heute verbraucht ist, in Gegenwart und Zukunft fehlt. Diese simple Tatsache bekommt vor dem Hintergrund der aktuellen ökonomischen Ungleichheit auf der Welt eine zusätzliche Bedeutung, wobei festzuhalten ist, dass nicht jede Ungleichheit ein ethisches Problem darstellt, wohl aber die *radikale Ungleichheit*. Unter radikaler Ungleichheit ist dabei ein Zustand zu verstehen, in denen Menschen die minimalen Bedingungen einer menschenangemessenen Lebensführung nicht zur Verfügung stehen (→ 4.2.4.; 12.1.). Solche Zustände auferlegen denjenigen, denen es deutlich bessergeht, die Verantwortung (→ Begriff 8), die Misere der anderen sowohl nicht weiter zu vergrössern als auch einen aktiven Beitrag zu ihrer Verringerung zu leisten. Der Rohstoffkonsum liefert dazu eine Möglichkeit. Diese Möglichkeit zu realisieren ist umso eher gegeben aber auch umso eher ge-

Kapitel 12

boten, als Arm und Reich unter den Bedingungen des einen und selben globalen Rechtssystems leben, welches «vermeidbare Armut erzeugt». Es sind demnach «ungerechte Institutionen», welche es Menschen verunmöglichen, ein menschenwürdiges Leben zu führen und es sind zugleich eben diese Institutionen, welche die Reichen dieser Welt – worunter nicht alleine die Superreichen, sondern die überwiegende Mehrheit der Menschen in den wohlhabenden Ländern zu verstehen sind – reich gemacht haben.[11]

Heute stellt sich die Situation dementsprechend wie folgt dar: Obwohl alle Menschen einen egalitären Anspruch auf die Schätze der Erde haben, können dennoch nur die wenigsten diesen befriedigen und ausgerechnet die Menschen, die in Gebieten mit Rohstoffen leben, können sich diese meistens am allerwenigsten leisten. Dieser Umstand trifft die Verantwortung der Reichen, also der mindestens durchschnittlich Reichen der reichen Länder, in besonderem Masse, da sie von einem Rechtssystem profitieren, welches zum einen den Geldbesitz gegenüber dem Warenbesitz bevorteilt – *Georg Simmel* (1858-1918) bezeichnete dieses Phänomen als «Übergewicht des Geldes»[12] – und zum anderen den Handel mit korrupten und diktatorischen Regierungen begünstigt. Letzteres kommt dadurch zustande, dass internationale Rohstoffverträge, im Unterschied zu nationalen Verträgen, auch dann Gültigkeit haben, wenn sie mit illegitimen Besitzern abgeschlossen werden. Als illegitime Besitzer bezeichnet Pogge mit Recht Diktatoren, Machthaber also, die von ihrem Volk nicht legitimiert wurden. Obwohl die Rohstoffverträge illegitim sind, haben die reichen Länder ein ökonomisches Interesse daran, den Handel mit Diktaturen anzuerkennen, da sie so für sich günstige Konditionen aushandeln können. Die Anerkennung von Verträgen mit nichtlegitimen Regierungen übt darüber hinaus eine Sogwirkung auf Korruption aus und fördert sogar die Putschbereitschaft der Armee. Und deshalb werden sogar einigermassen demokratische Regierungen rohstoffreicher Länder eine korrupte Armee dulden (müssen), weil sie genau wissen, dass sie bei einer korruptionskritischen Haltung einen Armeeputsch provozieren

Abb. 48: Thomas Pogge (* 1953)
Rohstofffluch ist eine Frage der Institutionen

würden, haben doch potentielle Putschisten die Gewissheit, dass die geschlossenen Rohstoffverträge weiter in Gültigkeit sein werden und auch eine Putschisten-Regierung auf dem internationalen Markt als anerkannter Vertragspartner auftreten kann.[13] Diesem Aspekt des Rohstofffluchs will Pogge durch eine Revision des Völkerrechts begegnen, die nur noch Rohstoffverträge, welche mit demokratisch legitimierten Regierungen zustande gekommen sind, anerkennt.

Neben der Abschaffung der Rechtsgültigkeit von Verträgen mit Diktatoren, die nach Pogge ein ethisches Muss darstellt, da man sich sonst am kriminellen Tun der Diktatoren mitschuldig macht, schlägt Pogge ein Verfahren zur gerechteren Vergütung der Rohstoffe vor, das er «Globale Rohstoffdividende», GDR nennt. Unter der Rohstoffdividende versteht Pogge einen Aufschlag auf die bisherigen Rohstoffpreise, wobei er für das Erdöl eine Dividende von 12 Prozent vorschlägt. Diese von den Förderunternehmen zu entrichtende – und an die Konsumenten weitergegebene – Dividende muss den Menschen der rohstoffbesitzenden Ländern zu Gute kommen.[14] Pogge sieht in der GDR eine Chance zur Armutsbekämpfung, die in vielen Ländern auch die Entwicklungshilfe ersetzen könnte, die in vielerlei Hinsicht negativ gesehen werden kann, so wird sie von der damit bedachten Bevölkerung häufig als entwürdigendes Almosen gesehen[15] und ist häufig wenig effizient und zerstört oftmals die einheimischen Märkte.

12.2. Der Ecocide-Act

Betrachtet man die Natur als Wert an sich (→ Begriff 9), dann stellt ihre sinnlose Zerstörung einen Verstoss gegen den Physiozentrismus dar; bei der Ausbeutung oder Tötung von Tieren handelt es sich zusätzlich um einen Verstoss gegen den Pathozentrismus (→ 3.).

Wenn Physiozentristen die Position vertreten, dass die Natur einen Wert habe, so verlangen sie damit nicht zwangsläufig einen absoluten Schutz der Natur. Physiozentristen können sich durchaus eine Hierarchie der Werte vorstellen, allerdings stellen sie diese nicht leichtfertig auf und halten das Bewusstsein wach, dass es eine dramatische Situation ist, wenn man den einen Wert einem anderen vorzieht. Nur gewichtige Gründe können also die Nachordnung eines Wertes zu Gunsten eines anderen rechtfertigen. Strenge Physiozentristen werden als einen solchen Grund lediglich die Sicherung des Lebens eines anderen Wertträgers zulassen. Konkret: Weil Menschen die nichtmenschliche Natur für ihr eigenes Leben und Überleben brauchen, ist ihr Konsum gerechtfertigt und zwar in eben dem Masse, in dem sie für das Leben und Überleben der Menschen notwendig ist. Ein darüber hinaus gehender Naturkonsum ist demnach nicht zu rechtfertigen. Man sieht leicht, dass sich von dieser Position aus ein nur sehr bescheidener ökonomischer Standard rechtfertigen lässt, da die Lebensfristung sehr bald einmal gesichert ist und es dazu nicht des ökologischen Fussabdrucks von 3 Erden wie ihn die hochindustrialisieren Länder auf die Waage bringen, bedarf.

Aber selbst wenn man nur einen gemässigten Physiozentrismus vertritt und der Meinung ist, menschliche Interessen dürften in gewissem Masse die Interessen anderer trumpfen, bleibt die schwer zu beantwortende Frage, wie viele der menschlichen Interessen denn zum Nachteile der Natur befriedigt werden. Geht man diese Frage grosszügig an, so landet man doch wieder in der Situation, die wir derzeit haben, nur schlimmer noch, der Verbrauch der Natur wäre dann auch noch gerechtfertigt.

Wenn die Vertreter des Physiozentrismus also wirklich eine Gegenposition zum Anthropozentrismus errichten wollen, geht das nur so, dass der Natur ein eigenes Recht nicht nur zugesprochen, sondern auch rechtlich verankert wird. Dieses Anliegen hat die britische Journalistin *Polly Higgins* (* 1968) erfolgreich auf die internationale Agenda gebracht, wo nun wieder der bereits 1973 von *Arthur W. Galston* (1920-2008) geprägte Begriff des *Ecocide* diskutiert wird. Der in *Yale* Botanik lehrende Galston hatte die Wirkung des von den amerikanischen Streitkräften in Vietnam eingesetzten Pflanzenvernichtungsmittels «Agent Orange» untersucht und bezeichnete die in Vietnam festzustellende Naturvernichtung in Anlehnung an den Begriff des Genozides als *Ecocide*. Higgins fordert nun, dass der Ecodide nach dem Vorbild der Ächtung des Genozides gleichsam geächtet werde. Demnach solle die Verwüstung der Erde wie der Völkermord als schwerstes Verbrechen angesehen und geahndet werden.

Diese Forderung hat auf der Ebene der Vereinten Nationen bislang keine und auf nationalstaatlicher Ebene nur eine bescheidene Resonanz gefunden; immerhin ist es ein halbes Dutzend Staaten, welche einen Ecocide-Paragraphen kennen. Neben Vietnam sind es ausschliesslich Nachfolgestaaten der Sowjetunion, die die Naturzerstörung als schweres Verbrechen deklarieren. Wer sich daher der «extensiven» Zerstörung der Natur, wie es übereinstimmend in Georgien, der Ukraine und Weissrussland, heisst, schuldig macht, wird wie beim Verbrechen des Genozides mit der Höchststrafe belegt.[16] Strafbar ist demnach eine absichtsvolle Zerstörung von Natur wie etwa durch die Einleitung von Gift in Böden oder Wasser.

Wie sind nun aber exzessive Naturzerstörungen, welche nicht das Ziel (d.h. der Zweck) wohl aber die Folge von Entscheidungen sind, zu beurteilen? Fallen auch sie unter das schwere Urteil der absichtsvollen exzessiven Zerstörung der Natur im Sinne eines Ecocides? Man sieht, dass mit dieser Frage die Legitimität industriewirtschaftlichen Handelns auf dem Spiel steht.

Nimmt man den Ecocide-Act ernst, so folgt daraus, dass die Zerstörung der Natur so gering wie möglich ausfallen darf, was bedeutet, dass die industriewirtschaftliche Produktion so naturschonend wie möglich sein sollte. Damit wird die Industriegesellschaft nicht nur aus Gründen der sozialen, sondern auch aus Gründe der naturalen Gerechtigkeit auf einen Sparkurs verpflichtet (→ 12.1.1.; 13.). Dass die Frage nach der Höhe des Sparpotentials Gegenstand schwer zu lösender Debatten sein wird, versteht sich ebenso wie die Feststellung, dass der Grad an Naturkonsum, welchen sich die reichen Industriestaaten derzeit leisten, unter keiner der beiden Gerechtigkeitsperspektiven zu rechtfertigen ist.

12.3. Die Allmende

Die Anhänger eines Ecocide-Acts gehen davon aus, dass die Natur einen Wert an sich hat. Die Frage nach dem Eigenwert der Natur lässt sich jedoch auch ausklammern und dennoch ein ganz neues Naturverhältnis konstituieren. Zu einem solchen Ergebnis kam *Elinor Ostrom* (1933-2012), Trägerin des Alfred-Nobel-Gedächtnispreises von 2009, als sie der Frage nachging, wie «gemeinsam genutzte Naturressourcen am besten zu regulieren seien».[17] Für solche Gemeingüter wird im deutschen Sprachraum der Begriff der «Allmende» verwendet, womit man an die aus dem Hochmittelalter stammende Bezeichnung für die Praxis gemeinsam genutzter Weiden, die «*Almeinde*» anknüpft. Analog dazu lautet die angelsächsische Übersetzung für Allmende *Commons*. Während also das Phänomen klar ist, ist seine Beurteilung umstritten und wird bis heute kontrovers diskutiert. Der Biologe *Garrett Hardin* (1915-2003) brachte die Herausforderung von Gemeingütern in seinem einflussreichen Science-Aufsatz 1968 auf den Punkt als er von der «Tragik der Allmende» sprach.[18] Hardins Sorge galt klassischen Allmenden wie Weiden oder Meeren, die durch Überweidung bzw. Überfischung zu Grunde zu gehen drohen und Allmenden im übertragenen Sinne wie den Nationalparks, welche eine allgemeine Ressource für Naturerlebnis und Naturerfahrung darstellen und unter der Masse der Touristen aufgebraucht zu werden drohen. Wenn bereits bei diesen Allmenden die Gefahr ihrer Zerstörung besteht, um wieviel mehr, so fragte Hardin, gelte dies für Wasser und Luft, sind dies doch Gemeingüter, die anders als eine Weide oder ein Nationalpark nicht eingezäunt werden können.[19]

Aus heutiger Sicht liegt das Verdienst von Hardins Weckruf vor allem darin, eine intensive Beschäftigung mit den Allmenden befördert zu haben, wobei ihr gesellschaftlicher Wert neue Anerkennung gefunden und sich zugleich die Erkenntnis verbreitet hat, dass ein Scheitern der Allmende, wie sie Hardin beschrieben hat, nicht zwangsläufig ist. Wie nicht zuletzt die Arbeiten von Ostrom belegen, ist Hardins Pessimismus, welcher eine Zerstörung der Allmende für unvermeidlich hält, Folge von Fehlinterpretationen: Ganz im Wissenschaftsstil seiner Zeit interpretiert Hardin nämlich das Verhalten der potentiellen Allmende-Nutzer nach dem spieltheoretischen Modell des *Gefangenendilemmas*. Dieses führt zu dem Paradox, dass individuell rationale Strategien zu kollektiv irrationalen Ergebnissen führen und dies wiederum ist allgemein so interpretiert worden, dass Menschen nicht zur Kooperation in der Lage sind und im Bestreben ihren eigenen Nutzen zu maximieren nicht nur den Gesamtnutzen, sondern auch ihren eigenen Nutzen minimieren.

Das Gefangenendilemma[20]

		Gefangener 2	
		gesteht nicht	gesteht
Gefangener 1	gesteht	1 Jahr für jeden	10 Jahre für Gefangenen 1 3 Monate für Gefangenen 2
	gesteht nicht	3 Monate für Gefangenen 1 10 Jahre für Gefangenen 2	8 Jahre für jeden

eigene Abbildung nach Elinor Ostrom 1990, S. 4.

Dieses sehr einflussreiche spieltheoretische Modell verführt zu einem falschen Verständnis der Wirklichkeit: Anders als in der hier beschriebenen Modellsituation sind Menschen im realen Leben selten in der isolierten Lage von Gefangenen und leben ihr Leben mehrheitlich in mit anderen Menschen geteilten Räumen. Die Präsenz der anderen Menschen ist die Grundlage dafür, dass Menschen viel eher zu Kooperation als zu Nicht-Kooperation neigen. Das Gefangenendilemma und der daraus fataler Weise gezogene Schluss, dass Menschen nicht kooperieren, kann man insofern als – mittlerweile überholtes – zeittypisches Monument betrachten, das von einer Rationalität (die der Entscheidung der jeweils einzelnen Gefangenen zugrunde liegen soll) ausgeht, ohne zu erkennen, dass dies nur eine halbierte Rationalität ($\rightarrow$ 4.1.4.), und damit letztlich eine Scheinrationalität ist. So wie nur mani-

Abb. 49: Elinor Ostrom (1933-2012): Allmenden haben Zukunft

sche Egoisten, die zu Autismus neigen, ihre Interessen aus der Situation der totalen Isolation heraus zu verwirklichen versuchen, so sollte man das entsprechende Räsonieren nicht mit Rationalität verwechseln.

In diesem Sinne sollte auch das Verhalten in und zu Allmenden nicht nach den Vorgaben einer solchen Mechanik beurteilt werden. Denn was den Gefangenen in ihrer Isolationshaft vorgeblich fehlt und was schon selbst in dem Modell nicht ganz nachvollziehbar ist, das kommt im konkreten Leben als wichtige Ressource des geteilten Lebens vor: Vertrauen (→ 4.1.2.; 9.2.1.). Das Gefangenendilemma taugt also bestenfalls für die Situation, die es schildert, in der also Menschen in der isolierten Vereinzelung leben. Das konkrete Leben von Allmende-Bürgern, beispielsweise der Bauern des Walliser Dorfes *Törbel*, welches Ostrom aus alten Dokumenten rekonstruiert hat, sah jedenfalls anders aus. Zum einen kann man an der Geschichte Törbels wie auch vieler anderer Schweizer Bergdörfer sehen, dass es über mindestens ein halbes Jahrtausend ein Nebeneinander von zwei Eigentumstypen (→ Begriff 10) gegeben hat, dem Privateigentum und dem Gemeineigentum. Die Unterscheidung beider Eigentumsformen scheint vor allem pragmatischen Kriterien gefolgt zu sein: Während es sinnvoll ist, dass Ställe und Wohnhäuser in Privatbesitz sind, gilt für den Boden das Gegenteil: Gemeineigentum ist Garant dafür, dass alle, das heisst jeder einzelne und damit zugleich alle, eine optimale Versorgung erfahren. Dass dieses Kalkül nur aufgeht, wenn sich auch alle an die dafür vorgesehenen Regeln halten, versteht sich von selbst; dies sieht ja auch beim Privateigentum nicht anders aus, auch dies kann man nur geniessen, wenn sich alle regelkonform verhalten und beispielsweise die Verbote von Diebstahl und Vandalismus beachten.

Und so konnte die Allmende in Törbel nur deshalb über Jahrhunderte stabil bleiben, weil die Allmende-Gemeinde ein kluges Reglement entwickelt hat. Dessen zentrales Element war die «Winter-Regel», welche besagte, dass niemand mehr Kühe auf die gemeinsame Alm schicken durfte, als er im Winter ernähren konnte, zugleich sieht das Allmende-Statut gemeinsame Arbeiten der Allmende-Nutzer zur Pflege und Verbesserung der Allmende, also beispielsweise zur Düngung und Instandhaltung der Wege vor.[21]

Formen solchen Gemeineigentums finden sich auf der ganzen Welt, so gibt es noch heute Bewässerungsallmenden in Spanien, Fischereiallmenden auf Sri Lanka und Landwirtschaftsallmenden in Japan. Gemeinsam ist all diesen Formen von Gemeineigentum die kollektive Wertschätzung eines Gutes, das alle brauchen und das gerade deshalb auch bewahrt wird. Dabei zeigt sich, dass Gemeineigentum ein anspruchsvolles kulturelles Projekt ist, denn «Gemeingüter *sind* nicht, sie werden gemacht.»[22] Menschen müssen sich über den Gebrauch von Allmenden verständigen, damit sie funktionieren und Menschen verfügen in der Regel über ein reiches kulturelles Repertoire an solchen Verständigungsprogrammen, woraus man zum einen lernen kann, dass die Regeln der Gemeingutpflege nicht extern verordnet werden sollten, wie dies beispielsweise lange Zeit durch Funktionäre der Entwicklungshilfe geschehen ist und es bedeutet zudem, dass Ökonomie nicht als Technik zum Management von Gütern begriffen werden darf, sondern nur Erfolg hat, wenn sie als *Kulturtechnik* verstanden wird.

Die vielen Feldstudien, die Ostrom über Jahrzehnte betrieben hat oder die vielen historischen Analysen der Allmende-Pflege, zeigen die Bedeutung der lokalen und regionalen Selbstorganisation. Für Formen der Selbstorganisation sprechen der Reichtum an Erfahrung und Wissen, der über viele Generationen gewachsen und dabei stetig erweitert wurde und die internen Anreize, welche die direkt Betroffenen an einer optimalen Allmende haben. Externe Experten und Manager können daher schnell einen irreparablen Schaden anrichten. Diese Erkenntnis kann man, den politischen Willen vorausgesetzt, leicht umsetzen und damit Erfolge erzielen.

Wie aber sieht es bei Allmenden aus, die nur global gedacht werden können, also beispielsweise der reinen Luft, der Atmosphäre oder dem Wasser. Weder die Menschheit noch einzelne Gesellschaften verfügen über Erfahrungen der Pflege solcher Allmenden und der Aufbau einer lokalen oder regionalen Selbstorganisation von globalen Allmenden scheint hier wenig sinnvoll. Diese Einsicht könnte nun schnell zu einer Neuauflage der alten Position von der Tragödie der Allmenden führen, diesmal jedoch unter umgekehrten Vorzeichen, nämlich dergestalt, dass man Ostroms Plädoyer für die lokale Selbstorganisation in Bezug auf die globalen Allmenden als Beleg für die Aussichtslosigkeit ihres Schutzes nimmt. Die tragische Frage würde dann lauten: «Ist die Menschheit dazu verdammt, dass sie die Menschheitsallmenden zerstört?» Wenngleich es keinen Grund für den Optimismus gibt, dass die Menschheit ihre Allmenden wird bewahren können, so ist die pessimistische Position, die zwangsläufig von ihrer Vernichtung ausgeht, dennoch unbegründet. Denn dieses Negativszenario würde den Fehler Hardins wiederholen und – diesmal auf der Ebene der Menschheit – von einer Gefangenendilemma-Situation ausgehen. Dieses radikal-individualistische Modell vermag aber nicht nur lokale Allmende-Gemeinschaften nicht angemessen zu beschreiben, sondern auch die Weltgemeinschaft. Denn beide, die kleine wie die ganz grosse Gemeinschaft, sind mehr als die Summe von Individuen und im wahrsten Sinne durch gemeinsame Vorstellungen getragen. Dazu zählt im Kleinen wie im ganz Grossen das Wissen um die eigene Identität und damit das Bewusstsein um Herkunft und Zukunft. Dieser Zusammenhang wird im Wort *Erbe* ausgedrückt. In diesem Sinne können

Menschen die globalen Allmenden als Erbschaft der Menschheit begreifen, was bedeutet, dass sie sich der Herkunft der ihr physisches und kulturelles Leben ermöglichenden Natur ebenso bewusst sind wie der sich daraus ergebenden Verantwortung gegenüber der zukünftigen Menschheit (→ Begriff 8). In diesem Sinne definiert *Peter Barnes* (* 1942) Allmende als «die Summe dessen, das wir gemeinsam geerbt haben und das uns verpflichtet, es unseren Erben unvermindert weiterzugeben.»[23] Wenngleich dieses Bewusstsein nicht permanent vorhanden ist, so lässt sich aber dennoch beobachten, dass es der Menschheit immer wieder aufdämmert und sich beispielsweise in Debatten um den Status von Arktis und Antarktis oder in der Sorge um die Zukunft des Wassers zeigt. Diese Debatten machen auch auf eine Besonderheit von Gemeingütern aufmerksam, die sie zugleich fundamental von Privateigentum unterscheiden: Während nämlich das Privateigentum ausschliesst (exklusiv), wie es die Türe, die ich hinter meinen vier Wänden zuziehe, verdeutlicht, wirkt Gemeineigentum tendenziell einschliessend (inklusiv).[24]

Für immaterielle Gemeingüter gilt darüber hinaus, dass sie sich, wenn sie geteilt werden, vermehren. Beispiele dafür sind die Kultur, die Sprache, Feste und allgemein Beziehungen, aber auch das Internet und Open Source-Angebote. Für das endliche Gut Natur gilt dies nicht: Je mehr Menschen Natur konsumieren, umso weniger davon bleibt übrig. Der Satz, «Privateigentum wirkt ausschliessend, Gemeineigentum einschliessend» gilt jedoch trotz ihrer Endlichkeit auch für Natur. Insofern Natur die Basis von Leben ist, integriert sie Menschen in das gemeinsame Projekt des Lebens.

Der Schutz der Natur ist daher auch eine Frage der Gerechtigkeit. Im Falle *der* Natur ist Gerechtigkeit jedoch nicht im Sinne gerechter Verteilung zu verstehen, sondern in einem tieferen, gleichsam metaphysischen Sinne: Wenn man die Natur als unser Schicksal betrachtet, da sie die Bedingung dafür ist, dass wir überhaupt sind, dann wäre es nicht rechtens, wenn Menschen sie nicht miteinander teilen würden. Daher kann man die Vorstellung des Gemein*eigentums* aufgeben und die Natur als *Gemeingut* verstehen. Dieser Wechsel böte dann auch die Chance, ein neues institutionelles Verständnis von Natur zu etablieren, bei dem weniger der Aspekt der Verteilung als der der *Treuhänderschaft* leitend wäre. Die Institution des Treuhänders hat den Vorteil, dass in ihr Gerechtigkeits- und Verantwortungsaspekte zusammengeführt werden, wie die konkrete Erfahrung mit dieser Institution zeigt. Auch auf politischer Ebene ist dieses Modell nicht unbekannt.[25]

Die globalen Allmenden Luft und Wasser unter dem Aspekt der Treuhänderschaft zu denken, bietet nun die Chance, diese für das Leben aller Lebensformen unverzichtbaren Güter primär unter dem Bewahrungsaspekt anzuerkennen und nicht unter dem Vermarktungsaspekt.

Video:
- «Paradise War. Die Bruno Manser Story» (2019) von Niklaus Hilber erzählt die Geschichte des Basler Bruno Manser (*1954, vermisst seit 2000, verschollen erklärt 2005) der gegen die Abholzung des Regenwaldes in Borneo und die Zerstörung des Lebensraumes der dort beheimateten Penan kämpfte und möglicherweise im Auftrag der Holzkonzerne ermordet worden ist.
- «Tomorrow. Demain» (2016) von Cyril Dion und Mélanie Laurent berichtet weltweit von Initiativen, die mit meist ausgesprochen einfachen Konzepten einen konkreten Beitrag zur naturalen Nachhaltigkeit leisten und dabei auch die soziale Nachhaltigkeit nicht vergessen. Diese konkreten Projekte faszinieren auch durch die Lebensfreude mit denen die jeweiligen Gemeinschaften sich ihrer selbstgestellten Aufgabe widmen.
- «Footprint. Große Ansprüche an einen kleinen Planeten» (2007) von Mathis Wackernagel beschreibt das Gewicht des ökologischen Fussabdrucks der Menschen in den ökonomisch reichen Staaten unter besonderer Berücksichtigung ihrer Ernährungsweise.

= *Dass wir wirtschaftend Natur verbrauchen, ist unvermeidlich. Diese Tatsache sollte uns jedoch nicht dazu verleiten, Naturverbrauch als gleichsam naturgegeben hinzunehmen. Denn es trifft zwar zu, dass wir immer Natur verbrauchen, sobald wir ein Produkt herstellen, jedoch gibt es gigantische Unterschiede im Mass des Naturverbrauchs. Wenn wir Natur als die Voraussetzung von allem Lebendigen ansehen, dann ergibt sich der normative Anspruch, die Lebensvoraussetzungen von Leben nicht durch masslosen Naturverbrauch zu schmälern. Zwar lässt sich trefflich darüber streiten, welcher Verbrauch noch massvoll ist, dass der industriewirtschaftliche Naturkonsum jedes sinnvolle Mass längst überschritten hat, lässt sich jedoch nicht bestreiten.*

Fragen und Aufgaben:

- [ ] Inwiefern kann man Francis Bacon als Vorläufer der modernen Industriewirtschaft betrachten?
- [ ] Worin unterscheidet sich die anthropozentrische von der physiozentrischen Argumentation gegen die Naturzerstörung?
- [ ] Inwiefern erweist sich Rohstoffreichtum häufig als Armutsrisiko?
- [ ] Inwiefern tragen die reichen Staaten und ihre Bürger Verantwortung für den Rohstofffluch?
- [ ] Wie soll die Globale Rohstoffdividende wirken?
- [ ] Was versteht man unter «Ecocide» und welche politische Forderung wird im Zusammenhang mit diesem Begriff erhoben?
- [ ] Was wird unter der «Tragik der Allmende» verstanden und warum ist es nicht zwangsläufig, dass diese Tragik eintritt?
- [ ] Entwickeln Sie Vorschläge, die für das menschliche Leben unverzichtbaren Gemeingüter Luft und Wasser zu bewahren.

Globalisierung

309   13.1.   Arm und Reich
313   13.2.   Ernährung
317   13.3.   Luft, Boden, Wasser

13 Globalisierung

Die Tatsache, dass wir auf *einer* Welt leben, ruft in mindestens drei Bereichen die Gerechtigkeits- und Verantwortungsperspektive (→ Begriff 2; 8) auf den Plan: Erstens muss die Menschheit den naturalen Reichtum miteinander teilen (1), zweitens darf die Parzellierung der Welt nicht absolut sein (2.) und drittens gibt es eine Grundsolidarität der Menschen untereinander (3.).

So verlangt die ökologische Verantwortung (→ 12.) minimal die Einnahme einer intergenerationellen Verantwortung, welche das Handeln auch an der Zukunftsperspektive ausrichtet. Die Einheit der Welt verbietet eine absolute Parzellierung, d.h. Einteilung der Welt, die auch dann unnachgiebig verteidigt wird, wenn Menschen existentiell auf die Durchlässigkeit von Grenzen angewiesen sind. Das Asylrecht ist daher ein absolutes Recht, das gegenteilige Interessen wie sie sich in Form von nationalen Grenzen manifestieren, trumpft.[1] Und schliesslich verlangt die Einheit der Welt, dass der Wohlstand der Welt in dem Masse gleichmässig verteilt wird, dass es zumindest keine extreme Armut auf der Welt gibt. Diese drei Gerechtigkeits- und Verantwortungsziele sind in Fällen extremer Armut häufig miteinander verbunden.

13.1. Arm und Reich

Absolute oder extreme Armut stellen ein grosses Menschheitsübel dar und fordern die Bürgerinnen und Bürger der reichen Staaten der Erde besonders heraus. Denn kraft ihrer politischen und ökonomischen Möglichkeiten können sie einen Beitrag zur Verringerung der extremen Armut leisten, was bedeutet, dass bereits die blosse Möglichkeit zur Linderung einer grossen Not die Pflicht generiert, diese auch zu übernehmen und dies unabhängig der Ursache des Übels. Dass bereits die Fähigkeit zur Linderung einer grossen Not auch die Pflicht begründet, diese zu ergreifen und umzusetzen, ist allgemein anerkannt, was sich beispielsweise in der Ächtung der unterlassenen Hilfe bei einem schweren Unfall zeigt. Hierbei sind zwei Aspekte entscheidend: Jemand ist dann zu unbedingter Hilfe verpflichtet, wenn die Not gross ist und er zu ihrer Linderung beitragen kann. Entscheidend ist also die Grösse der Not und das Vermögen, diese zu lindern; die Ursache der Not ist dagegen unerheblich.

Die extreme Armut stellt unbestritten einen Fall grosser Not dar. Extrem arme Menschen können sich mengenmässig und qualitativ nur mangelhaft ernähren, was zur Folge hat, dass sie an Unterernährung sterben oder an Mangelerkrankungen oder anderen Krankheiten, welche Folge ihrer schwachen gesundheitlichen Konstitution sind, erkranken und sehr häufig eines vorzeitigen Todes sterben oder so geschwächt sind, dass sie ihr Leben nur sehr qualvoll fristen und nicht wirklich gestalten können. Letzteres zeigt sich auch darin, dass die extrem Armen keine ökonomischen Mittel zu einer auch nur bescheidenen gesundheitlichen Versorgung haben und sich deshalb auch keine oder nur mangelhafte Unterkunft mit nur schlechten sanitären und Infektionskrankheiten begünstigenden Bedingungen leisten können. Ausserdem fehlen ihnen Ressourcen für Bildung und soziale Teilhabe (→ 4.2.4.). Damit werden die extrem Armen um die Menschenrechte, wie sie in der «Allgemeinen Erklärung der Menschenrechte», AEMR[2] formuliert sind, gebracht. Bereits in der Präambel der AEMR wird festgestellt, dass die Würde den Menschen «angeborenen» ist und ihre Missachtung wird als «Barbarei» bezeichnet.

Nach dieser Definition lebt eine Milliarde Menschen unter barbarischen Verhältnissen, werden ihnen doch die grundlegenden Rechte vorenthalten. Denn der Grundsatz «Jeder hat das Recht auf Leben, Freiheit und Sicherheit der Person» (Art. 3) wird Menschen, denen es am Nötigsten mangelt, nicht gewährt. Ebenso wird ihnen das von den Vereinten Nationen verbriefte Recht auf einen «Lebensstandard», der «Gesundheit und Wohl gewährleistet» (Art. 25) vorenthalten. Gleichfalls können die extrem Armen von einem Recht auf Bildung (Art. 26) nur träumen.

In ihren im Jahre 2000 verfassten sogenannten *Millenniumszielen* haben sich die Vereinten Nationen verpflichtet, die extreme Armut samt ihrer verheerenden Folgen innerhalb von 15 Jahren zu halbieren.

Bevor wir uns anschauen, was daraus geworden ist, kommen wir zurück zu der Eingangs des Kapitels gemachten Behauptung, dass die Bürgerinnen und Bürger der reichen Staaten in Sachen extremer Armut besonders gefordert sind. Die Begründung, dass sich eine Hilfspflicht analog dem Verbot der unterlassenen Hilfeleistung, bereits aus der Fähigkeit zur Linderung der Not ableiten lasse, könnte man zurückzuweisen versuchen mit der vermeintlichen Unvergleichbarkeit der beiden Situationen: Von unterlassener Hilfeleistung ist mit Blick auf einen Unfall die Rede, also einem Übel, welches einen deutlich beschreibbaren Einzelfall markiert bei dem eindeutig gezeigt werden kann, wie sich eine Hilfsleistung auswirken würde. Ausserdem trägt das Unfallopfer keine Schuld an dem Zustand in dem es sich befindet.

Mit Blick auf die extreme Armut könnte man nun versucht sein, Unterschiede zu markieren, um die Verantwortung der Bürgerinnen und Bürger der reichen Staaten zu relativieren bzw. sogar zu negieren. So könnte man beispielsweise die extrem Armen als an ihrem Schicksal nicht unschuldig betrachten, indem man etwa darauf hinwiese, dass die Armen eine inkompetente Regierung dulden oder sich ungenügend anstrengen, aus eigener Kraft aus ihrem Leid herauszukommen. Diese Argumente sind jedoch nicht geeignet, eine Hilfspflicht zu negieren. Das erkennt man daran, dass wir auch im Falle eines Verunglückten unsere Hilfe nicht davon abhängig machen, ob er etwa durch Trunkenheit oder zu schnelles Fahren den Unfall selbst verursacht habe. Diese Frage ist im Falle grosser Not vollkommen unerheblich. Dasselbe gilt auch für die Hilfspflicht gegenüber den extrem Armen, diese gilt absolut und lässt sich nicht relativieren.

Welche Bedeutung kommt nun der Tatsache zu, dass, anders als das konkrete Unfallopfer, die von extremer Armut betroffenen Menschen den Bürgern und Bürgerinnen der reichen Länder meist nicht konkret vor Augen sind, sondern nur als anonyme Gruppe wahrgenommen werden? Dieser Umstand ist auf der motivationalen Ebene, nicht jedoch auf der Begründungsebene von Bedeutung. Deshalb versuchen Hilfsorganisationen auch Einzelschicksale aus der anonymen Menge herauszustellen und dem Leid ein Gesicht zu geben. Dies erleichtert es, sich zur Hilfe bewegen zu lassen, eine höhere normative Verbindlichkeit liegt darin jedoch nicht.

Kommen wir nun also zu den Millenniumszielen zurück. Entscheidend zur Erreichung dieses Zieles ist die Definition der Armut. Thomas Pogge beklagt, dass man zur Zeit der Festlegung der Millenniumsziele als extrem arm einen Menschen bezeichnete, der pro Tag weniger als 1.25 $ (Kaufkraft 2005) zur Verfügung hat. Gemessen an diesem Wert hat die Armut um 23 Prozent abgenommen, ganz anders sähe es dagegen aus, wenn man den viel realistischeren Wert von 2 $ angesetzt hätte, dann hat sich die Armut nämlich lediglich um 6 Prozent verringert.[3] Da diese Entwicklung in einer Zeit stattfindet, in der die relative Armut auf Grund der Zunahme extremen Reichtums zunimmt,[4] nehmen neben der Notwendigkeit auch die Möglichkeit, extreme Armut zu bekämpfen zu. Die Vereinten Nationen haben 2016 nochmals nachgelegt und sich mit den *Zielen für eine nachhaltige Entwicklung* (org. *Sustainable Development Goals*, SDGs) die Abschaffung der Armut «überall und in all ihren Formen» bis zum Jahr 2030 vorgenommen. Diese Ziele beinhalten naheliegender Weise immer auch das Thema des Essens («food security»), wobei dieses primäre Ziel jedoch nur eines von einer ganzen Reihe von Zielen sein kann, deren Erreichung unverzichtbar ist um schweres Leid und damit die Verletzung der Menschenrechte zu vermeiden. Dies muss man sich klarmachen, um die Ambitionen der Vereinten Nationen angemessen zu würdigen.

Die in den verschiedenen Vereinbarungen beschlossenen Reduktionsziele wirken nur solange ambitioniert und moralisch ehrenwert, wie man sich nicht wirklich vor Augen führt, was die Vereinbarungen auch bedeuten, sie bedeuten, worauf Pogge in aller Bitterkeit hinweist, dass die Weltgemeinschaft erklärt, das unsägliche Leid von 1000 Millionen Menschen erst in der nächsten Generation abschaffen zu wollen.[5] Bis dahin glaubt die Weltgemeinschaft damit leben zu können, diesen Menschen ihre Menschenrechte vorzuenthalten. Einen ähnlichen Zynismus macht Pogge an der neuen Definition der *Welternährungsorganisation*, FAO aus, die Unterernährung in ihrer Statistik neuerdings nur dann erfasst, wenn sie durchschnittlich über zwölf Monate nachgewiesen werden kann.[6] In dem Zusammenhang ist auch die Beobachtung von Bedeutung, dass im Jahr 2000 als die Millenniumsziele beschlossen wurden, die Hälfte der versprochenen Armutsbekämpfung bereits erreicht war.[7] Dies bedeutet, dass zum Zeitpunkt ihrer Verabschiedung deutlich anspruchsvollere Millenniumsziele möglich gewesen wären, was zugleich den Verdacht nahelegt, dass es den Vereinten Nationen mehr um den politischen Effekt denn um die reale Verbesserung der Bedingungen der Menschheit gegangen ist. Dabei könnte man, wenn man es nur wollte, die Armut *sofort* beheben.

Als Beleg dafür verweist Pogge zum einen auf Präsident *Franklin D. Roosevelt* (1882-1945), der den Kriegseintritt der USA damit begründete, dass die Nazi-Verbrechen *sofort* beendet werden müssten, ein Ziel in das die Alliierten schliesslich fast 50 Prozent des Nationaleinkommens investierten.[8] Des Weiteren kann man auf die derzeitigen Rüstungsausgaben verweisen, die in der EU bei durchschnittlich 1.7 Prozent und im weltweiten Durchschnitt bei über 2 Prozent des BIP liegen. Man sieht: die Mittel und der politische Wille innerhalb kürzester Zeit gigantische Mittel zur Verfügung zu stellen, sind vorhanden, nur eben nicht bei der Armutsbekämpfung. Dabei sind die dafür nötigen Beträge noch nicht einmal allzu hoch, allgemein geht man davon aus, dass 0.7 Prozent des BIP der reichen Länder ausreichen würde, dies ist übrigens der Wert auf den sich die reichen Länder in den 1970er Jahren selbst verpflichtet haben.

Diese Beispiele zeigen, dass die Diskussion um die Weltarmut bis heute unter Unaufrichtigkeit leidet: Wenn man es wirklich ernst meint, wenn man extreme Armut als schwere Menschenrechtsverletzung bezeichnet, dann muss man sie sofort zu beheben versuchen. Jede Form der Befristung, die das Ausmass des Leids erst in der nächsten Generation zu halbieren trachtet, ist skandalös.

Den Zynismus dieser Politik kann man sich auch auf andere Weise verdeutlichen, wie es Pogge in seiner Kritik an einer zu tiefen Festlegung der Grenze absoluter Armut zeigt: Wenn man, wie die *Weltbank*, die Grenze für absolute Armut bei nur 1.90 $ festlegt, kann sich die Rate an extremer Armut in einem Land auch dadurch verringern, dass überdurchschnittlich viele extrem Arme an den Folgen von Unter- oder Mangelernährung sterben.[9] Dieses Beispiel zeigt, dass sowohl die quantitative Festlegung der Höhe der

Armut wie die Fristsetzung zu ihrer Behebung höchst problematische Massnahmen sind, die nicht einfach als verwaltungstechnische Notwendigkeiten betrachtet werden dürfen.

Aber auch eine höher gelegte Grenze für absolute Armut würde ein Problem nicht beseitigen: Eine jede solche Grenze ist sowohl blind für den Einzelfall als auch für nicht monetär quantifizierbare Güter. Man muss sich also die Mühe machen, eine qualifizierte Liste von Gütern aufzustellen, deren Fehlen extreme Armut markiert.[10] Im Detail könnte man sich bei der Erstellung einer solchen Liste auch am Human Development Index (→ 4.2.4.) orientieren. Allgemein ist es wichtig, dass die Kriterien konkret und nicht formal sind; die Festlegung einer konkreten Geldmenge ist eine solche formale Größe, die zu fatalen Fehleinschätzungen über die Lage einer Bevölkerung verleiten kann. Wie die vorangegangenen Verfahrensfragen im Umgang mit absoluter Armut gezeigt haben, sind bereits diese selbst von großer ethischer Bedeutung.

Da die reichen Staaten mehrheitlich Demokratien sind, liegt die Verantwortung für die Weltarmut letztlich bei deren Bürgern, die ihre Regierungen nicht drängen, mehr in Punkto Armutsbekämpfung zu unternehmen. Die Liste der Forderungen, die die Bürger der reichen Staaten gegen ihre kurzfristigen wirtschaftlichen Interessen und zu Gunsten der extrem Armen erstellen können, ist lang.

- Erhöhung des nationalen Beitrags zur Hilfe für die Armen. Dass die Entwicklungshilfe mittlerweile in ihrer Wirkung umstritten ist, entbindet die reichen Länder nicht von ihrer Hilfspflicht, allerdings sind kreative Lösungen, die wirklich die Not lindern, gefragt.[11]
- Ein gerechter Handel mit Rohstoffen (→ 12.1.2.).
- Faire nationale und globale Welthandelsregelungen, die an den Bedürfnissen der extrem Armen und nicht an denen der reichen Staaten ausgerichtet sind.
- Abkehr von der Subventionspolitik, die die Produkte in den reichen Hochlohnländern künstlich verbilligt.
- Abkehr von der Schutzzollpolitik der reichen Staaten.
- Abkehr von der Förderung von Biotreibstoffen, die zur Verknappung des landwirtschaftlichen Bodens führen.

13.2. Ernährung

Die Tatsache, dass nahezu eine Milliarde Menschen unter- und mangelernährt sind, stellt eine der grössten Herausforderungen der Wirtschaftsethik dar. Wie ist diese Aussage vor dem Hintergrund der Feststellung des Welternährungsprogramms zu verstehen? Dieses zählt für den Hunger fünf Ursachen auf: Natürliche Gründe, Kriege, ungeeignete landwirtschaftliche Technologien, Überbeanspruchung der Böden und Umwelt.[12] Kein einziger dieser Gründe, auch nicht der erste, der der natürlichen Bedingungen, entlastet von der wirtschaftsethischen Pflicht, einen Beitrag zur Überwindung des Hungers zu leisten. Diese Pflicht ergibt sich bereits aus der blossen Möglichkeit, den Hunger überwinden zu *können* (→ 13.1.) und damit der grundlegenden ethischen Einsicht, nicht zu schaden; denn trotz vorliegenden Vermögens nicht zu helfen, wäre nichts Anderes als Schaden zuzufügen. (→ Begriff 3).

Dessen ungeachtet haben, worauf bereits früh Amartya Sen (→ 4.2.4.) hingewiesen hat, Menschen in allen Gesellschaften und immer schon einen Rechtsanspruch auf Nahrung.[13] Dort, wo dieser nicht realisiert ist, muss man daher von einem Versagen des wirtschaftlichen Systems sprechen und Anstrengungen zu dessen Korrektur anmahnen. Wie bereits dieser historische Verweis zeigt, gibt es keinen Grund, sich mit dem Nahrungsmangel abzufinden, da sich Nahrungsmängel auf wirtschaftlich und politisch nicht zu rechtfertigende Entscheidungen zurückführen lassen. Mit anderen Worten: Der Anspruch auf *Ernährungssicherheit* stellt einen nichtverhandelbaren Anspruch und ein unveräusserliches Recht dar. Ernährungssicherheit bezeichnet sowohl die mengenmässig ausreichende Verfügbarkeit qualitativ hochstehender Nahrung als auch deren finanzielle Erschwinglichkeit.

Die Wirtschaftsethik ist in Sachen der Ernährung besonders herausgefordert, weil Erfolg oder Misserfolg der Sicherstellung der Ernährung über Erfolg oder Misserfolg eines Wirtschaftssystems entscheiden. Erfolg oder Misserfolg in Bezug auf die Ernährungssicherheit sind zugleich gleichbedeutend mit einem Legitimitätsausweis: Ein Wirtschaftssystem, das nicht alle seine Mitglieder ernähren kann, hat seine Berechtigung verspielt.

Aber welches Wirtschaftssystem ist gemeint, das lokale, das regionale, das nationale oder das globale Wirtschaftssystem? Eine Betrachtung der Agrarwirtschaft zeigt, dass ausgerechnet Agrarmärkte, welche die längste Zeit ein hohes Mass an Autonomie besassen, sich mittlerweile sehr stark internationalisiert haben, so dass es immer weniger lokale oder regionale, zum Teil auch keine nationalen Agrarmärkte mehr gibt, sondern diese alle Teil des globalen Agrarmarktes geworden sind.

Diese Entwicklung lässt sich exemplarisch am globalen Getreidemarkt aufzeigen. Bestand der europäische Getreidemarkt bis in die 1940er Jahre aus den verschiedenen europäischen nationalen Märkten, die sich wiederum regional aufteilten, so wurden die westeuropäischen Länder nach dem Zweiten Weltkrieg zu Getreideexporteuren nach Nordafrika und dem Nahen Osten. Diese Regionen begannen auf den von der Getreideproduktion freigewordenen Flächen Blumen und Früchte für den europäischen Markt anzubauen.[14] Diese globale Arbeitsteilung wirkt sich für die Getreideimportländer doppelt nachteilig aus: Ihre Ernährungssicherheit wird zunehmend vom Weltmarkt abhängig und durch die Produktion von wasserintensiven Blumen und Früchten, welche den Wasserspiegel absenken, wird der Ertrag der heimischen Böden tendenziell irreversibel verringert.

Ein mittlerweile weltweit zu beobachtender Begleiteffekt dieser Entwicklung besteht darin, dass sich die Marktmacht von den lokalen und regionalen Produzenten aber auch den nationalen Regierungen hin zu den die Regeln der *Welthandelsorganisation*, WTO bestimmenden reichen Staaten und privater Agrar- und Lebensmittelproduzenten sowie der entsprechenden Handelsfirmen verschiebt. Insbesondere die Schwächung der nationalen Regierungen wirkt sich für die Konsumenten negativ aus, da sie nun «den Entwicklungen der Weltmarktpreise unmittelbar ausgesetzt» sind.[15] Diese strukturelle Abhängigkeit stellt für die davon betroffenen Konsumenten eine andauernde Gefahr dar, die sich jederzeit entladen kann. In jüngster Zeit geschah dies innerhalb von drei Jahren gleich zweimal. Das erste Mal stiegen die Nahrungsmittelpreise in den Jahren 2007/08 gewaltig und dann nochmals in den Jahren 2010/11. Insgesamt verteuerten sich die Nahrungsmittelpreise in dieser Phase um das Doppelte bis Dreifache (gemessen an dem Wert des Jahres 2000). Mehrere Faktoren führten zu dieser dramatischen Entwicklung, die schätzungsweise 200 Millionen Menschen zusätzlich in die extreme Armut stürzte, wobei sich diese Faktoren zum Teil gegenseitig verstärkten: So führen Ernteausfälle in Getreideexportländern zu Hamstereinkäufen, welche die Verknappung und damit die Preise weiter erhöhen; die Umwandlung von Getreideanbaufläche in Anbaufläche für Raps oder Rohrzucker zur Produktion von Biotreibstoffen verknappt und verteuert das Getreide zusätzlich und macht es gerade deshalb zugleich als Spekulationsobjekt lukrativ. Deshalb ist *Peter Brabeck-Letmathe* (* 1944), dem ehemaligen CEO von Nestlé, zuzustimmen, wenn er feststellt, dass die Biospritproduktion viele Menschen zusätzlich zu extremer Armut verurteilt.[16] Zusätzlich zu diesem unmittelbaren Effekt kommt auch noch der verschärfte Klimaeffekt hinzu, der durch die Biotreibstoffproduktion erhöht statt verringert wird.

Was die Nahrungsmittelspekulation erst seit einigen Jahren der Weltöffentlichkeit und vor allem den extrem Armen drastisch vor Augen führt, ist indes Folge einer wesentlich älteren Entwicklung, nämlich der Privatisierung und Oligopol-Bildung grosser Teile des Agrarmarktes. So teilen sich mittlerweile eine Hand voll privater Firmen den weltweiten Handel mit

Getreide. Weltmarktführer ist das US-amerikanische Familienunternehmen *Cargill Inc.*, Cargill kontrolliert mittlerweile ein Drittel des weltweiten Getreidehandels. Ähnliche Konzentrationen finden sich im globalen Saatgut- und im globalen Düngemittelmarkt.[17]

Wirken bereits diese Effekte preistreibend, so hat sich dieser Trend dadurch weiter verstärkt, dass Banken seit der Finanzkrise 2007/08 Investitionen in den Agrarmarkt als lukrative Gewinnchance erkannt haben. Ist bereits die Rolle der international operierenden Agrarkonzerne sehr kritisch zu sehen, so gilt das in noch höherem Masse für die im Agrarsektor engagierten Investoren: Die Agrarkonzerne haben neben ihrem Gewinninteresse auch ein Interesse in der Sache – also der Produktion von Getreide, der Bereitstellung des Saatgutes oder Düngers. Und in diesem Punkt gleichen sich traditioneller Farmer und globale Agrarkonzerne: Beide interessieren sich für die Qualität der Böden, beobachten das Klima und sind am Wachstum der Pflanzen interessiert.[18]

Anders sieht das bei den Investoren aus, diese haben meist nur ein Interesse am Gewinn und nicht an der Sache selbst. Wer mit Agrarprodukten spekuliert, den interessieren die primären landwirtschaftlichen Produktionsfaktoren nur bedingt, nämlich nur insofern als sie seinen Gewinn erhöhen. Und der kann selbst durch in der Sache negative Entwicklungen erhöht werden, weswegen Wetten auf Ernten bzw. Ernteausfällen (→ 10.2.) lukrativ sind.

Das Geschäft mit solchen Anlagen hat sich nach der ersten Finanzkrise des 21. Jahrhunderts etabliert und seither auch das Geld von Pensionskassen, Lebensversicherern oder Stiftungen angezogen. Die Wetten auf die Indizes von landwirtschaftlichen Produkten wie Weizen, Mais, Soja, Zucker, Kaffee, Rinder und Schweine erweisen sich dabei als besonders gewinnträchtig. Die Investitionsvolumina in diesen Märkten haben sich seit der Finanzkrise um das 25fache erhöht und damit die Preise extrem steigen lassen, obwohl es zu keiner mengenmässigen Verknappung gekommen ist.[19] Damit wird nebenbei das marktwirtschaftliche Grundgesetz nach dem die Preise sich aus dem Verhältnis von Angebot und Nachfrage ergeben, ausser Kraft gesetzt. Dieser Entwicklung entspricht auch, dass die etablierten Agrarkonzerne auf dem Agrarmarkt – trotz ihrer enormen Macht – gegenüber den Investoren an Einfluss verlieren. Grosser Gewinner ist die Bank *Goldman Sachs*, die ihre Finanzmacht auch politisch ausbauen konnte, in dem sie aus ihren Reihen politische Spitzenämter wie die des US-Finanzministers (gleich zweimal), mehrerer EU-Kommissare sowie des Direktors der *Europäischen Zentralbank* besetzte. Ob solche Durchlässigkeit zwischen Wirtschaft und Politik (→ 8.2.6.3.) als Lobbyismus oder sogar als unerlaubte Einflussnahme und Interessensverquickung zu werten ist, muss jeweils im Einzelfall geprüft werden,

Kapitel 13 *Globalisierung*

klar jedoch ist, dass sie das Vertrauen sowohl in die politischen Institutionen als auch in die guten Absichten der reichen Staaten unterläuft: So bleibt auf Seiten der extrem Armen der Eindruck, dass ihr Leid Folge von Kungelei der grossen Banken und der reichen Staaten und damit indirekt deren Bürger sei, die an dem Schicksal der Armen nicht wirklich interessiert seien.

13.3. Luft, Boden, Wasser

Verknappungen existentiell notwendiger Güter sind nicht nur bei den Nahrungsmitteln zu beobachten, sondern beispielsweise auch beim Boden, beim Wasser und sogar bei der Luft. Dort, wo diese Güter mittel- oder unmittelbar mit der Lebensmittelproduktion verbunden sind, gelten für deren Verknappung dieselben Kriterien wie beispielsweise für die Verknappung von Weizen oder Mais. Allgemein gilt für diese Güter, dass sie als Allgemeingüter im Sinne der Allmende (→ 12.3.) zu betrachten sind und ihre Verteilung daher auch nach besonderen Kriterien der Verteilungsgerechtigkeit zu erfolgen hat (→ Begriff 2). Eine aufgeklärte Gerechtigkeits- und Verantwortungstheorie wird dabei eine inner- wie auch intergenerationelle Position anstreben: Konkret muss also sowohl eine gerechte Verteilung des «Umweltkapitalstocks»[20] unter den aktuell lebenden Menschen wie auch zwischen den heute lebenden und den noch nicht lebenden, zukünftigen, Generationen angestrebt werden. Der Begriff der Verteilung erfordert jedoch auch eine negative Verteilung, also Sparauflagen zum Zwecke der Bewahrung. Diese die Gegenwartsgeneration der Reichen betreffende Herausforderung kann deshalb nötig werden, weil es nicht nur darum geht, Natur gerecht zu verteilen, sondern auch, diese in ihren lebenswichtigen Funktionen zu erhalten (→ 3.1.2.). Wie anspruchsvoll dies ist, zeigt sich unter anderem beim Wasser.

Diese zentrale Quelle des gesamten Lebens – also des pflanzlichen, des tierischen und des menschlichen Lebens – ist stark gefährdet und zwar durch direkte Verschmutzung und durch Verbrauch. Die Trinkwasserreserven der Welt werden jedoch nicht dadurch geschmälert, dass sie den existentiellen Durst von Mensch und Vieh löschen, sondern durch den Konsum *virtuellen Wassers*, also des reinen Süsswassers, d.h. Trinkwassers, das in die Produktion von Waren eingeht. Der virtuelle Wasserverbrauch betrifft sowohl die landwirtschaftliche wie die industrielle Produktion und ist von einer aufgeklärten Analyse der Wertschöpfungskette (→ 4.1.5.) zu bilanzieren. Der *Wasserfussabdruck* unserer alltäglichen Güter ist gigantisch: So kostet ein Kg Rindfleisch 15.000 l Wasser, ein Kg Weizen 1.500 l und ein Kg Kartoffeln 160 l Wasser.[21] Ebenfalls dramatisch ist mit 140 l die Bilanz bei einer Tasse Kaffee, mit 32 l für einem 2g leichten Mikrochip; 6000 l Wasser kosten schliesslich eine Jeans, 8000 l ein Paar Lederschuhe und 400.000 l ein Auto.[22]

Ein anderer Wasservernichter ist ausgerechnet die Wasserindustrie, die das natürlich vorkommende Wasser mehr oder weniger unverändert in Flaschen abfüllt oder es in ein Süssgetränk verwandelt. Und so stehen den 2 Milliarden Menschen, die täglich stark verunreinigtes Wasser trinken,[23] über 160 Milliarden Liter Flaschenwasser gegenüber,[24] an das die extrem Armen aber nicht herankommen, da sie es sich nicht leisten können.

Flaschenwasser und Süssgetränke sind ein grosses Geschäft für die Hersteller und ein grosses Desaster für die Armen und die Umwelt. Die Herstellung des Flaschenwassers senkt den Wasserspiegel und führt daher tendenziell zur Austrocknung der Böden und allgemein zu Wasserknappheit; die Verpackung in Plastikflaschen trägt zu einer weiteren Umweltbelastung bei. Und all das ist vollkommen unnötig. Denn auch in den wasserarmen Regionen der Welt könnten Menschen besser und billiger mit Quellwasser versorgt werden. Dieser Weg wird jedoch durch den Verkauf von Wasserquellen an private Anbieter, allen voran an den weltgrössten Lebensmittelkonzern Nestlé, erschwert. Denn dadurch, dass die Flaschenwasserindustrie bislang öffentlich zugängliche Wasserquellen erwirbt, schränkt sie den natürlichen Zugang zu Wasser ein und verursacht damit Versorgungsengpässe, welche ihr dann als Argument dafür dienen, auf das Versagen der öffentlichen Hand zu verweisen. Damit versucht sich die Flaschenwasserindustrie quasi in die Rolle eines Samariters zu bringen, obwohl sie doch die Not, die sie zu lindern verspricht, erst selbst verursacht hat.

Eine zusätzlich negative Bedeutung kommt der Produktion von Süssgetränken zu, denn die grossen Hersteller, wie der Weltmarktführer *Coca-Cola*, verbrauchen nicht nur sehr viel Wasser, sondern zusätzlich Zucker, womit sie anders als die Wasserproduzenten nicht nur die Armen schädigen, sondern auch die eigene Kundschaft, die durch den hohen Zuckerkonsum einem erhöhten Krankheitsrisiko ausgesetzt wird. Die Zuckerrohrplantagen, welche den Zucker für die Süssgetränke liefern, verdrängen häufig tropische Regenwälder und sind bekannt für die für Monokulturen typischen Naturverarmungen sowie für desaströse Arbeitsbedingungen. Daher besteht ein Zusammenhang von zuckerbedingtem Übergewicht in den reichen und Hunger in den armen Ländern.[25]

Dass Nachhaltigkeit immer beider Aspekte bedarf, der naturalen wie der sozialen Nachhaltigkeit zeigt sich auch am landwirtschaftlich nutzbaren Boden. Die Endlichkeit der Erde wird an diesem Gut besonders deutlich. Es sind drei Faktoren, welche zur Verknappung des Bodens führen: Da ist erstens die Zunahme der Bevölkerung, zweitens der Verlust landwirtschaftlichen Bodens durch Überbauung, Vergiftung und Erosion und drittens durch *Landraub* (*Landgrabbing*). Häufig begünstigen sich auch alle drei Faktoren gegenseitig.

Das Landgrabbing hat, wie die Agrarspekulation, im grossen Stil nach der Finanzkrise 2007/08 eingesetzt. In dem Masse in dem die Preise für Agrargüter gestiegen sind, wurde auch Landwirtschaftsland attraktiv, sowohl für Investoren dieses zu kaufen als auch für – meist nicht demokratisch legitimierte – Regierungen, Agrarland zu verkaufen. Beide Transaktionsformen sind jedoch sehr bedenklich, da sie meist über die Köpfe der ländlichen Bevölkerung hinweggingen und deshalb als Landraub bezeichnet werden müssen.

Werden Wasser und Boden als öffentliche Güter betrachtet, so gilt das natürlich ebenso für die Luft. Trotz des gigantischen Vorrats an Sauerstoff in der Atmosphäre ist es mittlerweile nicht mehr ausgeschlossen, dass der Erde bzw. den auf ihr lebenden Lebewesen die Luft zum Leben ausgehen könnte. Lokale Phänomene extremen Sauerstoffmangels treten in den grossen Städten schon seit einiger Zeit auf. Daher floriert in Peking bereits seit Jahren der Verkauf von in Flaschen abgepackter Frischluft.[26] Ob das, was sich hier im Lokalen abspielt, auch im Globalen stattfinden könnte, nämlich eine existentielle Atemnot, das ist umstritten. Bereits Ende des letzten Jahrhunderts thematisierte dies *John Brandenburg* (* 1953) in seinem preisgekrönten Buch.[27] Ob es soweit kommt, dass die Luft auf der Erde erschöpft ist, ist unsicher, dass CO_2-Emissionen und die Vernichtung der Regenwälder die Luft verringern, ist unbestritten.

Da das Leben auf der Erde auf saubere Luft angewiesen ist, kann nicht geleugnet werden, dass Anstrengungen zur Erhaltung des Sauerstoffsystems ethisch gefordert sind. Deren angemessene Form sind Konsumverzichte.

Video:
- «Landraub. Die globale Jagd nach Ackerland» (2016) von Kurt Langbein. Der Film schildert, wie nach der Finanzkrise 2008 das globale Finanzkapital die Äcker der Welt als Geschäftsfeld entdeckt. Mit dem Landraub wollen sich die Reichsten der Welt Zugriff auf die wichtigste Ressource dieser Welt sichern. Statt Bauern bestimmen dann Profitinteressen über die Böden.
- «We feed the World» (2005) von Erwin Wagenhofer zeigt unter dem Werbeslogan eines globalen Saatgutproduzenten die Konzentration der Lebensmittelproduktion und ihrer Auswirkungen auf Lebensstil, Arbeitsbedingungen und Gesundheit.
- «Botteled Life» (2012) von Urs Schnell begibt sich auf die Spuren des Flaschenwasserproduzenten Nestlé und zeigt, wie das Wasser aus der Flasche das Wasser aus der Erde knapp macht.

= *Dass es nur eine Erde gibt und dass alle Menschen sich diese eine Welt teilen, ist eine banale Tatsache, die gleichwohl immer noch nicht wirklich eingesehen wird. Da der kleine, aber ökonomisch sehr reiche Teil der Weltbevölkerung, rücksichtslos die eigenen Interessen verfolgt, kommt es global zu sozialen und naturalen Verwüstungen mit gigantischen Schäden, die nicht zu rechtfertigen sind und die durch eine Neuausrichtung der ökonomischen Entscheide zu verringern und zu vermeiden wären.*

Fragen und Aufgaben:
- ☐ Beschreiben Sie, was «extreme Armut» bedeutet.
- ☐ Beschreiben Sie die Millenniumsziele der Vereinten Nationen und beurteilen Sie diese kritisch.
- ☐ Welche Bedeutung kommt der Festlegung der Grenze absoluter Armut zu?
- ☐ Erklären Sie, warum es ein Menschenrecht ist, nicht in absoluter Armut zu leben und was daraus für die Anstrengungen zu ihrer Bekämpfung folgt?
- ☐ Geben Sie Gründe an, warum und inwiefern Agrarmärkte selten lokal, regional oder national und zumeist global sind.
- ☐ Beschreiben Sie den Einfluss der globalen Agrarunternehmen.
- ☐ Inwiefern verschärfen die Investmentbanken den Welthunger?
- ☐ Wie kann die Flaschenwasserindustrie dafür argumentieren, dass Wasser besser privat bereitgestellt werde und inwiefern ist dieses Argument falsch?

Die Wirtschaft neu denken

325 14.1. Die moderne Marktwirtschaft und das Religiöse
329 14.2. Die Gemeinwohl-Ökonomie
332 14.3. Die Physik der Ökonomie
335 14.4. Gegen die Disneylandisierung
337 14.5. Ökonomie mit menschlichem Antlitz

14. Die Wirtschaft neu denken

Das System der modernen Marktwirtschaft ist reich: reich an magischen Vorstellungen und Mythen. Mythen leben von ihrem Glauben; je öfter dieser Glaube enttäuscht wird, d.h. je unglaubwürdiger er wird, umso weniger wird er noch geglaubt. Daher wird ein ehemals in höchstem Ansehen stehender Mythos mittlerweile als einer von vielen Irrläufern, die sich in die Theorie der modernen Ökonomie verirrt haben, betrachtet. Es ist dies der Mythos «Jeder ist seines Glückes Schmied», der in den Neoliberalismus übersetzt, «Yes, you can» heisst. Der Slogan, dass alle es schaffen können, stellt die individuell zugespitzte Version der Win-Win-Story dar, auf die sich die moderne Marktwirtschaft so gerne beruft (→ 2.4.; 2.5.). Auch dieser Muntermacher hat natürlich eine Kehrseite und die bedeutet, wer es nicht schafft, ist selber schuld. Beides ist falsch: Nicht nur Misserfolge sind oft von den strukturellen Bedingungen, die das eigene Leben prägen, abhängig und deshalb häufig kaum zu vermeiden. Eine ähnliche Zwangsläufigkeit lässt sich auch bei Erfolgen beobachten. Die individuellen Startvoraussetzungen, die mit der Familie und sowohl weiteren sozialen als auch materiellen Bedingungen, in die man hineingeboren wird, bereits von Beginn an da sind, sind für den Erfolg (oder Misserfolg) häufig entscheidender, als dies individuelle Voraussetzungen wie Begabung oder Einsatzbereitschaft sind. Das heißt nicht, dass sich Talent und Fleiss auf dem Weg zum Erfolg nicht auszahlen können, aber sie führen weit weniger zum Erfolg, wenn die Startvoraussetzungen nicht bereits günstig sind.

Abb. 50: Robert H. Frank (* 1945): Nicht die eigene Leistung, sondern der Matthäus-Effekt bringt einen nach oben

Naheliegender Weise sind diejenigen, die ihre gesteckten (oder von ihnen erwarteten) Ziele nicht erreichen, eher bereit, an die karrierebestimmenden externen Faktoren zu glauben als die Erfolgreichen: Diese schreiben sich ihren Erfolg gerne vollständig zu und sehen sich gerne als lebenden Beweis des «Vom-Tellerwäscher-zum-Millionär»-Mythos. Damit macht man sich jedoch etwas vor. Denn *der* entscheidende Erfolgsfaktor hat einen anderen Namen: *Zufall*: Robert H. Frank (*

1945), der Verhaltensökonomie an der *Cornell-University* lehrt, hält aus diesem Grunde die *Leistungsgesellschaft* für einen Mythos.[1] Einen Mythos stellt die Leistungsgesellschaft dann dar, wenn man darunter ein System versteht, welches den Aufstieg durch die eigene Leistung garantiere. Eine solche Garantie gibt es nicht, weswegen man erst im Nachhinein weiss, ob sich denn die Mühe gelohnt hat, entsprechend erweist sich Marktwirtschaft als leistungsignorant bis leistungsfeindlich. Dafür gibt es mehrere Gründe, die zum Teil allgemeiner und zum Teil spezifischer Art sind.

Zu den allgemeinen Gründen zählt der gesellschaftliche Status, welcher wie ein Perpetuum Mobile wirkt: Er öffnet Türen und hält alles schön am Laufen. Ein weiterer Motor stellt, egal durch welche Faktoren denn zustande gekommen, der Erfolg selber dar. Erfolgreichen Menschen fliegen, wie bereits Adam Smith mit seiner Gefühlstheorie zeigen konnte (→ 2.4.2.), die Sympathien zu, was ihnen den weiteren Weg nach oben bahnt. Der einmal Erfolgreiche wird also noch erfolgreicher, wobei der neue Erfolg immer weniger durch neue Leistung, denn durch den vorangegangenen Erfolg bedingt ist. Dieses Glücksrad des Erfolgreichen wird auch als *Matthäus-Effekt* bezeichnet: Der Evangelist Matthäus schreibt gleich zweimal in seinem Evangelium: «Denn wer hat, dem wird gegeben, und er wird im Überfluss haben»[2]

Damit kommen wir zum spezifischen Grund, warum der Erfolg weniger Folge der eigenen Leistung ist. In einem System, welches wie die Marktwirtschaft Geld als Machtfaktor etabliert hat, verstärkt sich der Matthäus-Effekt ins Gigantomanische: Der, der bereits viel Geld hat, hat in der Regel auch hohen gesellschaftlichen Status, der ihm zu hoher Bildung oder und vor allem zu hohen Bildungsabschlüssen verhilft, welche wieder die erstgenannten Aufstiegsantreiber antreiben. Diese Dynamik vergrößert absolut und relativ den Abstand zu den Zurückgebliebenen, an denen sich schliesslich der zweite Teil der Matthäus-Weissagung erfüllt: «Wer aber nicht hat, dem wird auch noch weggenommen, was er hat».

Es sind solche Effekte, die das Grundvertrauen in den Sinn der Marktwirtschaft erschüttern und dies selbst dann, wenn es gar kein eindeutiges ethisches Fehlverhalten zu beklagen gibt. Da es aber, wie die Wirtschaftsethik zeigt, auch diese in grosser Zahl gibt, erodiert das Vertrauen in die Ökonomie zusehends. Gerade weil das System Wirtschaft mittlerweile zu *dem* gesellschaftlichen System geworden ist, stellt «Vertrauenserosion»[3] eine ernstzunehmende Gefahr für die Gesellschaft insgesamt dar (→ 9.2.1.). Daraus kann man zwei Schlüsse ziehen: Zum einen kann man analog zur *Too big to Fail*-Problematik der Banken (→ 10.5.) von einem Too big to Fail-Problem des gesellschaftlichen Subsystems Wirtschaft sprechen. Diese

Kapitel 14 *Die Wirtschaft neu denken*

hat eine alle anderen gesellschaftlichen Bereiche (→ 2.5.) überwölbende Grösse erlangt, was sich inzwischen in mehrfacher Hinsicht fatal auswirkt: Die anderen gesellschaftlichen Bereiche haben ihre Funktion als Korrektiv eingebüsst, was sich nicht zuletzt an der philosophischen Ethik zeigt, deren Teil die Ökonomie einst war und die von dieser inzwischen so an den Rand gedrängt wurde, dass ihre Stimme kaum noch hörbar ist. Dies, auch so kann sich der Matthäus-Effekt realisieren, führt dazu, dass die Wirtschaft ohne Korrektiv weiter voranprescht und dabei noch mehr ethisches Fehlverhalten produziert, was das Vertrauen in die Gesellschaft weiter unterspült und bei den meisten Menschen den Eindruck hinterlässt, sie würden ohnehin nur betrogen und müssten schliesslich die Zeche zahlen.

Will die Wirtschaft dem begegnen, wird es nicht genügen, sich selbst strengere Regeln zu geben, worauf es ankommt ist, sich einer grundlegenden Kritik zu öffnen. Dazu zählen dann auch die Aufklärung über bislang nicht eingestandene Mythen und Schein-Rationalität.

14.1. Die moderne Marktwirtschaft und das Religiöse

Die Ökonomie ist anders, als sie sich mehrheitlich versteht, nicht werturteilsfrei (→ 2.2.), sie wertet permanent und zwar nicht alleine im ökonomischen, sondern auch im normativ-ethischen Sinne (→ Begriff 9). Das ist weder gut noch böse, sondern eine blosse Tatsache. Die Menschen, die ja unvermeidlicher Weise in einem bestimmten Wirtschaftssystem leben, müssen den wertenden Aspekt der Wirtschaft sich und den Exponenten der Ökonomie klarmachen, nur so kann ein kritisches Gespräch über die Ökonomie in Gang gebracht werden. Erst wenn dies geschieht und die Ökonomie als naturgesetzliche oder gar quasi gottgegebene Ordnung entzaubert und zur Diskussion gestellt wird, kann ein offenes Gespräch beginnen.

Ein solcher Prozess ist in den letzten Jahren in Gang gekommen und seither wird das vorherrschende Modell der Marktwirtschaft einer intensiven und belebenden Debatte unterzogen. Dass dabei die falsche Scheu vor den grossen Namen und Theorien aufgegeben wird, weckt die Hoffnung, dass ein Wirtschaftsmodell, das weniger Schäden anrichtet, nicht nur denkbar, sondern auch praktisch umsetzbar ist. Dazu ist es nötig, nicht nur die Fehlleistungen des dominanten Systems zu analysieren, sondern auch seine Konstruktion zu verstehen. Interessant und möglicherweise Schlüssel zum Verständnis der beklagten Fehlleistungen sind systemfremde Elemente innerhalb der Theorie der Marktwirtschaft.

Wenn solche systemfremden Einflüsse heute intensiv diskutiert werden, ist das besonders das Verdienst von *Tomáš Sedláček* (* 1977). Der Chefvolkswirt der *Tschechoslowakischen Handelsbank* hat mit seiner unter dem Titel

«Die Ökonomie von Gut und Böse» veröffentlichen Doktorarbeit einen international beachteten Beitrag zu einem neuen Verständnis der Ökonomie geleistet. Gerade der Einfluss systemfremder Momente der Ökonomie könnte nach Sedláček der Grund ihrer Fehlleistungen sein.

Man kann sich denn auch nur wundern, dass ausgerechnet die Ökonomie, deren Geschäft bekanntlich der Umgang mit Werten und das Werten ist, sich als wertneutral und als rational versteht. Das ist umso merkwürdiger, als die moderne Ökonomie auf Modellen aufbaut, die stark wertend und zugleich nicht rational begründet sind. Dazu zählen etwa die Modelle vom Homo Oeconomicus, das erklären soll, wie wir uns verhalten (→ 6.) oder das der Unsichtbaren Hand (→ 2.4.2.; 4.1.4.), das rechtfertigen soll, dass Interventionen in den Staat unnötig seien, da sich doch alles von alleine zum Guten wende. Für Sedláček offenbart sich in solchen Modellen der nicht-wissenschaftliche Charakter der marktwirtschaftlichen Ideologie und ihr letztlich religiöser Ursprung.[4]

Eine weitere religiöse Idee stellt das Wachstumsmodell der modernen Marktwirtschaft dar. Als religiös kann man dabei den rational nicht begründbaren Glauben an ein unendliches Wachstum bezeichnen, wo doch nicht zu leugnen ist, dass die Erde ein endliches System ist, innerhalb dessen aus physikalischen Gründen keine Unendlichkeit vorkommen kann. Anders aber als die Priester, welche die Menschen in Sachen Unendlichkeit auf das Jenseits vertrösten, wollen die Vertreter der Wachstumsideologie die Menschen glauben machen, dass Unendlichkeit im Diesseits möglich sei. Da das Wirtschaftswachstum zugleich als ein Muss verteidigt wird, verbindet sich hier die religiöse Vorstellung mit der von der mangelnden Werturteilsfreiheit: Unendliches Wachstum wird als ein Wert, vielfach sogar als oberster Wert, verstanden und deshalb auch normativ verteidigt. Das Wachstum ist wie Sedláček feststellt, «der Imperativ unserer Zeit.»[5]

Abb. 51: Tomáš Sedláček (* 1977):
Die Ökonomie ist sich ihrer religiösen Wurzeln nicht bewusst

Da die Wirtschaft nahezu alle Lebensbereiche durchdrungen hat (→ 2.5.), ist es daher nicht weiter verwunderlich, dass Wachstum mittlerweile als das schlechthin höchste Gut angesehen wird, weswegen die Menschen auch im Privaten Wachstum als oberstes Ziel ansehen und als Ausweis von Fortschritt. Entsprechend gilt auch das Umgekehrte: Steigt das Einkommen nicht, werden die Freizeitdestinationen nicht ausgeweitet, wird das Auto und seine Leistungsfähigkeit nicht grösser und stagniert die Zahl der Online-Freunde, dann wird dies als Rückschritt gewertet. Fortschritt wird auf ganzer Linie als quantitatives Wachstum verstanden und deshalb bedeutet Stillstand Rückschritt. Unter diesen Bedingungen hat es eine auf Sparsamkeit oder sogar Verzicht ausgelegte Haltung schwer, was erklärt, warum solche Positionen zwar im Rhetorischen *en vogue* sind, aber in der Praxis kaum umgesetzt werden.

Wachstum wird, auch dies weist die entsprechende Ideologie als eine religiöse aus, «um jeden Preis» propagiert: Unendliches Wachstum ist aber weder mit der naturalen noch mit der sozialen Nachhaltigkeit vereinbar und erreicht noch nicht einmal den Zweck um dessen willen das Ganze veranstaltet wird: Steigender Wohlstand führt nicht zu permanentem Glückszuwachs (→ 7.2.).

Warum gibt es dann keine Abkehr von dieser fatalen Entwicklung? Auch hier zeigt sich die Religiosität des Wirtschaftssystems. Weil Wachstumsideologie, wirtschaftlicher Erfolg, der irrationale und fast religiöse Status des Geldes (→ Begriff 11) sowie anderer monetärer Kennzahlen – Aktienwerte, Gewinnzahlen der grossen Unternehmen und nicht zuletzt das BIP (→ 4.2.4.) – einen rational kaum mehr zu erklärenden Status erlangt haben und mehr an mittelalterliche Frömmigkeit denn an modernes, wissenschaftlich argumentierendes Denken erinnern, sind auch die Widerstände und die Abwehrreflexe gegenüber einer fundamentalen Kritik am herrschenden Wirtschaftssystem so stark.

Ein wenig gleicht diese Kritikverweigerung der langanhaltenden Weigerung des Vatikans, die Kugelgestalt der Erde anzuerkennen: Obwohl der Laie die Erdkrümmung beobachten kann und die Wissenschaft es schon lange berechnet hatte, erklärte der Vatikan erst 1460 die Kugelgestalt der Erde zu einer legitimen Position. Ähnlich verhält es sich mit dem herrschenden Wirtschaftssystem: Obwohl jeder sehen kann, dass es nicht wirklich funktioniert – es zerstört die Natur und die sozialen Beziehungen, es macht viele arme Menschen noch ärmer – ist ein Umsteuern nicht in Sicht. Der britische Umweltwissenschaftler *Tim Jackson* (* 1957) fasst die Bankrotterklärung des herrschenden Wirtschaftssystems wie folgt zusammenfassen: «Der Mythos Wachstum hat versagt: Er hat versagt gegenüber der einen Milliarde Menschen, die immer noch jeden Tag ihr Leben um den Preis einer Tasse Kaffee zu fristen versuchen. Er hat gegenüber dem empfindlichen Ökosystem versagt, von dem unser Überleben abhängt. Selbst nach seinen eigenen Regeln hat er bei der Aufgabe, wirtschaftliche Stabilität und gesichertes Auskommen für die Menschen zu gewährleisten, auf spektakuläre Weise versagt.»[6]

Der Widerstand gegen diese Beobachtungen ist, so hinderlich er für eine dringend gebotene Neuausrichtung der Ökonomie auch ist, dennoch sozialpsychologisch nachvollziehbar: Die westliche Industriegesellschaft ist auf den Grundüberzeugungen dieses verfehlten Systems aufgebaut und hat lange Zeit auch prächtig davon profitiert, weswegen das System, wenn überhaupt, nur vom Rande her hinterfragt wurde. Das hat sich nun geändert:

- Die Zeit, in der die neoliberale Schule ein Abonnement auf den Alfred-Nobel-Gedächtnispreis hatte, scheint vorüber wie die Ehrungen von Kahneman, Ostrom, Sen oder Stiglitz belegen.
- Kritische und neue Sichtweisen auf die Ökonomie haben ebenso Konjunktur wie die Wirtschaftsethik, die nicht zuletzt an vielen Wirtschaftshochschulen zum Pflichtfach erhoben wurde.
- Und auch vielen Bürgerinnen und Bürgern der reichen Länder dämmert immer mehr, dass die aufgeklärte Position, die die meisten von ihnen für sich reklamieren, nicht mit Ausbeutung und Zerstörung vereinbar ist.

Die Kritik an der Ökonomie und eine neue Praxis derselben bedeutet also eine grosse Chance für alle: Für die vielen, die, wie Jackson klagt, ihr extrem schweres und geplagtes Leben um den täglichen Preis einer Tasse Kaffee – den sie sich aber niemals werden leisten können – fristen, böte eine neue Ökonomie die Chance auf ein besseres und menschenwürdiges Leben. Aber auch den anderen, die sich viele Kaffees und vieles andere jeden Tag leisten, gäbe die neue Ökonomie die Chance zu einem Leben in Würde: ein Leben, das nicht auf dem Leid und Elend von anderen und anderem gründet, sondern sich in einem fairen Miteinander entwickelt. So könnte

Abb. 52: Tim Jackson (* 1957):
Der Wachstums-Mythos hat versagt

die in der Ökonomie beliebte Vorstellung der Win-Win-Situation doch noch Realität werden.

Der Weg zu der neuen, lebenstauglichen Ökonomie führt möglicherweise, wie Sedláček vorschlägt, über die Abkehr von einigen neuen zur Rückbesinnung auf einige alte Ideale.[7] Zu den – relativ – neuen Ideale zählen Modellbildungen, wie das des Homo Oeconomicus oder die Vorstellungen von Deregulierung («unsichtbare Hand») und unendlichem Wachstum. Diese erst seit drei Jahrhunderten etablierten Vorstellungen sind gemessen an alten Vorstellungen vom Gemeinsinn und geteiltem Reichtum jung.

14.2. Die Gemeinwohl-Ökonomie

Das Gemeinwohl, auf das der Romanist, Politikwissenschaftler und Tänzer *Christian Felber* (* 1972) die «Gemeinwohl-Ökonomie» gründet, ist eine alte, in allen Kulturen und Gesellschaften beheimatete Vorstellung. Neu an diesem Ansatz ist die konkrete Umsetzung. So soll die wirtschaftliche Leistung nicht an ihrem monetären Wert gemessen werden, sondern an ihrem Beitrag für das Gemeinwohl. Revolutionär ist dieser Ansatz, wie Felber selber einräumt, nicht, denn «dem Gerechtigkeitsempfinden zufolge müsste es doch genau (so) sein: Wer sich sozialer, ökologischer, demokratischer, solidarischer verhält, sollte es leichter haben, als der Asoziale und Rücksichtslose.»[8] Asozial und rücksichtslos ist in dem Sinne derjenige, der nur seinen Vorteil sieht und, koste es, was es wolle, diesen auf Kosten des Gemeinwohls mehrt. Wie Felber immer wieder betont, ist das Gemeinwohl die, jedes Gemeinwesen verbindende Kraft (→ 2.2.; 2.3.; 4.1.3.), weswegen es überrascht, dass egozentrische Orientierungen systematisch Anerkennung gefunden haben. Felber behauptet nun nicht etwa, dass in früheren Zeiten die Menschen weniger zum Egoismus geneigt hätten, er stellt aber fest, dass eine solche Neigung in früheren Zeiten als moralisch verwerflich gegolten habe und entsprechend gesellschaftlich geächtet gewesen sei. Im marktwirtschaftlichen Modell der Gegenwart ist es dagegen umgekehrt: Egoismus gilt als moralisch neutral bis positiv, weswegen

Abb. 53: Christian Felber (* 1972):
Ohne Gemeinwohl keine Entwicklung

er durch verschiedene wirtschaftliche Anreize gefördert und damit auch belohnt wird.

Diese verfehlten Anreize will die Gemeinwohlökonomie umpolen: weg vom individuellen Gewinnstreben hin zum Gemeinwohlstreben, weg von der individuellen Konkurrenz hin zur Kooperation. Dass dieser Ansatz zugleich eine politische Dimension hat, wird schnell deutlich: So wie sich immer wieder zeigt, dass es selten eine nur und allein private Aktivität gibt und wir mit dem allermeisten das wir tun, auch eine gesellschaftliche und damit im weitesten Sinne politische Dimension berühren, so ist es offensichtlich, dass durch die alleinige Fixierung auf privates Wohl und Fortkommen häufig ein negativer Effekt auf das Gemeinwohl ausgeübt wird. Es gilt aber nicht das Umgekehrte: So bedeutet die Orientierung am und die Mehrung des Gemeinwohls nicht zwangsläufig eine Einschränkung des Einzelnen. Im Gegenteil: da Menschen sich, wie bereits Aristoteles feststellt (→ 3.1.), in und durch Gemeinschaft definieren, verlieren sie nichts durch eine florierende Gemeinschaft, sondern erleben sich selbst durch diese bereichert. Und deshalb beschädigen die egoistische Tendenzen fördernden Anreize nicht nur die Gemeinschaft, sondern auch den davon vermeintlich begünstigten Einzelnen. Und das gilt auch unter Effizienzgesichtspunkten: Der Einzelne wird nur ausnahmsweise durch die Anreizung seiner Einzelleistung bessergestellt, ein solcher Ausnahmefall ist der Wettbewerbssport. In der Regel gilt aber das Gegenteil: Während also bei einem Wettrennen jeder einzelne sowohl zur Höchstleistung motiviert ist und auch direkt von Schwächen der anderen, die seine *Gegner* sind, profitiert, so sieht das bei einem Mannschaftssport anders aus: Die Chance zum Sieg wird durch ein gutes Zusammenspiel erhöht. Allerdings gibt es hier immer noch den Vorteil, der in der Schwäche von anderen, in diesem Falle der gegnerischen Mannschaft liegt. Mit Blick auf die Marktwirtschaft kann man daraus lernen: Wenn dieses Wirtschaftssystem schon das Idealbild einer Win-Win-Situation verteidigt, sollte es auf Wettbewerbsszenarien, die auf dem Win-Lose-Prinzip aufbauen, verzichten. Wettbewerbe, die nur Gewinner küren, die die anderen überflügeln, tendieren zur Sinnentleerung: der einzige Sinn liegt dann nämlich in der Vernichtung des Anderen.

Folge sinnentleerter Wettbewerbsszenarien ist aber nicht nur die Frustration bei den sogenannten Verlierern; letztlich zählt auch der Sieger zu den Verlierern. Denn um den intrinsischen Sinn gebracht, finden die Gewinner ihren Gewinn nur im Sieg. Übertragen auf die Marktwirtschaft heisst das: In einer um den Sinn gebrachten Wirtschaftsordnung streben die Menschen nur noch nach quantitativen Mehrungen (von Geld, Macht und Ansehen) und kommen, gerade weil diese Mehrungen quantitativer Art sind, niemals an.

Kapitel 14 *Die Wirtschaft neu denken*

Eine zentrale Sinnstiftung stellt demgegenüber die Orientierung am Gemeinwohl dar: Die Gemeinwohlökonomie anerkennt damit nicht nur den öffentlichen Charakter privater wirtschaftlicher Aktivitäten, sondern auch, dass eine Ökonomie, die diesem Sachverhalt gerecht wird, eine Win-Win-Situation schafft. Zentraler Motor um die Wirtschaft in Richtung Gemeinwohl umzulenken, stellt die *Gemeinwohl-Bilanz* dar: Anders als die rein monetär ausgerichtete Finanzbilanz würdigt die Gemeinwohl-Bilanz den Beitrag, den ein Unternehmen für das Gemeinwohl leistet und misst dazu die Werte, die Konsens aller demokratischen Gemeinwesen sind: «Menschenwürde, Solidarität, Gerechtigkeit, ökologische Nachhaltigkeit und Demokratie». Diese und nicht die eigentlich inhaltsleeren monetären Erfolge sollen steuerlich relevant sein und zwar so, dass diejenigen, die bei den genannten Werten gegenüber den Stakeholdern, in der Sprache der Gemeinwohl-Ökonomie heissen sie «Berührungsgruppen», eine geringe – oder sogar negative – Punktzahl erreichen, steuerlich belastet werden wohin gegen diejenigen mit einer positiven Punktzahl eine Entlastung erfahren.

Die Gemeinwohl-Matrix[9] misst
- die Sinnhaftigkeit der Produkte bzw. Dienstleistungen
- die ökologische Dimension der Produktion
- die Solidarität und Gerechtigkeit in der Zulieferkette
- die ökologische Nachhaltigkeit in der Zulieferkette.

Keines der von der Gemeinwohl-Ökonomie beachteten Kriterien guter Geschäftsführung ist neu, neu ist jedoch, ihnen für die steuerrelevante Beurteilung des Unternehmens eine Bedeutung zuzuschreiben.

Wie die Unternehmer und Unternehmerinnen, welche sich bereits an der Gemeinwohl-Ökonomie beteiligen, berichten, liegt ein Wert der Erstellung der Gemeinwohl-Bilanz in einer Selbstvergewisserung dessen, was ein Unternehmen leistet und auch damit in der Sinnstiftung. Die Evaluierung des Beitrages, den ein Unternehmen für das Gemeinwohl leistet, zeigt dann auch, dass eine ganze Reihe von bislang wertgeschätzten Unternehmensaktivitäten sinnlos und sogar sinnwidrig sind, da sie dem eigentlichen Sinn eines Unternehmens entgegenstehen.

So macht es keinen Sinn
- grenzenlos zu wachsen,
- grenzenlos finanzielle Überschüsse anzuhäufen,
- mit Geld oder Waren zu spekulieren,
- Arbeitsplätze abzubauen, um die Finanzbilanz zu verbessern.

Die Gemeinwohl-Ökonomie leugnet nicht die überragende Bedeutung der Ökonomie für unser Leben und versucht gerade deshalb den Widerspruch in den sich die Ökonomie zum Leben gebracht hat, aufzulösen: Wer im Privaten Tugenden wie Hilfsbereitschaft und Solidarität kultiviert und pflegt, soll als Wirtschaftsbürger diese Tugenden nicht an den Haken hängen müssen, sondern diese auch in der Welt der Ökonomie leben können ohne damit ökonomische Risiken einzugehen. Auf der Makroebene sollen Unternehmen, die sich am Gemeinwohl orientieren, keine Konkurrenznachteile erfahren, sondern im Gegenteil gegenüber der gemeinwohlignoranten Konkurrenz im Vorteil sein.

Auch auf der Ebene des Welthandels lässt sich, wie Felber unlängst ausgearbeitet hat, die Gemeinwohlorientierung implementieren: Organisationen wie die WTO lassen sich, den nötigen politischen Willen vorausgesetzt, problemlos an Gemeinwohlkriterien ausrichten. So lässt sich beispielsweise die WTO-Ordnung gemeinwohlmässig bewerten. Man kann demnach der Aussage «Handel ist eine hohe Wirtschaftsfreiheit» die Position zur Wahl stellen: «Handel ist ein Mittel, das den Zielen Menschenrechte, Umweltschutz, gerechte Verteilung, sozialer Zusammenhalt dient und diesen untergeordnet wird.» Oder der Regel «Zollschranken und andere Handelsschranken sollen schrittweise abgebaut werden» wird die Position gegenübergestellt: «Zölle sind ein Steuerungsinstrument der Handels- und Wirtschaftspolitik und je nach Ziel gezielt, differenziert und dosiert einzusetzen («Ethischer Welthandel»)».[10] Man sieht: unter den Bedingungen des Gemeinwohls könnte die Wirtschaft doch zu einem Win-Win-System werden.[11]

14.3. *Die Physik der Ökonomie*

Die Wachstumsideologie, welche die moderne Wirtschaftsform bestimmt, hat in seiner Orientierung an der Quantität das System um seinen Sinn gebracht: das *Mehr* hat das *Was* ersetzt. Dies gilt für die reichen Gesellschaften des Überflusses, hier macht das Mehr immer weniger Sinn. In Gesellschaften, die unter Mangel leiden, ist das Mehr dagegen nicht sinnlos. Da es aber die ökonomisch reichen Gesellschaften sind, die mit ihrer Nachfrage die Pfeife blasen, nach der der Rest der Welt tanzt und die mit ihrem ökonomisch überbordend hohen Lebensstandard der ganzen Welt die Kosten dafür auferlegen, sind sie sowohl aufgerufen, die von ihnen kreierten Regeln zu ändern als auch das von ihnen der gesamten Weltbevölkerung vorgehaltene und zur Nachahmung empfohlene Bild von Wohlstand und geglücktem Lebensentwurf, einer kritischen Prüfung zu unterziehen.

Dass die Orientierung an der Quantität kein guter Ratgeber ist, dafür gibt es in der Menschheitskultur ebenso viele Belege, wie dafür, wie ein

Kapitel 14 *Die Wirtschaft neu denken*

Gegenentwurf für die Ökonomie aussehen könnte. Die Mehrung von Gewinn und Einkommen macht ab einer bestimmten Wohlstandshöhe keinen Sinn mehr (→ 6.2.) und so sind die extrem reichen Wohlstandsgesellschaften bereits längst in eine Phase eingetreten, in der weniger Wohlstand sowohl möglich wie auch notwendig wäre.

Die Notwendigkeit einer Reduktion des wirtschaftlichen Wachstums lässt sich aus mindestens drei, jeweils ethisch fundierten, Gründen, herleiten. Erstens auf Grund der naturalen Nachhaltigkeit (→ 12.), zweitens – und mit dem ersten Grund zusammenhängend – auf Grund der Physik der Ökonomie und drittens auf Grund der sozial negativen Folgen der extrem starken wirtschaftlichen Leistung (→ 7.; 8.; 10.). Die zweite Position bildet gleichsam das Bindeglied zwischen den beiden anderen Positionen.

Der zunächst in *Bukarest*, später in *Cambridge, Mass.* lehrende Mathematiker und Statistiker *Nicolas Georgescu-Roegen* (1906-1994) legte 1971 eine ungewöhnliche Beschreibung der Ökonomie vor, die man die Physik der Ökonomie nennen könnte. Georgescu-Roegen wandte den *Zweiten Hauptsatz der Thermodynamik* auf die Ökonomie an. Wie dieser Satz der Wärmelehre feststellt, entwickelt sich Wärme nie von einer gegebenen Temperatur zu einer höheren, sondern immer umgekehrt zu einer niedrigeren. Dieses Energieverhalten ist besonders bei lebendigen Organismen von Bedeutung. Daraus folgt nämlich, dass Organismen permanent Energie zu sich nehmen müssen, um dem Prozess des Energieabflusses entgegenzuwirken. Die prominenteste Form, diesem Energieabfluss zu begegnen ist die Nahrungsaufnahme («verbrennen»). Bei gekochter Nahrung ist natürlich der Energieeinsatz gegenüber der rohen Kost um die in das Kochen eingegangene Energie weiter erhöht. Nicht anders verhält sich die Energie bei der ökonomischen Aktivität. Sie verschluckt mehr Energie als sie als Output liefert.[12]

Aus dieser thermodynamischen Betrachtung der Ökonomie folgt, dass wir kein Produkt herstellen können, ohne zugleich den Abfall, den dieses Produkt bedeutet, herzustellen. Die Ideologie der auf Wachstum fixierten Ökonomie des «Better and Bigger» bedeutet in den Worten von Georgescu-Roegen daher, dass wir «besseren und größeren» Abfall hinterlassen. Es ist demnach eine Illusion, wenn wir glauben, mit besserer Technologie aus der Falle der Umweltzerstörung ausbrechen zu können. Als hätte er den Boom von *Cleantech* und *Greentech* des 21. Jahrhunderts bereits vorhergesehen, stellt Georgescu-Roegen bereits in den 1970er Jahren fest, dass wir gerade dann, wenn wir immer mehr Abfälle werden recyceln können und immer sparsamere Geräte werden bauen können, den Abfall permanent erhöhen werden.[13] Diese Überlegungen verdichtet Georgescu-Roegen dann in sei-

Kapitel 14

nem während seiner Forschungen in Genf und Strassburg geschriebenen Buch «La décroissance»,[14] von dem sich mittlerweile die wachstumskritische *Degrowth-Bewegung* den Namen entlehnt hat.[15]

Die Befürworter einer Abkehr vom permanenten Wachstumsdenken und der Hinwendung zu einer Gesellschaft *freiwilligen* Nicht-Wachsens ist ein ethisches Projekt. Das ist selbst in Georgescu-Roegens physikalistischem Ansatz der Fall: Denn die Beschreibung der Fehleinschätzung eines verstetigten Wachstums auf Ebene der Fakten aufzuzeigen, ist das eine, das andere ist die normative Schlussfolgerung, einem solchen kollektiven Irrglauben nicht länger anzuhängen, darüber aufzuklären und Alternativen aufzuzeigen. Wie bei vielen eingeschliffenen Verhaltensmustern erscheint auch eine Abkehr vom Wachstumspfad schwer denkbar. Auch aus ethischer Perspektive ist man versucht mit dem Argument dagegenzuhalten, dass nur eine Wachstumsgesellschaft die notwendigen Mittel erwirtschafte, die zur Beseitigung von Ungerechtigkeit und Leid nötig seien. Dieses Argument wird jedoch durch die Realität der Wachstumsgesellschaften widerlegt: Die auch in ökonomisch superreichen Gesellschaften weiterhin bestehenden Ungerechtigkeiten und in der Folge davon verursachtem Leid – wie Kinder- und Altersarmut – nehmen durch und wegen der Wachstumsorientierung zu und nicht ab.

Eine Gesellschaft ohne Wachstum ist daher in den ökonomisch reichen Gesellschaften nicht nur notwendig, sondern auch möglich und dies ohne mehr Ungerechtigkeit und Leid zuzulassen. Allerdings geschieht das nicht von alleine und zeigt, dass eine *Postwachstumsgesellschaft* anspruchsvoll ist. Denn in der Postwachstumsgesellschaft ist der zu verteilende Kuchen kleiner als zuvor, womit die Verteilungsfrage als gesellschaftliche Aufgabe weiter gefordert bleibt. Das muss aber kein Nachteil sein, weist eine Gesellschaft, die ihre Ziele hinterfragen und auch ändern kann, sich allererst als eine souveräne Gesellschaft aus. Die Verabschiedung des quasireligiösen Wachstumsideals kann daher auch die Chance zu einer neuen Sinnstiftung bedeuten.

Es geht dabei also um mehr als nur um einen neuen, vielleicht sogar als chic erachteten Lebensstil. Besser als von Lebensstil, spricht man ohnehin in diesem Zusammenhang von Lebenshaltung oder Lebensentwurf.

Die Neuausrichtung des Lebensentwurfs wird unter anderem am Konsumverhalten sichtbar werden. Denn «es scheint», wie es Sedláček beschreibt, «zwei Wege dafür zu geben, beim Konsum glücklich zu sein: ihn ständig höher zu schrauben (um uns die nächste Glückseinheit zu verschaffen, brauchen wir immer mehr Konsummaterial) oder uns *bewusst zu werden*, dass wir genug haben. Das einzige, woran bei uns wirklich ein Mangel besteht, ist der Mangel selbst.»[16] Diese überraschende und vielleicht auch zunächst verstörende Aussage, dass es uns am Mangel mangelt, lässt sich unter anderem dahin gehend deuten, dass Defizite und Mängel zum menschlichen Leben dazugehören und, solange sie nicht existentiell sind, durchaus auch Sinn machen können.

Eine Kultur, die den Mangel industriell, nämlich mit der Konsumgüterindustrie, bekämpft, generiert damit eine nicht zu stillende Nachfrage, die deshalb nie gesättigt werden kann, weil den Menschen die Kraft, nichtexistentielle Mängel auszuhalten, abhandengekommen ist. Damit produzieren wir selbst einen Zustand, den wir doch eigentlich überwinden wollen, den Hunger, in diesem Falle den Hunger nach mehr Konsumgütern. Und so produzieren wir unsere eigene «Unersättlichkeit».[17]

Eine Ökonomie aber, die die Menschen nicht satt machen kann, ist eine schlechte Ökonomie. Nun leiden die meisten Menschen in den modernen Industriestaaten nicht an physischem Hunger, dafür aber umso mehr an einem Hunger auf etwas, das gerade deshalb nicht zu stillen ist, weil es letztlich gar nicht gibt: die Sättigung des Satten. Anders nämlich als der Bauch, der irgendwann voll und damit beruhigt ist, kann der Hunger nach Gütern, die wir gar nicht brauchen, niemals gestillt werden. Die meisten Menschen der modernen Industriestaaten leiden demnach an einem imaginären Hunger, den sie sich unter kräftiger Anreizung durch das Wirtschaftssystem in dem sie leben permanent einreden (→ 11.1.) und der gegen jeden Sättigungsversuch immun ist.

Die Abkehr von der Wachstumsideologie führt auf den neuen Weg, der sich von dem Weg der Zerstörung der naturalen Lebensbedingungen, der sozialen Beziehungen und des eigenen Glücks auch dadurch unterscheidet, dass er nicht an der Quantität, sondern an der Qualität ausgerichtet ist. Statt fortzufahren, weiter mehr vom Überflüssigen anzuhäufen, geht es einer auf die Qualität ausgerichteten Kultur um mehr *Sinn*.

Dass sich die vorherrschende Ökonomie selbst um ihren Sinn gebracht hat, belegen die vielen durch diese Ökonomie produzierten Negativentwicklungen. Bereits die blosse Tatsache, dass Entwicklungen wie Welthunger, Umweltzerstörung und eine Zunahme der Wohlstandsschere mittlerweile intensiv diskutiert werden, kann jedoch als Zeichen einer einsetzenden Gegenbewegung gelten: Die Sinnreduktion, die mit der Ausdehnung ökonomischer Werte auf alle Bereiche menschlichen Lebens eingesetzt hat, wird als immer weniger überzeugend angesehen und zugleich das Bedürfnis verteidigt, den Sinn des eigenen Lebens tiefer zu verankern als nur in der oberflächlichen Mehrung von Quantitäten (von Geld, Sachen und Status).

Dass die vorherrschende Ökonomie keine Zukunft hat, wird an allen Ecken des Systems sichtbar, es hält in keiner Weise nach – weder sozial noch natural –; die Debatte die darüber in Gang gekommen ist, zeigt, dass zwar dieses System an ein Ende gekommen ist, aber die Geschichte noch lange nicht: Handel und Wandel gehen weiter und in einer zunehmend vernetzten Welt sind immer weniger Menschen bereit, sich mit Sinnsurrogaten – ewigen Wohlstandswachstums, immerwährenden Konsums – abspeisen zu lassen und holen eine, etwas in den Hintergrund gerückte Frage, wieder nach vorne: Was es bedeutet und welchen Sinn es macht, ein Mensch zu sein.

14.4. *Gegen die Disneylandisierung*
Natürlich müssen Kaufleute gute Rechner sein: wenn sie sich zu oft verrechnen, können sie den Laden dichtmachen. Was aber für den Händler und die Händlerin gilt, gilt auch für die Ökonomie im Grossen: Zahlen sind ein wichtiges Instrument zur Gewichtung und Sortierung von Vielfalt. Sie sind aber kein Instrument zum Verständnis von Vielfalt. Wer die blosse *Zahl* von etwas kennt und zugleich glaubt, damit *Etwas* verstanden zu haben, der irrt. Wer die Zahlen der Welt mit der Welt verwechselt, der lebt in einer Scheinwelt und ist letztlich ein Autist. Der Autismus in der modernen Ökonomie ist Folge der Quantifizierungsdoktrin durch den Neoliberalismus.

Beginnend mit seiner utilitaristischen Grundorientierung (→ 3.3.) hat die moderne Ökonomie ihr Effizienzsteigerungsprogramm an Quantifizierungen ausgerichtet, welche zwangsläufig Qualitäten in Quantitäten übersetzt hat bzw. dort, wo das nicht möglich ist, auf diese verzichtet. Das ökonomische Quantifizierungsprogramm strebt so nach der Vergleichbarkeit des Unvergleichlichen. Dies führt, wie der Heidelberger Wissenschaftsphilosoph *Oliver Schlaudt* in seinem Buch zur «Quantifizierung im Neoliberalismus» zeigt, zu einem Wertreduktionismus.[18] Wenn alles vergleichbar wird, wenn der Besuch eines Theaterstücks, ein Essen, die Fahrt zum Theater, die Zeit für das Gespräch mit Freunden, den selben Zahlenwert bekommen, – beispielsweise 30 € –, dann sind diese Güter eigentlich nichts mehr wert, d.h. sie haben dann keinen intrinsischen Wert mehr. Und genau dies unternimmt die moderne Ökonomie. Damit fördert sie einen Zynismus der besonderen Art. Dann herrscht nicht alleine der Zynismus der Sachzwangslogik (→ 4.1.4.), sondern der Zynismus des *Wertenihilismus*, wie ihn *Oscar Wilde* (1854-1900) beschrieben hat: Einen Zyniker definiert er in einem Theaterstück wie folgt: Ein Zyniker ist «ein Mensch, der von allem und jedem nur den Preis kennt und nicht den Wert.»[19] Eine Kultur, die sich über die quantitative Vermessung definiert, fördert einen solchen Zynismus und gefährdet damit auch das Glück und die Zufriedenheit der Menschen; sie macht gegenüber dem Leid der anderen unempfänglich und stumpft gegenüber dem eigenen Leid ab. Da Menschen jedoch nicht ohne Werte und ohne Sinn leben können, streben sie in einer zynischen Kultur nach, gleichfalls zynisch aufgeladenen, Sinn-Ersatzstoffen.

Als Paradigma dieser Entwicklung kann man die *Disneylandisierung* der Kultur betrachten, die ihren markanten Beginn im Jahre 1992 hatte: Damals wurde das *Disneyland Paris* eröffnet, dass mit seiner animierten Kunstwelt inzwischen fast ebenso viele Menschen anlockt wie die an Bauschätzen, Kultur- und Kunstschätzen so reiche französische Hauptstadt. Nun soll hier nicht die Hoch- gegen die Eventkultur ausgespielt werden und denjenigen, die an Vergnügungsparks ihr Vergnügen finden, dieses nicht ausgeredet werden. Was hier als Effekt der Disneylandisierung bezeichnet und kritisiert wird, ist der Trend, Sinnsurrogate an die Stelle von Sinn zu setzen. Worauf es ankommt, ist die Quantifizierung, welche Qualitäten wie Erlebnissen oder Begegnungen ersetzt: So kann man im *Disneyland* ganz schnell durch die Märchenwelt der Gebrüder Grimm, mit Robinson auf die einsame Insel und zum Schluss noch einen Schnelldurchgang durch die USA absolvieren.

Natürlich sind diese Vergnügungen im Einzelnen allesamt harmlos und wären nicht weiter der Rede wert, wenn sie nicht symptomatisch für eine Kultur stünden, die sich am Ziel der Quantität ausrichtet, hier dem der monetären Verbilligung, womit zugleich der Eindruck vermittelt wird, dass, wer hier spart, zu den grossen Winnern zählt. Und weil der Winner alles kriegt («Winner takes it all»-Prinzip) drängt der Super-Markt (→ 2.5.) danach, möglichst die gesamte Lebenswelt dem Imperativ der Quantität zu unterwerfen. Dann werden nicht alleine Vergnügungsparks zu Disneyländern, sondern gleich ganze Städte zu Disneyland-Vergnügungsparks.

14.5 Ökonomie mit menschlichem Antlitz

Wie den destruktiven Effekten der modernen Ökonomie begegnet werden kann, ist leicht zu sagen: Der Mensch muss wieder zum Ziel des Handels und Wandels werden. Diese Notwendigkeit wird auch immer häufiger aus der Wirtschaft selbst heraus erkannt. So forderte der Zürcher Privatbankier *Hans Vontobel* (1916-2016) gegen Ende seines langen Lebens, die Wirtschaft wieder an menschlichem Mass auszurichten und damit auch die unmenschlichen Orientierungen am Unendlichkeitswahn und der Ignoranz gegenüber den Belangen von Mensch und Natur zurückzuweisen.[20] Eine solche Wirtschaft könnte man eine «Ökonomie mit menschlichem Antlitz» nennen. Diese zu verwirklichen kann als das Emanzipationsprojekt des 21. Jahrhunderts gelten.

Wie bei allen großen Emanzipationsprojekten kommt es auch bei diesem auf den Mut an, Denkgewohnheiten zu durchbrechen. Der Analyse religiöser Versatzstücke innerhalb der Ökonomie (→ 14.1.) kommt deshalb eine so große Bedeutung zu, weil sie erklärt, wie die eingefahrenen Denkgewohnheiten durch Denkverbote abgesichert wurden. Denkverbote zu durchbrechen, fällt deshalb so schwer, weil sie mit Schulddrohung belegt sind. Soweit reicht mit Blick auf die moderne Ökonomie denn auch die Parallele zum religiösen Glauben, aber auch nicht weiter: Es geht nicht darum, eine so skandalöse Behauptung wie die Friedrich Nietzsches aufzustellen, der fand, «Gott ist tot», vielmehr und geradezu harmlos geht es um die von Immanuel Kant angemahnte Aufgabe des selber Denkens (→ 2.5.).

Dass die Totalisierung der Wirtschaft, die wie ein moderner *Leviathan* alles sich zu unterwerfen versucht, dieses Ziel nur unter tätiger Mithilfe der vielen Wirtschaftssubjekte erreichen konnte, ist bereits daran ersichtlich, dass es ein Projekt der sogenannten offenen Gesellschaften ist. Mit *Karl Popper* (1902-1994), dem Denker der liberalen Gesellschaft, kann man als deren Feinde alle idealistischen Überhöhungen verstehen, welche die Menschen von ihrem konkreten Leben, ihren konkreten Wünschen und Interessen entfernen.[21]

Egal welchen Bereich der modernen Ökonomie man sich herauspickt, man wird auf solche Überhöhungen treffen, welche erklären, wie die moderne Gesellschaft durch eine Ökonomie, die sie zum Teil gefördert, zum Teil geduldet und nicht wirklich zurückgewiesen hat, in ihren Grundfesten in Gefahr geraten ist. Dieses Versäumnis endlich anzupacken, bietet die Chance, der Wirtschaft Sinn zu geben. Denn die Wirtschaft am Menschen, für den sie ja praktiziert werden sollte, auszurichten, ist die beste Garantie für ihre Sinnstiftung. Eine Ökonomie mit menschlichem Antlitz, das wäre dann also doch noch die Erfolgsstory, die den Menschen schon so lange versprochen wurde.

= *Die Wirtschaft von ihren irrationalen Momenten zu befreien, bietet die Chance, den Menschen wieder zum Mass von Handel und Wandel zu machen und eine Ökonomie mit menschlichem Antlitz zu schaffen.*

Video:
- «Toni Erdmann», (2016) von Maren Ade zeigt die unterschiedlichen Lebensentwürfe in einer Familie, hier die international erfolgreiche Ines und dort ihr Vater Toni, der sich als Lebenskünstler durchschlägt und die Welt der Reichen und Schönen reichlich ins Schwitzen bringt.
- «Buen Vivir – Das Recht auf ein gutes Leben», (2014) der Film des Ökonomen und ehemaligen ecuadorianischen Entwicklungsministers Alberto Acosta zeigt, wie ein gutes, nicht auf Wachstum fixiertes Leben aussehen kann; die indigenen Völker Südamerikas zeigen es dem Rest der Welt.

Kapitel 14 *Die Wirtschaft neu denken*

Fragen und Aufgaben:
☐ Sammeln und beschreiben Sie Phänomene des wirtschaftlichen Alltags, die Sie an religiöse Ursprünge erinnern.
☐ Analysieren Sie Reden von Politikern und Politikerinnen, die vom wirtschaftlichen Wachstum handeln.
☐ Nehmen Sie sich sechs häufig anzutreffende Produkte vor, die Sie in Bezug auf ihren positiven oder negativen Beitrag zum Gemeinwohl untersuchen.
☐ Was meint Tomáš Sedláček damit, dass es den Menschen der ökonomisch reichen Ländern am Mangel mangelt?
☐ Beschreiben Sie Effekte der Disneylandisierung.

Fälle

Kap¹⁵

15. Fälle

15.1. Fallbeschreibungen

Arbeit
1. Karohsi: Tod durch Überarbeitung
2. Sexuelle Übergriffe: Me too
3. Sklavenarbeit für Gummibärchen: Haribo GmbH

Banken
4. Die Millisekunde macht den Unterschied: Hochfrequenzhandel mittels «Geister-Algo»

Betrug
5. Murks? Ja, danke: Obsoleszenz ist in
6. Alles clean: Autobauer manipulieren die Abgaswerte
7. Schneeballschlacht in Florida: Bernie Madoff zaubert Milliarden weg

Helfen
8. Warum nicht ertrinken lassen?

Irreführung
9. Viel Schrott für eine bessere Umwelt: die Abwrackprämie
10. Entschuldigung für die Wahrheit: Daimler und der Dalai Lama

Konsum
11. Ganz schön billig, aber todschick

Korruption
12. Es muss sich ja rechnen: Flugzeughersteller und Investitionskosten
13. Schmiergeld in Milliardenhöhe: Siemens
14. Abstürzende Sternenkämpfer: Der Lockheed-Skandal

Kunstmarkt
15. Vielleicht nicht echt, aber sicher nicht schlecht: 450 Mio $ für ein Bild

Lobbying
16. Gelbe Engel lügen nicht: der ADAC
17. Jedem seine Schnellfeuerwaffe:

Kapitel 15

Die *National Rifle Association* sorgt sich um die Sicherheit im Land

Löhne

18. Nicht schlecht: »Jeden Tag verdiene ich 1 Million«

Menschenrechte

19. Strassenbahn und dicker Mann
20. Sklavenarbeit bei den Bayerischen Motorenwerken, BMW
21. Social Freezing bei Apple & Co
22. Zehn Affen und ein Käfer: VW macht Abgastests

Philanthropie

23. Familienfreundliche Unternehmenspolitik: Fel-Pro Inc.

Preise

24. Niedrigpreise, immer, überall: Walmart Corp.

Rohstoffe

25. Erdöl in Nigeria!

Sponsoring

26. Nur Fliegen ist schöner: Das Kultursponsoring der Lufthansa

Strassenverkehr

27. Unfalltote und Automobilersteller

Umwelt

28. Bezahlen für`s Zerstören: Emissionshandel

Werbung

29. Blut und Blumen: Benetton Group
30. Panzer fürs Arztköfferchen: Porsche Cayenne

Whistleblowing

31. Vermögen im Schredder
32. Meier 19 schiebt Wache an der Goldküste
33. Das Sozialamt weiss von nichts

Ad 1–33: Falldiskussionen

Arbeit:
1. Karohsi: Tod durch Überarbeitung
In Japan gehören extrem viele Überstunden zum Arbeitsalltag. 80 Überstunden pro Monat sind keine Seltenheit und auch die Zahl von 130 bzw. sogar 190 Überstunden sind dokumentiert und amtlich anerkannt worden. So starb 2013 eine Reporterin des japanischen Radiosenders NHK nachdem sie in einem Monat 131 Überstunden geleistet hatte. Ein Bauarbeiter am Tokioter Olympiastadion beging 2017 Suizid, nachdem er zuletzt 190 Überstunden im Monat geleistet hatte. Der Tod durch Überarbeitung wird *Karoshi* genannt und mittlerweile von den Behörden als Todesursache anerkannt.[1]

- Was sagt das Phänomen des Karoshi über den Stellenwert der Arbeit in der japanischen Gesellschaft aus?
- Beurteilen Sie das Phänomen des Karoshi indem Sie die Gründe für extreme Überstunden herauszufinden versuchen.
- Wer ist ihrer Meinung nach verantwortlich für das Karoshi?
- Wie könnte man das Karoshi vermeiden?

2. Sexuelle Übergriffe: Me too
Im Oktober 2017 berichteten Schauspielerinnen, dass sie als Ensemble-Mitglieder oder -bewerberinnen der Weinstein-Filmproduktion *Weinstein Company* von Inhaber *Harvey Weinstein* (* 1952) sexuell belästigt oder vergewaltigt worden seien. Wenig später berichtete die New York Times, dass Weinstein mehrere Klägerinnen und mutmassliche Opfer durch ehemalige Agenten des israelischen Geheimdienstes *Mossad* unter Druck setzen liess.[2]
Der Weinstein-Skandal löste eine internationale Bewegung in den sozialen Medien aus: unter dem Hashtag «Me too» klagten nicht nur weitere Frauen gegen Weinstein, sondern auch aus anderen Unternehmen der Filmindustrie, unter anderem auch gegen den deutschen Regisseur *Dieter Wedel* (* 1942).

- Beurteilen Sie die Tatsache, dass es in der Glamour-Welt der Filmindustrie scheinbar besonders häufig zu sexuellen Übergriffen kommt.
- Wer trägt Ihrer Meinung nach neben den Haupttätern Verantwortung an den Verbrechen?

---

1 Markus Wanderl 2017.
2 The Guardian 2017.

3. Sklavenarbeit für Gummibärchen: Haribo GmbH

Die Bonner Haribo ist der grösste Süsswarenhersteller Europas. Bekanntestes Produkt von Haribo ist das Gummibärchen, das bereits 1922, zwei Jahre nach Gründung des Unternehmens, auf den Markt kam. Das beliebte Konfekt wird bis heute mit dem Slogan «Haribo macht Kinder froh, und Erwachsene ebenso» beworben. Die Geschäftspraktiken der Firma Haribo wurden um die Jahrhundertwende kritisch diskutiert als der Verdacht aufkam, dass Haribo während des Nationalsozialismus Zwangsarbeiter beschäftigt habe.

Erwiesen ist eine andere Zwangsarbeiterbeschäftigung. Im Jahre 2017 berichtete die ARD[3] über eine Palmenplantage in Brasilien auf der Palmwedel der Carnauba-Palme geerntet werden aus deren Stoff der Wachsglanz für die Gummibärchen gewonnen wird. Die Plantagenarbeiter, darunter auch Kinder, arbeiten wie die ARD berichtete, unter extremen Bedingungen: Die Arbeiter sind für diese gefährliche Arbeit weder unfall- noch sozialversichert, erhalten einen Lohn, der knapp über dem brasilianischen Mindestlohn liegt und die Arbeitsbedingungen haben wiederholt das brasilianische Arbeitsministerium zu Interventionen veranlasst, da, wie ein Sprecher sagte, die Menschen auf den Plantagen «wie Gegenstände behandelt» würden. Das brasilianische Arbeitsministerium, das immer wieder Plantagenarbeiter aus ihrer Zwangslage befreit, bezeichnet die Arbeitsbedingungen als *Sklaverei*. Die Arbeiter schneiden bei 40° Celsius im Schatten mit 10 Meter langen Stangen die Palmwedel ab. Bei dieser Arbeit, die ohne alle Schutzkleidung gemacht wird, passieren immer wieder Unfälle.

- Identifizieren Sie die verantwortlichen an der Sklavenarbeit für Gummibärchen.
- Stellen Sie die Verantwortung der Firma Haribo dar und entwerfen Sie einen Plan, wie sie ihrer Verantwortung gerecht geworden wäre.
- Entwickeln Sie ein Widergutmachungsprogramm mit dem Haribo einen Beitrag zur Linderung des angerichteten Schadens leisten könnte.

---

3 «Der Haribo-Check» ARD, 16.10.2017, Min 32-44.

Banken
4. Die Millisekunde macht den Unterschied:
Hochfrequenzhandel mittels «Geister-Algo»
Immer, wenn es um Schnäppchen geht, gilt «First come first serve». Wer zuerst ist, malt zuerst bzw. kann sich seinen Vorteil sichern. Daher haben Märkte immer schon Anreize zur Beschleunigung der Gangart eingebaut und Börsen als klassische und ideale Märkte – Raum-Zeit-Identität von Angebot und Nachfrage – ticken diesbezüglich nicht anders. Grosse Möglichkeiten zur Steigerung des Tempos gab es jedoch lange nicht, gerade weil die Börse dieser ideale Markt war. Daher konnte man höchstens auf konventionelle Weise das Tempo erhöhen, indem man möglichst junges Personal ins Parkett schickte. Wer auf diesem engen Raum am schnellsten reagierte, auch mal schnell durch den Saal rannte, konnte echte Vorteile gewinnen. Erst der Computerhandel hat hier eine neue Dimension auf's Parkett gebracht und der Hochfrequenzhandel hat das Börsengeschehen dann revolutioniert (→ 10.3.3.). Mit zunehmendem technischen Einsatz steigt aber nicht nur die Chance, sich gegenüber der Konkurrenz zu verbessern, sondern es bietet sich auch die Gelegenheit zur Manipulation. Folge solcher Manipulationen sind – wahrscheinlich – die «Flash Crash» genannten extremen Kursstürze, welche es im Jahre 2010 gegeben hat. Extremen Kursverlusten während weniger Minuten standen ebensolche Steigerungen in gleichfalls kurzem Zeitintervall gegenüber.

- Beurteilen Sie die Flash Crashs in ihrer ethischen Bedeutung a) für den Fall, dass sie nicht bewusst herbeigeführt wurden und b) für den Fall, dass sie Folge gezielter Manipulation waren.
- Nehmen Sie Stellung, ob a) die Börsen oder b) der Staat auf das Vorkommen von Flash Crashs reagieren sollte und entwickeln Sie ein ethisch begründetes Szenario.

Betrug
5. Murks? Ja, danke: Obsoleszenz ist in
Wie machen die das nur? Gerade ist die Garantie abgelaufen, ist auch schon mein Drucker kaputt. Erfahrungen dieser Art machen viele Konsumenten, ohne genau zu wissen, was dahintersteckt. Ob die Firmen hier bewusst nachgeholfen haben, ist schwer zu sagen, aber denkbar. Denn das geplante Kaputtgehen, die geplante Obsoleszenz, kann auf eine fast 100jährige Erfahrung zurückgreifen und bei digital gesteuerten Produkten liesse sich der Obsoleszenz-Effekt ganz gezielt steuern.

- Sammeln Sie in Ihrem Bekanntenkreis Erfahrungen mit Obsoleszenz.
- Wie ist die Obsoleszenz ethisch zu beurteilen?
- Wie ist die Obsoleszenz ökonomisch zu beurteilen?

6. Alles clean: Autobauer manipulieren die Abgaswerte
Die Dieselfahrzeuge von Volkswagen haben bis 2015 Bestwerte in Punkto Emissionen erzielt, – zumindest auf dem Prüfstand. Die dort gemessenen Ergebnisse hatten jedoch mit den Werten, die die Fahrzeuge auf der Strasse, wenn sie regulär gebraucht wurden, produzierten, nichts zu tun. Es ist dies auch ein Lehrstück in intelligenter Technologie: Die Motoren lassen sich so steuern, dass sie immer gut ankommen, bei den Prüfern wie bei den Fahrern. Als die Schummelei in den USA auffliegt, räumt VW den Betrug bald ein und kümmert sich um Schadensbekämpfung, d.h. will die amerikanischen Strafzahlungen möglichst klein halten, was auch gelingt, von den 46 Mrd. $, die das US-Justizministerium forderte, bleiben am Ende noch 4,5 Mrd. Nach kurzem Aufschnaufen musste VW bald schon wieder die Luft anhalten, diesmal zusammen mit der deutschen Konkurrenz: Audi, BMW, Mercedes, Porsche und eben VW unterhielten seit Jahren ein Kartell, dass Absprachen traf, wie weit man die Emissionen der Dieselmotoren senken wollte.

- Beurteilen Sie den sogenannten VW-Dieselskandal.
- Welche Bedeutung kommt Ihrer Meinung nach dem Kartell mit den anderen deutschen Herstellern zu?

7. Schneeballschlacht in Florida: Bernie Madoff zaubert Milliarden weg
Der *Palm Beach Country Club* im Süden Floridas ist ein für alle möglichen Vergnügungen geeigneter Ort. Dass es hier auch Schneeballspiele geben würde, war aber bis auf einem, keinem der Mitglieder dieses exklusiven Clubs – die Aufnahmegebühr beträgt 250.000 $ – bekannt. Dieser eine war *Bernie Madoff* (* 1938), einer der Schönen aus dem heissen Süden und der Reichen der Ostküste; hochangesehen nicht nur wegen seines Vermögens, sondern auch wegen seines philanthrophischen Engagements. Reich geworden war Madoff durch seine Brokerfirma *Bernard L. Madoff Investment Securities LLC*, die ihren Kunden zwar nicht so hohe Renditen wie manche später als betrügerisch entlarvte Investmenthäuser auswies, dafür aber kontinuierliche, ohne jemals einen Verlust auszuweisen. Der kam erst während der Finanzkrise 2008. Als ein Madoff-Kunde sein Geld zurückhaben wollte, zeigte sich, dass keines mehr da war und die Mitglieder des Palm Beach Clubs, welche mehrheitlich bei Madoff ihr Geld angelegt hatten, sassen auf einmal auf dem Trockenen und ihnen dämmerte all-

mählich, dass sie sich ihre Rendite gegenseitig bezahlt hatten und das Schneeballsystem, an dem sie beteiligt waren, nur so lange funktionieren konnte, wie niemand seine Einlage zurückhaben wollte oder neue Mitglieder dazu kamen.

- Was machte Ihrer Meinung nach den Erfolg des Madoff-Systems aus?
- Wer ist Ihrer Meinung nach schuld an diesem Betrug?

Helfen
8. Warum nicht ertrinken lassen?
«Der Weg von der Bibliothek meiner Universität zum Hörsaalgebäude führt an einem flachen Zierteich vorbei. Angenommen, ich bemerke auf meinem Weg zur Vorlesung, dass ein kleines Kind hineingefallen ist und Gefahr läuft zu ertrinken. Würde irgendwer bestreiten, dass ich hineingehe und das Kind herausziehen sollte? Dies würde zwar bedeuten, dass ich mir die Kleidung beschmutze und meine Vorlesung entweder absage oder verschieben muss, bis ich etwas Trockenes zum Anziehen finde: aber verglichen mit dem vermeidbaren Tod eines Kindes wäre das unbedeutend.»[4]

- Stimmen Sie dieser Schlussfolgerung zu?
- Wenn Sie dieser Schlussfolgerung zustimmen, welche weiteren Konsequenzen ergeben sich daraus?

Irreführung
9. Viel Schrott für eine bessere Umwelt: die Abwrackprämie
Nachdem in Folge der Finanzkrise der Absatz von Autos stark eingebrochen war, beschloss die deutsche Bundesregierung 2009 jenen Neuwagenkäufern, die ihr altes Auto verschrotten liessen, eine Prämie von 2500 € zu zahlen. Das Gesetz zur «Sicherung von Beschäftigung und Stabilität in Deutschland»[5] schien der grosse Wurf: Zum einen versprach es die darbende Automobilindustrie, die in Deutschland eine Schlüsselindustrie ist, aus der Flaute zu verhelfen *und* zugleich etwas Gutes für die Umwelt zu tun, denn neue Fahrzeuge haben in der Regel eine bessere Umweltbilanz als alte.

- Wie beurteilen Sie die Ambitionen der deutschen Regierung, die Automobilindustrie anzukurbeln und zugleich die nationale Umweltbilanz zu verbessern?

---

4   Peter Singer 1979, S. 292.
5   Deutscher Bundestag 2009.

- Informieren Sie sich über das Konzept des «ökologischen Rucksacks».
- Vergleichen Sie den ökologischen Rucksack eines neuen und sparsameren Autos mit einem alten Wagen, der einen sehr hohen Verbrauch hat.

10. Entschuldigung für die Wahrheit: Daimler und der Dalai Lama
«Betrachte eine Situation von allen Seiten und du wirst offener werden.» Diesen weisen Satz legte die PR-Abteilung von Daimler im Januar 2018 unter das Foto eines weissen Mercedes-Coupés mit dem der Stuttgarter Autobauer seine Internet-Werbung in China verbreitete. Die Reaktion liess nicht lange auf sich warten und schon wurden die Stuttgarter vom offiziellen Peking als Volksfeinde bezeichnet. Was war geschehen? Der zitierte Satz stammte nicht aus der Daimler-Werbeabteilung, sondern vom Dalai Lama. Das geistliche Oberhaupt der Tibeter gilt, seit die Volksrepublik 1950 Tibet annektiert hat, als «Staatsfeind Nr. 1» und wird, auch unter Mithilfe westlicher Internetsuchmaschinen, in China totgeschwiegen.
Daimler-CEO *Dieter Zetsche* muss über die Rüge aus Peking so erschrocken gewesen sein, dass er umgehend einen Entschuldigungsbrief an den chinesischen Botschafter in Berlin schrieb und ihn wissen liess, Daimler habe «keine Absicht, in irgendeiner Weise Chinas Souveränität und territoriale Integrität in Frage zu stellen und anzuzweifeln.»

- Beurteilen Sie die Entschuldigungsgeste des Daimler CEO.
- Erörtern Sie mögliche Gründe für Zetsches Entschuldigung.

Konsum

11. Ganz schön billig, aber todschick
Auch in den ökonomisch reichen Ländern gibt es Viele, die ihren Euro oder Franken zweimal umdrehen müssen, bevor sie ihn ausgeben. Da wundert es nicht, dass sie sich nach den für sie günstigsten Gelegenheit umsehen, um sich mit dem Nötigsten einzudecken. Und das geht heute so günstig wie noch nie: So kann man ein lustig buntes T-Shirt für weniger als 5 CHF/€ kaufen. Kaum zu glauben, aber wahr, der Laden, in dem man das neue Stück kauft, verdient auch noch dran und sogar die grösste Summe, nämlich fast 60 Prozent. Allerdings muss er davon noch Ladenmiete und Personalkosten bestreiten. Das Label, dass diese Billigprodukte vertreibt, verdient natürlich ebenso, wie die Herstellerfirma in Bangladesch und die Logistik, die das T-

Shirt von dort in die europäischen Läden bringt, ach ja, und die Näherinnen verdienen natürlich auch ganz schön, ganze 2,6 Prozent pro Billig-T-Shirt.[6]

- Beurteilen Sie die Billig-Mode kritisch in dem Sie zusätzlich zu den bereits genannten, weitere Kriterien zur Sprache bringen.
- Wer trägt die Verantwortung an den durch Billig-Mode verursachten Problemen?

Korruption

12. Es muss sich ja rechnen: Flugzeughersteller und Investitionskosten
Ein neues Grossflugzeug zu entwerfen ist extrem forschungs- und damit kostenintensiv. Solche Investitionen sind zum einen notwendig um auf dem Markt bestehen zu können, zum anderen ist höchst unsicher, ob diese Kosten jemals amortisiert werden können. Das Risiko wird zusätzlich dadurch erhöht, dass es im Bereich der Grossflugzeuge weltweit nur eine Handvoll Hersteller gibt, die sich diesen Markt aufteilen.

Die Versuchung liegt daher nahe, dass ein Hersteller versucht, sich mittels Bestechungsgeldern einen Grossauftrag zu sichern. Obwohl den Verantwortlichen der Herstellerfirma klar ist, dass dies eine verbotene Handlung ist, könnten sie sich zu diesem Schritt aus verschiedenen Gründen veranlasst sehen ...

- Beschreiben Sie Gründe, die aus Sicht der aktiv bestechenden Firma die Korruption gerechtfertigt erscheinen lassen, indem Sie utilitaristisch (→ 3.3.) argumentieren.
- Erklären Sie, wie man aus der Sicht Kants (→ 3.2.) dagegen argumentieren kann.

13. Schmiergeld in Milliardenhöhe: Siemens
Im Jahre 2006 wurde bekannt, dass es beim deutschen Elektronikkonzern Siemens Korruption in bislang nicht vorstellbarer Höhe gegeben hatte. Nach einer Polizeirazzia in der Münchner Konzernzentrale erfährt die Öffentlichkeit erstmals von mehreren hundert Millionen Euro, welche für Schmiergeldzahlungen verwendet wurde; Ende 2007, als der Aufsichtsratsvorsitzende *Heinrich von Pierer* (* 1941) und der Vorstandschef das Unternehmen verlassen haben, beläuft sich der Betrag auf 1.3 Milliarden Euro. Diese Summe findet sich in schwarzen Kassen mit denen sich Siemens weltweit Aufträge gekauft hat.

---

6   Gisela Burckhardt 2014, S. 201.

- Beschreiben Sie den Schaden, der durch die schwarzen Kassen entstanden ist, indem Sie möglichst alle Betroffenen und Geschädigten darstellen.
- Noch in seiner Funktion als Vorstandsvorsitzender von Siemens schrieb Heinrich von Pierer gemeinsam mit dem Wirtschaftsethiker Karl Homann (→ 4.1.1.) und der Richterin am deutschen Bundesverfassungsgericht *Gertrude Lübbe-Wolf* (* 1961) ein Buch mit dem Titel «Zwischen Profit und Moral». In diesem Buch spricht sich von Pierer für ein «absolutes Verbot jeder Form von Korruption» aus.[7] Pierer argumentiert dabei betriebswirtschaftlich, in dem er den Firmengründer *Werner von Siemens* (1816-1892) zitiert: «Für augenblicklichen Gewinn verkaufe ich die Zukunft nicht».[8] Beurteilen Sie die Position von Pierers und die von Siemens`.
- Wer ist ihrer Meinung nach für das Korruptionssystem bei Siemens verantwortlich?
- Im Unterschied zu anderen Spitzenmanagern wird der Aufsichtsratsvorsitzende von Pierer nicht verurteilt. Wie beurteilen Sie, dass er aus seinem Privatvermögen mehrere Millionen an Siemens zahlt.

14. Abstürzende Sternenkämpfer: Der Lockheed-Skandal
Als Ende der 1950er Jahre in der Bundesrepublik Deutschland die Anschaffung neuer militärischer Abfangjäger diskutiert wurde, erteilte der damalige Verteidigungsminister *Franz-Joseph Strauss* (1915-1988) den Auftrag der amerikanischen *Lockheed Corp.*, den Hersteller des Starfighters. Diese Entscheidung war bei Experten umstritten, da der Starfighter als technisch unausgereift galt; zusätzlich überraschte die Größe des Auftrags, bestellte das Verteidigungsministerium doch gleich 700 Flugzeuge des kalifornischen Herstellers. Normalerweise kauft man bei Neuanschaffungen zunächst eine kleine Testmenge.

Wenige Jahre später verdichteten sich die Hinweise, dass Verteidigungsminister Strauss sich die Entscheidung zu Gunsten Lockheeds durch Bestechungsgelder hatte bezahlen lassen. Dieser Fall entwickelte sich bald auch zu einem Fall von Lobbyismus, da die mutmasslichen 10 Millionen Dollar, die zu Gunsten von Strauss bzw. seiner Partei geflossen sein sollen, wahr-

---

7 Heinrich von Pierer et al. 2003, S. 19.
8 Heinrich von Pierer et al. 2003, S. 15.

scheinlich von einem in Deutschland tätigen Lobbyisten der Firma Lockheed stammten. Wie häufig in solchen Fällen, konnte die Bestechlichkeit des Ministers nicht bewiesen werden, jedoch sprach einiges dafür: Neben seiner Entscheidung für ein offensichtlich mangelhaftes Produkt machte ihn auch seine bereits in einer frühen Verhandlungsphase bekundete Plädoyer zu Gunsten von Lockheed verdächtig.[9] Diese und andere Verdachtsmomente interessierten die Öffentlichkeit deshalb besonders, weil sich der Starfighter, wie die Experten bereits früh gewarnt hatten, als ein ausgesprochen fehleranfälliges Flugzeug erwies. So kam es bereits bald zu ersten folgenschweren Unfällen, die bis zur Ausmusterung des Starfighters im Jahre 1991 – die Flotte war inzwischen auf 900 Maschinen angewachsen – zu einem unfallbedingten Verlust von 300 Flugzeugen führte und 116 Menschenleben kostete.

- Rekonstruieren Sie aus der historischen Forschung den Starfighter-Skandal, in dem Sie auch den Verkauf in andere Länder analysieren.
- Beschreiben Sie die besondere Korruptionsanfälligkeit bei der Anschaffung von Rüstungsgütern und entwickeln Sie Vorschläge für einen korruptionsfreien Rüstungskauf.

Kunstmarkt
15. Vielleicht nicht echt, aber sicher nicht schlecht: 450 Mio $ für ein Bild
Da staunten selbst die zahlenverwöhnten Makler von Christies: *Mohammed bin Salman* (* 1985), der Kronprinz von Saudi-Arabien, erwarb im November 2017 das Bild «Salvator Mundi» von *Leonardo da Vinci* (1452-1519) für – inklusive Gebühren – den Preis von annähernd einer halben Milliarde Dollar. Ob der «Retter der Welt» nun wirklich von dem Maler der Mona Lisa stammt, ist zwar nicht ganz sicher, Zweifel daran kursieren schon seit Jahren, aber der Preis gibt der Leonardo-Fraktion Recht: Was so teuer ist, das kann nicht einfach von einem der vielen Maler aus der Werkstatt des Meisters stammen, das muss schon echt sein. Aber was heisst hier «echt»?

- Bilden Sie sich eine Meinung zum Preis für den «Salvator Mundi», in ökonomischer und in kultureller Hinsicht.
- Was sagt der Preis eines Gemäldes über seine Qualität?
- Was sagt der Preis über die Echtheit eines Gemäldes?
- Wie ist es zu beurteilen, dass bei Auktionen häufig private Anbieter den Zuschlag bekommen?

---

9   Der Spiegel, 24.1.1966, S. 28.

Kapitel 15

Lobbying
16. Gelbe Engel lügen nicht: der ADAC
Der «Allgemeine Deutsche Automobilclub», ADAC mit Sitz in München ist mit über 19 Millionen Mitgliedern der grösste Verkehrsclub in Europa. Zu seinem Kerngeschäft gehört der Pannendienst, also das Herbeieilen und Helfen bei einer Autopanne. Durch seinen täglichen Einsatz verfügt der ADAC über eine breite Datenbasis, welche Autos, welcher Marken, welche Defekte haben. Die jährliche Pannenstatistik kann daher Auskunft über die Qualität der Fahrzeuge geben und ist entsprechend bei Mitgliedern und Nicht-Mitgliedern begehrt und übte vermutlich einen grossen Einfluss auf das europäische Käuferverhalten aus, wozu insbesondere die Auszeichnung mit dem «Gelben Engel» für das zuverlässigste Auto beitrug.
2014 wurde dann bekannt, dass die Platzierung zum pannensichersten Auto über viele Jahre gefälscht waren. Auffällig war schon lange, dass sich unter den Preisträgern des Gelben Engels fast ausschliesslich deutsche Hersteller befanden. Diese gaben in Folge der Affäre dann 40 Gelbe-Engel-Siegerpokale an den ADAC zurück.

- Beschreiben Sie die Vorgänge beim ADAC kritisch, in dem Sie die allgemeinen Korruptionsgefahren solcher Prämierungen sichten.
- Beurteilen Sie das Gelbe-Engel-Gütesiegel kritisch.
- Entwerfen Sie ein Verfahren, dass eine glaubwürdige Prämierung gewährleistet hätte.

17. Jedem seine Schnellfeuerwaffe:
Die National Rifle Association sorgt sich um die Sicherheit im Land
In den USA sterben jedes Jahr weit über 30.000 Menschen durch Schusswaffen. Immer wieder kommt es zu Amokattacken, so tötete im Oktober 2017 ein Mann in *Las Vegas* 58 Menschen und verletzte über 500 Hundert. Wer darüber klagt, dass es bislang keine US-Regierung geschafft hat, die Waffengesetze zu verschärfen und den privaten Kauf von Waffen zu erschweren, kommt dann schnell auf die *National Rifle Assosiaction* (NRA) zu sprechen. Die 1871 gegründete NRA war ursprünglich ein Verein für Sportschützen und ist heute mit über 5 Millionen Mitgliedern eine mächtige Lobbyorganisation, die alle Massnahmen, welche den Zugang zu Waffen erschweren könnten, zu verhindern versucht, und dies, wie die Gesetzeslage in den USA belegt, mit grossem Erfolg. So wehrt sich die NRA gegen eine Lizensierungs- und Registrierungpflicht auch halbautomatischer Waffen, gegen die Begrenzung der Munitionsmenge und besonderer Aufbewahrungsbestimmungen oder der

Einführung von Fristen zum Kauf der Waffen. Seit den 1970er Jahren unterstützt die NRA mit Spenden im US-Wahlkampf Kandidaten, die einer Verschärfung der Waffengesetzgebung ablehnend gegenüberstehen und finanziert auch Kampagnen gegen Kandidaten, die den freien Zugang zu Waffen ablehnen, wie der spätere US-Präsident *Barack Obama* (* 1961). Die NRA gründet ihr Engagement auf den Zweiten Zusatzartikel zur US-Bundesverfassung von 1791, welcher der Regierung verbietet, den privaten Waffenbesitz einzuschränken.

Zu dem weiteren Engagement der NRA zählt auch eine jährliche nationale Waffenverkaufsmesse, an der auch europäische Hersteller, wie die deutsche Firma *Heckler & Koch* vertreten sind.

- Informieren Sie sich über eine der jüngsten Amokattacken in den USA.
- Schauen Sie den Film «Bowling for Columbine» von Michael Moore.
- Recherchieren Sie die gesellschaftliche und politische Debatte über den Film von Moore in den USA.
- Rekonstruieren Sie die gescheiterten Versuche der Regierung Obama zur Verschärfung der Waffengesetze.
- Wer ist Ihrer Meinung nach für das Scheitern der Bemühungen um eine Verschärfung der Waffengesetze verantwortlich?

Löhne

18. Nicht schlecht: »Jeden Tag verdiene ich 1 Million«

Dieser Lohn war echt Spitze: Jeden Tag des Jahres verdiente Exxon CEO *Lee Raymond* (* 1939) 1 Million $ (um genau zu sein, waren es nur 357 Millionen im Jahr). Als er schliesslich Platz an der Spitze des Unternehmens machte um in den Aufsichtsrat zu wechseln, liess er sich das nochmals mit einem Jahresgehalt bezahlen.

- Sammeln Sie Argumente *für* das Gehalt von Lee Raymond.
- Was liesse sich *gegen* den Spitzenlohn des Exxon CEOs einwenden?
- Recherchieren Sie über den Wechsel von Exxon-Managern in die US-amerikanische Politik.
- Wie ist der Spitzenlohn von Raymond angesichts der von Exxon zu verantwortenden Umweltschäden zu beurteilen?

Kapitel 15

Menschenrechte

19. Strassenbahn und dicker Mann

1. «Eine Straßenbahn ist außer Kontrolle geraten und droht, fünf Personen zu überrollen. Durch Umstellen einer Weiche kann die Straßenbahn auf ein anderes Gleis umgeleitet werden. Unglücklicherweise befindet sich dort eine weitere Person. Darf (durch Umlegen der Weiche) der Tod einer Person *in Kauf genommen* werden, um das Leben von fünf Personen zu retten?»[10]
Mit dieser unter dem Titel *Trolley-Problem* diskutierten Story verunsicherte die britische Philosophin *Philippa Foot* (1920-2010) 1967 die Philosophie.

- Machen Sie Vorschläge, wie und unter welchen Kriterien diese Situation zu beurteilen und eventuell zu lösen ist.

2. «Eine Straßenbahn ist außer Kontrolle geraten und droht fünf Personen zu überrollen. Durch Herabstoßen eines unbeteiligten fetten Mannes von einer Brücke vor die Straßenbahn, kann diese zum Stehen gebracht werden. Darf (durch Stoßen des Mannes) der Tod einer Person *herbeigeführt* werden, um das Leben von fünf Personen zu retten?»[11]
Die am MIT lehrende amerikanische Philosophin *Judith Jarvis Thomson* (* 1929) hat hier die Story von Foot leicht variiert.

- Arbeiten Sie den Unterschied zur vorangegangenen Story heraus.
- Beantworten Sie die Frage Thomsons

20. Sklavenarbeit bei den Bayerischen Motorenwerken, BMW

Vor dem Zweiten Weltkrieg produzierten die Bayrischen Motorenwerke Flugmotoren, ein Geschäft, das während der Aufrüstung Deutschlands und mit dem Beginn des Krieges besonders florierte. In dem eigens errichteten Werk in Allach wurden schliesslich Tausende Häftlinge aus dem Konzentrationslager Dachau als Zwangsarbeiter eingesetzt, mindestens 2000 von ihnen starben an den schweren Arbeitsbedingungen oder durch Hunger.[12]
Es dauert fast 50 Jahre bis BMW diesen Teil seiner Geschichte kritisch anschauen will. BMW beauftragt ein Historikerteam, die Geschichte der Zwangsarbeit zu erforschen und öffnet den beiden Autorinnen dazu ihre Archive.

---

10 Philippa Foot 1967, S. 193.
11 Judith Jarvis Thomson 1976.
12 Christian Pfaffinger 2016: http://www.abendzeitung-muenchen.de/inhalt.was-noch-heute-wehtut-dunkle-anfaenge-als-hitler-im-benz-zu-bmw-kam (20. November 2017); Der Spiegel 41, 2007, S. 80-83.

- Beurteilen Sie den Umgang von BMW mit ihrer Firmengeschichte.
- Wie sollte Ihrer Meinung nach ein Unternehmen mit eigenen Verbrechen umgehen?
- Wie erklären Sie es sich, dass die Aufarbeitung der Firmengeschichte so lange hat auf sich warten lassen?

21. Social Freezing bei Apple & Co

Der neueste Hit aus dem Silicon Valley heisst «Egg Freezing Event». Wie der US-Korrespondent einer grossen deutschen Zeitung berichtet, ist es fast wie bei den Tupperpartys in den 1970er Jahren. Damals trafen sich Frauen um die neuesten Frischhalteboxen zu diskutieren, bei den «Egg Freezing Events» geht es aber ernsthafter zu: Diskutiert wird ein Angebot, dass die Computerfirmen exklusiv für ihre weiblichen Mitarbeiter bereithalten: Sie bieten ihnen an, die Kosten für die Einfrierung ihrer Eizellen zu übernehmen. Apple und Facebook, die sich gerne als *Caring Company* begreifen, sehen darin eine Win-Win-Situation: Ihre Mitarbeiterinnen müssen sich nun nicht mehr zwischen Karriere und Mutterschaft entscheiden und können beides haben – wenn auch zeitversetzt: Zunächst widmen sie ihre Kreativität der Firma und später ihre Liebe dem eigenen Kind.

- Informieren Sie sich über die rechtliche und ethische Dimension des Social-Freezing.
- Beurteilen Sie die Bedeutung des Social Freezing aus Sicht der Arbeitgeber und aus Sicht der betroffenen Frauen.
- Entwerfen Sie ein Szenario, wie sich Social Freezing auswirken könnte.

22. Zehn Affen und ein Käfer: VW macht Abgastests

Im Auftrag des Volkswagenkonzerns hat die Automobillobby-Organisation „Europäische Forschungsvereinigung für Umwelt und Gesundheit im Transportsektor" (EUGT) im Jahre 2014 Affen und 2017 Menschen den Abgasen von Dieselfahrzeugen ausgesetzt. Die inzwischen aufgelöste EUGT war eine von VW, Daimler, BMW und Bosch getragene Lobbyorganisation, die sich insbesondere dem Nachweis der überschätzten Gefahren des Automobils widmete. So verkündete die Versuchseinrichtung denn auch, dass weder Affen noch Menschen unter der Einatmung der Dieselabgase gelitten hätten.

- Machen Sie eine kleine Strassenbefragung und versuchen Sie herauszufinden, wer bereit wäre, seine Kinder gegen ein

kleines Entgelt für Abgasversuche bei Volkswagen zur Verfügung zu stellen.
- Beurteilen Sie die Abgastests von Volkswagen ethisch.
- Wie ist es Ihrer Meinung nach zu beurteilen, dass das Bundesland Niedersachen im Aufsichtsrat von Volkswagen vertreten ist.
- Die von VW mit den Tests betraute Organisation war eine Lobbyorganisation deutscher Automobilhersteller bzw. -zulieferer. Welche Lehren kann man aus den Abgastests über das Lobbying der Grossindustrie ziehen?

Philanthropie
23. Familienfreundliche Unternehmenspolitik: Fel-Pro Inc.
Der US-amerikanische Autoteilehersteller *Fel-Pro* aus Illinois bietet seinen Mitarbeitern überdurchschnittliche Leistungen, die teils gratis bzw. stark vergünstigt sind und von Erholungs- und Ferienangeboten, Schulgeld für Mitarbeiterkinder bis hin zu der Finanzierung von Weiterbildungen der Mitarbeiter reichen. Für dieses Engagement ist die Firma mit zahlreichen Preisen für eine familienfreundliche Unternehmenspolitik ausgezeichnet worden.

- Beurteilen Sie das philanthropische Engagement von Fel-Pro aus utilitaristischer Sicht.
- Beurteilen Sie das philanthropische Engagement von Fel-Pro aus kantischer Sicht.
- Nehmen Sie Stellung zur Aussage des Fel-Pro`s CEO; der feststellt, dass dieses Engagement sich in finanzieller Hinsicht lohne.
- Beurteilen Sie auch die Aussage des CEOs: «Das ist das, was die Gesellschaft braucht und wir sind Teil der Gesellschaft.»[13]

Preise
24. Niedrigpreise, immer, überall: Walmart Corp.
Der US-amerikanische Einzelhandelskonzern ist bezogen auf die Zahl der Mitarbeitenden wie den Umsatz das grösste Unternehmen der Welt. Die Unternehmensphilosophie von Walmart bringt sein Werbeslogan «Low Prices Always» auf den Punkt, womit eine radikale Effizienzstrategie vertreten wird.

---

13 Norman E. Bowie 1999, S. 140f.

Dieses, besonders in den USA, sehr erfolgreiche Unternehmen sieht sich heftigem Widerstand ausgesetzt, wobei sich insbesondere Gemeinden gegen eine Eröffnung einer neuen Walmart-Filiale wehren.

- Diskutieren Sie mögliche kritische Einwände gegen die Walmart-Unternehmenspolitik, indem Sie sowohl die Rechtsform des Unternehmens wie den Aspekt der Gemeinwohlorientierung berücksichtigen.
- Stellen Sie die Stakeholder Walmarts vor und formulieren Sie deren mögliche Kritik an Walmart.

Rohstoffe
25. Erdöl in Nigeria!
In den 1960er Jahren galt Nigeria als afrikanischer Hoffnungsträger mit einer starken Agrarexportwirtschaft. Dann wurde das Erdöl entdeckt und die einst gewinnbringende Landwirtschaft vernachlässigt, Nigeria erlebte die typischen Symptome der Holländischen Krankheit (→ 9.6.1.) an denen es bis heute leidet: Mit dem Niedergang der Landwirtschaft geriet auch die politische Infrastruktur unter Druck, eine hohe Korruptionsrate (→ 9.2.2.) und politische Ineffizienz trugen weiter zum Niedergang des politischen Gemeinwesens bei.

- Erläutern Sie den Zusammenhang von Rohstoffreichtum und politisch-wirtschaftlichem Niedergang im Allgemeinen.
- Stellen Sie den als Holländische Krankheit bezeichneten Effekt am Beispiel Nigerias dar.
- Welche vorbeugenden Massnahmen gegen die Holländische Krankheit schlagen Sie vor?

Sponsoring
26. Nur Fliegen ist schöner: Das Kultursponsoring der Lufthansa
Die deutsche Fluggesellschaft betätigt sich seit den 1990er Jahren im Kultursponsoring. Dabei übernimmt die Lufthansa beispielsweise die Transportkosten für Musiker. Im Gegenzug wird die Firma in den Programmen dankend erwähnt.[14]

- Beurteilen Sie dieses Engagement sowohl aus utilitaristischer als auch aus kantischer Sicht.

---

14 Sabine Pfannerstill 1996, S. 27ff.

- Welchen Einfluss könnte Ihrer Meinung nach das Kultursponsoring auf das Verständnis von Kultur haben?

Strassenverkehr

27. Unfalltote und Automobilersteller

Jedes Jahr sterben über 1,2 Millionen Menschen in Folge von Strassenverkehrsunfällen[15], die meisten davon bei Autounfällen. Unabhängig von der banalen Feststellung, dass es ohne Autohersteller keine Autounfälle gäbe, drängt sich die Frage nach der Verantwortung der Hersteller auf:

- Diskutieren Sie die Verantwortungsfrage, indem Sie möglichst alle Verantwortungsträger identifizieren und ihre Verantwortungsanteile möglichst präzise beschreiben.
- Stellen Sie die Verantwortung der Automobilhersteller dar, indem Sie die Reichweite der Verantwortung der Hersteller beschreiben.
- Entwerfen Sie eine ethische Skizze mit deren Hilfe die Opferzahl verringert werden könnte.

Umwelt

28. Bezahlen für`s Zerstören: Emissionshandel

Wenn es darum geht, grossen Schaden zu vermeiden, zählt bekanntlich das Ergebnis mehr als die Gesinnung mit der das Ergebnis erreicht wird. Nach dieser Devise funktioniert auch der *Emissionsrechtehandel*, kurz, «Emissionshandel». Statt Emissionen zu verbieten, werden sie im System des Emissionshandels erlaubt, allerdings, wie in jedem Handel, mit Kosten belegt. Diese können eine Lenkungsfunktion übernehmen: Wer weniger emittiert als in seinem Kontingent vorgesehen, der kann seinen Anteil am Kontingent demjenigen, der mehr als ihm zusteht, emittiert, verkaufen. Der Verkäufer erhält also durch den Verkauf eine finanzielle Belohnung seiner Sparmassnahmen und der Käufer wird mit Kosten für seine umweltschädliche Produktion belegt.

- Beurteilen Sie den Emissionshandel unter dem ihn leitenden Gesichtspunkt «das Ergebnis zählt».
- Der Emissionshandel geht von einer Obergrenze aus, die die Gesamtmenge der zulässigen Emissionen festlegt. Beurteilen Sie die Fixierung einer Obergrenze.
- Beurteilen Sie den Emissionshandel aus ethischer Sicht.

---

15 World Health Organization 2015, S. 2.

Werbung

29. Blut und Blumen: Benetton Group

In den 1990er Jahren expandierte das italienische Modelabel *Benetton* erfolgreich in die anderen europäischen Länder, wozu nicht zuletzt ein geschicktes Marketing beitrug: Die Strickwaren aus dem *Veneton* waren alle so fröhlich bunt, dass der Slogan «United Colors of Benetton» schnell zum Beinamen der Firma avancierte. Zu ihrem Erfolg trug auch das Engagement in der Formel I bei, das eigene Team gewann mit dem zuvor noch unbekannten Fahrer *Michael Schumacher* (* 1969) 1994 die Weltmeisterschaft. Ein weiterer Schritt zum Erfolg bestand in einer bis dahin noch nicht gesehenen Werbung: Kriegsopfer, Kinderarbeitssklaven oder ein AIDS-Kranker wurden in dunkel gehaltenen Portraitfotographien in Kontrast zur bunten Benetton-Welt gebracht.

- Informieren Sie sich über die Schockwerbung von Benetton und recherchieren Sie, wie diese damals in der Gesellschaft aufgenommen wurde.
- Entwickeln Sie eine eigene Position zu der Werbestrategie von Benetton.

30. Panzer fürs Arztköfferchen: Porsche Cayenne

Der grösste und schwerste Porsche aller Zeiten ist der nach der Hauptstadt von Französisch-Guayana benannte Cayenne. Dieses zweieinhalb Tonnen schwere Fahrzeug schleppt nicht nur einen gigantischen ökologischen Rucksack mit sich, sondern verbraucht das Benzin gleich eimerweise: Über 18l auf Hundert und unter Volllast sind es sogar 66l[16] und damit soviel wie bei einem kleinen Schützenpanzer. Für dieses Produkt wirbt das Stuttgarter Unternehmen gerne gezielt bei der zahlungskräftigen Kundschaft, beliebt ist da das *Deutsche Ärzteblatt*. Die von der deutschen Bundesärztekammer herausgegebene Zeitung ist das offizielle Mitteilungsblatt der deutschen Ärzte und wird an diese wöchentlich gratis verteilt. Das Ärzteblatt finanziert sich vollständig über Anzeigen. Für den Cayenne warb Porsche auf einer ganzseitigen Anzeige unter dem Foto der Luxuskarosse mit einem flotten Spruch: «Sportwagen, Familienkutsche, Zugmaschine in einem. Verschwendung kann man ihnen nun wirklich nicht vorwerfen.»

- Beurteilen Sie die beschriebene Werbung im Allgemeinen.
- Beurteilen Sie diese Werbung im Rahmen einer Ärztezeitung.

---

16 Toralf Staud 2009, S. 181.

Kapitel 15

Whistleblowing

31. Vermögen im Schredder

Der spätere Whistleblower *Christoph Meili* (* 1968) arbeitete als Nachtwächter einer Zürcher Wachfirma. Während seiner Schicht bei der damaligen «Schweizerischen Bankgesellschaft», SBG entdeckte er im Januar 1997 im Schredder-Raum Akten mit Belegen von sogenannten «nachrichtenlosen Vermögen»; von Vermögen jüdischer Bürger, die Opfer des Holocaust geworden waren. Meili nahm einige dieser Akten mit nach Hause und übergab sie einer jüdischen Organisation, die sie ihrerseits der Kriminalpolizei übergab. Danach erhob die Staatsanwaltschaft Klage gegen Meili wegen Verletzung des Bankgeheimnisses. Daraufhin übersiedelte Meili mit seiner Familie auf Anraten des auf Sammelklagen spezialisierten amerikanischen Anwaltes *Ed Fagan* (1952) in die USA, wo die Familie Meili als erste Schweizer US-Asyl erhielten.

- Beurteilen Sie die widerrechtliche Entwendung der Akten durch Christoph Meili.
- Wie beurteilen Sie die geplante Aktenvernichtung der SBG, wenn Sie bedenken, dass die Akten den Zeitraum bis 1927 betrafen, das 1996 in Kraft getretene Gesetz zum Verbot zur Vernichtung von Akten nachrichtenloser Vermögen sich auf Akten nach 1927 bezog.

32. Meier 19 schiebt Wache an der Goldküste

Nachdem der Zürcher Polizist *Kurt Meier* (1925-2006) beobachtet hatte, dass eine ganze Reihe von Anzeigen gegenüber Prominenten Verkehrssündern die am noblen Zürichsee-Ufer, der sogenannten Goldküste, wohnten, wieder fallengelassen oder die entsprechenden Akten sogar verschwunden waren, wurde er 1965 zum externen Whistleblower und spielte diese Information anonym verschiedenen Zeitungen zu, die dann auch darüber berichteten. Nachdem es der Polizei in einer internen Rasterfahndung gelungen war, die Quelle der Enthüllungen ausfindig zu machen, wurde Kurt Meier fristlos entlassen.

- Beurteilen Sie die Ursachen der Unregelmässigkeiten bei der Zürcher Polizei.
- Wie schätzen Sie den Schaden der Prominentenbegünstigung ein?

33. Das Sozialamt weiss von nichts

Esther Wyler und Margrit Zopfi sind typische Whistleblowerinnen: Sie sind überdurchschnittlich engagiert, nehmen ihre Arbeit überdurchschnittlich genau und kennen sich bestens in ihrem Metier aus. Daher fiel den Controllerinnen beim Sozialdepartement der Stadt Zürich auf, dass viele Akten von Beziehern von Sozialhilfe Mängel aufwiesen, die nur einen eingeschränkten oder sogar keinen Leistungsanspruch auf Sozialhilfe bedeuteten. Nach ersten Anzeichen, dass die Sozialhilfe eher schlampig denn rechtens gewährt wurde, schauten sie noch genauer hin. Ihnen ging es dabei nicht um Bagatellfälle wie unzulässig eingereichten Postabrechnungen, sondern um die grossen Fälle. Und die gab es in Zürich scheinbar zu Hauf. Leute, die im Jahr 2007 mit einem schönen Monatseinkommen von 9000 Franken noch Sozialhilfe bezogen, oder zusätzlich zur Sozialhilfe noch einen Sportwagen der Extraklasse fuhren. Solche Mängel wollten sie nicht weiter hinnehmen, sie hielten dies sowohl für eine Frage ihrer Berufsehre als Controllerinnen wie für eine Pflicht als Bürgerinnen, sich gegen die Vergeudung von Steuergeldern zu wehren.

Der Weg, wie sie dieses Ziel zu erreichen versuchten, wurde ihnen jedoch zum Verhängnis: Sie spielten die betreffenden Akten anonymisiert aber nicht anonym der Zeitung «Die Weltwoche» zu, die daraus in mehreren Ausgaben berichtete. Die Wirkung dieser Publikation war enorm: Die Amtschefin musste bereits nach wenigen Wochen ihren Hut nehmen. Nachdem Wyler und Zopfi sich in einem Interview outeten und ihre Einschätzung zu den von ihnen beanstandeten Fällen äusserten, wurden sie fristlos entlassen.

- Beurteilen Sie den Fall: Wie hätten sich die beiden Controllerinnnen Ihrer Meinung nach verhalten sollen?
- Wie beurteilen Sie die Tatsache, dass die Gefahr bestand, dass die Veröffentlichung der beanstandeten Unregelmässigkeiten die Institution der Sozialhilfe in Misskredit bringen könnte.

15.2. Falldiskussionen

Ad 1: Karohsi: Tod durch Überarbeitung

Die japanische Gesellschaft ist, stärker noch als die europäische, eine Arbeitsgesellschaft, was unter anderem bedeutet, dass die Menschen sich in Japan noch stärker als in Europa über die Arbeit definieren und daraus ihre Identität ableiten (→ 6.3.1.). Daher sind japanische Angestellte Überstunden gegenüber grundsätzlich positiv eingestellt. Überstunden abzulehnen, fällt vielen wohl auch deshalb schwer, weil die Identifikation mit dem Arbeitgeber sehr hoch ist und die Firma häufig an erster Stelle, noch vor der eigenen Familie, rangiert.

Der Bedarf an Überstunden ist in Japan auch deshalb sehr hoch, weil die japanische Gesellschaft nicht sehr integrationsbereit ist und deshalb wenige Ausländer im Land leben, die Arbeit also nicht auf mehr Schultern verteilt werden kann. Obwohl es also gesellschaftliche und kulturelle Gründe sind, die zu der dramatisch hohen Überstundenzahl führen, tragen die Unternehmen, welche ihre Mitarbeiter zu diesen extremen Arbeitsbelastungen drängen, eine besondere Verantwortung. Der Suizid, zu dem viele von extremen Überstunden Geplagte greifen, scheint darauf hinzudeuten, dass sie keinen anderen Ausweg aus dieser Spirale der Ausbeutung sehen: «Nein» zu sagen, ist in dieser komplizierten gesellschaftlich-kulturellen Lage für viele kein gangbarer Weg.

Trotz der Verantwortung, welche die Unternehmen an Karoshi tragen, lässt sich dieses Problem letztlich wohl nur über einen gesellschaftlichen Diskurs lösen. In diesem müssten die Themen Arbeit, Selbstverwirklichung und Lebenssinn einen zentralen Raum bekommen.

Ad 2: Sexuelle Übergriffe: Me too

In der Filmindustrie geht es bekanntlich um viel Geld und die Akteure können hier ganz schnell ganz gross herauskommen. Aber nur die Wenigsten schaffen es, die meisten, die sich auf diesen Weg machen, gehen unter und versinken im Vergessen, nur die *Happy Few*, die einen der seltenen Verträge bekommen, können sich überhaupt Hoffnung auf eine Karriere machen.

Die Arbeitergeberseite sieht in diesem Vabanquespiel den Vorteil der grossen Auswahl unter den Besten, für die Bewerber bedeutet dies hingegen, dass sie solange sie nicht unter Vertrag sind, in einem rechtlosen Zustand sind. Ihre unsichere Lage macht die auf ein Engagement hoffenden für Ausbeutung und Übergriffe besonders anfällig und trägt, da es vielen ebenso geht, mit dazu bei, dass niemand auf Solidarität hoffen kann. So können sich die Täter relativ sicher sein, dass sich ihre Opfer nicht zur Wehr setzen.

Die strukturellen Ausbeutungsverhältnisse sind in der Regel weit bekannt, weswegen es auch viele Mitwisser gibt, die dann ein Kartell des Schweigens bilden. Im Falle Wedel reichte dieses Schweigekartell sogar bis in die Spitzen von ARD und ZDF, die Abnehmer von Wedel-Produktionen waren. Dies ist zusätzlich pikant, weil in diesen öffentlich-rechtlichen Sendern die Politik Vertreter in die Aufsichtsgremien schickt, die wohl auch eher weggeschaut als hingehört haben.

Ad 3: Sklavenarbeit für Gummibärchen: Haribo GmbH
Eine Analyse der Wertschöpfungskette würde neben der Firma Haribo weitere Verantwortliche sichtbar machen. Da wäre zum einen die Shareholder, die Subunternehmen und Zwischenhändler von Haribo, also beispielsweise die beteiligten Logistikunternehmen. Eine grosse Verantwortung kommt natürlich der Betreiberin der Carnauba-Plantage zu aber auch den brasilianischen Behörden, die, wie zu erfahren war, zwar ihre Aufsichtspflicht wahrgenommen haben, dies aber möglicherweise nicht in ausreichendem Masse. Haribo hätte die Arbeitsbedingungen ihres Rohstofflieferanten durch eigene Besuche oder unabhängige Instanzen abklären (lassen) müssen. Neben einer Analyse der Arbeitsbedingungen hätte auch der negative Umweltaspekt von Palmenplantagen berücksichtigt werden müssen, die den tropischen Regenwald verdrängen und als Monokultur die Biodiversität verringern.
Haribo muss den angerichteten Schaden versuchen, soweit es geht, wiedergutzumachen. Wenn eine kritische Analyse zum Ergebnis führt, dass der Betrieb einer Palmenplantage aus ökologischen Gründen nicht zu rechtfertigen ist, dann ist der Ausstieg aus der Kooperation angesagt und auf eine Stilllegung der Plantage hinzuwirken *(a)*. In diesem wie in dem gegenteiligen Fall *(b)*, dass der Betrieb der Plantage aus ökologischen Gründen als gerechtfertigt erscheint, muss sich Haribo um die Plantagenmitarbeiter kümmern. Konkret muss Haribo anerkennen, durch deren (indirekte, weil über das Subunternehmen laufende) Beschäftigung eine Verantwortung eingegangen zu sein. Dieser Verantwortung kann Haribo nur gerecht werden, wenn sie einen aktiven Beitrag zur Verbesserung der Lebensbedingungen der ehemaligen Plantagenarbeiter sowie zu einer ökologischen Sanierung leistet. Des Weiteren müssten die Arbeitsbedingungen in Hinsicht auf den Unfallschutz dem deutschen Standard angepasst werden und in Hinsicht auf den Arbeitslohn, die Unfall- und die Sozialversicherung mindestens auf den brasilianischen Standard angehoben werden.
Was die auf der Plantage beschäftigten Kinder angeht, so gelten dieselben an UN-Recht und europäischem Recht orientierten Massnahmen: Kinder dürfen nicht einer gewerbsmässigen Arbeit nachgehen. Als Kind gilt jemand,

der noch der gesetzlichen Schulpflicht unterliegt also noch nicht 16 Jahre alt ist. Von diesem Arbeitsverbot sind Kinder ab 13 Jahren ausgenommen, wenn es sich um leichte und dem Kind angemessene Arbeiten handelt, dazu zählen Zeitungsaustragen, leichte Haus- und Gartenarbeit, das Ausführen eines Hundes und allgemein die Betreuung eines Tieres und leichte Hilfen bei der Ernte. Gerade der zuletzt genannte Punkt, die teilweise erlaubte Erntehilfe ist kein Freibrief für die ausbeuterische Plantagenarbeit. Diese verstösst gleich gegen zwei Artikel der UN-Kinderrechtskonvention, zum einen den Artikel 32, der den «Schutz vor wirtschaftlicher Ausbeutung» formuliert, wobei insbesondere festgehalten wird, dass Kinder nicht zu einer Arbeit herangezogen werden dürfen, «welche die Gesundheit des Kindes, oder seine körperliche, geistige, seelische, sittliche oder soziale Entwicklung schädigen könnte.» Zugleich verstösst solche Kinderarbeit gegen Artikel 28 («Bildung»), welcher den «Besuch der Grundschule für alle zur Pflicht» und weiterführende Schulen für alle «zugänglich» zu machen verlangt.[17] Durch die Nachfrage nach bzw. die Duldung von Kinderarbeit hat Haribo gegen die Kinderrechtskonvention verstossen. Eine aus dieser Verletzung der Konvention abzuleitende Widergutmachung bestünde in der Finanzierung von Bildungseinrichtungen in der Nähe des Wohnortes der durch Kinderarbeit betroffenen Familien, wobei zugleich der Lohn der Eltern soweit angehoben werden muss, dass Familien ohne das durch Kinder erwirtschaftete Einkommen ein gutes Leben führen können (→ 6.3.4.3.).

Ad 4: Die Millisekunde macht den Unterschied: Hochfrequenzhandel mittels «Geister-Algo»
Der Programmierer *Scott Hunsander* analysierte die Flash Crashs und konnte sie als gezielte Manipulation entlarven: Der extreme Kurseinbruch bot demjenigen, der ihn gezielt ausgelöst hatte, die willkommene Chance in der Baisse zu einem wahren Spottpreis einzukaufen. Es handelt sich bei den Flash Crashs also eindeutig um Betrug. Aber selbst wenn sie auf Hard- oder Softwareversagen zurückzuführen wären, wären diese massiven Kurseinbrüche ethisch bedeutsam: Dann müsste Vorsorge getroffen werden, solche Schwankungen zu verhindern, da sie eine gesamtgesellschaftliche Gefahr bedeuten. Die amerikanischen Börsen haben inzwischen auf Flash Crashs reagiert und setzen in deren Folge den Handel für mehrere Minuten aus. Solche Massnahmen sind jedoch unzureichend und man müsste generelle Massnahmen gegen den Hochfrequenzhandel in Betracht ziehen, welche von einer künstlichen Temporeduktion bis zu einem Verbot reichen könnten.

---

17 Vereinte Nationen 1989.

Ad 5: Murks? Ja, danke: Obsoleszenz ist in

Dass Obsoleszenz möglich ist, bewiesen die führenden Hersteller von Glühbirnen, als sie im Jahre 1924 in Genf eine geheime Vereinbarung trafen: Die Mitglieder des später als *Phoebus-Kartell* bezeichneten Clubs verpflichteten sich, dass ihre Lampen eine auf 1000 Stunden begrenzte Lebensdauer haben sollten.[18] Neue technische Möglichkeiten, gerade der digitalen Geräte, machen es wahrscheinlich, dass heute sehr viele Produkte auf ihr Kaputtgehen hin programmiert sind.[19]

In ethischer Hinsicht stellt die geplante Obsoleszenz *Betrug* dar. Dass es im Falle von Obsoleszenz auch heute zu kartellmässigen Absprachen kommt, ist wahrscheinlich, da andernfalls ein einzelner Hersteller, der seine Produkte auf Obsoleszenz programmiert, einen erheblichen Wettbewerbsnachteil erleiden würde. Daher liegt den meisten Fällen von Obsoleszenz wohl auch eine – den Markt ausser Kraft setzende und die Konsumenten irreführende – illegitime Absprache zu Grunde. Die Obsoleszenz schädigt über die Konsumenten hinaus durch den unnötigen Ressourcenverbrauch auch die zukünftigen Generationen und die Natur.

Ökonomisch führt die Obsoleszenz zwar zu einem Nachfrageboom, der sich jedoch nur scheinbar und nur kurzfristig gesamtwirtschaftlich positiv auswirkt. Bereits mittelfristig ist der Effekt negativ, da die Konsumenten über weniger Mittel für anderen Konsum verfügen.

Ad 6: Alles clean: Autobauer manipulieren die Abgaswerte

Volkswagen und die anderen Kartell-Mitglieder[20] haben mehr als nur ein doppeltes Spiel gespielt: Über Jahre haben sie die Konsumenten über die Umweltbelastung ihrer Produkte getäuscht, dabei ohne jede Anstrengung die Konkurrenz ausgestochen und untereinander, also innerhalb des Kartells, nach aussen Konkurrenz gespielt, also erneut die Kundschaft und auch den Staat arglistig getäuscht. Insgesamt hebelten die Kartell-Mitglieder das aus, was dem Wirtschaftssystem, von dem sie doch so gut profitieren, seinen Sinn verleiht: die Konkurrenz. Wo Konkurrenz herrscht, so die Theorie, besteht auch der Antrieb zur Weiterentwicklung und letztlich die Chance, dass sich der Anbieter mit dem besten Produkt durchsetzt. Unter den lange Zeit verheimlichten Bedingungen hätte man auf die dringend nötige Verbesserung der Technologie aber lange warten können: Denn das Kartell war auch ein Fortschrittsverhinderungskartell, mit drastischen Folgen für Mensch und

---

18 Harald Welzer 2013, S 268.
19 http://www.murks-nein-danke.de/murksmelden/ und Stefan Schridde 2014.
20 Der Spiegel, 22.7.2017.

Umwelt. Diesel-Motoren produzieren Stickoxide, welche insbesondere in den Innenstädten den Menschen die Luft zum Atmen raubt.

Ad 7: Schneeballschlacht in Florida: Bernie Madoff zaubert Milliarden weg
Beim Geschäftsmodell von Bernie Madoff passte einfach alles: Madoff war reich und galt zusätzlich als seriös in seinem Metier, was unter anderem durch seinen Verwaltungsratssitz in der Computerbörse NASDAQ belegt wurde: Madoff hatte Kunstsinn und sammelte nicht nur Kunst, sondern förderte sie auch als Mäzen, und schließlich: Madoff war für das Gute. Als Philanthrop spendete er viel Geld für Bildungseinrichtungen und Theater. Die Nähe zu diesem Menschen war also in jeder Beziehung ein gutes Investment. An so jemandem konnte einfach nichts falsch sein, Madoff schien ohne Fehl und Tadel. Daher hielt auch die US-Börsenaufsicht den Whistleblower, der bereits 1999 das Schneeballsystem Madoffs zur Anzeige brachte, für einen Betrüger. Wie sich 10 Jahre später herausstellte, war aber Bernie Madoff nicht der einzige Beteiligte des nach den Worten des *Wall Street Journals* «grössten Finanzbetrugs der Geschichte». Madoffs Kunden machten sich wohl selbst etwas vor, als sie Madoff ihr Geld anvertrauten: Gepackt von der Gier (→ Begriff 1)[21] und geblendet von dem schönen Schein, der Madoff umgab, trugen sie mit ihrem Geld das ihre dazu bei, dass das System funktionierte und sogar das unmögliche möglich wurde: Schneeballspiele in Florida.

Ad 8: Warum nicht ertrinken lassen?
Diese kurze Story, die Peter Singer in seiner 1979 erschienenen «Praktischen Ethik» erzählt, ist unzählige Male in Zeitschriften wiederabgedruckt worden und hat für eine bis heute anhaltende Debatte gesorgt. Denn es geht in der Geschichte, die uns Peter Singer hier erzählt, nicht um die Situation eines realen Kindes, das in einen realen Teich fällt. Dieser Fall wäre zu einfach, denn da wüsste wohl jeder, was zu tun wäre, nämlich das Kind zu retten. Wenn diese Schlussfolgerung aber so einfach ist, warum leisten wir dann nicht entsprechend ebenso unumwunden Hilfe in Situationen, die sich von der beschriebenen nur in Details unterscheiden? So geht es in der Story eigentlich nicht um das Kind, das vor unseren physischen Augen am Ertrinken ist, sondern um Menschen, die einige tausend Kilometer entfernt mit dem Tod kämpfen. Und es gibt auch kein konkretes Kind, das unserer Hilfe bedarf, dafür aber Tausende Menschen, denen das Wasser im übertragenen und – als Folge des Klimawandels auch im realen Sinne – bis zum Halse steht. Welchen Unterschied machen solche Details?

---

21 Christian E. Elger; Friedhelm Schwarz 2009, S. 12ff.

Singer räumt ein, dass das vor unseren Augen stattfindende Elend eine andere motivationale Wirkung hat, – aber, so kann man fragen, rechtfertigt dies ein anderes Verhalten potentieller Helfer? Des Weiteren könnte man behaupten, dass das reale Kind im realen Teich völlig unschuldig sei und deshalb unsere Hilfe verdient habe. Aber auch dieser Versuch, uns von der Hilfe zu entbinden, überzeugt nicht: Zum einen sind die meisten extrem Armen weitgehend entrechtete Bürger zweiter Klasse, die kaum Einfluss auf die Politik ihres Landes nehmen können, aber selbst wenn es anders wäre, würde dies nicht von der Hilfspflicht entbinden: Rettungssanitäter fahren ja auch nicht unverrichteter Dinge von einem Unfall nach Hause, wenn sie feststellen, dass das Opfer wegen Trunkenheit oder übersetzter Geschwindigkeit den Unfall selbst *verschuldet* hat. Daher gilt nach Singer:
«Wenn es in unserer Macht steht, etwas Schreckliches zu verhindern, ohne das etwas von vergleichbarer moralischer Bedeutung geopfert wird, dann sollten wir es tun.»[22]

Bereits Jahre zuvor hatte Peter Singer, die schreckliche Hungersnot in Bengalen vor Augen, den gleichfalls viel beachteten Aufsatz «Hungersnot, Reichtum und Moral» veröffentlicht (in dem das Teichbeispiel bereits vorkommt) Singer argumentierte damals, dass die Reichen, zu denen also alle Bürger und Bürgerinnen der Industrieländer gehören, zur Spende verpflichtet sind und zwar bis zum «Grenznutzen»[23], also jenem Punkt, an dem sich die spendenbedingte Wohlstandsminderung auf der einen Seite und die spendenbedingte Wohlstandsmehrung auf der anderen Seite die Waage halten. Mittlerweile hat Peter Singer mit anderen eine Bewegung gegründet, die ein solches Engagement fördern will; diese Bewegung nennt sich, wie das Buch, das Singer diesem Anliegen gewidmet hat, «Effektiver Altruismus».[24]

Ad 9: Viel Schrott für eine bessere Umwelt: die Abwrackprämie

Die «Gesellschaft für deutsche Sprache» wählte das Wort «Abwrackprämie» zum «Wort des Jahres». Dass der angepriesene positive Umwelteffekt mit dem durch staatliche Unterstützung Altwagen durch Neuwagen ersetzt wurden, verpuffen würde, war nicht überraschend, verstand sich das entsprechende Gesetz doch als Investitionsmassnahme und nicht als Umweltmassnahme. Es kam aber noch schlimmer: Nicht alleine ging es der Umwelt nach dem milliardenschweren Investitionsprogramm kein bisschen besser, sondern deutlich schlechter. Als Ende 2009 über eine halbe Million zusätzlicher Autos über

---
22 Peter Singer 1979, S. 293.
23 Peter Singer 1972, S. 234.
24 Peter Singer 2016.

deutsche Strassen rollten, war diese Flotte zwar energieeffizienter als die Vorgängermodelle, der Effekt für die Umwelt ist dennoch negativ. Denn der ökologische Rucksack von neuen Produkten ist immer um ein Vielfaches höher als derjenige von schon lange gebrauchten. Da die Prämie nur bei Verschrottung des Autos bezahlt wurde, entfiel die Chance, dass gebrauchte Autos mit niedrigerem ökologischem Rucksack weitergenutzt werden konnten.[25] Die Abwrackprämie ist zugleich Beleg einer irreführenden Politik und zwar sowohl der demokratisch legitimierten Politik wie auch der Unternehmenspolitik. Sie macht deutlich, dass Bürger die Verlautbarungen der Politik kritisch auf die ihr zugrundeliegenden Interessen befragen sollten.

Ad 10: Entschuldigung für die Wahrheit: Daimler und der Dalai Lama
Daimler sieht die Volksrepublik China, in der es bald 2 Millionen Euro-Millionäre geben wird, als grossen Wachstumsmarkt und freut sich zugleich, dass hochrangige Politiker der Kommunistischen Partei die Wagen mit dem Stern besonders schätzen. In dieser Lage wollten die Mercedes-Bauer das Einparteien-Regime nicht verärgern. Dass dem CEO von Daimler dafür jedes Mittel Recht ist und er sich gleichsam zum Pekinger Regierungssprecher machte, erstaunt dann aber schon. Wenn Zetsche feststellt, die chinesische territoriale Integrität nicht in Frage zu stellen, übernimmt er die offizielle Meinung Pekings, die die Annexion Tibets für rechtens und deren Kritiker als Staatsfeinde bezeichnet. Der Menschenrechtspolitische Sprecher der CDU/CSU-Bundestagsfraktion, Michael Brand, kommentierte das Verhalten von Daimler ungewöhnlich scharf: „Wenn Rückgratlosigkeit ausgezeichnet werden würde, dann hätten die Mercedes-Manager den ersten Preis für ihr peinliches Verhalten verdient" teilte Brand mit. „Der Konzern sollte sich nicht bei der chinesischen Regierung entschuldigen, sondern schleunigst beim Dalai Lama und den Tibetern."[26]

Ad 11: Ganz schön billig, aber todschick
Nicht nur der Wunsch, Geld zu sparen und möglichst günstig einzukaufen, führt zur Nachfrage nach extrem billiger Billig-Mode, diese wird auch geschürt durch eine Werbung, die auch bei den Besserverdienenden die billige Wegwerfmode hat chic werden lassen. Dass alles, auch die extrem billige Ware, ihren Preis hat, wird dabei gerne ausgeblendet, was deshalb umso leichter fällt, da man ihn ja nicht sieht.

---

25 Friedrich Schmidt-Bleek 2014, 3. Kap.
26 DeutscheWelle, http://www.dw.com/de/china-noch-eine-aufrichtige-entschuldigung-von-daimler/a-42517329 (8. Februar 2018).

Die Billigmode wird weit weg von den Konsumenten produziert und dies unter Arbeitsbedingungen, über die man lieber nicht so genau Bescheid wissen will. Es muss denn auch besonders schlimm kommen, dass die Konsumenten in den reichen Ländern die Augen und Ohren nicht mehr verschliessen können. Das war beispielsweise im April 2013 der Fall, als das *Rana-Plaza-Gebäude*, in dem auf fünf Stockwerken Nähereien untergebracht waren, in Brand ging und 1134 Menschen verbrannten.[27] Nicht nur angesichts der Opferzahl verbietet sich die Behauptung, Unfälle, so bedauerlich sie seien, passierten nun mal. Es gibt Arbeits- und – in diesem Falle Baubedingungen – die sind so, dass der Verlust an Menschenleben und Gesundheit als einkalkuliert betrachtet werden muss.

Wenn die Konsumenten im fernen Europa darüber nur bedauernd die Schulter zucken, leugnen sie ihre Verantwortung. Sowohl heimische Verkäufer wie Käufer können sich ohne grossen Aufwand über Arbeits- und Produktionsbedingungen ihrer Kleider informieren. Die Käufer können dann ihre Marktmacht spielen lassen und sich weigern, solche Bedingungen zu unterstützen. Und die Hersteller schliesslich können und müssen um eine Analyse der Wertschöpfungskette besorgt sein (→ 4.1.5.) und dürfen sich weder an ausbeuterischen Arbeitsbedingungen beteiligen oder von diesen profitieren und müssen ihre Marktmacht nutzen, die Lebensbedingungen der Menschen in den Ländern, an deren Ausbeutung sie lange verdient haben, zu verbessern. Dazu haben sich beispielsweise alle im *UN-Global Compact* zusammengeschlossenen Unternehmen verpflichtet.[28]

Ad 12: Es muss sich ja rechnen: Flugzeughersteller und Investitionskosten
Das einfache utilitaristische Argument des Flugzeugherstellers lautet,[29] dass die Korruption deshalb gerechtfertigt sei, da nur so die hohen Investitionskosten amortisiert werden können und damit letztlich der Bestand des Unternehmens und seiner Arbeitsplätze gesichert werden könne. Die für die Bestechung Verantwortlichen argumentieren also mit der positiven Folge ihres Tuns, welche, so das utilitaristische Kalkül, die negativen, beispielsweise des Verlustes von Arbeitsplätzen, überwögen.

Gegen diese Position kann man sowohl mit Kant aber auch mit dem Utilitarismus selbst argumentieren. Utilitaristisch lautet das Gegenargument, dass die Rechnung des Überhangs der guten vor den schlechten Folgen nur unter der Bedingung aufgehe, dass die isolierte Situation des Herstellers und

---

27 Gisela Burckhardt 2014, S. 21.
28 https://www.unglobalcompact.org/what-is-gc/mission/principles6
29 Den Fall präsentiert und diskutiert Richard DeGeorge 1986, S. 60f.

seiner Beschäftigten betrachtet werde. Wenn man hingegen die Beschäftigten der anderen, im Bieterwettbewerb unterlegenen Hersteller berücksichtigt, erkennt man, dass diese in Folge der Korruption geschädigt werden, was nach dem Utilitarismus gerade zu unterlassen ist.

Im Fokus einer weiteren Orientierung zeigt sich auch, dass die Bestechung weitere negative Folgen hervorruft. Neben der Schädigung der sich korrekt verhaltenen Mitanbieter besteht der weitere Schaden darin, dass es sich bei diesen geschädigten Firmen wahrscheinlich um diejenigen handelt, die qualitativ das bessere Produkt unter dem günstigeren Preis-Leistungsverhältnis anbieten, denn einer aus dieser unterlegenen Gruppe wäre, wenn es nicht zur Bestechung gekommen wäre, wahrscheinlich zum Zuge gekommen. In einer hoch sicherheitsrelevanten Branche beinhaltet die Korruption damit zugleich die Gefahr, dass sich Qualitätsmängel am Markt durchsetzen und damit Menschenleben gefährdet werden.

Aber auch aus kantischer Sicht lässt sich die Entscheidung der Firmenleitung, sich mittels Korruption einen Auftrag zu sichern widerlegen. Die Korruption stellt keine verallgemeinerbare Handlung dar und ist mithin selbstwidersprüchlich (→ 3.2.1.). Sie baut auf einer Haltung, die sie zugleich unterläuft: Denn sie ist darauf angewiesen, dass Verträge bzw. Vereinbarungen – als welche auch die Bestechung gelten kann – anerkannt und respektiert werden um zugleich eine Vereinbarung zu treffen, welche Vereinbarungen unterläuft, konkret: Der Bestechende hat ein fundamentales Interesse daran, dass der Bestochene die mit dem Bestechungsgeld erkaufte Entscheidung auch umsetzt und nicht das Bestechungsgeld kassiert und dann gegen die Interessen des Bestechenden entscheidet. Damit vertraut der Bestechende also auf die Gültigkeit und Anerkennung von Institutionen, welche er zugleich auszuhebeln versucht.

Ad 13: Schmiergeld in Milliardenhöhe: Siemens
Die durch die schwarzen Kassen geschädigten sind zum einen die Wettbewerber von Siemens, denen trotz eines eventuell besseren Preis-Leistungsverhältnisses ein Auftrag entgangen ist. Die Mitarbeiter dieser Firmen sind weitere Geschädigte, wie auch die Bürger und Bürgerinnen, an deren Staaten oder Kommunen diese Firmen im Auftragsfalle Steuern entrichtet hätten. Es ist nicht auszuschliessen, dass eine Firma, die sich ihre Aufträge erkauft, geringere Qualität liefert als sie leisten könnte und in dem Falle ihre Kunden finanziell übervorteilt und gegebenenfalls Schaden an Mensch und Natur in Kauf nimmt. Korruption verursacht des Weiteren einen Image- und Vertrauensschaden gegenüber dem wirtschaftlichen und politischen System innerhalb dessen sie sich ereignet. Folgeschäden dieses Vertrauensverlustes können

die Abkehr der Bürger vom politischen System sein («Politikverdrossenheit») und zum Teil durch das schlechte Vorbild ehemals renommierter Akteure zu Nachahme-Taten verleiten. Und schliesslich: Die in Folge der Aufarbeitung des Korruptionsskandals geleisteten Strafzahlungen können das Unternehmen und seine Arbeitsplätze gefährden und fehlen für Leistungen, welche eine höhere Wertschöpfung sowie Forschungsinnovation und Arbeitsplatzausbau ermöglichen könnten.

Ad 14: Abstürzende Sternenkämpfer: Der Lockheed-Skandal
Der Markt von Rüstungsgütern ist meist von einem Oligopol bestimmt, deswegen ist man hier noch weiter als sonst von idealen Marktbedingungen entfernt. Das bedeutet, dass die Anbieter ihre Produkte zu überhöhten Preisen anbieten können und sich zumindest die Öffentlichkeit – also die Steuerzahler – schwer eine Meinung über den angemessenen Preis machen kann. Die überhöhten Preise liefern den Herstellern den finanziellen Spielraum, für finanziell großzügige Lobby- bzw. Korruptionstätigkeiten. Des Weiteren begünstigt der Rüstungshandel solche unlauteren Massnahmen dadurch, dass militärische Anschaffungen häufig der Geheimhaltung unterliegen und eine nur kleine Gruppe in die Entscheidungen involviert ist.
Selbst in Ländern mit einer funktionierenden parlamentarischen Kontrolle kann die Rüstungsbeschaffung für die involvierten Entscheidungsträger zu einem lukrativen Nebenverdienst werden und in Ländern ohne ausreichende parlamentarische Kontrolle sogar zur einem «Überkonsum an Waffen»[30] führen, der seinerseits mehrere sehr negative Wirkungen haben kann: Unnötig hohe Rüstungskäufe lösen in der Regel einen Rüstungswettlauf mit den Nachbarländern aus und führen damit zu einer politischen Destabilisierung der Region, welche bis hin zu einem heissen Krieg führen kann. Unabhängig von diesem schlimmsten Fall haben hohe Rüstungsausgaben Budgetkürzungen in anderen Bereichen, meist dem Sozial- oder Bildungsbereich, zur Folge, was gleichfalls einen negativen Effekt auf die Entwicklung eines Landes hat.
Was sich gegen Korruption und Lobbyismus allgemein bewährt hat, gilt für die Rüstungsgüter also ebenfalls: die Öffentlichkeit muss, soweit es geht, in die Prozesse einbezogen werden. Eine Form sind öffentliche Debatten über Sinn und Zweck konkreter Rüstungsprojekte, die, wie in der Schweiz mehrmals geschehen, auch Gegenstand von Volksabstimmungen werden können und sollten.

---

30 Peter Koslowski 2009, S. 98 und Anthony Sampson 1977.

Ad 15: Vielleicht nicht echt, aber sicher nicht schlecht: 450 Mio $ für ein Bild
Kunstvermarktung ist nichts Neues: Maler haben immer schon versucht, ihre Werke zu verkaufen. *Vincent van Gogh* (1853-1890) war froh, wenn er von seinem Schwager, der Kunsthändler war, einige Gulden für seine Bilder bekam. Beide ahnten wohl nicht, dass man hundert Jahre später für einen Van-Gogh mindestens 80 Millionen $ hinblättern muss. Aber nicht nur Van-Gogh hatte sich das nicht vorstellen können, sondern auch die Kunsthändler selbst, hielten sich die Preise für Kunst doch lange Zeit auf einem eher bescheidenen Niveau. Das änderte sich erst 1970, als in Basel die internationale Kunstmesse *Art Basel* gegründet wurde. Wenngleich die Gründerpersönlichkeiten dieser Messe ausgewiesene Kunstkenner waren, allen voran der legendäre Basler Galerist *Ernst Beyeler* (1920-2010), fand die Gründung in einem weltökonomisch günstigen Zeitfenster statt: der Abschaffung des Goldstandards.[31] Als die US-Regierung 1971 die Golddeckung aufgab, erschienen Anlagen in Kunst in ganz neuem Licht. Und so vergrösserte sich auch die Art Basel von Jahr zu Jahr, in schöner Symmetrie zu den Preisen, die in Basel bald für Kunstwerke bezahlt wurden. Auch die international tätigen Auktionshäuser verspürten bald den Rückenwind aus Basel und die Preise stiegen ins Astronomische. Aber sind solche Preise auch gerechtfertigt? Unter marktwirtschaftlicher Perspektive ist diese Frage natürlich zu bejahen. Problematisch bleibt indes: Die extreme Wertsteigerung von Kunst führt dazu, dass öffentliche Nachfrager, also Museen, immer häufiger von privaten Bietern überboten werden. Damit verschwinden die Kunstwerke, die man als Erbe der Menschheit betrachten möchte, zum Teil für immer in einem privaten Safe und werden der Öffentlichkeit vorenthalten. Die extremen Preise, welche für Kunst gezahlt werden, verdrängen auch den Blick auf die Kunst selbst. So kann man vermuten, dass viele Käufer sich für die Kunstwerke nur interessieren, weil sie sehr teuer und damit prestigeträchtig oder eine gute Kapitalanlage sind.[32] Der internationale Kunstmarkt übt durch seine exorbitanten Preise zusätzlich eine Sogwirkung auf die Kunst insgesamt aus, so dass Künstler – und erst recht deren Galeristen – versucht werden, sich an ökonomisch gewinnträchtigen Trends auszurichten.

Ad 16: Gelbe Engel lügen nicht: der ADAC
Obwohl die Aufarbeitung des Skandals um den Gelben Engel keine Schmiergeldzahlungen zu Tage förderte und deshalb weder dem Autoclub

---

31 Auf diesen Zusammenhang verweist Christoph Türcke 2015, S. 309.
32 Wilhelm Korff 1999c, S. 334ff.

noch den von ihm begünstigten Herstellern Bestechlichkeit vorgeworfen werden kann, könnte die Vergabe der Gelben Engel-Trophäe Folge geschickten Lobbyings gewesen sein. Auch dies konnte zwar nicht nachgewiesen werden, allerdings ist die grosse Nähe zwischen dem Autoclub und den deutschen Herstellern ein offenes Geheimnis. Eine solche Verbindung herzustellen, dienen informelle Kontakte, wie sie sich bei vielen Gelegenheiten bieten, unter anderem auf der *Internationalen Automobil-Ausstellung*, IAA in Frankfurt und dem sehr prominent besuchten Berliner ADAC-Ball, letztmalig 2012 ausgetragen.

Die Gefahr einer unlauteren Einflussnahme durch den ADAC ist bereits auf Grund seiner Grösse gegeben und zeigt die Wichtigkeit von Wettbewerb. Was die Prämierung des Gelben Engels angeht, könnte diese nur ihr Ansehen zurückerlangen, wenn sie extern durchgeführt oder zumindest beobachtet würde.

Ad 17: Jedem seine Schnellfeuerwaffe: Die National Rifle Association sorgt sich um die Sicherheit im Land

Die NRA ist eine mächtige Lobbyorganisation. Dazu trägt zum einen ihre hohe Mitgliederzahl bei, der auf Grund ihrer Beheimatung (eher auf dem Land statt im urbanen Umfeld) bei Wahlen eine strategische Bedeutung zukommen kann. Die Unterstützung von Präsidentschaftskandidaten bzw. die latente Drohung eine solche Unterstützung zu verweigern oder sich sogar, wie im Falle von Barack Obama, direkt gegen einen Kandidaten auszusprechen, stellt einen Machtfaktor dar, den die politischen Parteien und insbesondere Kongressabgeordnete aus Regionen, in denen die NRA besonders stark ist, berücksichtigen werden. Die NRA kann daher Einfluss auf die Gesetzgebungsdebatte nehmen, dies auch indirekt durch PR-Kampagnen, die, von den Medien häufig unkritisch wiederholt, die Meinung vertreten, dass es zwischen Amokattacken und der liberalen Waffengesetzgebung keinen Zusammenhang gebe.

Unabhängig von dem Druck, welchen die NRA allen Bemühungen um eine Verschärfung der Gesetzgebung entgegenstellt, darf die Verantwortung der einzelnen Akteure nicht negiert werden. Der US-Präsident und die Parlamentsabgeordnete sind keine weisungsgebundenen Ausführer der Erwartungen der NRA, sondern ihrem Gewissen und dem Wohle des Landes verpflichtet. Eine Annullierung des umstrittenen 2. Zusatzartikels der US-Bundesverfassung bzw. eine Verschärfung der Waffengesetze wären Massnahmen, die sich aus dem Amtsverständnis des Amtes eines US-Präsident bzw. Kongressabgeordneten ableiten liesse.

Ad 18: Nicht schlecht: »Jeden Tag verdiene ich 1 Million«
Es fällt nicht leicht, Argumente für das gigantische Gehalt von Lee Raymond zu finden. Man kann es drehen und wenden wie man will und wird, ohne die Kompetenz dieses Ingenieurs, der sein gesamtes Berufsleben bei Erdölfirmen verbrachte, in Frage zu stellen, sich schwer vorstellen können, wodurch er diesen Lohn verdient haben könnte.[33] Wenn man beispielsweise das Kriterium der Leistungsgerechtigkeit heranzieht, kann man nicht auf den ersten Blick erkennen, inwiefern Raymond 5000mal mehr als der Durchschnittsingenieur bei Exxon verdient haben sollte. Aber wie dem auch sei und selbst wenn er 5000mal produktiver als sein Berufskollege im eigenen Unternehmen und 10.000mal produktiver als eine einfache Bürokraft bei Exxon gewesen sein sollte, so trägt er doch dazu bei, dass das Wohlstandsgefälle in den USA weiter auseinandergeht, was zwei problematische Effekte hat: Die Bezieher niedriger, mittlerer und selbst relativ hoher Einkommen fühlen sich angesichts solcher Gehälter als Bürger zweiter Klasse, da sie nicht verstehen, warum ihre Anstrengungen so viel weniger Wert sein sollen als die der Spitzenverdiener. Solche Gehaltsunterschiede können daher in einer Gesellschaft leicht zu Verdruss und dem Gefühl der Minderwertigkeit führen. Ausserdem wird die überwältigende Mehrheit der Menschen den Eindruck nicht los, dass ihre finanziell weniger rosige und vor allem instabile und bis hinauf in den gehobenen Mittelstand gefährdete Einkommenssituation besser wäre, wenn die wenigen Bezieher der extremen Spitzenlöhne nicht zugleich mit dem vielen Geld auch noch viel Macht hätten. Dass es hier einen Zusammenhang gibt, zeigen die Wechsel vieler Bezieher extremer Spitzenlöhne in die Politik. Dies stellt eine Gefahr für die Demokratie dar. Der politische Einfluss von Exxon auf die Politik könnte auch ein Grund dafür sein, dass Exxon in besonders viele Umweltskandale verwickelt ist.

Ad 19: Strassenbahn und dicker Mann
Die beiden Dilemmata drehen sich um den Unterschied von *Tun und Unterlassen*, der in diesen Fällen den Unterschied zwischen Töten und Sterbenlassen ausmacht. Zu beiden Fällen ist zu sagen, dass sie Modellsituationen beschreiben und Vorsicht geboten ist, von einem Modell auf die gelebte Wirklichkeit zu schliessen.
Wenn im Fall 1 die Weiche umgelegt wird, werden fünf Personen gerettet, eine andere (sechste) Person jedoch getötet. Dies ist erlaubt. Die aristotelische

---

33 International Herald Tribune 2007.

Tugendethikerin (→ 3.1.) Foot argumentiert hier nicht, wie man zunächst meinen könnte, utilitaristisch (→ 3.3.). Das Umstellen der Weiche ist daher nicht deshalb erlaubt, weil *ein* Leben zur Rettung von *fünf* Leben vernichtet wird. Dieses utilitaristische Kalkül verbietet sich nach Foot, weil dabei ein Mensch zum blossen Mittel gemacht würde, wo er doch ein Zweck ist (→ 3.2.). Erlaubt ist das Umlegen der Weiche, weil damit der Tod der einen Person lediglich in Kauf genommen wird, aber nicht gewollt oder beabsichtigt ist.

Und hier zeigt sich auch der Unterschied zum 2. Fall von Thomson: Dadurch, dass der dicke Mann heruntergestossen wird, wird nicht etwa wie im 1. Fall eine Gefahr lediglich umgelenkt, sondern eine neue erzeugt. Dabei wird ein Mensch zum blossen Mittel gemacht, was von einem kantischen Standpunkt aus nicht erlaubt ist.

Video:
- «Der Sommersonntag» (2008) von Fred Breinersdorfer und Siegfried Kamml. Dieser vielfach ausgezeichnete Kurzfilm zeichnet in verdichteter Form das Trolley-Problem nach.

Ad 20: Sklavenarbeit bei den Bayerischen Motorenwerken, BMW
Die Sklavenarbeit in der deutschen Industrie aufzuarbeiten wurde nicht nur von den beteiligten Unternehmen, sondern auch von der Bundesrepublik Deutschland lange als nicht dringlich angesehen. Erst Ende der 1990er Jahre kam auch politisch eine entsprechende Diskussion in Gang, die im Jahr 2000 zur Gründung der Stiftung «Erinnerung, Verantwortung und Zukunft» führte. In diese Stiftung zahlten schliesslich 6000 deutsche Unternehmen, die Zwangsarbeiter beschäftigt hatten, in einen Fonds ein aus dem bis 2007 ehemalige Zwangsarbeiter eine Entschädigung erhielten. Die Zahlungen können nicht mehr als symbolisch betrachtet werden: Zum einen lebten zu dieser Zeit nur noch wenige ehemalige Zwangsarbeiter und zum anderen war die Entschädigungssumme für die Kategorie A der am schwersten Ausgebeuteten mit der Einmalzahlung von 15.000 DM sehr niedrig.

In diesem gewandelten politischen Umfeld und wohl begünstigt durch einen Generationenwechsel der BMW-Eigentümerfamilie *Quandt* entstand die Bereitschaft, die Verbrechen im eigenen Unternehmen nicht länger zu ignorieren. Der Auftrag an Historiker zur Aufarbeitung dieses Firmenkapitels wurde dann seriös erteilt, in dem durch einen eingeschalteten unabhängigen Beirat jede Einflussnahme auf die Arbeit der Historiker unterbunden werden sollte.[34]

---

34 Constanze Werner 2004.

Ad 21: Social Freezing bei Apple & Co
Mit dem Angebot Social Freezing zu finanzieren,[35] betreten Apple und Facebook unternehmerisches Neuland: Nie zuvor haben Firmen so direkt Einfluss auf das Gebärverhalten ihrer Mitarbeiterinnen genommen. Was als wohlwollendes Angebot der Firma daherkommt, erweist sich letztlich als Angriff auf den intimsten Bereich des Menschen, der vor dem Zugriff Aussenstehender bewahrt werden sollte. Auch ist der immer wieder betonte Aspekt, dass es sich hierbei um ein freies Angebot handle, das man annehmen könne aber nicht müsse, fadenscheinig. Angebote üben eine Sogwirkung aus, die vor allem jene zu spüren bekommen, die solchen Verlockungen gegenüber ablehnend eingestellt sind. Die blosse Tatsache, dass die Möglichkeit des Egg Freezing so niederschwellig angeboten wird, fordert jede Frau, der das Angebot unterbreitet wird, heraus sich dazu zu verhalten: Sie wird zu Entscheidungen gezwungen, die bis dahin gar nicht zur Debatte standen. Zugleich muss sie diese Entscheidungen in einem öffentlichen Raum (dem der Firma) treffen, also dort, wo solche zutiefst privaten Entscheidungen nicht hingehören. Dies gilt im Übrigen auch und vielleicht besonders im Falle der Ablehnung: Wer das Angebot seiner Firma nicht wahrnimmt, wird sich im Falle einer Schwangerschaft dem Rechtfertigungsdruck von Firma und Kollegen ausgesetzt sehen.[36]

Ad 22: Zehn Affen und ein Käfer: VW macht Abgastests
Die Abgastests von Volkswagen wurden von der EUGT, einer Lobbyorganisation der Automobilindustrie organisiert. Das erklärte Ziel der EUGT war es, Auswirkungen des Autos auf die Gesundheit von Mensch und Umwelt zu testen. Dass die Testergebnisse der EUGT allseits auf «unbedenklich» lauteten, ist nicht weiter verwunderlich. Umso überraschender ist es, dass Volkswagen diese Tests überhaupt in Auftrag gegeben hat:[37] Um die gesundheitliche Unbedenklichkeit ihrer Produkte zu beweisen, setzt VW Mensch und Tier gesundheitlichen Gefährdungen aus, denn ob die Abgase gesundheitlich unbedenklich sind, wie es von der EUGT hiess, kann man ja bestenfalls erst im Nachhinein sagen.
Mit diesen ethisch nicht zu rechtfertigenden Tests hat VW auch dem Renommee der Lobbyverbände einen weiteren Schlag versetzt, weil sich noch mehr die Frage stellt, ob Lobbyverbände überhaupt als seriöse Debattenteilnehmer ernst zu nehmen sind. Dem im Aufsichtsrat von Volkswagen vertretenen Bundesland Niedersachen kommt auch bei diesem VW-Skandal eine

---

35 Roland Lindner 2014; Kolja Rudzio 2014.
36 Andreas Brenner 2014b.
37 New York Times, 25. Januar 2018.

besondere Verantwortung zu, da das Bundesland ja in besonderer Weise dem Wohl von Mensch und Natur verpflichtet sein sollte.

Ad 23. Familienfreundliche Unternehmenspolitik: Fel-Pro Inc.
Aus utilitaristischer Sicht ist das Engagement von Fel-Pro eindeutig positiv zu bewerten, da es zu einer gesamtgesellschaftlichen Wohlfahrtssteigerung führt. Aus kantischer Sicht ist vor einem abschliessenden Urteil die Absicht der Geschäftsleitung zu hinterfragen. Geht es ihr um eine Verbesserung der Lebensbedingung ihrer Mitarbeitenden oder nicht eher – wofür die Aussage des CEOs zu sprechen scheint –, um eine Investition in eine Erhöhung der Effizienz. Im ersten Falle, wäre das Engagement ethisch positiv, im zweiten Falle wäre es als ethisch neutral zu beurteilen.

Die Aussage des Fel-Pro CEOs zur Gesellschaft, die diese Unterstützung brauche und als deren Teil sich Fed-Pro sehe, lässt sich als Ausdruck eines aristotelischen Gesellschafts- und Politikverständnisses begreifen und begrüssen.

Ad 24: Niedrigpreise, immer, überall: Walmart Corp.
Eine Kritik an ihrer Niedrig-Preis-Politik kann das Unternehmen zunächst mit Verweis auf ihre Rechtsform als eines Privatunternehmens zurückweisen und die Effizienzstrategie als legitimes unternehmerisches Mittel darstellen. Stakeholdern wie Gemeinden, die sich einer Ansiedlung von Walmart in den Weg stellen, kann die Unternehmensleitung mit dem Argument begegnen, dass die niedrigen Preise ihrer Produkte die Lebenshaltungskosten der Bevölkerung senke, was nur im Interesse einer Gemeinde sein könne und dies sogar zu einem Ausgabenboom führen könne, von dem andere Branchen profitieren könnten. Die Walmart-Kritiker müssen sich dementsprechend zunächst die Propagierung von geringerer Effizienz vorwerfen lassen. Die Kritiker können dieses Argument aufgreifen und untermauern mit dem Hinweis, dass sie keine «Effizienz um jeden Preis» unterstützen möchten und auf die Kosten der Niedrigpreis-Politik verweisen. So geraten in Gemeinden mit Walmart-Märkten die Löhne im Einzelhandel ebenso unter Druck wie die Stellung der Arbeitnehmer-Vertretungen, zusätzlich haben die Selbstscan-Kassen einen negativen Effekt auf die Beschäftigung. Ausserdem kann man vermuten, dass die niedrigen Preise auch Folge extrem niedriger und zum Teil unter unlauterer Ausnutzung ihrer Marktmacht zu Stande gekommener Einkaufsmethoden ist. Bürger, welche sich gegen Walmart in ihren Gemeinden wenden, verhalten sich demnach nicht wie der Homo Oeconomicus und dennoch nicht irrational.[38]

---

38 Diskussion des Falls bei Norman E. Bowie 2013, S. 19f.

Kapitel 15

Ad 25: Erdöl in Nigeria!
Die Fokussierung auf das Erdöl hat im Falle Nigerias eine industrielle Monokultur befördert und damit auch fast alle Probleme, die von agrarischen Monokulturen bekannt sind:

- Ökologische Verarmung oder Verwüstung.
- Rückgang der Löhne
- Abhängigkeit von ausländischen Investoren.
- Destabilisierung der einheimischen politischen Strukturen.
- Weiteres Auseinanderklaffen der Wohlstandsschere mit weiteren negativen Auswirkungen auf den gesellschaftlichen Zusammenhalt.
- Erhöhung des Militärhaushaltes zu Lasten des Sozialbudgets.

Wichtig wäre, dass das rohstoffreiche Land die einheimische Kontrolle über die Rohstoffausbeute zumindest teilweise behält. Die Gewinne aus den Rohstoffen müssen der einheimischen Bevölkerung via Investitionen in politische und soziale Infrastruktur sowie in die Wirtschaft zu Gute kommen. Die ökonomisch reichen Länder, welche in der Regel Käufer oder Ausbeuter der Rohstoffe sind, sollen auf Rechtsstaatsprinzipien verpflichtet werden, also keine Verträge mit Diktaturen abschliessen und faire Preise zahlen (→ 12.1.2.).[39]

Ad 26: Nur Fliegen ist schöner: Das Kultursponsoring der Lufthansa
Aus utilitaristischer Sicht ist dieses Engagement positiv zu bewerten, wenn dadurch eine kulturelle Leistung angeboten werden kann, die andernfalls nicht oder nicht in diesem Umfange zu Stande kommen würde. Kritisch ist zu prüfen, ob durch das Kultursponsoring nicht alternative Veranstaltungen gefährdet werden. Aus kantischer Sicht ist dieses Kultursponsoring als ethisch neutral zu bewerten.[40]
Die Bedeutung des Kultursponsorings für das Verständnis von Kultur ist hingegen kritisch zu sehen. So besteht zum einen die Gefahr, dass durch das Sponsoring bestimmte – eher gefällige und unkritische kulturelle Produktionen – gefördert werden und da andere Produktionen im finanziellen Wettbewerb in den Nachteil geraten, kritische Positionen weiter marginalisiert werden.

---

39 Die rohstoffreichen Länder müssen also ihre Rohstoffdividende einziehen können, siehe Thomas Pogge 1995.
40 Norman E. Bowie 1999, S. 139.

Ad 27: Unfalltote und Automobilersteller
Die richtige Feststellung, dass es ohne Automobile keine Autounfälle gäbe, bedeutet nicht, dass die Autohersteller die gesamte Verantwortung an den Unfallopfern tragen. Dies wird ersichtlich, wenn man die Verantwortungsakteure identifiziert.

1. Der Gesetzgeber
Verantwortlich für den Automobilverkehr ist zum einen der Gesetzgeber (in Demokratien via gewähltem Parlament also die stimmberechtigte Bevölkerung), welcher sowohl Automobile für den Strassenverkehr zulässt, wie auch die dazu nötige Infrastruktur bereitstellt. Eine weitere Verantwortung des Gesetzgebers ergibt sich daraus, dass die Strafen bei zu schnellem Fahren lange Zeit so gering waren, dass der Eindruck eines Kavaliersdeliktes aufkam.

2. Die Verkehrsteilnehmer
Des Weiteren tragen die Strassenverkehrsteilnehmer an Unfällen eine partielle Verantwortung, sei dies durch Missachtung der Verkehrsregeln oder durch Unachtsamkeit. In diesem Zusammenhang kommen weitere Verantwortungsakteure in Sicht:

3. Versicherungen und Fahrschulen
Versicherungen, die ein prämienbasiertes System anbieten, können damit Anreize zu mehr Achtsamkeit im Strassenverkehr bieten. Die Fahrschulen können in ihrem Unterricht auf vorsichtiges Fahren Wert legen.

4. Marketing
Rasantes Fahren wird in der Werbung der Automobilhersteller häufig als attraktiver Lebensstil propagiert und führt dazu, dass gefährliches Fahren eher als Kavaliersdelikt angesehen wird.

5. Die Hersteller
Wegen der Verantwortung 1) sind die Hersteller nicht generell für die Autounfälle verantwortlich, sondern nur insoweit als ihnen Verantwortung konkret zugeschrieben werden kann. Dies ist bei Produkt- und Produktionsmängeln oder irreführender Information der Fall, dann beispielsweise, wenn über Sicherheitsstandards falsch informiert wird. Wie aber steht es um die Verantwortung, nicht die optimalen Sicherheitsvorkehrungen in ihrem Produkt verwendet zu haben? Grundsätzlich gilt natürlich, dass man, wenn überhaupt, lediglich verantwortlich ist für die Unterlassung einer einem möglichen Leistung (Regel: »Niemand ist verantwortlich für etwas, das ausserhalb seines Könnens liegt«.). Wie also ist ein tödlicher Unfall zu beurteilen, wenn die Todesfolge mit ABS-Bremsen und Airbag hätte vermieden werden können, mit zwei Technologien also, die seit vielen Jahren technisch zur Verfügung stehen? Auch hier muss die Verantwortung

zum einen an den Gesetzgeber verwiesen werden, der keine entsprechende Einbaupflicht verordnet hat und zum anderen an die Käufer, welche sich gegen einen entsprechenden Schutz ausgeprochen haben. Den Herstellern muss an diesem Versäumnis dann eine Verantwortung zugeschrieben werden, wenn die Gewinnmargen bei diesen und anderen sicherheitsrelevanten Extras zu gross ausfallen, so dass sie damit bei den Kunden eine Lenkungsfunktion ausüben.

Die Verantwortung an Autounfällen trifft die Automobilindustrie denn auch lediglich indirekt: Mit ihrer Marktmacht und ihrem Marketing promoten die meisten Hersteller bis heute das Gut «Fahrspass», worunter in der Regel ein auf Geschwindigkeit und eines Fahrens um des Fahrens willen ausgerichteter Autokonsum verstanden wird. Dies hat zur Folge, dass mehr und aggressiver, auf jeden Fall gefahrvoller gefahren wird, als nötig und damit auch die Unfallgefahr steigt.

Neben gesetzlichen Massnahmen wie Geschwindigkeitsbeschränkungen und Sicherheitsstandards ist vor allem eine Kulturänderung nötig, welche die automobile Gesellschaft nicht länger als Ausdruck von Selbstbestimmung, Selbstentfaltung und Lebensgenuss versteht. Die Hersteller tragen in diesem Zusammenhang eine grosse Verantwortung, junge und wankelmütige Konsumenten nicht weiter zu beeinflussen. Die staatlichen Akteure dürfen in diesem kulturellen Wandlungsprozess weder eine parteiliche Industriepolitik betreiben noch die Interessen der zukünftigen Generationen vergessen, noch die Interessen der Gegenwart: Beiden kann mit einer Verkehrspolitik, welche Alternativen zum Auto stark macht, geholfen werden.

Ad 28: Bezahlen für`s Zerstören: Emissionshandel

Der Emissionshandel, der von der Devise ausgeht, dass gut ist, was ein gutes Ergebnis zur Folge hat, legitimiert damit Emissionen. Dies ist deshalb problematisch, weil damit Emissionen nicht länger als etwas Verbotenes begriffen werden, sondern als etwas, das einen ethisch neutralen Faktor in der Kostenrechnung darstellt. Deshalb kann das Motto, «das Ergebnis zählt» gegebenenfalls durch das Prinzip des Emissionshandels selbst unterlaufen werden, wenn beispielsweise die Kosten für die Emissionszertifikate zu niedrig sind oder im Laufe des Handels zu billig werden. Dann lohnt sich die Verschmutzung eher als die Investition in eine umweltschonendere Technologie. Diese Entwicklung ist wiederum abhängig von der Definition einer Emissions-Obergrenze. Die Festlegung ist keine naturwissenschaftliche, sondern eine politisch-ethische Frage, die also Kriterien von Lebensqualität und deren angemessener und gerechter Verteilung – auf der Welt, in der Gegenwart und in der Zukunft – berücksichtigt. Unabhängig von dieser Frage ist auch

klar, dass eine zu hoch angelegte Obergrenze den angestrebten Schutzeffekt unterläuft.[41]
Nicht zuletzt spricht gegen den Emissionshandel sein Effekt der ethischen Korruption und Sprachverwirrung, denn er bedeutet ja nichts anderes als den Handel mit Zerstörungslizenzen. Emissionen sind nun nämlich nicht mehr grundsätzlich verboten, sondern dann erlaubt, wenn man das entsprechende Zertifikat erworben hat. Dort, wo eine Verbotspolitik mit Bussen arbeitet, setzt der Emissionshandel die Vorstellung von Gebühren.[42] Moralisch wirkt dieses System deshalb verheerend, weil es die Sensibilität für moralische Probleme unterläuft und durch das ökonomische Kalkül ersetzt. Damit wird auch dem «ökonomischen Imperialismus» (→ 2.5.) und den ihn begleitenden menschlichen Beschädigungen Vorschub geleistet.

Ad 29: Blut und Blumen: Benetton Group

Die Schockwerbung von Benetton war sehr erfolgreich, wenn man unter Werbeerfolg alleine den Aufmerksamkeitsfaktor versteht. Über die Werbung aus dem Hause Benetton wurde in den 80er und 90zer Jahren intensiv geredet, sie wurde mit den höchsten Preisen für beste Werbung ausgezeichnet und beschäftigte zugleich die Gerichte. In Deutschland wurden mehrmals Benetton-Werbungen als Verstoss gegen die Menschenwürde verboten. Der zur Unterlassung des Abdrucks des sogenannten AIDS-Plakats verurteilte Verlag erhielt letztlich vom Bundesverfassungsgericht unter Bezug auf die Presse- und Meinungsfreiheit das Recht zum Abdruck.[43] Obwohl damit der Fall auf der rechtlichen Ebene geklärt war, waren damit die ethischen Fragen noch nicht beantwortet. So stellt sich trotz Abdruckerlaubnis allgemein die Frage, ob verantwortungsethisch (→ Begriff 8) alles, was nicht verboten ist, zu tun gerechtfertigt ist. Konkret lässt sich gegen die Schockwerbungen von Benetton einwenden, dass das Leid der betroffenen Menschen (und Tiere: Foto, das einen von einer Ölpest betroffenen ölverschmierten Vogel zeigt) instrumentalisiert wird zum blossen Zweck der Aufmerksamkeitserregung für eine andere Sache. Die Aufmerksamkeit, welche das schockierende Foto erregt, soll ja nicht der von diesem Leid betroffenen Klientel zu Gute kommen, sondern der am Verkauf ihrer Kleider interessierten Modefirma.

---

41 Elinor Ostrom 2008, S. 75.
42 Michael Sandel 2005, S. 34ff.
43 Bundesverfassungsgericht, Urteil 1 BVR 426/02.

Kapitel 15

Ad 30: Panzer fürs Arztköfferchen: Porsche Cayenne
Der Werbespruch für den Cayenne ist mehr als nur Ironie, die ja immerhin, richtig angewendet, ein feines literarisches Stilmittel darstellt. Der Spruch ist schlicht sarkastisch, erst recht, wenn man damit ausgerechnet bei Medizinern Werbung macht. Leuten, die sich der Heilung von Menschen verschrieben haben, wird also ein Produkt empfohlen, dass, was den Materialeinsatz und den Energieverbrauch angeht, eine negative Wirkung auf die Weltgesundheit hat und wegen der massigen Bauweise und der damit verbunden schlechten Rundumsicht eine hohe Unfallgefahr darstellt.

All' diesen Bedenken begegnet Porsche mit Hohn und setzt sein Image zu Gunsten eines gemeinschädlichen Produkts ein, indem es die Zerstörung von Natur, die Minderung der intergenerationellen Gerechtigkeit und die Gefährdung von Menschenleben fast zu einem schicken Sport erklärt.

Ad 31: Vermögen im Schredder
Die Entwendung der Akten durch den Wachmann Christoph Meili ist widerrechtlich gewesen, was jedoch nicht bedeutet, dass sie ethisch falsch gewesen wäre. Im konkreten Fall hatte Meili Grund zu der Annahme eines Verstosses gegen das Aktenvernichtungsgesetz. Von daher stellte die Entwendung der Akten einen Schutz eben dieser Akten dar. Zusammen mit der Übergabe der gefährdeten Dokumente an eine um sie besorgte Organisation, die sie ihrerseits den staatlichen Behörden übergab, taten beide das in diesem Fall einzig richtige. Die Klage der Staatsanwaltschaft gegen Meili ist auch im Kontext der historischen Dimension der nachrichtenlosen Vermögen und der Debatte in der Schweiz kritisch zu sehen. Im Jahre 1996, ein Jahr vor Meilis Entdeckung, hatte der Schweizerische Bundesrat eine (später nach dem Lausanner Historiker *François Bergier* benannte) Expertenkommission zur Aufarbeitung der vor und während des Zweiten Weltkriegs in die Schweiz gelangten nachrichtenlosen Vermögen ins Leben gerufen. Vor diesem Hintergrund verhielt sich Meili also ausgesprochen verantwortungsbewusst und weitblickend. Umgekehrt verhielten sich die SBG und Teile der Schweizerischen Öffentlichkeit in ihrer negativen Beurteilung Meilis weder sehr geschichts- noch verantwortungsbewusst. Und ausgerechnet diese Haltung und nicht etwa die Tat Meilis beschädigte letztlich die SBG schwer, die bald darauf zusammen mit dem *Schweizerischen Bankverein* in der Fusion zur UBS unterging.

Ad 32: Meier 19 schiebt Wache an der Goldküste

Der Fall Meier 19 erschütterte das Vertrauen der Zürcher Bevölkerung in ihre Polizei und beschäftigte die Öffentlichkeit über Jahrzehnte.[44] Zu den vielen Ungereimtheiten dieser Polizeiaffäre zählt auch, dass Kurt Meier 33 Jahre nach seinen Enthüllungen und seiner darauffolgenden Entlassung von der Stadt Zürich eine «Genugtuung» in Höhe von 50.000 Franken erhielt. Diese Zahlung wollte die Stadt Zürich als «moralische Rehabilitation» verstanden wissen, nicht jedoch als Anerkennung einer irgendwie gearteten «Rechtspflicht».[45] «Meier 19» ist sowohl ein Whistleblowing-Fall wie ein Korruptionsfall: Denn die illegalen Vertuschungen der Polizei, die von den höchsten Stellen der Polizei befohlen und zu verantworten waren, wiesen auf eine ungute Nähe der Polizeileitung zur städtischen Prominenz hin. Dass es zwischen den Eliten einer Stadt persönliche Bekanntschaft gibt, lässt sich kaum vermeiden und ist als solches auch unproblematisch, wenn allen Beteiligten klar ist, dass sich daraus keine Vorteile ableiten lassen dürfen und wenn die Entscheidungsträger ihre Arbeit seriös tun, was im konkreten Fall bedeutet, dass sie sich nicht vom Ansehen und Reichtum der Prominenz blenden lassen und sich auch von deren Macht unbeeindruckt zeigen. Bereits die kleinste Gefälligkeit muss als massive Verletzung des Gleichbehandlungsprinzips erachtet werden. «Kavaliersdelikte» gibt es in diesem Bereich nicht.

Ad 33: Das Sozialamt weiss von nichts

Die beiden entlassenen Whistleblowerinnen Esther Wyler und Margrit Zopfi zeichneten sich nicht nur durch eine überdurchschnittliche professionelle Kompetenz, sondern auch durch Unabhängigkeit aus. Für die Publikation der bedenklichen Akten wählten sie die rechtskonservative, der *Schweizerischen Volkspartei*, SVP nahestehende Zeitschrift *Weltwoche*. Das war insofern ungewöhnlich, als zumindest Esther Wyler auf der anderen Seite des politischen Spektrums stand und damit dem politischen Gegner Wasser auf die Mühlen leitete. Parteipolitische Bedenken hatten für Wyler in dieser Situation jedoch zurückzutreten.

2009, zwei Jahre nach ihrer fristlosen Entlassung, erlebten Wyler und Zopfi eine dramatische Wende zum Besseren: Ein Gericht sprach sie von dem Vorwurf der Amtsgeheimnisverletzung frei. Zum ersten Mal schützte ein Schweizer Gericht Whistleblower und befand, dass das öffentliche Interesse höher zu gewichten sei als die Wahrung des Amtsgeheimnisses. Im selben

---

44 Paul Bösch 1997.
45 Neue Zürcher Zeitung, 9. November 2006.

Jahr zeichnete das Schweizer politische Magazin «Beobachter» die beiden Whistleblowerinnen mit dem «Prix Courage» für «ausserordentliche und mutige Taten» aus. Auf dieses Hoch folgte bald das Tief: In der nächsten Instanz, beim Zürcher Obergericht, unterlagen die beiden Whistleblowerinnen. Das Gericht monierte, dass Wyler und Zopfi vor ihrem Gang an die Öffentlichkeit nicht eine externe staatliche Instanz, beispielsweise die Stelle des städtischen Ombudsmanns angegangen seien. Auch das oberste Schweizer Gericht, das *Bundesgericht* in Lausanne, an das sich Wyler und Zopfi schliesslich wandten, stützte die Position des Obergerichts und befand, die beiden Whistleblowerinnen hätten vor dem Gang an die Öffentlichkeit nicht alle anderen Möglichkeiten ausgeschöpft.

Nach diesem Urteil ist Whistleblowing in der Schweiz eine für die eigene Karriere und bürgerliche Existenz weiterhin hochriskante Aktion: denn der anempfohlene Weg über die externen Stellen ist persönlich nicht weniger riskant und birgt zugleich die Gefahr, dass der Hinweis dort versandet und mithin wirkungslos bleibt.[46]

---

46 Alex Baur 2011, S. 145.

Anhang

389	16.1.	Nützliche Adressen
391	16.2.	Endnoten
403	16.3.	Literatur
416	16.4.	Personenregister
419	16.5.	Sachregister
423	16.6.	Abbildungen
426	16.7.	Namen
429	16.8.	Sachen

16. Anhang

16.1. Nützliche Adressen

POLITISCHE INSTITUTIONEN:
Klima-Rahmenkonvention der Vereinten Nationen (United Nations Framework Convention on Climate Change, UNFCCC) wurde auf der Konferenz „Umwelt und Entwicklung" in Rio 1992 beschlossen und strebt eine Reduktion der Treibhausgase auf einem für die Menschheit verkraftbaren Niveau an: http://unfccc.int/2860.php
Umweltprogramm der Vereinten Nationen: http://www.unep.org
Welternährungsorganisation: http://www.fao.org/home/en/
Welternährungsprogramm: www.wfp.org
Weltgesundheitsorganisation, WHO beobachtet und diskutiert den Stand der Weltgesundheit: http://www.who.int/en/
Die Welthandelsorganisation, WTO regelt massgeblich die weltweiten Handelsbeziehungen: https://www.wto.org

HANDEL:
Actares: Die Schweizer Aktionärsvereinigung fordert eine natural und sozial nachhaltige Unternehmens- und Anlagepolitik und verleiht dem durch ihr Abstimmungsverhalten Nachdruck: http://www.actares.ch/de/
Die **American Marketing Association** verblüfft immer wieder mit engagierten ethischen Forderungen: https://www.ama.org
Degrowth ist das Ziel der gleichnamigen Bewegung: https://www.degrowth.info/de/
Erklärung von Bern, EvB: Die kleine, in der Schweizer Hauptstadt ansässige NGO verfolgt die Entwicklung der Wirtschaft kritisch, indem sie insbesondere den Zusammenhang von Gesundheit und Wirtschaft analysiert: http://www.evb.ch
Ethical Consumer: Die Konsumentenorganisation in Großbritannien untersucht die Auswirkung von Konsumverhalten: www.ethicalconsumer.org
Ethos: Die Schweizer Stiftung Ethos vereint mehr als 220 Pensionskassen, mit denen sie ihren Einfluss in Richtung einer nachhaltigen Unternehmenspolitik geltend zu machen versucht: https://www.ethosfund.ch/de/startseite
Fussabdruck messen, in Bezug auf naturale Nachhaltigkeit https://www.fussabdruck.de/ und in Bezug auf soziale Nachhaltigkeit: http://slaveryfootprint.org/mobile2.html
Futur Zwei: Die Stiftung sammelt und veröffentlicht positive Beispiele neuer nachhaltiger Lebensstile und Produkte: https://futurzwei.org/
Germanwatch engagiert sich in den Bereichen Klima und Wirtschaft für eine gerechtere Beziehung zwischen den ökonomisch reichen und armen Ländern: www.germanwatch.org
Institut for Social Banking: Der Think Tank der Alternativen Banken forscht im Bereich sozialen Bankings: https://www.social-banking.org/
International Federation for Alternative Trade, das IFAT unterstützt die internationale Fair Trade-Bewegung: www.ifat.org
Murks nein Danke. Die von dem Berliner Verbraucher-Schützer Stefan Schridde ins Leben gerufene NGO sammelt Fälle von Obsoleszenz: http://www.murks-nein-danke.de/murksmelden/
Transparency International: Die internationale NGO untersucht und erforscht Ursachen der Korruption. Der internationale Hauptsitz ist in Berlin: https://www.transparency.org/, Dependancen gibt es unter anderem in Bern: https://transparency.ch und Wien: https://www.transparency.org/country/AUT

Kapitel 16

ETHIK

Business and Human Rights nennt sich eine NGO, die ihr ambitioniertes Ziel in Zusammenarbeit mit möglichst vielen Stakeholdern zu erreichen versucht: https://www.business-humanrights.org/de

Corporate Social Responsibility Newswire aus Northampton, MA berichtet über Trends und Entwicklungen in der CSR-Debatte: http://www.csrwire.com/pages/about_us

European Business Ethics Network vernetzt die Akteure im Bereich der Wirtschaftsethik; das deutsche Netzwerk: https://www.dnwe.de/, das österreichische Netzwerk: http://www.oenwe.com/ das schweizerische Netzwerk: http://www.eben-switzerland.ch/

Menschliche Marktwirtschaft lautet das Forschungsziel des vom Wirtschaftsethiker Ulrich Thielemann gegründeten Think Tank: http://www.mem-wirtschaftsethik.de/

Nobelpreise und Alfred-Nobel-Gedächtnispreise: https://www.nobelprize.org/nobel_prizes/economic-sciences/laureates informiert über die Preisträger und veröffentlicht ihre Preisreden.

Postwachstum nennt sich das an der Friedrich-Schiller-Universität in Jena angesiedelte Institut, das Alternativen zum Wachstumspfad der Wirtschaft erforscht: http://www.kolleg-postwachstum.de/

Unternehmensverantwortung ist das Ziel eines Netzwerks, das Dokumente und Vorstösse in Richtung konkreter Unternehmensverantwortung sammelt und diskutiert: https://www.cora-netz.de/cora/home/

Werte: Regelmässig untersuchen der World Values Survey und der European Value Study den Wertewandel der Menschen, interessanter Trend der letzten Jahre: materieller Reichtum verliert an Bedeutung. http://www.worldvaluessurvey.org http://www.europeanvaluesstudy.eu/

UMWELT

Club of Rome erregte 1972 für Aufsehen als er ein Buch über die natürlichen Grenzen des Wachstums veröffentlichte. In letzter Zeit macht der inzwischen in Winterthur angesiedelte Club of Rome wieder mit neuen Analysen von sich reden: http://www.clubofrome.org/

Eradicating the Ecocide ist das Ziel der von Polly Higgins gegründeten Organisation: http://eradicatingecocide.com/

Intergovernmental Panel on Climate Change, IPCC erforscht weltweit die Veränderungen des Klimas, ausgezeichnet mit dem Friedensnobelpreis im Jahre 2007: www.ipcc.ch

Klimawandelglobal (KWG) ist eine Internetplattform, die auf den Wandel des Klimas und aktuelle Debatten rund um`s Klima hineis: www.klimawandel-global.de

Wuppertal Institut für Klima und Umwelt, forscht nach Wegen zu einem effizienteren Ressourcenverbrauch: www.wupperinst.org/de/home/

Clean Water Network, informiert über den weltweiten Zustand des Wasser: www.cleanwaternetwork.org

Friends of the Earth International, die FOE unterstützt weltweit Projekte zur ökologischen und sozialen Nachhaltigkeit: www.foe.org

Global Subsidies Initiative, das GSI versucht in den Bereichen Energie, Verkehr, Wasser und Landwirtschaft Alternativen zu den bisherigen Weisen des Naturverbrauchs zu entwickeln: www.globalsubsidies.org

International Rivers Network: Die internationale Umweltschutzorganisation setzt sich für die Bewahrung der Reinheit der Flüsse ein: http:internationalrivers.org

Worldwatch Institute: Das 1974 gegründete Institut untersucht den ökologischen Zustand der Erde: www.worldwatch.org

Kapitel 16 *Anhang*

World Future Studies, das WFS unterstützt und fasst zusammen Forschungsarbeiten aus dem Bereich der Ökologie und Nachhaltigkeit: www.wfsf.org
World Resources Institute: Das Institut untersucht den Verbrauch der Ressourcen: www.wri.org

16.2. Endnoten

Kapitel 1
1. Heinrich Heine 1844, S. 3.
2. Es gibt Parameter des Lebens, die lassen sich widerspruchsfrei nur noch unter der globalenHinsicht verstehen, siehe Ulrich Beck 2007.

Kapitel 2
1. Marcel Mauss 1950, S. 19.
2. Oliver Bendel in Gabler Wirtschaftslexikon, Stichwort: Wirtschaft, online im Internet: http://wirtschaftslexikon.gabler.de/Archiv/-2046774201/wirtschaft-v5.html
3. Marcel Mauss 1950, S. 50.
4. Marcel Mauss 1950, S. 33.
5. Marcel Mauss 1950, S. 37.
6. Marcel Mauss 1950, S. 51.
7. Marcel Mauss 1950, S. 57.
8. Marcel Mauss 1950, S. 75.
9. Marcel Mauss 1950, S. 66-70.
10. Marcel Mauss 1950, S. 83.
11. Marcel Mauss 1950, S. 92.
12. Aristoteles, Politik, 1253a9-8.
13. Daniel Defoe 1719.
14. Bibel, Matt. 21, 12-13.
15. Aristoteles, Politik 1257a, 20-27. Wenngleich Aristoteles bereits von marktförmigen Tausch-Transaktionen spricht, wird zum Teil die Auffassung vertreten, dass Märkte neuzeitliche Institutionen sind und sowohl in der Antike wie auch im Mittelalter der Grossteil der Waren auf dem Wege der Zuteilung und nicht des Handels den Menschen zugeteilt wurde, siehe Lisa Herzog; Axel Honneth 2014, S. 12 und Karl Polanyi 1944, Kap. 4.
16. Platon, Politeia II, 371b; Aristoteles, Politik 1257a, 35-45.
17. Aristoteles, Politik 1257b, 18-24.
18. Joseph Schumpeter, 1965, Bd. 1, S. 100.
19. Aristoteles, Politik 1258a, 1-14.
20. Aristoteles, Politik 1256b, 30.
21. Aristoteles, Politik 1257b, 6.
22. Aristoteles, Politik, I, 11, 1259a4-32.
23. Aristoteles, Ethik, V, 5, 1130b26.
24. Aristoteles, Politik, I, 4: 1254a14-16.
25. Aristoteles, Politik, I, 4: 1253b34-36.
26. Demokrit beschreibt diese fatale Dynamik, die auch in der Gegenwart nichts von ihrer Aktualität verloren hat: «Wer nämlich die Besitzenden und von anderen Menschen Glücklichgepriesenen bewundert und in Gedanken keinen Augenblick von ihnen loskommt, fühlt sich gezwungen, immer wieder etwas Neues zu unternehmen und sich durch Gier zu heillosem Tun hinreissen zu lassen. Demnach soll man sich um das eine nicht bemühen und sich mit dem anderen zufriedengeben, indem man die eigenen Lebensverhältnisse vergleicht mit denen jener, die es schlechter haben, man soll sich selber glücklich schätzen und abwägen, wieviel jene leiden und um wieviel besser man selbst es im Leben hat». (S. 31ff.).
27. Epikur, 68. Weisung.
28. Aurelius Augustinus, Sermones 340, 1, in «Predigten zu Kirch- und Bischofsweihe».
29. Wilhelm Busch 1960, S. 406.
30. James Stewart 1991, S. 223.
31. Hermann Hesse 1922, S. 66f.
32. Aurelius Augustinus, Vom Gottesstaat, 19. Buch, Kap. 13.
33. Papst Franziskus 2013, Kap. 2.

Kapitel 16

34 Erich Fromm 1976, S. 29.
35 Karl Pribram 1983, S. 35.
36 Joseph Schumpeter 1965, S. 143.
37 Joseph Schumpeter 1965, S. 122.
38 Joseph Schumpeter 1965, S. 121.
39 Thomas von Aquin: Über die Herrschaft der Fürsten, S. 5.
40 Meister Eckhart: Predigt Q 6, S. 43.
41 Zur Debatte um das Naturrecht und die Vermeidung des naturalistischen Fehlschlusses, siehe Otfried Höffe 1980.
42 Daraus folgt aber auch, nur, wer sich anstrengt, hat sein Essen verdient: «Im Schweisse Deines Angesichts sollst Du Dein Brot essen.» (1 Mose, 3, 19).
43 Karl Pribram 1983, S. 103.
44 Augustinus, Bekenntnisse, S. 629.
45 Karl Pribram 1983, S. 49.
46 Aristoteles, Politik 1258b, 7; S. 23.
47 Karl Pribram 1983, S. 47.
48 Karl Pribram erwähnt in diesem Zusammenhang die Pogrome von 1348 in der Schweiz und einigen deutschen Städten, *ders*. 1983, S. 48.
49 Karl Pribram 1983, S. 114.
50 Auf staatlicher Ebene wurde das Zinsverbot in Frankreich erst nach der Revolution von 1789 abgeschafft, Karl Pribram 1983, S. 118.
51 Andreas Michael Weiß, 2005, S. 135.
52 In der Mitte des 16. Jahrhunderts lag der Satz, ab welchem ein Zins als – verbotener – Wucher galt, bei 10 Prozent, wobei dieser Wert im Laufe der nächsten 2 Jahrhunderte auf acht, sechs und schließlich fünf Prozent sank, siehe Karl Pribram 1983, S. 117.
53 Pico della Mirandola 1486/87, S. 5.
54 Pico della Mirandola 1486/87, S. 9.
55 Bibel, Gen. I, 28.
56 Francis Bacon 1620, III, S. 325.
57 Francis Bacon 1620, Aph. 3.
58 Zitiert bei Jacob Burckhardt 1860, S. 127.
59 Jacob Burckhardt 1860, S. 123.
60 Adam Smith 1759, S. 1.
61 Adam Smith 1759, S. 71f.
62 Adam Smith 1759, S. 72.
63 Adam Smith 1759, S. 72.
64 Pierre Bourdieu 1980, S. 35; 220f.
65 Adam Smith 1776, S. 319.
66 Adam Smith 1776, S. 319.
67 Adam Smith 1776, S. 371.
68 Adam Smith 1776, S. 371.
69 Adam Smith 1776, S. 213.
70 Eric M. Freedman 2001.
71 John Locke 1689, II, § 27, S. 216, siehe aber auch den Ausschluss der Selbstversklavung § 23, S. 214.
72 John Locke 1689, II, § 44, S. 227.
73 John Locke 1689, II, § 59, S. 235.
74 John Locke 1689, II, § 63, S. 238; noch deutlicher formuliert später Immanuel Kant: «Autonomie des Willens ist die Beschaffenheit des Willens dadurch derselbe ihm selbst ein Gesetz ist». *Ders*. 1785, BA 87.
75 John Stuart Mill 1859, S. 16: «Der einzige Grund, aus dem die Menschheit einzeln oder vereint, sich in die Handlungsfreiheit eines ihrer Mitglieder einzumengen befugt ist, (...) ist, sich selbst zu schützen».
76 John Stuart Mill 1859, S. 78.
77 John Stuart Mill 1859, S. 92.
78 John Stuart Mill 1859, S. 93.
79 John Stuart Mill 1859, S. 96.
80 Immanuel Kant 1795, BA 65, 66, S. 226.
81 Max Weber 1905.
82 Max Weber 1905, S. 48.
83 Max Weber 1919/20, S. 360, an anderer Stelle rät Weber den Kapitalismus bzw. seinen Geist «als Teilerscheinung in der Gesamtentwicklung des Rationalismus zu verstehen». *Ders*. 1905, S. 65.

Kapitel 16 Anhang

84 Max Weber 1919/20, S. 367.
85 Max Weber 1905, S. 42,
86 Max Weber 1919/20, S. 370 und S. 372.
87 Friedrich Nietzsche vermutet, dass die moralische Schuld von der materiellen sich hergeleitet habe, ders. 1887, Zweite Abhandlung, Aph. 4, S. 297.
88 Bibel, Mt. 9, 17; Lk 5, 38; Mk 2, 22.
89 Vgl. die Unternehmerportraits von Axel Capus 2008.
90 Die Bezeichnung «Wirtschaftsnobelpreis», wie sie sich eingebürgert hat, ist irreführend, da sie eine Gleichrangigkeit mit dem Friedens-, dem Literatur- oder den naturwissenschaftlichen Nobelpreisen unterstellt. Anders als diese wird der Wirtschaftsnobelpreis jedoch nicht aus dem Vermögen von Alfred Nobel gespiesen, sondern aus jenem der Schwedischen Reichsbank. Der korrekte Titel lautet denn auch: «Preis der Schwedischen Reichsbank in Wirtschaftswissenschaft zur Erinnerung an Alfred Nobel.»
91 Tracey Deutsch 2010.
92 Immanuel Kant 1784, A 481 (S. 53).
93 Michael Sandel 2012.
94 Ein Überblick über den Begriff liefern bereits früh Karl Homann; Andreas Suchanek 1989, prominent spricht auch Michael Sandel davon, siehe ders. 2005, S. 42.
95 Fred Hirsch 1976, S. 84.
96 Michael Sandel 2005, S. 39; bei Edward Deci et al. 1999 finden sich viele Studien zu diesem Phänomen, zitiert bei Sandel 2005, S. 53.
97 Richard Titmuss 1970, diese und die folgenden Beispiele zitiert Michael Sandel 2005, S. 43; 38; 39.
98 Kenneth Arrow 1972, S. 354, zitiert bei Michael Sandel 2005, S. 45.
99 Bruno S. Frey 1997, S. 5.
100 Seele, Peter, Zapf, Christian 2017.
101 Aristoteles, Politik, 1253a35.
102 John Rawls 1971, S. 160 (24. Kap.).
103 John Rawls 1971, S. 32 (Kap. 3).
104 Michael Aßländer 2011, S. 433.
105 Michael Sandel 2005, S. 231 und 2012.

Kapitel 3

1   Die drei weiteren Fragen lauten: «Was kann ich wissen?» und verweist auf die Erkenntnistheorie; «Was darf ich hoffen?» verweist auf die Religionsphilosophie und «Was ist der Mensch?», was die Frage der Anthropologie ist, Immanuel Kant 1800, A 26, S. 448.
2   Platon, Phaidon, 115b, 64, S. 163.
3   Albert Schweitzer 1966, S. 180.
4   Andreas Brenner 2014a, S. 139ff.
5   Arthur Schopenhauer 1840, S. 570.
6   Aristoteles, Nikomachische Ethik, 1095b15.
7   Aristoteles, Nikomachische Ethik 1095b 20.
8   Aristoteles, Nikomachische Ethik 1095b22-24.
9   Aristoteles, Nikomachische Ethik 1097b15-20.
10 Aristoteles, Nikomachische Ethik, III, 6. Kap. 1113a15-33.
11 Aristoteles Nikomachische Ethik, III, 10. Kap. 1116a5-10.
12 Aristoteles Nikomachische Ethik, III, 13. Kap. 1118b15-25.
13 Aristoteles Nikomachische Ethik, V, 2. Kap. 1129b26-28.
15 Immanuel Kant 1785, BA 1, S. 18.
16 Immanuel Kant 1785, BA 3, S.19.
17 Immanuel Kant 1785, BA 51, S. 51.
18 Kant weist die Gleichsetzung von Kategorischem Imperativ und Goldener Regel ausdrücklich zurück, ders. 1785, BA 69, S. 62.
19 Tobit 4.15.
20 Lukas 6, 31.
21 Immanuel Kant 1785, BA 87: «Autonomie des Willens ist die Beschaffenheit des Willens dadurch derselbe ich selbst ein Gesetz ist».
22 Immanuel Kant 1785, BA 78.
23 Immanuel Kant 1785: BA 67.
24 Immanuel Kant 1785, BA 65, S. 60.
27 Immanuel Kant 1784, S.53.

Kapitel 16

28 Arthur Schopenhauer 1840, S. 378.
29 Arthur Schopenhauer 1840, S. 379.
30 Arthur Schopenhauer 1840, S. 381.
31 Zu den Halo-Effekten, siehe Daniel Kahneman 2011, S. 108f., zu den entsprechenden neuronalen Untersuchungen siehe Peter Kenning 2014, S. 174f.
32 Diese Unterscheidung geht in dieser Form auf Tom Regan zurück, ders. 1983, S. 151-157.
33 Francis Hutcheson 1726, 3. Kap., Abs.VIII (S. 71).
34 Jeremy Bentham 1789, 11f.
35 Jeremy Bentham 1789, 12f.
36 Jeremy Bentham 1789, S. 74.
37 John Stuart Mill 1871, S. 33.
38 John Stuart Mill 1871, S. 23f.
39 John Stuart Mill 1871, S. 21.
40 Peter Singer 1979, S. 86.
44 Richard T. DeGeorge, 1982 S. 95: «A corporation as such has no conscience, no feelings, no consciousness of its own. It has a conscience only to the extent that those who make it up act for it in such a way as to evince something comparable to conscience.»
45 Hans Jonas spricht in diesem Zusammenhang vom «kollektiven Tun», ders. 1979, S. 26.
46 Peter French 1992, S. 327.
47 Darauf weist Michael S. Aßländer hin, ders., 2011 S. 162.
48 Auf diesen Aspekt hat bereits früh Thomas Smythe hingewiesen, ders. 1985.

Kapitel 4

1 Horst Albach 2005, S. 809; zitiert bei Michael Aßländer 2011, S. 75.
2 Peter Koslowski 2001b.
3 Matthias Hofmann 2008.
4 Karl Homann 2015, S. 31.
5 Karl Homann 2015, S. 32.
6 Karl Homann 2015, S. 34.
7 Walter Eucken 1975, S. 198.
8 Andreas Suchanek 2015, S. 51.
9 Andreas Suchanek 2015, S. 51.
10 Milton Friedman 1970.
11 Andreas Suchanek 2015, S. 74.
12 Andreas Suchanek 2015, S. 58.
13 Andreas Suchanek 2015, S. 70.
14 Horst Steinmann/Albert Löhr 2015, S. 269.
15 Horst Steinmann/Albert Löhr 2015, S. 270.
16 Horst Steinmann/Albert Löhr 2015, S. 275f.
17 Horst Steinmann/Albert Löhr 2015, S. 292.
18 Horst Steinmann/Albert Löhr 2015, S. 293.
19 Horst Steinmann/Albert Löhr 2015, S. 300f.
20 Horst Steinmann/Albert Löhr 2015, 294.
21 Der Spiegel, 22.7.2017.
22 Immanuel Kant 1798a, § 45, B 195.
23 Immanuel Kant 1798a, § 45, B 196.
24 Jean-Jacques Rousseau 1762b, S. 18.
25 Immanuel Kant 1793, A 247; Georg Wilhelm Friedrich Hegel 1810ff, § 56, S. 266.
26 Karl Marx 1843, S. 355.
27 Peter Ulrich 2015, S. 218.
28 Peter Ulrich 2015, S. 213.
29 Peter Sloterdijk 1987, S. 37.
30 Peter Ulrich 2015, S. 241ff.
31 Diesen Marktoptimismus identifiziert Peter Ulrich als die Staatsräson der deutschen Nachkriegspolitik, ders. 2015, S. 214.
32 Peter Ulrich 2015, S. 219.
33 Peter Ulrich 2015, S. 253.
34 Peter Ulrich 2015, S. 242.
35 Karl Polanyi 1944, S. 88f.
36 Jean-Jacques Rousseau 1762a, S. 305.

Kapitel 16 *Anhang*

37 Evi Hartmann 2016, S. 187.
38 Evi Hartmann 2016, S. 218.
39 Friedrich Schmidt-Bleek 2014, S. 81ff.
40 Robert Phillips 2011.
41 R. Edward Freeman 2010, S. 7.
42 Richard T. DeGeorge 1982, S. 8.
43 Richard T. DeGeorge 1982, S. 3f.
44 Richard T. DeGeorge 1982, S. 5.
45 Richard T. DeGeorge 1982, S. 7.
46 Milton Friedman 1970, S. 57.
47 Richard T. DeGeorge 1982, S. 11: «Business is a social enterprise. Its mandate and limits are set by society».
48 Richard T. DeGeorge 1982, S. 410.
49 Richard T. DeGeorge 1982, S. 412.
50 Richard T. DeGeorge 1982, S. 415ff.
51 Richard T. DeGeorge 1982, S. 417.
52 Norman E. Bowie 2013, S. 48.
53 Norman E. Bowie 1999, S. 63; Immanuel Kant 1785/86: BA 65 (S. 60).
54 Norman E. Bowie 2013, S. 13.
55 Hans-Jürgen Wagener bezeichnet den Begriff des «Pareto-Optimums» als eine Fehlbezeichnung, siehe ders. 2009, S. 37f.
56 Norman E. Bowie 2013, S. 31f.
57 Norman E. Bowie 2013, S. 24f.
58 Norman E. Bowie 2013, S. 28.
59 Norman E. Bowie 1999, S. 160f.
60 Thomas M. Jones et al. 2002, S. 19, im Original bei R. Edward Freeman 1984, S. 46.
61 Thomas M. Jones et al. 2002, S. 21.
62 R. Edward Freeman 2010, S. 6.
63 R. Edward Freeman 2010, S. 7.
64 R. Edward Freeman 2010, S. 8.
65 R. Edward Freeman 2010, S. 267.
66 R. Edward Freeman 2010, S. 268.
67 R. Edward Freeman 2010, S. 285.
68 Karl Marx; Friedrich Engels 1847.
69 John Maynard Keynes 1936.
70 R. Edward Freeman 2010, S. 281.
71 https://www.nobelprize.org/nobel_prizes/economic-sciences/laureates/1998/press.html
72 Amartya Sen 1999, S. 13.
73 Amartya Sen 1987, S. 80f.
74 Amartya Sen 1987, S. 57.
75 Amartya Sen 1999, S. 50.
76 Robert Kennedy 1968.
77 Amartya Sen 1999, S. 51.
78 Amartya Sen 1999, S. 60.
79 Amartya Sen 1999, S. 64.
80 Amartya Sen 1999, S. 68f.
81 Martha Nussbaum 2011, S. 33; gekürzte Übertragung von A. B., teilweise angelehnt an Jan-Hendrik Heinrichs 2006, S. 206ff.
82 Im Deutschen kann das Wort ab der Mitte des 15. Jahrhunderts, im Englischen ab der Mitte des 18. Jh.'s nachgewiesen werden, siehe Hans Lenk; Matthias Maring 2001, Sp. 566.
83 Wilhelm Weischedel differenziert den Begriff weiter aus und erkennt neben der „Antwort" auch das „wort" und versteht das „Worten" der Verantwortung als eine Weise des Redens und „Offenbarmachens", daher schliesst er: „Verantwortung als Antwort ist also Offenbarmachen gegen eine Frage. Als solches hat sie ihren Platz im Dialog." ders. 1972, S. 16.
84 Otfried Höffe, S. 75. Zur Mehrstelligkeit der Verantwortung siehe bereits Roman Ingarden 1970, S. 5.
85 Andreas Brenner 2017, S. 9.
86 Kurt Bayertz 1995, S. 28.
87 Hans Jonas 1979, S. 23f.
88 Hans Jonas 1979, S. 72.
89 Yuval Noah Harari 2017; Frank Schirrmacher 2011; Jay Tuck 2016, Harald Welzer 2016, S. 85.
90 Richard DeGeorge 1986, Kap. 19.

Kapitel 5

1 Bibel, Lev. 19, 11-18
2 Bibel, Gen. 1, 26-28.
3 Bibel, Ex. 23, 6; 9.
4 Bibel, Ex. 23, 8.
5 Ex. 23, 12; Lev. 23, 3; Deut. 15, 14.
6 Ex. 23, 10f.
7 Deut. 15, 1.
8 Vereinte Nationen 2005.
9 Lev. 19, 11; 13.
10 Marion Gräfin Dönhoff berichtet in ihren Kindheitserinnerungen, dass in Ostpreussen, einem Teil Europas, in dem die Industrialisierung auch zu Beginn des 20. Jahrhunderts nur schleppend Fuss fasst, Geld eine nur geringe Rolle spielte, dies. 1988, S. 60.
11 Thomas von Aquin 1265, S. 49f.
12 Zitiert bei Michael Aßländer 2011, S. 82.
13 Wilhelm Korff 1999a, S. 741f; innerhalb der Enzyklika die Nr. 4; 12; 19.
14 Wilhelm Korff 1999a, S. 742f.
15 Wilhelm Korff 1999a, S. 744f.
16 Kein wörtliches Zitat aus der Enzyklika, sondern von Wilhelm Korff 1999a, S. 748.
17 Wilhelm Korff 1999a, S. 748.
18 Papst Franziskus 2015, S. 7.
19 Papst Franziskus 2015, S. 144f.
20 Papst Franziskus 2015, S. 181.
21 Martin Luther 15, S. 294ff, zitiert bei Michael Aßländer 2011, S. 91f.
22 Martin Luther 17, I, S. 22, zitiert bei Michael Aßländer 2011, S. 92.
23 Dabei geht es konkret um die «innerweltliche Askese» (S. 115), woraus Weber dann den «Geist des Kapitalismus» ableitete, S. 165ff., siehe Max Weber 1905.
24 Arthur Rich 1984, S. 59.
25 Arthur Rich 1984, S. 60-64.
26 Arthur Rich 1984, S. 67.
27 Arthur Rich 1984, Kap. 7.
28 Arthur Rich 1984, S. 193.
29 Alfred Müller-Armack 1952, S. 109.
30 Alfred Müller-Armack 1952, S. 114f.
31 Alfred Müller-Armack 1973, S. 166.
32 Koran, Sure 30, Vers 26; 27.
33 Mathias Rohe 2011, S. 120f.
34 Adel Theodor Khoury et al. 1991, S. 199.
35 Koran Sure 2, Vers 265; Sure 4, Vers 38f.
36 Koran Sure 2, Vers 277f; Sure 30, Vers 40, siehe auch M. Kabir Hassan; Mervyn K. Lewis 2007, S. 38ff und Brian Kettel 2010.
37 Adel Theodor Khoury et al. 1991, S. 201f.
38 Dalai Lama 1991, S. 11.
39 Dalai Lama 2009, S. 80: «Der Buddhismus, für den aufgrund der gegenseitigen Abhängigkeit aller Dinge so etwas wie ein Ich nicht existiert, legt uns nahe, uns ein Selbst ohne Anfang und Ende vorzustellen.»
40 Karl-Heinz Brodbeck 2011, S. 18.
41 Dalai Lama 1991, S. 214.
42 Karl-Heinz Brodbeck 2011, S. 71ff.
43 Karl-Heinz Brodbeck 2011, S. 182f.; 189ff.
44 Karl-Heinz Brodbeck 2011, S. 30f; S. 203.
45 Abraham Maslow 1954.
46 Amartya Sen 1987, S. 41f.
47 Jens Weiß 1996, S. 21.
48 In der Unterscheidung von intrinsischem und inhärenten Wert folge ich Tom Regan 1983, S. 236.
49 Vittorio Hösle 1997, S. 175f.
50 Andreas Urs Sommer behauptet schlichtweg, dass es Werte nicht gibt und bezweifelt zugleich nicht, dass wir sie brauchen, ders. 2016.
51 Dagmar Fenner 2008, S. 170f.
52 Holmes Rolston 1994, S. 249f.; dass Rolston Pflanzen nicht als wertende Wesen anerkennt, ist eine mittlerweile durch die aktuelle Pflanzenethik überholte Position.

53 Tom Regan 1983, S. 236.
54 Immanuel Kant 1785, S. BA 78-79.
55 Edward Freeman et al. 2010, S. 4.
56 Thomas Donaldson; Thomas W. Dunfee 2002, S. 437.
57 http://www.worldvaluessurvey.org/wvs.jsp; http://www.europeanvaluesstudy.eu/

Kapitel 6
1   Christian Thies 2009, siehe hier auch den Artikel von Mi-Yong Lee-Peuker 2009, S. 344-348.
2   Amartya Sen 1999, S. 298.
3   Ernst Fehr 2008, S. 216.
4   Ernst Fehr 2015.
5   Ernst Fehr 2008, S. 217.
6   Richard H. Thaler, Cass R. Sunstein 2008, S. 33.
7   Richard H. Thaler, Cass R. Sunstein 2008, S. 34.
8   Der Begriff der Entscheidungsarchitektur wird von Thaler und Sunstein eingeführt und in seiner Bedeutung an vielen Beispielen diskutiert, dies. 2008, S. 11ff.
9   Werner Güth 1999.
10 Peter Kenning 2014, S. 21.
11 James M. Buchanan 1975.
12 Notburga Ott 1998.
13 Michael Assländer 2011, S. 47.

Kapitel 7
1   Peter Koslowski 2006, S. 30.
2   Dies ist der Standard in Deutschland und der Schweiz, siehe Umwelt-Bundesamt 2017; Bundesamt für Statistik 2017 (jeweils Stand 2015) und https://de.statista.com/statistik/ (Stand 2016)
3   Peter Koslowski 2006, S. 29.
4   Peter Koslowski 2006, S. 23.
5   René Descartes 1637, IV, 3, S. 55.
6   Erich Fromm 1976, S. 36.
7   Birger P. Priddat 2006, S. 10f.
8   Daniel Kahneman 2011, S. 489ff, siehe auch Bruno S. Frey 2008, S. 28f.
9   Bruno S. Frey 2008, S. 81f.
10 Mathias Binswanger 2006, S. 48.
11 Für detaillierte Informationen siehe die einzelnen Kapitel zu den jeweiligen Tretmühlen in Mathias Binswanger 2006.
12 Bruno S. Frey 2008, S. 31f.
13 Adela Cortina 2006, S. 97.
14 Adela Cortina 2006, S. 100.

Kapitel 8
1   Bibel, 1. Mose, 3, 19.
2   Bibel, 1. Mose, 3.16.
3   Bibel, 2. Thess, 3, 10-12.
4   Hannah Arendt 1958, S. 407ff.
5   Hannah Arendt 1958, S. 411.
6   Jean-Jacques Rousseau 1755.
7   Jean-Jacques Rousseau 1762, S. 411.
8   Leo Tolstoi 1878, S. 640.
9   Jakob Arnoldi 2009 S. 34.
10 Adam Smith 1776, S. 106.
11 Michael Sandel 2005, S. 40.
12 Siehe dazu die Studie von Angelika Krebs 2002.
13 Diskussion dieser Thematik bei Angelika Krebs 2002, S. 37-42.
14 Vorschläge zur Höhe der Entlohnung der Erziehungsarbeit unter anderem bei Christian Leipert, Michael Opielka 1998; Tobias Bauer et. al. 1998, Hinweise und Diskussion bei Angelika Krebs 2002, S. 79-81.
15 Axel Honneth 2017, S. 418.
16 Avishai Margalit 1996, S. 258 und 269: «Wem Mitleid entgegengebracht wird, der hat einen triftigen Grund zu der Annahme, nicht geachtet zu werden, denn Mitleid wird durch Hilflosigkeit und Verletzlichkeit ausgelöst.»

Kapitel 16

17 John Rawls 1983, S. 191.
18 Schweizerische Bundeskanzlei, BV Art. 110a.
19 Claudia Hammond 2016, S. 223.
20 Jörg Gertel 2015, S. 213.
21 Jeanette Oostlander, Stefan T. Güntert; Theo Wehner 2015, S. 62, siehe auch Bruno S. Frey 2008, S. 81ff.
22 Axel Honneth 2017, S. 419.
23 Richard Sennett 1998, so lautet der Originaltitel «The Corrsion of Character», die deutsche Übersetzung ist demgegenüber mit «Der flexible Mensch» fast verharmlosend.
24 Richard Sennett 1998, S. 10 und Kap. 3.
25 Richard Sennett 1998, S. 77.
26 Byung-Chul Han 2012, S. 56f.
27 Der Spiegel, 17.2.2014.
28 Jeremy Rifkin 1995, S. 178.
29 Siehe Daniel Häni; Philip Kovce 2015, in der Schweiz ist im Juni 2016 über die Einführung eines bedingungslosen Grundeinkommens abgestimmt worden, wobei 68 Prozent der Abstimmenden dagegen und 22 Prozent dafür gestimmt haben.
30 Robert Theobald 1967, S. 19 (zitiert bei Jeremy Rifkin 1995, S. 195).
31 Jeremy Rifkin 1995, S. 197.
32 Platon, Politeia, 462b-c.
33 Aristoteles, Politik, 1262b 27.
34 Aristoteles, Politik, 1262b 30.
35 Bibel, 1 Timoth. 6,18. Diese Position wird auch bei Matthäus 6,20 und Lukas 12,33 vertreten und die Bedeutung des Seelenheils gegenüber dem materiellen Reichtum betont.
36 Thomas 1266-1273: Summa Zweiter Teil, Q 66: Diebstahl und Raub, S. 72.
37 John Locke 1689 II, § 26; § 27, S. 216;
38 John Locke 1689 II, § 29, S. 218, Klammer Ergänzung von A.B.
39 John Locke 1689 II, § 36, S. 221f.
40 Jean-Jaques Rousseau 1755, S. 74.
41 Immanuel Kant 1797, § 16, S. AB 91.
42 Immanuel Kant 1797, § 6, S. AB 66.
43 Immanuel Kant 1797, § 8, S. AB 74.
44 Immanuel Kant 1797, § 15, S. AB 87, 88.
45 Deutsches Grundgesetz, Art. 14, § 2.
46 Karl Marx 1844, S. 540.
47 Erich Fromm 1980, S. 77.
48 Erich Fromm 1980 S. 76.
49 Daniel Kahneman et al. 1991; zur neurowissenschaftliche Fundierung dieses Effektes siehe Peter Kenning 2014, S. 179.

Kapitel 9

1 Gemeint ist die «corporate internal decision structure» der Unternehmen, siehe Andrew Crane; Dirk Matten 2004, S. 45.
2 Normann E. Bowie 1999, S. 83f. und S. 87.
3 Norman E. Bowie, der diese Prinzipien formuliert, nennt noch weitere Prinzipien, die utilitaristische Entscheidungen vermeiden sollen. Dieses Ziel muss indes nicht besonders betont werden, ergibt es sich doch aus dem hier verfolgten Kantischen Ansatz, ders. 1999, S. 90ff.
4 Norman E. Bowie 1999, Kap. 3.
5 Amartya Sen 1999, S. 317ff.
6 Diskutiert bei Peter Ulrich 1993, S. 452f.
7 Hans Lenk; Matthias Maring 1992, S. 397f.
8 Robert C. Solomon 1993, S. 84f.
9 Norman E. Bowie 1999, S. 143.
10 Deutscher Corporate Governance Kodex 2017, § 3.2.
11 Siehe dazu die kontroverse Debatte von Heinrich von Pierer und Gertrude Lübbe-Wolf in dem von ihnen herausgegeben Diskussionsband, dies. 2003, S. 114f.
12 Niklas Luhmann hält das Vertrauen für die Voraussetzung jeder Kommunikation, ders. 1997, S. 225 und Hermann Lübbe hält es, wohl etwas überoptimistisch, für eine Grundessenz der modernen Industriegesellschaft, ders. 1990.
13 Zur Bindekraft von Vertrauen siehe Wilhelm Korff 1999b, S. 85ff.

Kapitel 16 *Anhang*

14 Bereits in den 1980er Jahren wurden vehement Zweifel an der Berechtigung dieser Differenzierung geäußert, siehe Der Spiegel 1984, S. 25-26.
15 https://transparency.ch/korruption-allgemein/
16 Der Spiegel, 13.12.1999, S. 36ff.
17 Die Zeit 2013, S. 10.
18 Transparency International 2017, S. 2.
19 Siehe insbesondere der Artikel 3; https://www.wto.org/english/docs_e/legal_e/gpr-94_01_e.htm (16. November 2017).
20 Thomas W. Dunfee und Thomas J, Donaldson weisen darauf hin, dass auffällig viele Firmen aus Ländern mit einer niedrigen Korruptionsrate im Ausland häufig sehr korrupt sind, dies. 2002, S. 67
21 Thomas W. Dunfee; Thomas J. Donaldson 2002, S. 61ff., zur «moralischen Blindheit» Thomas J. Donaldson und Thomas W. Dunfee 2002, S. 437.
22 Thomas J. Donaldson, Thomas W. Dunfee 2002, S. 437.
23 Thomas J. Donaldson, Thomas W. Dunfee 2002, S. 438f.
24 Thomas W. Dunfee; Thomas J. Donaldson 2002, S. 69.
25 Thomas W. Dunfee, Thomas J. Donaldson 2002, 71f.
26 Jörn Altmann 1983, S. 36.
27 Peter Koslowski 2009, S. 103ff.
28 Norman E. Bowie 2013, S. 36f.
29 John R. Boathright 2008, S. 44.
30 Siehe Glenn Greenwald 2014.
31 Zitiert bei Klaus Leisinger 2003, S. 260.
32 Kurt Leisinger 2003, S. 198.
33 Terrance McConnell 2003, S. 581.
34 Peter Ulrich 1997, S. 325.
35 United Nations 2011.

Kapitel 10
1 Hinweis bei Peter Koslowski 2009, S. 47.
2 George Ritzer 1993.
3 Ulrich Thielemann; Peter Ulrich 2003, S. 104f.
4 Susan Strange 1986.
5 Susan Strange 1998, S. 3.
6 John Kenneth Galbraith 1990, S. 44.
7 Johannes Duns Scotus 1639.
8 John Maynard Keynes 1936, Kap. 12.
9 Peter Koslowski 2009, S. 65, hier folgt auch die Beschreibung der genannten drei Handelsformen
10 Jakob Arnoldi 2009, S. 29.
11 Wir gehen hier von der einfachen Version, dem Physical Settlement aus und gehen nicht auf das Cash Settlement ein.
12 Jakob Arnoldi 2009, S. 71.
13 Edward Swan 2000, S. 211f. Dass es in gewisser Hinsicht eine sehr lange, nämlich 4000jährige Geschichte der Derivate gibt, wie dies Edward J. Swan in seiner eindrücklichen Handelsgeschichte beschreibt, sollte nicht zur Verharmlosung des aktuellen Derivatehandels führen.
14 James Rickards 2012.
15 Jakob Arnoldi 2009, S. 75.
16 Was die Entwicklung von Aktienkursen angeht, wird von einigen Beobachtern behauptet, dass die Finanzberatung notorisch zu optimistisch ist, siehe Peter Koslowski 2009, S. 65.
17 In diesem Sinne auch Peter Koslowski 2009, S. 152ff.
18 Hansueli Stamm 2009, S. 195.
19 https://www.six-swiss-exchange.com/news/overview_de.html?id=inet_colo (6. Dezember 2017).
20 Franca Contratto 2014, S. 150.
21 Franca Contratto 2014, S. 151.
22 Franca Contratto 2014, S. 151.
23 Franca Contratto 2014, S. 152.
24 Franca Contratto 2014, S. 153.
25 Franca Contratto 2014, S. 156.
26 Olivier Butzbach; Kurt von Mettenheim 2014, S. 12.
27 Olivier Butzbach; Kurt von Mettenheim 2014, S. 71.
28 Olivier Butzbach; Kurt von Mettenheim 2014, S. 229.

Kapitel 16

29 Olivier Butzbach; Kurt von Mettenheim 2014, S. 231ff.
30 https://www.gls.de/privatkunden/ (6. Dezember 2017).
31 https://www.social-banking.org/
32 Immanuel Kant 1797, I, Pgh. 31.
33 Georg Simmel 1900, S. 270.
34 Bibel, Mt. 13, 12; Mt. 25, 29.
35 Christoph Türcke 2015, im Folgenden fasse ich aus seiner Arbeit zusammen und ergänze hier und da.
36 Christoph Türcke 2015, S. 77.
37 Christoph Türcke 2015, S. 151.
38 Hans Christoph Binswanger 2009, S. 26.
39 Hans Christoph Binswanger 2009, S. 30; ausführlich siehe ders. 2005; zur finanzwirtschaftlichen Mechanik dieses Vorgangs siehe Mathias Binswanger 2015.
40 Claudia Hammond 2016, S. 222.
41 Zur geldfundierten erotischen Ausstrahlung siehe Silvia Breier 2017, S. 111.

Kapitel 11
1 E. Jerome McCarthy 1960, S. 45.
2 So lautet die 2013 aktualisierte Definition, https://www.ama.org/AboutAMA/Pages/Definition-of-Marketing.aspx (6. Dezember 2017).
3 Dieter J. G. Schneider 2000, S. 2056.
4 https://www.ama.org/AboutAMA/Pages/Statement-of-Ethics.aspx#StatementofEthics (6. Dezember 2017).
5 Dieter J. G. Schneider 2000, S. 2060.
6 Peter Ulrich 1997, S. 329.
7 Hinweise bei Rick D. Saucier 2008, S.77f.
8 Georg G. Brenkert 2008, S. 139ff.
9 Kritisch zum sogenannten «Kommunalsponsoring», siehe Michael Sandel 2012, S. 233; N. Gregory Mankiw 2001, S. 402f.
10 Siehe die Kampagne der US-amerikanischen Verbraucherschutzorganisation Commercial Alert, siehe http://commercialalert.org/the-public-says-no-to-corporate-advertising-in-national-parks/ (6.12.2017)
11 Zur Farbe «blue» als Ökotrumpf, siehe Peter Seele, der das blaugefärbte Greenwashing treffend analysiert, ders. 2007, S. 11ff., zur umweltschädlichen Anreizpolitik des Staates, siehe Friedrich Schmidt-Bleek 2014, S. 69.
12 George G. Brenkert 2008, S. 159.
13 Chris Arnold spricht in diesem Zusammenhang von der «Great Cleaning lie», ders. 2009, S. 230.
14 Peter Kenning 2014, S. 22; dies ist der Grund, warum Kenning von «Consumer Neuroscience», so auch der Titel seines Buches, spricht.
15 Birger Priddat 2007, S. 7, im Folgenden passe ich mich der Beschreibung von Hans J. Markowitsch an und rede nicht von Neuroökonomik, sondern schlicht von Neuroökonomie, ders. 2007.
16 Hans J. Markowitsch 2007, S. 17f. Zum Verständnis siehe sowohl Markowitsch wie auch Peter Kenning 2014, Kap. 3.
17 Gerhard Roth 2003, S. 172.
18 Peter Kenning 2014, S. 160.
19 Peter Kenning 2014, S. 170.
20 Daniel Kahneman 2003, S. 1455; eine ausführliche Diskussion aus der ersten Veröffentlichung dieser Untersuchung von Kahneman et al 1991 findet sich bei Peter Kenning 2014, S. 170
21 Peter Kenning; Peter Mohr, Hilke Plassmann 2007, S. 171-190.
22 Christian E. Elger; Friedhelm Schwarz 2009.
23 http://commercialalert.org/ (6.12.2017)
24 Cornelia Hain; Peter Kenning; Marco Lehmann-Waffenschmidt 2007, S. 98.
25 George G. Brenkert 2008, S. 51.
26 John F. Gaski; Michael J. Etzel 2014.
27 Y. Hugh Furuhashi; Jerome McCarthy 2014, S. 100, Punkte 12-16.
28 George G. Brenkert 2008, S. 100.
29 Philip Kotler; Nancy R. Lee 2008, S. 11.

Kapitel 12
1 Francis Bacon 1620, III, S. 325.
2 John Rawls 1971, S. 325.

Kapitel 16 *Anhang*

3   Weltkommission für Umwelt und Entwicklung 1987, S. 51.
4   Mohssen Massarrat 2006, S. 11.
5   Harlod Hotelling 1931, S. 64.
6   Jens Weiß 1996, S. 40.
7   Als Holländische Krankheit (org. Dutch Disease) bezeichnet man die Folgen einer intensiven Rohstoffausbeute bei gleichzeitiger Vernachlässigung der anderen wirtschaftlichen Infrastruktur, ders. Hubertus Bardt 2005, S. 5.
8   Hubertus Bardt 2005, S. 6f.
9   Kritisch zum Phänomen des Ressourcenfluchs äussern sich Stephen Haber und Victor Menaldo, dies. 2011.
10 Christian Haldenwang 2012, S. 2.
11 Thomas Pogge 1995, S. 186, S. 188.
12 Georg Simmel 1900, S. 270.
13 Thomas Pogge 2009, S. 16.
14 Thomas Pogge 1995, S. 193ff.
15 Thomas Pogge 1995, S. 197.
16 Polly Higgins 2010, S. 156; http://www.sas.ac.uk/hrc/projects/ecocide-project.
17 Elinor Ostrom 1990, S. 1.
18 Garett Hardin 1968.
19 Garett Hardin 1968, S. 1245.
20 Das von Merril M. Flood und Melvin Dresher 1950 erfundene Spiel, das in der Folge von anderen weiter ausgearbeitet wurde, wird heute zumeist in dieser Story wiedergegeben: «Zwei Verdächtige werden festgenommen und in getrennten Räumen verhört. Der Staatsanwalt informiert jeweils die beiden Gefangenen, dass sie die beiden Alternativen haben: 1. Das Verbrechen gestehen oder 2. es zu leugnen. Leugnen beide, erhalten beide eine Bagatellstrafe. Gestehen beide, erhalten beide eine hohe Strafe, die jedoch deutlich unter der Höchststrafe bleibt. Falls einer gesteht und der andere leugnet, erhält der Geständige als Kronzeuge ein mildes Urteil, der andere hingegen die Höchststrafe.»
21 Elinor Ostrom 1990, S. 81-83.
22 So Silke Helfrich in der Einleitung zu Elinor Ostrom 2008, S. 11.
23 Peter Barnes 2003, S. 2.
24 Peter Barnes 2008, S. 105.
25 So erkennt die Verfassung des US-Bundesstaates Pennsylvania eine Treuhänderschaft über die Bodenschätze gegenüber den zukünftigen Generationen; Hinweis bei Peter Barnes 2008, S. 61., siehe auch Ulrich Steinvorth 2008.

Kapitel 13
1   Wegweisend bereits Immanuel Kant 1795.
2   Vereinte Nationen 1948.
3   Thomas Pogge 2009, S. 16.
4   Thomas Piketty 2013, S. 578f.
5   Thomas Pogge 2016, S. 25.
6   Thomas Pogge 2016, S. 10f.
7   Thomas Pogge, 2017, S. 515.
8   Thomas Pogge 2016, S. 17.
9   Thomas Pogge 2017, S. 517.
10 Die von Thomas Pogge und Scott Wisor aufgestellte Liste umfasst die Bereiche Ernährung, Gesundheit, Bildung, Gewalt, Familie, Teilhabe und Arbeit, siehe dies. 2016, S. 664.
11 Vgl. Peter Niggli 2008.
12 Zitiert bei Brian Gardner 2013, S. 166.
13 Amartya Sen 1981, S. 45.
14 Jörg Gertel 2015, S. 197.
15 Jörg Gertel 2015, S. 198f.
16 Zitiert bei Jean Ziegler 2011, S. 229.
17 Jean Ziegler 2011, S. 140f.
18 Brian Gardner 2013, S. 57.
19 Jörg Gertel, 2015, S. 212; http://foreignpolicy.com/2011/01/10/the-great-food-crisis-of-2011/
20 Wilhelm Korff 1999c, S. 595.
21 Mittelwert der vier verschiedenen Berechnungsquellen bei A.Y. Hoekstra 2003, S. 16.
22 A.Y. Hoekstra, A. K. Chapagain 2006, Tabelle 2 und http://virtuelles-wasser.de/auto_pc.html (12. Januar 2018).

Kapitel 16

23　http://www.who.int/mediacentre/factsheets/fs391/en/ (updated July 2017) (12. Januar 2018).
24　http://www.spiegel.de/wissenschaft/mensch/durst-weltweit-wasserflaschen-wahn-belastet-die-umwelt-a-482454.html, 11. Mai 2007 (12. Januar 2018).
25　Andreas Brenner 2011.
26　The Telegraph https://www.telegraph.co.uk/news/worldnews/asia/china/12051354/Chinese-buy-up-bottles-of-fresh-air-from-Canada.html (12. Januar 2018).
27　John Brandenburg 1999.

Kapitel 14

1　Robert H. Frank 2016.
2　Bibel, Mt. 13, 12; Mt. 25, 29.
3　Der Begriff «Vertrauenserosion» geht auf den Stuttgarter Professor für Wirtschaftspolitik Siegried Francke zurück, ders. 2011.
4　Tomáš Sedláček 2011, S. 63.
5　Tomáš Sedláček 2011, S. 288.
6　Tim Jackson 2012, S. 35f.
7　Tomáš Sedláček 2011, S. 400.
8　Christian Felber 2012, S. 38.
9　https://www.ecogood.org/de/gemeinwohl-bilanz/gemeinwohl-matrix/ (12. Januar 2018)
10　Christian Felber 2017, S. 193.
11　Christian Felber 2012, S. 63.
12　Nicholas Georgescu-Roegen 1971, S. 52.
13　Nicholas Georgescu-Roegen 1971, S. 54.
14　Nicholas Georgescu-Roegen 1979.
15　https://www.degrowth.info/de/, siehe auch das an der Universität Jena angesiedelte Institut, das sich mit Postwachstumsgesellschaften beschäftigt: http://www.kolleg-postwachstum.de/en/Homepage.html
16　Tomáš Sedláček 2011, S. 301.
17　Tomáš Sedláček 2011, S. 303.
18　Oliver Schlaudt 2018, S. 24.
19　Oscar Wilde 1892, S. 89f.
20　Hans Vontobel 2003, S. 7; 119f.
21　Karl Popper 1945.

16.3. Literatur

Aaken, Dominik von; Philipp Schreck (Hg.): Theorien der Wirtschafts- und Unternehmensethik. Berlin 2015.
Aichhorn, Ulrike (Hg.) (2005): Geld- und Kreditwesen im Spiegel der Wissenschaften. Heidelberg.
Albach, Horst (2005): Betriebswirtschaftslehre ohne Unternehmensethik. In Zeitschrift für Betriebswirtschaft 75, 9 (2005), S. 809-831.
Altmann, Jörn (1983): Internationale Wirtschaftsbeziehungen. Eine praxisorientierte Einführung. Opladen.
Arendt, Hannah (1958): Vita Activa oder Vom tätigen Leben (Org. The Human Condition. Chicago 1958). München 1981.
Aristoteles: Politik. Übersetzt von Eugen Rolfes. Hamburg 1995.
Aristoteles: Nikomachische Ethik. Übersetzt von Eugen Rolfes. Hamburg 1995.
Arnold, Chris (2009): Ethical Marketing and the New Consumer. Chichester.
Arnoldi, Jakob (2009): Alles Geld verdampft. Finanzkrise in der Weltrisikogesellschaft. Berlin.
Arrow, Kenneth (1972): Gifts and Exchanges. In *Philosophy and Public Affairs*. I (4, 1972).
Aßländer, Michael (Hg.) (2011): Handbuch Wirtschaftsethik. Stuttgart.
Aßländer, Michael (2013): Wirtschaft. Berlin, Boston.
Aßländer, Michael; Bernd Wagner (Hg.) (2017): Philosophie der Arbeit. Texte von der Antike bis zur Gegenwart. Berlin.
Aufderheide, Detlef; Martin Dabrowski (Hg.) (2009): Internetökonomie und Ethik. Wirtschaftsethische und moralökonomische Perspektiven des Internets. Berlin.
Augustinus, Aurelius: Vom Gottesstaat. München 1978.
Augustinus, Aurelius: Bekenntnisse. Zweisprachige Ausgabe. Frankfurt/M. 1987.
Augustinus, Aurelius: Predigten zu Kirch- und Bischofsweihe. Sermones I-336A -340/A. Herausgegeben von Hubertus Drobner. Frankfurt/M. 2003.
Bacon, Francis (1620): Neues Organon. Lat./Dt. Hamburg 1996.
Bardt, Hubertus (2005): Rohstoffreichtum, Fluch oder Segen? IW-Trends – Vierteljahresschrift zur empirischen Wirtschaftsforschung. Heft 1/2005, S. 1-13.
Barlow, Maude; Tony Clarke (2002): Blaues Gold. Das globale Geschäft mit dem Wasser. (org. *Blue Gold. The Battle Against Corporate Theft of the World's Water*. Toronto 2002). München 2004.
Barnes, Peter (2003): The State of the Commons. Tomales Bay Institut.
Barnes, Peter (2008): Kapitalismus 3.0. Ein Leitfaden zur Wiederaneignung der Gemeinschaftsgüter. Hamburg.
Bauer, Tobias; Beat Baumann; Stefan Spycher (1998): Die Schweiz braucht einen neuen Generationenvertrag. Ein Reformvorschlag für die Einführung einer Kinderrente und von Betreuungsabgeltungen. Bern.
Baur, Alex (2011): Störfall im Sozialamt. Die Geschichte von Margrit Zopfi und Esther Wyler. Zürich.
Bayertz, Kurt (Hg.) (1995): Verantwortung. Prinzip oder Problem? Darmstadt 1995.
Beck, Ulrich (2007): Weltrisikogesellschaft. Frankfurt/M.
Bendel, Oliver: Stichwort: Wirtschaft in Gabler Wirtschaftslexikon, online im Internet: http://wirtschaftslexikon.gabler.de/Archiv/-2046774201/wirtschaft-v5.html
Bentham, Jeremy (1789a): An Introduction to the Principles of Morals and Legislation. In *The Collected Works*. London 1970.
Bibel. Einheitsübersetzung. Stuttgart 1980.
Binswanger, Hans Christoph (2005): Geld und Magie. Hamburg.
Binswanger, Hans Christoph (2009): Geld und Magie. Eine ökonomische Deutung von Goethes Faust. In Konrad Paul Liessmann 2009, S. 20-40.
Binswanger, Mathias (2006): Die Tretmühlen des Glücks. Freiburg.

Binswanger, Mathias (2015): Geld aus dem Nichts. Wie Banken Wachstum ermöglichen und Krisen verursachen. Weinheim.
Boatright, John R. (2008): Ethics in Finance. Malden.
Bösch, Paul (1997): Meier 19. Eine unbewältigte Polizei- und Justizaffäre. Zürich.
Bohlken, Eike; Christian Thies (Hg.) (2009): Handbuch Anthropologie. Der Mensch zwischen Natur, Kultur und Technik. Stuttgart.
Bourdieu, Pierre (1980): Sozialer Sinn. Kritik der theoretischen Vernunft. (Org. *Le sens pratique*. Paris 1980). Frankfurt/M. 1993.
Bowie, Norman E. (1999): Business Ethics. A Kantian Perspective. Malden, Oxford.
Bowie, Norman E. (2013): Business Ethics in the 21st Century. Heidelberg, New York.
Bowie, Norman E. (ed.) (2002): The Blackwell Guide to Business Ethics. Oxford.
Brandenburg, John (1999): Wie der Erde die Luft ausgeht: das Ende unseres blauen Planeten. (org. *Dead Mars, Dying Earth*. London 1999) München 1999.
Breier, Silvia (2017): Geld Macht Gefühle. Wie Geld unser Denken, Fühlend und Handeln beeinflusst. Berlin.
Brenner, Andreas (2011): Übergewicht und Hunger. Eine Herausforderung an die Politische Ökonomie. In: Olaf Sosnitza (Hg.): *Lebensmittel zwischen Technik und Ethik*. Bayreuth 2011, S. 6-16.
Brenner, Andreas (2014a): Umweltethik. Ein Lehr- und Lesebuch. Würzburg.
Brenner, Andreas (2014b): Social Freezing. In *Radio Energy*, Basel, 16. Oktober 2014.
Brenner, Andreas (2017): Unternehmen tragen Verantwortung. In *Neue Zürcher Zeitung*, 24. Februar 2017, S. 9.
Brodbeck, Karl-Heinz (2011): Buddhistische Wirtschaftsethik. Eine Einführung. Berlin.
Buchanan, James M. (1975): The Limits of Liberty. Between Anarchy and Leviathan. Chicago.
Bundesamt für Statistik: https://www.bfs.admin.ch/bfs/de/home/statistiken/bau-wohnungswesen.html
Burkhardt, Gisela (2014): Todschick. Edle Labels, billige Mode, unmenschlich produziert. München.
Burkhardt, Jacob (1860): Die Kultur der Renaissance in Italien. Stuttgart 1976.
Busch, Wilhelm: Niemals, Schein und Sein. In, Historisch-kritische Gesamtausgabe, herausgegeben von Friedrich Bohne. 4 Bände, Wiesbaden und Berlin, 1960, Bd. 4, S. 406.
Butzbach, Olivier; Kurt von Mettenheim (2014): Alternative Banking and Financial Crisis. London.
Capus, Axel (2008): Patriarchen. Zehn Portraits. München.
Chadwick, Ruth; Doris Schroeder (Hg.) (2002): Applied Ethics. Critical Concepts in Philosophy. Vol. V.: Business Ethics. London.
Contratto, Franca (2014): Hochfrequenzhandel und systemische Risiken. In *GesKR* 2/2014, S. 143-160.
Cortina, Adela (2006): Die Bürgerschaft des Verbrauchers in einer globalen Welt. In *Peter Koslowski; Birger P. Priddat 2006*, S. 91-104.
Crane, Andrew; Dirk Matten (2004): Business Ethics. Managing Corporate Citizenship and Sustainability in the Age of Globalization. Oxford.
Dalai Lama (1991): Einführung in den Buddhismus. Die Harvard-Vorlesungen. Freiburg 2000.
Dalai Lama (2009): Meine spirituelle Autobiographie. (org. *Mon autobiographie spirituelle*. Paris 2009). Zürich 2009.
Deci, Edward; Richard Koestner; Richard M. Ryan (1999): A Meta-Analysis Review of Experiments Examining the Effects of Extrinsic Rewards on Intrinsic Motivation. In *Psychological Bulletin* 125 (6, 1999), S. 627-668.
Defoe, Daniel (1719): Robinson Crusoe. Stuttgart 1982.

DeGeorge, Richard T. (1982): Business Ethics. New York. 1986
DeGeorge, Richard T. (1992): Unternehmensethik aus amerikanischer Sicht. In Hans Lenk/Matthias Maring 1992, S. 301-316.
Demokrit: Fragmente zur Ethik. Griechisch/Deutsch. Stuttgart 1996.
Der Spiegel, 24.01.1966: Ein gewisses Flattern. Nr. 5/1966.
Der Spiegel, 14.6.1976: Krumme Summe. Nr. 25/1976.
Der Spiegel, 24.12.1984: Paradoxe Lücke.
Der Spiegel, 13.12.1999: Die gepflegte Landschaft. Nr. 50/1999.
Der Spiegel, 8.10.2007: Ende des Schweigens. Nr. 41/2007.
Der Spiegel, 17.02.2014: Deutsche Konzerne kämpfen gegen den Handy-Wahn.
Der Spiegel, 22.07.2017: Das Auto-Syndikat. In Das Kartell. Nr. 30/2017.
Descartes, René (1637): Discours de la méthode. Französisch-Deutsch. Hamburg 1997.
Deutsch, Tracey (2010): Building a housewife`s paradise: Gender, politics, and American grocery stores in the twentieth century. Chapel Hill.
Deutsche Welle (2018): Daimler in China. Noch eine «aufrichtige Entschuldigung.» http://www.dw.com/de/china-noch-eine-aufrichtige-entschuldigung-von-daimler/a-42517329 (8. Februar 2018).
Deutscher Bundestag (2009): Entwurf eines Gesetzes zur Sicherung von Beschäftigung und Stabilität in Deutschland. Drucksache 16/11740, 27. Januar 2009.
Deutscher Corporate Governance Kodex (2017): Fassung vom 7. Februar 2017. Deutsches Aktieninstitut. Frankfurt/M.
Deutschlandfunk Kultur: «Notwehr zu Gunsten des Kindes» Jurist Merkel verteidigt Folterandrohung im Fall Gäfgen, 30. Juni 2008.
Die Zeit: Zürcher Appell für die Wahrung der wissenschaftlichen Unabhängigkeit. 28. Februar 2013, S. 10.
Döhnhoff, Marion Gräfin (1988): Kindheit in Ostpreußen. München 1991.
Donaldson, Thomas J.; Thomas W. Dunfee (2002): Précis for Ties that Bind. In *Business and Society Review*, 105, 4, S. 436-443.
Dostojewskij, Fjodor (1866): Verbrechen und Strafe. Zürich 1994.
Dunfee, Thomas W.; Thomas J. Donaldson (2002): Untangling the Corruption Knot: Global Bribery Viewed through the Lens of Integratvie Social Contract Theory. In *Norman Bowie (ed.) 2002*, S. 61-76.
Duns Scotus, Johannes: Quaestiones in quartum librum Sententiarum. Vol. 9. Lyon 1639, Nachdruck Hildesheim 1969.
Dürrenmatt, Friedrich (1957): Der Besuch der alten Dame. Eine tragische Komödie. Zürich 1980.
Elger, Christian E.; Friedhelm Schwarz (2009): Neurofinance. Wie Vertrauen, Angst und Gier Entscheidungen treffen. München.
Epikur: Briefe, Sprüche, Werkfragmente. Griechisch/Deutsch. Stuttgart 1980. Tübingen 1975.
Eucken, Walter: Grundsätze der Wirtschaftspolitik. Hrsg. Von Edith Eucken und K. Paul Hensel.
Fehr, Ernst (2008): Social Preferences and the Brain. In Paul Glimcher; Colin Camerer, Ernst Fehr, Russel Podrack 2008, S. 215-232.
Felber, Christian (2012): Gemeinwohl-Ökonomie. Eine demokratische Alternative wächst. Wien.
Felber, Christian (2017): Ethischer Welthandel. Alternativen zu TTIP, WTO & Co. Wien.
Fehr, Ernst (2015): Ökonomische Forschung für eine bessere Welt. NZZ Standpunkte, 16.9.2015.
Fenner, Dagmar (2008): Ethik. Wie soll ich handeln? Tübingen.
Foot, Philippa (1967): Töten und Sterbenlassen. In, dies. Die Wirklichkeit des Guten. Moralphilosophische Aufsätze. Frankfurt/M. 1997, S. 186-196.

Foreignpolicy (2011): http://foreignpolicy.com/2011/01/10/the-great-food-crisis-of-2011/
Frank, Robert H. (2016): Ohne Glück kein Erfolg. Der Zufall und der Mythos der Leistungsgesellschaft. (org. Sucess and Luck. Good Fortune and the Myth of Meritocracy. Princeton). München 2017.
Franke, Siegfried (2011): Vertrauenserosion. Eine Gefahr für Politik, Gesellschaft und Wirtschaft. Marburg.
Franklin, Benjamin (1750): The Papers of Benjamin Franklin, Volume 3: January 1, 1745 through June 30, 1750. Edited by Leonard W. Labaree, Whitfield J. Bell, Helen C. Boatfield, and Helene H. Fineman: Advice to a young tradesman. New Haven 1961, Vol. 3.
Freeman, Edward; Jeffrey Harrison, Andrew Hicks, Bidhan Parmar and Simone de Colle (2010): Stakeholder Theory. The State of the Art. Cambridge.
Frey, Bruno S. (2008): Happiness. A Revolution in Economics. Cambridge, Mass.
Frey, Bruno S. (1997): Unerwünschte Projekte, Kompensation und Akzeptanz. In Analyse & Kritik.
Friedman, Milton (1970): The Social Responsibility of Business is to Increase its Profits. In *The New York Times Magazine*, September 13, 1970.
Friedman, Milton (1970): The social Responsibility of Business is to increase its profits. In *The New York Times Magazine*, 13. September 1970, wiederabgedruckt in Chadwick, Ruth; Doris Schroeder 2002, S. 57-63.
Freedman, Eric M. (2001): Habeas corpus: Rethinking the great writ of liberty. New York.
Freeman, R. Edward (ed.) (2010): Stakeholder Theory. The State of the Art. Cambridge.
Freeman, R. Edward (1984): Strategic Management: A Stakeholder Approach. Boston.
French, Peter (1992): Die Korporation als moralische Person. In Hans Lenk/Matthias Maring 1992, S. 317-328.
Fromm, Erich (1976): Haben oder Sein. Die seelischen Grundlagen einer neuen Gesellschaft. (org. *To Have or to Be?* New York 1976). Stuttgart 1976.
Furuhashi, Y. Hugh; E. Jerome McCarthy (2014): Social issues of marketing in the American economy. In Patrick E. Murphy; John F. Sherry 2014, S. 93-101.
Galbright, John Kenneth (1990): Eine kurze Geschichte der Spekulation. (org. *A Short History of financial Euphoria*. New York) Frankfurt/M. 2010.
Gardner, Brian (2013): Global Food Futures. Feeding the World in 2050. London.
Gaski, John F.; Michael J. Etzel (2014): How marketing serves the common good: A long-term consumer perspective. In Patrick E. Murphy; John F. Sherry 2014, S. 61-80.
Georgescu-Roegen, Nicholas (1971): The Entropy Law and the Economic Process. Cambridge, Mass. 1971.
Georgescu-Roegen, Nicholas (1971): La décroissance. Entropie, Écologie, Économie. Paris.
Gertel, Jörg (2015): Der Preis für Brot. In *Cornelia Reiher; Sarah Ruth Sippel* 2015, S. 196-223.
Glimcher, Paul; Colin Camerer, Ernst Fehr, Russel Podrack (Hg.) (2008): Neuroeconomics. Decision Making and the Brain. Amsterdam, Boston 2008.
Greenwald, Glenn: Die globale Überwachung. Der Fall Snowden, die amerikanischen Geheimdienste und die Folgen. (org. *No place to hide*. New York 2014) München 2014.
Güntert, Stefan T. (2015). Selbstbestimmung in der Freiwilligenarbeit. In Theo Wehner, Stefan T. Güntert 2015, 77-93.
Güth, Werner (1999): Spieltheorie und ökonomische (Bei)Spiele. Berlin.
Haber, Stephen; Victor Menaldo (2011): Do Natural Resources fuel Authoritarianism? A Reappraisal of the Resource Curse. In *American Political Science Review*, February 2011, S. 1-26.

Hain, Cornelia; Peter Kenning; Marco Lehmann-Waffenschmidt (2007): Neuroökonomie und Neuromarketing. Neurale Korrelate strategischer Entscheidungen. In Birger Priddat 2007, S. 69-108.

Haldenwang, Christian (2012): Gibt es den Ressourcenflucht nicht mehr? In Deutsches Institut für Entwicklungspolitik, www.die-gdi.de, 23.7.2012.

Hammond, Claudia (2016): Erst denken, dann zahlen. Die Psychologie des Geldes und wie wir sie nutzen können. (org. *Mind over Money. The Psychology of Money and how to use it better.* Edingburgh 2016). Stuttgart 2017.

Han, Byung-Chul (2012): Müdigkeitsgesellschaft. Berlin.

Han, Byung-Chul (2014): Psychopolitik. Neoliberalismus und die neuen Machttechniken. Frankfurt/M.

Häni, Daniel, Philip Kovce (2015): Was fehlt, wenn alles da ist? Warum das bedingungslose Grundeinkommen die richtigen Fragen stellt. Zürich.

Harari, Yuval Noah (2017): Homo Deus. Eine Geschichte von morgen. München.

Hardin, Garett (1968): The Tragedy of the Commons. In *Science* 162, S. 1243-1248.

Hartmann, Evi (2016): Wie viele Sklaven halten Sie? Über Globalisierung und Moral. Frankfurt/M.

Hassan, Kabir, M.: Mervyn K. Lewis (2007): Handbook of Islamic Banking. Northampton.

Healy, Paul M.; Krishna G. Palepu (2003): The Fall of Enron. In Journal of Economic Perspectives, Vol. 17, No. 2, Spring 2003, S. 3-26.

Hegel, Georg Wilhelm Friedrich (1810ff): Nürnberger und Heidelberger Schriften. Werke in zwanzig Bänden, Bd. 4. Frankfurt/M. 1970.

Heine, Heinrich (1844): Deutschland. Ein Wintermärchen. Stuttgart 1974.

Heinrich-Böll-Stiftung (2015): Bodenatlas 2015. Berlin.

Heinrichs, Jan-Hendrik (2006): Grundbefähigungen. Zum Verhältnis von Ethik und Ökonomie. Paderborn.

Herzog, Lisa; Axel Honneth: Der Wert des Marktes. Ein ökonomisch-philosophischer Diskurs vom 18. Jahrhundert bis zur Gegenwart. Berlin 2014.

Hesse, Hermann (1922): Siddhartha. Eine indische Dichtung. Frankfurt/M. 2002.

Higgins, Polly: Eridicating Ecocide. Laws and Government to prevent the destruction of our planet. London 2010.

Hirsch, Fred (1976): Social Limits to Growth. Cambridge 1976.

Hoekstra, A.Y. (2003): Virtual Water Trade. Proceedings of the International Expert Meeting on Virtual Water Trade. Delft 2003.

Hoekstra, A.Y.; A. K. Chapagain (2006): Water footprints of nations: Water use by people as aa function of their consumption pattern. In Water Resour Manage 2006.

Höffe, Otfried (1980): Naturrecht ohne naturalistischen Fehlschluss. Wien.

Höffe Otfried (1986): Tragen die Wissenschaften eine Verantwortung für unsere Zivilisation. In Thomas Meyer, Susanne Miller (Hg.): *Zukunftsethik und Industriegesellschaft.* München 1986, S. 73-92.

Höffe, Otfried (1997): Bausteine für ein ökologisches Weltethos. In: Wilhelm Lüttefelds/ Thomas Mohrs (Hg.): *Eine Welt, eine Moral?* Darmstadt, S. 136–155.

Hösle, Vittorio (1997): Moral und Politik. Grundlagen einer politischen Ethik für das 21. Jahrhundert. München.

Hofmann, Matthias (2008): Lernen aus Katastrophen. Nach den Unfällen von Harrisburg, Seveso und Sandoz. Berlin.

Homann, Karl (2015): Wirtschaftsethik. Ethik, rekonstruiert mit ökonomischer Methode. In *Theorien der Wirtschafts- und Unternehmensethik.* Herausgegeben von Dominik von Aaken und Philipp Schenk, Berlin 2015, S. 23-46.

Homann, Karl; Andreas Suchanek (1989): Methodische Überlegungen zum ökonomischen Imperialismus. In Analyse & Kritik 11 (1989), S. 70-93.

Honneth, Axel (2017): Arbeit und Anerkennung. Versuch einer theoretischen Neubestimmung. In Aßländer, Wagner 2017, S. 418-442.
Hotelling, Harold (1931): The Economics of Exhaustible Resources. In Journal of Political Economy, 39, 137-175, reprint in The Collected Economics Articles of Harold Hotelling, hrsg. Von Adrian C. Darnell, New York 1990, S, 64-92.
Hutcheson, Francis (1726): Über den Ursprung unserer Ideen von Schönheit und Tugend. (org.: *An Inquiry into the Original of our Ideas of Beauty and Virtue*) Hamburg 1996.
Ingarden, Roman(1970): Über die Verantwortung. Ihre ontischen Fundamente. Stuttgart.
International Herald Tribune (2007): Letter From Washington: As U.S. rich-poor gap grows, so does public outcry – Americas. Von Albert R. Hunt, 18. Februar 2007.
Jackson, Tim (2009): Wohlstand ohne Wachstum. Leben und Wirtschaften in einer endlichen Welt. (org. *Prosperity without Growth. Economics for a Finite Planet*. London 2009). München 2012.
Jonas, Hans (1979): Das Prinzip Verantwortung. Versuch einer Ethik für die technologische Zivilisation. Frankfurt/M.
Jones, Thomas M.; Andrew C. Wicks and R. Edward Freeman (2002): Stakeholder Theory: The State of the Art. In Norman E. Bowie 2002 (Hg.): The Blackwell Guide to Business Ethics. Oxford, S. 19-37.
Kahneman, Daniel, J. Knetscht; Richard Thaler (1991): The Endowment effect, loss aversion and stauts-quo bias. In *Journal of Economic Perspectives*, 5, S. 193-206.
Kahneman, Daniel (2003): Maps of Bounded Rationality. A Perspective on Intuitive Judgement and Choice. In, *The American Economic Review,* Vol. 93, No. 5 (Dec., 2003), S. 1449-1475.
Kahneman, Daniel (2011): Schnelles Denken, langsames Denken (org.: *Thinking, fast and slow.* New York 2011) München 2012.
Kant, Immanuel (1784) : Kritik der reinen Vernunft. Werkausgabe Bd. IV, Frankfurt/M. 1977.
Kant, Immanuel (1784): Beantwortung der Frage: Was ist Aufklärung? Werkausgabe Bd. XI, Frankfurt/M. 1977, S. 53-61.
Kant, Immanuel (1785): Grundlegung zur Metaphysik der Sitten. Werkausgabe Bd.VII, Frankfurt/M. 1977.
Kant, Immanuel (1788): Kritik der praktischen Vernunft. Werkausgabe Bd.VII, Frankfurt/M. 1977.
Kant, Immanuel (1793): Über den Gemeinspruch: Das mag in der Theorie richtig sein, taugt aber nicht für die Praxis. Werkausgabe Bd. XI, Frankfurt/M. 1977, S. 127-172.
Kant, Immanuel (1795): Zum ewigen Frieden. Werkausgabe Bd. XI, Frankfurt/M. 1977, S. 193-251.
Kant, Immanuel (1797): Die Metaphysik der Sitten in zwei Teilen. Werkausgabe Bd.VIII, Frankfurt/M. 1977.
Kant, Immanuel (1798a): Metaphysische Anfangsgründe der Rechtslehre. Werkausgabe Bd.VIII, Frankfurt/M. 1977.
Kant, Immanuel (1798b): Anthropologie in pragmatischer Hinsicht. Werkausgabe Bd. XII, Frankfurt/M. 1977.
Kant, Immanuel (1800): Schriften zur Metaphysik und Logik 2. Werkausgabe Bd.VI, Frankfurt/M. 1977.
Kennedy, Robert (1968): Bobby Kennedy on GDP: «measures everything except that which is worthwhile». https://www.theguardian.com/news/datablog/2012/may/24/robert-kennedy-gdp (6. Dezember 2017).
Kenning, Peter (2014): Consumer Neuroscience. Ein transdisziplinäres Lehrbuch. Stuttgart.
Kenning, Peter; Peter Mohr; Hilke Plassmann (2007): Was kostet Angst? Eine neuroökonomische Studie zum Home-Bias. In Birger Priddat 2007, S. 171-190.

Kettel, Brian (2010): Islamic Finance. Frequently asked Questions. West Sussex.
Keynes, John Maynard (1936): Allgemeine Theorie der Beschäftigung, des Zinses und des Geldes. (Org. *The General Theory of Employment, Interest and Money*. London 1936) Berlin 2009.
Khoury, Adel Theodor; Ludwig Hagemann; Peter Heine (1991): Islam Lexikon. 3 Bde. Freiburg.
Korff, Wilhelm (Hg.) (1999a): Handbuch der Wirtschaftsethik. Bd. 1: Verhältnisbestimmung von Wirtschaft und Ethik. Gütersloh.
Korff, Wilhelm (Hg.) (1999b): Handbuch der Wirtschaftsethik. Bd. 3: Ethik wirtschaftlichen Handelns. Gütersloh.
Korff, Wilhelm (Hg.) (1999c): Handbuch der Wirtschaftsethik. Bd. 4: Ausgewählte Handlungsfelder. Gütersloh.
Koslowski, Peter (2001a) (Hg.): Wirtschaftsethik – Wo ist die Philosophie? Heidelberg.
Koslowski, Peter (2001b): Wirtschaftsethik – Wo ist die Philosophie? Warum die Philosophie die Ökonomie nicht nur den Ökonomen überlassen kann. In Peter Koslowski 2001a, S. 1-16.
Koslowski, Peter (2006): I shop, therefore I am. In *Koslowski, Peter, Birger P. Priddat* 2006, S. 233-34.
Koslowski, Peter (2009): Ethik der Banken. Folgerungen aus der Finanzkrise. München.
Koslowski, Peter; Birger P. Priddat (Hg.) (2006): Ethik des Konsums. München.
Kotler, Philip; Nance R. Lee (2008): Social Marketing. Influencing Behaviors for Good. Los Angeles.
Krebs, Angelika (2002): Arbeit und Liebe. Die philosophischen Grundlagen sozialer Gerechtigkeit. Frankfurt/M.
Leipert, Christian; Otfried Hatzhold (1998): Erziehungsgehalt 2000. Ein Weg zur Aufwertung der Erziehungsarbeit. Bonn.
Leisinger, Klaus (2003): Whistleblowing und Corporate Reputation Management. München.
Lenk, Hans; Matthias Maring (Hg.) (1992): Wirtschaft und Ethik. Stuttgart.
Lenk, Hans; Matthias Maring (2001): Verantwortung. In *Historisches Wörterbuch der Philosophie*, Basel 2001, Sp. 566.
Liessmann, Konrad Paul (2009): Geld. Was die Welt im Innersten zusammenhält? Wien.
Lindner, Roland (2014): Das Einfrieren von Eizellen zahlt die Firma. In *Frankfurter Allgemeine Zeitung*, 15.10.2014.
Locke, John (1689): Zwei Abhandlungen über die Regierung. (org. *Two treatises of government*. Cambridge 2010) Frankfurt/M. 1997.
Lübbe, Hermann (1990): Der Lebenssinn der Industriegesellschaft. Über die moralische Verfassung der wissenschaftlich-technischen Zivilisation. Berlin.
Luhmann, Niklas (1997): Die Gesellschaft der Gesellschaft. Bd. 1. Frankfurt/M.
Luther, Martin Werke, Kritische Gesamtausgabe. Weimar 1833ff.
Mankiw, N. Gregory (2001): Grundzüge der Volkswirtschaftslehre. (org. *Principles of Economics*. Mason 2001). Stuttgart 2001.
Margalit, Avishai (1996): Politik der Würde. Über Achtung und Würde. (org.: *The Decent Society*. Cambridge, Mass: 1996 Harvard UP) Frankfurt/M. 1999.
Markowtisch, Hans J. (2007): Wie unser Gehirn unseren Kaufentscheidungen bestimmt. In B. Priddat 2007, S. 11-68.
Marx, Karl (1843): Zur Judenfrage. In Karl Marx, Friedrich Engels, Werke, Berlin 1957, S. 347-377.
Marx, Karl (1844): Ökonomisch-philosophische Manuskripte. In Marx-Engels-Werke, Bd. 4, Berlin 1990.
Marx, Karl; Friedrich Engels (1847): Manifest der Kommunistischen Partei. In Marx-Engels-Werke, Bd. 4, Berlin 1990.

Maslow, Abraham (1954): Motivation und Persönlichkeit. (org. *Motivation and Personality.* New York) Hamburg 2010.
Massarrat, Mohssen (2006): Kapitalismus, Machtungleichgewicht, Nachhaltigkeit. Perspektiven revolutionärer Reformen. Hamburg.
Mauss, Marcel (1950): Die Gabe. Form und Funktion des Austauschs in archaischen Gesellschaften. (Org. *Essai sur le don.* Paris: Presses Universitaires de France) Frankfurt/M. 1990.
Mauss, Marcel (1968ff): Schriften zum Geld. Frankfurt/M. 2005.
McCarthy, E. Jerome (1960): Basic Marketing. A Managerial Approach. Illinois 1960.
McConnel, Terrance (2003): Whistle-blowing. In R. G. Frey, A Companion to Applied Ethics. London 2003, S. 570-582.
Meister Eckhart: Deutsche Predigten. Mittelhochdeutsch/Neuhochdeutsch. Stuttgart 2001.
Mill, John Stuart (1859): Über die Freiheit. (Org. *On Liberty.* London 1859). Stuttgart 1980.
Mill, John Stuart (1871): Utilitarianism. Der Utilitarismus. (org. *Utilitarianism.* London 1871). Stuttgart 2006.
Müller-Armack, Alfred (1952): Die heutige Gesellschaft nach evangelischem Verständnis. Diagnose und Vorschläge zu ihrer Gestaltung. In ders. *Genealogie der Sozialen Marktwirtschaft. Frühschriften und weiterführende Konzepte.* Bern 1974, S. 108-118.
Müller-Armack, Alfred (1973): Die künftige Verfassung der Sozialen Marktwirtschaft. In ders. *Genealogie der Sozialen Marktwirtschaft. Frühschriften und weiterführende Konzepte.* Bern 1974, S. 163-172.
Murphy, Patrick, E.; Jon F. Sherry (Hg.) (2014): Marketing and the Common Good. Abingdon.
Murphy, Patrick, E.; Gene R. Laczniak; Fiona Harris (2017): Ethics in Marketing. International cases and perspectives. Abingdon.
Neue Zürcher Zeitung (2006): «Meier 19» gestorben. 9. November 2006, S. 17.
New York Times (2018): Ten Monkeys and a Beetle: Inside VW`s Campaign for Clean Diesel. By Jack Ewing, 25. Januar 2018 (https://www.nytimes.com/2018/01/25/world/europe/volkswagen-diesel-emissions-monkeys.html).
Nietzsche, Friedrich (1887): Zur Genealogie der Moral. Eine Streitschrift. Sämtliche Werke. Kritische Studienausgabe. München 1980, Bd. 5.
Niggli, Peter: Der Streit um die Entwicklungshilfe. Mehr tun, aber das Richtige. Zürich 2008.
Nussbaum, Martha (2000): Women and Human Development. The Capabilities Approach. Cambridge 2000.
Nussbaum, Martha (2006): Frontiers of Justice. Disability, Nationality, Species Membership, Cambridge/London: Belknap 2006.
Nussbaum, Martha (2011): Creating Capabilities. Cambridge Mass. 2011.
Oostlander, Jeanette; Stefan T. Güntert; Theo Wehner (2015). Motive für Freiwilligenarbeit – der funktionale Ansatz am Beispiel eines generationenübergreifenden Projekts. In Theo Wehner; Stefan T. Güntert 2015, S. 59-76.
Ostrom, Elinor (1990): Die Verfassung der Allmende. (org.: *Governing the commons. The evolution of institutions for collective action.* Cambridge 1990) Tübingen 1999.
Ostrom, Elinor (2008): Was mehr wird, wenn wir teilen. Vom gesellschaftlichen Wert der Gemeingüter. (org. *The Challenge of Common Pool Resources* In *Environment. Science and Policy for Sustainable Development.* July/August 2008.
Ott, Notburga (1998): Der familienökonomische Ansatz von Gary S. Becker. In Rainer Fehn, Dirk Wentzel (Hg.): *Gary Beckers ökonomischer Imperialismus.* Tübingen 1998, S. 63-90.
Papst Franziskus (2013): Evangelii Gaudium. Über die Verkündigung des Glaubens heute. Vatikan.

Papst Franziskus (2015): Laudato Si. Über die Sorge für das gemeinsame Haus. Vatikan.
Peuker, Mi-Yong (2009): Homo Oeconomicus. In Eike Bohlken, Christian Thies 2009, S. 344-348.
Pfannerstill, Sabine (1996): Zwischen Eigen- und Gemeinnutz-, Sozio-, Umwelt- und Kultursponsoring. MA: Gießen.
Pico, Giovanni della Mirandola: Oratio de hominis dignitate. Rede über die Würde des Menschen. Lat./Dt. Stuttgart 2002.
Phillips, Robert (ed.) (2011): Stakeholder Theory. Impact and Prospects. Cheltenham.
Pierer, Heinrich von; Karl Homann; Weyma Lübbe (2003): Zwischen Profit und Moral. Für eine menschliche Wirtschaft. München.
Piketty, Thomas (2013): Das Kapital im 21. Jahrhundert. (org. Le Capital au XXIe siècle. Paris 2013). München 2014.
Platon: Politeia. Griechisch-Deutsch. Hamburg 1991.
Platon: Phaidon. Griechisch-Deutsch. Hamburg 1991.
Pogge, Thomas (1995): Eine globale Rohstoffdividende. In *Analyse und Kritik* 17 (1995), S. 183-208.
Pogge, Thomas (2009): Gerechtigkeit in der Einen Welt. In *Neue Gesellschaft, Frankfurter Hefte*, S. 13-17.
Pogge, Thomas (2016): Hunger Games. In *Food ethics* (2016), 1:9-27.
Pogge, Thomas (2017): Fighting global poverty. In *International Journal of Law in Context*. 13, 4. S. 512-526.
Pogge, Thomas, Scott Wisor (2016): Measuring Poverty. In *Oxford Handbook of Well-Being and Public Policy*. Oxford 2016, S. 645-676.
Polanyi, Karl (1944): The Great Transformation. Politische und ökonomische Ursprünge von Gesellschaften und Wirtschaftssystemen. (org. *The Great Transformation. The political and economic origins of our time*. Boston 1944). Frankfurt/M. 1973.
Popper, Karl (1945): Die offene Gesellschaft und ihre Feinde. Bd. 1: Der Zauber Platons. Bd. 2: Falsche Propheten. Hegel, Marx und die Folgen. Tübingen 1992.
Pribram, Karl: Geschichte des ökonomischen Denkens. (org.: *A History of Economic Reasoning*. Baltimore 1983) Frankfurt/M. 1998.
Priddat, Birger P. (2006): Moral als Kontext von Gütern. Choice and Semantics. In *Peter Koslowski, Birger P. Priddat* 2006, S. 9-22.
Priddat, Birger P. (2007): Neuroökonomie. Neue Themen zu Konsum, Marketing und emotionalem Verhalten in der Ökonomie. Marbug.
Prinz, Aloys; Markus Pawelzik (2006): Warum macht Konsum nicht glücklich? In *Koslowski, Peter, Birger P. Priddat* 2006, S. 35-58.
Rawls, John (1971): Eine Theorie der Gerechtigkeit. (org. *Theorie of Justice*. Cambridge, Mass. 1971) Frankfurt/M. 1991.
Rawls, John: Der Vorrang der Grundfreiheiten. (org.: *The Basic Liberties and Their Priority*. In Sterlin M. Mcmurrin (ed.): The Tanner Lectures on Human Values. Salt Lake City 1983, S. 3-87) In ders.: Die Idee des politischen Liberalismus Aufsätze 1978-1989, Frankfurt/M. 1992.
Regan, Tom (1983): The Case for Animal Rights. Berkley.
Reiher, Cornelia; Sarah Ruth Sippel 2015 (Hg.): Umkämpftes Essen. Produktion, Handel und Konsum von Lebensmitteln in globalen Kontexten. Göttingen 2015.
Rich, Arthur (1984): Wirtschaftsethik. Grundlagen in theologischer Perspektive. Gütersloh.
Rickards, James (2012): Derivatives should be banned from financial Markets. In US-News. https://www.usnews.com/opinion/blogs/economic-intelligence/2012/07/16/derivatives-should-be-banned-from-financial-markets (6. 12.2017).
Rickards, James (2014): The Death of Money: The Coming Collapse of the International Monetary System. New York.

Rickards, James (2016): The Road to Ruin: The Global Elites' Secret Plan for the Next Financial Crisis. New York.
Rifkin, Jeremy (1995): Das Ende der Arbeit und ihre Zukunft. (org.: The End of Work. New York 1995). Frankfurt/M. 1996.
Ritzer, George (1993): Die McDonaldisierung der Gesellschaft. (org. *The McDonaldization of Society: an Investigation into the Changing Character of social life*. Newbury Park) Frankfurt/M. 1997.
Rohe, Mathias (2011): Das islamische Recht. Geschichte und Gegenwart. München.
Rolston, Holmes (1994): Value in Nature and the Nature of Value. In: Andrew Light/ Holmes Rolston (ed.): Environmental Ethics. An Anthology. Oxford 2003: Blackwell, S. 143-153 (dt. Werte in der Natur und die Natur der Werte. In: A. Krebs (Hg.): Naturethik. Grundtexte der gegenwärtigen tier- und ökoethischen Diskussion. Frankfurt/M. 1997: Suhrkamp, S. 247-270).
Roth, Gerhard (2003): Aus Sicht des Gehirns. Berlin.
Rousseau, Jean-Jacques (1755): Abhandlung über den Ursprung und die Grundlagen der Ungleichheit unter den Menschen. (org. *Discours sur l'origine et les fondements de l'inégalité parmi les hommes*. Amsterdam) Stuttgart 1988a.
Rousseau, Jean-Jacques (1762a): Emile oder über die Erziehung. (org. *Émile ou De l'éducation*. Amsterdam 1762) Stuttgart 1988b.
Rousseau, Jean-Jacques (1762b): Vom Gesellschaftsvertrag oder Grundsätze des Staatsrechts. (org. *Du Contract Social ou Principes du Droit Politique*. Amsterdam 1762). Stuttgart 1977.
Rousseau, Jean-Jacques (1755): Abhandlung über den Ursprung und die Grundlagen der Ungleichheit unter den Menschen. (org. *Discours sur l'origine et les fondements de l'inégalité parmi les hommes*. Amsterdam) Stuttgart 1988.
Rudzio, Kolja (2014): Ein Kind von Apple. In *Die Zeit*. 6. November 2014.
Sampson, Anthony (1977): Die Waffenhändler – Von Krupp bis Lockheed. Die Geschichte eines tödlichen Geschäfts. Hamburg.
Sandel, Michael (2012): Was man für Geld nicht kaufen kann. Die moralischen Grenzen des Marktes. (Org. *What money can`t buy. The moral limits of markets*. London). Berlin 2012.
Sandel, Michael (2005): Moral und Politik. Gedanken zu einer gerechten Gesellschaft. (Org. *Public Philosophy*. Boston). Berlin 2017.
Saucier, Rick D. (2008): Marketing Ethics. Lewiston.
Schirach, Ferdinand von (2015): Terror. Ein Theaterstück und eine Rede. München.
Schirach, Ferdinand von (2016): Die Würde ist antastbar. Essays. München.
Schirrmacher, Frank (2009): Payback. Warum wir im Informationszeitalter gezwungen sind zu tun, was wir nicht wollen und wie wir die Kontrolle über unser Denken zurückerlangen. München.
Schirrmacher, Frank (2011): Ego. Das Spiel des Lebens. München.
Schlaudt, Oliver (2018): Die politischen Zahlen. Über Quantifizierung im Neoliberalismus. Frankfurt/M.
Schmidt-Bleek, Friedrich (2014): Grüne Lügen. Nichts für die Umwelt, alles fürs Geschäft. München.
Schneider, Dieter J.G. (2000): Marketing. In Gabler Wirtschaftslexikon. 15. Auflage. Wiesbaden 2000, S. 2056-2058.
Schopenhauer, Arthur (1840): Preisschrift über die Freiheit des Willens. Werke in fünf Bänden, Bd. III. Zürich 1988.
Schridde, Stefan (2014): Murks? Nein Danke! Was wir tun können, damit die Dinge besser werden. München.
Schumpeter, Joseph A.: Geschichte der Ökonomischen Analyse. 2 Bde. Göttingen 1965.
Schweitzer, Albert (1966): Ehrfurcht vor dem Leben. Ausgewählte Werke, Bd. 5. München.

Schweizerische Bundeskanzlei: Eidgenössische Volksinitiative «1:12 – Für gerecht Löhne»,
Sedláček, Tomáš (2011): Die Ökonomie von Gut und Böse. (Org.: Economics of Good and Evil. The Quest for Economic Meaning from Gilgamesh to Wall Street. New York, Oxford up 2011). München 2012.
Seele, Peter (2007): Is Blue the new Green? Colors of the Earth in Corporate PR and Advertisment to communicate Ethical Commitment and Responsibility. Working-Paper des CRR, Essen.
Seele, Peter, Zapf, Christian: Der Markt existiert nicht. Aufklärung gegen die Marktvergötterung. Heidelberg 2017.
Sen, Amartya (1981): Poverty and Famines. Oxford.
Sen, Amartya (1987): On Ethics and Economics. Oxford.
Sen, Amartya (1999): Ökonomie für den Menschen. Wege zu Gerechtigkeit und Solidarität in der Marktwirtschaft. (org. *Development as Freedom*. New York 1999). München 2000.
Sennett, Richard (1998): Der flexible Mensch. Die Kultur des neuen Kapitalismus. (org. *The Corrosion of Character. The personal consequences of new Capitalism*. New York 1998) Berlin 1998.
Simmel, Georg (1900): Philosophie des Geldes, Frankfurt/M. 1994.
Singer, Peter (1972): Famine, Affluence, and Morality. In *Philosophy and Public Affairs*. Vol. 1, No. 3 (Spring 1972), S. 229-243.
Singer, Peter (1979): Praktische Ethik. (Org. *Practical Ethics*. Cambridge 1979). Stuttgart 1994.
Singer, Peter (2015): Effektiver Altruismus. Eine Anleitung zum ethischen Leben. (org. *The Most Good you Can Do. How Effective Altruism Is Changing Ideas about living ethically*. New Haven). Berlin 2016.
Sloterdijk, Peter (1987): Kritik der zynischen Vernunft. Frankfurt/M.
Smith, Adam (1759): Theorie der sittlichen Gefühle. (org. *The Theory of Moral Sentiments*. London 1759). Hamburg 1994.
Smith, Adam (1776): Wohlstand der Nationen. Eine Untersuchung seiner Natur und seiner Ursachen. (org. *An Inquiry into the Nature and Causes of the Wealth of Nations. London 1776*) München 1978.
Smythe, Thomas W. (1985): Problems about Corporate Moral Personhood. In The Journal of Value Inquiry. 19, 4 (1985), S. 327-333.
Solomon, Robert C. (1999): Corporate Roles, Personal Virtues. An Aristotelian approach to business ethics. In *Chadwick, Ruth; Doris Schroeder* 2002, S. 79-97.
Sommer, Andreas Urs (2016): Werte. Warum man sie braucht, obwohl es sie nicht gibt. Stuttgart.
Stamm, Hansueli (2009): Entstehung von Vertrauen beim elektronischen Handel. In, Detlef Aufderheide; Martin Dabrowski 2009, S. 187-208.
Staud, Toralf (2009): Grün, grün, grün ist alles, was wir kaufen. Lügen, bis das Image stimmt. Köln.
Steinmann, Horst; Albert Löhr (2015): Grundlegung einer republikanischen Unternehmensethik. Ein Projekt zur theoretischen Stützung der Unternehmenspraxis. In *Theorien der Wirtschafts- und Unternehmensethik*. Herausgegeben von Dominik von Aaken und Philipp Schenk, Berlin 2015, S. 269-309.
Steinvorth, Ulrich (2008): Bemerkungen zu den Allmendebewegungen. http://commonsblog.files.worldpress.com/2008/04/ref-steinvorth.pdf
Stewart, James B. (1991): Den of Thieves. 1991. New York.
Strange, Susan (1986): Casino-Capitalism. Oxford 1986.
Strange, Susan (1998): Mad Money. Manchester.
Suchanek, Andreas: Ökonomische Unternehmensethik. In *Theorien der Wirtschafts- und Unternehmensethik*. Herausgegeben von Dominik von Aaken und Philipp Schenk, Berlin 2015, S. 50-76.

Swan, Edward (2000): Building the Global Market. A 4000 Year of Derivatives. The Hague 2000.

Swift, Jonathan (1729): Bescheidener Vorschlag, wie man verhüten kann, dass die Kinder armer Leute in Irland ihren Eltern oder dem Lande zur Last fallen, und wie sie der Allgemeinheit nutzbar gemacht werden können. (org.: *A Modest Proposal for preventing the children of poor people in Ireland, form being a burden on their parents or country, and for making them beneficial to the public.*) Frankfurt/M. 1972, S. 513-523.

Thaler, Richard H.; Cass R. Sunstein (2008): Nudge. Wie man kluge Entscheidungen anstößt. (org. *Nudge. Improving Decisions About Health, Wealth and Happiness.* Yale). Berlin.

Theobald, Robert (1967): The Guaranteed Income. New York.

The Guardian (2017): Harvey Weinsteins secret hitlist of names to quash sex scandal. https://www.theguardian.com/film/2017/nov/18/harvey-weinstein-secret-hitlist-sex-scandal.

The Telegraph (2015): Chinese buy up bottles of fresh air from Canada. https://www.telegraph.co.uk/news/worldnews/asia/china/12051354/Chinese-buy-up-bottles-of-fresh-air-from-Canada.html

Thielemann, Ulrich; Peter Ulrich (2003): Brennpunkt Bankenethik. Bern.

Thomas von Aquin (1265): Über die Herrschaft der Fürsten. Stuttgart 1971.

Thomas von Aquin (1266-1273): Summa Theologiae. In Paul Sigmund (Hg.): St. Thomas Aqunias on Politics and Ethics. New York 1988.

Thomson, Judith Jarvis (1976): Killing, Letting Die, and the Trolley Problem. In The Monist 59, 1976, 204-17.

Titmuss, Richard (1970): The Gift Relationsship. Form Human Blood to Social Policy. New York.

Tolstoi, Leo (1878): Anna Karenina, Köln 2010.

Transparency International (2017): Checkliste für «Self-Audits» zur Korruptionsprävention an Öffentlichen Hochschulen. Berlin.

Tuck, Jay (2016): Evolution ohne uns. Wird künstliche Intelligenz uns töten? Kulmbach.

Türcke, Christoph (2015): Mehr. Die Philosophie des Geldes. München.

Ulrich, Peter (1993): Transformation der ökonomischen Vernunft. Fortschrittsperspektiven der modernen Industriegesellschaft. Bern.

Ulrich, Peter (1997): Integrative Wirtschaftsethik. Grundlagen einer lebensdienlichen Ökonomie. Bern 2001.

Ulrich, Peter (2015): Auf der Suche nach der ganzen ökonomischen Vernunft. Der Ansatz der integrativen Wirtschaftsethik. In *Theorien der Wirtschafts- und Unternehmensethik*. Herausgegeben von Dominik von Aaken und Philipp Schenk, Berlin 2015, S. 213-236.

Umwelt-Bundesamt: http://www.umweltbundesamt.de/daten/

United Nations (2011): Guiding Principles on Business and Human Rights. Genf.

Vereinte Nationen (1948): Allgemeine Erklärung der Menschenrechte. Paris.

Vereinte Nationen (1989): Übereinkommen über die Rechte des Kindes. New York.

Vereinte Nationen (2005): Milleniums-Projekt. UNO-Aktionsplan heute der Öffentlichkeit vorgestellt. New York, 17. Januar 2005.

Wagener, Hans-Jürgen (2009): Vilfredo Pareto. In Heinz D. Kurz (Hg.) *Klassiker des ökonomischen Denkens.* München Bd. 2, S. 26-47.

Wanderl, Markus (2017): Selbstmorde wegen Überarbeitung. In *Neue Zürcher Zeitung*, 13. Oktober 2017, S. 22.

Weber, Max (1905): Die protestantische Ethik und der Geist des Kapitalismus. In *Die protestantische Ethik I,* München 1991, S. 27-278.

Weber, Max (1919/20): Die Entfaltung der kapitalistischen Gesinnung. In *Die protestantische Ethik I,* München 1991, S. 358-376.

Wehner, Theo, Stefan T. Güntert (Hg.) (2015): Psychologie der Freiwilligenarbeit – Motivation, Gestaltung und Organisation. Heidelberg.

Weischedel, Wilhelm (1972): Das Wesen der Verantwortung. Frankfurt/M. 1972.

Weiss, Andreas: Zinsen und Wucher. Das kirchliche Zinsverbot und die Hindernisse auf dem Weg zu seiner Korrektur. In Aichhorn, Ulrike (Hg.): Geld- und Kreditwesen im Spiegel der Wissenschaften. Heidelberg 2005, S.123-156.

Weiß, Jens (1996): Auf der Suche nach einer Theorie der Umweltpolitik. In Schriftenreihe des IÖW 102/96, Berlin 1996.

Wells, Thomas: Sen`s Capability Approach. In Internet Encyclopedia of Philosophy. http://www.iep.utm.edu/sen-cap/

Weltkommission für Umwelt und Entwicklung (1987): Unsere gemeinsame Zukunft. (org.: Our Common Future. Oxford 1987). Greven 1987.

Welzer, Harald (2013): Selbstdenken. Eine Anleitung zum Widerstand. Frankfurt/M.

Welzer, Harald (2016): Die smarte Diktatur. Frankfurt/M.

Werner, Constanze (2006): Kriegswirtschaft und Zwangsarbeit bei BMW. München.

World Health Organization (2015): Global Status Report On Road Safety. Geneva.

Ziegler, Jean (2011): Wir lassen Sie verhungern. Die Massenvernichtung in der Dritten Welt. München 2012.

Kapitel 16 416

16.4. Abbildungen

Abb. 1: Heinrich Heine
Foto: https://pixabay.com/de/heinrich-heine-denkmal-hannover-514909/
Abb. 2: Marktplatz Krakau
Foto: https://pixabay.com/de/krakau-krak%C3%B3w-polen-stadt-markt-225825/
Abb. 3: Siena:
Foto: https://pixabay.com/de/siena-quadrat-der-feld-turm-isst-1785808/
Abb. 4: Kathedrale Paris
Foto: https://pixabay.com/de/kirche-wahrzeichen-der-stadt-1836495/
Abb. 5: Kathedrale Strassburg
Foto: https://pixabay.com/de/stra%C3%9Fburg-m%C3%BCnster-strassburg-333622/
Abb. 6: Augustinus
Foto: https://www.catholic.org/files/images/saints/1622.jpg
Abb. 7: Thomas von Aquin
Foto: https://www.nationalgallery.org.uk/paintings/carlo-crivelli-saint-thomas-aquinas
Abb. 8: Adam Smith
Foto: https://commons.wikimedia.org/wiki/Adam_Smith#/media/File:AdamSmith.jpg
Abb. 9: Max Weber
Foto: https://upload.wikimedia.org/wikipedia/commons/1/16/Max_Weber_1894.jpg
Abb. 10: Jakob Fugger
Foto: https://upload.wikimedia.org/wikipedia/commons/c/c1/Jakob_Fugger_d.%C3%84..JPG
Abb. 11: Kaufhaus Gummi
https://pixabay.com/de/gummi-moskau-russland-tourismus-2768178/
Abb. 12: Einkaufswagen
Foto: https://pixabay.com/de/einkaufswagen-shopping-einkaufen-53798/
Abb. 13: Aristoteles
Foto: https://upload.wikimedia.org/wikipedia/commons/a/ae/Aristotle_Altemps_Inv8575.jpg
Abb. 14: Immanuel Kant
Foto: https://upload.wikimedia.org/wikipedia/commons/1/1b/Kant5.jpg
Abb. 15: John Stuart Mill
Foto: https://upload.wikimedia.org/wikipedia/commons/5/5c/PSM_V03_D380_John_Stuart_Mill.jpg
Abb. 16: Andreas Suchanek
Foto: Privat
Abb. 17: Horst Steinmann
Foto: Privat
Abb. 18: Albert Löhr
Foto: Privat
Abb. 19: Karl Marx
Foto:https://upload.wikimedia.org/wikipedia/commons/f/fc/Karl_Marx.jpg
Abb. 20: Peter Ulrich
Foto: Privat
Abb. 21: Evi Hartmann
Foto: Privat
Abb. 22: Richard DeGeorge
Foto: Privat
Abb. 23: Norman Bowie
Foto: Privat

Abb. 24: Edward Freeman
Foto: Privat
Abb. 25: Amartya Sen
Foto: https://upload.wikimedia.org/wikipedia/commons/e/e0/Amartya_Sen_NIH.jpg
Abb. 26: Martha Nussbaum
Foto: Robin Holland
Abb. 27: Papst Pius
Foto: Alberto Filici
https://upload.wikimedia.org/wikipedia/commons/c/cc/Papst_Pius_XI._1JS.jpg
Abb. 28: Dalai Lama
Foto: https://commons.wikimedia.org/wiki/File:His_Holiness_the_Dalai_Lama_XIV_Dharamsala_India_2012.10.02_08.31am.jpg
Abb. 29: Ernst Fehr
Foto: Neuroeconomics University of Zurich
https://upload.wikimedia.org/wikipedia/commons/9/98/Fehr_Ernst_Webbild.jpg
Abb. 30: Richard Thaler
Foto: Bengt Nyman
https://commons.wikimedia.org/wiki/File:Richard_H._Thaler_EM1B8783_(38891871821).jpg
Abb. 31: James Buchanan
Foto: Atlas Network
https://upload.wikimedia.org/wikipedia/commons/1/11/James_Buchanan_by_Atlas_network.jp
Abb. 32: Erich Fromm
Foto: Müller-May
https://upload.wikimedia.org/wikipedia/commons/7/72/Erich_Fromm_1974.jpg
Abb. 33: Mathias Binswanger
Foto: Privat
Abb. 34: Arendt:
https://www.bing.com/images/search?view=detailV2&ccid=H7bQIb-1k&id=AA5C85D52191085E0812D3F90D5FE573B57BE29B&thid=OIP.H7bQIb1kwZ0TNDe6WgXPsQAAAA&mediaurl=https%3A%2F%2Fcdn.theculturetrip.com%2Fwp-content%2Fuploads%2F2016%2F03%2FLise_Meitner12-416x650.jpg&exph=650&expw=416&q=hannah+arendt+wikicommons&simid=608000907162029781&selectedindex=4&ajaxhist=0
Abb. 35: Avishai Margalit
Foto: תילגרמ-ןמלוא הנדע
https://commons.wikimedia.org/wiki/File:Avishai_Margalit.jpg
Abb. 36: Richard Sennett
Foto: Fronteiras do Pensamento
https://upload.wikimedia.org/wikipedia/commons/1/1b/Richard_Sennett_e_Saskia_Sassen_no_Fronteiras_do_Pensamento_Porto_Alegre_2015_%2820741796709%29.jpg
Abb. 37: Gottlieb Duttweiler
Foto: MGB https://upload.wikimedia.org/wikipedia/commons/a/a5/Gottlieb_Duttweiler_im_Gespr%C3%A4ch.jpg
Abb. 38: Steve Jobs
Foto: https://upload.wikimedia.org/wikipedia/commons/5/58/Stevejobs_Macworld2005.jpg
Abb. 39: Edward Snowden
Foto: Laura Poitras
Abb. 40: Christa McAuliffe
Foto: NASA

Kapitel 16

Abb. 41: Hasankeyf
Foto: Nevit Dilmen
https://upload.wikimedia.org/wikipedia/commons/c/cd/Hasankeyf_P1040903_20080425150930.JPG
Abb. 42: James Tobin
Foto: https://upload.wikimedia.org/wikipedia/commons/1/11/James_Tobin.png
Abb. 43: Franca Contratto
Foto: Privat
Abb. 44: Friedrich Wilhelm Raiffeisen
Foto: De.Update
https://upload.wikimedia.org/wikipedia/commons/3/3a/Friedrich_Wilhelm_Raiffeisen.jp
Abb. 45: Peter Kenning
Foto: Schmidt-Dominé
Abb. 46: Daniel Kahneman
Foto: https://upload.wikimedia.org/wikipedia/commons/c/c8/Daniel_KAHNEMAN.jpg
Abb. 47: Gro Harlem Brundtland
Foto: Harry Wad
Abb. 48: Thomas Pogge
Foto: Wikipedia / Tobias Klenze / CC-BY-SA 4.0
https://upload.wikimedia.org/wikipedia/commons/9/9d/2014-01-08_Thomas_Pogge_4833.JPG
Abb. 49: Elinor Ostrom
Foto: Indiana University
https://upload.wikimedia.org/wikipedia/commons/8/83/Elinor_Ostrom_-_journal.pbio.1001405.g001.png
Abb. 50: Robert Frank
Foto: New America
https://upload.wikimedia.org/wikipedia/commons/9/9e/Robert_H._Frank_The_Myth_of_Meritocracy_%2829557306251%29.jpg
Abb. 51: Tomáš Sedláček
Foto: Frettie
https://upload.wikimedia.org/wikipedia/commons/4/42/Tomas_Sedlacek_Czech_Economist_at_MZLU_conference_trim.jpg
Abb. 52: Tim Jackson
Foto: Ppettr
https://upload.wikimedia.org/wikipedia/commons/f/f6/Tim_Jackson_2011.jpg
Abb. 53: Christian Felber
Foto: Perikles
https://upload.wikimedia.org/wikipedia/commons/8/83/Christian-Felber-Lit.Cologne-2012.jpg

16.5. Namen

ADAC e.V. 354, 374
Albach, Horst 97
American Marketing Association, AMA 275
Apple Inc. 222, 357, 378
Arendt, Hannah 186
ARD 365
Aristoteles 13, 22, 25-29, 38, 63f, 73-77, 89, 97, 104, 108, 113, 133, 168f, 180, 192, 209, 220, 330
Arrow, Kenneth 61f
Art Basel 374
Augustinus, Aurelius 29f, 34, 37f, 44, 52
Bacon, Francis 42, 291, 305
Barkhoff, Wilhelm Ernst 263
Barnes, Peter 303
Basel 99, 374,
Benetton Group 361, 383
Bentham, Jeremy 87f, 90
Bergier, François 384
Binswanger, Hans Christoph 271
Binswanger, Mathias 178f, 272
BMW AG 205, 348, 356f, 377
Boesky, Ivan F. 29, 31
Boisjoly, Roger 238f
Bourdieu, Pierre 47
Bowie, Norman E. 124-127, 221, 358
Brabeck-Letmathe, Peter 315,
Brandenburg, John 319
Brasilien 132, 346
Brauchitsch, Eberhard von 228
Brenkert, George G. 286
Brodbeck, Karl-Heinz 154f
Brundtland, Gro Harlem 293
Buchanan, James M. 168,
Buddha, Gautama 153
Bundesärztekammer 361
Bundesverfassungsgericht 83, 352, 383
Burkhardt, Jacob 43
Busch, Wilhelm 29
Cargill Inc. 316
Coca-Cola Public 318
Commercial Alert 285
Cornell-University 324
Cortina, Adela 180
Crusoe, Robinson 23
Daimler AG 205, 350, 357, 370
Dalia Lama XIV. 153-155, 350, 370
Dante, Alighieri 43
Daschner, Wolfgang 81f
DeGeorge, Richard T. 9, 92, 120-123, 135,
Gesellschaft für deutsche Sprache 369
Deutsche Lufthansa AG 359, 380
Dionysios I. von Syrakus 27
Donaldson, Thomas 232,
Dostojewskij, Fjodor 90
Draghi, Mario 200
Dunfee, Thomas 232
Duns Scotus, Johannes 251
Dürrenmatt, Friedrich 91, 266
Duttweiler, Gottlieb 220, 222
Elmer, Rudolf 242
Engels, Friedrich 129
Enron 200
Epikur 29
Erinnerung, Verantwortung und Zukunft, Stiftung 377
Eucken, Walter 101
Europäische Zentralbank 200, 316
Europäischer Gerichtshof für Menschenrechte, EGMR 82
European Management Forum 220f
Facebook Inc. 259, 357, 378,
Fagan, Ed 362
Fehr, Ernst 165f
Felber, Christian 329, 332,
Fel-Pro Inc. 358, 379,
FIFA 225,
Flick KG 225f, 228
Foot, Philippa 356, 377
Fonualei, Vulkan 261
Foundation on Economic Trends 207
Frank, Robert H. 323
Franklin, Benjamin 37, 51f, 57
Französisch-Guayana 361
Freeman, R. Edward 10, 118, 127-129
French, Peter 93, 217
Friedman, Milton 103, 122, 221
Fromm, Erich 30, 175f, 212f
Fugger-Bank 247, 271,
Fugger, Jakob 54
Fugger, Markus 39
Fukushima 119
Gäfgen, Markus 81
Galbraith, John Kenneth 251
Galston, Arthur W. 298
Gazprom, PAO 200
Gemeinschaftsbank für Leihen und Schenken, GLS 263
Georgescu-Roegen, Nicholas 333f
Georgien 298
Global Compact 371
Goldman Sachs Corp. 200, 316

Grant, Ulysses S. 48
Grünenthal GmbH 98
Güth, Werner 167
Han, Byung-Chul 204
Haq, Mahbub ul 133
Hardin, Garrett 299f, 302
Hartmann, Evi 115f
Harvard University 64, 66, 153, 243
Hasankeyf 249
Hayek, Friedrich August von 57
Heckler & Koch GmbH 355
Heine, Heinrich 14
Hesse, Hermann 30
Higgins, Polly 298
Hirsch, Fred 60
Höffe, Otfried 76
Homann, Karl 100f, 352
Hotelling, Harold 294
Hunsander, Scott 366
Hutcheson, Francis 87
Icmesa 99
Ilisu 249, 266
Inglehart, Ronald 159
Institute for Social Banking 264
Internationaler Währungsfonds, IWF 144
Jackson, Tim 327f
Japan 301, 345, 364
Jesus 23
Jonas, Hans 137-139, 260
Jobs, Steve 220, 222
Kahneman, Daniel 284f, 328,
Kant, Immanuel 50f, 59, 69-85, 108, 117, 124-127, 133, 158, 168, 180, 211, 218f, 221f, 232, 234, 267, 338,
Kennedy, Robert 131
Kenning, Peter 283f
Kerala 132
Keynes, John Maynard 129, 252
Konzil von Vienne 38
Koslowski, Peter 97
Kraus, Karl 9
Las Vegas 354
Lehman Brothers Holdings Inc. 259, 266
Lenin, Wladimir Iljitsch 223
Leonardo da Vinci 42, 353
Locke, John 49, 210f, 267,
Lockheed Corp. 352f, 373
Löhr, Albert 104-107
London 109, 175, 253,
Loriot 203
Lübbe-Wolf, Gertrude 352
Luther, Martin 148f, 151

Madoff, Bernie 348f, 368
Manser, Bruno 304
Maori 20
Margalit, Avishai 193
Massarrat, Mohssen 293
Marx, Karl 108f, 129, 212
Maslow, Abraham 156
Mauss, Marcel 19, 22, 52
McCarthy, Jerome 275, 286f
McQueen, Steve 20
Meili, Christoph 362, 384,
Meier, Kurt 242, 362, 385
Meister Eckhart 32f
Menschenrechtsrat der Vereinten Nationen 243
Merkel, Angela 199
Merkel, Reinhard 82
Milet 27
Mill, John Stuart 50, 87f, 163
National Rifle Association 354, 375
Monroe, Marilyn 20
Mont Pèlerin Society 57
Mossad 345
Morton Thiokol 238
Müller-Armack, Alfred 150f
NASA 239
McAuliffe, Christa 239
NASDAQ 368
Nestlé S.A. 99, 315, 318f
New York Times 325
Nietzsche, Friedrich 338
Nobel, Alfred 57
Nord Stream AG 200
NSA 237
Nussbaum, Martha 130, 133-135, 213
Obama, Barack 355
Odysseus 84
Ökobank 263
Ostrom, Elinor 299-302, 328
Ott, Notburga 168
Papst Benedikt XIV. 39
Papst Franziskus I. 30, 148
Papst Johannes XXIII. 145, 147
Papst Leo XIII. 145
Papst Paul VI. 147
Papst Pius XI. 146
Pareto, Vilfredo Federico 125, 130, 163
Paulus 186f, 209
Phoebus-Kartell 104, 367
Pico, Giovanni della Mirandola 41f
Pierer, Heinrich von 351f
Platon 25, 209,

Pogge, Thomas 295-297, 311f
Polanyi, Karl 114
Popper, Karl 338
Raiffeisen, Friedrich Wilhelm 261f
Rawls, John 64f, 194, 197, 233
Raymond, Lee 355, 376
Reagan, Ronald 57
Regan, Tom 158
Rich, Arthur 149
Rickards, James 254
Rifkin, Jeremy 207
Ringier AG 200
Robert Bosch GmbH 357
Roche 99
Rolston, Holmes 158
Roosevelt, Franklin D. 312
Roth, Gerhard 283f
Rousseau, Jean-Jacques 108, 114, 187, 211
Ruggie, John 243f
Sandel, Michael 59, 66
Sandoz 93, 99
Saudi-Arabien 353
Schirach, Ferdinand von 82
Schlaudt, Oliver 336
Schmidt-Bleek, Friedrich 115-117
Schopenhauer, Arthur 72, 85
Schröder, Gerhard 199
Schulze-Delitzsch, Hermann 261
Schumacher, Michael 361
Schumpeter, Joseph 32
Schweitzer, Albert 70
Schweizerhalle 99
Schweizerische Bankgesellschaft 362, 384
Schweizerische Volkspartei, SVP 385,
Schweizerischer Bankverein, 384
Sedláek, Tomáš 325f, 329, 334, 339
Selfridges 175
Sen, Amartya 130-135, 157, 163, 314
Sennett, Richard 202f, 208
Siemens, Werner von 352
Siemens AG 225, 351f, 372
Siena 23f
Simmel, Georg 268, 296
Singer, Peter 89, 368f
Silicon Valley 28, 357,
SIX Swiss Exchange 259
Sizilien 27
Sloterdijk, Peter 111
Smith, Adam 45-51, 61, 163, 188, 267, 324,
Snowden, Edward 237f, 242
Sokrates 30, 69f, 71, 86

Solomon, Robert C. 221
Spanien 301
Sri Lanka 301
Steinmann, Horst 104-107
Stiglitz, Joseph E. 328
Stiftung Warentest 277
Strange, Susan 250, 258
Strassburger Münster 34
Strauss, Franz-Joseph 352
Suchanek, Andreas 101-104
Swift, Jonathan 90
Tepco 119
Thaler, Richard H. 165f
Thales von Milet 27, 253
Thatcher, Margaret 57, 254,
Theobald, Robert 207
Thielemann, Ulrich 390
Thomas von Aquin 32, 38, 144, 209f
Thomson, Judith Jarvis 356, 377
Tobin, James 252
Tolstoi, Leo 187
Tonga 261
Törbel 301
Transparency International 228, 231
Triodos Bank N.V. 263
Tschechoslowakische Handelsbank 325
Türcke, Christoph 269, 271
Türkei 249-251
Tversky, Amos 285
UBS AG 229, 384
Ukraine 298
Ulrich, Peter 109-115, 256
Union Carbide Corporation 99
Universität St. Gallen 110
Universität Zürich 149
Vevey 57
Vietnam 120, 298
Volksbank 261
Volkswagen AG, VW 205, 348, 357f, 367, 378
Vontobel, Hans 337
Wall Street Journal 124, 368
Walmart Corp. 358f, 379
Watzlawick, Paul 24
Weber, Max 51-54, 58, 268
Wedel, Dieter 358
Weinstein, Harvey 345
Weissrussland 298
Weltbank 312
Welternährungsorganisation, FAO 312
Wilde, Oscar 336
Wyler, Esther 362f, 385f

World Trade Organisation, WTO 231, 315, 332
Wolfenschiessen 62
Yale University 295
ZDF 365

Zeist 263
Zetsche, Dieter 350, 370
Zopfi, Magrit 362f, 385f
Zürich 225, 363, 385

16.6. Sachen

Absprachen 104, 254, 277, 348, 367
Abstraktion 21, 53, 270
Abwrackprämie 349, 369
Alfred-Nobel-Gedächtnispreis, auch: Wirtschaftsnobelpreis 57, 61, 102f, 130, 165, 168, 252, 285, 299, 328
Alchemie 272
Allgemeine Erklärung der Menschenrechte 243, 310
Allmende, auch: Commons 31, 38, 152, 213, 280, 299-304, 317
Almosen 143, 297
Altersarmut 334
Altruismus 40, 155, 369
Analphabetismus 132
Angewandte Ethik 98, 150
Anglikanische Kirche 39,
Animal laborans 186
Anreiz, auch: Incentive 36, 40, 56, 60-63, 86, 165, 283
Ansehen 19, 22, 39, 56, 75, 187, 200, 238, 330, 385
Anthropologie 10, 163,
Anthropozentrismus 70, 81, 89, 298
Arbeit 129, 143-147, 149, 151, 177, 185-192, 197, 201-210, 272, 318f, 345,
Arbeitslosigkeit 56, 126, 187, 198, 201, 206, 208
Armut 15, 27, 46, 90, 130, 143, 157, 221, 295-297, 309-315, 320
Askese 54, 143, 149
Asylrecht 84, 309, 362
Atomkraft, auch: Kernkraft 119, 137f,
Aufklärung 45, 51, 59, 62, 85, 117, 151, 175, 187, 267
Aufmerksamkeit, Aufmerksamkeitsgesellschaft, Aufmerksamkeitsökonomie 46, 282f, 383
Autismus 199, 301, 336
Back-fire 181f
Bakschisch 227, 231
Bankgeheimnis 242, 256-257, 362

Bereichsethik 13, 98
Beschleunigung 21, 44, 204, 347
Bestechung, auch: Korruption 15, 60, 62, 122, 143, 225-228, 231, 233, 351f, 371-373, 383, 385
Betriebswirtschaftslehre, BWL 97, 105
Betrug 124, 144, 187, 211, 223-225, 233, 237, 248, 347-349, 366-368
Bildung 132f, 134, 194, 230, 310, 366, 377
Biotreibstoff 313, 315
Blutspende 60
Bonus 198f, 208, 256, 272
Bourgeois 108f, 113
Bruttoinlandsprodukt, BIP, auch: GDP,
Bruttosozialprodukt, 130, 135, 312, 327,
Buddhismus 153-154
Bürger, Bürgerin 138, 185, 187, 221, 226, 264, 276, 280, 285-287, 294, 301, 305, 309-311, 313, 328, 363
Bürgergesellschaft 113
Bürgersinn 219
Bungeejumping 190
Burnout 204
Chrematistik 22, 26, 220, 221,
Christentum 30, 31, 41, 185f, 193, 271,
Churning 252-254
Citoyen 108f, 113, 229,
Cleantech, auch: Greentech 333
Code of Coduct, auch Verhaltenskodex 236f, 242
Compliance 103
Contractus trinus 39
Dampflokomotive 136
Davoser Manifest 220
Derivat 153, 252-254
Deutscher Corporate Governance Kodex, DCGK 221
Deutsches Ärzteblatt 361
Digitalisierung 28, 60, 139, 186, 201-206, 209, 283,
Disembedding 114
Disneyland, Disneylandisierung 336-339
Doppelte Vorsicht 278

Do ut des 79
Dumping 276
Ecocide 297-299, 305
Egoismus 40, 48, 329
Eigentum 31, 40, 47, 49, 134, 145-147, 152, 187f, 209-213, 280, 301,
Eitelkeit 31, 34, 46f
Emissionshandel 360, 382f
Endowment-Effekt 213
End-of-the-Pipe 116
Entlassung 198, 201, 238, 385
Entzauberung der Welt 54
Erbe 293, 302f, 374
Ergänzungsleistungen 193f
Erlebnisökonomie 176
Ernährungssicherheit 314f
Eudaimonia 73
Exportbürgschaften, Exportrisikogarantie 250
E-Banking 59, 248
E-Commerce 59
Familienarbeit 188
Finanztransaktionssteuer 251f
Firma 106f, 127
Flash Crash 347, 366
Flipping 252-254
Fortschritt 56, 59, 116, 147, 151, 187, 232, 327, 367
Framing 284f
Freiwilligenarbeit 178, 188, 201, 207
Futures 253
GAU 119, 137f
Gefangenendilemma 300-302
Geld 21, 25f, 31, 36-40, 51-55, 66, 132, 266-272, 296, 327, 348
Gemeinschaft 15, 20-25, 29f, 35, 45, 50, 74, 88, 104, 109, 209, 220, 251, 330,
Gemeinwohl 29, 39, 44, 104, 146-148, 152f, 195, 218, 221, 229, 329-332, 359
Gig-Economy 203, 208
Goldener Fallschirm 235
Goldene Regel 78f
Greenwashing 282, 287f
Grundeinkommen 207
Habeas Corpus Act 49
Halāl 153
Halo-Effekt 86
Harām 152f
Hartz-IV 101
Hochfrequenzhandel 259-261, 266
Holländische Krankheit 295, 359
Homo Davosiensis 202, 203, 208

Homo Oeconomicus 104, 106, 112, 115, 163-170, 187, 326, 329, 379
Human Development Index; HDI 133, 135, 313
Identität, menschliche 21f, 30, 69f, 125, 164, 175f, 201, 302, 364
Individualismus 34, 43f, 45, 49, 57, 153, 155
Insiderhandel 120, 236,
Instrumentalisierungsverbot, auch: Verrechnungsverbot 81
Islam 39, 151-153,
Jenseits 33, 54f, 145, 326
Judentum 143f
Kapitalismus 32, 51-58, 127, 129, 147, 149, 175, 247
Karoshi 345, 364
Kartell 104, 248, 348, 365, 367,
Kasino-Kapitalismus 250, 258
Kavaliersdelikt, auch: Weisse-Kragen-Delikte 122, 381, 385
Kinderarbeit 15, 72, 115, 126, 361, 366
Kinderarmut 334
Kommerzialisierungseffekt 60, 63
Konsum 13, 173-179,
Konsumbürger, auch: Konsumenten, Konsumgesellschaft 57f, 74, 89, 115f, 173-179, 212, 217, 224, 275, 279, 292-295, 317, 334
Kontemplation 33, 186
Konzil von Vienne 38
Kredit 40, 55, 78, 248f, 254, 262, 265,
Krieg 50f, 168, 234, 314, 373
Landraub, auch: Landgrabbing 318f
Lebenserwartung 132
Lebensqualität 132, 232, 382
Leistungsgesellschaft 204, 324
Liberalismus 49, 51, 62
Lobbyismus 48, 200, 225, 228, 316, 352, 373
Lohn 27f, 40, 63, 66, 146, 186-192, 194, 355
Malus 197, 199
Marketing 56, 99, 148, 165, 175, 181, 275-286, 361, 381
Marktoptimismus 112
Marktteilhabemöglichkeit 121
Matthäus-Effekt 268, 323-325
McDonaldisierung 248
Menschenrecht 15, 49, 82, 133, 159, 243, 244, 310-312, 320, 332, 356
Millenniumsziele 310-312, 320

Mitleid 45, 154, 193
Monokultur 265, 295, 318, 365, 380
Monopol 27, 126,
Motivation 84, 86, 167, 170, 187, 189, 201, 241f,
Natur 23, 42, 44, 66, 280, 286, 287, 292-304, 317f, 320, 327, 333, 335, 337, 367, 372,
Neid 46, 86, 179
Neoklassik 61, 62, 157,
Neoliberalismus 57f, 62, 105, 157, 323, 336
Neuroethik 285
Neurofinance 285
Neuromarketing 86, 165, 282-285, 287f
Neuroökonomie 165, 282-284
Obsoleszenz 120, 347f, 367f
Ökologischer Fussabdruck 116f, 298, 304, 317
Ökologischer Rucksack 116f, 350, 361, 370
Ökonomik 22, 26, 97, 220,
Ökonomischer Imperialismus 58-63, 109, 118, 135, 169, 383
Ordnungsethik 100-101
Parteispenden 225, 230
Pathozentrismus 70, 89, 92, 297
Politikverdrossenheit 109, 151, 373
Politische Ethik 104f, 107, 113, 115
Prestige 21, 115, 206, 374
Prinzipienethik 80, 88, 91
Profit 25, 35, 121f, 207, 221, 235, 319, 352
Provision 252f, 256
Ratingagentur 254
Rationalismus 53, 58, 112
Rebound-Effekt 117, 181f
Reformation 39
Renaissance 24, 42, 44,
Ressourcenrente 295
Ritter, schwarzer und weisser 234
Rohstoffdividende 297, 305
Rohstofffluch, auch: Rohstofffalle, Ressource Curse 294-297, 305
Sabbat 143
Sachzwang 111, 114, 336
Säkularisierung 43, 151
Schmetterlingseffekt 260
Seelenheil 31-34, 54, 100, 143, 168, 271,
Segregation 46,
Selbstbedienungskassen, auch Selbstscan-Kassen 126, 203, 379
Selbstbedienungsladen 58f

Shareholder 113, 114, 117-119, 127, 129, 236, 287, 365,
Sinnoption 169, 177,
Sklaverei 28, 176, 185, 346, 356, 361, 365, 377
Smartphone 13, 24, 115, 176,
Souveränität 51, 240, 295, 350
Sozialethik 149f
Soziallehre 145f
Sozialversicherung 146, 365
Soziale Frage 136
Spiegelneuronen 284
Spieltheorie 102,
Sponsoring 225, 227-230, 359f, 380
Stakeholder 113, 117-120, 127-129, 180, 198, 217-219, 221, 224, 232, 236, 244, 331, 359, 379
Stress 178, 189, 196
Sünde 29, 34-36, 39, 185, 210, 271,
Subsidiarität 146
Subsistenzwirtschaft 144
Sucht 29, 31, 164, 176, 276,
Sustainable Development Goals, auch: Ziele für eine nachhaltige Entwicklung 311
Swaps 253
Sympathie 45, 46, 51, 61, 164, 324
Tausch 19-24, 79, 107, 267, 270,
Tierhaltung 89
Tierversuch 14, 89, 263
Tobin-Steuer 252
Too big to fail 264-266, 324
Transparenz 15, 58, 253, 263f, 276
Treuhänder 143, 252f, 303
Trittbrettfahrer 232
Tugend 58, 73-77, 150, 209, 220-222, 232, 332
Tulpenblase
Twisting 252-254
Übereinkommen über das öffentliche Beschaffungswesen 231
Ultimatumspiel 167
Umweltökonomie 76
Universelle Islamische Deklaration 153
Unsichtbare Hand 48, 50, 112, 326, 329
Verantwortung 34, 56, 92, 122, 129, 135-139, 146, 205, 243f, 294, 309
Verhaltensökonomie 115, 165, 324
Vertrauen 101-104, 118, 122, 223-225, 260, 270, 281, 287, 324f, 372
Wachstum 25, 36, 55, 132, 155, 262, 282, 326-329, 332

Wasser-Fussabdruck, auch: virtuelles Wasser 317-320
Welternährungsprogramm 314
Weltfriede 127
Welthandelsorganisation, WTO 231, 315
Weltwirtschaftsforum 203
Wert 129f, 132, 147, 156-159, 164, 188
Wertschöpfung 13, 103, 115-117, 192, 196, 221, 272, 317, 365, 371
Wertstellung 247
Werturteilsfreiheit 24, 169, 326
Wette 250, 253, 316
Windowdressing 120
Win-Win 102-106, 112, 147, 241, 282, 323, 329-332, 357

Wohlstand; Wohlstandsschere 26, 33, 47, 66, 131, 173, 279, 309, 369, 376, 380
Working Poor 193, 218,
Wucher 21, 39f
Zins 36-40, 152, 247f, 251, 264, 271,
Zinsverbot, auch Ribā 36, 38-40, 152
Zivilcourage 281
zoon-politikon 22, 30, 76, 104
Zunft 33, 35f, 40f, 44
Zweckrationalität, auch: instrumentelle Vernunft 112, 115, 164, 170
Zynismus 9, 111, 115, 312, 336

UmweltEthik

werden die neuzeitlichen und modernen Theorien auch nur im Rückblick auf historische Positionen wirklich verständlich. Neben den philosophischen Theorien, die auf diesen Wanderungen diskutiert werden, lebt das Buch auch von der Begegnung mit belletristischen Texten, die ausgiebig zu Wort kommen und beweisen, wie sehr Prosa und Poesie das, was die Philosophie häufig mühsam in Gedanken fasst, bereits in ästhetisch anspruchsvollerweise vorgedacht haben. Jedes Kapitel dieses Buches, das sich in besonderer Weise auch als Lehrbuch für den Unterricht eignet, schließt mit Audio- und Videohinweisen.

Der Autor
Andreas Brenner ist Professor für Philosophie an der Universität Basel und der Fachhochschule Nordwestschweiz, FHNW in Basel.

344 Seiten, Broschur
Format 15,5 x 23,5 cm
ISBN 978-3-8260-5425-9 · € 29,80

Andreas Brenner

UmweltEthik
Ein Lehr- und Lesebuch

Die Tierethik und auch die neu etablierte Pflanzenethik werden in diesem Buch ebenso als Teil der Umweltethik behandelt wie das Wasser, das Klima und die Biosphäre. Um solche komplexen Phänomene angemessen würdigen zu können, wandert der Autor mit seinen Lesern auf so genannten Promenaden durch die Geschichte der Philosophie und zeigt, dass der Gedanke der Nachhaltigkeit keine Erfindung der Neuzeit ist. Entsprechend

Verlag Königshausen & Neumann GmbH
Postfach 6007 · D-97010 Würzburg
Tel. (09 31) 32 98 70-0 · Fax (09 31) 83620
www.koenigshausen-neumann.de